学苟知本
六经皆我注脚

姚亚平——著 ■

陆九渊心学十二讲

斯人此心

江西人民出版社
Jiangxi People's Publishing House
全国百佳出版社

作者简介

　　姚亚平，南昌大学特聘教授、博士生导师，国务院特殊津贴获得者。中国人民大学政治学博士、复旦大学中文系博士后。曾任江西省委常委、宣传部部长。长期从事教育宣传、思想文化、政治理论和江西区域文化的行政领导和理论研究工作，主持完成国家级和省部级课题20余项。

　　主要著作有《文化的撞击——语言交往》、《当代中国修辞学》、《社会精神资源的整合与开发——论当代中国社会的共同理想》（博士论文）、《中国语言规划研究》（博士后出站报告）、《不语禅——八大山人作品鉴赏笔记》、《我们走在大路上——中共执政的前沿思考》、《看看地球那一边的政府在干啥——访学澳大利亚新西兰》、《哈佛访学笔记》（上中下册）、《不语禅——八大山人的艺术和他的时代》（繁体版）、《漂浮的内陆——话说江西水文化》等；主编《江西历史名村文化档案》（4卷）、《江西省青年马克思主义者理论研究创新工程论集》（5卷）等；发表论文100余篇。

目 录
Contents

◆ **前　言　"为天地立心"，那什么是天地之心？**

一、陆九渊是个什么人？ ……………………………………… 001

二、陆九渊心学是门什么样的"学问"？ ………………………… 004

三、怎样研究陆九渊和陆九渊心学？ …………………………… 006

四、本书研究陆九渊心学的重点与特点……………………… 007

◆ **第 01 讲　陆九渊的身世与生平**

一、童年时光：陆九渊是个神童吗？ …………………………… 011

二、兄弟之学：为啥偏偏陆九渊成大儒？ …………………… 018

三、两次中举、一次中进士：陆九渊走过了一条怎样的科举求仕路？ … 024

四、讲学生涯：学生眼里的陆九渊"衣冠必整肃，望之有如神" ……… 030

五、仕途生活："吾人进退，自有大义"，陆九渊 19 年为官路 ………… 052

◆ **第 02 讲　陆九渊心学的核心问题**

一、"白鹿洞讲学"，陆九渊讲了个啥？ …………………………… 074

二、做人，从"书"开始，还是从"心"开始：哪里是下脚处？ ……… 087

三、"鹅湖之辩"，陆九渊和朱熹究竟辩了个啥？ ………………… 097

四、鹅湖书院：鹅湖之辩的历史遗产…………………………… 109

五、中国人为什么一直要心心念念地重建鹅湖书院? ·············· 116

六、人们在"鹅湖书院"是怎样评价"鹅湖之辩"的? ·············· 122

◆　**第 03 讲　陆九渊心学的思想体系**

一、心：什么是陆九渊的"心"? ························· 129

二、志：陆九渊说"人要有大志"，"志小不可以语大人事"，啥意思?

　　 ··· 144

三、道：陆九渊因"宇宙"而悟了什么道? ··············· 151

四、学：陆九渊的"学"，不是读书，不是求知，那是什么? ······· 165

◆　**第 04 讲　陆九渊的心学政治观**

一、心为政本、为政必先正人心的本心政治 ················· 180

二、君臣同德、各负其责的共治思想 ····················· 185

三、民为邦本、"本心"为民的民本政治：陆九渊的民本政治 ········· 192

四、礼学思想的心学化 ································· 203

五、陆九渊的吏治思想："宽猛相济"是儒家的治国方略吗? ········· 207

六、对王安石变法的评价和陆九渊的变革图治思想 ············· 215

七、宋代政治思想中的"皇极"之辨与陆九渊的"皇极"观 ·········· 231

◆　**第 05 讲　陆九渊的家乡、家族和家世**

一、陆九渊家乡的建县历史 ··························· 242

二、金溪县的村落形态与文化遗产 ····················· 255

三、陆九渊的老家在桥上村还是陆坊村? ··············· 263

四、陆氏义门靠什么聚族而居、合灶吃饭过了 200 年? ··········· 267

◆ **第 06 讲 陆九渊心学与儒家文化**

一、陆九渊心学与江西的思想政治文化⋯⋯⋯⋯⋯⋯⋯⋯ 278

二、周敦颐在江西的思想历程⋯⋯⋯⋯⋯⋯⋯⋯⋯⋯⋯⋯ 286

三、宋代心学的思想脉络与学术传承⋯⋯⋯⋯⋯⋯⋯⋯⋯ 296

◆ **第 07 讲 陆九渊心学与江西的道佛禅**

一、江西道教与陆九渊及其心学⋯⋯⋯⋯⋯⋯⋯⋯⋯⋯⋯ 308

二、佛教在江西的源流与影响⋯⋯⋯⋯⋯⋯⋯⋯⋯⋯⋯⋯ 326

三、陆九渊与江西的佛和禅⋯⋯⋯⋯⋯⋯⋯⋯⋯⋯⋯⋯⋯ 337

◆ **第 08 讲 陆九渊心学和他的时代**

一、陆九渊时代的国家挑战与社会问题⋯⋯⋯⋯⋯⋯⋯⋯ 348

二、宋代的儒学复兴与宋儒的道统建构⋯⋯⋯⋯⋯⋯⋯⋯ 361

三、陆九渊的道统观⋯⋯⋯⋯⋯⋯⋯⋯⋯⋯⋯⋯⋯⋯⋯⋯ 372

◆ **第 09 讲 陆九渊心学与朱陆之辩**

一、"心即理"与"性即理"⋯⋯⋯⋯⋯⋯⋯⋯⋯⋯⋯⋯⋯ 379

二、尊德性与道问学、易简与支离⋯⋯⋯⋯⋯⋯⋯⋯⋯⋯ 392

三、异端与正统：陆朱的儒佛之争⋯⋯⋯⋯⋯⋯⋯⋯⋯⋯ 394

四、子弟之争⋯⋯⋯⋯⋯⋯⋯⋯⋯⋯⋯⋯⋯⋯⋯⋯⋯⋯⋯ 411

五、"无极"之辩⋯⋯⋯⋯⋯⋯⋯⋯⋯⋯⋯⋯⋯⋯⋯⋯⋯⋯ 423

六、朱熹为什么说陆九渊是告子？⋯⋯⋯⋯⋯⋯⋯⋯⋯⋯ 431

◆ **第 10 讲 陆九渊心学与科举制下的官员选拔和教育**

一、中国文官制度的历史演变与宋朝科举的普及……………… 436

二、陆九渊对科举制度的认识与批判……………… 442

三、陆九渊反对读书吗？……………… 452

四、陆九渊是如何教人读书的？……………… 459

五、读书教书要在"日用之处"领悟"生活之理"……………… 472

六、陆九渊读书与教书有什么不一样？……………… 479

七、陆九渊怎样对待儒家经典著作？他的学问那么大，为什么不注经？

……………… 488

◆ **第 11 讲 陆九渊心学的精神气象与文化自信**

一、陆九渊心学的时代风貌……………… 500

二、陆九渊为什么这样能言又善辩？……………… 516

三、陆九渊心学的三大理论来源……………… 525

◆ **第 12 讲 陆九渊心学的历史地位与当代价值**

一、"中国"的国家转型进程与宋儒们的精神重塑和文化认同………… 536

二、陆九渊的历史影响与地位……………… 551

三、我们应该怎样研究陆九渊心学？……………… 565

◆ **陆九渊大事年表 / 572**

◆ **主要参考文献 / 591**

前 言

"为天地立心"，那什么是天地之心？

一、陆九渊是个什么人？

陆九渊（1139—1193），南宋思想家，江西临川（今抚州）金溪人，生于 1139 年（宋高宗绍兴九年），字子静，因书斋名"存"，世称"存斋先生"。他在贵溪象山讲学，自号"象山翁"，人称"象山先生"。他考中过两次举人，考上一次进士，做过几年官，1193 年（绍熙三年十二月）病逝于荆门军的任上。

说起陆九渊，也许了解他的人并不多。你就是去问一个江西人："江西的历史文化名人有哪些？"他即使如数家珍，数上好些人，恐怕也数不到陆九渊。因为——

其一，陆九渊的寿不长。他只活了 54 岁，创立心学后的传播期短，影响力有限。大凡圣人命都比较长，比如，孔子 72 岁、老子 90 多岁、庄子 83 岁、孟子 83 岁、荀子 75 岁，与陆九渊同时代的朱熹也活了 70 岁。一般来说，寿命长，著书立说、教育学生、传播思想的时间就长，影响也就大。如果命不长，即使有顶尖的思想，其传播范围、社会影响也会受限。

其二，陆九渊的官不大。有人会说，人家王阳明虽然也只活了 57 岁，可官当得早呀。他 28 岁中进士后，当年就"观政工部"，在朝廷见习上岗，第二年就转为实职，任刑部云南清吏司主事，正六品，以后更是在多岗位锻炼，履历完整，经历丰富。他曾任龙场驿丞、庐陵知县、南赣巡抚、江西巡抚、两广总督，还兼任过南京兵部尚书、都察院左都御史，虽然是挂名虚衔，但级别在那儿呀。就是朱熹也当过皇帝的老师，官至浙东巡抚。如果是官员，特别是大官，学者的政治理念、学术思想，不但有理论联系实际的机会，还有上报的渠道，可能被朝廷采纳，自己在领导岗位上也有施展的舞台。而陆九渊的仕途就不太显赫了。他虽然从小就聪明过人，4 岁问天，13 岁悟道，可 34 岁才中进士，当官就更晚，光候职就等了近 10 年，直至 44 岁才担任实际官职，官当得并不大，时间也不长。他的仕途生涯就是在国子监和敕局 4 年、荆门 1.5 年，连头带尾总共 6 年吧，发挥政治影响力的空间实在是不太大。

其三，陆九渊的家世不显赫。陆九渊的父亲不是什么举人、进士，不是什么官员，也不是什么财阀富豪，家里只有十来亩菜园。6 个儿子中，1 个儿子开药店，1 个儿子开塾馆，他顶多算个乡绅吧。陆九渊不像"东南三贤"中的吕祖谦、张栻出身官宦世家。朱熹、王阳明虽说不是祖上代代做官，至少父辈是做官的。朱熹的父亲朱松是进士，官至吏部郎；而王阳明的父亲王华不但是进士，更是状元，官至礼部右侍郎、南京吏部尚书。所以，朱熹、王阳明都出身官宦家庭，天生就有眼界宽、站位高、背景硬、人脉广的优势。而陆九渊没有这一切，也不是名校毕业，又没有名师指点，更不是官二代官三代，没有靠山可靠、人脉可续。

其四，陆九渊的书不多。他本人不重著述，一生只留下少量的诗文，只有《论语说》《白鹿洞书院论语讲义》《易说》《孟子说》等几篇经学讲义，其他大多是与诗友论学的书札和讲学的语录。经过 800 多年的流传，至今已定型的只有《陆九渊集》36 卷。而王阳明又是讲学谈观点，又是写诗写日记，留下了许多文字记录，重视著书立说，亲自编辑古本《大学》，撰写《大学问》《朱子晚年定论》等著作。特别是王阳明的学生们勤奋，把他的讲义迅速整理、不断刊印。王阳明还在赣州的时候，门人薛侃就把徐爱编的《传习录》付印出版了，那年是 1518 年，王阳明才 47 岁。上海古籍出版社 2011 年出版的《王阳明全集》，全 3 册，再加一部 2016 年出版的《王阳明全集补编》，达 1100 多万字。朱熹更是了得，现存著作共 25 种，600 余卷，总字数 2000 来万字，主要有《四书章句集注》《太极图说解》《通书解说》《周易读本》《楚辞集注》等。其中《四书章句集注》成为元明清钦定的教科书和科举考试的标准，对中国的思想文化影响巨大。

其五，陆九渊的学生中高官学者少。俗话说"薪火相传"，古代社会师徒传承是一种非常重要的传播手段。所以，著书立说和开馆授徒，对于提高自己思想影响力是相辅相成的。思想学说深刻，跟随的学生就数量多质量好；学生的数量多质量好，老师的影响力也就大。相比之下，陆九渊的学生更多的是地域性的、平民性的；而朱熹、王阳明的学生则各省都有，是全国性的，且很多人在朝廷、地方担任官员。因此，这些学生对各自老师思想的宣传与传播起到的作用也就不同。在这一点上，陆九渊也是不如朱熹、王阳明的。

从上述五点来看，陆九渊似乎只是一个默默无闻的哲学社会科学工作者。可是，陆九渊特别牛，牛气冲天，他是"百世大儒"，他是圣人先贤，他在中国有史以来的思想大家中可以排进前 25 位，而且当之无愧，没有任何争议。

为什么呢？

1938 年 10 月，毛泽东同志在党的六届六中全会上说："从孔夫子到孙中山，我们应当给以总结，承继这一份珍贵的遗产。"1973 年 5 月在谈到郭沫若的《十批判书》时，毛主席又说："从孔夫子到孙中山，从乌龟壳（甲骨文）到现在，都要进行研究、总结，要有知识。"

2016 年 5 月 17 日，习近平总书记在哲学社会科学工作座谈会上讲："在漫漫历史长河中，中华民族……涌现了老子、孔子、庄子、孟子、荀子、韩非子、董仲舒、王充、何晏、王弼、韩愈、周敦颐、程颢、程颐、朱熹、陆九渊、王守仁、李贽、黄宗羲、顾炎武、王夫之、康有为、梁启超、孙中山、鲁迅等一大批思想大家，留下了浩如烟海的文化遗产。"

习近平总书记从孔夫子到鲁迅一共列举了 25 位思想大家。中华文明源远流长，宏大辉煌，杰出人物灿若群星，不可胜数，能进入前 25 名的，那是何等人物。在这 25 位思想大家中，韩愈、周敦颐、程颢、程颐、朱熹、陆九渊、王守仁这 7 位或是江西籍，或在江西工作生活过。只有陆九渊生于斯、长于斯，除在京城和荆门短暂逗留、工作外，一直生活在江西。

就是这么一位中国历史上的顶级思想大家，关于陆九渊的研究却很少，需要加强。

陆九渊是中国哲学史、中国思想史、中国文化史上殿堂级的大师。在南宋，陆九渊"心学"是与朱熹"理学"并峙而立、交相辉映的两座思想高峰；在中国思想史上，"陆王心学"是一个重要的儒家学说与思想流派，而陆九渊是"陆王心学"的创立者和代表者。王阳明虽集大成，陆九渊却创其初，地位极其重要。

现在，"朱陆之争"，关于朱熹的研究硕果累累；"陆王心学"，关于王阳明的研究汗牛充栋。而学术界对于陆九渊心学的研究相对薄弱，学术成果不多，出版的著作也不够。

1980 年，中华书局出版了《陆九渊集》，繁体竖排版。

2016 年，天津古籍出版社出版了李敖（中国台湾）主编的《陆九渊集·陈亮集·刘伯温集》，简体横排版，还只是出了《陆九渊集》36 卷中的 17 卷。

2020 年，中华书局出版了《陆九渊集》，简体横排版。

中华书局和天津古籍出版社的版本都没注，更没有释，只是点校。

总之，陆九渊的思想学说是中华优秀传统文化的精神财富。陆九渊心学的研究已有一定的基础，取得不少成果，但十分不够，需要加强，应在前人的基础上有所创新，有所突破。

二、陆九渊心学是门什么样的"学问"？

"心学"即"人学"，这是陆九渊心学的主题。陆九渊心学是研究人的学问。陆九渊心学，谈"心"，实际上就是在谈做人，堂堂地大做一个人，做大人，做圣人。

"做人要做一个什么样的人，怎样才能做这样的人"，这是中国儒学、中国"心学"最重要的东西，也是中国文化最顶级、最核心、最精彩的地方。孔子在《论语》中讲了100多次"君子"，讲来讲去，就是讲做人。做什么样的人？怎样做人？要做君子，不做小人，怎么才能做君子，不做小人？

陆九渊心学回答了中华文化的这个核心问题，他的答案是——做人，从"心"开始。堂堂做人先正心。明心正心，才能大做个人。从"心"做人，这是陆九渊心学的思想内核。

陆九渊不但讲了做人，讲了要做一个什么样的人，还讲了怎样才能做这样的人。陆九渊心学明此心、存此心、养此心，讲"斯人千古不磨心"的时候，既是讲人，要做人，做大人，要堂堂地大做一个人，成圣人，而不要做小人，成恶人，变坏人，也是讲怎样做人。所以，在陆九渊心学中，修心是路径，立人是目的。

陆九渊心学大大凸显了人的地位、价值与作用。中国古代思想、政治、文化，在殷商时期，迷信于天，君权神授，人命归天，问卜于天。武王伐纣，举起了民心民意的旗帜，天命观开始向民心论转变，人的地位在上升，人的价值在增强，奠定了中国文化不敬鬼神敬祖先的传统。到孔子，更是有了以"人"为本的思想与情怀。在宋代复兴儒学的进程中，强调人的自立、自主、自觉、自省。陆九渊心学在中国思想史、中国文化史上的意义和贡献，重要的一点就在于他突出了人的价值、人的尊严、人的意义、人的地位（人生天地间，并立为三极）。这是一种人的精神、地位、价值的唤醒与启蒙，是明清之际人文主义思潮（比如汤显祖"临川四梦"的人文情绪）的前奏。

做什么人，怎样做人，现在仍然是我们面对的关键问题。所以，研究陆九渊，就要从现代人的需求出发，探讨中华民族伟大复兴进程中那些关于文化软实力的关键问题。

三、怎样研究陆九渊和陆九渊心学？

研究心学（包括研究陆九渊心学）的书，很容易就心谈心，在"心"的概念上下功夫，或者在"心"与"理""道""气""性"等概念的关系上来谈什么是"心"和"心学"。

本书写陆九渊心学，不是就心谈心，围绕"心""理""性"等条分缕析地论证一通。"斯人此心：陆九渊心学十二讲"这一书名，表明本书是围绕"人"这个中心点，以"做人"为目的，在"天地（宇宙、世界、社会）—人—心"的关系中来讲陆九渊的"心"和"心学"，看看陆九渊是怎么讲"做人"与"正心"的关系，怎样回答"做人要做一个什么样的人，怎样才能做这样的人"这一中国文化核心问题，从而深入分析陆九渊心学的本质，并回应当下我们如何"不忘初心""做个堂堂的中国人"的时代之问，增强做人的文化自觉。

北宋张载说："为天地立心，为生民立命，为往圣继绝学，为万世开太平。"这"横渠四句"是为中国人提升精神、支撑脊梁的东西，有为中华民族精神奠基铸魂的作用，有宋代大儒们的那种精气神、英雄气。

这"横渠四句"的第一句说："为天地立心。"

有人问："此'心'是什么？天地如有心，那什么是天地的心？"

陆九渊说："人！人为天地心。"[①]

有人会继续问："'为天地立心'的主语肯定是'人'。天地之心由人立，那么，人由谁立？"

于是，陆九渊会说："己！人由己立。"

有人最后问："为天地立心，此句的主语是'人'，此句的'心'是'人'，那岂不是'人为天地立人'？此话通吗？"

我说："通！陆九渊的意思就是如此。"人，是宇宙之精华，万物之灵长，人与禽兽差别不大，"人之所以异于禽兽者几希"，就是能自立，

---

① ［宋］陈宗远《有感》："天地不魂立，人为天地心。世无经济学，何以任弥纶。"

有此心。"斯人千古不磨心"，人，不但有此心，还能存此心、修此心、养此心。人立天地间，卓尔成三极。人，就是把自己立成了天地之心。

悠悠天地，茫茫宇宙，人何以立其间？

"横渠四句"的第二句说："为生民立命。"

这个"命"为何物？由谁立？怎么立？

中国人讲究安身立命。所谓立命，就是人在精神上赖以寄托的东西。中国人向来都是把自己的命掌握在自己手里，从来不会在人之外找一个神祇来掌握自己的命。中国人从来都是为自己确立了信仰、价值、道德追求，从而为自己修了心，也为生民立了命。我们说"人民有信仰，国家有力量，民族有希望"，一旦为人民建立了信仰，那就是为生民立了命。

"为天地立心"，人就是天地之心；"为生民立命"，心就是生民之命。

四、本书研究陆九渊心学的重点与特点

1. 紧紧围绕着陆九渊心学的核心问题

本书注重联系当时的问题（包括国家问题、社会矛盾问题、士大夫的学风问题），把陆九渊心学研究与宋代的时代问题、哲学思潮联系起来，着重揭示陆九渊心学针对的问题和表达的观点，主要有三：

（1）心学是治国理政的政治学。陆九渊心学实质上是以德治国的一种思路。陆九渊对现实问题和社会矛盾进行了无情揭露，充满了批判力、战斗力，对大宋天下也充满了救世情怀，提出了"本心为政本""为政必先正人心""君心政本""自求多福""变革图治""皇极为大中之道"等一系列政治主张与施政举措。

本书不把陆九渊心学看成纯粹的哲学研究，因为陆九渊虽然不是大官，没有参与朝廷重大理论问题、政策问题和实际问题的讨论与决策，但作为一个思想大家，其心学思想正是针对当时的国家问题、社会矛盾问题、士大夫的学风问题而发表的政治见解，所以，陆九渊心学在相当程度上就是他的政治观、吏治观、文化观、历史观。

（2）心学是中华文化的历史观。何谓"中国"？通过血缘（家族）、地域、民族、文化这四个要素的演进，可以一窥"中国"这一概念的实质。早期中国以血缘家族为基础，"中国"这一概念多半指周天子居住的中央都城，后演进到地域上的中原地区和政治上的中央政权。秦是战国七雄的基础，"中国"成了多地域的国家形态。在汉代，开疆拓土，封狼居胥，中国成了主要以汉族组成的单一民族的国家。南北朝的民族融合，隋唐成了多民族的统一国家，但思想上佛道兴盛。宋代是一个转折点，国家的主流意识形态出现了一种指导思想。即使看看从秦始皇算起的这两千多年，统一一直是主流，但如果以宋为界看前后两个一千年：前一千年的时光里，汉、唐的大一统之后还都会跟着一个魏晋南北朝、五代十国的分裂乱世；但自宋代以后，则是延续了一千多年的多民族的大一统国家，而且元明清一直持续，不曾中断过。这里面宋代的儒学复兴起的作用不可忽视，而陆九渊心学在儒学道统的认识与传承、在对中华文化的认识上都有着极重要的成果。

（3）心学是做人成圣的人学。无论是谈治国理政，还是以道统（政统、学统）看中国的历史纵深，陆九渊心学都把问题的关键归结为人，对人的地位与作用，对做什么样的人，对怎么做人，都有着极为重要的认识，是中华文明的宝贵财富。

2. 初步梳理出陆九渊心学的"思想体系"

研究陆九渊心学的著作多在哲学史层面研讨，多在讨论哲学问题时讨论，多从其本体论、发生论、认识论的角度来研究陆九渊心学，一般以传统哲学的概念来解释陆九渊心学的概念，以传统国学的术语来解释陆九渊心学的术语，并力图以这些概念、范畴、术语（"理""心""气""性""道"等）来为陆九渊心学构建出一个体系。本书注重把陆九渊心学与中国文化的核心问题联系起来，注重揭示陆九渊心学中的哲学问题，如做人以及做人的"道""志""心""学"等问题。

以往对陆九渊心学的研究，要么从传统儒学的范畴"理""欲""性""气"入手，要么从现代哲学"唯物""唯心"的基本分野说起，要么从本质论、反映论、认识论的角度切入。这些都有其合理性，也有其局限性。本书梳理出一个"人—心—道—志—学"的思想体系，以此来揭示和阐释陆九渊心学的基本主题、基本内容、思想特征和基本面貌。

3. 多方面探讨陆九渊心学的形成原因

本书从家族和身世、地域和时代等多个方面，探讨陆九渊心学的形成原因，特别是在中国历史、中国思想史的进程中讨论宋儒在思想理论上是如何呼应时代问题的，深入探讨宋代儒学复兴与理学、心学兴起的基本概貌。

本书把陆九渊心学放在宋代的历史语境、地域环境、时代背景里，紧密联系陆九渊的时代，联系陆九渊面对的国家挑战、时代问题与思想自觉，深入探讨陆九渊心学，去诠释、挖掘、阐发其思想内涵。

宋代是中国历史的一个重要转型期，是中国进入近代的先声，宋明理学、陆王心学就起步于这一时期；宋代是中国儒学复兴的关键时期，宋明理学、陆王心学都起步于此。宋代虽然老打败仗，没有了盛唐的那种宏大气象，但宋代也有自己的辉煌——文化上大发展，思想上大繁荣，精神上常出大英雄。宋初三先生、北宋五子，以及南宋诸学，涌现出周敦颐、二程、张载、朱熹、陆九渊、吕祖谦等大儒，思想领域、哲学领域群星灿烂，大放异彩。宋代涌现出这么多大师，爆发出这么耀眼夺目的光芒，陆九渊正是中国这一时代的启蒙者、思想家，值得研究。

4. 深层次揭示陆九渊心学的价值意义

本书探讨了陆九渊心学的历史贡献和对后世的影响，探讨了陆九渊心学的精神气质，从现在的时代高度来深入审视、理解陆九渊心学的思想精髓和时代价值。

本书探讨了陆九渊心学的时代价值。在实现中华民族伟大复兴的历史进程中，我们要从陆九渊心学中汲取中华优秀传统文化营养，确立现代做人成才的志向与理想，坚定民族复兴的自觉与自信，认同中华民族的文化与文明，实现对优秀传统文化的创造性转化、创新性发展。

本书还注重联系现在的问题、时代问题，两个关键问题，一是文化自信，二是文化认同。一个群体、民族、国家对自己的共同体如何产生认同感、归属感、自豪感和自觉性？同时，探讨中国文明型国家是何时塑形、成型、定型的，探讨现代中国的文化观念、文明形态是从哪里来的这些问题，正是当代中国的重大思想课题和学术问题，对我们当下建设社会主义文化强国具有积极意义。

本书是江西省社会科学"十三五"（2020年）基金项目"陆九渊心学与新时代民族复兴的文化自信"（项目编号：20WT012）的成果，并获得南昌大学学科建设基金资助。

本书中的纪年，一般是公元纪年在前，皇帝的年号标在后面的括号里，或只用公元纪年。似乎这不太符合现行规范，但这考虑到现代人特别是年轻人的阅读习惯。

从2013年开始，本人考察了江西金溪、临川、崇仁、宜黄、铅山、贵溪、上饶、星子、庐山等与陆九渊有关的历史文化遗存、遗址，包括江西省金溪县陆坊乡陆坊村陆氏宗祠、桥上村陆九渊墓、贵溪象山书院、庐山白鹿洞书院等，通过田野考察，重返历史现场，掌握大量一手资料，对陆九渊心学具有更加深刻的理解和领悟。在此，对在调研过程中给予帮助支持的专家干部表示感谢。

本书的立意与写作得到了张立文、李承贵、叶青、汪少华、游道勤、张德意、胡伯项、陈政、王一木、詹斌、苏群辉等先生的帮助与指教，在此谨致谢忱。

姚亚平

2022 年 8 月 20 日

第01讲

陆九渊的身世与生平

一、童年时光：陆九渊是个神童吗？

陆九渊（1139—1193），字子静，江西临川（今抚州）金溪人。陆九渊的父亲陆贺，字道乡。母亲饶氏，金溪县东漕人。

临川这个地方，一直被认为是才子之乡，唐初王勃在《滕王阁序》里说："睢园绿竹，气凌彭泽之樽；邺水朱华，光照临川之笔。"这里的"彭泽之樽"与"临川之笔"分别指陶渊明和王羲之、谢灵运。事实上，九江和临川两地确实是江西的人文渊薮、文化重镇。其他地方还不甚发达之时，王羲之、谢灵运等人就在这里临墨池而挥毫、登麻姑而赋诗了。

临川文化有种早熟的倾向，不但出才子，而且出神童。如北宋抚州临川人晏殊（991—1055），7岁便是远近闻名的神童，14岁以神童入试，赐同进士出身。晏殊是著名词人，还是著名的政治家，是抚州籍的第一个宰相。

抚州南丰人曾巩（1019—1083），北宋文学家、史学家、政治家。他也是个神童，生而警敏，12岁试作《六论》，援笔而成，辞甚伟，后为唐宋八大家之一。

临川王安石（1021—1086），北宋著名思想家、政治家、文学家、改革家，两度任宰相，"熙宁变法"的发动者与主持者，唐宋八大家之一。他22岁即中进士，比曾巩早了17年。王安石的长子王雱，也在24岁就中了进士。

王安石还写过一篇《伤仲永》，记述的是陆九渊家乡金溪县的一位神童方仲永。方仲永家世代务农，他长到5岁都没见过笔和纸。有一天，他忽然哭着索要这些东西。其父十分惊奇，就向邻居借来纸笔。方仲永立刻写下四句诗并题上自己的名字。这一下，方仲永无师自通、提笔写诗的名声震动乡里。人们惊奇之余，都以宾客之礼对待其父，还花钱求取方仲永的诗。其父认为这样有利可图，就每天带着方仲永四处拜访，不让他学习。后来，方仲永十二三岁时，王安石见过他，叫他写诗，其诗已不能与从前的名声相称。又过了7年，王安石去金溪舅舅家，问起方仲永的情况，他说："方仲永已经完全如同常人了。"王安石感慨不已。此事也从一个侧面反映抚州出神童的事实。

那么，陆九渊是不是神童呢？

陆九渊确实是远近闻名的神童，一般名人常被记载为自幼聪慧，但陆九渊4岁问天、5岁读书、9岁作文、13岁悟道，不但史实确凿，且影响巨大。

《陆九渊集·年谱》和《陆九渊集·语录》（以下简称《年谱》《语录》）对陆九渊小时候的行为举止、品行特点多有记载。"先生三岁，幼不戏弄"，"先生四岁，静重如成人"，经常跟着父亲陆贺出行，"遇事物必致问"。就是在这个时期的某一天，陆九渊忽然向父亲发出了那个中国思想史上的惊天一问："天地何所穷际？"当然，有人会说，小孩子都会问一些奇怪的问题、"深奥"的问题。但陆九渊在三四岁时问了这个问题之后，"遂深思至忘寝食"，直至13岁悟道。

陆九渊5岁开始读书，书册从无卷折。陆九渊在幼年时期不喜欢游玩，从不与其他小朋友嬉闹，从来没有像其他小孩一样跑到厨房去讨要吃喝，常自洒扫林下，写字学习，庄敬自持。他时常独坐于"槐堂"前面对道义峰深思，宴坐终日。立于门，过者驻望称叹，以其端庄雍容异常儿。6岁侍亲会嘉礼，衣以华好，却不受。五哥陆九龄（复斋）13岁举《礼经》以告，陆九渊才接受。陆九渊衣履洁净，晚上睡觉常不脱衣，鞋子穿得旧了也不会损坏，袜至三接，手甲甚修。他与人粹然乐易，却讨厌那些无礼者。

陆九渊 8 岁读《论语·学而》，就对《有子》三章发出疑问。后来他看《孟子》，看到曾子不肯师事有子（有若），至"江、汉以濯之，秋阳以暴之"等语，就感叹曾子厉害，能深刻地洞见圣人的高明洁白。

陆九渊读《论语》，一开始就和别人读得不一样，他把孔子的话与其学生的话分别抄录，然后加以比较。后来有学生问陆九渊："曾见先生将圣人与门人语分门，各自录作一处看。"陆九渊不无得意地说："此是幼小时事。"为什么这种分别抄录的办法是一个值得一说的读书法呢？有比较就有鉴别。陆九渊通过这种办法，发现有子跟孔子、孟子不同，认为有子的言行多处都有错误，从而对有子、子夏、子贡等孔子的学生提出批判。他心里崇尚曾子而讨厌有子，表现出独立思想的品质。

陆九渊年少时，听闻旁人诵读程颐（伊川）的语录，就说："伊川之言，奚为与孔子、孟子之言不类？"一个小孩，就对儒家大名人大权威提出这样的疑问，令人惊讶。后人评论说："先生生而清明，不可企及有如此者。"

四哥陆九韶（梭山）曾经夸赞弟弟陆九渊，说："子静弟高明，自幼已不同，遇事逐物皆有省发。尝闻鼓声振动窗棂，亦豁然有觉。其进学每如此。"

9 岁，善属文，能自达。

10 岁，因五哥陆九龄（复斋）入郡庠，陆九渊跟着哥哥去做了个旁听生，"文雅雍容，众咸惊异"。

11 岁，"读书有觉。从幼读书便着意，未尝放过。外视虽若闲暇，实勤考索"。他大哥总家务，常常半夜起来，总能看见陆九渊还在秉烛看书。

陆九渊随五哥陆九龄在疏山寺读书，读了很多书，却只认《论语》为儒家经典。"止是一部《论语》，更无他书。"

到 13 岁时，陆九渊更有心得了。有一天，他和五哥陆九龄讨论起

《论语》。

　　陆九龄问："六弟，你看《论语》中《有子》一章如何？"

　　陆九渊说："那是有子之话，而不是孔子的话。"

　　陆九龄说："孔门诸弟子中，除了曾子，便是有子，不可随便议论。你再想想，想好了再说。"

　　陆九渊说："夫子之言简易，有子之言支离。"①"初读《论语》，即疑有子之言支离。"②他还说："然吾读《论语》，至夫子、曾子之言便无疑，至有子之言便不喜。"③

　　有子，是孔子的学生，孔门七十二贤之一，比孔子小43岁，姓有，名若，字子有（一说字子若）。孔子身后，只有曾子和有子的学问最好。据说，"孔子即殁，弟子思慕。有若状如孔子，弟子相与并立为师，师之如夫子时也"。（《史记》）孔子去世后，据《孟子》记载，有子认为孔子在人群中好比"麒麟之于走兽，凤凰之于飞鸟，太山之于丘垤，河海之于行潦"，宣称"出于其类，拔乎其萃，自生民以来，未有盛于孔子也"。因此，孟子所谓的有子"似圣人"，非指相貌，而是指他在思想上非常接近孔子。

　　后来，陆九渊读到《孟子》讲的一个故事：孔子死后，子夏、子张、子游认为有子像孔子，就尊有子为师，以师礼事之。曾子反对，说："夫子的人格，就像是被长江和汉水洗濯过，又被炎炎夏日曝晒过，洁白无瑕，无人能比。"陆九渊于是感叹"曾子见得圣人高明洁白如此"。陆九渊看不上有子，认为孔子的话简易，而有子的话支离。

　　那什么是简易？什么是支离呢？看看《论语》的原文就容易明白。

　　子曰："学而时习之，不亦说乎？有朋自远方来，不亦乐乎？人不

---

① 《语录上》，《陆九渊集》卷34，中华书局2020年版，第492页。又见《年谱》，《陆九渊集》卷36，中华书局2020年版，第551页。为节省篇幅，以下凡引《陆九渊集》者，将省去"中华书局2020年版"，只注篇名、卷数和页码。
② ［宋］杨简：《象山先生行状》，《陆九渊集》卷33，第449页。
③ 《语录上》，《陆九渊集》卷34，第464页。

知而不愠，不亦君子乎？"孔夫子说了三件事——学而时习之觉得很愉悦；朋友从远方来觉得很快乐；别人不理解我，我却不怨恨。孔子这段话说出了君子的格局和气度，且言简意赅。

再来看看有子的话。《论语·学而》中记载有子言论的地方有三处，分别谈及孝悌、礼和礼义（这是做人的根本），即陆九龄讲的"《有子》三章"，分布于《论语》第一篇中的三章。

1.2 章，有子谈孝悌："其为人也孝弟，而好犯上者，鲜矣；不好犯上，而好作乱者，未之有也。君子务本，本立而道生。孝弟也者，其为仁之本与？"翻译过来就是，有子说："孝顺父母，顺从兄长，而喜好触犯上层统治者，这样的人是很少的。而不好犯上，好造反的人，是没有的。君子专心于根本，根本建立了，治国做人的原则也就有了。孝顺父母，顺从兄长，恐怕就是做人的根本啊！"

1.12 章，有子谈礼："礼之用，和为贵。先王之道，斯为美；小大由之。有所不行，知和而知，不以礼节之，亦不可行也。"翻译成白话文，即有子说："礼的功用主要是调和。先王治国，就以和谐为美，即'和为贵'，所以，大小事情都要按和的原则来办。当然也有行不通的时候，那就是做过分了，为和而和。如果不用礼来节制，也是不可行的。"

1.13 章，有子谈礼义："信近于义，言可复也。恭近于礼，远耻辱也。因不失其亲，亦可宗也。"翻译成白话文，即有子说："讲信用要符合义，符合义的话才能实行。恭敬要符合礼，这样才能远离耻辱。姻亲（如姥姥、舅舅）关系虽比不上本家，但如果不失亲近，也等于同宗。"

且不说有子的话是否跟孔子的主张一致，单看有子这一长串话，就让人感觉很绕，没有孔子的语言那样简洁明快。真是文如其人，言如其人。陆九渊认为，曾子才是得了孔子的真传。而有子的话都是重述孔子的思想，甚至在讲孝悌时又夹杂了犯上作乱，说礼义时又扯到姻亲关系，支离破碎，把孔子的思想给肢解了。

陆九渊 13 岁那年，有一天，五哥陆九龄坐在窗前读到《周易》"艮其背，不获其身；行其庭，不见其人"这四句话，没有读懂。他找到程颐的书，程颐对这四句话的解释是"艮为山"，古人行动，遇山而止，故"艮"有"停止、阻止"之意。艮为门阙，二门之间为庭院，人的身体最不容易动的地方就是背部，所以代表"静"。背部静止时，代表思想无歪念，即使是身体想动，也不容易使它牵动，所以用背来代表内心不为外间的欲念所动，无欲则真理常存，不受外界的刺激，永远保持内心清净，就当然不会有灾难。止住背部，没有获得身体。走在庭院中，也见不到人。既"不获"，又"不见"，则不接外物，也不生欲望，止于其所，就没有灾难。①

陆九龄还是没看懂，就在那里反复诵读。刚好陆九渊经过，陆九龄就问："六弟，你认为程颐先生这一段说得如何？"

陆九渊说："说得模糊，疑惑不定，没说清楚。"（"说得鹘突"）

陆九龄没听明白，问："怎么叫没说清楚呀？六弟，你详细说说。"（"遂命某说"）

陆九渊说："程先生解《易》爻辞，多得之象辞，却有鹘突处。"② 也就是啰里啰唆，不直接。

陆九龄说："那你说个简易的来听听。"

陆九渊说："'艮其背，不获其身'，'无我；'行其庭，不见其人'，无物。"③

陆九龄听罢，大喜。为什么呢？"无我""无物"，言简意赅，一语中的。陆九渊的观点是：有己则忘理，明理则忘己。"艮其背，不获其身；行其庭，不见其人"，则是任理而不以己与人参也。④

还有一天，陆九龄问陆九渊："吾弟今在何处做工夫？"

陆九渊回答："在人情、事物、物理上做些工夫。"⑤ 人的修养工夫不

---

① 傅佩荣：《傅佩荣解读易经》，线装书局 2006 年版，第 388-389 页。
② 《语录上》，《陆九渊集》卷 34，第 472 页。
③ 《语录上》，《陆九渊集》卷 34，第 483 页。又见《年谱》，《陆九渊集》卷 36，第 551 页。
④ 《语录下》，《陆九渊集》卷 35，第 541 页。
⑤ 《语录上》，《陆九渊集》卷 34，第 463 页。

能蹈空，不能突变，而要日积月累地落在实处。如果能够了解物价之高低变化，辨别事物之美恶真伪，那吾不可谓不能。可是，"吾之所谓做工夫，非此之谓也"。陆九渊所谓的做工夫，还包括"读书上""良师益友"来"除蔽"去私，"发明本心"。

陆九渊 15 岁时作了一首诗《初夏侍长上郊行分韵得偕字》：

> 讲习岂无乐，钻磨未有涯。
>
> 书非贵口诵，学必到心斋。
>
> 酒可陶吾性，诗堪述所怀。
>
> 谁言曾点志，吾得与之偕。

"心斋"二字出自《庄子·人间世》颜回和孔子的对话。

颜回曰："敢问'心斋'是什么意思呀？"

仲尼曰："若一志，无听之以耳而听之以心，无听之以心而听之以气。听止于耳，心止于符。气也者，虚而待物者也。唯道集虚。虚者，心斋也。"

"心斋"的意思是摒除杂念，使心境虚静纯一，而明大道。15 岁的陆九渊就明白读书能背诵并不值得夸耀，关键是要达到心斋的境界。他的心学雏形此时已显现了。陆九渊所说的"学必到心斋"，与朱熹的"格物致知"而达到治国平天下之学显然大相径庭。

"谁言曾点志"，则是指《论语》记载的孔子和子路、曾晳、冉有、公西华四个弟子的"言志"一事。曾点说"莫春者，春服既成，冠者五六人，童子六七人，浴乎沂，风乎舞雩，咏而归"，表达了对优游自适生活的向往，得到了孔子的认同。可见陆九渊的"讲习之乐"与曾点之志是一脉相承的。

由此可见，陆九渊确实是自小聪慧过人，自小勤奋读书。也许会有人说，历史上的名人谁不这样？但更重要的是，陆九渊自小还有不同于他人之处：好静多思（这一点与幼时的王阳明大不相同）、胆大好问，敢于向儒家的权威经典提出批判意见和独立见解。

俗话说"三岁看大，七岁看老"，我们在研究思想大家陆九渊的时候，是不是能在那个幼年学童身上看到某种因素呢？

二、兄弟之学：为啥偏偏陆九渊成大儒？

儒家发展到宋代，理学异军突起，并非偶然。陆氏"心学"兴起于南宋，陆九渊是宋明心学的开山祖，有其社会根源，也有其家族关系。

陆九渊从未进名校，也未拜过名师，却自幼聪明好学，是个早熟儿童，但这并不意味着陆九渊是无师自通。陆九渊有五个哥哥，他从小受大哥大嫂抚养，得二哥九叙照顾，随三哥九皋、四哥九韶、五哥九龄读书学习，一直是哥哥们的跟屁虫。朱熹称陆氏是"一家兄弟学，千古圣贤心"，人们更是传颂陆氏"兄弟六人皆才俊，一门儒风传千年"。所以，要谈陆九渊和陆九渊心学，就要说说陆九渊的那些哥哥们。

1. 大哥陆九思

陆九思（1115—1196），字子彊，大陆九渊 24 岁。与乡举，晚以恩授从政郎。一生总揽家务，注重礼义才华，培养族人。著有《家问》一卷，教育家人要识礼义，其语殷勤恳切，成为陆氏一族的家法，对包括陆九渊在内的每个家族成员都有重要影响。朱熹为这部《家问》题跋，说："《家问》所以训饬其子孙者，不以不得科第为病，而深以不识礼义为忧。"①

陆九渊出生时，乡人有求抱为养子者。陆贺因为儿子多，就想答应。大哥陆九思力请，以为不可。这一年，陆九思生子焕之，他和妻子商量："我子付田妇乳之，尔可乳小叔。"妻子欣然而从。陆九渊 3 岁时死了亲娘，体弱多病，由大嫂乳养长大。因此，陆九渊叫大嫂为"嫂娘"。

陆九渊小时有"不受华衣""疏山讨橘"等敬重嫂娘的事迹，长大后更是事兄嫂如事父母。陆九渊守荆门，把大哥陆九思接到荆门服侍，不半年而返。后陆九渊在信中告知其在荆门的所作所为，陆九思亦责其

---

① 《年谱》，《陆九渊集》卷 36，第 548 页。

矜功，对其严毅如子，这也说明这个家庭对他的影响。

陆九渊为官之时，他都把两个儿子和侄孙陆濬（陆九思之孙）带在身边。

2. 二哥陆九叙

陆九叙（1123—1187），字子仪，大陆九渊 16 岁。他一生经营药铺，似乎很平常，"金溪三陆"（陆九韶、陆九龄、陆九渊）并不包含他，而"三陆"的学术成就离不开他的经济支持，陆氏全家百口的衣食杂用等各项费用也主要由他操持和供给。"公独总药肆事，一家之衣食百用，尽出于此。"[1]

陆九叙人品极好。四季添衣，购买日常用品，先满足兄弟侄辈，最后才为自家妻子儿女着想。当穷约之时，他的 4 个儿子、6 个女儿总是穿得最差。而每当兄弟们要外出游学时，他总是"为治行具"，予以支持。

陆九叙诚信理财，精明机灵，善于经商。"商旅往来，咸得其欢心。""公正通敏，时贤称曰处士。"[2]

陆九叙去世时，陆九渊在家写下《宋故陆公墓志》，说二哥"气禀恢廓，公正不事形迹"，善于听取他人意见和处理家庭矛盾。陆九叙公正通敏，为人厚道，乐于助人，在三乡五里中威信最高。每当乡人论事未决，请陆九叙到场，或以一言正色而断之，或以一说谈笑而解之，往往为之涣然，无不允当。时人高其行义，称其为"五九居士"。

3. 三哥陆九皋

陆九皋（1126—1191），字子昭，名斋曰"庸"，人称"庸斋先生"，比陆九渊大 13 岁。陆九皋从小学习努力，"日课经子文集，必成诵，夜

---

[1] 《宋故陆公墓志》，《陆九渊集》卷 28，第 371 页。

[2] 《年谱》，《陆九渊集》卷 36，第 548 页。

阅史册，不尽帙不止"，"文行俱优"，"及长，补郡学子弟员，一试即居上游"。与乡举，晚得官，终修职郎，监潭州南岳庙。年过三十始获荐名，又复不第，就在家乡办起家塾，授徒率诸弟讲学，从游者多有闻。1187 年（淳熙十四年），江西岁旱，为乡官主赈恤。

陆九皋常与诸弟、族人论学，兼治田间。他是几个弟弟的启蒙老师，陆九渊学问尽得其精粹。陆九皋与陆九渊感情尤深。当陆九渊考取进士，任隆兴府靖安县主簿时，陆九皋专门写信勉励："吾曹不可儿戏度日，视听言动之际，三千三百之微，不可不察。若只主张见在者，恐道无时而备，德无时而盛，仁无时而熟。更勇进一步，可共进此道。"

陆九渊赴荆门时，请他同往。陆九皋说："子行矣，吾往时当自访之。"可是，数月之后，陆九渊在荆门梦见三哥还没几天，大哥陆九思还在由荆门返回故里的途中，竟传来陆九皋的死讯。陆九渊长歌当哭，写下《陆修职墓表》："某效官重湖，疾不侍药，敛不抚棺，葬不临穴，呜呼痛哉！"

4. 四哥陆九韶

陆九韶（1128—1205），字子美，大陆九渊 11 岁。陆九韶学问渊博精粹，崇尚孝悌忠信，重义轻利。不事场屋，淡泊名利，无意入仕，讲学梭山，自号梭山老圃、梭山居士，人称"梭山先生"。"与学者讲学于近地，名梭山，梭山在金溪陆氏义门之东是也。号曰梭山居士，诸司列荐，以居士应诏，举遗逸。"[1]

陆九韶与弟陆九龄、陆九渊并称"三陆"，他学以切于日用为要，身体力行，昼之言行，夜必书之，主要弟子有严松、徐仲诚。交结多名士，与朱熹友善，常与朱熹书信往来，切磋学问，陆九渊与朱熹的交往就是由他引荐的。陆九渊与朱熹的"无极之辩"也是由陆九韶写信给朱熹展开论辩而引发的。陆九韶对"心学"的发展有开启之功，著有《解

---

[1] 《年谱》，《陆九渊集》卷 36，第 548 页。

经新说》《州郡图》，有文集《梭山日记》，中有《居家正本》及《制用》
各二篇。

陆九韶治家有方，以训诫之辞编为韵语。清晨，家长率众子弟谒先
祠毕，击鼓诵其辞，使列听之。如："听听听听听听听，衣食生身天付
定。酒肉贪多折人寿，经营太甚违天命。"全祖望谓："三陆子之学，梭
山（四哥陆九韶）启之，复斋（五哥陆九龄）昌之，象山（陆九渊）成
之。梭山是一朴实头地人，其言皆切近，有补于日用。"又因其奏立社
仓之制，行于乡，民甚德之。

陆九渊敬佩其道德文章，与之往来书信不少，但亡佚严重。[1] 陆九
韶卒于陆九渊之后，临终自撰终礼，诫不得铭墓。

5. 五哥陆九龄

陆九龄（1132—1180），字子寿，名斋曰"复"，人称"复斋先生"，
比陆九渊大 7 岁。陆九龄"幼颖悟端重"，稍长，补郡学弟子员，自诸
子百家至阴阳、星历、五行、卜筮无所不涉。后入太学，司业汪应辰荐
他为学录。时秦桧当国，无道程氏学者，陆九龄独尊其说。久之，闻新
博士学黄、老，不事礼法，慨然叹曰："此非吾所愿学也！"遂归家，从
父兄讲学，退居临川的吏部员外郎许忻待之以宾。

陆九龄学问精进，又虚怀若谷，一生人品高洁，志向远大，治学重
践履又脚踏实地，勇于求道而力戒空谈。时人评价陆九龄："生而颖悟，
能步移，则容止有法。少有大志，浩博无涯涘"，"已负重名，知名士无
不师尊之"，"为时儒宗，道德系天下重望"。

陆九龄认为"心"是一切事物的基础和出发点。自古以来圣人相传
的"道统"即是"心"，离开"心"犹如"无址"而"成岑"。他为学主
张"治人先治己，自治莫大于气，气之不平，其病不一，而忿懥之害为
尤大"，要使"身体心验，使吾身心与圣贤之言相应，择其最切己者勤

---

[1]　王佩：《陆九渊家庭关系探微》，《湖北工程学院学报》2013 年第 1 期。

而行之"，批评烦琐支离的治学方法，要求"尽废讲学而务践履，于践履中，要人提撕省察，悟得本心"，从而"习到临利害得失无惧心，平时胸中泰然无计较心"，反对"弃日用而论心，遗伦理而语道"。他对求学者循循善诱，启发这些人去自悟其道。

陆九龄与朱熹虽观点不同，友情却不浅，有"珍重友朋情切琢"的品格。他晚年与张栻互相以书信论学。吕祖谦称其"所志者大，所据者实。有肯綮之阻，虽积九仞之功不敢遂；有毫厘之偏，虽立万夫之表不敢安。公听并观，却立四顾，弗造于至平至粹之地，弗措也"，还说"复斋家庭讲学，和而不同"。其著作有《复斋文集》。

治家方面，陆九龄尝继其父志，益修礼学，编撰治家之法。阖门百口，男女以班各供其职，闺门之内严若朝廷，陆氏百余人聚族合灶为食，一门和睦，天下罕见。

陆九龄据说是个全才，习文之外，能武善治家，大受时人的赞誉。这与一般儒生区别极大，在中国古代士子中较为罕见。陆九龄武艺超群，他的《与金溪宰》显出他具有杰出的军事才能。他在箭术上造诣颇深，能百步穿杨，实战与理论皆可观，他与子弟习射校场，讲明屯御方略。他曾以武艺胆略和军事才能保护了一乡的安全。

陆九龄在政治上也颇有建树，一生强调力行，反对学者沉溺在经典的训释传注中讨生活，这就是其实现政治抱负的坚实思想基础。从他的《与汪澡》一文可知，陆九龄曾与汪澡讨论过国家如何获得合理的赋税，同时又杜绝贪吏刁民的问题："租赋利害，如买绢一项，吏廉则民之输帛易，而帛亦不至甚恶，吏贪而受常例，则虽甚疏恶者，亦不得不受。于是有浮巧之民，能为甚薄之帛，而加之药如甚厚者。揽子厚取其直于民，而薄其价买之以输于公，拣子不敢言，受领官不敢退。若必使民自输，而书人户与拣子之名于帛端，而毋得使揽子者输焉，则公私两利，而其弊革矣。"从处理教育、簿书、赋税等政事来看，陆九龄在政务上不是迂腐的儒生，而是精明强干、有专业知识与水准的称职官吏。

陆九龄一生仕途短暂，曾三任教授，实际到职只在兴国军（兴国军治永兴县，即今湖北阳新县，属江南西路，辖境相当于今湖北省黄石市及大冶、通山、阳新等市县）当教授 9 个月。

1169 年（乾道五年），陆九龄以殿试第 8 名中进士，授迪功郎、桂阳军（今湖南郴州）教授，他因双亲年老，以道远不便迎侍，陈乞不赴。继改任兴国军军学教授，还未赴任，逢湖南茶民起义，他主持青田乡郡"义社"，率门生及乡人习武，防御起义军入境。后来他一到兴国郡治，就整肃学规，劝士兴学，学风大振。《宋史》记载，陆九龄（复斋）"及至兴国，地滨大江，俗俭啬而鲜知学。九龄不以职闲自佚，益严规矩，肃衣冠，如临大众，劝绥引翼，士类兴起"。正可谓学高为师，身正为范，陆九龄真正做到了正人君子，必先正己。陆九渊也详细记录了五哥陆九龄在兴国军学的事迹：在任数月，就把荒废无可稽查的官府簿书整理清楚，"于是无文移之繁，无追督之扰，簿书以正，负者乐输，储廪充裕，士人至者日众"。陆九龄因"丁太孺人忧"，很快离职，百姓们"莫不惋惜"。

陆九渊在《全州教授陆先生行状》中明确记载：1180 年（淳熙七年）己亥四月，陆九龄被朝廷任命为全州（全州县，今为广西桂林市下辖县）州学教授，未及到任，便患寒热之疾，"继以脾泄，屡止屡作，竟不可疗，九月二十有九日卒，享年四十有九"。

1226 年（宝庆二年），朝廷追赠陆九龄朝奉郎、直秘阁，赐谥"文达"。

陆九龄去世后，其弟子门人编辑了《复斋文集》，用现在的话来说，当时并未公开出版，只为陆家或弟子们的私人藏书，直到三四十年后，才由抚州的地方官员刻印流传于世。又据《宋元学案·梭山复斋学案》中全祖望的按语，《陆九龄文集》直到明万历中都保存在文渊阁内，大概至清初已散失不存。此实为南宋学术史之大不幸，对陆九渊心学的研究也是无法弥补的损失。

陆九龄对陆九渊的成长与成学有过关键性的影响和作用。如教之以《礼经》，使陆九渊自幼就懂得儒家之礼。陆九渊 10 岁时跟陆九龄到抚州读书，后又跟陆九龄到疏山寺读书 3 年。他勉励陆九渊赴学，并请旧友橘园先生李浩（字德远）指导程文章法。鹅湖之会，陆九龄和陆九渊兄弟联手，且率先发难，力助陆九渊抗衡朱熹，名声大噪。①

陆九龄去世后，陆九渊为五哥撰写《全州教授陆先生行状》，还请吕祖谦铭其墓，朱熹书其碑。可惜此碑已佚。陆九渊临终前还怀念陆九龄，说："先教授兄有志天下，竟不得施以殁。"可谓兄弟之情，至死不忘。

三、两次中举、一次中进士：陆九渊走过了一条怎样的科举求仕路？

对于科举求仕，陆九渊一直兴趣不大，评价不高。他说人生不能以科举为目的，"程文之外，另有学问；科场之外，另有人生；朝廷之外，另有立脚地！""今人多被科举之习坏。"②

有人可能认为这是狐狸吃不到葡萄就说葡萄酸，陆九渊考不上科举才这么说。事实并非如此。陆九渊的功名之路虽说波折不断，本人却是两次中举人，一次中进士。其家也是有兄弟两人中进士，其学生考上功名者更是不计其数。

陆九渊一直不肯参加科举考试，24 岁时改变了主意。事情的缘由是：三哥陆九皋（庸斋）素来与临川李浩（字德远）要好，常和李浩谈及陆九渊。李浩是 1142 年（绍兴十二年）的进士，后调饶州司户参军，1170 年（乾道六年）还以直宝阁知静江府兼广西安抚。1162 年（绍兴三十二年）春，陆九皋、陆九渊、陆九思的儿子陆焕之三人一同去拜访李浩。李浩看了陆九渊带去的一些文章，"大奇之，留数日，力勉其赴举"。

陆九渊回家后，就开始准备有关参加科考的表状材料，"阅其籍"，发现"诸家经赋咸在，惟无《周礼》"，就"即以此注籍"。端午节后，他开始以"周礼"为题准备考试，还找来科举考试的范文观看。

---

① 王佩：《陆九渊家庭关系探微》，《湖北工程学院学报》2013 年第 1 期。
② 《语录下》，《陆九渊集》卷 35，第 520 页。

到了秋天，参加乡试，"三日之试，写其所学，无凝滞"。第一次中举，就以《周礼》高中第 4 名，那时陆九渊 24 岁。考官王景文对他的考卷十分满意，笔批："毫发无遗恨，波澜独老成。"[1]这表明年轻的陆九渊不仅学问很好，且已成熟。

拆号放榜的那一天，陆九渊正在四哥陆九韶那里，突然听到一阵鼓琴乐声。原来是报捷的官吏到了，一曲终了，再鼓一曲乃归。陆九渊中第 4 名，其岳父吴渐中第 9 名，翁婿同榜，一时传为佳话。与其同岁的侄子陆焕之却落榜了。

南宋的乡试又称为发解试，考中的称为解举人，可以得到国家和地方的资助，于当年年底到达都城临安，参加来年春天的省试。如果考上进士，从此就踏上仕途，即使进士不中，也能在政治、经济和法律上享受一定的优待，如可免除本人的丁役和差役，犯罪可从轻发落。

但这年冬天，陆九渊的父亲陆贺病逝，享年 76 岁。金溪县知县报请朝廷，赠封陆贺"宣教郎"。由于要守孝 3 年，陆九渊失去了那年冬天录取解送、第二年春试南宫进士及第的机会，没有参加第二年的京试。

1165 年（乾道元年），陆九渊 27 岁，为父守孝 3 年期满，八月又参加乡试，因为前一次考试成绩不算，须重新考过。这一次，陆九渊却落榜了（"某秋试幸不为考官所取"），在同为落榜的童伯虞家里居住了近半年时间。

童伯虞，名为政，贵溪合盘石人。陆九渊"未尝以得失为念"，还写一篇文章开导童为政，说首先要完成道德修养，方可考虑功名，若"舍此而从事于彼，何啻养一指而失其肩背"，劝其不要跌入功名利禄的"陷阱"，而要相互"切磨于圣贤之道，以浑昔非，日有所警，易荆棘陷阱以康庄之衢，反羁旅乞食而居之于安宅，有足自慰者"[2]。他还说，富

---

[1] 《年谱》，《陆九渊集》卷 36，第 553 页。
[2] 《与童伯虞》，《陆九渊集》卷 3，第 39 页。

贵名利祸福，"求之有道，得之有命"，如果汲汲追求，得之则喜，失之则悲，无异于自投陷阱。圣贤教导：富贵利达，实为"人爵"，而"仁义忠信，乐善不倦"，属于"天爵"。"求人爵者必修其天爵"，如果只求科举功名的"人爵"而不修道德仁义的"天爵"，那就好像为了一个指头却失掉了肩背，这是不值得的。

童为政一听，加上这半年共同备考的经历，对陆九渊十分敬佩，拜陆九渊为师，成为陆九渊最早的学生。

1167 年（乾道三年），29 岁。冬，与吴爱卿（29 岁）结婚。此时离他们定亲已过了 19 年。据陆九渊《宋故吴公行状》、尤延之《吴公墓志》、杨简《孺人吴氏墓志》等可知，吴爱卿出生于临川前廊村，祖父吴万以右迪功郎致仕。父亲吴渐，字茂荣，母亲黄氏，生五子四女，爱卿居长。爱卿幼有异质，女工不学而能，读书过目不忘。陆九渊 10 岁那年，随陆九龄入郡庠学习，得到郡庠儒师吴渐的赏识，把长女吴爱卿许配与他。后来，陆九渊 20 岁行冠礼时，想四处游学，婚礼推迟。24 岁中举那年，又碰上陆贺逝世，婚礼第二次推迟。27 岁在守孝三年期满后，陆九渊再次参加乡试落榜，自是无心结婚，婚礼第三次推迟。现在，终于成亲，这年陆九渊 29 岁。

1184 年（淳熙十一年）秋九月，吴渐逝世，陆九渊作《外舅吴公行状》，说："某在童稚时，为公所知，后又妻其女，知公之平生可谓深且详矣。"1189 年（淳熙十六年）冬十月，陆九渊岳母逝世，陆九渊作《外姑黄夫人墓铭》，高度评价其岳母："自吾为婿，未尝见其喜怒，唯见其慈祥恭谨，为姑如妇"，"待子婿卑行，犹孳孳若有不及。"1190 年（绍熙元年）十一月，吴爱卿的大弟吴伯颙不幸以微疾卒，遗下妻子周氏和年幼的女儿。陆九渊撰《吴伯颙墓志》，又为之操持以族子为嗣等后事。

1171 年（乾道七年）中秋节后两天，吴氏为陆九渊生下第一个儿子，起名"持之"，取持之以恒之意。趁着喜得儿子的劲儿，33 岁的陆九渊走进考场，参加第三次乡试，又以《易经》中举。第二次中举得解，考官批云："如端人正士，衣冠佩玉。"① 陆九渊获得省试资格，这就叫作真金不怕火炼，是金子总会发光。

也是这一年，再次参加乡试的侄儿陆焕之，又落第了。后因结识了会稽（今浙江绍兴）陆游，陆焕之从学，跟随他飘然远游。从此，陆焕之无意于功名，州里重其学行，称曰"山堂学生"，卒年 64 岁。陆游亲自为其撰写墓志铭。②

第二年，1172 年（乾道八年）年底，34 岁的陆九渊第二次来到临安（今杭州）参加南宫春试，即礼部考试（省试）。陆九龄、书童陆春弟一同前往。

这届考试的三位主考官是吕祖谦、赵汝愚和尤袤，都是当时声名赫赫的名宦学者。在会试中，陆九渊因《易》卷、《论》卷和《策》卷"文意俱高"，赢得主考官吕祖谦的赏识。吕祖谦虽然与陆九渊不相识，却早闻其名，喜其人而爱其文。吕祖谦在几千份考卷中发现 3 份最有分量的文章，特别是看到其中一份《易》卷时，"顿觉心开目明"，又读《天地之性人为贵论》，"愈加叹赏。至策，文意俱高"③。吕祖谦觉得这份卷子笔法稳健而凝练，不滞于物，击节再三，于是请赵汝愚、尤袤两位考官传阅。

以下几段说的是当时的过程。在宋代，已经普遍实行"糊名法"和"誊抄制"。什么意思？就是考官阅卷之前，先把考生的姓名糊盖，由誊抄员把考卷誊抄一份，再送考官评阅。这样，考官就不可能知道这是谁的考卷。

吕祖谦读到经义科的一份《易》学论文："……狎海上之鸥，游吕梁之水，可以谓之无心，不可以谓之道心，以是而洗心退藏，吾见其过焉而溺矣。济溱洧之车，移河东之粟，可以谓之仁术，不可以谓之仁道，以是而同乎民，交乎物，吾见其浅焉而胶矣。……"不禁击节赞叹。

---

① 《年谱》,《陆九渊集》卷 36，第 554 页。
② 严勇：《陆九渊传》，湖北人民出版社 2019 年版，第 40 页。
③ 《年谱》,《陆九渊集》卷 36，第 554 页。

这份答卷写得文采飞扬，用典精深，且思想深邃，形象生动地道明了"无心"和"道心"、"仁术"和"仁道"的区别。"洗心退藏"语出《周易·辞传》，就是说圣人之心无一毫私欲，即使退藏于密室，此心也不受污染。"狎海上之鸥"说的是《列子·黄帝篇》中的一个故事：有一少年喜欢海鸥，经常去沙滩喂食。天长日久，海鸥都不怕他，会落到他的身边，彼此相处甚欢。后来他父亲知道了，对儿子说，家里长久没沾荤腥，明天抓几只海鸥来。儿子不愿意，但不敢违背父命。次日去沙滩，少年心里就有了逮海鸥的念头，虽然没有付诸行动，表情如旧，一如既往地喂食，但海鸥们仿佛已经窥见了他的心思，只是在他的头上飞来飞去，不再落下。因为这时人有了机心，心变坏了，而鸟儿是忘机的。陆九渊的观点是纯乎自然的无心，与博施济众的道心有天地之别，治理人民要以圣人的仁爱之心为标准，而不能无所作为，更不能玩弄政治伎俩。这里已经透露出一些心学的观点。这个"道心"就有点接近陆九渊日后反复强调的"本心"的意思了。

吕祖谦又读到《论》卷中的一份答卷《问唐取民制兵建官》："古之是非得失常易论，今之施设措置常难言。论古之是非得失，而不及今之设施措置，吾未见其为果知古也。"

再读到《策》卷中《问汉文武之治》一卷的结尾："呜呼！富庶之效，虽辽于虚耗之报，而捊髀之叹，有不如轮台之哀。尧舜三王之心，吾于汉武帝末年之诏而知之，此吾所以重惜其无学以辅之也。"

据《年谱》，吕祖谦特意叮嘱尤袤："此卷超绝有学问者，必是江西陆子静（陆九渊）之文，此人断不可失也。"[1] 考官赵汝愚"嘉其文"，于是将其录取，高中贡士。揭卷后一看，名字正是陆九渊。《宋书·吕祖谦传》也记载：吕祖谦"尝读陆九渊文喜之，而未识其人。考试礼部，得一卷。曰'此必江西小陆之文也'。揭示，果九渊，人服其精鉴"。

多年后，陆九渊还怀念吕祖谦："公素与我，不交一字，糊名誉

---

① 《年谱》，《陆九渊集》卷 36，第 554 页。

书，几千万纸。一见吾文，知非他士，公之藻镜，斯已奇矣。"[1]杨简也在《象山先生行状》中赞扬吕祖谦有慧眼，"能识先生之文于数千人之中"[2]。

这年五月，陆九渊参加了殿试。殿试又称"御试""廷试""廷对"等，为科举考试中的最高一级考试。殿试由武则天创制于神都紫微宫洛城殿，是唐、宋（金）、元、明、清时期科举考试之一，会试中选者始得参与。殿试只考策问，应试者自黎明入，历经点名、散卷、赞拜、行礼等礼节，然后颁发策题。殿试结果填榜后，皇帝于太和殿举行传胪大典，宣布殿试结果，分为三甲。一甲三人，称状元、榜眼和探花，赐进士及第；二甲若干名，赐进士出身；三甲若干名，赐同进士出身。一甲三人，殿试后立即授职，状元授翰林院修撰，榜眼、探花授翰林院编修；其他进士，按殿试、朝考名次，分别授以庶吉士、主事、中书、行人、评事、博士、推官、知州、知县等职。

这一年有 389 个奏名进士参加了殿试。殿试前，大家都认为陆九渊会名列三甲，但那天集英殿"唱名"放榜时，陆九渊只以末甲及第，赐同进士出身。而高中状元的是福建永福县（今永泰县）黄定，榜眼是福建莆田黄艾，探花刘卞。状元黄定在殿试策对中，针对金兵压境、南宋偏安江南的危局说"以大有为之时，为改过之日月"，要皇帝振作精神，改正过失，虚心倾听群臣意见，中兴宋室。其言辞甚为恳切爽直。宋孝宗阅后，颇为赞赏，遂擢为第一名。黄定中状元后，历任秘书省校书郎、工部员外郎、国子监司业，然后外放，任温州、潮州知府，广东提举，最后任国子监祭酒。

1169 年，陆九龄考了殿试第 8 名，后来王阳明考上进士二甲第 7 名，相当于全国第 10 名。显然，陆九渊的进士名次要低一些，未能如众人所料。究其原因，《年谱》归结为陆九渊廷对时因"见君之初，岂敢过

---

① 《祭吕伯恭文》，《陆九渊集》卷 26，第 352 页。
② ［宋］杨简：《象山先生行状》，《陆九渊集》卷 33，第 449 页。

直"，对自己的才能有所隐藏。

所以，陆九渊并不是考场失意，相反他在考场上表现十分出色。不过，他认识到科举制度的弊病，不满当时追名逐利的学风，所以他对科举求仕十分不屑并深刻批判。

四、讲学生涯：学生眼里的陆九渊"衣冠必整肃，望之有如神"

南宋是一个讲学风气深厚的时代。陆九渊是名气很大的大儒，一生讲学不止。陆九渊的讲学经历可分为五个时期。[①]

1. 临安与富阳讲学

1172 年，陆九渊考上进士，还没回家，客居在临安（杭州）时，就有许多士人慕名前来求教，"一时俊杰咸从之游"。陆九渊与学者们"朝夕应酬答问，学者踵至，至不得寐者馀四十日"，"听其言，兴起者甚众"[②]。陆九渊上的第一堂课就是人皆可成圣。"明心辨志""先立乎其大者"，即保持纯洁的心灵这个大根本，不要被各种邪念所陷溺。

后来，五哥陆九龄在给学者的书信里还谈起陆九渊的这段经历，点了最早拜陆九渊为师的六人："子静入浙，则有杨简敬仲、石崇昭应之、诸葛诚之名千能、胡拱达才、高宗商应时、孙应朝季和从之游，其馀不能悉数，皆矗矗笃学，尊信吾道，甚可喜也。"[③]

其实，在陆九渊这段讲学期间，最得力的学生，除了上述六人中的杨简外，还有袁燮、舒璘、沈焕。这四人及其子弟都信服陆九渊本心理论，成为陆九渊心学的主要传承人。绍兴、宁波和台州地区有四明山脉，这四人都是明州（今宁波）人，其学术活动区域主要在明州，是当时"浙东学派"的主力。因而，这四人被称为"明州淳熙四先生""甬

---

① 徐纪芳：《陆象山弟子研究》，文津出版社 1990 年版。
② ［宋］杨简：《象山先生行状》，《陆九渊集》卷 33，第 449 页。
③ 《年谱》，《陆九渊集》卷 36，第 556 页。

上四先生"，他们的学派被称为"四明学派"。

其中，杨简，号慈湖，慈溪人，年轻时就读太学，与陆九渊的五哥陆九龄是同榜进士（1169 年），比陆九渊还早 3 年中进士，先后任富阳主簿、乐平知县、温州知府等地方官。陆九渊教杨简的开篇，则是 1172 年三月二十一日至七月初九日这段时间在富阳的"本心"教学。

舒璘、沈焕都是陆九渊的同科进士。

袁燮（1144—1226），字和叔，宁波人，学者称之为絜斋先生，谥正献。乾道初，入太学，陆九渊临安讲学时，袁燮还是一名太学生。袁燮于 1181 年（淳熙八年）中进士，授江阴尉，后知温州，进直学士。袁燮游学广泛，《宋元学案》卷 51 列为吕祖谦门人，卷 57 列为陆九龄门人，卷 58 列为陆九渊门人。这次在杭州，袁燮见到陆九渊，陆九渊"即指本心洞彻通贯"，即发明本心之旨，袁燮就拜陆九渊为师，"研精覃思，有所未合，不敢自信。居一日，豁然大悟，因笔于书曰：'以心求道，万别千差，通体吾道，道不在他。'"①

从这以后，陆九渊便开始了他的授徒讲学生涯，即使在做官的任期中，也没有停止过教学和学术活动。

2. 槐堂三年讲学

1173 年七月初九日，陆九渊乘船离开富阳，于七月十六日回到家乡江西金溪。陆九渊一回金溪，求学者"远迩闻风而至，求亲炙问道者益盛"。陆九渊就把家里东偏房开辟为讲堂，正式开始了讲学生涯。陆九渊家的这间东偏房因房前有棵古槐树而被叫作"槐堂"，用作"学徒讲学之地"②后，这里也就叫作"槐堂书院"。

《年谱》记载了当时的盛况："学者辐辏。时乡曲长老，亦俯首听诲。每诣城邑，环坐率二三百人，至不能容，徙寺观。县官为设讲席于学

---

① 赵伟：《陆九渊门人》，中国社会科学出版社 2009 年版，第 172 页。

② 《年谱》，《陆九渊集》卷 36，第 556 页。

宫，听者贵贱老少，溢塞途巷，从游之盛，未见有此。"[1]

1174年（淳熙元年），陆九渊36岁。八月十二日，次子出生，取名"循之"，取循序渐进之意。陆九渊对两个儿子也是精心教育，悉心指导。长子陆持之后来在象山读书时，就随他一起讲学，当过辅导老师，最终在浙西安抚司任职，次子陆循之中举后官至弋阳县令。

槐堂讲学持续了3年，除了几次短暂的外出讲学访友外，陆九渊都在槐堂专心致志地讲学。其间确立了"心学"体系，与朱熹的"理学"相对峙，在学术界掀起了不小的波澜。

槐堂讲学的内容多样化和系统化，与当时流行的讲求义理、学规严密的讲学风气截然不同。

一是不拘泥于以"经义""治事"为训典的讲学方法。朱熹、吕祖谦在讲学处均设置成文的学规，或刻于石板，或贴于墙壁，警策师生共同恪守。但槐堂不立规矩，不用严格的纪律约束学生，而鼓励学生主动探索圣贤之道，并以此互相感染，营造一种积极进取的求学氛围。

二是教学以辨志明心、学做人为主，所以其教学重点在于匡正学者的心灵意念，直指"本心"，启发并激励学生端正思想，摒除杂念，达到知"心"的境界。

三是不唯经典教条，强调实践，主张自主自立，注重发挥学生的主观能动性，提高对道德价值观念的自我判断能力，使他们在自觉遵循和践行道德价值要求的基础上取得"学业"的进步。[2]

当时，南宋的书院普遍立有"学规"。比如，朱熹在白鹿洞书院就把一些儒家经典语句集在一起，作为书院的教育方针、教育任务和学生守则，让师生记诵，明确"义理"，见之于身心修养，以自觉遵守。它规定按学、问、思、辨的"为学之序"去"穷理""笃行"，还规定了修身、处事、接物的要点，作为实际生活与思想教育的准绳。

---

[1] 《年谱》，《陆九渊集》卷36，第567页。
[2] 严勇：《陆九渊传》，湖北人民出版社2019年版，第49页。

但陆九渊办学，"去今世所谓学规者"，不立"学规"，只是引导和鼓励学生自立、自尊、自强，让后来的低年级同学向先来的同学学习，"诸生善心自兴，容体自庄，雍雍于于，后至者相观而化"，一时间，赢得了很大的社会知名度和影响力。人们感叹："猗欤盛哉！真三代时学校也。"①

来槐堂求学的人员众多，最让陆九渊感动的，是当年对陆九渊有知遇之恩的前辈李德远也让自己的儿子李肃、孙子李复从学于门下。许多人慕名而来，除了在临安问学的石崇昭、诸葛诚之、孙应朝等，还有徐谊、蔡幼学等，他们后来都成为发扬心学的中坚力量，遍及赣浙闽粤四省。知名者有傅梦泉、邓约礼、傅子云、黄叔丰、李伯敏（字敏求、好古）、朱济道、朱亨道、朱克家、邹斌、周清叟、陈刚、俞廷春、詹阜民、包扬②等65人，史称"槐堂诸儒"。其中，有4个代表：

傅梦泉，字子渊，号若水，建昌南城（今江西南城县）人，曾讲学南城曾潭之浒，学者称曾潭先生。1175年（淳熙二年）进士，授衡阳教授，主讲石鼓书院。后历官宁都县宰、清江判官。

邓约礼，字文范，盱江（今江西广昌县）人，因为是李德远之女婿，故住在临川。邓约礼师从陆九渊较早，深得器重，是槐堂高足之一。由于槐堂弟子越来越多，陆九渊就让邓约礼为斋长，协助他教育弟子。来槐堂的一些年纪较小的弟子，先跟着邓约礼学习一年半载，才能正式成为槐堂弟子。陆九渊的得意门生傅子云初到槐堂时，只有七八岁，也是先师从邓约礼的。因而，槐堂弟子都尊称邓约礼为"直斋先生"。1178年（淳熙五年），邓约礼考中进士，历官德化丞、温州教授、常德府推官。他每官一处，都深得民心。陆九渊曾赞曰："邓文范为丞，德化政声甚美，常摄两邑，皆整其弊坏，民之戴之，不愧于史册所书。"③后来，

① ［宋］杨简：《象山先生行状》，《陆九渊集》卷33，第449页。
② 包扬，字显道，建昌南城人。《槐堂诸儒学案》将包扬与其兄包约（字详道）、弟包逊（字敏道）合为一传，云三兄弟皆师从陆九渊。
③ 《与刘漕》，《陆九渊集》卷15，第229页。

邓约礼又把次子邓泳（字德载）送到象山精舍接受陆九渊教诲。邓泳于 1220 年（嘉定十三年）中了进士，为沿江制司参议，知鄂州，兼沿江制置副使。父子两代均出自陆门，一时传为美谈。

傅子云（1164—1239），字季鲁，号琴山，金溪人。陆九渊自京师归乡，傅子云恰入太学，相见于途，共游桐江，问究儒学奥旨。傅子云钦佩之余，就跟着陆九渊来到金溪槐堂，成为陆九渊最小的学生。正因其年少，陆九渊让他先从邓约礼学习。陆九渊很看重傅子云，傅子云因年龄最小听课时坐在最末（"齿最少，坐必末"），而陆九渊讲课每当讲到痛快处，就会环顾四方，找到傅子云说："岂不快哉！"陆九渊还会在讲台旁边安排一座，让傅子云代为讲课，这是十分罕见的。（"尝挂一座于侧间，令代说。时有少之者。"）可见陆九渊对傅子云的欣赏程度。陆九渊曾论其门下弟子高下："以傅子渊居其首，邓文范居次，傅季鲁、黄元吉又次之。"他将傅子云列在其中，他曾经说过"季鲁英才也"[1]。陆九渊去荆门就职，将象山书院交给傅子云管理。《陆九渊集》有《与傅季鲁》书一封，《象山语录》有傅子云所录 131 条。后来，傅子云还与袁燮同编《年谱》。

黄元吉，即黄叔丰，字元吉，金溪人，是陆九渊二哥陆九叙的女婿，跟随陆九渊 15 年，深得陆九渊信任。其后在荆门录陆九渊语录，名曰《荆州日录》。

3. 国学四次讲《春秋》

陆九渊主要生活在孝宗时代，孝宗是南宋一位图治有为的皇帝，《宋史》卷 35《孝宗纪三》称其"聪明英毅，卓然为南渡诸帝之称首"，而且"有志于天下"。[2]宋孝宗即位后，励精图治，常怀"恢复之志"，采取了一些收复北方失地的积极措施。1163 年（隆兴元年），他任命抗战

---

① 《年谱》，《陆九渊集》卷 36，第 570 页。
② 《本朝一·孝宗朝》，《朱子语类》卷 127，第 3301 页。

派领袖张浚为枢密使，迫不及待地开始了对金的北伐。宋军先后攻占灵璧、虹县、宿州，但旋即溃败于符离（今安徽宿县），全军资粮器械损失殆尽。此后，宋军无力再战，北伐遂告失败，孝宗被迫与金议和。

1164 年（隆兴二年）十二月，在金朝的军事压力下，南宋与其签订了屈辱和议，主要条款为：双方世为叔侄之国，宋帝正皇帝之称，向金称"侄皇帝"，不再称臣；改"岁贡"为"岁币"，宋每年给金白银二十万两、绢二十万匹；宋放弃商（今陕西商县）、秦（今甘肃天水）、海、泗（今江苏盱眙西北）、唐（今河南唐河）、邓（河南邓州）诸州，两国疆界一如绍兴和议之旧；不遣返叛亡之人。按和约批准和最终成立的年代，后人称其为"隆兴和议"或"乾道之盟"。从此，宋金保持 40 年的和平关系。

陆九渊就是在这样一个大背景下走上政治舞台的。

1182 年（淳熙九年），44 岁。秋初，陆九渊来到国子监（临安府钱塘县西岳飞故里），出任国子监学正。

他讲了些什么呢？

讲《春秋》。

什么是《春秋》？《春秋》又称《春秋经》，它是中国古代儒家典籍"六经"之一。《春秋》所记的是 240 多年的春秋各国大事，现存全文 16000 多字，是我国第一部编年体史书，也是周朝时期鲁国的国史。现存版本据传是孔子修订而成的，故有"文王拘而演《周易》，仲尼厄而作《春秋》"之说。

《春秋》记事的语言极为简练，常含褒贬之意，后人称为"春秋笔法""微言大义"。2019 年南昌海昏侯墓出土简牍 5200 余枚，就有包括《春秋》在内的儒家经典及其训传。由于《春秋》的文字过于简质，后人不易看懂，后来就有人对《春秋》所记载的历史进行补充、解释、阐发，被称为"传"。最有影响的是左丘明的《春秋左氏传》（《左传》），公羊高的《春秋公羊传》（《公羊传》），穀梁赤的《春秋穀梁传》（《穀梁传》），合称"春秋三传"，列入儒家经典。后来，"传"又看不懂了，于是又有了对"传"进行解释的，被称为"注"。

这样越搞越烦琐，后人甚至只看"传""注"，对"经"反倒不太注重了。陆九渊就说过："后世之论《春秋》者，多如法令，非圣人之旨也。"到了唐代，啖助、赵匡"舍传求经"，实开经学变革之先河，在中唐以后的经学史中颇有影响。陆九渊对此评价很高，他曾看过陆淳疏释啖助、赵匡的《春秋集传纂例》，就跟学者们说："啖、赵说得有好处，故人谓啖、赵有功于《春秋》。"又云："人谓唐无理学，然反有不可厚诬者。"① 陆九渊的观点与清人在《四库全书总目提要》中的评价颇为一致："盖舍传求经，实导宋人之先路。生臆断之弊，其过不可掩；破附会之失，其功亦不可没也。"

那么，陆九渊认为《春秋》的核心思想是什么呢？

陆九渊的《大学春秋讲义》主要涉及公元前 601 年至前 599 年（鲁宣公八年至十年）。他在国子监讲《大学春秋讲义》，扣住一个中心，就是"义"，包括了匡扶正义的霸业、君臣大义和维护"义"的礼制。"义"或"礼义"作为"中国"的标志，体现了华夏的优越感和自信心，是华夏民族的软实力。

陆九渊在《大学春秋讲义》中讲的"义"不外于华夷之辨、君臣大义和体贴民情等方面，而华夷之辨则是其重心所在。

从 1182 年（淳熙九年）八月十七日至 1183 年（淳熙十年）十一月十三日，陆九渊在国子监讲授了四次《春秋》。

1182 年八月十七日，陆九渊的《大学春秋讲义》开篇就选取公元前601 年（鲁宣公八年）"楚人灭舒蓼"一事，使中国夷狄之辨成为开宗必明的第一义理。

1183 年二月七日，陆九渊第二次讲《春秋》。陆九渊认为在华夏内部，《春秋》的"义"重在君臣大义与维护它的礼制。

第三次讲《春秋》：七月十五日，陆九渊以鲁宣公十年晋人会诸侯

---

① 《语录上》，《陆九渊集》卷 34，第 468 页。

之师为例，重申前两讲主题，对"君臣之伦汩丧殆尽"的无序混乱状况，表示了自己的忧虑。

十一月十三日，陆九渊第四次也是最后一次讲解《春秋》大义。这一次选取鲁宣公十年发生的水灾和饥馑。陆九渊不满于汉儒们用"天人感应"的理论来解读《春秋》，认为这是牵强附会。他认为，天之大水，纯系自然；岁之饥馑，当责君主。他讲灾异，最后落实到君王救助灾异的主体职责上。

陆九渊在国子监的四次讲学，使其名声大噪，以致"诸生叩请，孳孳启谕，如家居教授，感发良多"[1]。

4. 象山五年讲学

陆九渊讲学活动的最盛时期，是 1187 年（淳熙十四年）至 1191 年（绍熙二年）在贵溪应天山象山精舍讲学。

1186 年（淳熙十三年），48 岁的陆九渊受到排挤，被任命主管台州（今浙江临海）崇道观。这个祠禄官是一个闲差，光拿工资不上班。于是他回到家乡，专事讲学活动。

第二年（1187 年），陆九渊在槐堂书院的一个学生彭兴宗（字世昌，金溪人）请陆九渊到贵溪应天山一游。这个"彭世昌极贫"[2]，但"此公志向不肯碌碌，人皆谓之狂生。然其平生所为，甚异流俗，为私者尝少，而为义者尝多"[3]。这时，因为彭世昌看到应天山"陵高而谷邃，林茂而泉清"，是办学的好地方，于是把应天山买了下来，"彭子竭力开辟，结一庐"，然后到金溪请老师陆九渊去看看，并邀请他在那里讲学。

事后，陆九渊非常兴奋，给王谦仲、杨仲、朱熹等人写信来谈此事。"乡人彭世昌新得一山，在信之贵溪西境，距敝庐两舍而近。"应天山离陆九渊家乡金溪有 30 公里，位于今龙虎山附近，面积约 9 平方公

① 《年谱》，《陆九渊集》卷 36，第 562 页。
② 《与王谦仲》，《陆九渊集》卷 9，第 136 页。
③ 《与王谦仲》，《陆九渊集》卷 9，第 137 页。

里，主峰海拔 811 米。

应天山下有贵溪人张运（字南仲）的故居（"故侍郎张南仲之居，寔在山下"）。张运，是北宋宣和三年进士，曾任刑部侍郎、户部侍郎，《宋史》有其传。"其诸侄咸在故里，皆尊尚儒术，旧亦多游从者。"[①] 彭世昌的"开山之役，诸张实佽助之……今张氏子弟，咸来相从"[②]。彭世昌得此山后，就予以开发。

陆九渊是这年去应天山察看的，同行的除彭世昌外，还有已故张侍郎的侄儿张伯强、张行。进得山来，风景迥异。古道狭窄，地形险要，一块柱天而立的巨大"莫壁石"扑面而来。两山回合，环如肘臂。此处古称"天门寨"，一夫当关，万夫莫敌。再进去，豁然开朗。山间自为原坞，良田清池，无异平野。"山间亦粗有田可耕"，却"见其隘"，就"复建一草堂于其东"。第二年春社日一过，陆九渊又率领儿子陆持之、陆循之和几个朋友去应天山考察了几天，发现了此山更多的妙处胜景，"一家结庐于东坞之上，比方丈为少高，名之曰储云。兹山常出云，云之自出，常在其高故也。一家结庐于前山之右，石涧飞瀑，萦纡带其侧，因名曰佩玉。相继而来结庐者未已，未及名也"[③]。

陆九渊还发现了以往那些僧人没有发现的"要领之处，眼界胜绝"（"社日后，携二息，偕数友朋，登山盘旋数日，尽发兹山之秘"），觉得自己去年冬天在寺庙旧址上建的草堂也"未惬人意"，"方于要处草创一堂"，"方于胜处为方丈以居"。

唐代，禅宗八祖马祖道一曾经在山的北面建房居住，当地人就叫此山为"禅师山"。后来，北宋神宗赵顼元丰年间（1078—1085）有个叫"莹"的和尚在山的南边建了一座"应天寺"，于是"禅师山"改名"应天山"。后来，应天寺"废久矣，屋庐毁撤无余，故址埋于荆榛，良田清池，没于茅苇"。

---

① 《与王谦仲》，《陆九渊集》卷 9，第 136 页。
② 《与王谦仲》，《陆九渊集》卷 9，第 136 页。
③ 《与王谦仲》，《陆九渊集》卷 9，第 136 页。

彭世昌与张氏兄弟准备筹资修葺应天寺并建简易茅舍数十楹于四山，有两户山民盖茅屋于东坞及前山之右。

陆九渊很喜欢此山，用了大量笔墨反复描绘："方丈檐间，层峦叠嶂，奔腾飞动，近者数十里，远者数百里，争奇竞秀，朝暮雨旸云烟出没之变，千状万态，不可名模。两山回合其前，如两臂环拱，臂间之田，不下百亩。沿流而下，悬注数里，因石赋形，小者如线，大者如练。苍林阴翳，巨石错落，盛夏不知有暑，挟册其间，可以终日。东山之崖，有繙经石，可憩十许人；西山之崖，有歇石，可坐五六人，皆有苍松蟠覆其上，其下壁立万仞。山之阴，有尘湖在其巅。天成一池，泓然如鉴，大旱不竭，可以结庐居之。自尘湖而北，数山之外，有马祖庵，其处亦胜。有风洞，有浸月池，有东坨，有桦木垅，有东西坞，有第一峰，凡此皆旧名嘉者。"[1]

陆九渊、彭世昌、张伯强、张行已登北峰眺望。"山间自为原坞，良田清池，无异平野。山涧合为瀑流，垂注数里。两崖有蟠松怪石，却略偃蹇，中为茂林。琼瑶冰雪，倾倒激射，飞洒映带于其间，春夏流壮，势如奔雷。木石自为阶梯，可沿以观。佳处与玉渊卧龙未易优劣。"[2]

陆九渊大喜，十分愉快地答允了彭世昌和张氏兄弟的邀请，决定在此山结庐讲学，作终身计。"傥得久于是山，何乐如之？"[3]但陆九渊不喜欢"禅师山"和"应天山"这两个山名，因为它们得名于佛教（"乃今吾人居之，每恶山名出于异教，思所以易之而未得"[4]），于是，他要为此山另取一名。

叫什么名字呢？"从容数日，得兹山之要"，想来想去想了好几天，

① 《与王谦仲》，《陆九渊集》卷9，第136-137页。
② 《与朱元晦》，《陆九渊集》卷2，第25页。
③ 《与侄孙濬》，《陆九渊集》卷14，第216页。
④ 《与朱子渊》，《陆九渊集》卷13，第199页。

反复琢磨此山的妙处。"要领之处，眼界胜绝，乃向来僧辈所未识也"①，"兹山之胜"，不但是历史上那些僧人没有领会的，就是自己也"殆生平所未见。终焉之计，于是决矣"②。陆九渊"顾盼山形，宛然钜象"，即宛如一头巨象，昂首阔步，行走在绿色的海洋之间。此山"实龙虎山之宗。巨陵特起，巋然如象"③。《易·系辞》有云："通其变，道成天之文；极其数，遂定天下之象。""易之道，始于象，源于象。"于是，陆九渊就把这座山命名为"象山"④。

陆九渊还有意无意地说了一句："当地人一直以山名为和尚所取而感到耻辱，现在都很高兴地称这座山为'象山'。"（"乡人盖素恨此山之名辱于异教，今皆翕然以象山为称。"⑤）

后来，明代内阁首辅、邻县铅山人费宏有诗曰："宇宙从来有此山，高踪远蹑陆文安。"

陆九渊历来说话简洁，可他反复地详细描述了象山的位置、山势、形势与气象。

"此山大势南来，折而东，又折而南。其高在西北，堂之西最高，九峰联络如屏，名曰翠屏，其上皆林木也。北峰之高者如盖，可以登望。"⑥

"山面东南，叠嶂骈罗，近者数十里，远者数百里，缥缈磊落，争奇竞秀，飞舞于檐间。朝暮雨旸云烟出没之变，不可穷极。"⑦

山之南面是福建的光泽，"前把闽山，奇峰万叠"⑧，"南望群山益远，溪谷原野毕露"⑨，北视上清仙岩台山，仅如培塿。东西二溪，窈窕如带。二

---

① 《与王谦仲》，《陆九渊集》卷9，第136页。
② 《与朱子渊》，《陆九渊集》卷13，第199页。
③ 《与朱元晦》，《陆九渊集》卷2，第25页。
④ ［宋］杨简：《象山先生行状》，《陆九渊集》卷33，第451页。
⑤ 《与王谦仲》，《陆九渊集》卷9，第136页。
⑥ 《与王仲谦》，《陆九渊集》卷9，第137页。
⑦ 《与朱子渊》，《陆九渊集》卷13，第199页。
⑧ 《与朱元晦》，《陆九渊集》卷2，第26页。
⑨ 《与王谦仲》，《陆九渊集》卷9，第137页。

溪合处百里而近，然地势卑下夷旷，非甚清彻，尝没于苍茫烟霭中矣"①。

山之东面是上饶灵山，"东望灵山，特起凌霄，缥缈如画，山形端方廉利，吴越所未见有也。下见龟峰，昂首穹背，形状逼真"②。"上憩层巅，东望灵山、龟峰，特起如画。"③

"西望麓姑、石鼓、琵琶群峰，嶙峰逼人，从天而下。"④

"比〔北〕视龙虎、仙岩、台山，仅如培塿。"⑤陆九渊特别提到"象山"的北面"后带二溪，下赴彭蠡"⑥。那两条溪河呢？一条"溪之源于光泽者，萦纡泓澄，间见山麓如青玉版"⑦。另一条"玉山之水，盖四百里而出于龟峰之下，略贵溪以经兹山之左"⑧。"东西二溪窈窕如带，二溪合处，百里而近，然地势卑下夷旷，非甚清彻，目不能辨，常没于苍茫烟霭中矣。下沿清流，石涧曲折，分合万状。悬注数里，苍林阴翳，巨石错落，盛夏不知有暑。挟册其间，可以终日，造物之遗予多矣。"⑨

陆九渊教学之余，还经常率领弟子与子侄在象山周边游学，并留下《题新兴寺壁》《题翠云寺壁》等作品，说："比岁又开象山于龙虎之上游，启半山、殡潭、风练、飞雪、水帘、栀子诸瀑。今秋之杪，登云台，瞰鬼谷，穷石人之龙湫，观千寻之玉带，乃独未睹跃马、鸣玉之奇"，上清半山、耳口梅潭、云台山、鬼谷洞、龙虎山、仙岩等地都留下了他们的足迹。陆九渊认为这样"亦可知学"，感慨"斯游之得，亦已多矣"⑩。陆九渊还教育学生不要"道在迩而求之远，事在易而求之难"。

陆九渊说他在半山观瀑，在水南登舟，宿上清，住龙虎，探究仙岩

---

① 《与王谦仲》，《陆九渊集》卷 9，第 137 页。
② 《与王谦仲》，《陆九渊集》卷 9，第 137 页。
③ 《与朱子渊》，《陆九渊集》卷 13，第 199 页。
④ 《与朱子渊》，《陆九渊集》卷 13，第 199 页。
⑤ 《与朱子渊》，《陆九渊集》卷 13，第 200 页。
⑥ 《与朱元晦》，《陆九渊集》卷 2，第 26 页。
⑦ 《与朱子渊》，《陆九渊集》卷 13，第 199-200 页。
⑧ 《与朱子渊》，《陆九渊集》卷 13，第 199 页。
⑨ 《与朱子渊》，《陆九渊集》卷 13，第 200 页。
⑩ 《题翠云寺壁》，《陆九渊集》卷 20，第 288 页。

之胜景："石濑激雪，澄潭渍蓝，鹭翅兔飞，恍若图画。疏松、翠篠、苍苔、茂草之间，石萱呈黄，金橙舒红，被崖缘坡，烂若锦绣。轻舟危樯，笑歌相闻，聚如鱼鳞，列如雁行。……老者苍颜皓髯，语高领深，少者整襟肃容，视微听冲，莫不各适其适。"①

　　陆九渊不但把此山命名为"象山"，还自号"象山居士"，并将自己的讲学之地命名为"象山草堂"，亲书匾文"象山精舍"，还写信给他的高足杨简，特意解释了为何叫"象山精舍"："'精舍'二字，出《后汉书·包咸传》，其事在建武前。儒者讲习之地，用此名，甚无歉也。"②古代的书院有讲学、研究、藏书、刻书、祭祀五大功能，并有学田用以办学。而陆九渊将此地命名为"象山精舍"，一是说办学规模较小，条件简陋，二是打算以后再将精舍扩展为书院。"初，先生本欲创书院于山间，拜命守荆而不果。"③

　　陆九渊每年都在二月登上象山与弟子们讲学论道，九月底才返回金溪。

　　据载，陆九渊在象山讲学的姿态与神情让人神往，冯元质回忆：每天早晨，"精舍鸣鼓"，陆先生乘坐一顶藤轿来到书院，"会揖，升讲座，容色粹然，精神炯然"（学生向老师作揖致礼，陆先生升上讲座，他一脸纯正，精神抖擞）。"虽盛暑，衣冠必整肃，望之如神。"陆九渊庄重、自适、怡然的气象给学生留下极深的印象。

　　教室里每张书桌上都有一个小牌子写明了每个人的姓名年龄，学生们照此依次入座，人数少时"亦不下数十百"，整个教室"齐肃无哗"。陆九渊"首诲以收敛精神，涵养德性，虚心听讲，诸生皆俯首拱听，非徒讲经，每启发人之本心也。间举经语为证"。

---

① 《题新兴寺壁》，《陆九渊集》卷20，第278-288页。
② 《年谱》，《陆九渊集》卷36，第568页。
③ 《年谱》，《陆九渊集》卷36，第592页。《后汉书·包咸传》曰："因住东海，立精舍讲授。"即西汉末年（东汉建武前），有个叫包咸的儒生在东海边建精舍授徒讲学。后来，儒生讲习之地多叫"精舍"。

平居或观书，或抚琴。佳天气，则徐步观瀑，至高诵经训，歌楚辞及古诗文，雍容自适。①

陆九渊在象山讲学，"终日不倦，夜亦不困……劳而蚤起，精神愈觉炯然"。学生章节夫②问他："先生何以能然？"

陆九渊回答："家有壬癸神，能供千斛水。"③就是说，陆九渊的精神就像拥有江河湖海雨露之水那样，所以才能汩汩不竭呀。

陆九渊讲学的条件十分艰苦。当时，象山地僻田瘠，峰高坡陡，人迹罕至，在此办学，谈何容易？因为山上条件简陋，陆九渊住的精舍也就是在寺庙废墟上盖的草庐，学生也是自己解决食宿。近百名学生围绕着陆九渊住的精舍，"学徒各来结庐，相与讲习"④。陆九渊还把学员住的斋名一一记录下来⑤："居仁斋""由义斋""养正堂"（张伯强），"明德"（张行己），"志道"（周孚先）"储云"（伯强、行己），"佩玉"（张少石⑥），"愈高"（倪伯珍），"规斋"（祝才叔），"蕙林"（周元忠），"达诚"（朱幹叔），"琼芳"（傅季鲁学徒冯泰卿），"濯缨池⑦""浸月池"（吴子嗣），"经德堂⑧"（吴绍古），"封庵"（少石），"批荆"（彭世昌）。《年谱》记载：这些学员的书斋"各因山势之高，原坞之佳处为之"，形成相当规模的学府城。

后来，陆九渊的俸禄也没有了。按当时规定，祠禄官三年为期，期

---

① 《年谱》，《陆九渊集》卷 36，第 570 页。
② 章节夫，字仲制、仲至，号从轩，临川人，陆九渊门人。
③ 《年谱》，《陆九渊集》卷 36，第 571–572 页。
④ 《年谱》，《陆九渊集》卷 36，第 569 页。
⑤ 《年谱》，《陆九渊集》卷 36，第 569 页。
⑥ 张少石，名张镇，建昌南城人。1181 年（淳熙八年）进士，1187 年（淳熙十四年）从陆九渊讲学，结屋于象山之上。陆九渊题其所居斋名曰"佩玉"，又题其所居小室曰"封庵"。
⑦ 陆九渊还记载此事："草庐在二池之间，欲名以'濯缨'，须来此，当为书之。"《与吴子嗣》，《陆九渊集》卷 11，第 166 页。另见《年谱》，《陆九渊集》卷 36，第 570 页。
⑧ "堂名取诸孟子'经德不回，非以干禄也'。"《经德堂记》，《陆九渊集》卷 19，第 270 页。

满之际，本人须继续申请，不然则停发俸禄，但陆九渊没有申请。他说："某祠秩之满，初欲复丐之。适一二士友邮致诸公之意，来促此文，谓欲因是图所以相处。自度屏弃之人，岂宜上累当途，遂绝此念，且甘贫馁以逃罪戾。"① 这样，1189 年（淳熙十六年）十二月，陆九渊被停发了俸禄，没钱买粮了，只得靠学生接济。他说："吾祠禄既满，无以为粮，诸生始聚粮相迎。"② "吾春末归自象山，瓶无储粟，囊无留钱，不能复入山。近诸生聚粮除道，益发泉石，遣舆夫相迎，始复为一登。兹山废久，田莱垦未及半。今食之者甚众，作之者甚寡。结庐之人事力有限，频岁供役。"就是在这样的艰苦条件下，幸好四方学者"相向之笃，无倦志耳"。③

为了帮助丈夫办学，吴爱卿连自己的私房钱都捐献出来了。杨简在《孺人吴氏墓志》中追述道："暨先生奉祠归，囊萧然，同僚共贶之。还里之明年，经理应天山，孺子捐奁中物助之。"

尽管条件艰苦，陆九渊却不改其乐，讲学不止，诲人不倦，"从容讲道，咏歌怡愉，有终焉之意"④。"学子亦稍稍结茅其傍，相从讲习，此理为之日明。舞雩咏归，千载同乐。"⑤ 陆九渊说："倘若在此山坚持下去（'傥得久于是山'），何乐如之？"⑥

《陆九渊集》中，经常可以看到陆九渊写信邀人来象山商量扩建书院、研讨心学。"比年山居，颇有泉石之趣，朋来之乐，每恨不得与吾宅之共此。"⑦ "试罢，能一来乎？"⑧ "试罢能一来否？"⑨ "何时能一来，至

---

① 《与王顺伯》，《陆九渊集》卷 11，第 171 页。
② 《与侄孙濬》，《陆九渊集》卷 1，第 13 页。
③ 《与侄孙濬》，《陆九渊集》卷 14，第 215–216 页。
④ ［宋］杨简：《象山先生行状》，《陆九渊集》卷 33，第 451 页。
⑤ 《与朱元晦》，《陆九渊集》卷 2，第 26 页。
⑥ 《与侄孙濬》，《陆九渊集》卷 14，第 215 页。
⑦ 《与丰宅之》《陆九渊集》卷 11，第 175–176 页。
⑧ 《与傅圣谟》，《陆九渊集》卷 6，第 94 页。
⑨ 《与包敏道》，《陆九渊集》卷 6，第 101 页。

望。"① "山翁在此，济甫之来，不当迟迟也。"② "此说要非相见不能究，秋凉能一来乎？……后日垂访，当共读之也。"③ "积雨，遐想风练、飞雪之壮，甚愿与诸公繙经其间，以俟玉芝之茂。倘有意于此，何以期为？"④ "近归自象山，诸事冗扰，文字亦不曾将归。旦晚亦须便登山，傥能一来，诸当面尽。" "何时登山，当究其说。" "若此雨未止，能冒之一来，尤见嗜学。" "须来此，当为书之。"⑤ "何时来此共之。"⑥ "某惊蛰前乘晴登山，寻复积雨，二十四日少霁，始得一访风练、飞雪之状，方念不得与贤昆仲共之。"⑦ "何时一来，快此倾倒。"⑧ "肯来是幸。"⑨ "理须是穷，但今时却无穷理之人。何时得一来，以究此义。"⑩

陆九渊邀请过的人有：王顺伯、陆濬、傅圣谟、包敏道、倪济甫、周元忠⑪、吴子嗣、傅季鲁、曾宅之、赵然道、傅子渊、胥训（字必先）、陶赞仲，等等。其殷殷之情，为学之心，令人似如亲见，感慨不已。

就这样，"郡县礼乐之士，时相谒访，喜闻其化，故四方学徒大集"，"先生从容讲道，歌咏愉愉，有终焉之意"。

后来，求学问道的人太多了，陆九渊在象山执教 5 年，登记注册的学生就达数千人（"居山五年，阅其簿，来见者逾数千人"⑫）。于是，又

---

① 《与詹子南》，《陆九渊集》卷 7，第 112 页。
② 《与倪济甫》，《陆九渊集》卷 10，第 155 页。
③ 《与曾宅之》，《陆九渊集》卷 10，第 158 页。
④ 《与周元忠》，《陆九渊集》卷 10，第 158 页。
⑤ 《与吴子嗣》，《陆九渊集》卷 11，第 165–166 页。
⑥ 《与傅季鲁》，《陆九渊集》卷 11，第 167 页。
⑦ 《与赵然道》，《陆九渊集》卷 12，第 177 页。
⑧ 《与傅子渊》，《陆九渊集》卷 14，第 210 页。
⑨ 《与胥必先》，《陆九渊集》卷 14，第 212 页。
⑩ 《与陶赞仲》，《陆九渊集》卷 15，第 222 页。
⑪　周元忠，名周良，南城人，1214 年（嘉定七年）进士。陆九渊门人，其师事陆九渊最久。陆九渊有《与周元忠》书两封，书中称赞其心志专诚，然学则在不知觉中有所退步。在《与彭世昌》中则赞其非泛泛者所能及，如此之高的评价，在其他弟子中颇为少见。（赵伟：《陆九渊门人》，中国社会科学出版社 2009 年版，第 148 页）
⑫ 《槐堂诸儒学案》，《宋元学案》卷 77。

加盖了一阁，陆九渊在给侄孙陆濬的信中说："山间近来结庐者甚众，诸生始聚粮相迎，今方丈前又成一阁，部勒群山，气象亦伟。"① 规模之盛，令陆九渊十分惬意。朱熹闻之也来信说"闻象山垦辟架凿之功盖有绪，来学者亦益甚，恨不得一至其间，观奇览胜"。可见象山讲学的影响力。

象山的 5 年讲学时期，是陆九渊心学思想发展、成熟的重要时期，经过长时段的密集讲学与辨析，陆九渊充分阐发了自己的"心学"理论，影响力逐渐扩大。

陆九渊为了传播心学，还想把象山精舍扩建为象山书院。只是在1191 年，陆九渊接到调令，要去荆门上任。临行前，他将象山精舍托付给高足傅子云，"嘱傅季鲁居山讲学"，反复交代："是山系子是赖，其为我率诸友，日切磋之。吾远守小障，不得为诸友扫净氛秽，幸有季鲁在，愿相依亲近。"②

那么，朱熹对陆九渊在象山办学有什么评价呢？陆九渊去世后，彭世昌曾去拜访朱熹，他向朱熹报告，说他就守着这象山书院，这山上可好啦，"有田可耕，有圃可蔬，池塘碓硙，色色皆备"。

朱熹说："既是如此，那你下山来我这里做什么呢？"

彭世昌曰："陆先生既有书院，却不曾藏得书，我此次来您这里只为求书。"

朱熹说："紧要书能消得几卷？我向来亦爱藏书。后来思之，这般物事聚者必散，何必役于物？"

彭世昌临别时，朱熹赠之诗曰：

> 象山闻说是君开，云木参天爆响雷。
>
> 好去山头且坚坐，等闲莫要下山来！

听说象山是你彭世昌开的，陆九渊先生在象山讲学像树木参天、天爆响雷一样，是了不起的大事。你要好好坚守，不要轻易放弃。

---

① 《年谱》，《陆九渊集》卷 36，第 570 页。
② 《年谱》，《陆九渊集》卷 36，第 577 页。

5. 荆门讲《皇极》

陆九渊的讲学活动，直到 1193 年卒于荆门为止。

荆门市西郊有一座蒙山，南北向，长 600 米，宽 250 米，海拔 176 米。1191 年（绍熙二年），53 岁的陆九渊知荆门军。陆九渊虽然政务繁忙，却每到朔望及暇日，就来到这里讲学。听众多时，在公堂会吏民 600 多人。

后来，此山改名"象山"，现为占地 50 余万平方米的龙泉公园重要组成部分。林木翠拥，曲径逶迤，名胜古迹星罗棋布，有龙泉书院、陆夫子祠、蒙泉、龙泉、惠泉、顺口泉、文明湖、讲经台、清河桥、唐宋古柏遗址等。蒙泉在象山东麓，为荆门众泉之首。1191 年，时任湖广总领淮东转运司干办张垓（江西鄱阳人）游此，大书"蒙泉"二字。陆九渊遂勒石制碑，立于泉旁。碑为圆首，高 2.2 米，宽 1.4 米。

陆九渊在荆门讲学，尤以 1192 年（绍熙三年）春的《皇极》一讲最为有名。荆门这个地方有个习俗，每年正月十五，都要设醮祈福。（"郡有故事，上元设醮黄堂，其说曰'为民祈福'。"[1]"常岁以是日建醮于设厅，为民祈福。"[2]）

也就是说，荆门的上元设醮，既有民众求福的民间习俗，也有道教信仰。

上元设醮祈福与道教的三官信仰（天官信仰）、"星斗崇拜"以及"福报哲学"有关。上元是所谓天官赐福。根据道教的星斗信仰[3]，天官被尊为紫微大帝。[4]也就是说，上元是天官紫微大帝前来人间赐福之

---

[1]《年谱》，《陆九渊集》卷 36，第 578 页。

[2]《荆门军上元设厅皇极讲义》，《陆九渊集》卷 23，第 326 页。

[3]　关于道教星斗信仰的详细讨论，参看潘宗贤与梁发主编的《道教与星斗信仰》（齐鲁书社 2014 年版）。

[4]　道经《三官北斗经》言："上元一品，九炁赐福天官，紫微大帝；中元二品，七炁赦罪地官，清虚大帝；下元三品，五炁解厄水官，旸谷神王。"（《道藏》第 31 册，第 570 页）

日。①"三官"，即天官、地官、水官。三官之说最早见于汉代五斗米道（即天师道）的"三官手书"。②道教认为，三官各有神通：天官赐福，地官赦罪，水官解厄。③三官还承担了考校人间功过的职责，即所谓的"三官校籍"。④

设醮地点在"黄堂"，即太守听事之堂。"设厅"，指古代官府之厅堂，因常作为设宴之所，故称。设醮地点在州府厅事，就表明它是一种官方祭祀。

1192年春正月十三日，陆九渊"于是会吏民，讲《洪范》'敛福锡民'一章，以代醮事，发明人心之善，所以自求多福者"。陆九渊一是讲解儒家《尚书·洪范·敛福锡民》一章来代替迷信鬼神的元醮这种祭神仪式；二是宣讲"皇极"的心学观点来教人奉行中道，"保全此心""自求多福"，既破除了长期在荆门地区大行其道的愚昧迷信的风俗，又匡正了荆门军民的人心；三是以心学的观点来诠释"皇极"，确立心学政治观。

陆九渊讲得情深意切。现场有吏卒、士人和百姓五六百人听讲，"莫不晓然有感于中，或为之泣"。

陆九渊的讲学活动，直到1193年卒于荆门为止。门人包扬之子包

---

① 《太上说玄天大圣真武本传神咒妙经注》卷一《因缘经》："正月十五上元，宫主一品九炁赐福天官紫微大帝于是日分遣十天灵官、神仙兵马、上圣高真、妙行真人、无鞅数众，同下人间，校戒罪福也。"（《道藏》第17册，第98页）

② ［晋］陈寿撰《三国志·魏志·张鲁传》"（张鲁）雄踞巴、汉，垂三十年"句，［南朝宋］裴松之注引［三国·魏］鱼豢《典略》云："请祷之法，书病人姓名，说服罪之意。作三通，其一上之天，著山上，其一埋之地，其一沉之水。谓之'三官手书'。使病者家出米五斗，以为常。故号曰五斗米师。"亦见《后汉书·刘焉传》注引。

③ 关于"三官"的详细研究，可参看石衍丰的《略谈道教"三官"》（《宗教学研究》1987年刊），雷伟平的《上海三官神话与信仰研究》（中国言实出版社2016年版，第27–28页）。

④ 三官校籍的具体程序是：先在三会日（即正月初七日举迁赏会，七月七日庆生中会，十月五日建生大会）进行考校，然后到三元日上报天庭。参见《上清灵宝大法》："天地水三官，二十七府，百二十曹，凡三会日考校罪福，三元日奏御上宫，可以行道建斋，修身谢过。"（《道藏》第34册，第51页）

恢^①在为其所作的《年谱后序》中记载："(陆九渊)在家,则远近闻风来学,而中情者或至汗下;在白鹿,则剖判义利,著明而动心者或至流涕;在浙,则从游多俊杰,咸听言而感发;在象山,则学徒益大集,皆闻教而屈服。……莫不明白洞达,深切痛快,如锋直破的,如刃解中节。"南宋时期,能同以朱熹为代表的理学相并立者,陆九渊心学是主要代表。在那以后,"心学"在中国学术思想史上一直占有重要的位置。

6. 陆九渊的学生门人弟子

陆九渊一生以传道为己任,弟子门人众多,据黄宗羲的《宋元学案》、清代学者李绂的《陆子学谱》,有名有姓的弟子门人有 254 名。此外,还有私淑 90 人。

从其门人的籍贯来看,主要分布在江西、浙江、福建等地。

浙江又以浙东为主体,其弟子折服于陆九渊的"本心"理论,着力阐发陆九渊思想学说,其中得力者有被称为"甬上四先生"的杨简、袁燮、舒璘、沈焕。

定海人沈焕(字叔晦)、其弟沈炳(字季文),宁波人袁燮(字和叔,太学生、进士)、其子袁甫(字广微,状元),奉化人舒琥(字西美,乡贡进士)、舒璘(字元质、元宾)、舒琪(字元英)三兄弟,温州的徐谊、蔡幼学,宁德的黄裳等。

浙江会稽人诸葛受之(名未详)、其弟诸葛千能(字诚之),浙江新昌人石斗文(字天民,进士)、其弟石宗昭(字应之,进士)。

福建有长溪的杨楫、长汀的杨方、邵武的丘元寿等。

从弟子的籍贯看又多分布在金溪、临川与南城三县。金溪与临川同属抚州军,而南城属建昌军,但南城与金溪属邻县,两县间交通便利。^②

---

①　包恢,字宏父,建昌人,《宋史》卷 421 有传,1220 年(嘉定十三年)进士,积官至刑部尚书,签枢密院事,封南城县侯,以资政殿学士致仕,父亲包扬、世父包约、叔父包逊。(赵伟:《陆九渊门人》,中国社会科学出版社 2009 年版,第 61 页)

②　参见罗伽禄:《访古问贤》,中国文史出版社 2014 年版。

金溪陆氏家族除陆九渊兄弟九思、九叙、九皋、九韶、九龄 5 人亦师亦友外，另有 15 人为弟子：陆九思之子陆焕之，陆九渊之子持之、循之，陆九韶之子陆樵之，陆九思之孙陆深甫、陆冲，陆九渊之堂侄陆筠；陆九渊亲家湖南人胡大时，陆九渊妻吴氏之第三妹之婿胥训（字必先，随陆九渊去白鹿洞书院讲学），吴颢若（字伯颢）、吴厚若（字仲时）、吴诚若（字叔有）三兄弟均为陆九渊妻吴氏之弟，金溪人张商佐①、周清叟（字廉夫）、熊鉴三人均为陆九渊仲兄陆九叙之婿。

除此之外，陆九渊家乡金溪县还有 16 人：傅子云、刘尧夫，朱桴（字济道）②、其弟朱泰卿（字亨道），跟陆九渊去白鹿洞书院讲学的随从门人朱克家（字幹叔）、朱益叔（字不可考）、朱益伯三人，彭世昌、吴景立、黄日新③、徐仲诚、周康叔，葛赓（字德载、其第二子葛逢时与陆九龄为同年进士）之第四子葛宗允、第五子葛少良，刘德固、陈师渊。

南城县有 30 人：傅梦泉一族即傅梦泉、傅圣谟、傅仲昭、傅齐贤、傅克明，包扬（字显道）与其兄包约（字详道）、其弟包逊（字敏道）三兄弟，包扬之子包恢（字宏父，进士），邓约礼（字文范，人称直斋先生）、邓泳（邓约礼之次子，字德载，自号巽坡先生、巽波先生），陈刚，利元吉，张衍④，邓远，毛元善，符叙（字舜功）、其堂兄弟符初（字复仲），张镇，周伯熊，周良，刘恭（字伯协，进士）、其从兄弟刘伯文（名无可考），陶赞仲，刘造，朱季绎，吴显仲，廖幼卿，廖懋卿，童伯虞等。

---

① 张商佐，字辅之，金溪人，陆九渊仲兄陆九叙之女婿。举乡贡进士。学于陆九渊，早卒。陆九渊有《与张辅之》书信四封。陆九渊对张商佐期望很高，"非以流俗人"望之。（赵伟：《陆九渊门人》，中国社会科学出版社 2009 年版，第 133 页）

② 朱桴，字济道，金溪人。年长于陆九渊，然师事于陆九渊。《陆九渊集》卷 11 有《与朱济道》书三封，《语录》提到朱桴者有十余处。朱桴只师事于陆九渊，此外无其他师承，不像陆九渊的许多学生，还同时师事于其他学者。

③ 黄日新，《陆子学谱》卷 14 称之为陆九渊门人，言其与陆九渊同举进士，"或云金溪人"。陆九渊有《与黄日新》书，言与之气类相从。

④ 张衍，字季悦，陆九渊门人。陆九渊有《与张季悦》，劝导张衍要开导扶掖"流俗凡鄙之习"。

临川县有 28 人：曾滂（字孟博）^① 及其子曾极（字景建）^②、林梦英、晁百谈^③、徐子石、俞廷椿、严滋^④、游元、严松^⑤、邹斌、孟涣、饶延年、吴元子、章节夫、张孝直^⑥，李浩（字德远，进士）及其子李肃（字仲钦，进士）、其孙李复（字信仲）^⑦（《宋元学案》卷 58 说"子孙皆从学于象山"），赵端颐、朱元瑜、宋复、黄循中、张次房、张宏^⑧、祝才叔、李缨、吴君玉、胡无相等。

南丰县有 7 人：黄文晟与长子黄楠（字达材）、次子黄椿（字康年）、幼子黄棐（字彦文）父子四人，刘敬夫、刘定夫、罗献（字章夫）等。

崇仁县有：罗点。

乐安县有：董德修。

丰城市有：李修己（字思永，进士）、其子李义山（字伯高）。

余干县有：曹建（字立之）、其弟曹廷（字挺之）。

开封人赵焯（字景昭，陆九渊同年进士）、其弟赵景明（抚州知军）。

郭邦瑞（名未详）、其弟郭逍遥（字邦逸）。

---

① 曾滂，字孟博，临川人，为人质直刚烈，长陆九渊几岁，与陆九龄年岁相若。

② 曾极，字景建，临川人，曾滂之子。

③ 晁百谈，字元默，临川人。1175 年（登淳熙二年）进士，授吉州教授，知南康军。陆九渊门人。

④ 严滋，字泰伯（一作"太伯"），临川人。为乡贡进士，晚主郴阳主簿，调其县丞。1217 年（嘉定十年），朝廷下旨赐谥"文安"，是陆九渊之谥始于严滋之所请。《宋元学案》本传云严滋端重明敏，又以录陆九渊对其评价："始吾闻泰伯贤，今观其气象，观其谈论，乃可与适道者。"然陆九渊又论其好胜。《与严泰伯》告诫严滋要不求名声，不计胜负，因为严滋有好胜之心。

⑤ 严松，字松年，陆九渊门人，造诣较平正。《语录》有严松所录 87 条，其中记其与陆九渊问答者 7 条。（赵伟：《陆九渊门人》，中国社会科学出版社 2009 年版，第 140 页）

⑥ 张孝直，字英甫，临川人。陆九渊门人，深得陆九渊之学。卒年 77 岁。

⑦ 参见赵伟：《陆九渊门人》，中国社会科学出版社 2009 年版，第 122–124 页。

⑧ 张宏，字元度，临川人。《陆子学谱》卷 15 将其列为陆九渊门人，称其晚年始来从学。中 1217 年（嘉定十年）进士。

五、仕途生活："吾人进退，自有大义"，陆九渊 19 年为官路

陆九渊一生，处于内忧外患的南宋前期。陆九渊是一位罕见的百世大儒，同时具有心学政治观和卓越的政治管理才德。陆九渊当官经历不是很顺，从 1172 年考上进士起，20 年的时间内，历经孝、光二宗，多次受命，但实际就任的只有 1 年多的国子正，3 年多的中央敕局删定官和一年多的知荆门军。而且，他的政治理念和治理才德在孝宗时代不仅未能得到足够赏识和充分发挥，他反而遭受排挤和冷遇。只是后来光宗的荆门之命，陆九渊的"荆门八政"才显示其政治管理才德。

1. 候官备选（隆兴府靖安县主簿、福建崇安县主簿）

1172 年，陆九渊 34 岁考上进士，却并未得到官职任命，而是回到家乡创办槐堂书院。1174 年（淳熙元年）三月，36 岁的陆九渊历四明、会稽，20 天后来到临安吏部接受任命，被授迪功郎、隆兴府靖安县（今江西靖安县）主簿。可就这么一个职务，还不能立即上任，要等 6 年。宋朝那时的文官队伍很庞大，冗员很多。北宋王安石的改革就有一项，裁减政府人员，节省财政开支，结果没改动。陆九渊就是如此，好不容易有了一个职位，却要等 6 年才能到任。陆九渊无语，只能调侃自己"无能"。他给徐谊[①]写信说："某无能，连黜铨寺，今始以免试拟隆兴靖安簿，六年阙。去家四百里，久离侍下，欲急归。"[②]

陆九渊在回家的途中，于五月二十六日，特意在金华停留，拜见自己的省试恩师吕祖谦。此时，吕祖谦因父亲逝世在家丁忧（吕祖谦居明招山旁守父墓刚刚除服，主管台州崇道观）。两人相聚五六日，谈及当

---

① 徐谊，字子宜，一字宏父。温州人。1172 年（乾道八年）进士，由池州教授转历清要，事孝宗、光宗和宁宗三朝。入为刑部侍郎，出为宝谟阁待制、江淮制置使。移镇隆兴府而卒，谥忠文。黄宗羲认为徐谊是陆九渊门人，而全祖望认为徐谊只是陆九渊之同调。（赵伟：《陆九渊门人》，中国社会科学出版社 2009 年版，第 179 页）
② 《与徐子宜》，《陆九渊集》卷 5，第 77 页。

下的官场腐败、学风不正，陆九渊讲了自己在槐堂 1 年多的讲学实践及孕育的心学。陆九渊还向吕祖谦表达了与陈亮会晤之意。

这次"金华之会"，两人切磨圣学，相谈甚欢，感觉很好。陆九渊说吕祖谦先生"聪明笃厚，人人自以为不及，乐教导人，乐成人之美，近世鲜见。如某疏愚，所闻于朋友间，乃辱知为最深。苟有所怀，义不容默"[①]。吕祖谦对陆九渊也大为赞赏，他写信给业师汪应辰夸赞陆九渊"淳笃劲直，辈流中少见其比"[②]。同月，他又向朋友陈亮大力推介陆九渊，言其"笃实淳直，工夫甚有力，朋游间未易多得"[③]。言辞之间，洋溢着赞赏之意。这对于陆九渊及其学说有着直接的帮扶作用。但同时，吕祖谦也感到陆九渊的心学思想与好友朱熹之论大相径庭，将来必有冲突，于是萌发了调和朱陆的念头。

1179 年，陆九渊 41 岁时，被授福建建宁府崇安县主簿。但此时陆九渊的继母刚过世 1 年多，结果又因守孝期未满而未能赴任。

2. 京城任职（国子监教官、敕令所删定官、君臣轮对）

直到 1181 年（淳熙八年）春夏之交，丞相少师史浩向孝宗皇帝推荐陆九渊赴临安都堂进行审察，再任职。辞曰："渊源之学，沉粹之行，辈行推之，而心悟理融，出于自得。""得旨都堂审察升擢，不赴。九年，侍从复上荐，除国子正。"[④]

（1）国子监学正。1182 年（淳熙九年），44 岁的陆九渊被任命为国子监学正。国子学或国子监是中国古代的国家教育管理机关，隶属礼部，同时作为中央官学，也是中国古代教育体系中的最高学府。南宋的国子监设有祭酒、司业（祭酒的副手）、丞、主簿、太学博士、学正、学录、武学博士、律学博士等官职。国子正，正九品。

---

① 《与吕伯恭》，《陆九渊集》卷 5，第 71 页。
② 《年谱》，《陆九渊集》卷 36，第 558 页。
③ 《年谱》，《陆九渊集》卷 36，第 558 页。
④ ［宋］杨简：《象山先生行状》，《陆九渊集》卷 33，第 450 页。

陆九渊是陆氏家族数百年来的第一位京官。陆九渊立即带着夫人吴爱卿和两个儿子赶往临安赴任。官小事多，陆九渊说："秋初供职，人事衮衮，殊无暇日。"[①]当时陆九渊全家住在临安城西百官宅。百官宅在石灰桥，为一般京官的公寓，分为东西两处，故名东百官宅、西百官宅。陆九渊后来在与王顺伯的信中说："与尊兄初至西百官宅时，穷冬逾月之集，火炉中剧谈，皆始疑而终释，始辩而终息，始之所甚不可而终乃有切当之称，此必有以当尊兄之心，而以为切事合理，故疑释辩息而称之。尊兄必非苟从而见谀者。"[②]住宅面积小，极为狭窄，但全赖妻子吴爱卿"调度有方，举无缺事"。当时江西老乡杨万里、周必大、李德远、王顺伯等都住在西百官宅，大家比邻而居，互相串门，倒也充实快活。

不久，陆九渊在国子监讲《春秋》六章。同年九月，他参加了盛大的明堂享礼，兼任分献官。

（2）敕令所删定官。1183 年（淳熙十年）冬天，陆九渊从国子正迁敕令所删定官。宋代的敕令所是负责编纂整理和删改包括皇帝诏令在内的各种行政命令的机构，删定官是掌裒集诏旨、分类编纂成书的官职，为八品。也就是说，陆九渊开始参与决策活动。

陆九渊"在敕局，同志之士，相从讲切不替，僚友多贤，相与问辩，大信服"。陆九渊在敕令局删定官的位置上干了 3 年，一直干到48 岁（1186 年），表现不错，正要转宣义郎，拟升"将作监丞"（属工部，负责营缮等事，由久任台省官及地方官之有声望者充任，号称储才之地），不料，遭权相王淮打击，由其爪牙给事中王信出面疏驳。这年十一月，不但原定提升的官职没得到，反而由现任的敕令所删定官转为台州崇道观主管，就是给个空衔，领 3 年俸禄，被罢出朝廷，给打发了。

---

① 《与陈倅》，《陆九渊集》卷 7，第 113 页。
② 《与王顺伯》，《陆九渊集》卷 11，第 173 页。

（3）君臣轮对。宋代赵匡胤首创了一个制度，即为了掌握各方面情况，同时减少朝政疏失，在朝百官以 5 天为周期，可以轮流"面君进言"，称"轮对"；地方官可以为某事专写报告，如果皇帝批准，可以登朝面谈，称"登对"。这个制度成为宋朝各代皇帝听政的惯例，直到宋朝末年，从未间断。只是高宗朝秦桧专政，百官害怕得罪宰相，不敢向皇帝进言，恐有"不测之祸"，"轮对"时往往装病请假，躲着不去。孝宗朝秦桧已死，"轮对"又恢复了，理学士大夫对此较为重视。

陆九渊一到敕令所任职，就希望自己能面见皇帝直接进言。1184 年，他在给朱熹的信中说："不知轮对班在何时？果得一见明主，就紧要处下得数句为佳，其馀屑屑不足言也。"① "期迫甚，犹未入思虑，所亲累请，久乃下笔，缮写甫就，厥明即对。"②

1184 年（淳熙十一年）的一个晚上，宋孝宗在选德殿召见了陆九渊。陆九渊作为敕令所删定官获得第一次"轮对"的机会，极其重视，事先思考良久，怀着"大摅素蕴，为明主忠言，动悟渊衷，以幸天下"③ 的赤诚之心，一共准备了五篇奏札④，共 1957 字，向皇帝提出了对当时政治形势的见解和主张，反映了其立足现实、革除弊政、致君尧舜的政治理想。

在上殿面君时，陆九渊沉着冷静，当面回答了宋孝宗的问题。

宋孝宗问曰："先生如见用，以何药方医国？"

陆九渊曰："吾有四物汤，亦谓之四君子汤。"

宋孝宗问："什么是四君子汤？"

陆九渊曰："任贤，使能，赏功，罚罪。"⑤ 陆九渊将自己医治国病的

① 《年谱》，《陆九渊集》卷 36，第 564 页。
② ［宋］杨简：《象山先生行状》，《陆九渊集》卷 33，第 450 页。又见《年谱》，《陆九渊集》卷 36，第 564 页。
③ 《与朱元晦》，《陆九渊集》卷 2，第 25 页。
④ 《删定官轮对劄子》，《陆九渊集》卷 18，第 253 页。轮对的情况又见《语录下》，《陆九渊集》卷 35，第 514–515 页。
⑤ 《语录上》，《陆九渊集》卷 34，第 470 页。

"四物汤"即"四君子汤"向孝宗和盘托出。

第一折论"君臣同德"。陆九渊说国耻未雪，愿朝廷广求天下英才，给他们论道经邦的职责。他以唐太宗李世民和魏征为例，说明君臣同德应该"相与尽诚"，不要专讲表面的"形迹"。孝宗对此表示赞同，说"君臣之间，须当如此"。

陆九渊接着说："陛下天赐智勇，但登位20多年，朝廷执事者，日以文书应酬，咏颂太平，臣恐玩习日久，可能销蚀陛下刚健之志。臣愿陛下广求天下俊杰，论道经邦，则唐太宗也不足与陛下道矣！"

孝宗凛然一震，神色庄重地说："等着看吧，我一定要复仇雪耻，恢复中原！"

陆九渊说："昔越王勾践十年生聚，十年教训，便打败了吴王，而今我们国家太贫穷了！州贫、县贫、民贫！……"

孝宗默默无语。

第二折讲为政的根本原则，君王要有求道之志，"应有尊德乐道的诚心"。陆九渊说："汉唐虽盛，但有志于道的君王少见。今陛下卓然有志于道，然而羽翼未成，愿陛下更加尊德重道，建功立业。"孝宗很高兴，就谈了一些类似于佛禅的道理，陆九渊见圣心未明，忙说："臣之道与此不同，越王勾践生聚教训才是臣追求的'道'。"他希望孝宗坚持收复中原的"初志"。孝宗听后，正色道："尔等拭目以待，朕定当一雪前耻，恢复中原。"

第三折"论人主应具知人之明"。陆九渊劝孝宗明知人之理，谙用人之道，这样才能善于知人与用人，达到天下太平的治国目的。特别是将《尚书》"九德"说与先秦知人知言说相续全，对知人提出明确的德行要求，还举韩信、诸葛亮等人为例，说明君王"知人"的重要性。

孝宗说："人才必须使用之后才能发现。"

陆九渊针锋相对地说："君主要在未用之前发现人才。如果老是让凤凰屈于鸡群，日日与琐琐屑屑的人共事，相信他们的'俗耳庸目'，以他们的见识来评价人物，则臣认为不妥。"

孝宗不明陆九渊深意，说朝中已发现人才，比如某某、某某就是人才。

陆九渊只有直言不讳："天下人才还未知！执政大臣（指宰相等掌大权者）不能胜任陛下的任命。"

宋孝宗听后，一时默然无语。（"上默然"）

从这段对话来看，陆九渊向皇帝当面表达对当时执政大臣的不满。这次上殿轮对是在 1184 年（淳熙十一年），正是王淮执政之时，这位"未称陛下使令"的"执政大臣"就是王淮，这就为他不久后被逐出朝廷埋下了伏笔。当然，陆九渊向皇帝既指出国家用人之失，也明确表达了自己的态度和立场。陆九渊所谓"天下无人才"不是针对王淮一人，其锋芒指向以王淮为首的因循苟且的执政集团。

第四折"论办事不可莽急，要按事物规律渐进"。陆九渊说："有些事可以立竿见影，但有些事，比如改变不良的习惯，纠正积弊已久的政策法度，虽尧舜、周公复生，也不能马上尽如其意。有些不当、不合理之事，骤然变革，还往往失败，而有人就以此为据否定变革，这就是因噎废食。秦汉以来，甘心守旧，病根就在这里。……"

孝宗亦有同感，点头称是。

陆九渊的心学政治观里，"变"占有重要地位。他说："其为道也屡迁，变动不居，周流六虚，上下无常，刚柔相易，不可为典要，惟变所适。"[1] 他认为"变"才是"道"，"道"也是变动不居的，唯变所适。

陆九渊反对因循苟且的作风，在《删定官轮对劄子》中，他尖锐地指出，宋孝宗"临御二十余年，未有（唐）太宗数年之效。版图未归，仇耻未复，生聚教训之实，可为寒心"。

据载，当时陆九渊读"疆土未复""生聚教训"处，上曰："此有时。"辞色甚壮。答："如十年生聚，十年教训，此有甚时？今日天下贫甚，州

---

[1]　《与朱元晦》，《陆九渊集》卷 2，第 34 页。

贫、县贫、民贫。"其说甚详，上无说。①

面对当时的国情，陆九渊认为只有变革才有出路："狃故常而莫之改，偷安便而不肯为，因循苟且，弃玩岁月，则是大冬之不复夏，而毫末之不复进而可乎？故必变而通之，然后可以言化之之神。"②因循苟且只能消磨有志之士的壮志，泯灭有识之人的才智，特别是在金人的窥视下，更面临着国家生死存亡的严峻现实。所以，陆九渊不无忧虑地说："当时诸公见上下相安，内外无事，便为太平气象。独郑溥之有一语极好：'而今只要为虏人借路登泰山云耳。'"③

陆九渊对现实的担忧并非杞人忧天。南宋历史上，宋孝宗曾有志恢复中原，并雄心勃勃，但他自即位以来，壮心一直受到国家实力、太上皇、群臣等多方面的牵制而屡屡受挫。《鹤林玉露》丙编卷四"中兴讲和"条载："孝宗初年，规恢之志甚锐，而卒不得逞者，非特当时谋臣猛将凋丧略尽，财屈兵弱未可展布，亦以德寿圣志主于安静，不思违也。"同时，来自群臣的主和之声亦使孝宗的恢复之志难以顺利施展。恢复中原成了孝宗极为艰难的事，所以"及符离之败，上方大恸"④，终于签订了"隆兴和议"。

陆九渊主张"变而通之"，但在实现这一目的的途径上，却要"徐图渐治"而反对急进突变。陆九渊主张以渐进的方式来恢复、实施三代之治："三代之政岂终不可复哉？顾当为之以渐而不可骤耳。"⑤当然，陆九渊是借此来说当下的施政之法即治事之度，因为事有缓急，要区别对待。在具体事务上，不宜操之过急，要循序渐进："至如救宿弊之风俗，正久隳之法度，虽大舜、周公复生，亦不能一旦尽如其意。"

应当说，渐变的主张是切合当时实际的。如前所述，孝宗即位后虽

---

① 《语录下》，《陆九渊集》卷35，第514页。
② 《得解见通判》，《陆九渊集》卷4，第56页。
③ 《年谱》，《陆九渊集》卷36，第565页。
④ 《本朝一·孝宗朝》，《朱子语类》卷127。
⑤ 《删定官轮对劄子》，《陆九渊集》卷18，第256页。

不乏变革恢复之志，然而一方面是"民贫日甚，而国家兵弱财匮，官吏诞谩，不足倚仗。正使彼实可图，臣惧我之未足以图彼也"①；另一方面是高宗退位后一直大权不放，继续干预朝廷事务。孝宗在位期间一直难以摆脱高宗的影响。高宗去世是在 1187 年（淳熙十四年），这一年孝宗已经 61 岁，且于两年后正式将帝位传给皇太子，加之各方面积弊已深，在这种状况下，想要一朝改变现状是不现实的，因此陆九渊提出"惟其趋向既定，规模既立，徐图渐治，磨以岁月，乃可望其丕变"②的主张。

第五札"劝人主抓大事，不要拘泥纠缠在小事上"。陆九渊举荀子所说——人主（即皇帝）抓原则要事则百事详，抓具体小事则百事荒，说明今米盐琐事往往消耗皇上精力，虽有周公贤臣在朝，皇上也没有时间讨论经国大事。而且抓得过细，各级官员往往无权做主，因而互相推诿，陛下焦劳于上，下面又难以如意。宋孝宗听了，下殿走了五六步，回头对陆九渊说："好吧！朕不在详处下功夫了，只在要处秉笏立听。"《宋史·本纪》卷九说宋仁宗做太子的时候"秉笏南乡立，听辅臣参决诸司事"。所以，宋孝宗此话似乎说明他有所心动。

这次轮对是陆九渊得君行道的实践，五篇奏札文字凝练精彩，说理透彻，既尖锐又得体，是"肺肝悉以书写"③，从君臣之道到为政施政，实际上是一篇治国总论，是陆九渊心学政治思想的集中体现。

轮对五札全文收在《陆九渊集》卷 18，孝宗的反应和君臣对话，陆九渊也曾多次给弟子门生讲过，后来被南城包显道记录下来，收入《陆九渊集·语录下》。

对于陆九渊的奏札，宋孝宗"咸称善言"，"赞叹甚多"。但此时的孝宗已不是刚继位的孝宗，在经历了对金用兵的一系列惨败后，面对南宋朝廷中安于现状的主流意识，以及太上皇赵构的处处牵制阻挠，还有南宋主和派的强大势力、主战派的人才凋零，宋孝宗深感力不从心，锐

---

① ［宋］朱熹:《右文殿修撰张公神道碑》,《晦庵集》卷 89。
② 《删定官轮对劄子》,《陆九渊集》卷 18，第 255 页。
③ 《年谱》,《陆九渊集》卷 36，第 565 页。

气消磨，故对陆九渊的建议，虽然嘴上称善，却并没有真正实行，也压根就不想实行。

进言有无效果，陆九渊也无法把握，他后来对人说："去冬面君，颇得畅谈。皇上说话详明，我也无所隐瞒，至于能否合皇上之意，为皇上所知遇，那是天命，非人力所能为也。"历史事实是：轮对之后，他仍旧是个小秘书。

（4）贬职回家。陆九渊还指望再次轮对，面见皇帝，"思欲再望清光，少自竭尽，以致臣子之义"[①]。可谁知，陆九渊"在此但望轮对，可以少展胸臆"的愿望终未实现。

轮对之后，陆九渊"改授承事郎"，官职与删定官同为八品。1186年（淳熙十三年），又转授宣义郎，除将作监丞，[②]就是说，陆九渊被调往国家工程部，可人还没有到任，给事中王信上疏对陆九渊的这一任命表示反对，"谓其躁进强聒"，结果，"将作监丞"的任命被废除，在"距对班五日"的十一月二十九日得旨主管台州（府治在今浙江临海市）崇道观，就是一个在道观挂名而不需要上班的闲职。

这样，从1182年（淳熙九年）秋任职国子监，至1186年（淳熙十三年），陆九渊过了近五年在朝为官的生涯。现在，他只能回江西老家，创办象山精舍了。

为什么会有这么大的变故呢？

陆九渊被贬出朝廷，其实是南宋道学与反道学斗争失败的结果。当时，反道学的王淮是左丞相，道学人士史浩为右丞相，以左为尊，王淮高于史浩。1181年（淳熙八年），史浩推荐陆九渊、叶适、袁燮等15人，道学党势力迅猛扩张。

---

① 《与朱子渊》，《陆九渊集》卷13，第198页。又见《年谱》，《陆九渊集》卷36，第567页。
② 《年谱》淳熙十三年条载："转宣义郎，除将作监丞，给事王信疏驳，十一月二十九日得旨，主管台州崇道观。"又《宋会要辑稿》第一百一册《职官》七二载："（淳熙十三年十一月）二十九日，敕令所删定官陆九渊差主管台州崇道观。陆九渊除将作监丞，臣僚论驳，谓其躁进强聒，乞赐寝罢。故有是命。"

　　1182 年七月，朱熹为浙江茶盐公事赴浙东台州赈荒，查得王淮姻亲、台州知州唐仲友贪赃枉法，上疏弹劾。王淮暗中相助唐仲友。朱熹随即六次上疏弹劾王淮。但王淮等攻击道学党人，打击朱熹。《宋史》卷 396《王淮传》载："初，朱熹为浙东提举，劾知台州唐仲友。淮素善仲友，不喜熹，乃擢陈贾为监察御史，俾上疏言：'近日道学假名济伪之弊，请诏痛革之。'郑丙为吏部尚书，相与叶力攻道学，熹由此得祠。其后庆元伪学之禁始于此。"接着，王淮更借道学之名打击一切异己。1183 年（淳熙十年），陈亮有滥膺道学之祸；1184 年三月，吕祖谦的弟子彭仲因主张道学获罪而去。这一年，陆九渊时任敕令所删定官，对这种打击"道学"的政治气氛亲见熟知，深为忧虑。他深感政治压力，在与恩师尤袤的信中写道"此间不可久居之计"。

　　陆九渊说："某去冬距对班数日，忽有匠丞之除，王给事遂见缴。既而闻之，有谓吾将发其为首相爪牙者，故皇惧为此。"① 就是因为王信听说陆九渊会揭发他为宰相王淮的党羽，而心里害怕。还有一个原因就是陆九渊在轮对中尖锐批评了王淮。"王鲁公（淮）淳熙八年相，十五年罢，凡七年。"② 可见 1184 年陆九渊轮对之时的首相是王淮。

　　陆九渊是怎样面对这种遭遇的呢？他说："天下固有不可为之时矣，而君子之心，君子之论，则未尝必之以不可为。……人之遇不遇，道之行不行，固有天命，而难易之论，非所以施于此也。"陆九渊说他本来就不是"以此要官职，只是利国利民处随力为之"，③ 这就是陆九渊的本心所在。"得时行道，固吾人分内事，然与世俗羡慕富贵者，天渊不足谕也。"④ 在陆九渊看来，为国为民便是义理之所在，认定了这一点，荣辱轻重也就判然而分，是非得失也便因之而明："君子义以为质，得义

---

① 《与李成之》，《陆九渊集》卷 10，第 147 页。
② ［宋］李心传：《建炎以来朝野杂记》甲集卷九之《中兴宰相久任者》。
③ 《与王顺伯》，《陆九渊集》卷 11，第 172 页。
④ 《与路彦彬》，《陆九渊集》卷 10，第 152 页。

则重，失义则轻，由义为荣，背义为辱。轻重荣辱，惟义与否。"①"吾人所安者义理，义理所在，虽刀锯鼎镬，有所不避，岂与患得患失之人同其欣戚于一升黜之间哉？"②这就是陆九渊的心声。既然轮对中的发言是为君为国，那当然是内心坦荡，对被逐出朝廷的结局，陆九渊的回答是："吾人之遇不遇，道之行不行，固有天命，是区区者，安能使予不遇哉？"③"乡来面对，粗陈梗概，明主不以为狂，而条贯靡竟，统纪未终。所以低回之久者，欲俟再望清光，输写忠蕴，以致臣子之义耳。然而不遂，则亦天也，王氏之子，焉能使予不遇哉？"④

1188 年五月，王淮罢相。反道学之风渐弱。孝宗起用理学派周必大等为相，部署晚年的政治改革。陆九渊此时讲学象山，心里甚为欣慰。1189 年（淳熙十六年），王淮去世。这一年，陆九渊在写给王顺伯的信中说："曩者尸位之人，固为朝廷之大祟，群小之根柢，而往年天去之，今年天杀之，则天之所以爱吾君而相斯人者，为力宏矣。"⑤一位百世大儒，愤愤然说出如此重话，可见陆九渊对王淮的憎恶之情。

同时，陆九渊依然以在野之身勉励同志为国尽忠效力："有官君子，岂可不永肩一心，相与励翼以助佐吾君，仰承天意乎？人之才智各有分限，当官守职，惟力是视。"⑥其实，终其一生，陆九渊都是怀"益国裕民之心"⑦。

陆九渊正是这样抛开个人得失，不因被逐而颓唐丧气，"居常深念，人不可以自弃，义不可以少忘"⑧，"吾人进退，自有大义，岂直避嫌畏讥

---

① 《与郭邦逸》,《陆九渊集》卷 13, 第 195 页。
② 《与勾熙载》,《陆九渊集》卷 7, 第 105 页。
③ 《与朱子渊》,《陆九渊集》卷 13, 第 199 页。
④ 《与李成之》,《陆九渊集》卷 10, 第 147 页。
⑤ 《与王顺伯》,《陆九渊集》卷 11, 第 172 页。
⑥ 《与王顺伯》,《陆九渊集》卷 11, 第 172 页。
⑦ 《与赵子直》,《陆九渊集》卷 5, 第 80 页。
⑧ 《与朱子渊》,《陆九渊集》卷 15, 第 228 页。

而已哉"①，只以为君为国为民的大义为进退之标准。1185 年（淳熙十二年），有人"以小人阒伺"劝陆九渊应该向朝廷辞职（"宜乞退"），陆九渊说："吾之未去，以君也。不遇则去，岂可以彼为去就耶？"② 这正是陆九渊为国为民的赤诚之心和高尚人格。

3. 知荆门军

1189 年（淳熙十六年）正月，金世宗逝世，其皇太孙完颜璟即位，是为金章宗。按照"隆兴和议"，年过花甲的宋孝宗还得尊称年仅 20 来岁的金章宗为叔叔，这真让人受不了。于是，二月，在位 27 年的宋孝宗内禅退位，当起了太上皇，而让太子赵惇即位，是为宋光宗。

新皇帝登基，宰相周必大就大力推荐并让宋光宗起用了一批因受朱熹道学案牵连而被王淮及其党羽排挤的官员。1189 年五月末，陆九渊接宋光宗三月二十八日之旨：知荆门军，兼管内劝农营田事，替黄元章缺。也就是说，要等到现任知军黄黼（字元章）三年半后任职期满，他才能正式到任。

不久，陆九渊转宣教郎，六月又转奉议郎。郎官在当时是闲散虚职。所以，陆九渊继续在象山精舍讲学。他给当年省试及第对他有知遇之恩的尤袤的信中说："荆门之除，良出望表，岂推毂之赐有以致之耶？幸尚迟次③，尤可毕草堂之役耳。"当时，陆九渊正在与朱熹进行"无极与太极"的辩论。

1191 年（绍熙二年），荆门原任知军黄黼提前调走。六月，光宗再次下诏，让陆九渊急速赴任。

当时陆九渊正在象山过着优游林泉、涵泳学问的惬意生活，长期便血的肠痔老毛病又发作了，大病未愈，但一接到知荆门军的命令，就准

---

① 《与朱元晦》，《陆九渊集》卷 2，第 30 页。
② 《语录下》，《陆九渊集》卷 34，第 473 页。
③ 迟次，亦称待阙、守阙，凡官员已经登记任命，须待原任官员任满后方可上任，只不过等待期间可以赋闲在家，其官衔、俸禄皆自命下之时开始。

备单骑上任，因为"荆门乃次边之地"，"岂惟古争战之场，实在今攻守之要"①，自己"愿鞭其绵力，以自效于昌时"②。后听说虏人有南犯之意，就断然决定改只身赴任为携一家六口前往（"某当挈家以行"）。他说如果他只身前去赴任，还显得他怕什么似的（"若以单骑，却似某有所畏避也"③），表现出义无反顾的报国担当。

临行前，陆九渊专门去了一趟少年时读书的疏山寺，在月下写下《赠疏山益侍者》④，接着，又去金溪县城辞别县令苏郁。他看到全城正在修建街道，写下《赠金溪砌街者》⑤，提出"此真为善为公，而出于其心之正者也。有是心者，岂得不翕然相应而助成之乎"，也就是要出于公心做好事，且不赠县令苏郁而赠砌街的工人，在那个封建朝代，恐怕只有陆九渊有这样的平民情怀。

这一年，金溪大旱，"不雨弥月"，"水泉顿缩，陂池向涸。车声塞耳"，"忧声在面，而叹不成声"，"民心自危，日加一日"。陆九渊登青田石湾山顶，"谨以元酒、茗饮、蓬莱之香，清陂之莲"，以"奉议郎新权发遣荆门军事，兼管内劝农营田事"祭告天地，写下《石湾祷雨文》⑥，三天后，竟风雨四作，连日未已。他又写下《谢雨文》⑦。

七月四日，陆九渊携带妻子、女儿、长子陆持之、次子陆循之、侄孙陆濬，一共六人由金溪青田里出发，从抚州水路，经南昌，过鄱阳湖，到南康，进九江城，抵达黄州看苏东坡贬谪时的临皋亭与雪堂，过汉口登上黄鹤楼"凭高仿古"，最后，历时两个月，于"九月三日，至荆门军"。

陆九渊担任主官的荆门就是那个关公大意失掉的荆州吗？

不是。

---

① 《荆门到任谢表》，《陆九渊集》卷18，第257页。
② 《荆门到任谢表》，《陆九渊集》卷18，第257页。
③ 《语录上》，《陆九渊集》卷34，第486页。
④ 《赠疏山益侍者》，《陆九渊集》卷20，第286页。
⑤ 《赠金溪砌街者》，《陆九渊集》卷20，第285页。
⑥ 《石湾祷雨文》，《陆九渊集》卷26，第354页。
⑦ 《谢雨文》，《陆九渊集》卷26，第355页。

现在的荆州市在长江边上，面积约 1.4 万平方公里；荆门市位于荆州市正北方向，面积约 1.24 万平方公里。荆州有历史，荆门同样有悠久的历史。荆州是三国时的九大州之一，知名度大，"一部荆州史，半部三国志"。但很多人对荆门并不熟悉。荆门的治所在今湖北荆门市，下辖荆门、当阳二县。

荆门，地理位置很重要，设立行政区却较晚。荆门在汉朝隶属于南郡（治今荆州市主城区）。荆门最早设立行政区划是 401 年（东晋安帝隆安五年）设长宁县，治所就在现荆门主城区。598 年（隋文帝开皇十八年），长宁县更名为长林县，隶属于荆州。805 年（唐德宗贞元二十一年），设荆门县，隶属于江陵府（即荆州）。这是"荆门"这个地名首次出现。之所以称为"荆门"，因其境内有荆门山。荆门山的得名，又因为此处有东、西二山，对峙如门。也有一说，即此地为"荆州之门户"。

其实，荆门不仅是荆州之门，它还是一处四战之地。湖北境内有四大军事重镇：北边的襄阳，西南的宜昌，正南的荆州（江陵），东南的武汉。荆门位于四大重镇的中间位置，所以古人说荆门"扼长峡而连郢楚，充襄汉之藩墙，为四要之地"，"扼诸镇之咽喉，西可至三峡，东可至郢（荆州），荆湖之门户所在，襄阳、武昌之篱墙"。

唐朝末年，879 年（乾符六年）底，黄巢起义军打算从荆州北上襄阳，唐朝山南东道节度使刘巨容就在荆门大破黄巢军。到了五代十国，长江中游出现了一个小国，即高季昌（高季兴）建立的荆南国。荆南国面积非常小，最大时只有三州十七县，是五代十国中最小的一国。荆南国夹在中原的五代、西边的蜀国（前蜀、后蜀）、南边的马楚、东边的吴国（以及南唐）之间。荆南国把国都定在江陵（荆州），它的北边就是襄阳，由于荆门县处于荆州（江陵）与襄阳的中间战略位置，荆南国就把荆门县提升为荆门军。虽然荆门军很快就撤销了，但宋朝又恢复了。

对于宋朝来说，荆门太重要了。因为北宋统治南方的中轴线就在洛阳、南阳、襄阳、荆州（江陵）一线：往东，可顺江去武昌、江东；往南，可溯湘江入湘粤；往西，可逆水而上至巴蜀。荆门军介于襄阳与荆州之间，其战略意义不言而喻。

到了南宋，荆门就更重要了。当时，陕西、河南及安徽、江苏的淮河以北地区，为金朝地域。襄阳是南宋抗金前线，荆门军属荆湖北路，在本路的最北端，与襄阳府相连，距前敌才百来公里。荆门"拥江带汉，控蜀抚淮"，地处长江、汉水之间，南接江陵，北连襄阳，不仅是古代兵家必争之地，也是当时宋金攻守之要冲。南宋必须守住襄阳以阻击北方之敌，而要守住襄阳，就要巩固荆州（江陵）至荆门一线。南宋一直把荆门当成西南固守荆州，东南固守鄂州（武汉），向北支援襄阳的枢纽重镇。岳飞就曾在荆门南部五十里的鸦雀铺屯兵抗金。宋人称："荆门安则四邻皆安，否则事（长江防线）尽去矣！"

秦岭、淮河是中国南北分界线，是游牧民族攻击农业地区的突破口，这也就成为中原政权阻挡北方军队南下的两道重要地理屏障。攻秦岭、攻江淮都不容易，秦岭和江淮这两道天然屏障的连接处恰好就有个南阳盆地，而襄阳就位于南阳盆地南边的突破口。这样，几千年来，襄阳都是中国南北交通的分界点，是"南船北马"之地，即南来的人乘船来到这里要改为骑马北上，北下的人则在这里下马，顺汉江去往长江。行军打仗也少不得从这儿过。自春秋战国以来，襄阳一共发生过两百多次大小战争。中国南北军事势力通常会在襄阳发生大决战，曹魏对蜀汉、西晋对东吴、蒙元对南宋都曾在襄阳一决生死。1267 年，蒙元军围攻襄阳，吕文焕守了 6 年，到 1273 年投降。襄阳攻陷 3 年后，临安就被攻陷，随后南宋灭亡。

正因为荆门乃次边之地，陆九渊不敢懈怠，到任的第二天，在《荆门到任谢表》里说荆门："基玉维州，沮、漳在境，拥江带汉，控蜀抚淮，岂惟古争战之场，实在今攻守之要。"他表示："益励素心，庶几尺寸，上裨远略，附近涓尘。"①

---

① 《荆门到任谢表》，《陆九渊集》卷18，第257页。

陆九渊经过调研，发现荆门的问题很多。境内民情复杂，吏风不良。"事当料理者甚众……财计亦以连三年接送，占压颇多，卒未有还补之策。考其实，与言者殊不相应。元章交割时公库缗钱万八千有奇，今所存仅五千缗耳。岁入倚浆肆，所以为来岁资者，又当取诸其中，军资库尤为匮乏。其势未至于不可为，然不为樽节，则日蹙矣。"①

陆九渊盘算了一下自己要着手的工作："自外视之，真太平官府。然府藏困于连年接送，实亦匮乏，簿书所当整顿，庐舍所当修葺，道路当治，田莱当辟，城郭当立，武备当修者不少。"由于工作任务十分繁重，陆九渊夜以继日地工作，"朝夕潜究密考，略无少暇，外人盖不知也。真所谓心独苦耳"。②

在调研与思考之后，陆九渊开始了他一年零三个月又十一天的"荆门之政"，做了 8 件实事难事：

第一件事，"严防务"：为防御金人南侵，修筑荆门城墙，强城之防。陆九渊到任时，金人时有南下之意，而荆门地处长江、汉水之间，南捍江陵，北援襄阳，东护隋、郢（湖北隋县至江陵一带）之胁，西当光化（今湖北西北部）、夷陵（今湖北宜昌）之要冲，是金人南下的必经之地，加上"绍兴和议""隆兴和议"两度割让土地，荆门已经成为南宋的次边地区、第二防线。可陆九渊惊讶地发现，这么重要的边防之地，竟然"素无城壁"。所以，他的第一个决定就是兴筑城池。只要荆门强固了，周围地区才有安全可言。

但修城首先需要钱，至少要 20 万缗钱。"缗"为古代穿铜钱的绳子，1 缗钱就是 1000 文钱，即 1 贯钱。宋代 1 贯，定为 770 枚铜钱。1 缗钱相当于 1 两白银，也就是说，建荆门城池需要白银 20 万两。但当时荆门官府仅有 5000 缗钱，仅为所需经费的四十分之一。

陆九渊的办法有两个：一是就地筹集款项。他召集金判洪伋、学录

---

① 《与薛象先》，《陆九渊集》卷 15，第 226 页。
② 《与罗春伯》，《陆九渊集》卷 15，第 225 页。

黄岳、当阳知县沈正卿、长林知县贾洋以及州城里的富商士绅。最后决策，由州发出通告：富户减租减息，居民量力捐资，州府官员每人"各助月俸，以资工费"。他自己捐献了半年俸禄，动员州城居民一起动手修筑。

经荆湖北路安抚使兼江陵知府章森批准，1191 年（绍熙二年）十二月初四日动工。陆九渊经常到工地监督指挥，经过一番努力，仅 20 天就建成一道新的荆门城墙和护城河，"周围九百余丈，高一丈六尺，女墙高五尺"。后来，又在土城墙外包砖块，城墙上面设置角台、敌楼、护险墙等，总共只花费 3 万缗钱。当地百姓"携持来观，自腊至今，踵系不绝"。

二是向上申请拨款。1192 年春季，陆九渊又上奏《与庙堂乞筑城札子》申请增拨修城经费。他首先从荆门的国防位置讲到筑城的重要性，"郡无城郭，使在内地，尚且不可，况其在边？""惜毫末之费，忽丘山之害，难以言智。一旦有警，谁执其咎。"然后讲筑城深得民心，"人心齐一"。最后向朝廷申请拨款 5000 两银，"应副包砌支用。使城壁一新"①。

第二件事，制止逃兵，整治军队。当时荆门地处第二前线，时有逃兵，"荆州逃卒视州郡为逆旅，周流自如，莫知禁戢。平日若此，缓急安能防闲？"②这种情况不只发生在荆门一地。宋代军制，凡州兵壮勇者送京师充禁兵，而各州地方军的厢兵平时不加训练、不任战斗，只供劳役，军无斗志，兵无士气，往往是不战而逃。"湖北诸郡军士多逃徙，视官府如传舍，不可禁止，缓急无可使者。"

于是，陆九渊一是整理军士名册，严防冒名顶替。二是联合邻郡鄂州（今武昌）、峡州（今宜昌）共同治理，相互缉捕逃兵。如遇荆门逃兵，即可差人捕回。三是发出布告，"信捕获之赏，重奔窜之刑"。凡检举或捕获逃兵者，予以重奖；凡自首归来者，从轻发落；凡冥顽不化者，

---

① 《与庙堂乞筑城劄子》，《陆九渊集》卷 18，第 259 页。
② 《与章德茂》，《陆九渊集》卷 16，第 231 页。

予以法办。这些措施有效遏制了逃兵事件的发生。

陆九渊从严治军，严格训练士兵。他亲自制订计划，整肃军纪，加强训练。陆九渊少时曾经习武，熟悉弓矢之事。他多次亲临练兵场，"又数阅射，中者受赏"。当时，在荆湖北路境内，"独荆门整习，他郡所无"[1]。1192年春，经他邀请，荆南府大帅章茂献还派路分官赵良弼、正将孟通、统领成和来荆门出席阅兵活动。他们看到士兵"驰射精熟"，议论慷慨："异时所见武弁，不多其比。……推而广之，何事不可为哉？"[2]

第三件事，"建保伍"：易简司法，建立烟火保伍队，强化治安。荆门军往日多盗，地方治安混乱。陆九渊到任后，参照临川同乡北宋王安石的保甲制，建立一种叫"烟火保伍"（也叫"烟火队"）的治安组织，"始至即修烟火保伍"，五家为一保，两保为一甲，六甲为一队，巡逻境内各处关隘乃至深山岔道，遇有盗贼，队甲保相互照应，共同防盗固边，"贼盗之少，多赖其力"[3]。"此间平时多盗，今乃绝无，有则立获。"[4]"烟火队"还是一种民兵组织，遇有战事，接受官府调遣，进入军队序列参加战斗，加强了抗金实力。

第四件事，"除弊风"：整顿吏治，净化官场，整饬了公务人员的纪律。陆九渊到达荆门"即日亲事"。他以"张官置吏，所以为民"[5]的思想为宗旨，"到此并无一字揭示，无随行人"。"户庭颇无壅塞，事至随手决之，颇无怍于人心。"[6]衙门为民常开，民即诉即办："比间不复挂放状牌，人有诉事，不拘早晚接受，虽入夜未闭门时，亦有来诉者，多立

---

① ［宋］杨简：《象山先生行状》，《陆九渊集》卷33，第454页。
② 《与章德茂》，《陆九渊集》卷16，第235页。
③ 《与邓文范》，《陆九渊集》卷17，第248页。
④ 《与张监》，《陆九渊集》卷17，第245页。
⑤ 《与徐子宜》，《陆九渊集》卷5，第80页。又见《与辛幼安》，《陆九渊集》卷5，第83页。
⑥ 《与薛象先》，《陆九渊集》卷15，第226页。

遣之，压服而去。见客亦无时。"①

陆九渊到荆门后，不事张扬，不讲吃喝。他公开向社会做出承诺，随时听讼、定期审案。凡是告状的，不需要烦琐的手续，可到军治衙门直接向他面陈。他不分早晚，亲自处理。"然太守自无暇，此间有积年之讼，皆盘错，外郡之讼，诸司亦时遣至此。又有筑城造屋之役，适连年送迎之后，计财匮乏，颇费调度。近以商税亏额之甚，遂自料理，颇有增羡，乃知事无不可为者。"②陆九渊审理案件时，先让双方充分陈述，然后多加调解，直至双方毫无怨言。

荆门的吏治原来十分腐败，官员用积欠的方法敛财。陆九渊通过私访发现所有的积欠都有名无实，就断然决定，无论哪一级来的催讨积欠的命令，一概不理。"某在此，初未尝以姑息从事，猾吏奸民为柔良害者，屡绳治之矣。"③"既逾年，笞棰不施，至于无讼。相保相爱，闾里熙熙，人心敬向，日以加厚。"④"比来讼牒益寡，有无以旬计，终月计之，不过二三纸。"⑤

第五件事，"勤视农""堵北泄"：发展经济，救灾恤民，厚民之生。一到荆门，陆九渊就经常下乡调查，很快就熟悉了荆门及其周边地区的土壤、气候、水利、作物、耕作条件，还把荆门与自己家乡金溪青田农村作了对比分析。陆九渊率领所辖两县的官员（军金判、军教授、两知县）走乡串村，"行视田间"，兴农，视农，劝农，解决天旱无水和水多成灾的问题，并在工作日志中做出详细记录。当他把下乡调查的情况、劝农的结果以及百姓饱受旱涝的疾苦报告给上司章德茂，章感动得热泪盈眶。⑥

当时，有两大忧患困扰当地经济和民生：一是百姓歉收。荆门地处

---

① 《年谱》,《陆九渊集》卷 36，第 579 页。
② 《与邓文范》,《陆九渊集》卷 17，第 248 页。
③ 《与张元善》,《陆九渊集》卷 16，第 241 页。
④ 《年谱》,《陆九渊集》卷 36，第 580 页。
⑤ 《与张监》,《陆九渊集》卷 17，第 245 页。
⑥ 《与章德茂》,《陆九渊集》卷 16，第 233 页。

丘陵岗地到山地的过渡地带，一遇干旱，农业歉收，农民饥荒。1192 年（绍熙三年），荆门大旱。面对干旱，陆九渊积极组织生产自救，还从官库拿出几千石大米来赈济灾民，稳定粮价。他在荆门为官只有一年多时间，却写下六篇祷雨谢雨文，就在他临终前几天，还在"往迎蒙泉，取水归安奉"，为荆门当时的暖冬祈雪。

二是粮米北泄，即荆门的粮米向北销往了金人的敌占区。因为荆门既是宋金交战的前线，也是北方游牧地区和南方农业地区的交接地。北面金人占领区灾情严重，极度缺粮，粮价自然就高。荆门粮商就囤积粮食，并向北方走私粮食，屡禁不止。"今所谓泄米，非泄于南之患，泄于北之患也。"① 陆九渊一是发布告示，严厉打击黑市粮，在荆门往北的路上设卡堵截，禁止粮食北运。二是提高官方的收粮价格以推高当地粮食市价，打击豪强囤积，保证农民收入。陆九渊多措并举，解决了粮食北泄问题。

第六件事，"蠲铜钱"。陆九渊"到此询访民间疾苦"，发现荆门是"次边之地"，朝廷担心铜钱流入金国敌占区，就改用铁钱，禁用铜钱。但民户又必须用铜钱交纳税钱、役钱。民户没有铜钱，只得用会子兑换铜钱。会子是 1160 年（绍兴三十年）由政府官办、户部发行的纸币。农户兑换铜钱时，官府要收取 30% 的利息，吏胥还要从中盘剥，民户苦不堪言。针对这种变相的苛捐杂税，陆九渊向荆湖北路转运使薛象先申辩，"断然因民之请而尽罢之"②。

第七件事，"罢三引"：改进税收工作，改善营商环境。荆门地小财薄，府库多靠商税。当时荆门过往使节官绅很多，迎来送往，各种支出的费用多靠商税供给。"荆门两县置垒，事力绵薄，连岁困于送迎，藏库空竭，调度倚办商税。"本来，荆门是鄂豫湘川的商品集散地，可市场萧条，税收匮乏。什么原因呢？原来这里设有"三门引"。"三门引"

---

① 《与章德茂》，《陆九渊集》卷 16，第 237 页。
② 《与薛象先》，《陆九渊集》卷 15，第 227 页。

是指陆九渊上任前荆门官府对商贩设置的三卡：一是通道卡，即日夜把守各个通道，清点货物，办理入城货运批准单，收取检查费。二是税卡，即商贩凭入城的货运批准单到税务机关纳税。三是稽查卡，即在市场上复查货物和交税情况，有漏则补和罚。

看起来制度完备，冠冕堂皇，实则巧立名目，敲诈勒索："先是日差使臣暨小吏伺商人于门，检货给引，然后至务，务唯据引入税，出门又覆视。官收无几，而出入其费已多。初谓以严禁榷，杜奸弊，而门吏取贿，多所藏覆，禁物亦或通行。商苦重费，多由僻途，务日入缩。""务"是指商业衙门，"引"是指凭单。

面对这种盘剥，商贩叫苦不迭，只得走私路绕过关卡。但私路难行，且多有盗贼，被官府破获，还要受罚，因此，来荆门经商的人越来越少了，州府的税收也就日缩月减。

陆九渊了解实情后，坚决废除了这种搜刮商人的"三门引"政策，告知所有商人直接到商业衙门（务）去纳税，并减免附加捐税，然后便可自由交易。"罢去之……即日揭示，俾径至务，复减正税援例，是日税入立增"[1]，此举有效地遏制了官员腐败，来荆门做生意的人多了，大大活跃了荆门的商贸活动，繁荣了市场，商税也增加了。

第八件事，重视文教与宣化，劝民向善。陆九渊上任伊始，就开始修葺郡学贡院和客馆官舍，大兴教育。每逢朔望及暇日，他都到府学去讲课，与诸生讲习心学，期望人们能"正心诚意"，除"心"之蔽，复"心"之明。当时南宋偏安一隅，士君子却有恢复中原之志。陆九渊针对当时事势，根据"十年生聚，十年教训"的史实，开讲"生聚教训处便是道"。特别是讲《洪范·皇极》一章，影响极大，荆门移风易俗。"此间风俗，旬月浸觉变易形见，大概是非善恶处明，人无贵贱皆向善，气质不美者亦革面，政所谓脉不病，虽瘵不害。近来吏卒多贫，而有穷

---

[1] ［宋］杨简：《象山先生行状》，《陆九渊集》卷33，第453页。

快活之说。"①

　　陆九渊的荆门之治仅一年三个多月，却呕心沥血，躬行践履，做了很多实事，取得很大成绩，形成了"是间民益相安，士人亦有向学者，郡无逃卒，境内盗贼绝少，有则立获，讼牒有无以旬计"②，"政行令修，民俗为变"③的局面。他的"荆门八政"，为世人钦佩，彪炳史册，被载入《宋史》《续资治通鉴》。当时丞相周必大称赞："荆门之政，如古循吏，躬行之效至矣。"

　　陆九渊素有血疾，这一年冬天发病。

　　1193 年 1 月 15 日（绍熙三年十二月十一日），陆九渊对亲人说："我五哥教育我们要有志于天下，没想到我还没施展抱负就要离开人世了。"

　　他又对家人说："我将死矣。"

　　他还对僚臣说："我将告终。"

　　人们泣曰："您怎么说如此不祥之语？"（"安得此不祥语？骨肉将奈何？"）

　　陆九渊淡淡一笑："亦自然。"

　　那一日，陆九渊还"接见僚属，与论政理如平时"。晚上息静室，命扫洒焚香。适逢百姓祈祷下雪，第二天，雪果然骤降。"命具浴，浴罢，尽易新衣，幅巾端坐。家人进药，先生却之，自是不复言。"④

　　1193 年 1 月 18 日（绍熙三年十二月十四日癸丑）日中，陆九渊奄然而卒，享年五十有四。

---

① 《年谱》,《陆九渊集》卷 36，第 581 页。
② 《与邓文范》,《陆九渊集》卷 17，第 248 页。
③ 《续资治通鉴》卷 152。
④ ［宋］杨简：《象山先生行状》,《陆九渊集》卷 33，第 455 页。又见《年谱》,《陆九渊集》卷 36，第 581 页。

第 02 讲

陆九渊心学的核心问题

说起"心学",人们常会有几种心态和反应:其一,心学是学究之学,太深奥;其二,心学是时髦之学,太花哨;其三,心学是唯心之学,太虚幻;其四,心学是励志之学,太鸡汤。其实,作为中国儒学的重要流派,作为中国文化的重要内容,"心学"有着严肃而丰厚的思想内容、深远而广泛的历史影响、鲜明而独特的文化特色。

说到"心学",就绕不开"陆王心学"。宋代的陆九渊和明代的王阳明是心学的杰出代表,其中陆九渊是心学的开创性和关键性的代表人物。

一、"白鹿洞讲学",陆九渊讲了个啥?

1. 陆九渊心学的基本定位:心学即人学、做人成圣之学

什么是心学呢?

王阳明在《陆象山先生集·叙》中说:"圣人之学,心学也。"

这个论断一语点破陆九渊心学的本质。确实如此,心学即人学、圣人之学,陆九渊心学就是关于做人、做圣人的学问,它正是在做人这个中国文化的基本点、关键点、核心点上显示出独特的精神气质和思想力量。

在陆九渊心学中,人的主体地位十分重要。"人与天地并立而为三极。"[1] "儒者以人生天地之间,灵于万物,贵于万物,与天地并而为

---

[1] 《与朱济道》,《陆九渊集》卷 11,第 161 页。

三极。天有天道，地有地道，人有人道。人而不尽人道，不足与天地并。"① "吾人居广居，立正位，行大道，得志与民由之，不得志独行其道，岂肯作此等语也！"②

陆九渊心学谈问题、想事情，总要谈个大小、先后、本末。他要求"人当先理会所以为人"，人们应首先"深思痛省""人之所以为人"的道理，即做人的目的、活着的意义，不要"枉自汩没，虚过日月"。陆九渊说"朋友讲学，未说到这里"，批评有些做先生的"朋友"讲学不讲做人（至于这个"朋友"指谁，相信大家都清楚）。陆九渊说这种讲学就是《孟子·尽心》讲的"放饭流歠而问无齿决"，在长辈面前大口吃饭、大口喝汤这样极不礼貌的事都做得出来，却讲究不用牙齿啮断干肉这样的小礼貌。也就是"遗其大而言其细"，抓不住要害。"若能知其大，虽轻，自然反轻归厚。因举一人恣情纵欲，一知尊德乐道，便明洁白直。"③

但人是各种各样的，"人生天地间，气有清浊，心有智愚，行有贤不肖"④。陆九渊就论述过"圣人""常人""大人（君子）""小人""官人""中人""吏人""正人""邪人"，说："人之资质不同，有沉滞者，有轻扬者。古人有韦、弦之义，固当自觉，不待人言。但有恣纵而不能自克者，有能自克而用功不深者。"⑤那么，怎样才能教各种各样的人来做人、做圣人呢？

丘元寿（960—1279），是位年纪很大的长者了，他听说陆九渊的名声，就从福建邵武来到金溪槐堂，"负笈来从，执礼甚恭"。听了一段时间的课后，他说自己小时候只是爱读程颐的书，这些天听了陆先生的课，感觉很好，"天下没有比这更快乐的事啦"。

---

① 《与王顺伯》，《陆九渊集》卷 2，第 20 页。
② 《与包敏道》，《陆九渊集》卷 14，第 208 页。
③ 《语录下》，《陆九渊集》卷 35，第 518 页。
④ 《与包详道》，《陆九渊集》卷 6，第 94 页。
⑤ 《语录下》，《陆九渊集》卷 35，第 518 页。

陆九渊说："我一见到你，就知道你是一个留意学问且从事程颐的学者。既然你好古如此，那你平日在家与谁游处呀？"

丘元寿说自己赋性冷淡，不太与人来往。

陆九渊问："你没有聘请教师吗？"

丘元寿说他与教师话不投机。

陆九渊说："既然如此，那你平生怀抱志向，跟谁诉说呢？"

丘元寿回答："没有人可以诉说。有时在田园里找老农老圃说说，他们虽不识字，但可喜的是有真情。"

陆九渊环顾他的学生，笑曰："邵武有那么多士人，竟不能有以契元寿之心，契心者乃出于农圃之人。如此看来，比起农圃间人，这些上大夫儒者都是有愧的呀。"

有人问："像丘元寿前辈这样的贤人，您还有力量帮他吗？"

陆九渊说："元寿甚佳，但恐其不大耳。'人皆可以为尧舜'，'尧舜与人同耳'，但恐不能为尧舜之大也。"丘元寿同学很好，但恐怕成不了像尧舜那样大的圣人。

丘元寿听到此话，脸色大变，慌忙答道："感受先生教爱之笃，但我想我无此力量，实在是不敢对尧舜有所冒犯呀。"

陆九渊说："元寿，你说你没有这个力量。你说错了。你平日之力量就是尧舜之力量，只是你自己不知道罢了。"①

陆九渊在谈话过程中，一直引导丘元寿认识自己作为一个人的存在。其实，这种"尧舜与人同耳""人皆可以为尧舜"的观点，就是陆九渊心学的核心观点。

至于"元寿平日之力量，乃尧舜之力量"，"但恐不能为尧舜之大也"，这也是陆九渊心学的观点。"人皆可以为尧舜。此性此道，与尧舜元不异，若其才则有不同。"②那它就要回答两个问题：圣人与凡人有什

---

① 《语录上》，《陆九渊集》卷34，第484–485页。
② 《语录下》，《陆九渊集》卷35，第522页。

么不同呢？这个圣人与那个圣人有没有大小之分呢？

后来到明朝，王阳明也碰到这两个问题。学生蔡希渊问："孟子把孔子、伯夷、伊尹都称为圣人，但伯夷和伊尹的才力、德力都低于孔子，怎么也可以同孔子一样被称为圣人呢？"蔡希渊提出了一个"圣人是不是也有等级"的尖锐问题。

王阳明回答："圣人之所以为圣，只是因为良知纯乎天理而没有夹杂丝毫私欲，就好像纯金之所以为纯金，只是因其成色足而没有铜铅之杂质一样。然而，圣人的才力大小不同，就像同样是纯金，但轻重不同。尧、舜好比万镒之金，文王、孔子好比九千镒，禹、汤、武王有七八千镒，伯夷、伊尹好比四五千镒。他们的才力虽然不同，但至善的良知是相同的，都是纯金呀。"

说到这里，王阳明话锋一转，直讲一般人的成圣问题。他说："即使是平常之人，只要肯下功夫学，使自己的心地纯洁起来，让良知显现出来，就可以成为圣人。就好比一两之金，比起万镒之金，虽然分量相差很远，但就成色而言，则毫不逊色。孟子说'人皆可以为尧舜'，正是这个道理。"①

在这里，我们看到了陆王心学在做人成圣上的观点是一致的。

2. 陆九渊心学的核心关注点：做人要做个什么样的"人"？怎样做这样的"人"？

陆九渊是从"人"出发，开始他的心学论述的。他认为：人，首先要认识自己，知道自己在宇宙中的地位。

陆九渊有个学生叫缪文子，"资质亦费力，慕外尤殢"。陆九渊每每见他退下之时，一副不能脱罗网的样子。陆九渊就告诉他，要放大规模，做大格局，"人须是闲时大纲思量：宇宙之间，如此广阔，吾身立于

---

① 《传习录》上，《王阳明全集》卷 1，上海古籍出版社 2017 年第 1 版，第 23 页。姚注：为节省篇幅，以下全书凡引《王阳明全集》者，将省去"上海古籍出版社 2017 年第 1 版"，只注篇名、卷数和页码。

其中，须大做一个人"①。

缪文子不理解，说："我也思量过我是一个人呀，我怎么可能不为人呢？难道为草木禽兽不成？"

陆九渊说："如此便又细了，只要大纲思。且如'天命之谓性'，天之所以命我者，不殊乎天，须是放教规模广大。若寻常思量得，临事时自省力，不到得被陷溺了。"

缪文子很有成就感地谈自己的心得，说："我第一次来见先生，懵懵懂懂的。我第二次见到先生时，有进步了，觉得心下快活，凡事还能自持。现在只怕到昏时自理会不得。"

陆九渊说："你这哪里是进步呀！如果内心澄明，那还要什么把持呀（'见得明时，何持之有'）？就像人之于耳、人之于眼，要听、要看时就自然会听到、会看见；不要听、不要看时就自然会充耳不闻、视而不见。只要你存有本心，那心就会由你呀（'何独于心而不由我乎'）！"②

陆九渊心学是一门做人的学问。他一直在讲要"做人""做个人""大做一个人"。在做人的问题上，陆九渊的心学是从三个方面展开的：

一是在"天""道""理""性""气"等一大堆概念中，拎出了一个"人"字，说"上是天，下是地，人居其间。须是做得人，方不枉"，疾呼"人人都要立志做人"。陆九渊心学的核心思想就是"辨志明心做个人"，其精神追求和哲学关注就是"大做一个人"。

二是大大突出了人的地位，强调了做人的重要性，十分自觉、清醒地张扬了人的价值、尊严、地位、生命的意义。陆九渊认为人生天地间，与天地并为三极。"天地人之才等耳，人岂可轻？人字又岂可轻？"③

人不但是一个自我修养成人成圣的道德实践的主体，更是一个推动改革、惩治恶吏的政治实践的主体，还是一个改造社会、保家卫国的社

---

① 《语录下》，《陆九渊集》卷35，第505页。"天之所以予我者，至大、至刚、至直、至平、至公。如此私小做甚底人？"《语录下》，《陆九渊集》卷35，第508页。
② 《语录下》，《陆九渊集》卷35，第506页。
③ 《语录下》，《陆九渊集》卷35，第530页。

会实践的主体。对程朱理学而言，"道"是天道，"理"是天理，落在人间事务上就是家国伦理、政治秩序；而践行这"道""理"、维护这一伦理秩序的人，则是君主与士人。陆九渊心学却更具有内倾化、世俗性、个体性的特点，这个"道""理"淡化了许多神圣性，展开于普通民众的日常生活而具有更多的世俗性。陆九渊说："若某则不识一个字，亦须还我堂堂地做个人。"这绝不是一句豪言，而是表达了深刻的思想和时代的气息：凡夫俗子不但具有成人成圣的可能性，还成了改革社会、保家卫国等社会实践和政治实践的主体。

在南宋时期，庙堂并不是士人推行其政治理念的唯一场所。宋代的政治主体是"共治天下"的君主与精英士大夫。南宋精英士大夫的政治取向一方面是"得君行道"，获得君主青睐，同时，很多士人已将注意力转向了民众阶层，[①]把精神转向了地方治理，引导农村的精英阶层参与地方政务，这也就让社会民众逐渐有了成为政治主体的身份自觉。

三是提出了做人的标准与努力方向。1178 年（淳熙五年）八月，朱熹由史浩荐知南康军（即后来的星子县，现属庐山市），1179 年三月到任。在那里，朱熹做了许多民生工程，他修的防洪堤现在还是全国文物保护单位；他还做了文化工程，在庐山唐人李渤读书处修复了白鹿洞书院。朱熹毕竟是大师呀，虽然六年前他和陆九渊在鹅湖书院吵了一架，可那是学术讨论，不是私人恩怨。朱熹大师风范，写信邀请陆九渊来庐山讲学。此时陆九渊考上进士后还在金溪老家等待任命呢，他接信后欣然答应 1180 年（庚子）秋赴约。后因该年夏秋之际南康大旱，朱熹忙于救灾，讲学时间延至 1181 年（淳熙八年辛丑）二月。这样，就有了"白鹿洞书院会讲"。这一年，陆九渊 43 岁。

朱熹记载了这次讲学："十日丁亥，熹率僚友诸生，与俱至于白鹿洞

---

① 单虹泽：《陆象山的"主民"思想及其对晚明"觉民行道"的开启》，载《陆九渊诞辰 880 周年暨心学传承与发展国际学术研讨会论文集》下，第 764 页。姚注：为节省篇幅，以后全书脚注中的引文出处《陆九渊诞辰 880 周年暨心学传承与发展国际学术研讨会论文集》，一律用"L"代替。

书堂。请得一言以警学者。子静既不鄙，而惠许之。"①

随同陆九渊一同前往的有哪些人呢？朱熹在《跋金溪陆主簿白鹿沿书堂讲义后》中说："淳熙辛丑春二月，陆兄子静来自金溪，其徒朱克家、陆麟之（陆九叙之第二子）、周清叟（字廉夫，陆九渊仲兄陆九叙之女婿）、熊鉴（陆九渊仲兄陆九叙之女婿）、路谦亨、胥训②实从。"③

陆九渊在白鹿洞书院讲了些什么呢？

"昔者先生来自金邑，率僚友讲道于白鹿洞，发明'君子喻于义，小人喻于利'一章之旨，且喻人之所喻由其所习，所习由其所志，甚中学者之病。义利之说一明，君子小人相去一间，岂不严乎？苟不切己观省，与圣贤之书背驰，则虽有此文，特纸上之陈言耳。"④也就是说，陆九渊从金溪来到白鹿洞书院讲了一堂"义利之辨"。

义利之辨出自《论语》的"君子喻于义，小人喻于利"。后来孟子说"何必曰利？亦有仁义而已矣"，董仲舒说"正其谊不谋其利，明其道不计其功"，义利之辨是中国文化最重要、最根本的问题。义利之辨就是君子和小人之辩，在政治领域就是王道与霸道之辩。到了宋儒这里，"义利之辨被提升到判别君子小人、王道霸道的'第一义'的高度，并被赋予本体论、心性论、工夫论之诠释，又借助天理人欲之辨，引入'公私之辨'这一命题，使得义利之辨既具备了形而上之天道价值根源，又具备了指导士大夫日用生活洒扫应对乃至修齐治平之现实功用；既成为士大夫修为群众人格之现实标准，又成为政治上平治天下、文化上批判佛道之理论武器"⑤。

陆九渊讲"义利之辨"就是讲做人的问题，要做君子，不要做小人。

---

① 《跋陆子静白鹿洞书堂讲义》，《朱文公文集》卷81。
② 胥训，字必先，陆九渊妻子吴夫人第三妹之婿。陆九渊有《与胥必先》书信四封，多勉励之语。
③ [宋]朱熹：《晦庵集》卷81。又见《白鹿洞书院论语讲义》，《陆九渊集》卷23，第316页。
④ 《语录下》，《陆九渊集》卷35，第538页。
⑤ 周接兵：《陆九渊君子人格思想述论》，L下，第661页。

下面是《白鹿洞书院论语讲义》[①]全文：

某虽少服父兄师友之训，不敢自弃，而顽钝疏拙，学不加进，每怀愧惕，恐卒负其初心。方将求针砭镌磨于四方师友，冀获开发以免罪戾。比来得从郡侯秘书至白鹿书堂，群贤毕集，瞻睹盛观，窃自庆幸！秘书先生、教授先生不察其愚，令登讲席，以吐所闻。顾惟庸虚，何敢当此？辞避再三，不得所请，取《论语》中一章，陈平日之所感，以应嘉命，亦幸有以教之。

子曰："君子喻于义，小人喻于利。"

此章以义利判君子小人，辞旨晓白，然读之者苟不切己观省，亦恐未能有益也。某平日读此，不无所感：窃谓学者于此，当辨其志。人之所喻由其所习，所习由其所志。志乎义，则所习者必在于义，所习在义，斯喻于义矣。志乎利，则所习者必在于利，所习在利，斯喻于利矣。故学者之志不可不辨也。

科举取士久矣，名儒钜公皆由此出，今为士者固不能免此。然场屋之得失，顾其技与有司好恶如何耳，非所以为君子小人之辨也。而今世以此相尚，使汩没于此而不能自拔，则终日从事者，虽曰圣贤之书，而要其志之所乡，则有与圣贤背而驰者矣。推而上之，则又惟官资崇卑、禄廪厚薄是计，岂能悉心力于国事民隐，以无负于任使之者哉？从事其间，更历之多，讲习之熟，安得不有所喻？顾恐不在于义耳。诚能深思是身，不可使之为小人之归，其于利欲之习，怛焉为之痛心疾首，专志乎义而日勉焉，博学审问，慎思明辨而笃行之。由是而进于场屋，其文必皆道其平日之学、胸中之蕴，而不诡于圣人。由是而仕，必皆共其职，勤其事，心乎国，心乎民，而不为身计。其得不谓之君子乎？

秘书先生起废以新斯堂，其意笃矣。凡志斯堂者，必不殊志。愿与诸君勉之，以毋负其志。

陆九渊此次讲学有几层意思：

---

① 《白鹿洞书院论语讲义》，《陆九渊集》卷23，第315–316页。

其一，"义利之辨"就是"公私之辨"。陆九渊说："凡欲为学，当先识义利公私之辨。"应该讲，这是宋儒们的共识，具体言之始于北宋二程。程颢说："天下之事，惟义利而已。"程颐说："义与利，只是个公与私也。"朱熹断言："义利之说乃儒家第一义。"自二程高扬"义利"之辨，理学家几乎异口同声地响应，都视"义利"之辨为儒家第一义，而对此做出较为系统论述的莫过于朱熹，陆九渊的白鹿洞讲学则堪称经典。①

其二，"义利之辨"就是判别君子与小人的试金石。"喻于义"者就是君子，"喻于利"者就是小人。换句话说：是君子，就会喻于义；是小人，就会喻于利。所以，"义利之辨"就是一个从公义与私心来鉴定道德人品和精神境界的标准。

其三，"义利之辨"还是一个做人的方向。清初思想家吕留良非常敏锐地指出，相对于程子"惟其深喻，是以笃好"乃"已成之君子、小人"而言，陆九渊"是从喻字前说"，就是未成君子或未成小人时说的。也就是说，如果"喻于义"，就会成为君子；如果"喻于利"，就会成为小人。这样一来，陆九渊的讲学不是在为人们静态地事后贴标签，认定谁是君子，谁是小人；而是动态地事先给学子们指方向——大家都要在道德人品和精神境界上努力喻义讲公，从而成为君子。

其四，君子会喻于义、小人会喻于利的原因，取决于他们各自的"所习"。

陆九渊的"义利之辨"，就讲清楚了什么是君子，什么是小人，怎么才能做君子，不做小人。陆九渊接着说："君子小人之间的区别既然这样凛然严格，我们如果不'切己观省'，不联系自己的实际，那么就'与圣贤背道而驰'，虽有孔子的文章在，那也只是纸上的陈言套话而已，又怎能'悉心力于国事民隐，以无负于任使之者哉'？"所以，陆九渊就是要让在座诸位"切己观省"以"辨志"。实际上还是讲做人要

---

① 陈乔见：《陆九渊"义利"之辨的特色》，L，第255页。

做一个什么样的人，怎么才能做这样的人。

"义利之辨"也好，"辨志明心"也罢，这个"辨"字非常紧要。杨立华对此有深刻分析：在现实生活中，我们考虑任何问题都是各种要素的权衡、综合，在各种权衡、综合中，对发心动念那一念之微的分辨是至为关键的。做一件事"最根本目的是什么"，初心是什么，这是君子小人的分野。陆九渊"辨"的说法非常可贵。人的行为，这一念之差、一念之微是分别善恶的根本：你到底是想成为一个好人，还是想成为一个坏人，你到底是出于利之心，还是出于义之心，你到底是出于公，还是出于私，都在这一念之微。这是陆九渊最发人深省、最震撼人心的地方，这一念之微的分辨是心学得以挺立的根由所在。[1]

陆九渊的这堂课讲得好，讲者"当时说得来痛快"[2]，"听者莫不竦然动心"，连激动带感动，竟至泪下。朱熹也"深感动"，当时是早春二月，"天气微冷，而汗出挥扇"。

陆九渊讲完课后，朱熹走上台，说："陆先生的这堂课很重要，很深刻，'发明敷畅，则又恳到明白，而皆有以切中学者隐微深痼之病'，切中了时下的要害，击中了当下官员、学者的思想要害。"击中了哪些"隐微深痼之病"呢？"科举取士久矣……今世以此相尚，使汩没于此而不能自拔"，"志之所乡……惟官资崇卑、禄廪厚薄是计，岂能悉心力于国事民隐"。陆九渊大声疾呼，学子们要"专志乎义而日勉"，使平日之学不违背圣人，"由是而仕，必皆共其职，勤其事，心乎国，心乎民，而不为身计"。试想，现在我们做工作、当领导，难道不也要"共其职，勤其事，心乎国，心乎民，而不为身计"吗？

朱熹接着说："在座各位，'盖听者莫不竦然动心焉'，'熹犹惧其久而或忘之也'，'凡我同志''当共守勿忘'，'于此反身而深察之'，只有

① 杨立华：《自作主宰：陆九渊的哲学》，载《中国哲学十五讲》，北京大学出版社2019年版，第279页。
② 《年谱》，《陆九渊集》卷36，第561页。

这样，才'可以不迷于入德之方矣'①，才能做君子，做圣人，做正人，不要做小人。"

后来，朱熹还对杨道夫说："你曾经见过陆九渊先生讲义利之说吗？"

杨道夫说："没有呀（'未也'），怎么啦？"

朱熹说："我这次请陆九渊来南康讲课，他的这堂义利之辨讲得真好。如他说道：'今人只读书便是利，如取解后，又要得官，得官后，又要改官。自少至老，自顶至踵，无非为利。'"

可见，陆九渊讲的不仅是一篇古代文章，而且是就儒家的基本命题来剖析一个现实问题：时下士人读书，不是为了行道，而是为了逐利，是为了当官、改官，当大官。他十分严肃地批判了这种恶劣风气。

南宋时期，科举制度大面积普及，陆九渊就敏锐地看到了问题的严重性。如果我们联系明代、清代，科举制度的进步性逐渐消磨干净，而内在落后因素愈加暴露和严重，就会愈加感佩陆九渊的洞察力和批判性。现在，我们去庐山脚下那浓荫密盖、涧水长流的白鹿洞书院，透过庐山那吹了千百年的阵阵微风，似乎还能听到陆九渊的讲课之声在那里久久回荡，一直不歇。

事后，朱熹"复请子静笔之于简而受藏之"，请陆九渊将讲稿整理出来，然后亲自题跋，并把这篇《白鹿洞书堂讲义》刻成石碑，作为白鹿洞书院学子必读之物，以志不忘。今天，那块《白鹿洞书堂讲义》石碑还立于白鹿洞书院的北碑廊。去庐山旅游的人，一定要去现场看一看、读一读这篇中国文化思想史上著名的思政教育精品课的经典教材呀。

3. 陆九渊心学的精神追求："堂堂地做个人"②

其实，做人的学说不只是陆九渊心学的核心理论，也是孔孟之道的主流思想。孔子讲做君子，不做小人，孟子讲做"大人"，王阳明讲

---

① 《跋陆子静白鹿洞书堂讲义》，《朱文公文集》卷81。
② 《语录下》，《陆九渊集》卷35，第514页。

做圣人，都是讲做人。中国文字中，"人"是一个站立的人，"大"则是一个正面站立的人，是一个有头脑、有腰板，头顶天、脚立地的人。所以，陆九渊讲"须大做一个人"①，做一个顶天立地的人。

中国人常考虑三件事：如何做人？如何做事？如何做官？

中国人对做事很讲究。不能做坏事，也不一定是做难事、做急事、做大事，但必须做好事，还强调一个人做一点好事并不难，难的是一辈子做好事，不干坏事。

中国人对做官也很讲究。做官，不是骑高马、做大官，而是要做一个好官、清官，这是古代中国官场的正面价值观。

但是，中国人最讲究做人，"做人"是最基本、最要紧、最重大的问题。

中国人的价值观是：堂堂正正做人，认认真真做事，清清白白做官。鲁迅的名字就叫周树人。人有好多种，有文人、商人、军人和官人。中国人讲的不是从事什么职业的人，也不是做伟人、奇人，而是做好人，做正人，做贤人，做圣人。内心的修为和道德的境界要好，外在的职业或事业才能顺畅，正所谓"内圣外王"。

陆九渊的做人思想包括：一是要做人；二是要做大人，"大做一个人"；三是凡圣一样，"人皆可成圣"，"人皆可为尧舜"，即伟大出自平凡，平凡造就伟大，人人可做圣人。

陆筠是陆九渊的远房侄子，却比陆九渊大二十多岁，1145 年（绍兴十五年）考中进士，后任贵溪主簿。有一次，陆九渊代表父亲去贵溪看陆筠。一伙草寇刚洗劫了贵溪县城，唯独陆筠居住的主簿厅完好无损。有人就说他通匪。上级不问青红皂白，先免了陆筠的职务，让他等候调查处理。

陆筠不服，辩解说："绍兴二年，贼寇谢达、黎盛在惠州纵火，民居官舍，焚荡无存，独留东坡白鹤故居。可惜东坡死了，要不然东坡也通

---

① 《语录下》,《陆九渊集》卷 35，第 505 页。

匿了。"

这件事引发了陆九渊对人心的思考：人皆有心，人同此心，心同此理，即使强盗也通人性，也有善心，何况其他人。可见，只要有"心"，只要明"心"，人人皆可成圣。

有人问："凡人要洗心，那圣人也需要洗心吗？"

"当然。"

再问："那为何有圣人和凡人之分呢？"

陆九渊回答："人心都是善的，又都会被遮蔽。只不过圣人会经常洗心剥落，保持本心；而凡人则被物欲所惑，迷失本心。"

"照你这样说，人皆可成为尧舜？"

陆九渊答："只要人人皆能洗心剥落，有何不可呢？"

陆九渊的"剥落"指的是人心有蔽，要剥落、革除蒙蔽心之"物欲"与"邪见"，从而"明心见性"。

陆九渊这个思想很自信，也很重要：既然凡人和圣人一样，就不应该把自己看低，而把圣人看高了（"处己太卑，而视圣人太高"）。不要把圣人当作偶像崇拜，只要能发明"本心"，涵养此心，便是圣贤这样的一流人。

当然，我们也要认识到：陆九渊心学所讲要做的人，是一个合乎传统伦理的"完人"，是一个充满着四端之心的道德上的"超人"。如他所说："我无事时，只似一个全无知无能底人。及事至方出来，又却似个无所不知、无所不能之人。"[1]他甚至夸大这一道德上的"超人"，他有一首诗，口气大得很：

> 仰首攀南斗，翻身倚北辰。
>
> 举头天外望，无我这般人。[2]

此诗的境界极为孤高，极得心学之精髓。"南斗""北辰"都是天

---

[1] 《语录下》,《陆九渊集》卷 35，第 522 页。
[2] 《语录下》,《陆九渊集》卷 35，第 525 页。

上的星辰。自己一"仰首"，就头顶着天，一"翻身"，就比肩南斗，攀上了北辰，伸个头到天外望，全宇宙没有像"我"这样的人。"我"的"心"充盈于整个宇宙。有些人认为，陆九渊是个"狂"人，不怕天高地厚，其实，陆九渊绝不是空喊口号的愣头青或自大狂，而是心大志大的思想家，表明了"天地之间有个人""吾心即宇宙"的心学思想，塑造出一位苍穹之下的圣人形象，一种超凡脱俗的人格志向。陆九渊赋予了每个人堂堂做人的光荣，也警醒每个人堂堂做人的责任，故使听者顿生共鸣，血脉涌动。

二、做人，从"书"开始，还是从"心"开始：哪里是下脚处？

做人的学说，是中华文化的精髓。做人，是中国儒学、中国"心学"最重要的东西，这是中华文化的核心问题。中国文化的基本点、关键点、核心点就是一个"人"，而不是物。中国文化实际上是人学。儒学、佛学、道教、心学，就讨论两句话：做人要做一个什么样的人？怎样才能做这样的人？关于人，古今中外，人类进步思想都不在于升官，不在于长寿，不在于发财，而在于做人；讲授的不是升官之道，长寿之道，生财之道，主要是讲做人。

英国文化也讲人，英国的教育主要是培养绅士。gentleman 由 gentle+man 构成，gentle 是温和的、文雅的，那么，绅士是优雅的人、有身份的人、有风度的人、有派头的人。

中国文化看一个人是不是好人，是不是正人，是不是圣人，是不是贤人，不是看其外表是不是文雅，有没有派头，而是强调对人的道德判断、道德要求与道德实践。哪怕是引车卖浆者、樵夫渔民，也可能是个人物，甚至是圣人。

"君子"是中华民族传统文化人格化的重要概念，是深入人心的人格理想。

《尚书》中说："君子勤道，不作无益害有益。"孔子一生更是对"君子”一词津津乐道，多有阐释。《论语》20篇近500章，总的指导思想就是劝人学为君子、行为世范。据有关学者统计，"君子"一词在《论语》中共出现过107次。《论语》开篇即以"君子"发问："学而时习之，不亦说乎？有朋自远方来，不亦乐乎？人不知而不愠，不亦君子乎？"

《孟子》中也有82次论及"君子"，如"君子莫大乎与人为善"，"焉有君子而可以货取乎"，"君子贵人而贱己，先人而后己"，"君子以仁存心，以礼存心。仁者爱人，有礼者敬人。爱人者，人恒爱之；敬人者，人恒敬之"，等等。

荀子则强调："法不能独立，类不能自行，得其人则存，失其人则亡。法者，治之端也；君子者，法之原也。"

那么，究竟什么是"君子"？孔子的观点是"质胜文则野，文胜质则史。文质彬彬，然后君子"。究竟什么是"君子之道"？孔子至少曾从三个方面做过不同的回答。

一为子曰："君子道者三，我无能焉：仁者不忧，知者不惑，勇者不惧。"这是孔子从个人修养的角度阐述君子之道，时刻以仁、智、勇三德要求自己，始终朝着不忧、不惑、不惧的目标迈进。

二为子曰："有君子之道四焉：其行己也恭，其事上也敬，其养民也惠，其使民也义。"这是孔子从为官从政的角度阐述君子之道，所谓"政者，正也"。作为一名为官的君子，自身的行为举止要谦虚庄重，对待上级要恭敬有礼，对待老百姓要爱护有加，需要老百姓去做的，也应该得体适当，不能过分。

三为子曰："君子之道四，丘未能一焉：所求乎子，以事父，未能也；所求乎臣，以事君，未能也；所求乎弟，以事兄，未能也；所求乎朋友，先施之，未能也。"这是孔子从为人处世的角度阐述君子之道，强调要各安本分，遵守规矩，先予后取。

孔子关于"君子之道"的三段论述，分别阐发了做人、为官、处世的道理。此外，孔子还用大量篇幅做过"君子"与"小人"之辨，如"君子喻于义，小人喻于利"，"君子坦荡荡，小人长戚戚"，"君子泰而不骄，小人骄而不泰"，"君子和而不同，小人同而不和"，"君子周而不比，小人比而不周"，"君子尊贤而容众，嘉善而矜不能"，等等，勾勒出"君子"和"小人"的明显分野，显示出强烈的价值取向。

孔子认为君子和小人最大的区别，就是"君子求诸己，小人求诸人"。这里的"求"，是"指责"的意思。这句话是说当出现过错或对自己不利的事情时，君子一定会先反思、责备自己，从自身寻找原因；小人则一定会想办法推卸责任，抱怨别人。

孔子之后，从西汉的董仲舒到唐代的孔颖达，宋代的陆九渊、程颢、程颐和朱熹，明代的王阳明，清代的王夫之等，对"君子之道"的引述和阐发，历代相沿，受到上至历代思想家及文人士大夫，下至社会各阶层人士包括普通百姓的广泛认同和推崇，不断丰富和完善"君子"这一理想人格的塑造，融会贯通到中华民族的精神血脉之中。

数千年来，中华民族在长期的历史进程中形成的民族意识、民族文化、民族性格和价值追求，塑造和凝结成为具有中国气派、中国特色的人格力量。这种人格力量可以从两方面来概括：形象上表现为"君子之道"；内容上表现为"家国情怀"。在中国的历史上，"君子之道"和"家国情怀"一直相生相伴、交相辉映，成为毫无疑义的道德制高点。

中国儒学讲的就是做人要做一个什么样的人，要做一个圣人、大人。那么，怎样才能成为圣人呢？有什么样的途径呢？在这个问题上，朱熹的观点是什么？陆九渊的观点是什么呢？它们有什么异同呢？

1. 朱熹的观点：要做人，先读书

朱熹（1130—1200），宋代思想家，大儒。祖籍是江西婺源，没生在婺源，回过两次婺源，长期生活在武夷山的南边，却常来江西这边活动、讲学。武夷山是江西和福建的界山，山南在福建，山北在江西。武夷山被列入世界文化与自然双遗产，有三个原因：一是古越国的遗迹，二是自然生态，三就是朱熹的文化遗存。

朱熹，伟人一个，亦奇人一个，牛得很，了不得。中国封建社会两

千多年的意识形态，前一千年归孔夫子管，后一千年归朱夫子管。中国儒学到宋以后就变成了宋明理学、程朱理学。程朱的"程"是"二程"（程颢、程颐），"朱"就是朱熹，朱熹是集大成者。

朱熹的学问很大，大到什么地步？中国儒家经典以四书五经为代表，而朱熹一个人竟然把四书五经全部注解了一遍，以后考科举就以他的注解为准。这意味着向全国公开招聘领导干部的考试，就以朱熹的注解为标准答案。你看朱熹的学问大到何等地步！

相传朱熹小时候，其父朱松找人为他算过命。卜者说："富也只如此，贵也只如此，生个小孩儿，便是孔夫子。"这孩子吧，富，也赚不了多少钱；贵，也当不了多大的官。确实如此，朱熹一辈子没发财，也没当几天的官。算命的算得这么准？恐怕是后人附会演绎。可朱熹成了大儒则是事实，他确实成了孔夫子这样殿堂级的人物。

作为伟人、奇人，朱熹从小聪慧过人。五岁时，其父指着天对儿子说："这是天。"

朱熹却反问了一句："天之上是何物？"

其父大惊，瞪大了眼睛，看着儿子半天说不出话，心里在琢磨他眼前是何物，五岁的小孩怎么会问这样的问题呢？（熹幼颖悟，甫能言，父指天示之曰："天也。"熹问曰："天之上是何物？"松异之）

这个问题问倒了父亲，也决定了朱熹一生的方向。从此以后，朱熹穷究天理，格物致知，对知识、对天地万物之理穷追不舍地探究。

那么，朱熹的思想观点是什么呢？他认为什么才是圣人的标准？怎样才能成为那样的好干部呢？

朱熹认为：读书、求知是非常重要的。"一草一木，皆涵至理。"要做人，先读书，格物致知。什么是格物致知？先观察外物，博览群书，然后启发内心的知识，明白了做人的道理，就会做人了。

"大抵学者读书，务要穷究。'道问学'是大事。要识得道理去做人。大凡看书，要看了又看，逐段、逐句、逐字理会，仍参诸解、传，说教通透，使道理与自家心相肯，方得。"①

朱熹的"格物致知"和宋儒程颐的观点相同。程颐说过："凡一物上有一理，须是穷致其理。……今日格一件，明日又格一件。积习既多，然后脱然自有贯通处。"格一个物，懂一个道理；格两个物，懂两个道理……慢慢地，懂得了所有的道理后，就致知了，就成圣了。

中国人极其重视书。高尔基说："书籍是人类进步的阶梯。"此话确实经典，流传甚广，耳熟能详。人是光明的动物，他的心地是要向善，他的脚步是要向上。书就是攀登文明之峰的阶梯，开启文明之门的钥匙，照亮文明之路的火把。劳动创造世界，知识就是力量，科技引领未来。金溪竹桥古村有一个惜纸炉，写了字的纸要在这个炉子里烧掉，不能乱丢。中国人认为纸一旦写了字，那就有了神明，不可亵渎。在中国人看来，不读书是最大的无知，不爱惜书则是最大的愚昧，丢失了书是最大的损失，而损毁书是最大的罪过。卖田卖屋卖什么都可以，如果卖书毁书，那就是断文脉，就是不可救药的败家子。秦始皇的历史功绩大家都认可，可焚书坑儒是他最大的罪过，几千年来谴责声不断。生活没有书籍，就好比大地没有阳光；人生没有阅读，就好比鸟儿没有翅膀。只有读书，我们才能在人生的大路上稳步前行，拾级而上，行稳致远。

中国人极其注重读书，中国人常把有文化的人叫"读书人"，把文人叫"书生"。北大的学生干脆认定自己是"读书的种子"。中国民间有许多劝人读书的俗语。所谓"世间几百年旧家，无非积德；天下第一件好事，还是读书""一日不读书，无人看得出；一周不读书，说话会变粗；一月不读书，智商输给猪"。江西的老百姓说"养儿不读书，不如养头猪。一家不读书，就是一窝猪"，话粗理不粗。苏轼说"发奋识

① 《读书法上》，《朱子语类》卷 10，中华书局 2020 年第 1 版，第 174 页。姚注：为节省篇幅，以下凡引《朱子语类》者，脚注中均省去"中华书局 2020 年第 1 版"，只列出篇名、卷数和页码。

遍天下字，立志读尽人间书"，谁敢讲这种话？只有苏东坡。苏轼的学养也确实厚实，但在知识爆炸的今天，谁也不敢说这个话了。黄庭坚，北宋诗人、文学家、书法家，江西修水人，他有一句名言："三日不读书，便觉语言无味，面目可憎。"读书与否，会影响到人们的用词谈吐，这好理解，但竟然会影响到人们的长相与表情，那还真有些吓人。话说得这么夸张，可见中国人是多么强调读书的重要性。

"西方人的教堂，中国人的书房。"中国人看重读书，也很看重读书的地方，如书院、书房、学堂。中国人的书院，如江西的白鹿洞书院、白鹭洲书院、鹅湖书院、叠山书院、象山书院，都不只是一些历经沧桑的老房老屋老院子，都不只是读书治学的地方，更是一个个浸透中国文化传统的精神世界。现在中国人的住房条件大大改善，三室两厅、四室两厅十分普遍，客厅、餐厅、卧房、厨房一样不缺，甚至有琴房、健身房，就是没有书房，有衣橱、碗橱、餐桌、茶桌甚至麻将桌，就是没有书橱、书桌。许多高级酒店的客房，什么设施都有，就是没有书桌。这是文化传统的财富丢失，更是精神家园的水土流失，是对心灵世界的大不敬。江西人有一句话为"临川才子金溪书"。陆九渊的家乡金溪，是临川才子之乡里的书乡呀。金溪县下面的浒湾是印书的基地，中国印刷博物馆的分馆就在那里，陆九渊读书和悟道的疏山寺当年就是藏书地。金溪县老城历史文化街区王家巷里有一座"见山楼"，也是古代的藏书地和印书地。

在中国，读书不仅是豪门世族的标志和象征，也是寒门底层的人生梦想。中国从开科举到结束科举，共产生十万多名进士，而江西就有一万多名。朱熹的故乡婺源一个县就有 552 名，大大超过一个县的平均数。就是这个婺源县，历史上流传着一句话："三间茅屋书声响，放下扁担考一场。"虽然是乡村茅屋，却是书声琅琅，文风荡漾；虽然是终日劳作，却可以随时放下扁担进入考场。这是一种什么样的文化场景？这是一种什么样的生存状态？耕读文化的神韵情致表现得淋漓尽致，中国人的生活品质与精神追求表现得淋漓尽致。

中华民族一直蕴藏着并不断迸发出要读书、要学习的文化热情，这是推动我们民族不断前进和持续创新的内在原因。对一个民族来讲，读书是成本最小的富强之路；对一个人来说，读书是门槛最低的致富之路；对一个地区来讲，读书是力量最强的过化之风。一个人读书，会出人才；一个家族读书，会成书香门庭；一个地方读书，会成书乡。江西许多地方都有"一门五进士，隔河两状元"的人才扎堆的现象。什么原因？一方水土养一方人。勤奋读书的数量与质量是我们人生的根基，全民读书的文风才是厚植我们家庭、家族、家乡、民族的文化水土。

江西人的精神是什么？"文章节义"，文章是摆在前面的。唐朝初年，王勃就在《滕王阁序》里写下"光照临川之笔"，可见临川很早就是才子之乡了。中国的世家望族具有鲜明的共同特征：家庭和家族要有图书储存和文化积累，家族成员具有强烈的文化意识，家族上下具有浓厚的学习氛围和家学渊源，家庭和家族重视文化生活和文化交往，所谓"谈笑有鸿儒，往来无白丁"。"耕读两件事""书香传家远"是中华民族千百年来一脉相承的文化传统。

2. 陆九渊的观点：要做人，先立志

陆九渊对朱熹的观点很不以为然，说："这是瞎扯。读书能读出圣人来？"

那陆九渊的观点是什么呢？他认为：要做人，先立志。辨志明心，发明本心。要想上大学，得先有上大学的志向，再去认真读书，发奋努力，这样才能考上北大清华。没有志气，再读书都是死读书，读死书，都是瞎耽误功夫。

陆九渊讲的"立志"，就是不以科场得失为目标，而以"义利之辨"来决定做人的标准：去名利之念，不徇流俗，以圣贤为志，以治国平天下自任。陆九渊认为朱熹搞得太复杂了，什么泛观博览，太"支离"，且容易跑偏。他认为不必舍易求难，枉费精神，缴绕支离地求索于外。他讲："先发明人之本心，然后使之博览""人惟患无志，有志无有不

成者。"①陆九渊说发明"本心"方法简捷，易知易从，是一个易简工夫，是一个"坦然明白之理，可使妇人童子听之而喻"。

陆九渊认为，人之所以为人，在于他本心备具仁义之理。读书，只是为了帮助他明白此理。如果不能晓明此理，读书便成为迷途忘返的"支离"之学。"勤学之士反为之迷惑，自为支离之说以自蒙缠，穷年卒岁，靡所底丽，岂不重可怜哉？"②

有一天，临川有个学生第一次来拜师求学。③

陆九渊问："你每天是如何看书的呀？"

答："守规矩。"

陆九渊一听，十分欣喜，就问："如何守规矩呢？"

答："我依次阅读了许多典籍，如伊川《易传》、胡氏《春秋》、上蔡《论语》、范氏《唐鉴》。"要知道，伊川就是"程朱理学"中的程颐，鼎鼎大名的大思想家。这位求学者是通过程颐等大学者的注解来了解《易》《春秋》《论语》等儒家经典的。

但是，陆九渊对这种学习方法很不赞同，对程颐也不太认同，就呵斥道："陋说！"过了许久，陆九渊想："我是大师，不能发脾气呀。"于是又问："你说说看，何者为规？"

学者瞠目，答不出。

陆九渊又问："那何者为矩？"

学者还是答不上来，只是唯唯。

第二天，陆九渊才对学者诵《易经》"乾知太始，坤作成物，乾以易知，坤以简能"这一章。读完之后，陆九渊说："圣人赞《易》，却只是个'简易'字道了。什么叫规矩？这方唤作规矩。"陆九渊以"简易"为读书的规矩，"简易"的规矩就是发明本心。

陆九渊看着学者说："'道'就在眼前却求诸远，'事'本来简易却求

---

①　《语录下》，《陆九渊集》卷35，第506页。

②　《与曾宅之》，《陆九渊集》卷1，第4页。

③　此事见《语录上》，《陆九渊集》卷34，第494页。

诸难（'道在迩而求诸远，事在易而求诸难'）。你昨天讲的那是什么规矩！你搞得那么复杂做什么（'又却不是道难知也'）？"

陆九渊不但讲立志，更讲辨志，"辨志明心"。那什么是辨志？辨什么志呢？《广雅·释诂三》曰："志，意也。"志有在心未行的意思。《论语·学而》曰："父在观其志，父没观其行。"皇侃《论语义疏》曰："在心未行也。"所谓"志"，就是行为的思想动机。

怎么辨呢？辨是"公"还是"私"？辨是"大"还是"小"？辨是"正"还是"邪"？

江西南城的傅梦泉（字子渊）"向来只知有举业，观书不过资意见耳。后因困志知反"，正在此时，同乡陈刚（字正己）[1]从金溪陆九渊创办的槐堂书院学习后回到家乡南城。傅梦泉问陈刚："陆九渊先生是怎么教人的？"

陈刚说："首尾一月，先生谆谆只言辨志，又言古人入学一年，早知离经辨志，今人有终其身而不知自辨者，是可哀也。"

傅梦泉当时听得云里雾里，没有明白，但是，"虽未领略，终念念不置"。一日，读《孟子·公孙丑》章，他忽然心与相应，胸中豁然苏醒，叹曰："平生多少志念精力，却一切着在功利上，自是始辨其志。"虽然如此，犹未知下手处。于是，他前往金溪拜陆九渊为师。"及亲见先生，方得个入头处。"

后来，傅梦泉从槐堂书院回家乡。这回是陈刚提问了："陆九渊先生教人，先教什么呀？"（"陆先生教人何先？"）

注意：上次傅梦泉问陈刚的问题是"先生所以教人者"；这次陈刚问傅梦泉的问题是"先生教人何先"，是入头处、下手处。

傅梦泉答："辨志。"

陈刚又问："如何辨志？"（"何辨？"）

---

[1]　陈刚，字正己，盱江人，又云建昌之瓯江人。陆九渊与陈刚相处时间很长，对其相当了解，有《与陈正己》书两封。信中指出其"才气迈往而学失其道"，劝其"顿弃勇改"，著明本心之善。第二封信则论陈刚与刘淳叟一样，为学入禅。

傅梦泉答道："义利之辨。"①

可见，陆九渊的"志"是无私、不贪和公正。辨志，就是辨义利，辨公私，辨君子与小人。上述两番对答，都简要而又确切地反映了陆九渊做人成志的路径与次第。

陆九渊说："不曾过得私意一关，终难入德。""凡欲为学，当先识义利公私之辨。"因此，陆九渊的辨志明心就是要存公心，去私欲。这里要说明的是，陆九渊讲的"欲"指的是私心、贪欲，不是说自己的事一点都不能考虑。他说那些分外的、多出来的就是"欲"。本来已经衣食无忧了，还得陇望蜀，贪得无厌；本来按职级职务，什么待遇都有了，可还是想多吃多占。这就叫想多了，这就是陆九渊反复批判的"欲"。他说："人之通病，在于居茅茨则慕栋宇，衣敝衣则慕华好，食粗粝则慕甘肥，此乃是世人之通病。"②

3. 朱陆双方强调的读书与立志正是做人的两个下脚处

总之，就中国儒学和中国文化的核心问题来讲，朱熹与陆九渊在做君子、做圣人的问题上并没有矛盾，只是在怎样才能成为君子、圣人的问题上，他们分别提出了自己的答案：一个讲先要读书，一个讲先要立志。他们分别提出了中国文化做人成圣的两条路径：陆九渊强调"立志"，朱熹强调"读书"。这是向前走路的两个下脚处，一个左脚，一个右脚，虽有对立，有不同，有矛盾，却并行不悖，对立统一，都是不可或缺的。这世上有两样东西别人抢不走：一是脑中读进去的书，二是心里树立起的梦。知识和志向就是人向前奋进的两条腿呀。

现在，做人也是讲读书与立志两条途径：一方面，要加强理论学习和理论武装。要读书、读好书，读马克思主义著作，用科学理论武装头脑，在每个党员身上深深植下坚强的党性，解决世界观、人生观、价值

① 《年谱》，《陆九渊集》卷36，第557页。
② 《语录上》，《陆九渊集》卷34，第467页。

观这个"总开关",坚定共产党人的理想、信仰、信念。另一方面,要加强道德修养和党性锻炼。这两者互为补充,理论学习是党性教育的基石,党性锻炼是理论学习的基本内容,不能互相替代。现在问题是,有的党员领导干部,包括从政的行政领导、经商的企业领导、为学的学术领导,书读了不少,学风却不正,知行不合一,理论不联系实际,会上做报告是一套一套的,做人却是令人意外的,道德和党性修养很差。这都是书归书,人归人,两不相涉。其实,当年陆九渊就尖锐地揭露并批判过这种恶劣的学风,"今之论学者,所用非所学,所学非所用"①。

所以,做一个新时代的好人、正人、圣人、好干部,既要学习理论,更要锻炼品性。光学习知识懂得道理不够,还要实践、锻炼,心上练,事上练,知识上要掌握,道理上要弄通,行动上更要做到。今天看陆九渊的心学,就要汲取其思想精华,用于自己的思想实际,既讲立志辨志,明心存心,还讲实行践履。"一语不能践,万卷徒空虚",需要知行合一、表里如一、心口如一、言行如一、始终如一,在做到这"五个一"的过程中,将学习成果转化为坚强党性、过硬本领、务实作风、工作成效,在知行并进中不断锤炼与养成,这样才能成为一个好人、正人、圣人。

三、"鹅湖之辩",陆九渊和朱熹究竟辩了个啥?

谈陆九渊心学,就必然会谈"鹅湖之辩"。

常有人问:"鹅湖之辩,究竟辩什么?"

如果说"白鹿洞会讲"讲的是做人要做一个什么样的人,那么,"鹅湖之辩"辩的就是怎样才能做这样的人。这一"讲"一"辩",都涉及中国文化的核心问题。

朱熹和陆九渊辩的是治学之道、做人之要与为学之方,即以什么方法、由什么途径教一个人成为正人和圣人。

① 《语录上》,《陆九渊集》卷 34,第 473 页。

1. 朱熹与陆九渊的争论

在怎样做一个圣人的问题上，究竟是先读书，还是先立志？陆九渊和朱熹观点不同，反映了宋儒理学与心学的内在矛盾，从而爆发了中国思想史上那场著名的大论战——"鹅湖之辩"。

这场辩论的发起人与召集人是吕祖谦。吕祖谦（1137—1181），金华人，理学家，金华学派创始人，开浙东学派之先声。吕祖谦出身"东莱吕氏"，官宦世家，又身居高位，人脉交往也广，与朱熹、陆九渊兄弟、陆游、辛弃疾、陈亮都有交往，与朱熹、张栻齐名，号称"东南三贤"。吕祖谦与朱熹都是胡宪的学生，只是同门不同时，二人交往甚密，论学书信有百余通，朱熹还让长子朱塾拜吕祖谦为师。当时，吕祖谦在思想界、理论界的影响力并不在朱熹之下，只是到后来，风头才被朱熹盖过。

1175 年（淳熙二年）四月初，吕祖谦应邀前往福建寒泉精舍拜会朱熹，史称"寒泉之会"。两人一起研究周敦颐、二程和张载的著作，因"叹其广大宏博，若无津涯，而惧夫初学者不知所入也"①，就用了一个半月的时间辑其精要，编成《近思录》一书。此书对后世影响巨大。

编书期间，吕祖谦提议，让朱熹跟陆九渊搞一次会面。吕祖谦为什么有这种想法呢？他看朱熹和陆九渊有思想分歧（"盖虑陆与朱议论犹有异同"），颇感不安，心想："我也是理论界的大佬吧，与朱熹是好友，又是陆九渊考进士时的主考官。既然他们双方'议论犹有异同'，我就出个面，把他们双方撮合在一起，大家聊一聊吧，'欲会归于一，而定其所适从'②。"总之，他企图通过互相交流来调和两家之分歧，结果得到双方的响应。

那么，这场讨论会的地点选在哪里呢？

五月末，吕祖谦回金华，朱熹送他一程。他们走的是哪条道呢？

---

① ［宋］朱熹：《书近思录后》。
② 《年谱》，《陆九渊集》卷 36，第 559 页。

古代中原入闽和八闽通京的通道主要有三条，分别要过一个关隘：东边的叫"仙霞关"，由浙江江山至福建浦城；西边的叫"杉关"，由江西黎川至福建光泽；中间的叫"分水关"，由江西铅山至福建崇安（即今武夷山市）。因为武夷山是江西和福建的界山，雨水落下，分别流向江西和福建两边，所以叫"分水关"。这三条通道中，东边的"仙霞关"也叫"小关"，西边的"杉关"就是"三关"，这两条通道因水路、陆路长而叫"小关""杉关"，即小路的意思。而中间的"分水关"叫"大关"，即大路，自古以来就是中原入闽和八闽通京的最大通道，因经过铅山县鹅湖，也叫"鹅湖古道"。千百年来，这条鹅湖古道靠人矹畜踏而通，沿路有许多村庄和十多个驿站，如鹅湖驿、紫溪驿、车盘驿、大安驿、黄亭驿、长平驿等。

这一次，吕祖谦、朱熹走的就是分水关这条鹅湖古道。其实，吕祖谦从金华去福建，走的也是这条路。他之所以来回都没走浙江江山至福建浦城那条线，而走这条鹅湖古道，可能要顺道去看望其岳父。吕祖谦的岳父韩元吉是河南人，曾任史部尚书、礼部尚书，退休后长期居住在信州南涧（今上饶市区的水南豆芽巷），因此自号"南涧翁"。

就朱熹来讲，不但这次参加鹅湖之会，就是后来去南康（庐山星子）上任，去长沙会讲，走的也都是这条道。再后来，马可·波罗在中国逗留 17 年后的 1292 年，从杭州到信州翻越分水关进入福建，从泉州回国，走的也是这条道。现在，这条鹅湖古道已成高速公路，但铅山还保留当年的其他入闽通道，共有"八关"，除分水关外，还有桐木关、温林关、观音关、鸭母关、马铃关、云霄关、火烧关。

那一年，朱熹、吕祖谦两人走到江西上饶鹅湖寺，说："就在这里会面吧。"这里离陆九渊的家乡金溪县不远，而朱熹可返回武夷山，吕祖谦则可东去浙江金华。于是，吕祖谦派人送信到金溪，请陆九龄、陆九渊前来一晤。陆氏兄弟欣然接受了吕祖谦的邀请。这就有了闻名于世的"鹅湖之会"或"鹅湖之辩"。

那场辩论会在信州（今江西上饶）铅山鹅湖寺举行。鹅湖寺在哪儿？晚唐诗人王驾《社日》云："鹅湖山下稻粱肥，豚栅鸡栖半掩扉。桑柘影斜春社散，家家扶得醉人归。"诗中讲的就是江西铅山县境内的鹅湖山，鹅湖寺就在这鹅湖山下。

"鹅湖之辩"的主持人是吕祖谦，一方为朱熹，另一方为陆九渊和他的五哥陆九龄。参加人员有 100 多人，有名有姓者 20 余人，主要是上述四人的朋友、门人及学界学者三种人[1]：

一是与朱熹、吕祖谦一同从武夷山来鹅湖寺等待陆九龄、陆九渊的人员，有蔡季通、何叔京、连嵩卿、范伯崇、徐宋臣、潘叔昌（吕祖谦门人）、范伯荣（名念德）、张元善（名公庠）等。

二是与陆九龄、陆九渊一同赴会的人员，有朱桴（字济道）、朱泰卿（字亨道）、邹斌（临川人）、傅一正（铅山人）、刘适（宜黄人）等。

三是一批官员，如鹅湖寺所在的信州知州、吕祖谦门人詹仪之，宜黄知县刘静之（静春）及陆九渊家乡的抚州知州赵景明兄弟俩。赵景明，名赵熠，开封人，吕祖谦的学生，此时正担任抚州知州。赵景明的弟弟赵景昭，名赵焯，与陆九渊为同年进士，与陆九渊要好。陆九渊对他的评价是"景昭极贤"[2]，赞其为官正直，"邦之司直，非兄其谁归"[3]。此时赵景昭刚好来抚州看望其兄，赶上鹅湖之会，赵景明、赵景昭兄弟俩就一同前往鹅湖，"与闻讲论，深相信服"。

在近一千年前的那个时候，这么高规格、这么多人数且这么多界别的学术会议，确实是蔚为大观。

会议开得如何呢？吕祖谦的本意是想做个和事佬，促使朱陆双方消除矛盾，弥合分歧。结果，二人吵了一架。

---

[1]　李才栋：《关于鹅湖之会与鹅湖书院》，载《新鹅湖之会——纪念朱熹诞辰 870 周年国际学术会论文集》，黄山书社 2001 年版，第 127–128 页。又参见王立斌：《鹅湖书院》，中国戏剧出版社 2004 年版，第 192–194 页。

[2]　《与张春卿》，《陆九渊集》卷 8，第 122 页。

[3]　《与赵景昭》，《陆九渊集》卷 11，第 171 页。

2. 朱陆双方在鹅湖辩了什么呢?

这是许多人来到鹅湖书院都会问的问题。

这年,陆九渊37岁,他于34岁中进士后在家乡槐堂讲学。心学作为一门学问正在初创,陆九渊这颗初升的学术明星十分耀眼。而朱熹46岁,经20年潜心钻研,理学成就巨大,在学界声望日隆,领袖群伦。

朱陆之辩,辩的就是"为学之方",即治学之道与做人之要。有人会说,这不就是一个小问题吗? 不。这可是中国文化的关键问题。如果说中国儒学的核心问题是"做人要做什么样的人",那么他们这次辩的就是这个核心问题的另外一面"怎样才能做这样的人",做人、成圣应该从哪里落脚? 在哪里下手?

朱亨道(名泰卿),金溪人,朱桴(朱济道)之弟。兄弟二人均年长于陆九渊,却都拜陆九渊为师,"执弟子礼甚恭"。他们这次都参加了鹅湖之会。朱亨道对鹅湖之会有两段记录。鹅湖之辩没有其他详细记载,因此,朱亨道的这两段记录就非常珍贵。

朱亨道书云:"鹅湖讲道切诚,当今盛事。伯恭(吕祖谦)盖虑陆与朱议论犹有异同,欲会归于一,而定其所适从,其意甚善。伯恭盖有志于此语,自得则未也。临川赵守景明邀刘子澄、赵景昭。景昭在临安与先生(陆九渊)相款,亦有意于学。"

又云:"鹅湖之会,论及教人。元晦(朱熹)之意,欲令人泛观博览,而后归之约。二陆之意,欲先发明人之本心,而后使之博览。朱以陆之教人为太简,陆以朱之教人为支离,此颇不合。先生更欲与元晦辩,以为尧舜之前何书可读? 复斋止之。赵刘诸公拱听而已。先发明之说,未可厚诬,元晦见二诗不平,似不能无我。"[①]

双方辩论的焦点是:做人成圣,是先读书,还是先立志。朱熹认为要成为圣人,就要先读书,泛观博览,做到博闻多识,而后归之约。没有深厚的知识积累,就不能融会贯通。陆九渊认为要成为圣人,就要先

---

① 《年谱》,《陆九渊集》卷36,第559页。

发明人的本心，立心才能明理，而后使之博览。若没有立心明志，读书再多也是虚妄空乏。

于是，双方激烈辩论，互相批评起来。朱熹说心学方法过于简陋，偶有所想就可自认为是顿悟得道，耽误做真学问。陆九渊反唇相讥，说理学方法太支离烦琐，钻进书堆而被一些枝节问题所缠，丢了根本。陆九渊的言辞攻势凌厉，他反问道："如果说成圣必须先博览群书，那么尧舜之前，有何书可读？既然尧舜无书可读，为何被公认为圣人呢？可见，读书不是成圣的唯一通道。"

鹅湖之辩的过程是怎么样的呢？

首先是吕祖谦问陆九龄："自从上次分别后，您有什么新的研究心得呀？"显然他是想给朱熹、陆九渊一个缓冲时间。

陆九龄站了起来，把来的路上念给陆九渊听的诗诵读了一遍：

孩提知爱长知钦，古圣相传只此心。

大抵有基方筑室，未闻无址忽成岑。

留情传注翻蓁塞，着意精微转陆沉。

珍重友朋相切琢，须知至乐在于今。

意思是：人从小到大就知道仁爱，有钦敬之心，这都有赖于古圣先贤代代相传的"此心"。正因有了这个"心"为基础，才能筑起伦理大厦，没有听说过没根基还会成为高山。如果只是"留情传注""着意精微"，钻在纸堆里，琢磨这个字有什么注疏，那个词该怎么解释，这就会使本心"蓁塞"、人生沉沦。今天我们要珍惜朋友间的相互切磋，要知道真正的快乐就在今天呀。

朱熹一听就明白，这是在宣传心学，贬损理学。所以，陆九龄念到第四句"未闻无址忽成岑"时，朱熹就对吕祖谦说："您看，他早已上了陆九渊心学的贼船了（'子寿早已上了子静舡了也'）。"这说明朱熹知道陆九龄与陆九渊的思想以前并不完全相同，但现在陆九龄吟出这首诗，就说明他们兄弟俩的思想已经统一。不过，朱熹此话的枪口还是对准陆九渊。

陆九龄讲完后，陆九渊站起来接着说。他先评论了一下陆九龄的诗，说："诗甚佳，但第二句微有未安。"

为什么"未安"呢？

陆九渊认为，陆九龄的"古圣相传只此心"一句说得不太准确。因为这个"心"不是古代圣贤传下来的。在陆九渊心学看来，"心只是一个心"，人人都有一颗。这颗心，是我的心，也是我朋友的心，是千百年前圣贤的心，也是千百年后圣贤的心，都是一个心。也就是说，本心是人人具有，并不是古代圣贤传下来的，而是人同此心，心同此理，都是不可磨灭的"此心"。

随后，陆九渊吟诗一首[①]：

> 墟墓兴哀宗庙钦，斯人千古不磨心。
>
> 涓流积至沧溟水，拳石崇成泰华岑。
>
> 易简工夫终久大，支离事业竟浮沉。
>
> 欲知自下升高处，真伪先须辨只今。

意思是：人，一见墟墓便会兴哀伤之感，一见宗庙就会起钦敬之心。这哀伤钦敬之心，是油然而生、人所共有、千古不磨的"本心"。冯友兰说："'此心'是天赋的，每个人生下来都有，并不是'古圣相传'。"[②]只要在本心上下功夫，涓涓细流终成沧溟之水，拳拳之石垒成泰山之巍。易简质朴、直达本心的为学之道才是永恒的大事业，反之，旁求他索、不着根本的支离之学只能浮沉不定。要知道从低处向高处升达的真正通道，真真假假要先辨别当下呈现的那个立志明心。"辨"，就是陆九渊的"明心辨志""义利之辨"，就是他所说的"先立其大""尊德性"。

这第二句"斯人千古不磨心"正是对陆九龄诗中的第二句"古圣相传只此心"的回应。陆九渊认为，本心是固有的，用不着圣贤相传。

"斯人千古不磨心"，斯山、斯水、斯地（即此山、此水、此地）都

---

① 《鹅湖和教授兄韵》，《陆九渊集》卷 25，第 345 页。又见《语录上》，《陆九渊集》卷 34，第 492 页。

② 冯友兰：《三松堂全集》第 10 卷，河南人民出版社 2001 年版，第 194 页。

可能变，但千古不磨、千圣相同的，只是这颗心。陆九渊这个人真是了不起，能用大白话写出这么深邃的心学思想。

对于陆九渊的这种改法，张立文在《宋明理学研究》一书中称："其所以说'古圣相传只此心'，是因为要传圣人之心，就需读圣人之书，既传心要读圣贤书，就不免需'留情传注'，而陷支离之弊。陆九渊改为'斯人千古不磨心'，千古圣人心与今人的心，以及千百之后的心，都是同的，毋需'留情传注'，直从己心体认，这便是最易简终久大的工夫。"人的仁义礼智之心并不随人的生死有所变，而是千古不磨灭的。所以，只需易简工夫，辨志明心，启发此心，就能成人成圣。而理学之方，是支解间离，浮沉无根，达不到永恒之心。

陆九渊的这首诗中，如果说第二句是对陆九龄一诗的回应，那第六句就是对朱熹的指责了。因为朱熹强调要博览群书，深入探讨，通过知识的积累最终升华为凝练的观念，但他的这种观念被陆九渊斥为"支离事业"。陆九渊警策挺拔，锋芒毕露，冲击力最大的就是认为自己的"易简工夫终久大"，而朱熹的"支离事业竟浮沉"，讥讽朱熹的学说没有根基。"易简"并不是指方法，是直接从《易传》"乾之大始，坤作成物。乾以易知，坤以简能"[①]而来。《易传》云"德行恒易以知险""德行恒简以知阻"。乾坤是万化之源，人的本心亦涵万德，生万化，所以，"乾知坤能"这个易简的本源，一落实于主体，便是本心。有了心的自觉，也就是人的自觉，学问就有了一个头脑。所以，《易·系辞传》曰："易简则天下之理得矣。"只有开辟此易简之本源，险阻才可克服而畅通也。如果不知德行这个易简之本源，而只"留情传注"，读书、博学就成为只落到外在的知解，而与生命脱离，与人不相干，成为一种空议论、一种闲知识，就会陷入陆九渊批评的"支离"。陆九渊常常批评的

[①] 《易传》云："乾之大始，坤作成物。乾以易知，坤以简能。易则易知，简则易从。易知则有亲，易从则有功。有亲则可久，有功则可大。可久则贤人之德，可大则贤人之业。易简而天下之理得矣。天下之理得而成位乎其中矣。"

"粘牙嚼舌""起炉作灶""杜撰立说""无风起浪""平地起土堆"，讲的都是这种与人相脱离的"支离"。

面对陆九渊的批评，朱熹当然极不高兴（"元晦大不怿"）。毕竟，论年龄，朱熹（46 岁）长陆九渊（37 岁）9 岁；论社会地位，朱熹当时主管台州崇道观，是朝廷命官，陆九渊在家候职；论学术影响，朱熹已完成《四书集注》，但朱熹还是平等地参加讨论。

吕祖谦见此状况，立即做了调和，宣布当天休会。转天，朱熹和陆九渊继续争论，争论的话题转移到了是"尊德性"，还是"道问学"。朱熹提出以"道问学"为主，主张通过问学致知，先博览后归约，认为陆九渊的观念"其病却在尽废讲学而专务践履，却于践履之中要人提撕省察，悟得本心，此为病之大者"。而陆九渊以"尊德性"为宗，主张先发明本心，然后加以博览。他说本心之性千古不变，要展开它却不易，明心工夫终究久大，认为朱熹的观念"学不见道，枉费精神"。

朱陆双方的分歧点在于易简与博约、尊德性与道问学。陆九渊表达了心学的核心观点，谓"易简工夫"，就是"先立乎其大者"，"切己自反"，"发明本心"，然后使之博览，再指导、改造外在世界。"明心见性"的那一瞬，一切理皆由此心流出。同时，陆九渊断言朱熹通过"泛观博览""格物致知"去认识与掌握"天理"的弊端在于没有抓住人之本心这个根本，且方法繁复，是一种"支离事业"。在陆九渊看来，"易简工夫"是经得住历史考验的"久大"工夫，"支离事业"是时浮时沉而不可靠的。

双方在鹅湖争论了三天，谁也无法说服谁。六月初八日，因听说有股流寇要入侵抚州境内，陆氏兄弟火速赶回金溪，鹅湖之会就提前结束了。由于双方各自坚持自己的观点，讨论没有达到预期的目的。

鹅湖之会以后，"理学"和"心学"之分就十分明显了。陆九渊不断批判朱熹搞的是"支离事业"，正式举起直抵本心的"易简之学"的心学大旗。陆九渊的易简工夫是基于《周易》来立论："夫乾，确然示人易也；夫坤，隤然示人简矣。"① "乾以易知，坤以简能。易则易知，简则易从。易知则有亲，易从则有功。有亲则可久，有功则可大。可久则贤人之德，可大则贤人之业。易简而天下之理得矣。"② 陆九渊由约统博、以简驭繁，通过剥落心病、发明本心，通过自身体验与道德实践来形成自己的知识与经验。"易简之善，有亲有功，可久可大。"③ "天下之理，将从其简且易者而学之乎？将欲其繁且难者而学之乎？若繁且难者果足以为道，劳苦而为之可也，其实本不足以为道，学者何苦于繁难之说。简且易者，又易知易从，又信足以为道，学者何惮而不为简易之从乎？"④

朱熹认为，为学应当泛观博览，而后归之约，批评陆学"脱略文字，直趋本根"⑤，乃是"不依文字而立者"⑥的虚妄和"游谈无根"的浅浮之学。

这里要着重提一提的是，鹅湖之辩的第二年，也就是 1176 年（淳熙三年），朱熹回婺源省亲扫墓。这是朱熹第二次回婺源。朱熹在九老芙蓉尖（后称文公山）扫墓，依八卦方位栽下 24 棵杉树，然后受婺源县令张汉邀请，在县学赠书，为师生讲学，还为县学藏书阁题写了一篇《徽州婺源县学藏书阁记》。在这篇文章里，朱熹阐述了儒家道统思想及其传承情况，强调了读书的重要性，并指出当时社会上有些读书人不求学问不读书的行为是一大弊病。可以想象，朱熹在写这篇文章时，很可能就想起上一年的鹅湖之辩，必定是有感而发。

其实，朱、陆二人对道德本体没有异见。世界是一个道德精神体，不是一个自然物质体，陆学"易简工夫"与朱学"支离事业"的分歧与区别只是各用不同的途径去抵达和把握那个道德精神本体，以使自己做

---

① 《周易·系辞下》。
② 《周易·系辞上》。
③ 《与杨敬仲》，《陆九渊集》卷 5，第 76 页。
④ 《语录上》，《陆九渊集》卷 34，487 页。
⑤ ［宋］朱熹：《书答吕子约》，《晦庵集》卷 47。
⑥ ［宋］朱熹：《徽州婺源县学藏书阁记》，《晦庵集》卷 78。

人成圣。因此，朱陆之争是道学内部的争论。

当然，这场鹅湖之辩，朱熹没有占到上风，又被抢白得厉害，气得够呛，所以还是有些懊恼的。会后，张栻写信问朱熹："陆子寿兄弟如何？肯相听否？"[①] 朱熹回信说："他们兄弟气象甚好，操守品行，表里如一，确实有过人之处。可惜'自信太过'，格局不大，不会取别人的长处，将会不知不觉地流于异学（'规模窄狭，不复取人之善，将流于异学而不自知耳'）。"[②]

尽管如此，朱熹却不失大师风度，保持温和的模样，甚至会后返回武夷山过分水关时，还留下一首五言绝句《过分水岭有感》：

> 地势无南北，水流有西东。
>
> 欲识分时异，应知合处同。

朱熹以水流分合的情景，表达了"求同存异"的意愿。到家不久，朱熹甚至致书陆九渊说："然警切之诲，佩服不敢忘也。"这也为两人的白鹿洞书院之会埋下了伏笔。有人评曰：豁达如是，开明如是，尊重他人如是，真是一代鸿儒。

1177 年（淳熙四年）正月十四日，陆九渊的继母邓氏去世。在有关丧祭礼仪方面，陆九渊和陆九龄有些不同意见，写信向朱熹询问。朱熹详述了自己以《仪礼注》为依据的看法，但"子静（陆九渊）终不谓然"。虽几经书信往返论说，而陆九渊仍执己见。朱熹在《答陆子寿》中多次提到陆氏兄弟意见不一，说"其后子寿（陆九龄）书来，乃伏其谬，而有他日负荆之语"，又所谓"……而子寿遂服，以书来谢，至有负荆请罪之语"。朱熹反复提及此事，说明他对陆氏兄弟没有像鹅湖之辩中意见如此一致而感到满意。

1178 年（淳熙五年），朱熹从福建崇安前往南康军（后为星子县，今属庐山市）上任，又经分水关入江西，路过鹅湖寺。陆九龄专程从抚

---

① 《答朱元晦》,《张栻全集》卷 22。
② 《答张敬夫》,《朱熹文集》卷 31。

州赶来会晤，多少有些为三年前不欢而散表示歉意的意思。朱熹接受了陆九龄的道歉，并写下《鹅湖寺和陆子寿》一诗，追和三年前陆九龄的鹅湖之诗。

> 德义风流夙所钦，别离三载更关心。
>
> 偶扶藜杖出寒谷，又枉篮舆度远岑。
>
> 旧学商量加邃密，新知培养转深沉。
>
> 却愁说到无言处，不信人间有古今。

前四句意为："我"一向仰钦你的道德修养、倜傥风度，别离三载"我"更是把你挂念在心。"我"现在偶尔扶着手杖走出凄冷的山谷（去南康上任），劳你乘坐竹轿翻山越岭远道来会。

第五、六句意为：旧学问相互商量会更加精密，新知识经过切磋培养才愈益深沉。朱熹强调学术观点不是一成不变的，既要注意旧有的，又要注意听取他人的，有不赞同对方观点并希望对方接受自己观点的含义。任何学术、事业都要继承旧有的传统，又要吸取新知的营养，旧学与新知都要在不断讨论砥砺中深化和严密。

最后两句"却愁说到无言处，不信人间有古今"，解释颇多。其中一种是：朱熹柔中带刚，绵中有刺，含蓄地批评了心学，认为心学束书不观，不信古今，只求发明本心，难免会使学问空疏。朱熹的告诫不是没有道理，人们在批评心学时，认为它与禅宗仅一步之隔，道理就在于此。其中"却"表示转折，"愁"是一个停顿，发人深省，质疑对方"只重视不能言说的本心，甚至认为古今人世没有差异"的看法。全诗虽有争辩的情绪，但气态仪度均较和缓，有君子朋而不党、周而不比之风，表现了朱熹谦逊求真、坦荡磊落的学术精神和朋友情谊，真有一派领袖的大师气度。

总之，这次鹅湖之会，尽管双方在学术观点上存在着不可调和的分歧，但他们之间的讨论是一次自由平等的讨论，二人各抒己见，求同存异，互相尊重。自鹅湖之会以后，朱陆二人常有书函来往，交流意见。

四、鹅湖书院：鹅湖之辩的历史遗产

朱熹、陆九龄、陆九渊、吕祖谦在 1175 年的那场鹅湖之辩，已经过去 848 年，却一直受到人们的怀念和纪念。

现在，人们一想起鹅湖之辩，就会去逛逛鹅湖书院。

鹅湖书院在哪儿？

鹅湖山下。

在铅山鹅湖山下广袤的田畈上，错落有致地分布着村庄、阡陌、溪流、古桥、水碓、山林、柴扉……晚唐王驾有诗云："鹅湖山下稻粱肥，豚栅鸡栖半掩扉。桑柘影斜春社散，家家扶得醉人归。"诗中描述的就是铅山鹅湖一带山清水秀的风景和富庶恬淡的生活。王驾，今山西永济人，890 年进士，官至礼部员外郎。《全唐诗》收录其诗 6 首，数量不多，质量却高。除这首《社日》外，还有《雨晴》"雨前初见花间蕊，雨后全无叶底花。蜂蝶纷纷过墙去，却疑春色在邻家"，也流传甚广。

辛弃疾（1140—1207），23 岁南归，在南宋生活了 45 年，前 18 年随任而居，后 27 年基本都居住在上饶，最后死在铅山，其墓就在鹅湖附近的"瓢泉"。《全宋词》选其词作 629 首，其中在上饶期间创作或内容与上饶有关的词作多达 465 首。辛弃疾为鹅湖寺、鹅湖山、鹅湖道写下 6 首诗词。如《鹧鸪天·游鹅湖醉书酒家壁》"春入平原荠菜花，新耕雨后落群鸦"，写的就是鹅湖山一带的乡村景象。再如《鹧鸪天·鹅湖寺道中》："一榻清风殿影凉。涓涓流水响回廊。千章云木钩辀叫，十里溪风稏稏香。　冲急雨，趁斜阳。山园细路转微茫。倦途却被行人笑，只为林泉有底忙。"上片写鹅湖寺内外的景色：寺内，清风吹来，殿堂之中特别凉爽，寺庙旁边泉水叮咚，令人心旷神怡；寺外有千株高大的树木，树木中有鹧鸪的叫声，山下有十里稻香。下片写回家路上的情景："冲"显出心情急迫，雨过天晴，山中的小路被冲得模糊不清；"趁"写天色将晚，急忙赶路的情状；"细路""微茫"，路生，天晚，不禁有些紧张。结尾两句化紧就松，通过"行人笑"来自嘲无事可做，只能为林泉而忙碌，也表明他壮志难酬的不甘之心。

自从有了那场朱陆鹅湖之会，铅山鹅湖这片土地，便一直被人们讴歌。清顺治年间进士、广信参议道安焕（今山东日照人，后改庶吉士）在一篇文章中写道："鹅湖一山，自闽东走，逆下三百里，为铅邑巨灵。……此地秀餐积翠，荡浴冰溪，宇内之所推崇，不仅甲西江也。"他说此地不仅是西江第一，且为天下推崇。此篇文章的碑刻现立于鹅湖书院西碑亭。

清吏部尚书、文渊阁大学士李光地（1642—1718）在《钟灵讲院（即信江书院）记》中说此地是"两江人文地，在宋庐陵、临川、南丰诸予为文章采师，濂溪、明道、伊川于此相授焉。南渡后，有陆氏兄弟以学行与朱子道义相切。而朱子趋朝来往，必由信州取道，故玉山之讲、鹅湖之会道脉攸系，迹在此邦"，认为江西是两江（即现代的江苏、安徽和江西）人文地。在北宋，欧阳修、王安石、曾巩为"文章采师"，周敦颐、程颢、程颐在江西成为师生。到了南宋，陆九龄、陆九渊与朱熹在此切磋学问。而朱熹前往京城，必定取道信州，于是就有了玉山讲学、鹅湖之会。真是道脉攸系，迹在此邦呀。

鹅湖书院坐落在江西上饶铅山县鹅湖山北麓，左右两侧山势合抱，重峦叠嶂，林木葱茏，其左侧山顶有飞瀑倾泻而下。鹅湖书院分布在鹅湖山北的渐升台地上，是一个掩映在绿林深处，灰白相间、错落有致的古代建筑群。

鹅湖书院整体坐南朝北，以中轴线展开，纵深进次，"书院建筑群实际占地8250平方米，建筑面积5536平方米"[①]。这个书院建筑群保存完好，既为典型的中国古代建筑布局，也呈现了中国书院的规制、格局、建筑等，具有浓厚的儒学礼仪制度氛围。鹅湖书院是中国书院中少有的完整保存原貌的实物遗存，2006年被列入全国重点文物保护单位。

---

① 王立斌：《鹅湖书院研究》，江西高校出版社2019年版，第80页。

现在一般从西门进入鹅湖书院。西门也叫"西礼门"，清代建筑，木质双扇对开，青石门框，上部呈半圆形，额上有门楼，门楼为单层庑殿顶。门额上"鹅湖书院"四个字，乃为清代铅山知县李淳题写。

门外是"义路"，是一条古驿道，为宋时福建崇安至京城临安的必经之路，可通往唐代峰顶寺，亦可直通永平镇及福建。你看，一见面就是"礼门""义路"，就给你上了一堂儒学礼仪课。

进入西礼门，樟树、桂树夹道相迎到头门。回头看，西礼门上方有匾额"圣域贤关"，往前看，东礼门上嵌有石刻匾额"仁山知水"，两处匾文均为铅山知县李淳题写。东礼门外为"东义路"，东义路往南通往书院东侧的鹅湖寺遗址。

站在头门向里看，鹅湖书院在自北而南的中轴线上，依次呈三进院落格局展开。

第一进包括头门、石牌坊、泮池和东西碑亭。

头门的五开间，明间、次间脊檩前敞厅，悬山，稍间硬山，出三山屏风墙。明间中立将军门，门框上一匾额"敦化育才"，表明了书院的办学宗旨。门前一对汉白玉抱鼓石，两侧的楹联为：

江右乃人才渊薮

鹅湖钟川岳英灵

据说匾文和楹联都是清代白潢（1660—1737，清雍正年间文华殿大学士兼兵部尚书）在1717年至1720年任江西巡抚期间所题。

头门大门上还挂着一副篆书门联：

鹅从天外飞来，藏修游息，返本开新，人文化成弥宇宙

湖自地心涌现，吞吐涵容，承先启后，书院论道贯古今

联首嵌"鹅湖"二字。这是2000年台湾教授蔡仁厚在铅山所撰。

穿过头门，进入第一进院落，只见一座全青石构建的石牌坊，镂雕并举，高大宏伟，朴实壮观，矗立在书院建筑群的南北中轴线上，位于头门之后、泮池之前，高7.49米，长6.4米，宽2.3米，为四柱三间五楼的门楼式。东西二间各宽0.8米，正厅间宽2.85米。四方柱南北方向

上用 8 个青石抱鼓石紧撑，最顶端正中有一钱芯宝葫芦石雕，其南北面分别为彩带束缚的"朱笔"和"香囊"，喻示书院乃书香之地。其下镌刻有雁塔图样，寓雁塔题名之意。牌坊每层楼阁上还雕有大大小小 18 尾鲤鱼，尾尾逼真，栩栩如生，喻示着学子们"鲤鱼跳龙门"。

青石坊额的北额"斯文宗主"，南额"继往开来"，喻示朱熹、陆九渊等宋儒"为天地立心，为生民立命，为往圣继绝学，为万世开太平"的襟怀与宏愿。鹅湖书院共有石匾 5 方，除了"斯文宗主""继往开来"2 方外，还有西礼门外"鹅湖书院"、西礼门内"圣域贤关"和东礼门内"仁山知水"3 方，这 5 方均为铅山知县李淳所书。

这座青石牌坊是融中国儒家文化和雕刻艺术于一体的书院教育标志性建筑，是中国文化建筑的精品。

石牌坊东侧，在"义圃"门旁，有石砌雕刻的"惜纸炉"，用于焚烧有字之纸，以表示对造字先师、文化始祖的敬重。与"义圃"相对，有"经畬"门，为通东西院杂役住所和士子号舍门户。

走过石牌坊，就是泮池和状元桥：状元桥长 10 米，宽 2.5 米。泮池围栏的望柱、栏板均为青石，纹饰、图案、字迹留下了不同时代特征的印记。

泮池东西两边是碑亭。两座碑亭外观相同，单檐歇山，三开间，四金柱。柱形却不一样：东亭柱方形讹角，西亭柱圆形。

鹅湖书院现存有刻在门楣、门额上的 2+12 块（副）匾额、楹联，还存有 14 通明清时期的石匾和碑刻，它们记载了历次重修鹅湖书院的情况。这 14 通碑的分布是：

东碑亭立有 4 通碑：1655 年《重修鹅湖书院碑记》，高 235 厘米，宽 98 厘米；1715 年《重建鹅湖书院碑》，高 195 厘米，宽 106 厘米；1718 年广信知府郭维莞《鹅湖书院碑记》，高 206 厘米，宽 102 厘米；1766 年《书院房屋田山租数碑》，高 204 厘米，宽 103 厘米。

东碑亭还有楹联：

一时持论多同异

千载斯文几废存

西碑亭立有 5 通碑：1548 年吴世良《鹅湖书院谒四贤祠感作五首》，高 208 厘米，宽 87 厘米；1608 年铅山知县张邦亭《陆象山先生白鹿洞书院义利章讲义》，高 210 厘米，宽 93 厘米；1679 年李光地《重建鹅湖书院碑记》，高 205 厘米，宽 98 厘米；1718 年白潢《颁赐鹅湖书院御书记》，高 208 厘米，宽 107 厘米；1690 年典广信郡探花使者秦勇均书、铅山县尹湘南殷三卿勒石之《庚午仲秋赴鹅湖书院谒四贤祠依先贤唱和诗元韵吟成二章》[①]，高 170 厘米，宽 86 厘米。

西碑亭有楹联：

俎豆古今存圣学

瓣香朝暮愧禅门

东西碑亭的楹联都取自江西著名的"程山六君子"之一甘京的《过鹅湖书院》：

翠微山色点云根，万木惊霜落叶繁。

俎豆古今存圣学，瓣香朝暮愧禅门。

一时持论多同异，千载斯文几废存。

在昔趋庭曾窃问，至今空谷有谁论。

另在仪门后西廊嵌碑 1 通：1454 年大理寺少卿李奎撰文、广信知府姚堂书丹之《重建鹅湖书院记》，高 216 厘米，宽 102 厘米。东廊嵌碑 2 通：1512 年翰林院检讨汪伟撰文、贵州监察御史张祜书丹、翰林院庶吉士费思良篆额之《重建文宗书院记》，高 242 厘米，宽 90 厘米；1580 年十二月铅山县丞陈桐等人立《陆公清赋复祀碑记》，高 254 厘米，宽 98 厘米。

御书楼前廊东端嵌碑 1 通：1586 年十月里长陈昌、戴学立《鹅湖四贤祠田地山塘亩数及祭品祭仪碑》，高 76 厘米，宽 57 厘米。

西礼门外右侧墙头嵌铅山知县李淳《告示》碑 1 通。

---

① 王立斌：《鹅湖书院》，中国戏剧出版社 2004 年版，第 35 页。

这 14 通碑刻中，明代碑 6 通，清代碑 8 通，内容各异，以重建书院碑记为主，字体有楷书，也有行书、草书，具有较高的书法价值，更是研究鹅湖书院的珍贵资料。[1]

第二进为仪门，取"有仪可象"之意。建筑格局为六榀五间，门额上悬"道学之宗"之匾。五开间，明间、次间悬山，稍间硬山，穿斗式，脊檩前敞厅，立木质板门三樘。廊柱上挂有楹联：

> 既有学规传白鹿
>
> 可无泮水浴红鹅

庐山白鹿洞书院有白鹿的传说，而鹅湖山有红鹅的传说。这里将鹅湖书院和白鹿洞书院相提并论。此联出自明代铅山人费元禄的诗句。

穿过仪门，就看到了讲堂，讲堂是鹅湖书院传道授业解惑之场所。讲堂的门前柱上有楹联：

> 自古乾坤惟此理
>
> 至今山水有余光

此联出自明代状元、内阁首辅费宏的诗句，费宏也是铅山人。

进入讲堂，乃三开间敞厅，两侧墙壁上是仿朱熹字体所书"忠、孝、廉、节"四个大字。

大堂正中设有讲台，讲台两侧的柱子上有李淳为鹅湖书院题写的楹联：

> 鱼跃鸢飞，斯道由来活泼泼
>
> 锦明水止，此心本是常惺惺

讲台后面的板壁上挂有朱熹在庐山制定的《白鹿洞书院学规》，而在西碑亭立有一块《陆象山先生白鹿洞书院义利章讲义》碑，说明朱熹与陆九渊两人以及鹅湖书院与白鹿洞书院的关系。

穿过讲堂是鹅湖书院在中轴线上的第三个院落，这里准备修建"四贤祠"。

---

[1] 杨立坤：《谒访鹅湖书院随笔》，2019 年 9 月 30 日。

中轴线最后即最南端的一座建筑为御书楼，始建于 1717 年（清康熙五十六年），九开间，用木质板壁分隔为三间，明间有楼，重檐歇山顶，次间一层，硬山，出五山屏风墙。靠山面为穿斗式构架，中跨用叠梁式构架，六十根木质圆形满堂柱。明间正门上方悬"穷理居敬"匾，门前的楹联是：

章岩月朗中天镜

石井波分太极泉

此匾文与楹联都是康熙亲自书写的。"章岩""石井"是铅山县的两个地点，朱熹到过这两个地方讲学，此联点出鹅湖书院与朱熹的关系。

大堂的楹联也是康熙亲自题写的：

宸翰辉腾千嶂外

御书香闷一楼中

"宸翰"与"御书"都是指皇帝写的字，上联写皇帝为鹅湖书院题写的匾文和楹联发出的光辉飞腾到千山之外，下联写皇帝题匾和题联的墨香充满整幢楼房。

御书楼中康熙亲自书写的楹联除了体现对鹅湖书院的重视和推崇，根本没有说出什么名堂。不过他题写的匾文"穷理居敬"，倒是揭示出朱熹理学的特点。朱熹说"所谓功夫者，不过居敬穷理以修身也"，"穷理中自有涵养工夫"。而江西巡抚白潢在挂匾时说了康熙的用意："我皇上亲洒宸翰，揭为学之要，昭示学者，其敦化育材之意，固有什佰于太平兴国者乎。"[1]

御书楼后方有方青石砌的半月形水池，为"洗笔池"。最南端土台花坛高约 5 尺，从半月池两旁拾级可上。

御书楼左右各有 3 间房，为文昌阁和关帝庙。前后有廊。前廊两侧数步之外，各有门出内院，去东西院士子号舍。书院的东厢房原来是学子们的学舍，现开辟为"'鹅湖之辩'陈列展"。

---

[1]　见鹅湖书院碑亭内《颁赐鹅湖书院御书记》，1718 年（清康熙五十七年）白潢记。

光阴嗟荏苒，往事越千年。鹅湖书院就这样静静地矗立在山水合抱的鹅湖山下，即使岁月久远，鹅湖书院依旧会用那些灰白相间的建筑呈现出"鹅湖之辩"那段鲜活清晰的历史记忆。

如今的鹅湖书院不再是读书讲学的机构，也不再是会讲辩论的场所。礼门、头门、仪门、青石牌坊和讲堂，都抵不住岁月的打磨，褪去了颜色的光鲜，磨平了原有的棱角。推开老旧的大门，漫步在鹅湖书院那长满青苔的石板路上，触摸墙角的石碑，看着那葱茏的古树、清澈的湖水、斑驳的粉墙、发黄的牌匾，鹅湖书院一直就这样保持着那份安详宁静、幽静雅致、古朴厚重。人们仿佛置身于800多年前的那个会场，聆听先哲们的伟大对话。

鹅湖书院成为"鹅湖之辩"留下的文化遗产，在中国文化史上极负盛名。朱陆之辩碰撞的思想之火已经成为鹅湖书院延续不止的文化命脉，赋予这方土地生生不息的文化魅力。

鹅湖书院既有建筑形式，又富有文化内涵，既是一片实物遗存，又是一个文化符号。她是摊开在中国大地上的一部历史书籍，她是中国人内心珍藏的一段"文化记忆"，她是中华民族永不坍塌的一座"思想殿堂"。人们慕名而来，走进这座殿堂，翻看这部历史之书，记住这段哲学乡愁，增强做人做事的底气和开拓创新的活力，思索着如何紧贴时代脉搏、如何"继往开来"的文化命题。

五、中国人为什么一直要心心念念地重建鹅湖书院？

1175年（宋淳熙二年），朱陆双方的这场"鹅湖之辩"在当时和后世产生了持续的巨大的影响。这种影响首先表现在：人们在"鹅湖之辩"的发生地，不断地兴建祠堂、书院、牌坊等以示纪念。

1208年（宋嘉定元年），朱熹、吕祖谦、陆九渊、陆九龄等四人殁后，朱熹门人徐子融（名昭然，铅山人）在鹅湖寺西侧"斩艾蓬蒿"于"兰若"（寺旁），"葺茅屋"，取名为"四贤祠"，仿寺院供奉朱、吕、二陆四贤牌位，纪念朱陆吕四贤，并将此祠作为书舍，聚徒讲学。这就是鹅湖书院前身。此时距"鹅湖之辩"33 年。

1228 年（宋绍定元年），朱学门人陈文蔚（上饶人）继徐子融之后，再在鹅湖寺旁新建"四贤祠"，聚徒讲学多年。1230 年（宋绍定三年），铅山知县章谦亨在县城永平镇立"群贤堂"，请陈文蔚作《群贤堂记》，又请陈文蔚学生徐元杰作《群贤堂赞》："世重文蔚，隐于丘园，聚徒讲学，尚论群贤，俯仰鹅湖，追随泗源，只领俎豆，独属吾铅。"

1208 年、1228 年和 1230 年这三次建"四贤祠"，并授徒讲学，表明对"鹅湖之辩"的纪念已经开始转向祠祀和讲学了。

1250 年（宋淳祐十年），江东提刑蔡抗（1193—1259）视察信州，专访"鹅湖之会"旧址，深为叹服，"心濂溪之心，学考亭之学"，就奏请宋理宗赐名题额"文宗书院"，挂在鹅湖寺旁的"四贤祠"。这是第一次以书院名之。为何命名为"文宗书院"呢？一说取"斯文宗主，存神过化"之意。也有一说是纪念朱熹，因为朱熹的谥号是"文"，故有"鹅湖朱陆讲道，书院独以文宗名"。这是纪念地第一次由祠堂转为书院。

1313 年（元皇庆二年），信州太守窦汝舟将文宗书院从鹅湖山麓迁至老县城（今铅山县永平镇）西北，向寺庙学习，设山长主持书院工作，首任山长为乐平人黄谦；又奏请元仁宗在书院内增设"会元堂"并赐额。这是书院第一次迁址。

1453 年（明景泰四年），广信知府姚堂来到鹅湖，寻访书院在宋代的旧址，"惟见朽柱一楹，屹立丛棘中，顾瞻慨叹，亟欲兴复"。都御史兼江西巡抚韩雍（1422—1478）刚好到此，听了姚堂的汇报，也有同感，说："这是好事呀，崇尚教育和贤人，正是我们的首要事务，刻不容缓呀！"（"此盛举也，崇教尚贤，有司之首务，容可缓乎！"）于是，姚堂立即动手，在宋代的旧址上修复扩建文宗书院，"创以祠堂，后为寝室，两傍翼以廊庑，中肖四先生像，前构楼"，还挖一个泮池，最后由大理寺少卿李奎主掌，凿碑为记。[①]在碑文中，李奎明确记载，继"文

---

① 见鹅湖书院碑亭内《重建鹅湖书院记》，明李奎撰文。

宗书院"揭牌 203 年后，书院第一次称为"鹅湖书院"。这样，在"鹅湖之辩"278 年后，"鹅湖书院"的名称出现了。李奎还明确表示："仍以'鹅湖书院'揭其匾，示不忘旧也。"这是书院第一次迁回原址、第二次迁址。

明弘治年间，鹅湖书院又迁至鹅湖山顶。这是书院第三次迁址。

1511 年（明正德六年）十一月，江西提学副使李梦阳来鹅湖视察，他"抠衣登谒"，在鹅湖山顶看到书院"欹险危峻，人迹殆绝，屋且坏"，就回到山下寻找书院旧址，"则已鞠为荆榛久矣"，早已成一片荒地了。李梦阳"慨然兴怀"，回过头来对铅山县令秦礼说："先哲们的遗迹在此，怎么能让它们消失呢？我想在此重修书院，何如？"秦礼说："这也是我的夙愿呀（此礼夙心也）。"[1] 于是，秦礼就在山下的旧址奋去毁砾，剪除宿莽，重建鹅湖书院正堂五楹、外门三楹，复匾"文宗书院"，并奏请朝廷第一次在书院建立一座简易石牌坊。这是书院第二次迁回旧址、第三次迁址。李梦阳还题诗一首：

> 书院佛堂边，颓垣岭谷连。
>
> 四时僧洒扫，千古俨高贤。
>
> 立壁东莱毅，悬河子静偏。
>
> 众流终一海，流泪考亭前。

诗中明确指出书院位于鹅湖寺（"佛堂"）旁边、鹅湖山下（"岭谷"）。"东莱"是指吕祖谦，"子静"是陆九渊的字。"考亭"在今福建建阳，是朱熹晚年居住地，这里指称朱熹。李梦阳通过描绘三人的特点，既暗示了明代学术思潮的演变趋势，也表达了对当年"鹅湖之辩"的怀念。

1644 年（明崇祯十七年），翰林院编修杨廷麟视察书院，见书院房舍倾毁严重，就率铅山进士胡梦泰重修书院，并重立一座石牌坊，此牌坊后在 1847 年（清道光二十七年）维修。

---

[1]　见鹅湖书院碑亭内《重建文宗书院记》，1512 年（明正德壬申）秋八月十五日弋阳汪伟撰文。

　　1647 年（清顺治四年），清初名臣蔡士英（字伯彦，号魁吾，今辽宁锦州人）率清兵进军江西、福建一带时，路过铅山，"假道入闽，过其山，风泉逸响，如聆昔贤謦颏之声，忾然以修复兴举为念"①。

　　1652 年至 1655 年，蔡士英出任江西巡抚。他一上任，就在文化建设上做了两件大事：一是修复滕王阁；二是修复鹅湖书院，"为四先生重修坛宇焉。凡书院租田，清复捐创之计，不遗馀力"。

　　蔡士英这个人很重视文化建设，注重以文化人。1648 年（清顺治五年），清兵攻克南昌城，滕王阁毁于兵燹。1652 年（清顺治九年），蔡士英任江西巡抚。绅民切盼重建滕王阁，蔡士英乃顺应民情，于 1654 年（清顺治十一年）捐俸集资重修滕王阁，次年正月竣工。蔡士英对新建之阁的坐向做了调整，由面向正南改为面向正西，恢复唐阁、宋阁面对西山之旧观，以览江山之胜，其规模亦不逊于明崇祯年间重修之阁。他乃亲撰《征诗文檄》，敬祝城中才子，尤希宇内名人得以"共集千秋之盛事，不昭一代之宏文"，征集到诗文 460 余篇，辑为《滕王阁集》，堪称一时之盛。蔡士英还写下《重建滕王阁自记》，说："江流不改，景物犹存。第时有盛衰，故事有兴废，主持在人。安见衰者不可使复盛，而废者不可使复兴耶？"寥寥数语，既可见其之感叹与苦衷，又道出了重建滕王阁使之不绝于世的原因。

　　有清一代，朝廷曾先后八次拨款，再加上社会捐资维修鹅湖书院，仅康熙在位期间就对鹅湖书院进行了三次修缮。②1683 年，铅山知县潘士瑞奉命修葺书院。1689 年，江西巡抚宋荦命训导郭逢年奉旨重修书院。特别是 1717 年（清康熙五十六年），白潢就任江西巡抚前，康熙让白潢将自己题写的匾文和两副楹联带到"鹅湖书院"。白潢到江西之后，令铅山知县施德涵"辟旧址恢扩之"，进行了历史上规模最大的扩建，新修山门、牌坊、大堂、泮池、碑亭、御书楼，两侧更是修建数十间供士

子读书的厢房。书院占地面积达到 2.1 万平方米。1718 年，白潢带领一队人马，浩浩荡荡地来到鹅湖书院，举行了隆重的挂牌典礼。白潢还专门写下《颁赐鹅湖书院御书记》，以此说明康熙皇帝御书鹅湖书院匾文和楹联的意义。现在，此碑就立于鹅湖书院。

回顾人们对待"鹅湖之辩"的历史，我们可以得出几个印象：

其一，地点发生了变化。800 多年来，从鹅湖寺到鹅湖书院，后人凭吊怀古的地点和对象，经历了"寺庙—祠堂—书院"的变化，逐步由鹅湖寺转向四贤祠，最后转为鹅湖书院。

今人多半把鹅湖书院作为凭吊的对象与地点，甚至不少人还以为1175 年那次"鹅湖之辩"的发生地就是鹅湖书院。其实，真正的"鹅湖之辩"发生地——鹅湖寺，倒没有多少人去凭吊、访问，以至于被人们遗忘。清代李光地就说："鹅湖者，考亭朱子、象山陆子讲道处也。"[1]李光地不仅是大官，也是大学问家，福建人，他去京城来回都要经过铅山，对这一带很熟悉。他的说法就十分严谨：鹅湖是朱熹和陆九渊讲道的地方。他只是讲"鹅湖者"，而没有讲"鹅湖书院者"。可见"鹅湖之辩"的准确地点不是他看到的鹅湖书院，而是旁边的鹅湖寺。

其实，鹅湖寺一直就在鹅湖书院的东侧。现在进鹅湖书院是从西礼门进，西礼门正对的是东礼门，东礼门外就是鹅湖寺。据鹅湖书院负责人叶正林先生介绍，明万历年后，鹅湖寺一直由鹅湖峰顶禅院管辖。1956 年 12 月，鹅湖寺不慎失火，庙舍焚毁殆尽。后来，在鹅湖寺遗址上建了鹅湖完全小学，现为鹅湖书院管委会办公场所。

现在，"鹅湖之辩"的遗址尚存，鉴于"鹅湖之会"是中国文化史、中国思想史、中国哲学史上重大事件的发生地，完全有必要在遗址上重建鹅湖寺，把它开辟成"鹅湖之会"纪念馆、陈列馆，在陈展中再现当年的情景。比如将当年 100 多位与会人员，特别是有名有姓的 20 多人，全部用模型做出，再现 800 多年前的那场在中国文化史、中国思想史、

---

[1] 见鹅湖书院碑亭内《重建鹅湖书院碑》，1715 年（清康熙五十四年）李光地记。

中国哲学史上产生重大影响的会议盛况。"鹅湖之会"纪念馆和现在的鹅湖书院可建设成一个统一的景区。

其二，屡毁屡建。800 多年来，鹅湖书院多次被毁，书院一毁于宋末元初之兵燹，二毁于元末农民起义，三毁于明末清初之兵燹，四毁于三藩之乱，五毁于太平天国战争。鹅湖书院也历经多次迁徙，历代朝廷、地方政府和社会各界都十分重视鹅湖书院的维护、修缮与重建。

宋代鹅湖书院一直在鹅湖寺旁，为"四贤祠"和"文宗书院"。1313 年（元皇庆二年），信州太守窦汝舟将其迁往铅山县城永平镇，这是一迁。1453 年（明景泰四年），都御史兼江西巡抚韩雍与广信知府姚堂在鹅湖寺旁边的旧址上重建鹅湖书院，这是二迁。后来，明弘治年间，书院又迁至鹅湖山顶，这是三迁。1511 年（明正德六年）十一月，江西提学副使李梦阳和铅山县令秦礼在山下旧址再次重建书院，这是四迁。从此不再迁址。[①]

800 多年来，人们从"四贤祠"到"文宗书院"，再到"鹅湖书院"，不断地修缮、重建、扩建，十分自觉，十分执着。

其三，800 多年来，人们建其房，捐其田，出其钱，藏其书，办其学。比如，1740 年（清乾隆五年），郑之侨任铅山县令，为鹅湖书院劝捐学田 200 余亩，并捐俸银为书院买房购地。他亲自为鹅湖书院制定《鹅湖学规说》《辛酉戒诸生八则》《壬戌示诸生十要》，还广搜博采，辑成《鹅湖讲学会编》12 卷，令鹅湖书院的文化传统、办学理念薪火相传。[②] 书院是古代儒家文化宣扬的重要场所，集藏书、读书、讲书、著书、刻书、祭祀等功能为一体。这里的建筑、雕刻、题词都有深刻的含义，比如"礼门"和"义路"就体现了儒家思想和礼仪之道。

其四，800 多年来，人们修建、重建、扩建的行为是自觉的、执着的。

为什么人们一直心心念念地修建、扩建鹅湖书院呢？

---

① 李才栋：《关于鹅湖之会与鹅湖书院》，载《新鹅湖之会——纪念朱熹诞辰 870 周年国际学术会议论文集》，黄山书社 2001 年版，第 128 页。
② 王立斌：《鹅湖朱子之路上的"论辩唱和"》，《博览群书》，2016 年第 2 期。

明代弋阳人汪伟说："后之人重四君子之道，而仰其平生，因即其地祀事焉。""专以存心穷理为教化首务，而不拘文字尺牍间，于先哲过化之地，表彰尤力，所以开导风示后进意甚盛。"[①] 后人景仰朱、吕、二陆四君子，之所以在"先哲过化之地"，立祠堂，建书院，而不拘泥于文字尺牍，就在于把存心穷理作为教化民众的第一要务，以开导风气，以鼓励后进。注意，汪伟将"存心"与"穷理"并提。

清代安焕说："当年，朱熹、陆九龄、陆九渊、吕祖谦'四先生会讲于兹'，'后儒席其风流，景仰道止，爰为四贤堂以祀之。然递废递兴，时不一代，代不一人。总之，古圣薪传，先儒道脉，必有贤人君子维持系属其间，如日月丽天，江河亘地，经剥复，历晦明，越终古而常存也'。贤人君子的责任就是要使古圣薪传、先儒道脉能够经剥复、历晦明、越终古而常存下去。"

清代李光地说："余惟为政者首访邦之明祀胜迹，继而修之。古之君子皆然，况夫群哲论道之区，学术源流，移风百代，而可以翳诸荒榛乎？且夫书院之建，实与国家学校相为表里。李渤，高士尔，讲院之废，朱子犹惓惓焉。"为政者一到任，必然首访本地的明祀胜迹，继而修之。特别是像"鹅湖之辩"发生地这样先贤群哲论道的地方，怎么可以让它荒芜呢？书院与国家学校相为表里。"今使先贤遗址焕然崇修，江右故理学地，必有游于斯而奋乎兴起，以绍前绪者。"现在，"鹅湖之辩"的遗址整修一新，因为江西本来就是理学重镇，必然有重建书院以继承传统的人呀。发扬光大优秀传统方面的功劳，以此为大，所以"我"做了以上记载。（"昌明者之功，于是为大，故不可以无书。"）

六、人们在"鹅湖书院"是怎样评价"鹅湖之辩"的？

现在，人们评价"鹅湖之辩"，多半是从书籍里读，在纸面上说，却很少到实地去看。其实，从"四贤祠"到"文宗书院"，再到"鹅湖书

---

① 见鹅湖书院碑亭内《重建文宗书院记》，1512 年（明正德壬申）秋八月十五日弋阳汪伟撰文。

院"，这 800 多年的历史，鹅湖书院那几万平方米的建筑群，那 8 块匾额和 14 块碑刻等文化遗产，就反映了人们对"鹅湖之辩"的态度和评价。

这些立在大地上的建筑和刻在石碑上的文字，更真实、更直接地记录和反映了"鹅湖之辩"的历史影响，积淀着千百年来人们对"鹅湖之辩""朱陆学说""朱陆异同"等问题的看法与评论。

人们在"鹅湖书院"是如何评价"鹅湖之辩"的呢？

下面从三个方面归纳，以期对"鹅湖之辩"和"朱陆异同"的认识和评价提供一个新的视角。

1. 侧重于鹅湖之会那次事件的历史意义，侧重于鹅湖书院这块地方产生的文化影响

时人和后人对这场"鹅湖之辩"都给予高度评价，时人朱亨道就说："鹅湖讲道切诚，当今盛事。"

历代统治者对"鹅湖之会"以及朱陆等四贤极其重视，十分关注鹅湖书院。宋理宗、元仁宗、清康熙三位皇帝为鹅湖书院题写匾额，这三位皇帝题写的匾额中，宋理宗的"文宗书院""会元堂"是从其地位来说的。

李淳只是铅山县令，但他在西礼门背面题额"圣域贤关"，在石牌坊正面题额"斯文宗主"和背面题额"继往开来"，都确认了此处的历史地位。

从古代名人在鹅湖书院题写的匾额、楹联里，也可看出文化界、思想界、学术界等社会各界的思想认识。鹅湖书院讲堂的"自古乾坤惟此理，至今山水有余光"楹联，出自明代宰相费宏的《游鹅湖》："一从无极分明后，荒径锄茅见讲堂。自古乾坤惟此理，至今山水有余光。庭空蔓草凭谁藉，涧满香蘋欲自将。冠盖追寻恨迟暮，却愁猿鹤笑人忙。"费宏在鹅湖还有一首《鹅湖书院次朱陆韵》："仰止鹅湖敢弗钦，来游因悟圣贤心。一源活水通塞谷，几片闲云度远岑。能向天机求动静，肯于世路较升沉。诚明两字难偏废，古训流传直至今。"

鹅湖书院的碑刻，还反映了人们注重"鹅湖之辩"对此地的影响，以及鹅湖书院在江西乃至全国的影响。

1454 年（明景泰五年），大理寺少卿李奎在鹅湖书院修建完成后的碑文中说："大江以西，古称文献之邦，书院之建不知有几？惟鹅湖之名与白鹿并称天下。"[①] 这不仅是历史上第一次把这个书院称为"鹅湖书院"，而且把鹅湖书院放在"大江以西"这个"文献之邦"来与白鹿洞书院并提为天下书院。

1548 年（明嘉靖二十七年），国子监五经博士、进士吴世良来鹅湖书院巡视，拜谒四贤祠，立碑刻诗五首，高度评价鹅湖书院的历史地位，说"天下四大书院，嵩阳、岳麓、白麓洞、鹅湖书院"。

1652 年（明永历六年），江西巡抚蔡士英扩建鹅湖书院，并立碑将鹅湖与白鹿洞、象山、白鹭洲列为"江西四大书院"。

当然，也有人感叹时间长河中的历史沧桑。鹅湖书院中，甘京的一副楹联"一时持论多同异，千载斯文几废存"，上联是说当年"鹅湖之辩"时的"朱陆异同"，下联则是感叹从鹅湖寺到鹅湖书院屡毁屡建；另一副对联是"俎豆古今存圣学，瓣香朝暮愧禅门"，上联庆幸儒学精神通过人们的纪念、怀念与祭拜至今流传，下联感叹鹅湖寺已不见踪影。

2. 陈述朱陆双方的不同，但重点在于折中、调和

800 多年来，人们谈起"鹅湖之辩"，一直把焦点集中在朱陆双方的异同之上。那么，鹅湖书院对此有着怎样的反映呢？

从"四贤祠"到"文宗书院"，再到"鹅湖书院"，人们都将朱陆同堂而祀，旨在调和、折中朱陆。陆氏后学、绍定年间任职江东提举兼提刑的袁甫，曾作《四贤堂赞》以表追慕之情。[②]

清初安焕说："以前的人总是说朱熹、吕祖谦和陆氏兄弟有所不同。

---

① 见鹅湖书院碑亭内《重建鹅湖书院记》，明李奎撰文。
② 王立斌：《鹅湖书院研究》，江西高校出版社 2019 年版，第 172 页。

（'顾昔人谓：晦翁倡明道学，上承伊洛，而东莱翼之。陆氏兄弟不自苟同，以求至是，故其微言遗旨，并传于世。'）'学者以为震雷惊霆焉'，认为这不得了。其实，正是这种异同之间，古圣相传，灵光不掩（'则夫异同得失之际，古圣相传，唯此灵光不掩耳'）。"[①]

李光地也表达了同样的观点：有人说，500 年来都说朱陆之异同，现在将朱陆"同堂而祀"，这恐怕不太合适吧。李光地说，朱熹、陆九渊他们自己都不会这么说。朱熹教育学生时讲到操守，都要推举陆九渊，说他是一个不可及的榜样，白鹿洞书院讲学，朱熹"为之避席称善"。陆九渊对待朱熹，"则有泰山乔岳之叹"。所以，朱熹曾说"南渡以来，理会切实工夫者"，就是他与陆九渊两人而已。所以，朱熹的理学与陆九渊的心学，"虽微有异同，而实相成，非若水火冰炭之不可入"。

鹅湖书院碑亭内还有《陆公清赋复祀碑记》。"无甚相左，唯是尊德性、道问学两语，若不相下，后人遂以为壁垒，过矣。"他说朱熹和陆九渊并没有多大的差别，后人只是抓着"尊德性、道问学"两句话，以为二者森严壁垒，"过矣"。其实，朱熹"未尝离德性，平居践履学无弊也"，陆九渊也"未尝废学问也"。

铅山县尹殷三卿题有一联："千秋道脉溯尧舜，徽国文理随邹鲁。别派汇流归渤海，坦途层上到云岑；斯文俎豆形如在，此地弦歌韵未沉。多士莫矜同异帜，日星终古朗于今。"

在我们看来，陆九渊与朱熹的分歧是理学内部两个不同派别的分歧，一个属于主观唯心主义，一个属于客观唯心主义。在本质上，二者都是把封建伦理纲常视为绝对永恒的存在，视为宇宙万物的本体，只是一个以为理是主观精神，一个以为理是客观精神，二者并无本质的区别。清代章学诚说："宋儒有朱陆，千古不可合之同异，亦千古不可无之同异也。"[②] 章学诚不愧是大思想家、史学家，对历史事件、历史人物的

---

① 见鹅湖书院碑亭内《重修鹅湖书院碑记》，1655 年（清顺治十二年）安焕记。

② 章学诚：《文史通义校注》，中华书局 1985 年版，第 262 页。

看法就是不一样。在"千古"历史长河里，"朱陆异同"是极具分量、不可合之同异，也不可无之同异。

其实朱陆双方的目的和性质是一致的。清代黄宗羲在《宋元学案》中说得很直接："二先生（朱熹、陆九渊）同植纲常，同扶名教，同宗孔孟，即使意见终于不合，亦不过仁者见仁，智者见智。所谓学焉而得其性之所近，原无有背于圣人。"其子黄百家也说："二先生立教不同，然如诏入室者，虽东西异户，及至室中，则一也。"

再说，双方各有道理，相互补充。孔子开创的儒学，就是"学做人"的学问。在如何做人的问题上，《中庸》提出："君子尊德性而道问学，致广大而尽精微，极高明而道中庸。"它包括两个方面内容：一是"尊德性"，加强修养，培养德行；二是"道问学"，学习知识，增进学问。德行是求立身之本，学问是寻处事之方。德行须贯彻到处事之中，处事必以德行为原则，二者本不可或缺。当然，孔子教育学生，多就某事指点，对德行来源这样的理论问题，并未深入探究，到孟子"道性善"才有所触及。后来，中国儒家的各个思想家或学派则各有侧重。宋儒还是在如何做人，如何做完人和圣人上用力。在这一点上，朱陆没有分歧，分歧在于抵达的路径与获得的方法不同。朱熹重认知，认为知识是抵达道德的必由之路，更多的是一条"千差万别的事物都是同一本体的体现"的理路；陆九渊则偏意志，认为操行是持守道德的保证，更多地持守一种"透过自身实践，从日常生活中直接掌握真理"的简易法门。[1] 黄宗羲有言："（陆九渊）先生之学，以尊德性为宗……同时紫阳（朱熹）之学，则以道问学为主。"[2] 做人成圣的路径不同，便造成了二人分歧。

对朱、陆二人的异同，后人的看法多有分歧。清代沈以宁有诗道："岭抱山回绿树风，生贤祠宇仰宗工。登堂默认谈经处，接武神游讲座

---

① 范文澜：《陆象山的唯心主义"心学"》，载《中国思想通史》（卷4）第14章，人民出版社1955年版。
② ［清］黄宗羲：《象山学案》，《宋元学案》卷58，［清］全祖望补修，中华书局1986年版。

中。功在注疏千圣合，理归德性一源通。后人枉自分旗帜，朱陆于今岂异同。"千流入海，万物同源，人世间的事情一般是不能太计较泾渭的。

3. 立足现实，强调这场论辩为后世开创的良好学风和影响

这次"鹅湖之辩"是"理学"与"心学"第一次直接交锋，虽然没能弥合朱陆之间的思想分歧，但双方都讲清了各自的核心观点并认识到双方的分歧，还促使双方进一步思考自己的学说，弥补自己的漏洞，明确自己的观点，为今后的深入讨论奠定了基础，也使双方和其他思想家在更广的领域、更深的层面思考中国儒学的基本问题，大大拓展了南宋儒学思考问题的理论空间。

毋庸讳言，"鹅湖之辩"辩出了朱熹理学和陆九渊心学的不同。黄宗羲在《宋元学案》中说："（陆九渊）先生之学，以尊德性为宗，谓'先立乎其大，而后天之所以与我者，不为小者所夺。夫苟本体不明，而徒致功于外索，是无源之水也'。同时紫阳（朱熹）之学，则以道问学为主，谓'格物穷理，乃吾人入圣之阶梯。夫苟信心自是，而惟从事于覃思，是师心之用也'。"

但是，陆九渊心学也讲道问学，朱熹的理学也讲尊德性。朱熹答项平甫书曰："大抵子思以来教人之法，尊德性道问学两事，为用力之要。今子静（陆九渊）所说尊德性，而某平日所闻，却是道问学上多。所以为彼学者，多持守可观，而看道理全不仔细。而熹自觉于义理上不乱说，却于紧要事上多不得力。今当反身用力，去短集长，庶不堕一边耳。"陆九渊闻之曰："朱元晦欲去两短，合两长，然吾以为不可。既不知尊德性，焉有所谓道问学？"[1]

朱熹曾批评陆九渊及其学生"然于道问学处欠了"。陆九渊反驳：他不是反对"道问学"（"吾以为不可"），但"尊德性"与"道问学"的顺序要讲究，"既不知尊德性，焉有所谓道问学？"[2] 他只是将"尊德性"

---

[1] 《年谱》，《陆九渊集》卷 36，第 562–563 页。
[2] 《语录上》，《陆九渊集》卷 34，第 463 页。

放在"道问学"之前，而绝不是反对"道问学"。

清代温朝荣题鹅湖书院讲堂一联："学海有渊，静对湖山通脉络；贤关不远，隐从鹅岭想阶梯。"

"鹅湖之辩"在中国文化史上的影响，还在于它为以后的学术争鸣与学术会讲开了先河，更为以后的学术论辩和交流开创了相互尊重、各取所长、共享儒家传统的良好学风。清代江西巡抚白潢在鹅湖书院题有一联："翚飞结宇，腾千丈之祥光；镂刻填舍，永万年之盛世。"

朱熹、陆九渊、吕祖谦是南宋儒学的三个代表人物，"宋乾、淳以后，学派分而为三。朱学也，吕学也，陆学也。三家同时，皆不甚合。朱学以格物致知，陆学以明心，吕学则兼取其长，而复以中原文献之统润色之"①。他们各有侧重，心学重明心领悟，理学重读书积累。朱熹的观点是先广泛读书，而后集于一端；陆氏兄弟则强调先发明本心，再去泛览。朱熹认为陆九渊教人的办法太过简单，陆九渊则认为朱熹的教学方式就是支离，双方互不相让。吕祖谦表面上是要保持公正，促使双方统一思想，实际上是希望陆能归于朱，但最终他的目的没有达成。"尤其是陆九渊，在这次聚会中以令人耳目一新的学术形式和积极主动的攻势，使其心学思想和心学立场震动了当时的学术界，出人意料地受到了重视，无异于对心学做了一次良好宣传，心学得到了初步的验证和确认。这是陆九渊此行的最大收获。"②

这场发生在江西铅山鹅湖山下的"鹅湖之辩"，关涉中国文化的核心问题，是中国文化史、中国思想史、中国哲学史上的大事件，真是思想大家的巅峰对决、中国历史的文化盛宴。

这座掩映在稻花村庄、山林翠木之间的鹅湖书院，承载着中国文化、中国思想、中国哲学的深邃与厚重，真是中国文化的宝贵遗产、优秀传统的精彩呈现。

---

① ［清］全祖望：《同谷三先生书院记》。
② 邢舒绪：《陆九渊研究》，人民出版社 2008 年版。

第03讲

陆九渊心学的思想体系

陆九渊的思想学说一般被称为"心学"。陆九渊心学，主要探讨"做人要做个什么样的人，怎样才能做这样的人"这两个中华文化的基本问题。"人"是其思想学说的逻辑出发点和理论的目标处，而"心""道""志""学"则是陆九渊心学的四个落脚点，"人""心""志""道""学"则构成陆九渊心学的思想体系。

上一讲探讨陆九渊心学关于"人"的观点，这一讲分别从"心""志""道""学"四个方面继续探讨陆九渊心学的思想体系。

一、心：什么是陆九渊的"心"？

1. "心"的性质

（1）"心"是指人生来就有的本心。"心"是陆九渊心学基础性的核心概念，是陆九渊心学思想体系的落脚点。陆九渊在槐堂讲学期间，确立了以"本心"为其学说基本范畴的理论思维方向，从事"心学"体系的建构。

"本心"一词源于《孟子·告子上》，孟子只有这一次在论及生与义的抉择时使用过"本心"："乡为身死而不受，今为宫室之美为之；乡为身死而不受，今为妻妾之奉为之；乡为身死而不受，今为所识穷乏者得我而为之，是亦不可以已乎？此之谓失其本心。"孟子指出：人人都有超过所生、所欲的价值追求，并不是只有贤人才有，贤人不过是没有丧失罢了。那些不顾礼仪而为了豪宅、妻妾，使相识的穷苦人家接受恩赐的做法，表明他已经丧失了人天生固有的"本心"。孟子的"本心"，具体是指没有受到物欲诱惑和污染之心，即"良知"之心。

陆九渊接过孟子的"本心"概念而大量使用，"本心"一词在《陆九渊集》中就出现了60多次。

1172年（孝宗乾道八年），陆九渊34岁中了进士，赐同进士出身。但他不能直接做官，即只是进入预备干部名单，只得离开临安回家候职。陆九渊回江西的路上，三月二十一日路过富阳时，应杨简之邀停了下来。

杨简是谁呢？

慈溪（今浙江宁波）人，自幼聪颖，文才出众。1169年（乾道五年）考中进士，任富阳主簿，成了一位青年领导干部。富阳今属杭州的市辖区，与西湖区、萧山区、余杭区接壤。

杨简把陆九渊请到自己的主簿官廨，怯生生地讨教："什么是人的本心？"（"如何是本心？"）

陆九渊答道："就是《孟子》讲的'四端'呀：'恻隐之心，人皆有之；羞恶之心，人皆有之；恭敬之心，人皆有之；是非之心，人皆有之。恻隐之心，仁也；羞恶之心，义也；恭敬之心，礼也；是非之心，智也。仁义礼智，非由外铄我也，我固有之也。'"

杨简不以为然："这番道理我从孩提时就读过，但我还是不知道什么是本心呀。"（"简儿时已晓得，毕竟如何是本心？"）

谈话间，有一桩纠纷告到县衙，杨简向陆九渊拱手说："对不起，我去去就回。先生您先在这儿喝杯茶。"于是他就出去断案了。原来这是一桩买卖扇子的纠纷。陆九渊一边喝茶，一边听着杨简在隔壁大堂断案。杨简听完双方的理由，片刻便断定了双方的曲直。案毕，杨简回来继续向陆九渊讨教"如何是本心"。

陆九渊说："刚才我听你断这个卖扇子的案子。你说这个人对，是因为你知道他是对的；你说那个人不对，是因为你知道他是不对的。这就是本心呀。"["闻适来断扇讼，是者知其为是，非者知其为非，此即敬仲（杨简）本心"]陆九渊认为这个"本心"是每个人都自然而然有的，是无须思考的。

杨简听罢，问："就这么简单吗？"（"止如斯耶？"）

陆九渊反问道："难道还有什么吗？"（"更何有也！"）

杨简退下，拱坐达旦，"忽大觉"，终于悟到本心的要旨。虽然他只比陆九渊小两岁，还早三年中进士，却"始北面纳弟子礼"，正式拜陆九渊为师。

多年后，杨简成为大儒，还回忆当年情景，说："简发本心之问，先生举是日扇讼是非答，简忽省此心之无始末，忽省此心之无所不通。"

陆九渊也回忆这次的情景，说杨简真"可谓一日千里"[1]。

再后来，陆九渊逝世后，杨简以陆九渊的学生并以"奉议郎、饶州乐平知县"的身份撰写《象山先生行状》，又一次回忆道："简发本心之问，先生举是日扇讼是非以答，简忽省此心之清明，忽省此心之无始末，忽省此心之无所不通。"

由于此事十分重要，它触及了陆九渊心学的本质，是中国心学史的重要事件，所以杨简反复提及："我杨简虽然愚钝（'简虽凡下'），不足以认识陆九渊先生心学的全部，但在那一时刻也认识了陆九渊先生的心。这一切都不是语言所能赘述的，只能大略地说一说。"接着，杨简说了一段充满感情的话："日月之明，先生之明也；四时之变化，先生之变化也；天地之广大，先生之广大也；鬼神之不可测，先生之不可测也。欲尽言之，虽穷万古，不可得而尽也。虽然，先生之心与万古之人心一贯无二致，学者不可自弃。"[2]

（2）心是与生俱来，生来就有的。陆九渊的"本心"就是孟子讲的"四端之心"。陆九渊在《与曾宅之》中，通过对孟子"良知""良能"

---

① 《年谱》，《陆九渊集》卷 36，第 556 页。
② ［宋］杨简：《象山先生行状》，载《陆九渊集》卷 33，第 455 页。

概念的重新阐述，全面阐述了自己哲学的重要概念——"本心"。陆九渊引用孟子的话来强调"心""本心"不是对外在的认识，不是靠后天的修行，而是与生俱来的："孟子曰：'所不虑而知者，其良知也；所不学而能者，其良能也。''此天之所与我者'，'我固有之，非由外铄我也。'故曰：'万物皆备于我矣，反身而诚，乐莫大焉。'此吾之本心也。"① "天之所以予我者，非由外铄，不俟他求。"② "此天之所以予我者，非由外铄我也。"③ "天之所以与我者，即此心也。"④ 陆九渊说这个"本心"不是外在的，而是人所固有的天赋之心，是天之所与、不虑而知、不学而能的"良心""良知""良能"。

关于"本心"的不学而能，有一个故事：陆九渊和学生詹阜民坐在一起聊什么是"本心"。陆九渊突然站了起来，詹阜民也就跟着站起来。

陆九渊对詹阜民说："这还用安排否？"意思是说詹阜民这种尊重师长的礼仪之心是与生俱来、不用安排的，这本心是先天就有、不学而能。

其实，陆九渊心学的唯心主义实质在这里就露出了马脚。詹阜民这种"礼貌"其实正是后天学习的结果，即使他没有专门去学习，也是在人类社会集体学习、传承中有了这种文化基因。

胡达材，名拱，浙江余姚人，陆九渊门人。胡达材资质甚美，嗜学笃诚，但他认为心不在内而在外，所以，为学时多驰预后骛于外，不能向内切己明心。陆九渊对其提出严厉批评："达材所进，乃害心之大者。所谓若有神明在上在左右，乃是妄见。此见不息，善何由明。"看到他在"前次讲学"之后，仍然"未知自反"，陆九渊就苦口婆心地讲了一大段，以论述"良心善性，乃达材固有"，"达材本心，非由外铄"⑤。

---

① 《与曾宅之》，《陆九渊集》卷1，第5页。
② 《与包详道》，《陆九渊集》卷14，第207页。
③ 《与邵叔谊》，《陆九渊集》卷1，第1页。
④ 《与李宰》，《陆九渊集》卷11，第169页。
⑤ 《与胡达材》，《陆九渊集》卷4，第64-65页。

总之，陆九渊的"本心"是一种与生俱来、自然而然的道德情感，是人的一种"自然"，也是一种"必然"，还是一种"应当"。

（3）心是人人皆有，人人皆同的。陆九渊心学的核心概念虽然是"心"，逻辑起点却是"人"。这个"心"是如何与"人"联系起来的呢？

一是人有此心，是有心之人。"人非木石，安得无心？""以为吾无心，此即邪说矣。"①

以人为本，这是中国传统哲学的共同特征。中国文化十分注重"人之所以为人"的探讨，但陆九渊在思考这一话题时，并未诉诸类似于"明于庶物，察于人伦"的经验直观，而是把问题的重心引向剖析主宰人的日用常行的内在根据——"心"。

陆九渊引述孟子的话说："人之所以异于禽兽者几希。"人与动物的差别就那么一点点，"心之在人，是人之所以为人，而与禽兽草木异焉者也"②。陆九渊认为道义之心，乃人所固有。人之所以为人，就是因为人和动物不同，有颗善良的心而已。就是有了这个"心"，人高于动物、灵于万物的地方，就仅在于人的"德配天地"，道德自觉。

二是人皆有此心，都是有心之人。陆九渊说："心只是一个心，某之心，吾友之心，上而千百载圣贤之心，下而千百载复有一圣贤，其心亦只如此。心之体甚大，若能尽我之心，便与天同。"③这个"心"包括了他自己的心，朋友的心，千百载之上圣贤之心，千百载之后圣贤之心，而且只要"尽我之心，便与天同"。

凡人之心与圣人之心不异，古代之心与今天之心相同。不论智愚，不论地位高低，人之本心均一样。"圣人与我同类，此心此理谁能异之？"④本心的存在，对于人而言，没有异同，无可更改。我的心、你的

---

① 《与李宰》，《陆九渊集》卷 11，第 169 页。
② 《学问求放心》，《陆九渊集》卷 32，第 430 页。
③ 《语录下》，《陆九渊集》卷 35，第 511 页。
④ 《与郭邦逸》，《陆九渊集》卷 13，第 195 页。

心、他的心都是一样的。"人皆可以为尧舜。此性此道，与尧舜元不异，若其才则有不同。"①

三是此心人皆有之，却有"存"与"失"之别。如果说心是人之所以为人、人之所以区别非人的"几希"，心是人人皆有，是圣人与凡人、君子与庶民都有的，那么，圣人与凡人、君子与庶民的区别又在哪儿呢？"庶民去之，君子存之"②，"大人者，不失其赤子之心"。人人皆有本心，但圣人、君子存其心，小人、庶民则会失其心。在陆九渊看来，现实社会最大的问题是人"失其本心"，而对应的解决办法是"复其本心"。

2. "心"的特点

（1）"心""是人之所以为人"的人身之本。陆九渊说："人之所以为人者，惟此心而已。"③"人之所以为人"的根据，是本来面貌之心、本色底色之心、本性特质之心。他还推而广之，把人、政、心三者联系了起来，说："人者，政之本也；身者，人之本也；心者，身之本也。"④这就揭示了人的存心修身与执政治国的内在关系。

中国传统哲学的根本精神是要确立和解决人的价值和人生的意义。其根据何在？中国先哲把这一根据归为天道，以人观天、以天证人的思维模式。

宋儒"为天地立心"，这个"心"是什么？

程颢（明道）说："天地无心，以生物为心。"又说："天地无心而成化。"天地本无心，但天地生生不息，生化万物，即是天地的心意。因为天地生化万物，只是生生之德的自然流行，并非有意生出这样一个大千世界，所以是"无心"而"成化"。无心而有心（以生物为心），这是

---

① 《语录下》，《陆九渊集》卷35，第522页。
② 《敬斋记》，《陆九渊集》卷19，第261页。
③ 《与傅全美》，《陆九渊集》卷6，第89页。
④ 《荆国王文公祠堂记》，《陆九渊集》卷19，第268页。

人对天地生生之德的亲切理会，通过人的理会指点，天地生化万物的心便显立了。于是，陈宗远说"人为天地心"。

在张载看来，"立心"就是"立天理"之心，因为天理"能使天下悦且通"，从而使"天下"普遍接受仁孝之理等道德价值。张载在《诗书》中说："天无心，心都在人之心。"所以，这个"立心"的"心"就是恻隐之心，是不忍人之心，就是孔子的"己所不欲，勿施于人"，也就是仁所由出的起点。因此马一浮先生总结道："学者之事，莫要于识仁求仁，好仁恶不仁，能如此，乃是为天地立心。"故而，"为天地立心"可以理解为人确立了历史地位，为社会确立精神价值。

在古代，"天地"一词并不专指自然界。儒家经典《易传》中有一个关于天、地、人的"三才"宇宙模式，表明古人倾向于把天、地、人看作一个整体。因此，"天地"也就是"天地之间"的意思，既包括自然界，也包括个人和人间社会。因此，张载把社会含义的"天地"，也称作"天下"。

中国古代哲学家习惯于从人的存在角度或立场去理解天的存在，以人道去理解天道，反过来又以天道来解释和证明人道。这里，天与人、天道与人道不是二元的，天道始终统一于人道、服务于人道，目的是确证人道。其思维倾向不是指向天道，而是指向人道。

陆九渊最重要的贡献就是"认识了人类之所以为人"。梁漱溟说："除非过去数千年的中国人都白活了，如其还有他的贡献，那就是认识了人类之所以为人。"[①]程子曰："人之所以为人者，以有天理也。天理之不存，则与禽兽何异矣？"[②]张载曰："学者当须立人之性。仁者人也，当辨其人之所谓人。学者学所以为人。"[③]与理学家"性即理"之说不同，陆九渊认为，人之所以为人，就在于人有本心。陆九渊"发明本心"具

---

① 梁漱溟：《中国文化要义》，载《梁漱溟全集》第3卷，山东人民出版社1990年版，第126页。
② 《二程集》，中华书局1980年版，第1272页。
③ 《张载集》，中华书局1978年版，第321页。

有强烈的四无依傍、自立自主、轩昂奋发的精神。

陆九渊认清"人之所以为人"或"人者在此心此理"的意义究竟何在？

第一，林存光引梁漱溟观点论证了它具有"成社会"的功效。他认为这让我们真正懂得人与人如何才能"成社会而共生活"这一根本性的人类生存问题。"人与人之间，从乎身则分则隔，从乎心则分而不隔，然卒以身之故，此不隔之心却容易隔起来，故在文化上恒必有其相联相通之道，而后人类乃得成社会而共生活。""对于他心，只能影响之感召之……所谓人对人的问题，其实就是心对心的问题，彼此互相感召之间，全靠至诚能动"，而且，"必要在人生价值判断上有其共同点，而后才能成社会而共生活"。我们也常说"心连心"，陆九渊"发明本心"，扶持此理，就是让人明白：人同此心，心同此理，"天下一家，痛痒未尝不相关"，也正是要寻求人与人的相联相通。陆九渊认为只有人心之仁才能真正构筑人类"成社会而共生活"的价值根基，陆九渊有言："自为之，不若与人为之；与少为之，不若与众为之，此不易之理也。仁，人心也。为仁由己，而由人乎哉？我欲仁，斯仁至矣。仁也者，固人之所自为者也。然吾之独仁，不若与人焉而共进乎仁。与一二人焉而共进乎仁，孰若与众人而共进乎仁。与众人焉共进乎仁，则其浸灌薰陶之厚，规切磨砺之益，吾知其与独为之者大不侔矣。故一人之仁，不若一家之仁之为美；一家之仁，不若邻焉皆仁之为美；其邻之仁，不若里焉皆仁之为美也。'里仁为美'，夫子之言，岂一人之言哉？"①

第二，开主体。陆九渊"发明本心"具有"开辟价值之源，挺立道德主体"以及激发人之向上的深刻意蕴。陆九渊心学为世人树立一种正确的价值观，希望以此引导人们的道德行为，从而构建一种人类美好的共同生活。"古人不求名声，不较胜负，不恃才智，不矜功能，故通体皆是道义。道义之在天下，在人心，岂能泯灭。第今人大头既没于利

---

① 《里仁为美》，《陆九渊集》卷32，第435页。

欲，不能大自奋拔，则自附托其间者，行或与古人同，情则与古人异，此不可不辨也。"①

陆九渊唤起人们的向上心，不甘沉沦、蒙蔽、陷溺，"区区之志，素愿扶持此理"，"不在利害间"。②陆九渊心学指点人心之灵、吾心之良，又治人心之病。陆九渊认为社会之病乃人之心病，他多次感叹人之心病："道在宇宙间，何尝有病，但人自有病。千古圣贤，只去人病，如何增损得道？"③

（2）"心"是宇宙之本原，等于"理"。陆九渊的"本心"把恻隐之心、羞恶之心、恭敬之心、是非之心等道德情感直接等同于"仁、义、礼、智"。这种等同，说明人的本心不只是泛泛的道德情感，还是"仁、义、礼、智"等伦理规范。这样，陆九渊的"本心"和"天理"连在一起，这就比孟子的"四端"说更能满足宋代社会的时代需要。

陆九渊认为："万物森然于方寸之间，满心而发，充塞宇宙，无非此理。"④"心"与"理"在作为宇宙的本原上是一致的。这个"心"，与万物之"理"是同一的。万物之理不外是"吾心"的感悟，所谓"满心而发，充塞宇宙，无非此理"。这样，他就把万物存在于方寸之心，把客观的"理"融合于主观的"心"，从而将二者统一起来，然后再把"心"扩大为宇宙的本原。

（3）"心"是认识主体。陆九渊认为"心"是世界的本原，世界万物之理都存在于本心之中，因此，返回"本心"就可以认识天下之理，通过"心"可以洞察世界的本来面目，"心"是知觉之心。修心就是悟道。朱熹把孔孟之学概括为"仁义道德"。仁义道德不仅是社会的伦理道德规范，还是宇宙人心的根本，即"理"或"天理"。在朱熹那里，心归心，理归理，两者是分开的。朱熹的方法注重"格物穷理"，心要

---

① 《与包显道》，《陆九渊集》卷 7，第 117 页。
② 《与刘伯协》，《陆九渊集》卷 12，第 191–192 页。
③ 《语录上》，《陆九渊集》卷 34，第 457 页。
④ 《语录上》，《陆九渊集》卷 34，第 487 页。

服从理，人要服从天理，"存天理，灭人欲"。而陆九渊反对把"理"归于天、把"心（欲）"归于人。他针锋相对地提出"心即理"，心就是理，"理"就在"心"中，"仁义之理"就是"仁义之心"。所以，要想寻找理，不是向外找，而是向内求，"求之不得，反求诸己"。当然，人心会被"物欲"和"邪见"遮蔽，所以，陆九渊做人成圣的方法是：只要"切己自反"，"发明本心"，就会"居广居，立正位，行大道"。

（4）"心"是仁义之心，指伦理本体。陆九渊还认为："故仁义者，人之本心也。"[1]"四端者，即此心也；天之所以与我者，即此心也。"[2]"四端"即孟子所讲的仁、义、礼、智四种道德观念的发端、萌芽，陆九渊把它看作是人心的根本。

陆九渊将人心看成一种道德之心，此心本然地具有道德的"四端"，而且无间于大人与小人。由此推论，既然"心即理""满心而发，充塞宇宙，无非此理"，那么，封建的伦理道德也应该充塞于天地之间，人们遵守这种伦理道德也是天经地义的事了。

陆九渊所讲的"心"，究竟是指什么心？谁的心呢？它是指客观性的人心，还是指他自己主观的心呢？陆九渊的这个"心"包括了他自己的心，朋友的心，千百载之上圣贤之心，千百载之后圣贤之心，自然是客观的"心"了。但是，最重要的还是那个"我之心"，因为只要"尽我之心，便与天同"。因此，他的这个与"理"等同的"心"，基本上是指作为主观精神的"我之心"。既然自己生来就具有"天之所与我"的"本心""良知"和"良能"，那么，只要将这种先天的本心、良知、良能发挥出来，产生作用，就能"尽我之心，便与天同"。在这里，陆九渊不但颠倒了物质和意识的体用关系，还无限制地夸大了主观精神——"心"的作用。因此，陆九渊是一个彻底的主观唯心论者。

---

① 《与赵监》，《陆九渊集》卷 1，第 10 页。
② 《与李宰》二，《陆九渊集》卷 11，第 169 页。

3. "心"的要点

（1）自立其心。孔孟之学的宗旨可以概括为"仁义道德"四个字。宋儒道学不仅将仁义道德看作社会的伦理道德规范，还将它作为宇宙人心的根本。所以，要做圣人，做君子，不做小人，就要做讲仁义、无私心的道德完人。

朱熹强调仁义之"理"或"天理"在事事物物之中，人要遵循这种仁义之理的道德规范，就要去"格物穷理"；而陆九渊心学认为"理"在"心"中，"心即理"。要认识"仁义之理"，就不必枉费精神，缴绕支离地向外求索（"人精神在外，至死也劳攘"），而要发明"本心"，让心"居广居，立正位，行大道"。这就是《陆九渊集》中多次提到的"大做个人"的"下手处"。

陆九渊心学非常重视立心、明心。他说："心不可泊一事，只自立心。人心本来无事，胡乱被事物牵将去。若是有精神，即时便出便好。若一向去，便坏了。"① 比较而言，朱熹小心求证，匍匐在万物法则之下；陆九渊则伸入人心深处，强调"先立乎其（本心）大者"。

"明心"，即"发明本心"，"须收拾作主宰。收得精神在内时，当恻隐即恻隐，当羞恶即羞恶。谁欺得你？谁瞒得你？见得端的后，常涵养，是甚次第"②。"见得端的"，然后"常涵养"，这就是做人成圣的次第。"此乃为学之门，进德之地。……得其门，有其地，是谓知学，是谓有志。既知学，既有志，岂得悠悠，岂得不进。"③

李伯敏说："我想做人进德，却觉得'无个下手处'。"

陆九渊先是读了一段《大学》："古之欲明明德于天下者，先治其国；欲治其国者，先齐其家；欲齐其家者，先修其身；欲修其身者，先正其心；欲正其心者，先诚其意；欲诚其意者，先致其知；致知在格物。格

---

① 《语录下》，《陆九渊集》卷 35，第 522 页。
② 《语录下》，《陆九渊集》卷 35，第 520 页。
③ 《与舒西美》，《陆九渊集》卷 5，第 74 页。

物是下手处。"

李伯敏云："如何样格物？"

陆九渊答："研究物理。"

李伯敏云："天下万物不胜其繁，如何尽研究得？"

陆九渊答道："万物皆备于我，只要明理。"①

陆九渊认为，人求学上进，虽然有各种各样的毛病，但有一点是一样的，那就是伤害了本心。（"大抵学者各依其资质闻见，病状虽复多端，要为戕贼其本心，则一而已。"）只要发明本心，"苟有根本自能不懈怠不倦，与同志切磋，亦何患不进学"。②

陆九渊在象山讲学五年："多告学者云：'女耳自聪，目自明，事父自能孝，事兄自能弟，本无欠阙，不必他求，在自立而已。'"③"自存本心"是陆九渊在认识论和道德修养上的"基本功"。因为"心即理"，故认识宇宙、社会、人生的"理"，就只需向内用功，发明本心，不必向外界探求。只要按照"本心"的"理"去做，一切视、听、言、动都是对的。

（2）自存本心。陆九渊心学认为人人皆有本心，都是"有心"之人。但这个"本心"有的人一直保存，是"存心"之人，而有的人则会丢失或放逸。这本心的保存与丢失是区别大人与小人、圣人与凡人的静态标准，也是一个做大人圣人，还是做小人凡人的动态过程。要想做圣人、做大人、做君子，就要存有本心，不能丧失良心。如果存心，就能成圣；反之，如果"失心""放心"，则会沦为小人。

陆九渊还以"存"来命名自己的书斋，叫"存斋"，并引述孟子的话说"存其心"，陆九渊认为庶民与君子的差别仅仅在于一个"存"字。这一个"存"字，自可使人明得此理，"存"是一条分界线，而"庶民去之，君子存之"。他又引《孟子》语曰："其为人也寡欲，虽有不存

---

① 《语录下》，《陆九渊集》卷 35，第 506–507 页。
② 《与高应朝》，《陆九渊集》卷 5，第 75 页。
③ 《语录上》，《陆九渊集》卷 34，第 461–462 页。

焉者寡矣；其为人也多欲，虽有存焉者寡矣。"然后，他得出结论："只'存'一字，自可使人明得此理。"①"存养是主人，检敛是奴仆。"如果能存本心、养本心，那你就能做自己的主人；如果只是检点和约束，那你终归是人云亦云，你的心还是别人的奴仆。

所以，陆九渊心学一方面认为此心乃"天之予我者，其初未尝不同"，心为人所皆有；另一方面又强调"故孟子说此乃人人都有，自为斧斤所害，所以沦胥为禽兽"。心又会受到伤害，一旦本心丢失，就会沦陷为禽兽。所以，人之所以为人，就在于人有此心；而人之所以又有圣贤与凡人、大人与小人、智者与愚者的区别，就在于"此心"的存养或丢失。因此，陆九渊很自信地说道："若能涵养此心，便是圣贤。"②

陆九渊说："良心正性，人所均有，不失其心，不乖其性，谁非正人。纵有乖失，思而复之，何远之有？"③心和本心，人人都有。如果不失去本心，不违背天性，谁都是正人。即使有乖失，只要认识了错误，求其放心，恢复本心，那离正人君子也不远呀。古往今来，人同此心，心同此理。凡人和圣人的区别，不在于心之有无，而在于心之存与失。所以，只要不断地立心、存心、明心，就是在做人，做大人，做圣人。

陆九渊强调要"存心""守志"，此心要存，此志要守。陆九渊的"存心""守志"，就是保存初心，守住志向，就是不忘初心，不丢志向。一个人能否有成就，不但要看能不能立志，还要看能不能坚守当初的志向。人生道路不短，历史进程更长，征途漫漫，环境复杂，诱惑甚多，初心常常会被遗忘，志向往往会被丢失。确实，人的志向比世界大，人的梦想比历史远，关键是要保持初心，坚守志向，这是最难也是最要紧的一件事。

陆九渊强调人要"自存本心"，搞好道德修养。舒璘（西美），浙江宁波奉化人，进士。他跟随陆九渊学习时，"自疑所学艰难支离"，陆九

---

① 《与曾宅之》，《陆九渊集》卷 1，第 4 页。
② 《语录下》，《陆九渊集》卷 35，第 512 页。
③ 《与郭邦瑞》，《陆九渊集》卷 13，第 197 页。

渊就跟他讲了一番道理："此心之良，人所固有，人惟不知保养反戕贼放失之耳。"人就怕此心受到伤害、放纵、丢失罢了。（"人孰无心？道不外索，患在戕贼之耳，放失之耳。"）所以，"古人教人，不过存心、养心、求放心。苟知其如此，而防闲其戕贼放失之端，日夕保养灌溉，使之畅茂条达，如手足之捍头面，则岂有艰难支离之事？"①用"存心、养心、求放心"的方法来涵养德行，日日夜夜、时时刻刻保养灌溉，一开始就要防备和禁止此"心"受到伤害、放纵、丢失，就像那手足保护头和脸那样轻而易举。有了这种易简工夫，哪里还有"艰难支离"什么事呀？

什么叫"求放心"呢？就是找回丧失的"本心"，恢复善性。它出自《孟子·告子上》："学问之道无他，求其放心而已矣。"孟子认为"本心"即"良心"，是人人皆有的天赋德行，是人之为善的根源；人之所以"为不善"，并非本性有别，在于后天受"物欲"遮蔽而丧失天赋"良心"。道德修养的根本要求就是"求其放心"，找回那放纵丧失的天赋"良心"。

学生吴显仲是江西建昌南城人，陆九渊有《与吴显仲》书三封，教其为学做人。吴显仲担忧自己"艺能不如人"。陆九渊说"此甚非也"，值得担忧的是"失其本心"。他说吴显仲"气质本自质朴淳实，何故如此？"他认为吴显仲应该把《论语》的有关章节抄写并放在案头上，"朝夕观省，以改前过。读书作文之事，自可随时随力作去，才力所不及者，甚不足忧，甚不足耻。必以才力所不可强者为忧为耻，乃是喜夸好胜，失其本心，真所谓不依本分也"②。陆九渊认为人的一切恶行都源于"失其本心"，所以人的一切修养工夫都在于不丧失本心，而要保持本心。

潘友文，字文叔，人称潘佛子，金华人。他分别向张栻、吕祖谦、朱熹、陆九渊求学。潘友文淳熙年间任萍乡尉时，碰上饥荒，他赈济有方，"民德焉"。灾年过去后，他还让当地人立社仓，为经久计。此事被

---

① 《与舒西美》，《陆九渊集》卷5，第74页。
② 《与吴显仲》，《陆九渊集》卷10，第160页。

朱熹记住了，后来朱熹大力推广社仓。陆九渊也极赞赏朱熹的这一提议，积极在家乡金溪推行。陆九渊有《与潘文叔》二封，启其为学要发明本心。"得书知为学有进，甚慰！但所谓怠堕急迫两偏，此人之通患。若得平稳之地，不以动静而变。若动静不能如一，是未得平稳也。涵泳之久，驰扰暂杀，所谓饥者甘食，渴者甘饮，本心若未发明，终然无益。若自谓已得静中工夫，又别作动中工夫，恐只增扰扰耳。何适而非此心，心正则静亦正，动亦正，心不正则虽静亦不正矣。若动静异心，是有二心也。此事非有真实朋友不可。"①

他甚至认为，人若要完善自己，可以不必广读圣贤之经传，最重要的是要"自立其心""自存其心""求其放心"和"发明本心"。向内用功，把心作为认识源泉和认识目的，是其唯心主义认识论和修养论的基本内容。

（3）自正其心。"正心"在陆九渊心学里有两层意思：一是"正"为动词性，即"校正"的"正"；二是"正"为形容词性，即"正确"的"正"。陆九渊说："故心当论邪正，不可无也。"心不可说无，却要论邪正。

那为什么要"正心"呢？

人心本来人人皆有，且本为澄明，但会被"物欲"和"邪见"遮蔽。一旦蔽于物欲，溺意功利，惑于邪见，就会失其本心，本心之失则如云翳日。所以，就要"正心"，即重新"校正""切己自反"，"剥落"物欲与邪见，发明本心，使其"正确"，使人能从利欲中奋拔出来，收敛精神，复其本心，自作主宰，便可优入圣域。

人心不正就要纠正、端正、矫正。那怎么正心呢？

第一，要有紧迫感。"一有不得其正，则当如救焦溺而求所以正之者。"②

---

① 《与潘文叔》，《陆九渊集》卷4，第66页。
② 《与傅全美》二，《陆九渊集》卷6，第89页。

第二，要正本清源。陆九渊引用曾子的话说："尊其所闻则高明，行其所知则光大。"但他接着说："尊所闻，行所知"的前提"要须本正"。"其本不正，而尊所闻，行所知，只成得个檐版。"①

第三，要端正想法，除去害心。"念虑之正不正，在顷刻之间。念虑之不正者，顷刻而知之，即可以正。念虑之正者，顷刻而失之，即是不正。此事皆在其心。"②"将以保吾心之良，必有以去吾心之害。"心不正的原因，是有了害心，有了害心而除去，良心则不存，正心将不在。"吾心之害既去，则心有不期存而自存者矣。"这个害心是什么呢？私欲。私欲越多，存心必少。所以，"君子不患夫心之不存，而患夫欲之不寡，欲去则心自存矣"③。

第四，要端正学问，掌握正学正理。"然开端发足，不可不谨，养正涉邪，则当早辨。学之正而得所养，如木日茂，如泉日流，谁得而御之？"④"务明正理，则此心之灵，此理之明，谁得而蔽之。"⑤

二、志：陆九渊说"人要有大志"，"志小不可以语大人事"，啥意思？

1. 人要有志、立志

陆九渊十分重视立志。陆九渊经常对学生讲要立志。他的学生回忆说，有人讥讽陆先生教人的方法，只是立志这一个路数。陆先生回答："是，我就只是这一路。"（"吾亦只有此一路。"⑥）

陆九渊也听到了这种嘲讽，但他不为所动，甚至还自鸣得意地说："近来有人议论我只会讲一句'先立乎其大'，其他'全无伎俩'。我听

---

① 《与张辅之》，《陆九渊集》卷3，第41页。
② 《杂说》，《陆九渊集》卷22，第309页。
③ 《养心莫善于寡欲》，《陆九渊集》卷22，第438页。
④ 《与吕子约》，《陆九渊集》卷5，第72页。
⑤ 《与邵叔谊》，《陆九渊集》卷10，第157页。
⑥ 《语录上》，《陆九渊集》卷34，第473页。

了之后呢，说'是这样'（'诚然'①）。"

他在京城遭贬，返回江西创办"象山精舍"（后来成为"象山书院"）时，写下《贵溪重修县学记》，号召大家修心，要立志，要树雄心，立壮志，要大其心，大其志。

在陆九渊的心学思想中，"志""立志""有志""辨志""论志""行志""笃志"占了极其重要的地位。大做一个人，首先要立"志"。"道非难知，亦非难行，患人无志耳。""志"是知"道"、得"道"、行"道"的基础。有了"志"，"道"就不难知，也不难行。"志"是"自强"的前提。"诚有大学之志者，敢不少自强乎？"②

为什么"志"这么重要呢？

中国文化注重人的志向，往往将人心与人志放在一起来评论人的格局与人品。《诗大序》说"在心为志"，并以为"人各有志"③，故曰"盍各言尔志"，并以志向的不同来看人品的高低。

陆九渊一直把孔子、孟子作为立志行道的榜样，十多次讲到"孔子十五而志于学"，孔子和孟子生于礼崩乐坏、"道之将坠"的年代，"不能回天而易命"。但圣贤岂能因为其时之如此而废其业、坠其志呢？孔子"辙环于天下"，周游列国，"宋、卫、陈、蔡之间，伐木绝粮之事，则又几危其身"，可他的行道之心，从未衰止。孟子也是抱有"当今天下，舍我其谁"的志向。④

陆九渊在《与詹子南》中还说："像孔子这样的'天纵之圣'，'自志学十五年而后立，立十年而后不惑，又十年而后知天命，其未五十也，曰加我数年，五十以学《易》，可以无大过矣，又十年而耳顺，又十年而从心所欲不逾矩'。今人天资离圣人本来就差太远了，却胸无大志，'辄欲以口耳剽窃场屋之馀习，妄论圣经'，可见其是多么不自量

①　《语录上》，《陆九渊集》卷 34，第 463 页。
②　《与侄孙濬》，《陆九渊集》卷 1，第 15 页。
③　《论语·公冶长》。
④　《与侄孙濬》，《陆九渊集》卷 1，第 13 页。

力呀。"①

陆九渊给学生赵然道写过四封信，主要谈立志问题。他说志向一立，就没有那些"俗趣"了。现在"然道方耻利欲之习，知异端之非，愿益致扩充之功，则吾道幸甚！"②

他反复强调做人志向要远大，"大志不立，未免同乎污世，合乎流俗"③。无志，就会同流合污，不可能成圣。"人苟有志于学，自应随分有所长益。所可患者，有助长之病耳"④。

"立志"在陆九渊心学中占有十分重要的基础地位。如果站在"吾心即宇宙，宇宙即吾心""我的事是宇宙的事，宇宙的事就是我的事"的角度来看陆九渊心学的"志"，就会有一些新的心得。

2. 辨志：什么叫志、有志、立志？"志"就是"道"

陆九渊心学讲究"心"与"志"，而且要"明心辨志"，即这个"心"要去"明"，要去发明；这个"志"要去"辨"，要去"辨别"。也就是说，立志，先要辨志。一个人对他的"志"，要辨有无、辨大小、辨公私、辨正邪。

而陆九渊的"辨志"，细说有四辨：

首先，要辨有没有"志"。《杂著》曰："有有志，有无志，有同志，有异志。观鸡与豕（猪），可以辨志，縶猿槛虎，可以论志。谨微不务小，志大坚强有力，沉重善思。"⑤《与吴斗南》曰："所知必至乎此，而后可言通天下之志，定天下之业，断天下之疑。自此道之衰，学者溺于所闻，梏于所见，不能自昭明德。己之志不能自辨，安能通天下之志、定天下之业、断天下之疑哉？"⑥

---

① 《与詹子南》，《陆九渊集》卷7，第111页。
② 《与赵然道》，《陆九渊集》卷12，第177–179页。
③ 《与王顺伯》，《陆九渊集》卷11，第173页。
④ 《与张季忠》，《陆九渊集》卷7，第108页。
⑤ 《杂著》，《陆九渊集》卷22，第311页。
⑥ 《与吴斗南》，《陆九渊集》卷15，第230页。

其次，要辨"志"公不公。陆九渊在白鹿洞书院讲学，以《论语》中"君子喻于义，小人喻于利"为题，对当时的士人提出了"辨志"的问题。陆九渊说一个人如果有志，其学习的行动就会符合义的要求；相反，如果一个人的动机是自利的，其学习就会有求利的行动。陆九渊告诫士人要在志向、动机上下功夫。"辨志"，主要是讲人在社会实践中要端正自己的行为动机。陆九渊写信给包显道说："古人之学，不求声名，不较胜负，不恃才智，不矜功能。今人之学，正坐反此耳。"①

中国文化十分看重有志之人，把那种注重人的志向与践履操守的人称为"志士"。《论语·卫灵公》赞誉有高尚志向与超拔气节的人："志士仁人，无求生以害人，有杀身以成仁。"《孟子·滕文公下》表扬志士仁人的社会道义担当："志士不忘在沟壑。"这表明"志士仁人"是民族国家社会生活中的"守义者"，民族精神不是平庸情绪的规程，而是由志士仁人风骨支持而标榜的精神高峰。②

再次，要辨"志"正不正。人要立志，其志要大，其志要正，此大就是正。陆九渊的学生曾敬之，说自己就是"好作文"。陆九渊教育他"读书作文，亦是吾人事"，但是，读书本来就不是为了作文，作文是末而不是本。"有其本必有其末"，从来就没有听说过"有本盛而末不茂者"。如果本末倒置，那么所谓的作文，也就可想而知了。③当然，有先生说陆九渊这段话是说读书是本，作文是末。其实不然，在陆九渊看来，读书也不是本，读书是为了知道、明心、做人。

陆九渊的学生傅圣谟开始志向立得不正，天天忙于作文，所以觉得很累。陆九渊就列举了舜、周公、孔子、颜渊、子路、曾子、孟子等先贤的事迹，说明"道当如是故也"，并启发他："凭你的英敏要明白这一点，难道不是'未之思乎'？难道不是以前以为是'志''道'的东西，反成为'立志''知道'的障蔽吗？"后来，傅圣谟来信说自己当初的

---

① 《语录下》，《陆九渊集》卷 35，第 508 页。
② 陆建猷：《附物与自立：陆九渊的为学意涵论》，L，第 324 页。
③ 《与曾敬之》，《陆九渊集》卷 4，第 67 页。

志向错了（"能知始志之非"）。陆九渊特别高兴，说"大抵学者且当论志"，先不必急于做到什么地步，"所志之正不正"是最重要的。好比有两个人居荆、扬，"一人闻南海之富象犀，其志欲往，一人闻京华之美风教，其志欲往"，先不说日后他们各自会走多远，其实，他们的志向在出发之时就已经区分出来了。所以，志向立得正不正，是很重要的。"若其所到，则岁月有久近，工力有勤怠缓急，气禀有厚薄昏明、强柔利钝之殊，特未可遽论也。"①

　　陆九渊所说要立志，有正确与不正确之分。他说："道之异端，人之异志，古书之正伪，固不易辨，然理之在天下，至不可诬也。有志于学者，亦岂得不任其责？如射者之于的，虽未能遽中，岂得而不志于是哉？闲先圣之道，辟邪说，放淫辞，于今当有任其责者。而多言是病，此公孙弘禁民挟弓弩之策也。"②立志就像射箭，虽说不能一下子就射中靶子，但要立志于此呀。人也一样，要立志于继承先圣之道，辟邪说淫辞，志于道，这是我们的责任。他说："志道、据德、依仁，学者之大端。"③道不同，人们的志也就不一样。

　　陆九渊认为学者"苟志于道，便当与俗趣燕越矣。志乡一立，即无二事。此首重则彼尾轻，其势然也。作意立说以排遣外物者，吾知其非真志于道义者矣。所欲有甚于生，所恶有甚于死，死生大矣，而不足以易此，况富贵乎？富贵之足慕不足慕，岂足多较于学者之前哉？前与循中书所以云云者，惧其弱植孤立于横流之中，而此志不能以自拔耳"④。

　　《与黄日新》曰："盖所谓志乎善与正，而君子之徒者也。绳之以圣贤之事，固有不胜其任者，然圣贤之所与也，亦圣贤之所责也。若志夫邪恶之小人，则固与我薰莸矣。"⑤如果志在善与正，那就是君子之徒。

---

① 《与傅圣谟》三，《陆九渊集》卷6，第92页。
② 《与刘淳叟》二，《陆九渊集》卷4，第63页。
③ 《语录下》，《陆九渊集》卷35，第500页。
④ 《与赵然道》三，《陆九渊集》卷12，第179页。
⑤ 《与黄日新》，《陆九渊集》卷3，第50页。

以圣贤为榜样，即使一时做不到，那也是和圣贤结交，改造了圣贤的责任。如果志在邪恶小人，那与我就像香草和臭草一样，不能同处于一个容器里了。

最后，要辨"志"大不大。陆九渊强调，不但要立志，还要立大志，"人要有大志"①，"志小不可以语大人事"②。陆九渊经常用孟子"先立乎其大"之语来激励人们"大其心""大其志"。

陆九渊认为，人活在世上，如果不辨个小大轻重，那就是"埋没在小处，于大处如何理会得？"③那么，什么是大？什么是小呢？陆九渊在《与朱济道》中讲"此理即是大者"。"此理于人无间然"，"此理在宇宙间，未尝有所隐遁，天地之所以为天地者，顺此理而无私焉耳。人与天地并立而为三极，安得自私而不顺此理哉？"④也就是说，"志"于私就是小，就是轻；"志"于道、于公就是大，就是正。

陆九渊的心大志大，一是大在天下、大在国家、大在生民、大在无私，所以才令人感动；二是源于他对宇宙社会的思考，有以天下为己任的社会责任感和宽阔视野。正是因为有了这种宇宙观、世界观，陆九渊的"大志"才大得合理。

3. 怎样立志？立"志"，就要明"理"、知"道"

陆九渊说过："'吾十有五而志于学'，今千百年无一人有志也。"有人会说："陆九渊说话，口气真是大得很呢。他说自己和孔子一样，都是十五岁有志于学，这也就算了，他怎么还说至今千百年都没一人有志呀？"其实，陆九渊说了原因："是怪他不得，志个甚底？须是有智识，然后有志愿。"⑤先有"智识"，这种智识，就是"知道""闻道""明道""弘

① 《语录下》，《陆九渊集》卷 35，第 517 页。
② 《语录下》，《陆九渊集》卷 35，第 499 页。
③ 《语录下》，《陆九渊集》卷 35，第 519 页。
④ 《与朱济道》，《陆九渊集》卷 11，第 161 页。
⑤ 《语录下》，《陆九渊集》卷 35，第 517 页。

道"，只有把"宇宙之道"和"个人之志"相联系，"志"才能立。这是问题的关键。

翻阅《陆九渊集》，除了"志于古""志于仁""志于陈""志于陈郑之间"各出现 1 次外，"志于学"出现 13 次，其中引用孔子"吾十五而志于学" 6 次，而"志于道"出现 15 次（其中"志于道理""志于道义"各 1 次）。可见，陆九渊的"志"主要是"志于道"，而"学"是达到明心进而知道、明道、行道的方法与途径。志于学，也就是志于道。所以，陆九渊的"志"，就是"道"。这个志，就是要通过"学"来明"心"，进而行"道"。陆九渊说："志于道，据于德，依于仁，游于艺。"

陆九渊认为人的现实行为之所以会有趋义和趋利的差别，就在于其志向不同。只有志于道，其行为才会向善；否则，其行为就会追求一己之私利。

孔子这样的圣人为什么 15 岁就能立志？陆九渊说："孔子十五而志于学，是已知道时矣。"① 孔子 15 岁志于学，这标志着他此时就知"道"了，这是十分了不起的。"人要有大志"，而"常人汨没于声色富贵间，良心善性都蒙蔽了。今人如何便解有志，须先有智识始得"。所以要想"立志"，须要"闻道""明心"。常人追名逐利，"良心善性都蒙蔽了"，所以，就没有智识，进而没有志愿。今人如何才能有志？从"心"开始，"明心""闻道"，获得智识，懂得道理，才能立下志愿。

关于志向的确立和道理的掌握之间有什么关系，毛泽东有过更为深刻的阐述。立志，要跟追求真理相结合。毛泽东认为，离开真理谈立志，那不叫立志，只是对前人中有成就者的简单模仿。真正的立志，必须建立在追求真理、掌握规律的基础上。若"十年未得真理，即十年无志；终身未得，即终身无志"。

1917 年 8 月 23 日，毛泽东致信黎锦熙，说要"以大本大源，动天下之心"。而"欲动天下者，当动天下之心，而不徒在显见之迹。动其

---

① 《语录下》，《陆九渊集》卷 35，第 543 页。

心者，当具有大本大源"。什么是"大本大源"呢？毛泽东说："夫本源者，宇宙之真理。天下之生民，各为宇宙之一体，即宇宙之真理，各具于人人之心中，虽有偏全之不同，而总有几分之存在。今吾以大本大源为号召，天下之心其有不动者乎？天下之心皆动，天下之事有不能为者乎？天下之事可为，国家有不富强幸福者乎？""欲动天下者，必要动天下之心，要动天下之心，让大家都有志向，就要有大本大源，大本大源就是宇宙之真理。"这个宇宙之真理是什么？就是马克思主义理论。后来，以毛泽东为代表的中国共产党人也正是以中国化了的马克思主义理论和中华民族伟大复兴的志向相结合，取得了中国革命、建设的伟大胜利。

　　也就是说，志向的确立和真理的掌握是有密切联系的，用陆九渊的话来说，就是立志要有智识，要先知"道"。"今人如何便解有志，须先有智识始得。"[①]由此看来，几百年前，陆九渊就能论述立志和明理、知道的关系，真是十分了得。

三、道：陆九渊因"宇宙"而悟了什么道？

　　"本心"是陆九渊心学中最核心的思想。人之本心，本在何处？本心是无须思考、不虑而能的，人们是自然而然地按照自己的良心行事的。所谓凭良心办事，就是凭心来感知"道"和"理"。所以，人之本心，就本在"心"是人的立身之本，行事之本，知"道"之本。

　　本心与天道是同一的。"道未有外乎其心者。"[②]中国传统哲学思维是一种内向性的自反思维。陆九渊强调要在"本心"的观照下来明"理"、知"道"。

　　道在天下，道在宇宙，道在人事，道在本心。在陆九渊心学之中，"心"就是"理"，就是"道"，修心就是悟道。朱熹把孔孟之学概括为"仁义道德"。这仁义道德不仅是社会的伦理道德规范，还是宇宙人心的

---

① 《语录下》，《陆九渊集》卷 35，第 517 页。
② 《敬斋记》，《陆九渊集》卷 19，第 262 页。

根本，即"理"或"天理"。在朱熹那里，心归心，理归理，两者是分开的。朱熹的方法注重"格物穷理"，心要服从理，人要服从天理，所谓"存天理，灭人欲"。而陆九渊反对把"理"归于天、把"心（欲）"归于人，他针锋相对地提出"心即理"，心就是理，"理"就在"心"中，"仁义之理"就是"仁义之心"。所以，要想寻找理，不是向外找，而是向内求，"求之不得，反求诸己"。

1. 什么是陆九渊的"道"？即公道，即天理

（1）天下万物，道理最大。据说，宋太祖赵匡胤问宰相赵普："天下何物最大？"

赵普想了想，说："道理最大。"

他没有说皇帝最大，可赵匡胤"深以为然"，并且"屡称善"。

到南宋，孝宗皇帝在与群臣议政时曾屡次引述这一典故，大臣们也有意识地利用这一典故来规范皇权。[1]

陆九渊也认为"道"是天下最大："道者，天下万世之公理，而斯人之所共由者也。君有君道，臣有臣道，父有父道，子有子道，莫不有道。""道"是斯人所共由，君、臣、父、子都有其道。陆九渊还引用孔子的话："谁能出不由户，何莫由斯道也？"就像任何人进出房屋都要通过房门，人只有由道才能立身成功。[2]

（2）"道""理"具有客观性。陆九渊认为宇宙之间只有一个道。"故夫子曰：'吾道一以贯之。'孟子曰：'夫道一而已矣。'又曰：'道二，仁与不仁而已矣。'如是则为仁，反是则为不仁。仁即此心也，此理也。"[3]"道"与"心""理""仁"是一致的、统一的、同一的，"谓之典常，谓之彝伦，盖天下之所共由，斯民之所日用，此道一而已矣，不可改头

---

① 邓小南：《关于"道理最大"——兼谈宋人对于"祖宗"形象的塑造》，《暨南大学学报》2003 年第 2 期。
② 《杂著·论语说》，《陆九渊集》卷 21，第 302 页。
③ 《与曾宅之》，《陆九渊集》卷 1，第 5 页。

换面"①。"道"就是理，所谓"道理"，是天下共同遵循的天理，是万民所日用的伦常；"道"就是义，所谓"道义"，是不能讲利害，是君臣所共讲的公义；"道"就是"事"，所谓"事理"，是社会公众共同完成的公事，是与日常生活相关的道德实践原则，这种实践原则必须在具有普遍性的同时具有指向日常的实践性。

陆九渊的"道"就是"理""义""事"，亦具有不以人的意志为转移的客观性。他说："道在天下，加之不可，损之不可，取之不可，舍之不可，要人自理会。"②道、理、义、事都是客观自在，不可加损，不可取舍，但可体认。

（3）"道""理"就是"心"。为什么"要人自理会"呢？因为在陆九渊心学里，"心"与"道""理""义""事"是同义词，"心"就是"道""理""义""事"，"道塞宇宙，非有所隐遁。在天曰阴阳，在地曰刚柔，在人曰仁义。仁义者，人之本心也"③。"吾之本心"是什么？"所谓安宅、正路者，此也；所谓广居、正位、大道者，此也。"④"安宅正道、居仁由义"，这是陆九渊心学的落脚点。

"道"就是公，所谓"公道"，是不能讲私欲的。

"理"就是天，所谓"天理"，是不能讲人情的。

陆九渊刚到荆门任职，看到"弊政丛生"。有人劝他"为委曲行道之计"，睁一只眼，闭一只眼，不要太较真。陆九渊答："古人理会利害，便是礼义，后世理会礼义，却只是利害。"⑤在陆九渊看来，古今的差别就在于"古人通体纯是道义"，而后世之人考虑问题、处理事情，不是没有礼义，只不过其心是以利害为主导，再以礼义的名义去做罢了。古人讲究利害，却合乎礼义；后人相反，虽讲礼义，却只是利害。

---

① 《与王顺伯》二，《陆九渊集》卷2，第24页。
② 《语录下》，《陆九渊集》卷35，第500页。
③ 《与赵监》，《陆九渊集》卷1，第10页。又见《年谱》，《陆九渊集》卷36，第551页。
④ 《与曾宅之》，《陆九渊集》卷1，第5页。
⑤ 《语录下》，《陆九渊集》卷35，第489页。

陆九渊主张，道无处不在，无时不有，道有天之道、地之道，但归根结底要归结于人之道，内在于人的心中，"天降衷于人，人受中以生，是道固在人矣"①。"道理无奇特，乃人心所固有，天下所共由，岂难知哉？"②陆九渊主张道在心中，心外无道，道是"天下所共由"，是天之所以为天的天之道，是"人心所固有"，是人之所以为人的人之道。圣人之道不仅是大丈夫安身立命、视听言动的最高准则，也是天下所有的人都必须践履的根本大法，是万世不变的公理。③陆九渊的这些文字与思想穿透千年岁月，直达人们的心灵。

2. 4 岁问天、13 岁悟道的陆九渊

《陆九渊集》中，"宇宙""天下"出现很多次，而且常常是和"道""理""心""志"这几个概念连在一起说的。陆九渊心学的"道"就是在"宇宙""天下"的视野中来开始和展开的。这不但体现了陆九渊心学的世界观，也体现了他的责任担当与情怀。

陆九渊 4 岁的时候，问他爸爸："天有多高？地有多大？宇宙的边界在哪里？"（"天地何所穷际？"）

4 岁的小孩竟然问出了这样高深的问题。小孩子大多问一些价值观的问题，如：这人是坏蛋吗？那人是好人吗？顶多问人生观的问题，如：我长大是要当飞行员，还是当科学家呢？可陆九渊一上来就问宇宙观、世界观的问题，很少见。

"公笑而不答"，我估计他也答不出来。

陆九渊"遂深思至忘寝食"。

直到 13 岁，陆九渊读书时，在一本古书《尸子》里看到对"宇宙"二字的解释："四方上下曰'宇'，往古来今曰'宙'。"

---

① 《与冯传之》，《陆九渊集》卷 13，第 205 页。
② 《与严泰伯》，《陆九渊集》卷 14，第 209 页。
③ 朱人求：《象山教化理论与实践》，载欧阳祯人主编《陆九渊思想研究》，武汉大学出版社 2019 年版，第 279–280 页。

他一下子醍醐灌顶，突然省悟：四方上下的空间叫"宇"，往来古今的时间叫"宙"。

其实，后世对古书的这一解释多不认同。梁漱溟就认为"宇"和"宙"这两个字不能拆开来解释："古语：四方上下谓之宇，往古来今谓之宙。盖宇指空间而言，宙则谓时间也。此世俗之见，分别为判然两事者，固未尝得事实之真。事实上时空合一不分，离迁流不驻之事实，更无虚空如人们之所设想者。"[①] 如果以马克思主义哲学的观点来看，梁漱溟的这一"时空合一不分"的观点是有道理的。因为世界是永恒运动的物质世界，运动是物质不可分离的根本属性，而时间和空间是运动着的物质的基本存在形式。离开物质运动的时间和空间是不存在的，同样，离开时间和空间的物质运动也是不存在的。当然，古书的这一解释并不妨碍陆九渊的思绪活动。陆九渊考虑的是人、发展中的天地万物和无穷无尽的宇宙世界的关系。他突然豁然开朗，兴奋地说道："噢，人与天地万物，原来都在这无边无尽的空间和无始无终的时间里，都在这无穷无尽的宇宙之中啊。"（忽大省曰："元来无穷。人与天地万物，皆在无穷之中者也。"）

有人会说，这个"大省"没什么了不起呀，"宇宙无穷"，这个谁不知道呀？别急，陆九渊的思绪没有停。

而在这时间、空间、宇宙里，有个人，有个我。有人又会说，这还是谁都知道的事实呀。还是别急，重要的来了——

陆九渊抓起一支笔，"唰唰唰"地写下一篇哲学笔记。这篇在历史上十分著名的哲学笔记就是一句话。什么话呢？

史书记载，13 岁的陆九渊乃援笔书曰："宇宙内事乃己分内事，己分内事乃宇宙内事。"[②]

"宇宙无际，天地开辟，本只一家。往圣之生，地之相去千有馀里，

---

① 《这个世界会好吗：梁漱溟晚年口述》，东方出版中心 2006 年版，第 92 页。
② 《年谱》，《陆九渊集》卷 36，第 551 页。

世之相后千有馀岁，得志行乎中国，若合符节，盖一家也。"[1] "本只一家"，万物一体，所以，宇宙之内的事，就是自己分内的事；自己分内的事，就是宇宙内的事。这就提出了人对天地万物的责任问题。

别小看这句话，这句话可不得了。怎么不得了呢？

请注意：陆九渊在这里对问题进行了一个非常重要且关键的哲学转换。

多么了不起，一个 13 岁的孩子，算是初中生吧，就说："宇宙的事就是我的事，我的事是宇宙的事。""我"个人除了宇宙的事，就没有什么事啦。

也就是说，"我"的事都是全县、全省、全中国的事，全县、全省、全中国的事就是"我"的事，全县、全省、全中国所有群众的生产生活、脱贫致富、医疗住房、文物保护、旅游休闲全都是"我"的事。那有人问了："那你自己一点私事都没有？不要谋个职业，加个工资，买套房子吗？"不要，"我"的事就是天下事，天下事就是"我"的事。这就是圣人呀。

在陆九渊心学里，"道"就是"事"，"道外无事，事外无道"[2]。用陆九渊的话讲，"践履"就是"做事"，把心学思想"践履"在实践上，把儒家之道"践履"在实践上，在做事中体悟儒家之道。当然，它跟我们现在讲的社会实践、群众实践还有差距，它讲的主要是道德实践。但陆九渊强调，修心、践道、做事是一致的。"心"是本心，"道"是至道，"事"是大事，以天下为己任，做宇宙之事。宋儒张载说："为天地立心，为生民立命，为往圣继绝学，为万世开太平。""天地""生民""万世"，没有一件是自己的事。有人问："人生只有百年，还管天、管地、管到生民、管到万世去？"对！中国人就讲这个。

正因为陆九渊的"心"是"宇宙心"，"事"是"天下事"，他讲的

---

[1] 《与罗春伯》，《陆九渊集》卷 13，第 202 页。
[2] 《语录下》，《陆九渊集》卷 35，第 541 页。

"宇宙的事就是我分内的事，我分内的事就是宇宙的事"，才意义凸显。后来他把这句话概括为："宇宙便是吾心，吾心便是宇宙。"宇宙有多大，我的心就有多大。这样的胸怀大呀，豪情万丈，且境界高远，无人能及。

这个思想是中国儒学、中国文化非常了不起的思想，灿烂辉煌。陆九渊的这个思想、这种情怀，自古有之，往后传之，从屈原到文天祥，从孔子的归于仁、志于道，到张载的"为天地立心，为生民立命，为往圣继绝学，为万世开太平"，到顾炎武的"天下兴亡，匹夫有责"，再到鲁迅的"我以我血荐轩辕"，成为中国历史的一个生生不息、悠久绵长的传统。中国人不信神、不信教。孔子说"未知生，焉知死"，对鬼神敬而远之，"不语怪力乱神"，对鬼神说得不多，谈不上有什么宗教信仰，更谈不上什么为宗教献身，但中国人对他人、对社会、对民族、对国家的奉献精神，以天下为己任，一点也不含糊。

后来，陆九渊又把这句话简写成"宇宙便是吾心，吾心便是宇宙"。所以，这个命题是由"宇宙内的事就是我的事，我的事是宇宙内的事"转化而来的。

总而言之，陆九渊由"宇宙"二字，悟得人生之道，下定决心做圣人，从此进入一种人生新境界。（"因宇宙字义，笃志圣学。"）

这不是野史的道听途说，而是正史《宋史·陆九渊传》中的记载，是中国文化史里正儿八经的东西。

"宇宙"这个概念，在陆九渊心学中占有重要地位。陆九渊于"宇宙"二字，悟到多方面的道，悟到"（吾）人与天地万物皆在无穷之中者也"；又于"宇宙"二字，悟到日用之功，实在于人情、物理、事势之间，谓"执事之进，尝大进于掌家事之时"；又于"宇宙"二字，悟到"或于践履未能纯一无间，稍加警策，即与天地相似"。从此，凡遇事物，动有感悟。尝闻鼓声，豁然以觉。[1] 依此"课己之学"，抵达昭然而不可昧，确然而不可移的境界。后来，陆九渊启发后学，常以自己的

---

[1] ［南宋］包恢：《象山先生年谱后序》。

悟道经历为引子，多及"宇宙"二字（"其启悟学者，多及宇宙二字"）。

陆九渊的"吾心即宇宙，宇宙即吾心"也直接启发了王阳明的"心外无物""大人者，以天地万物为一体"的思想。

陆九渊这句"宇宙便是吾心，吾心便是宇宙"，名气很大。我们在中学、大学上哲学基础课时，一被告知这是典型的主观唯心主义后，"哦"的一声，就把它抛开了。

现在看来，陆九渊的心学确实是唯心主义，但是，我们不能给它简单地贴个标签、画个脸谱就了事。钱穆先生讲，我们对历史要有一种"温情与敬意"。如果以这种态度去体会与把握陆九渊这一论断的多面向度与丰厚内涵，我们或许会有一些新的感悟。

那一天，我讲到陆九渊4岁问天、13岁因"宇宙"字义而悟道之事，引发一场讨论。

宇宙的边界和大小的确是一个宏大的终极问题，科学家也一直在研究。有位数学家就在研究宇宙有没有边界，如果有，怎么用数学描述？其实，科学家的问题也许就是哲学家的问题。科学家研究能否用数学或自然科学的方式来描述宇宙的边界，我在大学时曾做过思考，我认为世界（宇宙）的边界就是语言的边界，语言之外无世界。但是大家都知道，有些东西看得见、想得到，可用语言就是表达不出来。比如"心中有爱口难开"，你说不出，总不能说这"爱"不存在吧。

语言和数学都是思维的工具，思维的表达、思维的运行都要依靠语言。但是，语言也好，数学也罢，都是人进行思维的工具，都是人用来把握和描述世界的工具。人在运用语言来表达思维、用数学来运算思维，靠这些工具来想象、述说这个宇宙（世界）的时候，可能存在某种局限性。也许可以换句话说：世界的边界就是思维的边界，思维能到达的地方就是宇宙（世界）的范围，思维之外无世界。也许宇宙的边界本身就是人与自然的交互，而不只是一个纯粹客观的东西，正所谓动物只有环境，而人才有世界。有些问题，不一定是用唯心与唯物的人为划分就能解决的，我们还应该在客观存在与主观能动的关系上对陆九渊心学展开研究。

3. 陆九渊的读书悟道处

讲陆九渊心学，首先要讲讲陆九渊心学是在哪里发生，是怎么发生的。

现在，王阳明悟道的贵州龙场，修建得很好。龙场这个地方成了十分重要的王阳明纪念地、王阳明心学研究地。王阳明悟道的那个山洞"玩易窝"和后来居住读书的"阳明洞"，每天都有许多人去参观。

陆九渊因"宇宙"字义而悟道的地方在哪儿呢？

在他的家乡，江西省抚州市金溪县的疏山寺潜省居。陆九渊的这个悟道地保护得很好，且已整修好了，但各种旅游推介都没有提到这个"潜省居"，以至于不少研究陆九渊心学的专家学者都没有去过。其实，应该让更多的人去这个地方看看。

当然，对于这个地方，除了强调它是陆九渊的"悟道处"，更应强调它是陆九渊的"读书处"。我们不能认为"心学"就是陆九渊一惊一乍的那么一个"顿悟"，突然闪现了。陆九渊心学是他长期学习、长期思考的结果。所以，突出陆九渊的读书处是一种历史唯物主义态度。

疏山寺是一座古寺，始建于唐朝。它是抚州境内现存四座古寺中的一座，其他三座是：宜黄的石巩寺（始建于 760 年，唐代肃宗年间）、曹山寺（始建于 870—873 年，唐咸通年间）、临川正觉寺（始建于唐代初期）。如果疏山寺只是一座古庙，那也没什么，抚州的古庙多了去，关键是疏山寺有许多藏书。

中国古代，没有公共图书馆，书藏在哪里？一是藏在宫里。二是藏在家里。南唐统治相对稳定，注重文治，大办学校，广育人才，可连首都金陵的官学里都找不齐书刊典籍图册。南唐前主李昪就诏令郡县搜求。江西吉州（今吉安）刺史贾皓发现庐陵县的儒生鲁崇范的家里竟藏有一整屋子书，就向他购买以贡献朝廷。鲁崇范将家中藏书全部献出，谢绝报酬，并发表一通高论："坟典，天下公器，世乱藏于家，世治藏于国，其实一也。吾非书肆，何酬价为？"[1]你看，做得好，讲得也好呀。三是藏在庙里，每个庙里都有藏经阁。当年的庐山东林寺就号称"天下经典一寺收"，而疏山寺也以藏书丰厚而闻名于世。

不管书藏在哪里，在中国人的眼里，读书的地方、藏书的地方、教书的地方都有一种神圣的意味，都是读书人的文化圣地和精神家园。临川自古出才子，才子从来爱读书。而临川的这些才子都有个爱好，爱读书，而且不在家里读书，偏跑到一个山洞、寺庙去读书。比如，唐宋八大家中的王安石在金溪的黄坊村有读书处，曾巩在南丰县城旁边的山洞里有读书处。北宋哲学家李觏在南城县城边的麻姑山上有读书处，后来明代的罗汝芳在南城县城边上的丛姑山上有读书处。我想，读书人要读书学习、著书立说，就要找一个自在的场所，书房也好，山洞也罢，都是"属于自己的小小天地"。身在此地，一书在手，确有种感觉：八百里风云奔来眼底，五千年往事涌上心头。真有种感觉：坐拥书城，那就是王呀，自我精神世界的王。读书处还是收拾精神、深入思考的地方。有人说："阅读的空间是一个精神的集合点，最重要的，是让人静下来。"此话不假，每天从心为形役的工作中回到家中，坐在书房，精神就会为之一振，心灵顿时敞亮。人进书房，心放下来了，心静下来了，世界就在你周围了。所以，鲁迅先生会说"躲进小楼成一统"。在书房看书、读书和写书，其实就是在"一个洁净明亮的地方"，享受"一天最宁静的时光"。

疏山寺就是这样一个藏书处，一座图书馆。855年（唐大中初年），它是名士何仙舟的结庐之处、藏书之所。27年后，882年（中和二年），一个叫匡仁的和尚在此建起了寺庙，改名白云寺，后为疏山寺。匡仁乃江西宜丰洞山良价的法嗣，唐代诗僧，所以疏山寺乃曹洞宗派，匡仁也成为曹洞宗的宗师之一。匡仁生于865年（咸通六年），吉州（今吉安）新淦人，初投抚州元证（曹山本寂）出家。受具后的一天，他对师父说

---

[1]《南唐书·鲁崇范传》。

想去洛阳听习经文，师父不语。匡仁心想："求人不如自作主张。"于是，他弃师而去，在巴山、洛阳转了一圈，来到宜丰洞山，师事良价，后来又到湖南、福建、浙江云游，最后来到疏山创建"白云禅院"，得遇于时任抚州刺史危全讽。后来危全讽上表朝廷，唐僖宗御笔亲书"敕建"匾额，并延请他为住持。后来，在陆九渊来此读书的前5年，1144年（绍兴十四年），疏山寺来了一位新方丈慧僧了如，俗名张澄，字达明，当过尚书右丞，建炎南渡后，"自解朝衣蘸佛香"，并聚书5048卷，出家来此当了和尚。20年间，他建楼台殿宇百余栋，发展僧徒千名。宋高宗、陆游等朝廷君臣都来此寺做客，可见当时这个了如和尚和疏山寺的影响力。

因为疏山寺有书，从1149年到1152年，陆九渊随五哥陆九龄来到疏山寺读了三四年书。"（疏山）寺之东侧"，有横屋三间。陆九渊兄弟俩在这里如饥似渴地天天苦读。后人就把他们兄弟俩的这个读书地叫"潜省居"。"潜省居"与陆九渊的名字来源有关。陆九渊的名字是他父亲起的，来自贾谊《吊屈原赋》"袭九渊之神龙兮，沕深潜以自珍"，效法深渊中的神龙，深深地潜藏在渊底来保护自己。而贾谊又是受到《南华经》的影响，庄子在《列御寇》中说"千金之珠，必在九重之渊"。"潜省居"的院子里有两棵树，叫"兄弟树"。据说是陆九渊兄弟俩栽的，至今近900年了，依然长得十分茂盛。

陆氏兄弟在这儿读书期间，有个当过吏部员外郎的南昌人许忻向疏山寺捐书万卷。这样一来，疏山寺的藏书相当惊人。陆九渊在许忻捐赠的那批书中，找到一本《尸子》，读到"宇宙"二字而悟到"吾心即宇宙，宇宙即吾心"。

疏山寺不但有陆九渊悟道的历史事件，其本身也是名胜古迹，环境独特，五峰环绕（吴家峰、接云峰、搴旗峰、布鼓峰和隔河对山之左峨峰）。明朝《吴玉尔日记》记录过疏山八景：袈裟地、倒栽柏、卓锡泉、无人渡、卧龙潭、眺日台、揖江亭、矮师塔。疏山寺历来有"五峰八景"之说，而且疏山寺就在浒湾镇，抚河岸边，附近还有洛城很大的一片樟树林。

疏山寺门额上的"疏山古刹"四个字相传为宋仁宗赵祯手书。大门上有一副石刻对联："野渡无人流水急，疏山有主白云闲。"据说内容是疏山寺的开山祖匡仁所拟，由明代高僧憨山德清题书。陆九渊还有段解释，说："舟子乃'野渡'之主，佛陀乃'疏山'之主，而心，乃人之主呀。"这当然是传说。对联两侧附刻一段文字，记录了疏山的历史传说。

疏山寺的天王殿古朴庄重，正门上方为明成祖朱棣手书的"敕建"二字。疏山寺的大雄宝殿特别高，高 15.9 米，宽 26 米，进深 24 米，单檐歇山顶，五出廊，前置重檐抱厦，灰色殿瓦盖顶，大气庄严。那次我们来到大雄宝殿大佛后面，和尚向我们介绍，观音台的高台基上下的石雕竟是宋代的原物，花纹异常精细。

历史上，唐僖宗、宋太宗、宋真宗、宋仁宗、宋高宗、明太祖、明成祖、清乾隆都为疏山寺题写过匾文。1984 年，疏山寺列入江西省 36 所重点寺院。

4. 明道、行道、传道

陆九渊心学思想中，"志道""求道""信道""闻道""问道""明道""知道""得道""修道""守道""行道""任道""践道""讲道""论道""言道""弘道""传道"都是反复提及的概念，也是他强调的圣人所具有的志向、品质、行为与责任。

首先，"志道""求道""信道"，在陆九渊心学中，"道"是一种人生志向。陆九渊说："道大，人自小之；道公，人自私之；道广，人自狭之。"[1] "士志于道，岂能无其德。""士志于道，岂能无其仁？"[2]

陆九渊的存"心"、立"志"、明"道"、行"事"的思想为后人接受。鲁迅有一句诗"心事浩茫连广宇"，心和事是连在一起的，鲁迅的

---

[1] 《语录下》，《陆九渊集》卷 35，第 515 页。
[2] 《杂著·论语说》，《陆九渊集》卷 21，第 303 页。

心情是跟广宇连在一起的。所以，人就是要关心天下事，要做天下的事。

毛泽东经典名篇《为人民服务》的前两句话是："我们的共产党和共产党所领导的八路军、新四军是革命的队伍。我们这个队伍完全是为着解放人民的，是彻底地为人民的利益工作的。"人民的事就是我的事，我的事就是人民的事。共产党、共产党员、党员领导干部，是没有自己一点私利的。

其次，"闻道""明道""知道"，在陆九渊心学中，"道"是一种认识对象。

传道，这是做人者、成圣者、为师者的基本职责。陆九渊认为孔子的亲传弟子里只有颜回和曾子两人是圣人，为什么呢？因为只有他们两人"明道"，领悟、掌握了孔子思想学说的真谛，而且"传道"，使孔子的思想得以流传下来，"孔门惟颜曾传道，他未有闻"[1]。

但传道的前提是自己要"明道""知道""得道"，否则，以己昏昏，焉能使人昭昭？陆九渊 13 岁对"吾心即宇宙，宇宙即吾心"的领悟，就是一种对天下担当的儒家之道的明了、领悟。陆九渊说"惟明道君子无所陷溺者"，只有明白了做人的道理、宇宙的规律，才不会被陷溺。在陆九渊看来，"明道""知道"是做人成圣的前提条件。他十分赞赏"富贵不能淫，贫贱不能移，威武不能屈"的品格，他认为如果做不到这三点，则不能立场坚定、品德端正。（"非知道者不能。"[2]）

黄循中，里居、官阶无可考。《陆子学谱》卷 14 将其列为陆九渊门人，云："或云临川人，绍熙元年进士，名若讷者也。"陆九渊写信告诫他，学习不可羡慕富贵、追求虚名，而应以学道为事。"穹壤间，窃取富贵者何限，惟庸人鄙夫羡之耳。识者视之，方深怜甚悯，伤其赋人之形，而不求尽人之道，至与蚁虫同其饱适好恶，虚生浪死。其在高位者，适足以播恶遗臭，贻君子监戒而已。"[3]在有识之士看来，那些窃取

---

① 《语录下》，《陆九渊集》卷 35，第 510 页。
② 《语录上》，《陆九渊集》卷 34，第 466 页。
③ 《与黄循中》，《陆九渊集》卷 12，第 193 页。

富贵者不尽人道，徒有个人形，与蚁虫一样虚生浪死。哪怕他们占据高位，也只能是播恶遗臭，让君子引以为戒。

最后是"明道"，不能停留在"知道"的层面，而要落实到"行道""践道"的行动中去。在陆九渊心学中，"道"是一种责任担当。

陆九渊认为："然人之为人，则抑有其职也。"这个职责就是弘道行义。"故少而学道，壮而行道者，士君子之职也。"[1] 做人、成圣，就是要把自己志于道的"心"，见诸"践道"，落实于"行"。陆九渊说"知"并不艰难，"行"实在是太难了，难就难在坚持到底。"知之非艰，行之惟艰，靡不有初，鲜克有终，人所同戒。"[2]

中国哲学特别重视"知行合一"，陆九渊的"心学"在讲到"致知"的问题时，最终也要落实到个人的道德与社会实践方面。他告诫弟子们："要常践道，践道则精明。一不践道，便不精明，便失枝落节。"[3] 他认为，当时的人们都说"一贯"，但如果不能落实到具体的日常生活之中，那这种"一贯"是靠不住的。

不过，应该指出的是，陆九渊讲"践履"，是专指践履道义，这是一个方向，这是一个专属含义。他说："君子有君子践履，小人有小人践履，圣贤有圣贤践履，拘儒瞀生有拘儒瞀生践履。若果是圣贤践履，更有甚病？虽未至未纯，亦只要一向践履去，久则至于圣贤矣。"但如果"践履差了"，"正如适越北辕，愈骛而愈远"，[4] 就会南辕北辙，越践履越偏远了。

在陆九渊的心学思想里，"明道"与"行道"是一致的，所以"道"就是"事"，"做事"就是"践履"，而做事就是行道。用陆九渊的话讲，就是"事外无道，道外无事"[5]。"道"与"事"往往是对举并用的。如他

---

① 《与朱元晦》,《陆九渊集》卷 2，第 30 页。
② 《与曹立之》二,《陆九渊集》卷 3，第 48 页。
③ 《语录下》,《陆九渊集》卷 35，第 516 页。
④ 《与张辅之》三,《陆九渊集》卷 3，第 44 页。
⑤ 《语录下》,《陆九渊集》卷 35，第 524 页。

常批评一种现象"道在迩而求诸远，事在易而求诸难"，而强调"只就近易处着着就实，无尚虚见，无贪高务远"①。

陆九渊一直都是主动"求事"，身上洋溢着一种勇于担当、主动作为的精神。有人说，做官"不应求事，但当因其至前而处之"，不要没有事找事，等到事情来到眼前再说呗。陆九渊听后很不高兴，"以为如此作监司，民亦何赖？"②他深信，只要是以"益国裕民"为出发点，则"事无不可为者"③。

总之，陆九渊的心学主要有三大特征：第一，目的核心是要大做个人，即做人要做个什么样的人。第二，方法途径是要辨志明心，即怎样才能做这样的人。第三，精神气象是自立自信，即以什么样的精神状态去做这个人。

一般都讲陆九渊是唯心主义者。是的，陆九渊的心学思想是有唯心的成分，他的"心即理"思想是会把人们带进物质和意识颠倒的泥坑里去，而且他也不注重人民的力量，不注重社会实践、群众实践。这些唯心的东西都是我们要加以甄别和扬弃的。但是，唯心主义、唯物主义是近代西方哲学近几百年出现的命题。而陆九渊谈的不是认识论的问题，不是回答存在和认识、主观与客观哪个是第一性，哪个是第二性的问题。他是回答中国文化的基本问题：做人要做个什么样的人？他讲要成为无私的人、圣人。陆九渊的思想有极其光辉的因素，到现在仍有极其正面的积极意义，不能轻易地把它抛掉了。

四、学：陆九渊的"学"，不是读书，不是求知，那是什么？

1. 人不可以无学

首先，陆九渊的思想学说里，要做一个大人，要成为一个圣人，就

---

① 《语录下》，《陆九渊集》卷 35，第 536 页。
② 《与王顺伯》，《陆九渊集》卷 11，第 173 页。
③ 《与邓文范》，《陆九渊集》卷 17，第 248 页。

要从"心"开始，要"明心""存心""修心""正心"，做个有"心"人。

那什么是有"心"人？怎样做有"心"人呢？陆九渊的回答是"志于学"。"不志于学，虽高才美质，博物洽闻，终亦累于其私，况下才乎？"①

为什么要"志于学"呢？

因为要"明道""知道""志于道"，而"道广大"，所以才"学之无穷，古人亲师求友之心亦无有穷已"②。陆九渊说："苟有志于斯道者，孰不愿学？"③如果上无教，下无学，那就不但不能把"道"推及全备，还会将利欲熏心、物欲蒙眼推移至极。"道"即使不"尽亡"，也会在某个时候而尽亡呀。所以，"学"和"志于学"是十分重要的。

陆九渊既讲"志于学"，又讲"志于道"，这两者是统一的、一致的。他说："然无志则不能学，不学则不知道。故所以致道者在乎学，所以为学者在乎志。夫子曰：'吾十有五，而志于学。'又曰：'士志于道，而耻恶衣恶食者，未足与议也。'孟子曰：'士尚志。'与'志于道'一也。"④你看陆九渊，把"道"的思想讲得多么透彻。

其次，陆九渊心学是做人成圣之学，而陆九渊认为即使"不识一字，亦还我堂堂地做个人"。做人成圣的前提条件不是识字、求知，也就是说，学不是因为人的知识不够，识字不多，或是个文盲，而是因为人心会被蒙蔽而昏眩不清。

陆九渊认为：只要本心澄明、光明，人就能自立、成圣。而人心本善，心本来是清明的，但会受到蒙蔽而变得不明。"人心至灵，惟受蔽者失其灵耳。"⑤本心就像明镜，时间一久，镜面会蒙上灰尘，受到遮蔽，镜子就变得不明了。

① 《与潘文叔》，《陆九渊集》卷13，第198页。
② 《与黄元吉》，《陆九渊集》卷3，第51页。
③ 《策问》，《陆九渊集》卷24，第332页。
④ 《杂著·论语说》，《陆九渊集》卷21，第302页。
⑤ 《与侄孙濬》，《陆九渊集》卷14，第215页。

再次，陆九渊详细考察历史，得出结论："古先圣贤，无不由学。"[1]陆九渊常以先贤和自己为例，说人不可以无学，立志、明理、知道都要通过"学"这个途径。

陆九渊经常以孔子为榜样来激励人们努力学习。他说孔子"生于晚周，麟游凤翥，出类拔萃"，谓"天纵之将圣"，这绝不是溢美之词。可孔子自己仍然说"我非生而知之者，好古，敏以求之者也"，仍然是"学而不厌"。他引用孔子的话："吾尝终日不食，终夜不寝，以思，无益，不如学也。"孔子一天到晚不吃不睡，就在那里想啊想啊，一点用处都没有，他终于明白，光思考冥想是没有益处的，"不如学也"。孔子还说过："我学不厌而教不倦。""学如不及，犹恐失之，盖夫子之明训。"[2]

陆九渊在《与赵然道》中说："夫子十五而志学，则既得其端绪矣，然必三十而立，四十而不惑，五十而后曰知天命，及其老也，犹曰我学不厌。今学者诚知端绪，则亹亹翼翼，自致日新之效者，其能自已乎？"他说像孔子这样的圣人尚且学而不厌，何况常人？"以夫子之圣，犹曰'学不厌'，况在常人？其求师友之心，岂可不汲汲也！"[3]陆九渊提醒大家，孔子的这些言语行动难道不是我们的榜样吗？（"此其不可为吾人标的乎？"[4]）

2. 学，是明心、立志、知理、践道

在他看来，"心"就是"志"，修心就是立志。天地宇宙，如此广阔，吾身立于其中，头顶着天，脚踩着地，须立志"堂堂正正做个人"，所谓："三军可夺帅，不可以夺其志。"这是中华文化的精髓。

陆九渊有个学生叫章节夫，字仲制，又云仲至，自号从轩，临川

---

[1] 《与李省幹》二，《陆九渊集》卷 1，第 15 页。
[2] 《与刘淳叟》，《陆九渊集》卷 4，第 61 页。
[3] 《与黄元吉》，《陆九渊集》卷 3，第 51 页。
[4] 《与王顺伯》二，《陆九渊集》卷 2，第 25 页。

人。他"少颖悟"，做了陆九渊学生后，陆九渊要求他"硬竖脊梁，深造远到"。章节夫佩服师训，博通诸经，终日不倦，以夜继之，"其论道以心得为主，不在多言；其作事以诚心为主，不在人知"。他的同学认为他："性狷介，操守甚定，既不与物竞，亦不屑屑与时辈往来，此其所为虽未免有偏，然操持如是，亦可敬也。"[①]

陆九渊说在读书之前，先要明本心，志于道，即先检讨反思自己为什么要读书，是不是为"道"、为理想、为祖国而读书。如果没将这点搞清楚，拿起一本书就学，哪怕再努力，再刻苦，那也是"不知学"。

金溪人徐仲诚是陆九渊的学生，也是陆九韶（梭山）的学生。有一天，徐仲诚向陆九渊请教，陆九渊就让他去思考《孟子》"万物皆备于我矣，反身而诚，乐莫大焉"一章。徐仲诚在槐堂书院待了一个月。

这一天，陆九渊问："你对《孟子》那一章思考得如何呀？"

徐仲诚答曰："如镜中观花。"

陆九渊说："见得仲诚也是如此。"然后他四顾左右说："仲诚真善自述者。"他讲解说："此事不在他求，只在仲诚身上。"既又微笑而言曰："已是分明说了也。"

过了一会儿，徐仲诚问《中庸》这篇著作哪一句是要语。

陆九渊答曰："我对你说内，你却只管说外。"过了好久，他说："句句是要语。"

这时，陆九渊四哥陆九韶（梭山）说："博学之，审问之，慎思之，明辨之，笃行之，此是要语。"

这几句话出自《中庸》，讲的是治学求进的道理。意思是：要广泛地学习，详细地询问，慎重地思考，明晰地辨别，切实地力行。朱熹十分重视这五点，把它们写进《白鹿洞书院学规》，并强调这是"学之序"，从学、问、思、辨这四个方面穷理后，然后笃行。所以，陆九韶（梭山）赞叹"此是要语"。

---

① 赵伟：《陆九渊门人》，中国社会科学出版社 2009 年版，第 208 页。

但陆九渊并不赞同他哥哥的观点，说道："未知学，博学个甚么？审问个甚么？明辨个甚么？笃行个甚么？"①不知学，朱熹讲的那个"博学之，审问之，慎思之，明辨之，笃行之"还有什么着落呢？

那怎么才是"知学"呢？要立志，如果不立志，就不知学。

在陆九渊的心学思想中，"学"绝不等于课堂学习、书房读书、典籍求知，而是学习做人，是一个修心、践志、行道的过程，是一个使心去其私、使志得其正、使道得其行的过程。这是陆九渊在教育学生子弟、批判现实问题、反驳朱熹观点时自觉论述并反复强调的。

陆九渊认为，"学"，就要学其根本。"学有本末，事有始终。"他还借用《论语》的话说："君子务本，本立而道生。"

"学者之为学，固所以明是理也。"学习的目的在于明理，也就是说，陆九渊心学中的"学"，不只是读书、求知，不是外在的书本、文字、知识，而是天下大道、宇宙实理："宇宙间自有实理，所贵乎学者，为能明此理耳。此理苟明，则自有实行，有实事。"②明理的方法和途径不是格物，不是读书，不是求知，在于立本。"欲明夫理者，不可以无其本。本之不立，而能以明夫理者，吾未之见也。"③那么，什么是"本"呢？这个"本"不是别的，就是"本心"，也就是孟子讲的"大体"，陆九渊常讲的"大者"。学习的关键就在于识大体、立大者、明本心。"学问之要，得其本心而已"④。

陆九渊按照是不是"志于道"而把学者分为四类，他说："学者大率有四样：一虽知学路，而恣情纵欲，不肯为；一畏其事大且难而不为；一求而不得其路；一未知路而自谓能知。"⑤陆九渊说"凡欲为学，当先识义利公私之辨"⑥，一定要为道、为义、为公而学。如果学是为了名，

---

① 《语录上》，《陆九渊集》卷 34，第 493 页。
② 《与包详道》，《陆九渊集》卷 14，第 207 页。
③ 《则以学文》，《陆九渊集》卷 22，第 436 页。
④ 《年谱》，《陆九渊集》卷 36，第 589 页。
⑤ 《语录下》，《陆九渊集》卷 35，第 528 页。
⑥ 《语录下》，《陆九渊集》卷 35，第 537 页。

为了利，为了"致其闻誉"，"乃后世学者大病"①。

学，是一个包括"习"在内的动态的修心、正心、明心的过程。"为学无他谬巧，但要理明义精，动皆听于义理，不任己私耳。此理诚明，践履不替，则气质不美者，无不变化。此乃至理，不言而信。"②"所贵乎学者，为其欲穷此理，尽此心也。"③

陈刚（正己），江西盱江人，他认为自己书读得多，很有才，也很得陆九渊的喜爱。朱熹曾经问："象山之喜正己者何事？"他问陆九渊究竟喜欢陈正己哪一点。叶贺孙回答："喜其有才。"其实这根本搞错了。陆九渊有《与陈正己》书两封，直截了当地指出陈正己的"为学之病"，就是这个所谓的"有才"："足下不独体病，亦有心病。"正因为"足下才气迈往而学失其道"，才会导致"行步瞻视，若忘若遗，夜卧多寐语，肢体屈伸不常"的"体病"。"凡所经营驰骛者，皆适以病其心耳。"

陆九渊强调："古之学者以养心，今之学者以病心。古之学者以成事，今之学者以败事。……事外无道，道外无事。"但是，"足下今日智虑，非知此者"，你并不知"心""事""道"，而仅仅是"习闻其说，附会其私意耳"。像你这样读书，怎么行呢？"足下才气迈往而学失其道，凡所经营驰骛者，皆适以病其心耳。""存养是主人，检敛是奴仆。"只有存养自己的志向、本心，才能成为自己的评价翁，否则，书读得再多，也只能成为人云亦云的奴仆。所以，正确的读书之法，应当通晓前代圣贤的言行，还应当广览详究古今兴亡治乱、是非得失。回过头来看，如果心病了，那对于想做出一番事业的人来讲，何止是"聋者之想钟鼓，盲者之测日月，耗气劳体，丧其本心"，不只是无益，所伤实多。将来还会败坏人事，如房琯之车战，荆公之均输者。陆九渊说："足下你是大丈夫，我今天就'责足下以大丈夫事'。你的过错，'非一节一事之小过，乃平日害心之大过'。'足下性本孝弟，惟病此过'。如果'能

① 《与吴子嗣》五，《陆九渊集》卷11，第164页。
② 《与包敏道》，《陆九渊集》卷14，第207–208页。
③ 《与李宰》二，《陆九渊集》卷11，第169页。

顿弃勇改，无复回翔恋恋于故意旧习，则本心之善乃始著明'。希望你'俟体力强健，乃博观前言往行，详考古今兴亡治乱、是非得失，苟不懈怠，自当循循以进'，能够'养心成事之效'。"①

陆九渊还说："道不远人，人自远之耳。"为什么呢？因为人心会受到蒙蔽，如果这个"蒙蔽"没有除去，人就会"日以陷溺"。以前的诸子百家往往都以圣人贤人自期，以仁义道德自命，可最后都因违于大中至正之道而不能自拔，究其原因，就在于本心受到"蒙蔽而不自觉，陷溺而不自知耳"②。所以，只有通过学习，才能去掉蒙蔽，跳出陷溺。"顾恐学未至，识未明，不能知人之病耳。"③所以，要想知道、行道、做人、成圣，就要"志于学"，只要"肯笃志学问，自应日进"。

为学的关键乃在去病。"为学固无穷也，然病之大端不可不讲。常人之病多在于黠。逐利纵欲，不乡理道，或附托以售其奸，或讪侮以逞其意，皆黠之病也。"④陆九渊讲的这个"黠"之"病"，是指外表有点小聪明，内心却是逐利纵欲，不向道理。

这种"黠"之"病"是从哪里来的呢？本来，人心澄明，但人心会受到声色富贵货利等物欲和习气意见等邪见的遮蔽，大多数人又不知保养，于是就"蔽理溺心"。一旦遮蔽，人心就会变成私心、私欲。

人心一旦汩没、陷溺了，怎么办呢？陆九渊说："人性本善，其不善者迁于物也。知物之为害，而能自反，则知善者乃吾性之固有，遁吾固有而进德，则沛然无他适也。"⑤既然人心会受到蒙蔽，那就要去掉蒙蔽，发明本心，所谓"发明"就是使之重新光明。只要人能反思以求，奋拔自立，"发明本心"，就能让心"居广居，立正位，行大道"。

那怎么摆脱蒙蔽，发明本心呢？这需要通过讲学。"一溺于此，不

---

① 《与陈正己》，《陆九渊集》卷 12，第 183–184 页。
② 《与胡季随》二，《陆九渊集》卷 1，第 9 页。
③ 《与张辅之》，《陆九渊集》卷 3，第 41 页。
④ 《与包详道》三，《陆九渊集》卷 6，第 97 页。
⑤ 《语录上》，《陆九渊集》卷 34，第 480 页。

由讲学，无自而复。"① 通过讲学，就能脱溺。"此心本灵，此理本明，至其气禀所蒙，习尚所梏，俗论邪说所蔽，则非加剖剥磨切，则灵且明者曾无验矣。"② 这个"剖剥磨切"，使心重新"灵且明者"，就是陆九渊的"学"。陆九渊坚信，只要"剖剥磨切"彻底，去除习染，人心定会澄明。

所以，"学"在陆九渊心学里，占有重要地位。这就是陆九渊做人成圣的方法、途径和工夫。

3. 为什么要学？人有两块心蔽要由学来除，人的心蔽怎样除？

在陆九渊看来，因为人心会受到蒙蔽，所以，要通过"学"来去除心蔽，治疗心病，发明本心。

学生吴显仲问："老师，我为什么经常头脑犯糊涂？"（"某何故多昏？"）

陆九渊回答：因为吴显仲的心有病，私心重，好逐物，"才一逐物，便昏眩了"。人呀，尽管气禀清浊有不同，但只要自己完养，"须斩钉截铁"③，"不逐物，即随清明"。"人心有病，须是剥落。剥落得一番，即一番清明，后随起来，又剥落，又清明，须是剥落得净尽方是。"④ 陆九渊认为，人若有了心蔽，就要进行治疗，而治疗方法就如同剥去铜镜上的锈斑一样，将锈斑一层层剥掉，"剥落"其所"蔽"，"须是剥落得净尽"。最后，本心才会重新显现，才会重新"清明"起来。

陆九渊认为，人心受到的蒙蔽主要有两种：

一是内心的"物欲"，也就是私心、贪欲。"夫所以害吾心者何也？欲也。欲之多，则心之存者必寡，欲之寡，则心之存者必多。故君子不患夫心之不存，而患夫欲之不寡，欲去则心自存矣。"⑤ 如果这物欲不去、

---

① 《与李宰》二，《陆九渊集》卷 11，第 169 页。
② 《与刘志甫》，《陆九渊集》卷 10，第 156 页。
③ 《语录下》，《陆九渊集》卷 35，第 536 页。
④ 《语录下》，《陆九渊集》卷 35，第 525 页。
⑤ 《养心莫善于寡欲》，《陆九渊集》卷 32，第 438 页。

己私未克，那人就"如在陷阱，如在荆棘，如在泥途，如在囹圄械系之中"①。人有心蔽，就是因为有欲望，如果欲望多，本心就会少。所以去掉欲望，就能恢复本心。程颢说过："天下之事，患常生于忽微，而志亦戒于渐习。"

对待"物欲"，要"切己自反"，克己去私除"物欲"。剥落"物欲"，就是去除自己心中各种逐物的妄意和欲念，即去除各种私心贪欲，"不汨于利欲"。要在明心知道的基础上，联系自己的思想实际，改过迁善。江西南丰人罗献（字章夫），早年随陆九渊学习。陆九渊对他说，学者贵在"致其知，改其过"。他说："著是去非，改过迁善，此经语也。"错误不去掉，怎能附着正确？过错不改正，怎能向善靠拢？不知其错误，安能去掉错误？不知其过错，安能改过错？自己说知道错了而不能改过，那是不知错呀。"真知非则无不能去，真知过则无不能改。人之患，在不知其非不知其过而已。"②后来，罗献（章夫）在1196年（庆元二年）中进士，此时陆九渊已去世几年了。

陆九渊批评傅圣谟有两个毛病：一是志向不正；二是"渐于陋习，胶于缪说"。（"非特其志之病，亦坐闻见之陋，条贯统纪之未明"③）陆九渊在给另一位学生傅齐贤的信中也说了这两层意思："义理未尝不广大，能惟义理之归，则尚何窦穴之私哉？心苟不蔽于物欲，则义理其固有也，亦何为而茫然哉？"④一是志向、义理要大要正，这样私欲就无处可藏；二是心不被物欲遮蔽，人就不会茫然失去目标。

"古之学者，本非为人，迁善改过，莫不由己。善在所当迁，吾自迁之，非为人而迁也。过在所当改，吾自改之，非为人而改也。"⑤陆九渊在写给学生徐子宜的信中提到"端卿、蕃叟、成之、淳叟诸公，自相

---

① 《与曾宅之》，《陆九渊集》卷1，第6页。
② 《与罗章夫》，《陆九渊集》卷14，第210页。
③ 《与傅圣谟》，《陆九渊集》卷6，第93页。
④ 《与傅齐贤》，《陆九渊集》卷14，第211页。
⑤ 《与傅全美》二，《陆九渊集》卷6，第87页。

讲切，皆自谓有益。某观之，甚不谓然”。这四个学生自己讲习切磋，还都自以为有益，但在陆九渊看来十分不对。"诸公虽各不同，然学失其正，一也。尝论其说均为邪说，其行均为诐行。"[①] 这些同学呀，各有各的毛病，但在"学失其正"这点上是一样的。陆九渊指出李性传（字成之）本心"蒙滞竟未开明"。陆九渊在给高应朝的信中特别提到包括李性传在内的学者，病状虽复多端，而本心受到伤害，则是一样的。后来，李性传听说陆九渊先生在写给别人的两封信中都批评了他，赶紧给老师写信"历述病状"。陆九渊就写了一封《与李成之》的信，表扬他能"自知之审"。陆九渊说："为仁由己，而由人乎哉？奋拔植立，岂不在我？"如果"不能勇奋特立"，切己反思，那就如同"官容奸吏，家留盗虏"呀。陆九渊因李性传明白了这一点而感到高兴。"任贤勿贰，去邪勿疑"，这样做，不只是为国，为家为身，也是这个道理呀。后来，李性传于 1211 年（嘉定四年）举进士，历干办行在诸军审计司，权参知政事，寻同知枢密院事，后以资政殿大学士提举洞霄宫。

陆九渊还要求学生们："愿益励'学不为人'之志，勉致'为仁由己'之实，思颜子之大勇，奋然自拔，荡涤摧伤湮没之意，不使有毫毛得以宿留于庭宇。光芒所射岂止在斗牛间！正大之气当塞宇宙，则吾道有望！"[②]

那什么是"先立乎其大"呢？就是去掉"世俗之习""私意俗习"，"如弃秽恶，如避寇仇"，"如见晛之雪，虽欲存之而不可得，此乃谓之知至，乃谓之先立乎其大者"。[③] 人之所以为人者，就在于"先立乎其大"，即用剥落的存养工夫，去掉人的七情六欲所带来的各种私心杂念，"打叠田地净洁"的"纯一之地"。

在心性修养方面，陆九渊追求的根本目标，是要人"收拾精神，自作主宰"，确立一种大丈夫的理想人格。宇宙与吾心合一。人是世界的

---

① 《与徐子宜》，《陆九渊集》卷 5，第 77 页。
② 《与傅全美》二，《陆九渊集》卷 6，第 89 页。
③ 《与傅克明》，《陆九渊集》卷 15，第 224 页。

主宰，更是自己的主宰。"收拾精神"，从根本上寻求良心之固有，从"血脉上发动"人的主体性。陆九渊的心性修养论，是一种易简工夫，主张向内搜求，发明本心，剥落"物欲"，以保证心体之清明。

陆九渊借用孟子的修养论思想，要求人们先立乎其大。他说："孟子曰：'先立乎大者，则其小者不能夺也。'人惟不立乎大者故为小者所夺，以叛乎此理，而与天地不相似。"①此处所谓"先立乎其大"，即是陆九渊所讲的"本心"。

二是外在的"意见"，也就是成见偏见、歪理邪说。"有所蒙蔽，有所移夺，有所陷溺，则此心为之不灵，此理为之不明，是谓不得其正，其见乃邪见，其说乃邪说。"

陆九渊认为人心不正的原因有三：一是受到邪见、邪说的蒙蔽；二是受到私欲、私利的引诱和移夺；三是行为有过与不及，从而导致不明"理"、不知"道"。

陆九渊认为"道""理"是人心所固有的，天下所共有的，没有什么奇特与难懂之处，如果被"意见"左右，沉溺于"邪见"，人就不能知道明理做人了。"但俗习缪见，不能痛省勇改，则为隔碍耳。"②

"愚不肖者之蔽在于物欲，贤者智者之蔽在于意见，高下污洁虽不同，其为蔽理溺心而不得其正，则一也。"③陆九渊把人分为愚贤两类，表面看来，普通大众会受物欲的影响，高层智者会受自己观念的影响，两者有高下之分，但实际上二者之患都在于"蔽理溺心"。"愚不肖者不及焉，则蔽于物欲而失其本心；贤者智者过之，则蔽于意见而失其本心。"④愚钝、不贤、无能之人多被物欲所诱惑，智者、贤达之人多被"意见"所左右，这就造成了愚者被遮蔽，智者亦被遮蔽的情况。虽然表现有所不同，但后果是一样的，即丧失本心，也就是"心有蔽""心

① 《与朱道济》，《陆九渊集》卷11，第161页。
② 《与严泰伯》三，《陆九渊集》卷14，第209页。
③ 《与邓文范》，《陆九渊集》卷1，第12页。
④ 《与赵监》，《陆九渊集》卷1，第10页。

有病"。

后来，陆九渊将这个问题概括为："人之所以病道者：一资禀，二渐习。"有先生把"资禀"说成是先天的，把"渐习"说成是后天的，其实不然。陆九渊讲的"资禀"是内在的想法目标，"渐习"是外在的环境（如风气习俗）影响。"资禀好底人阔大，不小家相，不造作，闲引惹他都不起不动，自然与道相近。资禀好底人，须见一面，自然识取，资禀与道相近。资禀不好底人，自与道相远，却去锻炼。"①"谨致念，大凡多随资禀，一致思便能出。"②"资禀之高者，义之所在，顺而行之，初无留难。其次义利交战，而利终不胜义，故自立。"③"资禀厚者，毕竟有志。"④

陆九渊指出"剥落"邪见习俗除"意见"。"学者规模多系其闻见。孩提之童，未有传习，岂能有是规模？是故所习不可不谨。处乎其中而能自拔者，非豪杰不能。劫于事势而为之趋向者，多不得其正，亦理之常也。"⑤这里的"规模"，是指"格局""眼界""境界"等。如果不学，就没有闻见，就没有传习，学者就不会有格局、眼界和境界。而受什么样的习气感染，则决定了学者学的质量，因此，这个"学"是十分重要的。

"此道与溺于利欲之人言犹易，与溺于意见之人言却难。"⑥

陆九渊有个学生叫董元锡，气质不厚重，又好议论人之长短，不能自拔于市井之习。陆九渊专门写信对他进行批评教育，陆九渊说"小人者甚多，不可一概观"。有的小人"是学不至道，而囿于私见，不能终从其大体"；有的小人不耻不仁，不畏不义，"气质乖戾，奸险凶恶"。"此两者，善恶雅俗、污洁之辨如云泥矣。"而董元锡"平时喜事好修"，何

---

① 《语录下》，《陆九渊集》卷35，第529页。
② 《语录下》，《陆九渊集》卷35，第534页。
③ 《语录上》，《陆九渊集》卷34，第474页。
④ 《语录下》，《陆九渊集》卷35，第506页。
⑤ 《杂说》，《陆九渊集》卷22，第312–313页。
⑥ 《语录上》，《陆九渊集》卷34，第461页。

至于遵循后之小人呢？若听由前之小人，那恐怕不是董元锡之所能及的。"今流俗不学之人，而其质不至于不耻不仁，不畏不义"，但"又不得陶冶于先圣王之教"，仅仅是凭自己的私意就自以为善，这种人只"是俗人，不得谓之士，不得谓之儒"。可是俗人中，气禀又有厚薄、轻重、大小。"平时所惜于元锡者"，就是那俗人中"气质偶不得其厚重者"，所以就"不能自拔于市井之习，又辄凭之以妄议人之长短，所见日陋"。比如董元锡来信中所说的"知己之说"就是陋见。就用董元锡的"知己之说"而言之，董元锡"自立，收拾精神，不得闲说话"，"诚欲求知己，当今之世，舍我其谁哉？"这个知己，就是你自己呀。如果"元锡诚能不安其旧，惟新是图，则本心可以立复，旧习可以立熄，居仁由义，大人之事备矣，谁得而御之"。①

陆九渊认为，剥落蒙蔽人心的邪见，除了那些习气之外，还包括所谓专家的"意见"，即要去除各种"传注"、各种烦琐的知识建构、各种浮论虚说。按陆九渊的话来说，就是既不"汩于利欲"，也不"蔽于异端"②。

总之，陆九渊的"学"有两个步骤：首先，要决心冲破内心的"物欲"或外在的"意见"这两个"陷阱""罗网"，"激厉奋迅，决破罗网，焚烧荆棘，荡夷污泽"，"决裂破陷阱，窥测破个罗网"③；然后，以"复本心之正"的修养工夫，即"小心翼翼，继而不绝，日日新又日新"，"苟不懈怠废放，固当日新其德，日遂和平之乐，无复艰屯之意"④，时刻提防自己的本心"胡乱被事物牵将去"⑤。

---

① 《与董元锡》，《陆九渊集》卷 10，第 154 页。又见《语录下》，《陆九渊集》卷 35，第 522 页。
② 《与赵然道》，《陆九渊集》卷 12，第 177 页。
③ 《语录下》，《陆九渊集》卷 35，第 519 页。
④ 《与杨敬仲》二，《陆九渊集》卷 5，第 76 页。
⑤ 《语录下》，《陆九渊集》卷 35，第 522 页。

4. 学当有师

与发明本心不同，剥落工夫并不是自我反省，而需要借助师友的帮助、切磋。如果没有良师益友，就不能自行剥落，实现自省、自觉。"不得明师良友剖剥，如何得去其浮伪，而归于真实？又如何得能自省、自觉、自剥落？"① 陆九渊对学生邵中孚说："若不亲师友，汩没于流俗，驱而纳诸罟擭陷阱之中，而莫之知辟，岂不可怜哉？"② 如果没有良师益友的帮助，自己身陷流俗、罟擭、陷阱之中也不能剥落。

王遇与子合两人来问："做学问，从哪里开始呀？"（"学问之道何先？"）

陆九渊回答："先去找到良师益友。""亲师友，去己之不美也。人资质有美恶，得师友琢磨，知己之不美而改之。"③

陆九渊认为"学当有师"④，应该找到良师益友，但是，"学者大病，在于师心自用。师心自用，则不能克己，不能听言"⑤。"知学者有此病，则其观圣贤之训，听师友之言，必当惕焉愧悔改革，不如是谓之不知学可也。"⑥

陆九渊说一个人要成人明道、知道、得道，当然要读书、学习，但学习的前提是要拜师、交友。自古以来，历代的圣人都遵循以往圣哲之言和师友之言，方能取得进步。那些不是圣人的人，就更要读往圣之书、听师友之言了。（"自古圣人亦因往哲之言，师友之言，乃能有进。况非圣人，岂有自任私智而能进学者？"）

周良（字元忠），江西南城人，1214 年（嘉定七年）进士，陆九渊的门人，和杨简、胥必先一同侍陆九渊游过西湖。⑦1187 年（淳熙十四

---

① 《语录下》,《陆九渊集》卷 35，第 531 页。
② 《与邵中孚》,《陆九渊集》卷 7，第 107 页。
③ 《语录下》,《陆九渊集》卷 35，第 537 页。
④ 《与曾宅之》,《陆九渊集》卷 10，第 158 页。
⑤ 《与张辅之》,《陆九渊集》卷 3，第 42 页。
⑥ 《与张辅之》二,《陆九渊集》卷 3，第 44 页。
⑦ 参见赵伟：《陆九渊门人》，中国社会科学出版社 2009 年版，第 148 页。

年），陆九渊象山办学时，周元忠也前去求学。当时学员们都是自己搭建住房，周元忠也结庐一幢，名曰"蕙林"①。陆九渊曾经写信给学生彭世昌②，先是讲了一通道理，"善之所在，虽路人之言，臧获③之智，皆当取之"，接着他要求彭世昌与周元忠交流切磋。周元忠之学，固然不能说全对，可"其笃实躬行之日久，有非泛泛所能及者"。他的长处，陆九渊都想向他学习，"就而取决焉"，对彭世昌来讲，不能轻易全部轻视呀。

最后，陆九渊论述了怎么与师友讨论切磋。"与人商论，固不贵苟从，然亦须先虚心，乃至听其言；若其所言与吾有未安处，亦须平心思之；思之而未安，又须平心定气与之辩论。辩论之间，虽贵伸己意，不可自屈，不可附会，而亦须有惟恐我见未尽，而他须别有所长之心乃可。"

但是，"往哲之言"也会"因时乘理，其指不一"，再加上书籍方册的记载"又有正伪、纯疵"，如果不加选择，则是"泛观"。"欲取决于师友，师友之言亦不一，又有是非、当否，若不能择，则是泛从。"④"泛"者，"滥"也。对往圣之书、师友之方，如果不明"道""理"，不选择，就是"泛观""泛从"，也就是乱读古书，跟人瞎跑。

当然，师生之间、学友之间的切磋探讨，也要得其法，守其道。"与朋友切磋，贵乎中的，不贵泛说，亦须有手势。必使其人去灾病，解大病，洒然豁然，若沉疴之去体，而濯清风也。若我泛而言之，彼泛而听之，其犹前所谓杜撰名目，使之持循是也。"⑤与师友讨论问题，关键在于一语中的，而不要泛泛而谈，空说道理。"切磋之道，有受得尽言者，有受不得者。彼有显过大恶，苟非能受尽言之人，不必件件指摘他，反无生意。"⑥

---

① 《年谱》，《陆九渊集》卷36，第569页。
② 《与彭世昌》，《陆九渊集》卷4，第66页。
③ 臧获：古代对奴婢的贱称。
④ 《杂著·学说》，《陆九渊集》卷21，第301页。
⑤ 《语录下》，《陆九渊集》卷35，第542页。
⑥ 《语录下》，《陆九渊集》卷35，第544页。

第04讲

陆九渊的心学政治观

陆九渊不但是儒家大学者、教育家，也是平民思想家、大众哲学家，还是一位心学政治家。陆九渊有"为往圣继绝学"、复兴儒学道统的学术理想与抱负，更有"为吾君立太平之基"[①]的社会理想和政治抱负。这就决定了陆九渊心学既是一种哲学之学、儒学之学，还是一种政治之学、心学政治学。

陆九渊心学不是由"心"引出"理""性"等抽象高深的哲学、玄学概念，而是引出"人""国""政"等政治的、实践的、社会的概念，即"人"（包括君王、士大夫、官吏以及将来成为官员的学子）怎么修好"身"、明此心来治"国"理"政"。

一、心为政本、为政必先正人心的本心政治

陆九渊赴荆门之际，有人问："荆门之政何先？"

他答："必也正人心乎。"

他认为"正人心"是全部政务展开的基础，"若是心之未得其正，蔽于其私，而使此道之不明不行，则其为病一也"[②]。陆九渊在这里提出了"本心执政"的理念。

---

① 《与尤延之》，《陆九渊集》卷11，第175页。
② 《与李宰》二，《陆九渊集》卷11，第169–170页。

1. 本心为政

在《荆国王文公祠堂记》中，陆九渊提出了自己的心学政治观。他认为"本心"是政之本也，他先是列出《中庸》的四句话："为政在人，取人以身，修身以道，修道以仁。"然后，从其心学立场出发，将人心摆放在"本"的位置上，且将人心的内涵定义为"仁"："仁，人心也。人者，政之本也；身者，人之本也；心者，身之本也。"① 人心既为身之"本"，那么，为政、修身的落脚点最终还是在修心上。"不造其本而从事其末，末不可得而治矣。"② 换句话说，只有修心、正心，才能保证"有君有臣，而政无不举"。

"为政"是儒家的追求，为政的主体是人，人为政的路径是以修身、立德而治国、平天下。陆九渊强调本末，其心学政治观的内在逻辑是：政之本在人，人之本在身，身之本是心。所以，心为政之本，本立，政才治。

在中国的传统政治学中，"仁"的地位很高，儒家历来有所谓"仁政""施仁政"的说法和思想。但是，在陆九渊心学政治观中，"心"的地位很高，虽然"心"与"仁""义""道"相通，可"仁"多少有些弱化，"心"却被大大放大。有学者认为："仁"是儒家的核心概念，但不是陆九渊的理论概念，"心"才是。③ 虽然他没有脱离一般儒家的立场，十分关切"仁"，重心却在"心"上，"心"是陆九渊政治观的理论标识。强调"心"为政之本，不但突显了为政之主体，更强调了对执政者的志、道、仁、义、礼、智、信等的要求。

陆九渊强调"本心"为政，也就是强调以良知为政。发明人的本心，求其放"心"，置"心"于民，如此，则"所愿上而王公大人，下而奔走服役之人，皆不失其本心，以信大义，成大业，则吾人可以灌畦

---

① 《荆国王文公祠堂记》，《陆九渊集》卷 19，第 268 页。
② 《荆国王文公祠堂记》，《陆九渊集》卷 19，第 268 页。
③ 辛晓霞：《基于仁与心的养与教——陆九渊的教化思想与实践》，L 下，第 974 页。

耕田，为唐、虞、成、周之民，不亦乐乎？"①

　　陆九渊的心学政治观以"本心"为治政之本，益国裕民。"本心"即良知，即天理之心。荆门的《皇极》讲学根据《尚书》的政治哲学，发挥了儒家本有的王道教化理念，提出"以此心敷于教化政事"。陆九渊以本心论皇极，说："古之人自其身达之家国天下而无愧焉者，不失其本心而已。"②"先王之时，庠序之教，抑申斯义以致其知，使不失其本心而已。尧舜之道不过如此。"③皇极不仅是天地位育的宇宙本体，也成为沟通天人的枢纽，从而正人心成为锡福保极的关键。陆九渊的"本心为政"，实际上彰显了他的政治理想与政治伦理，为政以"本心"，做事以"本心"。上以"本心"为能事，下亦以"本心"而效仿之，则天下平治，天下和乐。陆九渊政治伦理的核心主旨为本心持政，实现尽人道以理政的政治诉求。杨简说："人心即道心，心本常。故合乎天下之公心而为政为事，则其政可以常立，其事可以常行。不合乎天下之公心而为政为事，则其政不可以常立，其事不可以常行。"因之，"果能尽人道，则政必敏矣"。④

　　陆九渊的学生严松年记载：陆九渊刚到荆门，看到荆门弊政成山，积重难返，有人劝他"为委曲行道之计"，应付一下得了。陆九渊回答："仲虺言汤之德曰：'以义制事，以礼制心。'古人通体纯是道义，后世贤者处心、处事，亦非尽无礼义，特其心先主乎利害，而以礼义行之耳。后世所以大异于古人者，正在于此。古人理会利害，便是礼义，后世理会礼义，却只是利害。"⑤陆九渊心学政治观的为官之道是"以义制事，以礼制心"。

　　陆九渊是如何以义制事的呢？居仁由义。荆门八政，内心存仁，行

---

①　《邓文苑求言往中都》，《陆九渊集》卷20，第293页。
②　《敬斋记》，《陆九渊集》卷19，第261页。
③　《贵溪重修县学记》，《陆九渊集》卷19，第272页。
④　《语录下》，《陆九渊集》卷35，第539页。
⑤　《语录上》，《陆九渊集》卷34，第489页。

事循义，考虑的是国家的安危、民族的疾苦，体现了仁者爱人的恤民情怀。可以说，陆九渊为政"必也正人心乎"的"本心为政"，凸显了为政者的政治主体责任担当与责任意识，是陆九渊心学政治观展开的逻辑起点和根本基石。

2. 救国救天下的责任感

陆九渊所处的南宋朝廷偏安一隅，面临严重的社会危机、政治危机、军事危机、伦理危机与道德危机。内有财政危机和吏治腐败，民不聊生；外有北方游牧政权的进攻，战争不断，民族矛盾空前尖锐。南宋政权的隐忧与危机，直接催生了儒家有识之士的内心隐忧之痛，促使了他们政治意识的觉醒，激发了他们的担当与责任意识。"宋代士阶层不但是文化主体，而且也是一定程度的政治主体，至少他们在政治上所表现的主动性超过了以前的汉、唐和后面的元、明、清。"[1]宋儒致力于复兴儒学，他们不仅有实现修己、提升自我的价值追求，更是怀有回到三代，得君行道，治国平天下的政治抱负和社会理想。陆九渊说："海内之责，当有在矣。"[2]

重建合理的社会秩序是宋儒的共识，通过教化来唤起民众内在的道德自觉，成为宋儒的为政要务，也是陆九渊心忧天下、主动求事的责任担当。

陆九渊的心学政治观，形成于中国封建社会由盛转衰的历史时代，定位在中华民族文化从分到合的发展阶段，是对时代政治难题的回应。陆九渊的心学政治观反映了南宋时期儒家士大夫对当时政治的焦虑与担忧，彰显了陆九渊忧国忧民的责任意识、积极用世的报国理想、仕当行道的践行思想。

同时代的朱熹等大儒，也孜孜以求，以理学救国治政，并形成了独

---

[1]　余英时:《朱熹的历史世界——宋代士大夫政治文化的研究》，生活·读书·新知三联书店 2011 年版，第 1 页。

[2]　《与王谦仲》二，《陆九渊集》卷 9，第 138 页。

具特色的政治伦理思想。陆九渊以心为本，与朱熹以理为本遥相呼应。这两股哲学思潮和政治观念，共同构筑了南宋政治伦理思想之双翼，都对南宋的政治思想和意识形态起到了奠基性作用。

3. 指出时弊、批判现实的大无畏精神

中华民族文化造极于赵宋，宋朝是中国传统治理体系高度完备的阶段。但是，宋朝基层治理失效，中央与地方的财政关系混乱。随着王安石变法的失败，河西走廊、中原地区的丢失，统治区域退守江南一隅，且法令"细者愈细，密者愈密，摇手举足，辄有法禁"，冗官、冗兵、冗费。士大夫政治集中表现为三大弊端，即治理者"不会干事""不敢干事""不想干事"，遂使理论脱离实际，实践脱离群众，不懂得在批评与自我批评中"改造学习"，成为最大的政治腐败，不少积弊延续至今。诚如严复所说，"中国所以成为今日现象者，为恶为善，姑不具论，而为宋人之所造就，十八九可断言也"。

陆九渊对南宋社会的经济政治隐忧、内外交困、矛盾堆积有深刻认识，多次揭露南宋王朝公私之弊日积，"今日风俗已积坏，人才已积衰，公储民力皆已积耗，惟新之政，亦良难哉！"[1]他直斥当时社会上的六大"积弊"："今风俗积坏，人材积衰，郡县积弊，事力积耗，民心积摇，和气积伤，上虚下竭，虽得一稔，未敢多庆。"[2]陆九渊对南宋政权之积弊连用六个"积"字形容之，并辅以"坏""衰""弊""耗""摇""伤"等词语描绘当时社会状况，对南宋政权的腐朽落魄现状描绘得淋漓尽致。陆九渊认为南宋王朝内部政权的这种衰落与腐朽已开始从根部腐烂，南宋政权骨架开始散落，肉体开始腐败，表面和平盛世之下的种种弊端、危机与灾难时刻都可能爆发，南宋政权真是危机四伏。

---

① 《与潘文叔》，《陆九渊集》卷 13，第 198 页。
② 《与王谦仲》二，《陆九渊集》卷 9，第 138 页。

二、君臣同德、各负其责的共治思想

1. 君心政本：陆九渊是怎么教皇帝的？

陆九渊说："国以君为主，则一国之事，莫不由君而出。"[①] 君主是天理和仁义的承载者与传播者，在国家政治中具有至高无上的地位。提出"君之心，政之本"的主张，君心政本，是陆九渊心学政治观的重要内容。

陆九渊心学政治观的可贵之处在于：他不但肯定、忠于、拥护了君王在国家政治中的地位，更把君王执政与其心学相联系，指出君王之心也会有所蒙蔽，有所移夺，有所陷溺，进而迷失本心，危及国家与人民。陆九渊对历代皇帝都直接提出了批评："后世人主不知学，人欲横流，安知天位非人君所可得而私？"[②] "自周衰以来，人主之职分不明。"[③] 他还说："君不可以有二心，政不可以有二本。君之心，政之本，不可以有二，而后世二之者，不根之说有以病之也。"[④]

所以，君王也有一个存心、修心的问题。对帝王来讲，正心是根本。陆九渊说"必务有以格君心"。为什么呢？如果"君心未格"，则一邪废除了，另一邪又出现；一弊去掉了，另一弊又兴起，"如循环然，何有穷已"。如果"君心既格"，"本心"为政，那君主的格局与趋向就大不一样了，那正呀邪呀，就像太阳一出，"群阴毕伏"，阴霾都不见了（"则规模趋乡有若燕、越，邪正是非有若苍素，大明既升，群阴毕伏"[⑤]），则可实现天下政清人和。

陆九渊认为君王必须正心修身，"尊德乐道"，然后才谈得上任用贤才、建功立业。在轮对第二剳中，他将南宋孝宗与汉唐君王摆在一起，

---

① 《主忠信》，《陆九渊集》卷 32，第 432 页。
② 《语录上》，《陆九渊集》卷 34，第 491 页。
③ 《语录上》，《陆九渊集》卷 34，第 466 页。
④ 《政之宽猛孰先论》，《陆九渊集》卷 30，第 411 页。
⑤ 《与李成之》，《陆九渊集》卷 10，第 147 页。

一方面批评"汉唐之治，虽其贤君，亦不过因陋就简，无卓然志于道者。因陋就简，何大何重之有"，另一方面鼓励孝宗"尊德乐道"。在陆九渊看来，"尊德乐道"是建立治功的前提条件。陆九渊在轮对第二劄当面对宋孝宗说："今陛下独卓然有志于道，真所谓任大而守重。道在天下，固不可磨灭，然人能弘道，非道弘人。今陛下羽翼未成，则臣恐陛下此心亦不能以自遂。陛下此志不遂，则宜其治功之不立，日月逾迈，而骎骎然反出汉唐贤君之下也。神龙弃沧海，释风云，而与鲵鳅校技于尺泽，理必不如。"这是当面怀疑皇上呀，胆子也太大了。

致君行道是中国士大夫的最高理想。陆九渊认为儒生士大夫之职就在于"行其所学以格君心之非，引其君于当道，与其君论道经邦，燮理阴阳，使斯道达乎天下也"[1]。他还提出："格君心之非，引之于当道，安得不用其极。此责难所以为恭，而不以舜之所以事尧事君者，所以为不敬其君也。"[2] 如果没有尽到"格君心之非"的责任，就是"不敬其君"。

你看，陆九渊在以救济天下的志向与责任来匡扶君王之外，更有一层意思就是君王之心同样有"非"之时，所以，士大夫的责任还有格君心之非。在治国理政层面，君心政本，只有君心之非被格，使其"本心"回归，良知彰显，天下才能是非分明，国家可治。君主"以此心敷于教化政事"，百姓才会获得福祉。

陆九渊多次提出"格君心之非"，在《陆九渊集》中出现四五次之多。"某与人理会事，便是格君心之非事。"[3]

"今时人逢君之恶，长君之恶，则有之矣。所谓格君心之非，引君当道，邈乎远哉！重可叹哉！"[4] 陆九渊反对逢君之恶，长君之恶，反对将政治事功一味归于对君主阿谀奉承的做法。他在《与致政兄》中，列举历史上许多例子来说明："君子所为，不问其在人在己，当为而为，

---

① 《与朱元晦》二，《陆九渊集》卷2，第30页。
② 《与郑溥之》，《陆九渊集》卷13，第204页。
③ 《语录下》，《陆九渊集》卷35，第524页。
④ 《与致政兄》，《陆九渊集》卷17，第249-250页。

当言而言"，人臣要"以著其事理之当然""直言其事"。相反，如果"矜夸其功能"，"附人之私"，就会导致君主"陷溺"其"本心"而德衰才庸。①

陆九渊认为治理国家，首要之事在于选贤任能，任用干部，而选贤任能的前提就是要知人。而君王应以治国理政为要务，以求道明志为目标，做好知人用人之大事。他发挥先秦儒学"知人知言说"，并与《尚书》"九德"说相结合，提出以九德知人，对知人提出了明确的德行要求。他以自身实践为例，强调知人之明对于治理之效有极大影响。

陆九渊说："事之至难，莫如知人，事之至大，亦莫如知人。人主诚能知人，则天下无余事矣。"做难事，做大事，都在于知人，所以，君主要"使古今人品了然于心目"。陆九渊还列举了桓公用管仲、刘邦用韩信、孙权用陆逊、刘备用诸葛亮等四个例子说明人主之职在于"遂求道之志，致知人之明"，只要抓好知人、识人、用人的大事，"陛下虽垂拱无为，而百事详矣"。②

陆九渊认为知人自古就难。上古尧之时，询问谁可做自己的继承人，四岳举荐尧之长子丹朱，尧认为丹朱的能力不足；四岳又举荐了禹之父亲鲧，尧认为鲧用筑堤堵水之法治水，九年不成，最后让禹执政。陆九渊评论此事：四岳虽有好贤之德，却知人不明。他还说"尧之知共工、丹朱"的德行不够，"不是于形迹间见之，直是见他心术"。③尧不是根据其表面"形迹"，而是看透了他们的思想。正因为如此，尧能做到知人善任，任命羲和掌管历法，"是为政首"。但是，"自周衰以来，人主之职分不明"，所以，孟子都说"民为贵，社稷次之，君为轻"，陆九渊赞叹孟子"此却知人主职分"④。

陆九渊说自己在看人知人方面很厉害，说自己"观人不在言行上，

---

①　《与致政兄》，《陆九渊集》卷 17，第 249 页。
②　《删定官轮对劄子》五，《陆九渊集》卷 18，第 254–257 页。
③　《语录下》，《陆九渊集》卷 35，第 500 页。
④　《语录上》，《陆九渊集》卷 34，第 466 页。

不在功过上，直截是雕出心肝"①。看人看己，不看你怎么说、怎么做，也不看你有多少功、多少错，而是直接把你看穿，看到你的心里去，看你的心思、初心、动机。这是一种本领，也是一种严肃而深刻的态度。这种"雕出心肝"的思想考察和灵魂考问，真是让人凛然。陆九渊还认为这种知人之明，"见人之肺肝，能曲尽其情，则自谓有一日之长"②。

2. 各致其义的君臣之道

陆九渊提出了一个君、臣（士）、民的政治结构，进而提出君道、臣道、民道，对"士"提出得君行道、觉民行道、以民为心。

陆九渊认为君臣之道在于几点：

（1）君臣双方都应当摆正自己位置，君臣共同理政，臣子不应把君主的任命视为"恩遇"而怀报恩之心。陆九渊在《荆国王文公祠堂记》、中举后的谢恩帖里都表达了这种认识："君臣相与，各欲致其义耳。为君则自欲尽君道，为臣则欲自尽臣道，非相为赐也。"③ 君臣关系应该是共担职守，同德共治，言以其实，事为其理。君臣各尽其职，各成其功。陆九渊在《宜章县学记》中集中表述了君主与官吏应分担责任的思想，这里有宋代君臣共治的政治理念的影响。君臣共治不仅是就权力而言，还包括了一种政治责任的意识。根据《尚书》，陆九渊特别突出君臣各负其责的思想。他认为治民之责在臣，治臣之责在君，"任斯民之责于天者，君也；分君之责者，吏也。民之弗率，吏之责也；吏之不良，君之责也"④。

（2）陆九渊认为"人主不亲细事"。但是，现实情况恰恰相反，宋孝宗亲力亲为，沉迷于具体事务。陆九渊认为这会导致两方面的后果：一是君王会迷失心志，耽误国家大事，就像凤凰混同在鸡群里（"若犹

---

① 《语录下》，《陆九渊集》卷35，第533页。
② 《与王顺伯》，《陆九渊集》卷11，第174页。
③ 《荆国王文公祠堂记》，《陆九渊集》卷19，第266–267页。
④ 《宜章县学记》，《陆九渊集》卷19，第263页。

屈凤翼于鸡鹜之群"），天天和那些琐琐者混在一起，通过他们的俗耳庸目来"是非古今，臧否人物"，这样的后果十分可怕（"非臣之所敢知也"）。① 二是官员"上下推诿"，全部躺平。"臣观今日之事，有宜责之令者，令则曰我不得自行其事；有宜责之守者，守亦曰我不得自行其事；推而上之，莫不皆然。"追责无论是追到"令者"还是"守者"，都是"我不得自行其事"，"文移回复，互相牵制"。陆九渊说这样的结果是陛下再英明，再操劳，结果都不能如他所愿。（"以陛下之英明，焦劳于上，而事实之在天下者，皆不能如陛下之志。"）这"岂非好详之过耶？"②

（3）君臣之间应以义为重，以礼相待。1183 年（淳熙十年）二月七日，陆九渊第二次讲《春秋》。《春秋》的"义"体现在君臣大义与维护它的礼制上，这是"中国"优越性的根本保障，而绝不应该轻慢亵渎。《春秋》记载：公元前 600 年（鲁宣公九年），鲁国迟"聘于周"，破坏周王室礼制。陆九渊对此引申发挥，从义理根于心的心学角度，论证礼乐文化"考制度，尊天子"的价值原理。他认为中国的传统"礼义"制度与文化，是"中国"的标志，"中国得天地中和之气，固礼义之所在"，这是华夏的优越感和民族的自信心。"心""义""礼"是相互关联的，"义"根于人心，而"礼"显于外，必须厘清"义"与规范制度之"礼"的相互发明关系。

例如，《礼记·王制》有"诸侯之于天子也，比年一小聘，三年一大聘，五年一朝"的规定。诸侯与天子之间的朝聘之礼，其根本点在于"尊天子"。到春秋时候，这一礼制却遭到破坏。因为不论是诸侯朝见天子，还是诸侯间相互聘问，"朝觐之礼"的目的，最终都是为了伸张君臣大义。圣人对此的态度是十分明确的："是故一不朝则贬其爵，再不朝则削其地，三不朝则六师移之，三王之通制也。"

---

① 《删定官轮对劄子》三，《陆九渊集》卷 18，第 255 页。
② 《删定官轮对劄子》五，《陆九渊集》卷 18，第 256–257 页。

"义之所在，非由外铄，根诸人心"，先王为了使义"达之天下"，就制定了礼仪，作为典训规范，大家本当依循遵守，谁能违反这些礼制呢？（"其谁能渝之？"）

"宣公即位九年，两朝于齐，乃一使其大夫聘于周室。王迹既熄，纲常沦斁，逆施倒置，恬不为异。《春秋》之作，其得已哉？直书于策，比而读之而无惧心者，吾不知矣。"[1] 义根植于人心，外扩充为礼制，"礼"根于"义"，又实现着"义"，违礼即是违义。孔子不得已把宣公泯灭纲常、倒行逆施的行为写进《春秋》，就是为了让后来者能够心有畏惧。

同时，陆九渊也指出：君臣双方都负有责任维护君臣大义。宣公固然是亵渎纲常，"宣公即位十年，屡朝于齐，而未尝一朝于周；能奔诸侯之丧，而不能奔天王之丧；能使其贵卿会齐侯之葬，而不能使人会天王之葬"。但是，周天子的行为也应受到谴责，因为他也违反了上下尊卑的大义："如是而天王犹使王季子来聘，则冠履倒置，君臣之伦泯丧殆尽矣。"[2] 将"冠履倒置，君臣之伦泯丧殆尽"的罪责直接加在周天子身上，或许也体现了陆九渊不满于宋王室国策而郁积的愤懑之意。[3]

3. 君臣同德，"相与尽诚"的君臣相处之道

（1）君臣之间应该互相信任，"相与尽诚"，君主知人任人，臣子各任其责。陆九渊第一次轮对，见到皇帝的第一句话就是，君臣之间应该同心同德，以诚相见，"相与论辩，各极其意，了无忌讳嫌疑"[4]，不要专讲表面"形迹"。陆九渊在轮对时赞赏唐太宗与魏征君臣一体。同样，他在《荆国王文公祠堂记》中也称叹宋神宗与王安石千载一时的遇合。宋神宗曾对王安石说："卿所以为朕用者，非为爵禄，但以怀道术可以泽民，不当自埋没，使人不被其泽而已。朕所以用卿，亦岂有他？天生聪

---

① 《大学春秋讲义》，《陆九渊集》卷23，第319页。
② 《大学春秋讲义》，《陆九渊集》卷23，第321页。
③ 向世陵：《陆九渊〈春秋〉"讲义"的经学思辨》，《中国哲学史》2020年第1期。
④ 《删定官轮对劄子》，《陆九渊集》卷18，第253页。

明，所以乂民，相与尽其道，以乂民而已，非以为功名也。自古君臣如卿与朕相知极少，岂与近世君臣相类？"① 这样一种以富国裕民为前提，不为爵禄功名而转移的君臣相知正是陆九渊理想中的君臣遇合。他十分肯定地说："君臣之间，一能如此，即著成效。"②

宋孝宗自即位后，"惩创绍兴权臣之蔽，躬揽权纲，不以责任臣下"③，直接插手各类具体事务，使政事紊乱。陆九渊指出当时存在上下职责不清的弊端，这种弊端的原因就在于"人主好详"。他要求孝宗改正"好详之过"，放开本该属于臣下的权力，以便"悉其心力，尽其才智"，为政治上大有作为寻求必要的前提条件。

同时，孝宗对臣下缺乏信任，频繁调换各类官员，使其难以成就事功。陆九渊提出："人君委任之道，当专一不疑贰，而后其臣得以展布四体以任君之事，悉其心力，尽其才智，而无不以之怨。"

针对当时的政治现状，陆九渊期盼君臣同治天下，"人主高拱于上"，"其臣无掣肘之患"。人主的作用在于选任贤才并信任不疑，而臣子的作用则是"展布四体以任君之事"。君臣各司其职，不应相侵，陆九渊提出："人主高拱于上，不参以己意，不间以小人，不维制之以区区之绳约，使其臣无掣肘之患，然后可以责其成功。"④

（2）发挥《尚书》的"克艰"思想，尽职并非易事，君臣上下必须"克艰"，方能履行所职。陆九渊在象山艰苦办学时，"祠秩之满"，工资也没有了，这时，学生王顺伯来信说："若要稍展所学，为国为民，日见难如一日。"面对这样的牢骚，他提出了君臣共同克艰的思想。他说："《大禹谟》一篇要领，只在'克艰'两字上。"⑤ 王顺伯说的这种情况"固已然之成势"，可原因"亦人为之耳"。所以改变这种局面，不仍然

---

① 《续资治通鉴长编》卷 233 之神宗熙宁五年五月甲午日条。
② 《删定官轮对劄子》，《陆九渊集》卷 18，第 253 页。
③ 《宋史》卷 394 之《林栗传》。
④ 《与吴子嗣》六，《陆九渊集》卷 11，第 165 页。
⑤ 《语录下》，《陆九渊集》卷 35，第 498 页。

在人吗？（"能救此者，将不在人乎？"）

大禹说"后克艰厥后，臣克艰厥臣。"孔子说"为君难，为臣不易"者，都是"思其艰以图其易耳，非惧其难而不为与知其难而谓其必不可为也"[1]。所以，君臣都要各尽职守，共克时艰。

三、民为邦本、"本心"为民的民本政治：陆九渊的民本政治

1. 陆九渊继承了儒家民为邦本的民本思想

民本思想自周代就开始萌芽。周公提出"敬德保民"，是夏商以来中国思想从敬鬼神到重人事的一大转变。"敬德"，是因为"皇大尤亲，惟德是辅"，有德才会得到上天的保佑。"保民"，是因为"民之所欲，天必从之"。《左传·桓公六年》出现"夫民，神之主也，是以圣王先成民而后致力于神"的记载。孟子更是提出"民为贵，社稷次之，君为轻。是故得乎丘民而为天子，得乎天子为诸侯，得乎诸侯为大夫"，提倡统治者施"仁政"，得民心者得天下。

西汉贾谊明确提出"民本"主张："闻之于政也，民无不为本也。国以为本，君以为本，吏以为本。故国以民为安危，君以民为威侮，吏以民为贵贱。此之谓民无不为本也。"[2]

陆九渊接着孟子的仁政思想往下讲，倡导民为邦本的社会政治主张。"君者，所以为民也。《书》曰：'德惟善政，政在养民。'行仁政者所以养民。"[3]

陆九渊的心学政治观反复申明"民为邦本"。陆九渊自诩继承孟子思想，不但继承了孟子的"本心"说，在政治思想方面，也继承了孟子"民为贵，社稷次之，君为轻"的"民贵君轻"政治观。陆九渊多次论证、强调孟子的这一论断。"汤放桀，武王伐纣，即'民为贵，社稷次

---

① 《与王顺伯》，《陆九渊集》卷11，第172页。
② 《贾谊集》，上海人民出版社1976年版，第149页。
③ 《杂说》，《陆九渊集》卷22，第313页。

之，君为轻'之义。孔子作《春秋》之言亦如此。"①自孟子提出"民贵君轻"思想之后，在"君为臣纲"的封建专制主义的时代，再无一人敢有此一主张。陆九渊却大声疾呼，鲜明直接地表明孟子主张的"民贵君轻"是"大义正理"②。

统治者应以民为心，视民为国之本："'民为大，社稷次之，君为轻'，'民为邦本，得乎丘民为天子'，此大义正理也。"③

陆九渊在孟子贵民论的基础上，提出了"主民"观点："大抵今时士大夫议论，先看他所主。有主民而议论者，有主身而议论者，邪正君子小人，于此可以决矣。"④

陆九渊认为上天设立君主，君主设置官吏，目的都是为了民众的利益，君主和官吏都是实现民众利益的工具。所以，官员为政应以保民、利民为先，"大行宽恤之政，以厚吾民之力"，就是"为国家培固根本，为万世不拔之基"⑤。

2. 天视自我民视，天听自我民听

在论述君与民的关系时，陆九渊说："作之君师，所以助上帝宠绥四方，故君者所以为民也。《书》曰：'天视自我民视，天听自我民听。'"⑥陆九渊在这里引用的是《尚书·泰誓》中的话，他还引用了《尚书·皋陶谟》的话："天聪明，自我民聪明；天明畏，自我民明威。"⑦又说："盖斯民之衷，惟上帝实降之。"所以，各种自然灾害，那都是上天根据老百姓的苦衷而降下的惩罚呀。

陆九渊引自《尚书》的这两句话是什么意思呢？

---

① 《语录下》，《陆九渊集》卷 35，第 540 页。
② 《与徐子宜》二，《陆九渊集》卷 5，第 80 页。
③ 《与徐子宜》二，《陆九渊集》卷 5，第 80 页。
④ 《与陈倅》，《陆九渊集》卷 7，第 115 页。
⑤ 《与苏宰》三，《陆九渊集》卷 8，第 133 页。
⑥ 《大学春秋讲义》，《陆九渊集》卷 23，第 323 页。
⑦ 《宜章县学记》，《陆九渊集》卷 19，第 263 页。

　　一般理解都是：前句的意思是天的视听来自民的视听。后句的意思是上天听取意见，观察问题，都以百姓的意见和看法为根据；上天的奖惩，都据百姓的意愿来决定。

　　顾颉刚、刘起釪解释道："天聪明，自我民聪明"这一思想是武王伐纣时提出的，为了反对殷代纯信天命的绝对神权和纯用刑戮的严酷统治，强调"天命靡常"（《诗·文王》），"天匪忱"（"匪忱，不可信"）（见《书·大诰》及《君奭》）。因而在《周语》《郑语》及《左传》之"襄公三十一年""昭公元年"所载武王伐纣原《泰誓》词中提出的"民之所欲，天必从之"的鲜明宣言，宣扬天意根据民意。又在《孟子·万章上》所引《泰誓》词中更明确地提出"君视自我民视，天听自我民听"，指出天的视听是由民的视听而来。那么"天聪明，自我民聪明；天明畏，自我民明威"这两句，不仅是"民之所欲，天必从之"的具体阐释，更是"天视自我民视，天听自我民听"的直接翻版。[①]

　　事实也是如此，由商到周之时，出现了由纯信天命到从民意的时代进步，到春秋时期，这一思想观念进一步确立。

　　齐桓公问管仲曰："王者何贵？"

　　曰："贵天。"

　　桓公仰而视天。

　　管仲曰："所谓天者，非苍莽之天也。王者以百姓为天，百姓与之则安，辅之则强，非之则危，倍之则亡。《诗》曰：'人而无良，相怨一方。'民皆居一方而怨其上，不亡者，未之有也。"[②]

　　但是，按这种理解，两句中的"我"都没有了着落。这还不是一个咬文嚼字的问题，而是中国古代政治思想的问题。按上述理解，只涉及"天"和"民"两者的关系，而《尚书》是在谈"天""君"（"我"）和"民"的关系，它是在表达一个基本思想：国君是上天在民中间的代表，

---

① 顾颉刚、刘起釪：《尚书校释译论》，中华书局 2005 年版，第 426 页。
② 《韩诗外传》卷 4，又见《说苑·建本》。

故曰"天子"，他是向上天祷告的报告人，国君是天和民、天命和民意之间的一个中介与桥梁。这在《尚书》的原话中也有根据："聪"是耳听得好，"明"是目视得好。从语法结构上讲，"我民"是一个偏正结构，即"我的民"，"天视自我民视，天听自我民听"，天的见闻来自我（君）的民的见闻。国君是天与民中间沟通天意与民心的人，国君要听从天命，也要反映民意。陆九渊又引用孟子的话："民为贵，社稷次之，君为轻。"国君的职责就是听从天命，以民为本，以民为重，以民为贵。

所以，这两句话不仅是在表达"天"与"民"的联系，还在表达如何做国君。那"民"是你国君的"民"，所以，国君要听从天命，也要反映民意，上传下达，在天与民之间做好沟通工作，特别要听从天命，以民为本，以民为重，以民为贵。

"天地设位，圣人成能，人谋鬼谋，百姓与能。"[1] 天，位乎上而能覆物；地，位乎下而能承载万物。但天和地的这种功能，需要圣人的成就、士人的谋略、百姓的参与，是"圣人固与天下之民共由而共享之"[2] 的结果。

3. 益国裕民、公利苍生的民本思想

陆九渊的民本思想，就是在本心观照之下的"爱民之心""乐民之乐"[3] 情怀，即以本心爱民、亲民、富民、裕民。

治国理政，以民为鹄的，这是中国古代民本政治伦理思想一以贯之的核心主旨。当政者、政治家、哲学家、思想家都得考虑政治清明、民生稳定的问题，"民为邦本"是为政者的思想主线。他们都把"以民为本"当作政治的要害所在、为政的价值追求、为政执政的核心所在。这更好地体现民本的价值追求，让民本的价值理念深入为政者之心，此乃大义之道、正义之道。

---

① 《程文》，《陆九渊集》卷 29，第 396 页。
② 《使民宜之》，《陆九渊集》卷 29，第 392 页。
③ 《与章德茂》四，《陆九渊集》卷 16，第 235 页。

可是，南宋社会，一方面是临安城的纸醉金迷，直把杭州作汴州；另一方面则是民生凋敝。陆九渊说自己的家乡金溪，虽然是"封壤褊隘，无豪商富民生产之绝出等夷者"，"人烟稀少"，可是"民皆自食其力，畏事自爱，输公先期，无催期之扰。家用饶给，风俗醇美，岁时伏腊，鸡豚相遗，杯酒相欢，熙熙如也"。但是"自建炎、绍兴以来，寖不如旧，民日益贫，俗日益弊。比年荒歉，益致穷蹙"。①

"民为邦本，诚有忧国之心，肯日蹙其本而不之恤哉？"②一国之中，"民"是国家之根本，是"君"得以立的前提与基础。以民为本，是儒家政治伦理的基本面向，陆九渊的心学政治观也要求为政者不失其本心而为民。

以民为本，关键是不失其"本心"。陆九渊特别提倡以"本心"而仁民爱物，以仁爱之心而治民，表现出强烈的悯民情怀。悯民是其最基本的民本价值面向。为民，是"本心"的内驱使然。陆九渊主张以民心为心，将心比心，以怜悯之心、同情之心对待百姓，故此，"以仁存心，以礼存心"对待百姓，因为"苟此心之存，则此理自明，当恻隐处自恻隐，当羞恶，当辞逊，是非在前，自能辨之"。③

治国理政，关键是将民本理念化为民本之实践，真正实现民本的价值旨归。因此，物质上博施于民，益国裕民尤为重要。陆九渊在增长百姓之物质财富方面提出了很多具体策略。他说："'百姓足，君孰与不足'，'损下益上谓之损，损上益下谓之益'，理之不易者也。"④损上益下乃是不变的天理，因此，必须有实际行为与措施来落实到位。"王者之作，盖天生聪明，使之统理人群，息其争，治其乱，而以保其生者也。夫争乱以戕其生，岂人情之所欲哉？……当此之时，有能以息争治乱之道，拯斯民于水火之中，岂有不翕然而归往之者？保民而王，信

---

① 《与宋漕》,《陆九渊集》卷 8，第 123 页。
② 《与陈倅》,《陆九渊集》卷 7，第 113–114 页。
③ 《语录上》,《陆九渊集》卷 34，第 458 页。
④ 《与赵子直》,《陆九渊集》卷 5，第 81 页。

乎其莫之能御也。"①为政以民心为心，彰显了陆九渊仁政为先、礼治德教的和谐社会之愿望，从而也勾起了陆九渊为政必然回归三代之治的心学政治观。

陆九渊身上有种强烈的士大夫的职责意识和民本情怀、思想与主张，他发挥孟学，不限于心性方面，还有民本思想，尤其是他重提了孟子的民贵君轻之说。"理学家在个人人格上都能维持一定的尊严，在现实方面多又认同于专制政体，象山也不例外……他比别的理学家强一点的地方，是他的政治思想，并没有为现实政治官员这个角色所限，竟敢在专制皇权极为膨胀的时代，重提民贵君轻的主张。"他还一而再、再而三地讲民贵君轻，"这是以民本的理想，重定君主的职分，真是犯上的大罪"。"孟子以后，也只有象山，这是儒学的真家当。"②

4.减轻负担的爱民思想

陆九渊说为政应当首先"检吏奸而宽民力"，其次才是"办财赋"。他经常多管"闲事"，为民发声。陆九渊从临安被贬回到家乡，听说家乡金溪县的"月桩"太重，以及台郡督积欠困民之弊。什么是"月桩"？南宋为筹集军费而加征的税款，因系计月桩办钱物，故称。陆九渊就在 1187 年（淳熙十四年）十二月写信给漕使宋若水，说月桩本是高宗赵构设的"兵捐"，即"大军月桩起于绍兴初用兵"，"权以纾急"。如今是孝宗朝，已无战事，可"兵罢不除"，"月桩"钱照旧分摊到百姓头上。别县的"月桩"都免掉，金溪县却仍在摊派，照收不误。因为县里财经困难，无法输送历年的旧欠，只有收取"月桩"钱。"贪吏并缘，侵欲无艺，槌骨沥髓，民不聊生"，加上金溪县"适值连岁旱伤，今岁大旱，留意赈恤，尽却吏胥侵渔之策，细民始有生全之望"。他要求宋若水减免金溪县的"月桩"钱。"此在县官，特九牛一毛耳，而可使一

---

① 《保民而王》，《陆九渊集》卷 32，第 441 页。

② 韦政通：《中国思想史》下册，上海书店出版社 2003 年版，第 827–833 页。

邑数万家免于穷困流离，长无叹息，诚仁人所乐为也。"①

5. 救灾纾困的主体职责

十一月十三日，陆九渊第四次也是最后一次讲解《春秋》大义。这一次，他选取鲁宣公十年发生的水灾和饥馑。"岁之饥穰，百姓之命系焉，天下之事孰重于此。《春秋》书饥盖始于是。圣人之意，岂特以责鲁之君哉？"②

陆九渊不满于汉儒用"天人感应"说来解读《春秋》，认为这是牵强附会。他认为，天之大水，纯系自然；岁之饥馑，当责君主。他讲灾异，最后落实到君王救助灾异的主体职责上。

历来士人大都采取借古喻今和借天道言人事的手法来说王权，天人感应论是其中重要手段，陆九渊亦不例外。《春秋·宣公八年》经文有"秋七月甲子，日有食之，既"一句，"三传"于此都无解释，陆九渊就大大发挥了一番。他说："春秋日食三十六，而食之既者二。日之食与食之深浅，皆历家所能知。有盖有数，疑若不为变也。然天人之际，实相感通，虽有其数，亦有其道。昔之圣人未尝不因天变以自治。洊雷震，君子以恐惧修省。君子无终食之间违仁，造次必于是，颠沛必于是，所以修其身者素矣。然洊雷之时，必因以恐惧修省，此君子之所以无失德而尽事天之道也。况日月之眚见于上乎！遇灾而惧，侧身修行，欲销去之，此宣王之所以中兴也。知天灾有可销去之理，则无疑于天人之际，而知所以自求多福矣。日者，阳也。阳为君、为父、为夫、为中国，苟有食之，斯为变矣。食至于既，变又大矣。"③

陆九渊说日食这一自然天象，历算家已能知晓它的定数，把握了它的规律，即不为"变"。但《春秋》不厌其烦地详细记载了日食的发生

---

① 《与宋漕》，《陆九渊集》卷8，第123页。
② 《大学春秋讲义》，《陆九渊集》卷23，第323页。
③ 《大学春秋讲义》，《陆九渊集》卷23，第317页。

过程，显然是圣人别有深意，那就是"因天变以自治"。

"天人之际，实相感通"，宋代儒者普遍议及天人感应，是要用它来警醒君子，尤其是君王修身积德。南宋要"中兴"，关键就在于君王能否"遇灾而惧，侧身修行"。这一观念成为宋代理学家的共识。

结合"日食"来看，"日"作为阳，代表君王，也是"中国"的表象。既然"中国"的常态是"得天地中和之气，固礼义之所在"，日食发生则意味这一常态发生了改变。"中国"或将不"中"，这是陆九渊等理学人士颇感恐惧的不祥预兆。所以，他们要敦促作为"中国"人格化身的君王通过自我反省去救助，以销去天灾而挽救国运。

陆九渊不满于汉儒天人感应论的牵强附会，而更在意人们对天人感应神圣性的疏忽和懈怠。他说："夫金穰、水毁、木饥、火旱，天之行也。尧有九年之水，则曰浲水警予，盖以为己责也。昔之圣人，小心翼翼，临深履冰，参前倚衡，畴昔之所以事天、敬天、畏天者，盖无所不用其极，而灾变之来，亦未尝不以为己之责。周道之衰，王迹既熄，诸侯放肆，代天之任，其谁尸之？"

在陆九渊看来，灾异本是天道变化的常态，属于客观的存在。但人尤其是君王面对天灾并不是无能为力。孔子著《春秋》书灾异，儒生就应当从《易》"太极"、《书》"洪范"去体贴圣人之心。因为灾异不过是阴阳五行之变，而太极为阴阳五行之源，"洪范"则具体发明五行并推演成"九章"。（"《春秋》之书灾异，非明乎《易》之太极，《书》之洪范者，孰足以知夫子之心哉？"）

圣人的事天、敬天、畏天，"无所不用其极"，陆九渊这样说，就是想利用上天警示统治者。他说自古圣王都以为出现天灾自己应当担责，但在周王朝衰亡之后就看不到这样的情形了。

陆九渊的重点在于强调天灾有可销去之理。如果把握了天人交际的这一症结，即不仅能知其"数"，更能够明其"道"，对于天人关系就不会再感到疑惑，就能因天变以自治而"自求多福"，就成为君王应当承担起的职责："人君代天理物，历数在躬，财成辅相参赞燮理之任，于是乎在。"①厘清君主的职分"是为政首"。

至于历史上受到非议的汉代经学的天人感应论，陆九渊以为："汉儒专门之学流为术数，推类求验，旁引曲取，徇流忘源，古道榛塞。后人觉其附会之失，反滋怠忽之过。董仲舒、刘向犹不能免，吁！可叹哉！是年之水，仲舒以为伐邾之故，而向则以为杀子赤之咎，是奚足以知天道而见圣人之心哉？"②汉儒不知"道"而只推求于"术"，徇"流"而忘"源"，结果导致了学术的荒谬。像董仲舒、刘向一辈汉代推演阴阳灾异的代表，从《汉书·五行志》的记载来看，他们也是依循《春秋》言天人之征、推古今之道的，并期待能与天地流通往来相应。然而，由于他们只是从灾异报应的具体场景去牵强比附，根本丢掉了《春秋》笔录灾异的真实意图，又哪里能真正知晓天道并窥得圣人之心呢？

例如，《春秋》记载宣公十年秋"大水"，只是记录了一场客观的天灾，并没有牵连到人事，所以"三传"都没有解说。但在汉代天人感应论的氛围下，董仲舒认为这是因宣公接连伐邾取邑，导致兵仇联结、百姓愁怨，从而遭到天变的报复；而刘向则以为是宣公杀嫡子赤而立，接着又对邾用兵，由于子赤和邾子貜且均为齐女所生，君臣惧齐之威和怨气所致。类似的例证在《五行志》中有不少的记载。那么，董仲舒、刘向固然是敬天畏天，但他们陷溺于阴阳五行的气化感应不能自拔，不能从灾变提升一步，将阴阳五行追溯到"太极"和"洪范"的根源，从而明确君王代天理物、财成辅相的主体责任。"历数在躬"也意味着责任在躬，君王必须通过自己的恐惧修省去"自求多福"，这才是圣人笔录灾异的真实意图。

陆九渊从发明圣人之心出发，最后落实到君王救助天变和灾异的主体职责上。他并不认为讲求天人感应有什么错，反之，错在后人因批驳汉儒"推类求验"的术数附会，以致怠慢和抛弃了天人感应这一促使君

---

① 《荆门军上元设厅皇极讲义》,《陆九渊集》卷23，第324页。
② 《大学春秋讲义》,《陆九渊集》卷23，第323页。

王惊惧警醒的手段。的确，士大夫除了天人感应论这一"武器"之外，还能有什么手段去敦促君王改过自新呢？

1181 年（淳熙八年），朱熹除浙东提举，时浙东大饥，民已艰食。朱熹"分画既定，按行所部。穷山长谷，靡所不到。拊问存恤，所活不可胜计。每出皆乘单车，屏徒从，所历虽广而人不知，郡县官吏惮其风采，仓皇惊惧，常若使者压其境，至有自引去者。由是所部肃然。而尤以戢盗、捕蝗、兴水利为急"①。陆九渊在给漕使尤延之的信中，对朱熹在浙东的工作作风和业绩大加赞扬："元晦浙东救旱之政，比者屡得浙中亲旧书及，道途所传，颇知梗概，浙人殊赖。"②

1184 年（淳熙十一年），朱熹作为地方官奏请朝廷设立社仓，陆九渊作为朝廷敕令所删定官把朱熹在崇安创立社仓的奏札编进了方案。《宋史·食货志上六》记载："陆九渊在敕令局，见之叹曰：'社仓几年矣，有司不复举行。所以远方无知者。'"陆九渊还写信给老家的几位兄长，要他们按照朱熹的经验建立社仓，请二哥陆九韶主持此事。陆九韶积极响应，发动青田里一带的农民纷纷建立起社仓。这样，春荒之时，社仓开仓赈济乡民，夏收后，乡民再还粮于社仓，仅收息两厘。今在金溪秀谷镇老城琅琚河的对岸处，还有一个村庄叫"义仓下"。

青田社仓有了成效后，陆九渊又写信给金溪县令孙硕，请他去青田现场考察社仓，并建议在全县推广。孙硕采纳了他的建议，一时金溪各地都建了社仓，大受群众欢迎。后来，陆九渊又写信督促抚州官吏，建议在全州范围内推广，普建社仓，施惠于民。

陆九渊在给赵监的信中也说："社仓事，自元晦建请，几年于此矣，有司不复挂之墙壁，远方至无知者。某在敕局时，因编宽恤诏令，得见此文，与同官咨叹者累日，遂编入广赈恤门。今乃得执事发明之，此梭山兄所以乐就下风也。"③

---

① ［宋］黄幹：《勉斋集》卷 36 之《朱先生行状》。
② 《年谱》，《陆九渊集》卷 36，第 563 页。
③ 《与赵监》二，《陆九渊集》卷 1，第 11 页。

南宋时期，土地兼并、掠夺十分严重，"郡县之间，官户田居其半"，导致土地高度集中。自耕农户纷纷破产，沦为佃户佃客，甚至流离失所，生活日益穷困。陆九渊通过分析家乡金溪的土地问题，认为豪族土地兼并对普通百姓是毁灭性的打击："此邑之民耕屯田者当不下三千石，以中农夫食七人为率，则三七二十一，当二万一千人。抚万家之邑，而其良农三千户，老稚二万一千，一旦失职，凛凛有破家散业，流离死亡之忧也。"农民无法承担繁重的苛捐杂税，导致"破家散业，流离死亡"。

陆九渊赞同施行"减租"政策，否则，"租重之患，因而抵负不纳。或以流亡抛荒，或致侵耕冒佃，而公私俱受其害"。[1]

陆九渊在南宫春试廷对时，提出用"授田"的办法，即"耕者授其田"来抑制土地兼并。[2]他说："然连阡陌者难于行削夺之法，厌糟糠者无以为播种之资。削夺之法不行，则田亩孰给？播种之资既乏，则租课孰供？"[3]后来，"侵耕冒佃之讼益繁"[4]，在陆九渊家乡金溪，"所谓农民者，非佃客庄，则佃官庄，其为下户自有田者亦无几。所谓客庄，亦多侨寄官户，平时不能赡恤其农者也。当春夏缺米时，皆四出告籴于他乡之富民，极可怜也！"陆九渊大声疾呼："失今不救，又将遍于天下矣。"[5]

陆九渊还提出用"平籴"法以防止粮食贱卖流入奸商手中，即在丰年，政府以平价收购农民的粮食，以免谷贱伤农；在缺米之时，则以平价卖给农民。"莫若兼置平籴一仓，丰时籴之，使无价贱伤农之患；缺时粜之，以摧富民闭廪腾价之计。析所籴为二，每存其一，以备歉岁，代社仓之匮，实为长积。"[6]

---

① 《与苏宰》，《陆九渊集》卷 8，第 131 页。
② 吴牧山：《陆九渊政治思想探析》，L。
③ 《问唐取民制兵建官》，《陆九渊集》卷 31，第 424-425 页。
④ 《与苏宰》，《陆九渊集》卷 8，第 131 页。
⑤ 《与苏宰》，《陆九渊集》卷 8，第 132 页。
⑥ 《与陈教授》，《陆九渊集》卷 8，第 124-125 页。

四、礼学思想的心学化

1.陆九渊十分重视礼，但认为"礼"要"就本上理会"

他认为"礼者，理也"。"礼"为天理下贯，"以礼制心"，将循礼作为正心、修身的工夫。这种"礼"的实践活动对心性修养、为人处事是重要的和必要的。

这与他长期生活在合族而食的大家庭的重礼氛围密切相关。他本人自小自觉循礼，"六岁侍亲会嘉礼，衣以华好，却不受。季兄复斋，年十三，举《礼经》以告，先生乃受。与人粹然乐易，然恶无礼者"。

陆九渊反复提及"礼"是随身的规矩，屡屡要求"后生随身规矩不可失"，"规矩严整，为助不少"。"随身规矩，是后生切要，莫看先生长者，他老练，但只他人看，你莫看，他人笑，你莫笑。所谓非礼勿视，非礼勿听。"

礼的精神为本，礼的形式为末。陆九渊主张在符合礼的精神的基础上，顺应时代和现实适当变通。当时有人在家行古礼，导致父子不和，因此向陆九渊请教，陆九渊说："以礼言之，吾子于行古礼，其名甚正。以实言之，则去古既远，礼文不远，吾子所行，未必尽契古礼，而且先得罪于尊君矣。丧礼与其哀不足而礼有余也，不若礼不足而哀有余也。如世俗甚不经，裁之可也，其余且可从旧。"对于这种现实生活中是否要行古礼的问题，陆九渊认为这种"古礼"未必契合原意，也不一定适合现实，应该把握礼的本质，适当做出权变。

至于"学规"这种"礼"吧，"某平时未尝立学规，但常就本上理会，有本自然有末"。陆九渊以礼的精神为本、礼的形式为末，主张以本为先，在符合礼的本质的基础上，根据实际情况做出适当变通。如果只是在这个"末"上理会，恐怕无益。既然学生"于本上有所知"了，当先生的就只要"略略地顺风吹火"，帮助学生明"志"知"道"，"随时建立"。[1]

---

[1] 《语录下》，《陆九渊集》卷35，第524页。

　　陆九渊 24 岁时，秋试以《周礼》乡举。当时有中举者进谢的习俗，陆九渊认为这不符合先王之礼，就写了《得解见提举》《得解见权郡》《得解见通判》三封书信。他认为"举送"是朝廷公事，举子进谢是个人私事，以私扰公，不符合礼仪，呼吁废除这一礼俗。

　　要遵守礼仪，"正心"要从"中礼"开始。

　　有学子未经允许就翻看陆九渊先生书桌上的文稿。陆九渊批评道："有先生长者在，却不肃容正坐，收敛精神，谓不敬之甚。""惟敦厚而后能崇礼。"心存敬意，言行自然合礼。

　　陆九渊倡导以《尚书》记载的古代圣人为榜样，提出古人今人对待义利问题的根本区别："古人理会利害，便是礼义"的理念，表明道义优先的理念。他猛烈批判见利忘义，"见利而不顾义，安然行之，不畏于天，不愧于人，人心之泯灭一至于此。吁！可畏哉！"[1]

　　陆九渊将循礼作为正心修知的必要工夫，用礼约束心，约束被利害左右的放失之心。他为儒家心性修养提供了一条可行途径，他本人一生也是循礼践履的典范。"平居或观书，或抚琴。佳天气，则徐步观瀑，至高诵经训，歌楚词，及古诗文，雍容自适。虽盛暑，衣冠必整肃，望之如神。"做事，讲一个"义"；正心，讲一个"礼"。用礼约束心，不被私欲和邪见所诱惑。"外貌斯须不庄不敬，而慢易之心入之与。"[2]"斯须"为"片刻"义，外在行为举止如有片刻不庄敬，就会滋生出怠慢之心。陆九渊注重"正心"的修养工夫，说："不专论事论末，专就心上说。"[3]

2."敬"与"持敬"

　　朱熹非常注重"敬"这个范畴："敬字工夫，乃是圣门第一义，彻头彻尾，不顷刻间断。"他多次提出"持敬""居敬""主敬"等，认

---

[1]《大学春秋讲义》，《陆九渊集》卷 23，第 323 页。
[2]《语录上》，《陆九渊集》卷 34，第 485 页。
[3]《语录下》，《陆九渊集》卷 35，第 536 页。

为"敬"是所有善的根本，是心性涵养、体察天理的重要途径。朱熹的"持敬"不仅是内心的"主一无适"，也指外在表现上的"整齐严肃"："问敬，曰：'不用解说，只整齐严肃便是。'""持敬之说，不必多言。但熟味整齐严肃，严威俨恪，动容貌，整思虑，正衣冠，尊瞻视此等数语，而实加工焉。"朱熹认为，人要通过外表的整齐严肃来使自己符合"礼"的规范，要做到表里如一。外在的整齐严肃也会影响人们的内心。只有内外都坚持用"敬"来统筹，才能做到"内无妄思，外无妄动"。

朱熹对人的行为姿态有严格要求，要"居敬"，正襟危坐，道貌岸然，有"敬畏""收敛"的姿态、有所恐惧的状态、虚心涵泳的态度。朱熹说"收敛这身心，不敢放纵"，读书的方法没有别的，"惟是笃志虚心"[1]。什么是"居敬"？朱熹说："只是收拾自家精神，专一在此。"[2] 精力不要转移，精神不要分散，只有如此，"方看得文字精审。如此，方是有本领"[3]。

当年，王阳明去上饶向大儒娄谅问学。娄谅给王阳明讲了两点：一是"圣人必可学而至"，即学习是成圣的必由之路；二是"居敬穷理"，就是说，要"穷理"，不但要格物，还要居敬，站要有个站相，坐要有个坐相。持敬持重，居敬庄重。于是，王阳明一回去就像变了个人似的，一改自小而来的调皮好动的习性，蓄起胡须，端正姿态，不苟言笑了。

陆九渊反对朱熹的"持敬"说。首先，陆九渊从儒家在这一问题的理论论述源流上，尖锐地指出："持敬"二字于典无据，乃是生造之语。他在《与曾宅之》一信中详细论说了《书》《诗》、孔子、孟子等关于"敬"的儒家经典论述，说儒家圣贤与经典均"未尝有言'持敬'者"。这就一下子剥夺了朱熹"持敬"说的基础，揭露出这是朱熹自己的生编杜撰。他然后说古圣贤"未尝有言'持敬'者。观此二字，可见其不明

---

① 《宋元学案·晦翁学案》。
② 《朱子语类》卷12，中华书局2020年版，第231页。
③ 《朱子语类》卷120，中华书局2020年版，第3127页。

道矣"①。他明确指出"持敬"一说既然是后人杜撰，那可见它不是儒家正道。陆九渊得出结论：一看"持敬"这二字，就可见朱熹不明道矣。

其次，陆九渊从心学的立场对"持敬"说做了批判："持敬"只是着意于做安排，并不是本心之自然流露。他根据《尚书》"克敬"思想，提出"敬其本也""恭敬者，君子之道"，认为有"敬"而没有"持敬"。敬是一种工夫修养状态，而不是一种可以把持之物，"敬"可以指向一个对象，但自身并不是一个对象性的存在。②

陆九渊的这一观点，也似乎得到了现代大儒梁漱溟的支持。什么是"敬"呢？梁漱溟说："吃饭好好吃，睡觉好好睡，走路好好走，说话好好说，如此之谓'敬'。敬则不苟偷，不放肆。敬则心在腔子里。敬则不逐物，亦不遗物。由敬而慎，以入于独。"③

3."本心"与"礼仪"的相互关系

陆九渊礼学思想具有明显的心学化倾向。④他认为"礼"是发自内心，循礼是本心由内而外的自然显发。他强调人在践行礼仪时的内心感发，"动容周旋中礼"，庄重从容的气象，在一定程度上削减了"礼"对人的外在束缚性，凸显了人对"礼"的个体自主性。有一个学生吃饭时，稍微交足。饭后，陆九渊从容地对他说："你刚才有一个过错，你知道吗？"这个学生略思后答："我已经省悟了。"陆九渊追问："什么过错呢？"对曰："中食觉交足，虽然立即改正了，但也是放逸呀。"史载：陆九渊"其严如此"，知人心之微，言中其情，真让人汗下。

陆九渊认为：礼者理也，礼是天理下贯、内在于心而人人固有。他强调礼的内在本然性。一方面，"动容周旋中礼，此盛德之至"⑤。礼顺

---

① 《与曾宅之》，《陆九渊集》卷 1，第 7 页。
② 许家星：《"吾之深信者〈书〉"——从〈尚书〉之论管窥象山学的经学底色》，L。
③ 《这个世界会好吗：梁漱溟晚年口述》，东方出版中心 2006 年版，第 248 页。
④ 陈微：《陆象山的礼学思想与践履》，L，第 770-775 页。
⑤ 《语录上》，《陆九渊集》卷 34，第 458 页。

承于理，内在于心。如果德行达到至善，本心达到充盈，外在的一言一行，举手投足，就莫不合礼，就会是孔子所说"从心所欲不逾矩"的状态。另一方面，"礼"和"循礼"是一种修养的工夫。

陆九渊论述过外在的言行举止与内在本心的关系。他说有时他自己都不知晓，"为之条析其故，悉如其心"；也有相隔千里，并非老友，却"闻其大概而尽得其为人"。心之正与不正，有的可以从其外在的言行举止察觉，有的则不可以（"有可以形迹观者，有不可以形迹观者"），如果"必以形迹观人，则不足以知人。必以形迹绳人，则不足以救人"①。如果处处凭一个人的行为举止是否符合礼仪来看人，那不足以知人；如果处处要求一个人的行为举止符合礼仪，那不足以救人。

五、陆九渊的吏治思想："宽猛相济"是儒家的治国方略吗？

这里我们要讨论的是：儒家在治国施政时，是怎样管理官员的？其吏治思想如何？是不是提倡和施行"宽猛相济"的方略？陆九渊心学政治观有什么思想观点？

1. 理论阐述"张官置吏"的制度，深刻揭露冗官弊政

陆九渊提出了"以宽民力，以厚国本"的具体政治主张②，那怎样宽民力呢？

陆九渊提出"检吏奸而宽民力"的吏治思想。他大声疾呼："贪吏害民，害之大者。"③"今日为民之蠹者，吏也，民之困穷甚矣，而吏日以横。议论主民者，必将检吏奸而宽民力。"④他主张严惩奸贪的官吏。陆九渊心学政治观的一个重要特点和内容，就是对南宋吏治腐败的深刻揭露与尖锐批判。

①　《象山先生行状》，《陆九渊集》卷33，第450页。
②　《与辛幼安》，《陆九渊集》卷5，第84页。
③　《与辛幼安》，《陆九渊集》卷5，第84页。
④　《与陈倅》二，《陆九渊集》卷7，第115页。

陆九渊首先强调：设置官吏的目的本就是为民，可现实情况正相反。"天生民而立之君，使司牧之，张官置吏，所以为民也。"① "自古张官置吏，所以为民。为之囹圄，为之械系，为之鞭棰，使长吏操之以禁民为非，去其不善不仁者，而成其善政仁化，惩其邪恶，除乱禁暴，使上之德意，布宣于下而无所壅底。"② "故凡张官置吏者，为民设也。无以厚民之生，而反以病之，是失朝廷所以张官置吏之本意矣。"③ "张官置吏，所以为民，而今官吏日增术以朘削之，如恐不及。蹷邦本，病国脉，无复为君爱民之意，良可叹也！"④

他呼吁主管财政的人研究财政开支繁多的原因，检查税收方面的问题，拿出督促节约的办法。"居计省者诚能推支费浮衍之由，察收敛渗漏之处，深求节约检尼之方，时行施舍已责之政，以宽民力，以厚国本。"⑤

2. 深刻揭露分析"三人世界"

陆九渊在《与徐子宜》《与赵推》中分析了南宋官场上的官人、公人、中人"三人世界"，无情揭露官场腐败。"官人"是指朝廷任命的郡守、提刑、监司、漕吏、县令、倅官、主簿等外籍官吏；"公人"是指当地人充任的胥吏、僚属；"中人"是指那些做代写文稿之类事务的儒生。陆九渊指出：那些官人，如果是有才的，"虽易以自见，易得盛誉，而无补风俗，无救大势"；如果是无才的，"必至大乱"。

"公人世界，其来久矣，而尤炽于今日。""公人之所从得志，本在官人不才。"

不少地方，"官人"和"公人"已同流合污了。"十数年来，公人之

---

① 《与徐子宜》二，《陆九渊集》卷5，第80页。
② 《与辛幼安》，《陆九渊集》卷5，第83页。
③ 《与苏宰》三，《陆九渊集》卷8，第133页。
④ 《与赵子直》，《陆九渊集》卷5，第81页。
⑤ 《与辛幼安》，《陆九渊集》卷83，第84页。

化大行，官人皆受其陶冶，沉涵浸渍，靡然一律。"

"中人无以自立，皆从风而靡，随波而流。""书生腐儒，又以经术为之羽翼，为之干城，沮正救之势，塞惩治之路，潜御其侮，阴助其澜。"

面对这种情形的"今之为善者，犹持杯水救车薪之火也。然持杯水者常少，而抱薪者常多"。陆九渊沉痛地承认这就是"今时之大势"。

难能可贵的是，面对这么严重的吏治腐败和严峻的官场形势，陆九渊有着决然的责任担当和强烈的理论自信。他说"某窃有区区之说，以为可以绝薪而致水"，所以他"不厌详复，不忽卑近，相与就实以讲求至理，研核其实"，他坚信"至理可明，诐说可破"，一旦"至理明，诐说破，则自其身达之家国天下，无不可为者，君心国论，亦有致力处，岂直州县官吏间哉？"①

3.尖锐批判吏治腐败

南宋时代，官吏危害百姓的现象层出不穷，百姓陷入严重的困顿境地。陆九渊对于这些欺压民众、剥夺百姓的"蠹虫"吏胥深恶痛绝，进行了无情的揭露和严厉的痛斥。《陆九渊集》到处是反映地方官吏巧取豪夺、压榨百姓的事。1181年（淳熙八年），辛弃疾"加右文殿修撰、差知隆兴府兼江西安抚使"。陆九渊写信给辛弃疾，列举了贪官污吏的种种恶行。

一是横征暴敛，中饱私囊。"今之贪吏，每以应办财赋为辞"，现在，国家财政确实不充裕，就不得不在旧制的基础上向百姓加收税赋（"今日邦计诚不充裕，赋取于民者诚不能不益于旧制"），如果官吏不贪，就按此法向百姓加收税赋，老百姓也没有意见（"因今之法，循今之例，以赋取于民，民犹未甚病也"）。可是，那些贪吏在正常的税赋（"应办月解、岁解"）的基础上，还对上制造种种"应办之名"，对下巧取豪夺，横征暴敛（"托应办之名，为缺乏之说，以欺其上"，"张奇名以巧

---

① 《与徐子宜》二，《陆九渊集》卷5，第79—80页。

取，持空言以横索，无所不至"①），得来的钱财上交给公家的"无几"，中饱私囊的却是十倍、百倍、千倍、万倍。"今贪吏之所取，供公上者无几，而入私囊者或相十百，或相千万矣。"陆九渊说："今日为民之蠹者，吏也，民之困穷甚矣，而吏日以横。"现在危害民众的蠹虫就是那些贪吏。

二是"贪吏害民"，滥施酷刑。陆九渊说现在皇帝、州以上的大官（"贤牧伯班"）都是好的。可那些县一级的"贪饕矫虔之吏"为了逼迫民众交纳苛捐杂税，"逞私济欲"，把老百姓抓进监狱，戴上枷锁，施以鞭刑，"残其支体，竭其膏血，头会箕敛，槌骨沥髓"。那些"田亩之民""累累如驱羊"，"心悸股栗，棰楚之惨，号呼吁天，隳家破产，质妻鬻子"，他们在倾家荡产、典妻卖子、"仅以自免"的情况之下，还不能向上告状，"曾不得执一字之符以赴诉于上"，"良民善士，疾首蹙额，饮恨吞声，而无所控诉"。

三是阻止申诉，让百姓告状无门。本来，县一级的官家迫害民众，州一级的刺史就应该治理，州一级的官家迫害民众，比刺史更高的观察使应该治理。现在，刺史、观察使"壅之以胥吏，塞之以僚属"，根本不解下情民情，只能依赖那些"通闾巷田亩之情者，有被害者"的上诉来掌握情况了。那些胥吏又"以告讦把持之名而抑绝"上诉求告者，他们威胁、迫害，杀一儆百（"惩一二以威众"），使民众并足垂目、忍气吞声，而那些害民者更加恣意妄为而无所顾忌。②

四是沆瀣一气，相互勾结。当时吏治腐败，政治黑暗，还发展到上下勾结，左右串通，狼狈为奸。下级的贪吏"与上府之左右缔交合党，以蔽上府之耳目"③，当"上之人"渐渐听到反映，"欲加究治"时，"又有庸鄙浅陋、明不烛理、志不守正之人"前来说情，"为之缓频"，一面大讲"仁爱、宽厚、有体之说"加以敷陈，一面又用"文具、伪貌、诞

① 《与辛幼安》，《陆九渊集》卷5，第84页。
② 《与徐子宜》，《陆九渊集》卷5，第80页。
③ 《与辛幼安》，《陆九渊集》卷5，第83页。

谤"等各种办法"以掩其罪恶之迹","遂使明天子勤恤之意、牧伯班宣之诚壅底而不达",以杜吾穷治之意。本来,县是朝廷恩泽的"承宣抚字之地",现在竟"转而为豺狼蝎蚁之区",且"日以益甚,不可驱除"。面对这种积重难返的局面,陆九渊连呼:"岂不痛哉!""其果可宥乎?果可失乎?"

4. 陆九渊怎么解读儒家的宽仁政治思想?

陆九渊主张:君子为政,应以宽仁、勤政、爱民为怀,但不要宽大。他专门辨别了"宽仁"与"宽大"的区别:"盖不究夫宽仁之实,而徒欲为容奸庾慝之地,殆所谓以不禁奸邪为宽大,纵释有罪为不苛者也。"[①]

陆九渊批判了用"宽仁"来贪赃枉法,逃避处罚,"泛言宽仁之说,以逆蔽吾穷治之途"。他认为执政必须有"儆戒无虞"之心,方能"罔失法度"。他肯定了赏罚的必要性、合理性,"赏罚皆天理"。

权德舆(759—818),唐宪宗时宰相。在治理国家方面,他主张德治和法治并用,严惩贪官污吏。他始终认为"民为邦本","天下理在百姓安,百姓安在赋税减,赋税减在经费省"。陆九渊提及唐宪宗曾问权德舆:"政之宽猛孰先?"当时权德舆的回答是:"似亦有得乎吾所谓'君之心,政之本'者矣,惜乎其不能伸之长之,而宽猛之说未及辨也。"[②]

"古人未尝不言宽,宽也者,君子之德也。古之贤圣未有无是心,无是德者也。然好善而恶不善,好仁而恶不仁,乃人心之用也。过恶扬善,举直错枉,乃宽德之行也。君子固欲人之善,而天下不能无不善者以害吾之善;固欲人之仁,而天下不能无不仁者以害吾之仁。有不仁、不善为吾之害,而不有以禁之、治之、去之,则善者不可以伸,仁者不可以遂。是其去不仁乃所以为仁,去不善乃所以为善也。故曰'为国家

---

① 《与辛幼安》,《陆九渊集》卷5,第82页。
② 《政之宽猛孰先论》,《陆九渊集》卷30,第411页。

者，见恶如农夫之务去草焉，芟夷蕴崇之，绝其本根，勿使能殖，则善者信矣。'"①

陆九渊对"猛"进行了辨析。一般认为：儒家的政治文化一直强调"宽猛相济、礼主刑辅"的政治理念和治政方略。其实，这是对陆九渊心学政治观的误读。陆九渊针对要不要刑罚这一现实问题，强烈质疑了"宽猛相济"之说。

陆九渊首先从"猛是恶辞"的训诂角度，表达儒家根本不主张猛政，从而否定了"宽猛相济"的政策提法。他说："宽猛之说，古无有也，特出于《左氏》载子产告子太叔之辞。"陆九渊说的是《左传》的一段记载。著名政治家子产临终前对继任者子太叔说："我死之后，子必为政。唯有德者能以宽服民，其次莫如猛。"子产说的实际上是德主刑辅的治国策略。《左传》还记载了孔子对此表示赞赏的一段话。"又有'宽以济猛，猛以济宽'之说，而托以为夫子之言。"

但是，陆九渊不仅否定子产说过此话，还否定孔子对此表示赞赏。他连说两次："呜呼！是非孔子之言也。""呜呼！是非夫子之言也。"

为什么陆九渊有这样的反对意见呢？且看陆九渊的质疑："《语》载夫子之形容，曰'威而不猛'，《书》数义和之罪，曰'烈于猛火'，《记》载夫子之言，曰'苛政猛于虎也'。"陆九渊说："猛者恶辞也，非美辞也。"所以，"宽"与"猛"不是先与后的关系，"可以美恶论，不可以先后言也"②。"猛"是一个恶辞，儒家根本就不主张猛政，"是不可一日而有之者也"。陆九渊反对将"宽""猛"作为并列的政治手段，因为这很可能陷入恶性循环："'政宽则民慢，慢则纠之以猛；猛则民残，残则施之以宽。'使人君之为政，宽而猛，猛而宽，而其为之民者，慢而残，残而慢，则亦非人之所愿矣。"所以，"彼其宽猛之说，其为诬而设陷阱也大矣"。这种宽猛相济说，其实是对孔子的厚诬和构陷。

---

① 《与辛幼安》，《陆九渊集》卷5，第82页。
② 《政之宽猛孰先论》，《陆九渊集》卷30，第412页。

其次，陆九渊认为刑罚不能称作"猛"（"谓之猛不可也"），"然谓之刚克可也"，那只能以《洪范》"刚克"称之。

那么，他的政治主张是什么呢？

最后，陆九渊解释了儒家的宽仁思想，表达了对贪吏除恶务尽的吏治思想。他主张执政者应该"威而不猛"。"威"和"猛"的区别在于"威"需要众人信服，"猛"则意味着残暴刻薄。刑罚属于"刚"的方式，人犯罪受到刑罚是"天讨之"。设立刑罚的目的不是要折磨人，而是对那些"顽嚣、疾狠、傲逆、不逊"之人的教诲，是彰显"宽仁之心"："尝谓古先帝王未尝废刑，刑亦诚不可废于天下，特其非君之心，非政之本焉耳。夫惟于用刑之际而见其宽仁之心，此则古先帝王之所以为政者也。"① 也就是说，儒家并不废弃刑罚，只不过是用不用、何时用刑罚而已，"诚不可废于天下"，要依循大中之道，要依循天理来使用刑罚。陆九渊说对于那些"不可以诲化怀服"的"顽嚣、疾狠、傲逆、不逊"之人，"不可以免于刑"，就是"圣人亦必以刑而治之"。这"谓之天讨，以其罪在所当讨"，这种"天讨""当讨"，并不是按照君之心，那"非政之本焉耳"，也"非圣人之刑之也"。所以，用不用刑罚，怎么可以以猛、宽来"云乎哉"？

陆九渊从训诂、理论上说了这么一大套，究竟是什么意思呢？他其实表达了一个观点：要依法严刑"痛惩"那些害民作恶的"豪吏猾胥"。针对那些豪吏猾胥以"宽仁"为托词去游说那些试图察治的守宰官员开脱其罪行的伎俩，陆九渊一面揭露豪吏猾胥的罪行，同时解读儒家宽仁思想，以说明施用刑罚来惩治犯罪奸宄之徒，并不违背儒家的宽仁原则，去不善、去不仁就是成就善政仁化。②

当然，这种名称之争表达了陆九渊的心学政治观。宽仁的前提是要除去贪戾之徒。他针对贪官污吏横行的黑暗政风，全面阐述"宽仁"的

---

① 《政之宽猛孰先论》，《陆九渊集》卷 30，第 413 页。
② 吴牧山：《陆九渊政治思想探析》，L。

哲学意蕴与政治立场，驳斥"小人之党"的"泛宽仁之说"。"泛言宽仁之说，以逆蔽吾穷治之途，则其滋害遗毒，纵恶伤和，岂不甚哉？其与古人宽仁之道岂不戾哉？"[①]

陆九渊批驳了借助"无讼""宽仁"来贪赃枉法、逃离处罚的说法，提出了"赏罚皆天理"的观点。

他说："古人未尝不言宽，宽也者，君子之德也。古之贤圣未有无是心，无是德者也。然好善而恶不善，好仁而恶不仁，乃人心之用也。过恶扬善，举直错枉，乃宽德之行也。君子固欲人之善，而天下不能无不善者以害吾之善；固欲人之仁，而天下不能无不仁者以害吾之仁。有不仁、不善为吾之害，而不有以禁之、治之、去之，则善者不可以伸，仁者不可以遂。是其去不仁乃所以为仁，去不善乃所以为善也。"陆九渊辩证地阐述了善与不善、仁与不仁的对立统一关系，主张对那些不善、不仁的贪吏决不能实施所谓的"宽仁"，不能对他们发善心、讲仁慈、施仁政。

陆九渊主张"为国家者，见恶如农夫之务去草焉，芟夷蕴崇之"，对那些不善不仁、伤民害国的贪吏，要像农夫除草一样铲除邪恶，"绝其本根，勿使能殖"。

他主张的"五刑"，是指中国古代官府对犯罪者曾使用的五种刑罚。先秦以前是指墨、劓、剕、宫、大辟。以后不断发展，到隋朝，正式形成了笞、杖、徒、流、死这新五刑。陆九渊认为这五种刑罚，只不过是不得不要惩罚罪犯，哪里是喜欢施于人呀？（"夫五刑五用，古人岂乐施此于人哉？"）但是，近期主张宽仁的说法根本不去探讨宽仁的真正精神，而只想去包容邪恶，就相当于把"不禁奸邪"叫作宽大，把"纵释有罪"视为不苛。（"盖不究夫宽仁之实，而徒欲为容奸庾愿之地，殆所谓以不禁奸邪为宽大，纵释有罪为不苛者也。"）《尚书·大禹谟》说过三句话：一句是"罪疑为轻"，罪而有疑，固宜惟轻。应该从轻判处，

---

① 《与辛幼安》，《陆九渊集》卷5，第84页。

以免伤及无辜。第二句是"与其杀不辜，宁失不经"，谓罪疑者也。使其不经甚明而无疑，则天讨所不容释，岂可失也。第三句是"宥过无大，刑故无小"。无心犯的过失，虽大，也要尽量赦免；故意犯的错误，再小，也不可放过。如果这些官吏在工作期间，"偶有过误，宥之可也"，可以原谅。但如果是存心贪污违法，伤民害国，那怎么能原谅呢？（"若其贪黩奸宄出于其心，而至于伤民蠹国，则何以宥为？"）如果"于其所不可失而失之，于其所不可宥而宥之"，那就是"伤善"，就是"长恶"，就是"悖理"，就是"不顺天"，那肯定不是"先王之政也"。[①]

六、对王安石变法的评价和陆九渊的变革图治思想

1. 王安石与熙宁变法

王安石（1021—1086），字介甫，号半山，江西临川人，乃少年英才。其父王益曾任临川军判官，在王安石16岁时调入京城，王安石就随父到京城生活。1042年（庆历二年）春，王安石参加科举考试，登进士甲科第4名。王安石本来排在榜首，但他在考卷里引用了《尚书·周书·洛诰》的一句话："孺子其朋。"这本是周公教育周成王的话："你这年轻的小孩啊，今后和群臣要像朋友一样融洽相处。"这引起宋仁宗的反感。此时的王安石22岁，而宋仁宗已是在位24年的"老"皇帝，怎能习惯一个年轻人在试卷中用长辈的口吻教训皇帝呢？此人不可以魁天下，就把他划为第4名。王安石后来得任淮南节度判官之职，任期届满后，转到鄞县（今宁波）当了4年知县。在而立之年，王安石迁任舒州通判。其间，当朝大员文彦博、欧阳修举荐他进京为官，王安石却以须侍奉年高的祖母为由拒绝。他由此长期在地方为官，历任群牧判官、常州知州、度支判官等职。不惑之年，王安石才出任京城知制诰，负责刑狱案件。1063年，其母在江宁病故，43岁的王安石辞职回江宁守孝，丁忧期满后，迁任江宁知府。其间，王安石根据自己在地方工作的实

---

① 《与辛幼安》，《陆九渊集》卷5，第83页。

际，针对北宋积弊，提出了一系列富国强兵的变法举措。

王安石变法时的北宋，盛世之下早已矛盾重重。百姓的日子水深火热，阶级矛盾尖锐，社会动荡。特别是土地兼并之风猖獗，官僚地主以巩固皇权的名义肆意掠夺百姓的土地，这些掠夺来的土地还不用交税。要征税的土地少了，可国家要收的税收还那么多，为了保证国家财政收入，就只能增加百姓的苛捐杂税。百姓被赋税压得以田地抵押，借大地主的高利贷，一旦还不上，就失去了土地。这样，百姓越来越穷，官僚越来越富，国家财政越来越少，具体问题就是"三冗"：冗官、冗兵、冗费。三冗问题已成大宋骨髓之痛，边关疲弱，群狼环伺，国库空虚，民不聊生。北宋面临巨大的经济危机和社会危机，再不变法，国家必亡。

时势造英雄，英雄总会在需要英雄的时候出现。1067 年，宋神宗赵顼即位，这位少年天子很想有所作为，实现北宋中兴。1068 年（熙宁元年），他召见了王安石，王安石写下《本朝百年无事札子》，很对血气方刚的神宗胃口。君臣两人促膝长谈，政见高度契合。1069 年（熙宁二年），49 岁的王安石被提拔为参知政事，成为副宰相，又设置制置三司条例司，次年拜相，升任同中书门下平章事，正式在全国范围内推行北宋年间最震撼的政治变革"熙宁变法"。在变法前的新年伊始，王安石写下《元日》："千门万户曈曈日，总把新桃换旧符。"王安石还发出"三不足"的铮铮誓言——"天变不足惧，祖宗不足法，人言不足畏"，表示他将冲破阻力，坚定不移地推行改革。

王安石的变法是从理财入手的。他对宋神宗说："今所以未举事者，凡以财不足故。故臣以理财为方今先急。未暇理财而先举事，则事难济。臣固尝论天下事如弈棋，以下子先后当否为胜负。"变法之前，王安石把古代政治得失的首要原因归于不会理财，他认为："自古治世，未尝以不足为天下之公患也，患在治财无其道耳。"

财政枯竭是变法的当务之急，而解决之道就是开源节流。开源，即王安石所说的理财，其根本在于发展农业生产，创造财富。北宋经济的基础是农业，农业不振则百业萧条。

如何刺激农业生产呢？王安石说："理财以农事为急，农以去其疾苦、抑兼并、便趣农为急。此臣所以汲汲于差役之法也。"王安石的变法思想中，理财是先手棋，去疾苦为突破口，"抑兼并"是其最为闪光之处。农户的疾苦、劳动热情的低落、生产条件不变，其根源正是土地兼并。

短短两三年，王安石在增加财政收入方面，实行青苗法、免役法、方田均税法、均输法、市易法、农田水利法等；在强兵方面，实施裁兵法、保甲法、保马法、置将法等；两年后（即 1071 年）又改革科举制，实行太学三舍法等。所有的政策都围绕着三个目的，即富国、强兵、抑制豪强兼并。

"青苗法"即在青黄不接之时，以官府的农业信贷来缓解农民的疾苦。每年夏秋两收前，各州县各等民户可到当地官府借贷现钱或谷粮以补助耕作，当年借款随春秋两税归还，借款利率为 20%~30%。如果没有官府的这种贷款，农户就只得借高利贷，利率达到 100%~300%，还要以土地作抵押，一旦还不上钱，土地就会被兼并。青苗法以官府贷款对抗高利贷的盘剥，使农户在"凶年"能保其田土不被大姓兼并。

"免役法"根据各家财富等级、田亩数量来确定应出劳役的货币价值。民众可选择支付"免役钱"来代替服徭役。自古以来，徭役就是农户的沉重负担。修宫殿、建皇陵、挖水渠、为官府当差，一去就是一个月以上，不仅耽误家庭的农业生产，还削弱了手工业和商业的劳动力供应。更不公平的是，官绅豪强不纳粮、不当差，国家的徭役负担就全部落在了普通农户身上。"免役法"打破了这种不合理的劳役分配机制，免役钱与田亩数量挂钩，田亩越多，免役钱越重。免役法就在一定程度上缓解了农户们的疾苦，还间接抑制了土地兼并。

"方田均税法"更是抑制土地兼并的利器。"方田"就是重新丈量全国土地；"均税"则是在"方田"的测量基础上，按照田亩的大小贫肥进行田赋的重新分级估算。方田均税在全国受到了豪强大户和地方官府的坚决抵制，最后仅在北方部分地区推行。北方五省仅占全国总面积的20%，而清查出的田亩竟然占到全国税田的54%，可见豪强大户隐田漏税的情况何等严重。如果方田均税的政策在全国推广，势必对土地兼并的狂热势头给予致命的一击。

"均输法"是借鉴汉武帝时期桑弘羊的做法，是对东南漕粮供应制度的变革。"均输法"之"均"是改革死板的实物征敛制度。"输"不是运输，乃是输纳、供应之义，实际上是政府消费性购买，即设"发运使"总管东南六路的赋税收入，掌握供需情况。凡籴买、税收、上供物品，都可以"徙贵就贱，用近易远"。给淮南路、两浙路、江南东路、江南西路、荆湖南路、荆湖北路六路的发运使拨给钱五百万贯、米三百万石，他们要根据六路之内各个地区不同物资的供需状况，把此处便宜的东西运到贵的地方去卖。根据年景收成的变化，"徙贵就贱，用近易远"，协调供需关系，提高财政收支的效率，节省运输等开支，打击商人"擅轻重敛散之权"操纵市场的兼并行为，减轻农民负担，即所谓"便转输、省劳费、去重敛、宽农民"。此外，发运使要了解中央各种物资的库存与需求状况，根据各个地方不同物资的价格，从最便宜的地方购买适当的数量运往京城。

1072年（熙宁五年）三月，颁行"市易法"。在开封设"市易务"（市易司），政府出资金一百万贯，平价收购市场上滞销的货物，并允许商贾贷款或赊货，按规定收取息金，市场短缺时再卖出。

乍看"市易法"很像国家宏观调控的手段，可宏观调控管理市场，国家是不参与经营的，只是平抑物价。"市易司"从事的却是买卖生意，这其中自然牵涉利益问题，在收购和发放时就会存在回扣的问题。

除了开源，同时强调节流，王安石大刀阔斧地在全国进行大规模裁军，厢军禁军的总数裁减了45万，常备军规模缩减至79万，经费开支至少降低了1/3。针对冗员，对全国州县进行了合并和裁减，并减州、军、监机构38处，撤县127个。

"王安石变法"间断与不间断地实施了15年，这15年里，土地兼并之风受到沉重打击，普通农户的税赋压力得以缓解，北宋财政有了极大盈余，推进了当时的农业生产，一定程度上扭转了北宋时期积贫积弱的局势，还改变了西北边防长期以来屡战屡败的被动情形。

王安石的熙宁变法是北宋的重要政治事件，其人、其事、其学都对宋代政治格局和学术思想产生了巨大而深远的影响。

2. 王安石变法时的反对声音

王安石的变法之难，难在不得人心。朝堂之上，王安石得不到君子的支持，庙堂之下得不到民心的支持，仅仅依靠宋神宗的支持，得不到社会方方面面的支持。王安石变法招招击中了土地兼并的要害，直接触动了大官僚、大地主的既得利益，也很大地伤害了老百姓的利益，变法势必激起利益集团的疯狂反扑。更严重的是，变法还引起了激烈的朋党之争，大儒们也强烈反对王安石变法。

（1）欧阳修。1069 年（熙宁二年），王安石任参知政事，开始主持变法。而欧阳修于 1069 年（熙宁二年）八月改任青州知州，外调出京。欧阳修是文坛巨匠，唐宋八大家之一，江西吉州人。欧阳修提携过王安石，曾给王安石写过诗《赠王介甫》，说："老去自怜心尚在，后来谁与子争先。"他感慨自己老迈，未来的文坛将是像王安石这样的人的天下。王安石给欧阳修回了首《奉酬永叔见赠》，表达自己对写作已力不从心，只想在政治上实现抱负。此后，欧阳修和王安石也常常有诗作往来。

欧阳修在青州知州任上，向朝廷上过《言青苗钱第一札子》和《言青苗钱第二札子》两次奏书，提了两个意见：一是将青苗法贷出的款改为无息偿还，以减轻百姓负担。二是在百姓无力偿还之时，允许地方酌情停止下发青苗钱，即要求朝廷"止散青苗钱"。

王安石没有采纳欧阳修的建议，但与欧阳修的关系一如既往。欧阳修于 1072 年（熙宁五年）去世。王安石写《祭欧阳文忠公文》，赞扬欧阳修的文学成就，称赞欧阳修高风亮节。可见，欧阳修和王安石的关系还是不错的。

（2）三苏：苏洵、苏轼、苏辙。1069 年（熙宁二年），苏轼和苏辙两人到达汴京，刚好赶上这一场与北宋国运休戚相关的变法。在苏轼的人生历程中，王安石变法不仅是苏轼政治仕途的转折点，也是其人生的最大转折点。

据说，苏轼他爹苏洵还专门写了篇《辨奸论》（此文收录于《古文观止》），说王安石"衣臣虏之衣，食犬彘之食，囚首丧面而谈诗书"。意思就是说王安石不注重生活细节，穿得脏兮兮的，吃得也不讲究，蓬头垢面却大谈诗书礼乐，最后还给王安石贴了个"大奸似忠"的标签。情绪宣泄的色彩很浓，甚至带有人身攻击的意味。本文是否是苏洵所作，存疑。因为王安石于 1070 年开始变法，而苏洵 1066 年已经去世。实际情况可能是 1070 年王安石推行新法，就遭到保守派的反对。这时就传出了《辨奸论》，署名为苏洵，还说苏洵很早就"见微知著"，预见到王安石得志必为奸。所以，此文可看成当时反对派的观点。

不过，变法之初，苏轼写下了《上神宗皇帝书》，主要从三方面反对变法：一是结人心。苏轼举"商鞅变法"说："商鞅变法，不顾人言，虽能骤至富强，亦以召怨天下。使其民知利而不知义，见刑而不见德。"在苏轼看来，变法满遭议，不得人心。二是厚风俗。苏轼说："道德诚深，风俗诚厚，虽贫且弱，不害于长而存；道德诚浅，风俗诚薄，虽强且富，不救于短而亡。"三是"存纪纲"。苏轼打了比方："然而养猫以去鼠，不可以无鼠而养不捕之猫；畜狗以防奸，不可以无奸而畜不吠之狗。"在苏轼看来，国家治理不仅是去其贫弱，还在于纲举目张，防患于未然，不能因为一时没有奸鼠，就失去了养猫狗以预防其患的意义。苏轼所言，是指出王安石新政中出现的不良影响，以及对变法未来走向的担忧。

苏轼还反对王安石的科举改革，王安石把考试内容由诗赋、明经改为经义、策论。苏轼作《议学校贡举状》，认为科举考诗赋远优于考经义和策论。

苏轼认为，王安石的变法改革太过于激进："求治太急，听言太广，进人太锐。"在治理上，太急必然欲速则不达；在进言中，太广则必然失之主次，以致混乱无序；在用人上，太锐则必然会带来矛盾。

总之，在新政变法势头正劲之际，苏轼洋洋洒洒上书近万言，陈述变法之流弊，可见其士人风骨，更可见苏轼对现实的敏锐观察力。

（3）司马光。当时朝中反对王安石变法最强的势力，就是司马光。司马光专门写了《与王介甫书》，直陈王安石变法的种种弊端，特别是"用心太过""自信太厚"。王安石也不示弱，写下《答司马谏议书》，逐一反驳了司马光给予的"侵官、生事、征利、拒谏、怨谤"五个罪名，并批评士大夫阶层因循守旧，表明坚持变法的决心。本文言辞犀利，针锋相对，是古代的驳论名篇之一。新旧两党唇枪舌剑，争斗得很激烈，朋党之争达到白热化程度。

（4）二程。1069 年（熙宁二年）三月，程颢出任条例司属官，被钦定为变法改革的主要智囊之一。四月，王安石将行新法，亲自点将，派苏辙、程颢等人作为钦差大臣，到全国各地检查农田、水利、赋役等新政实施情况。程颢领命后，微服私访，摸清了新法贯彻的真实情况。回朝后，他将自己在基层所见所闻一分为二地向赵顼和王安石做了汇报，希望能慎重地推进变法。程颢在中央政府初露头角，深受重臣吕公著的首肯，经他推荐，当年八月程颢被授予太子中允，权监察御史里行。

程颢，人称明道先生，为人宽容随和，修养有道。据《宋史·程颢传》载："门人交友从之数十年，亦未尝见其忿厉之容。遇事优为，虽当仓卒，不动声色。"程颢与司马光、苏轼等人一样都反对王安石变法，但态度温柔多了。程颢就曾劝这位"拗相公"说："天下事非一家私议，愿平气以听。"程颢曾多次上书宋神宗表达了变法不可行的观点，他不像他人那样攻击王安石的品格，只是针对王安石改革的理论基础进行批驳。这里转述颜小二述哲文的观点：

王安石以五行"金木水火土"为万物发展变化之基础，并以五行相生相克规律论证事物新旧交替、循环往复，新事物必定取代旧事物，认为必须变法，改变律法，让律法不为官僚所用，限制官僚地主们的特权，维护封建政权的稳定，缓解甚至解决社会矛盾。

程颢和程颐从理论上反驳了王安石新旧交替说。

首先，二程认为这个世界存在一个永恒不变的"天理"。程颢指出："天理云者，这一个道理，更有甚穷已？不为尧存，不为桀亡。人得之者，故大行不加，穷居不损。这上头来更怎生说得存亡加减？"这个世界存在一个不变的"天理"，这个"天理"不受人的影响，不因尧舜这样的明君出现而出现，也不因桀纣这样的暴君出现而消亡。这个"天理"一直存在，不生不灭，不增也不减。

王安石说五行变化，那是因为这五行背后存在一个让其循环往复变化的"理"。程颐说："天地之化，虽廓然无穷，然而阴阳之度，日月寒暑昼夜之变，莫不有常，此道之所以为中庸。"这天地间的万事万物虽不断变化，这个变化还会一直持续，无穷无尽，但这个变化之所以变化，其根本原因在于变化背后的"不变"。正是这些交替变化后面那个恒常不变的"理"，白天和黑夜才得以交替，四季寒暑才得以变更。因此，王安石变法只流于事物变化之表象，而不知"变"后面有"不变"，没有触及造成这个表象的深层原因。大官僚大地主疯狂地兼并土地，利用法律以权谋私是表层原因，内心没有伦常道德的限制才是以权谋私的深层原因。如果不改变人心，人的心中没有社会伦常，再完善的律法制度都会被人钻空子。要解决当时的社会问题，就要遵循变化后面的那个不变之"理"，加强人们的道德修养。

1074 年，一场旱灾让很多老百姓流离失所，神宗皇帝对王安石变法产生犹豫。王安石提名的郑侠觉察到皇帝态度的微妙变化，趁机绘制《流民旱灾困苦图》呈皇上御览，弹劾王安石。早已对王安石不满的曹太皇太后、高皇太后等人迅速联合向神宗施压：上天已震怒，不能再实施变法了。面对以司马光为首的文人、朝野官僚豪强集团、太皇太后和太后等皇亲国戚铺天盖地的声讨，宋神宗开始打起了退堂鼓。当年四月，宋神宗采取折中的办法，免去王安石的相位，改任吏部尚书，由吕惠卿接任宰相。吕惠卿是王安石一手培养提拔起来的，哪知吕惠卿是一个彻头彻尾的小人，他上台后，深恐王安石东山再起，于是与邓绾合谋，意欲碾压王安石。所幸三朝元老韩绛等人秉公直言，吕惠卿的阴谋未能得逞。次年八月，王安石复相，还被宋神宗加封为尚书左仆射。吕惠卿被贬，外放陈州。

再后来相继为相的蔡确、蔡京等人，原先对王安石阿谀逢迎，而王安石倒台后，他们都反戈一击，以取得皇上的信任，这就是司马光所说的"卖介甫以自售"。

不过，此时的改革派内部已呈现分裂。王安石起用的人又多是阳奉阴违之徒，成天想着如何中饱私囊，变法愈加艰难。1076 年，孤掌难鸣的王安石因长子病逝，只好第二次辞去相位，退居江宁。1085 年，神宗驾崩，哲宗继位，高太皇太后垂帘听政，司马光为相，新法皆废。1086 年，王安石郁然病逝。

轰轰烈烈的熙宁变法就这样功败垂成，让人唏嘘。

3. 北宋至南宋对王安石的评价变化

王安石去世后，对王安石及其变法的议论和批评却没停止。

刚开始，王安石还因其政治才能、思想学说与文学才华，死后几十年内还是威望崇高。赠太傅，封荆国公，世称荆公，1094 年（绍圣元年）获谥"文"，故世称王文公，其祠又称"王荆公祠""王文公祠"。士大夫祭拜荆公墓成为当时习俗。

1106 年（崇宁五年），即王安石辞世后 20 年，抚州郡守田登牵头集资把江西抚州的王安石故居改为"王荆国公祠"。荆公祠坐落在临川县城的"盐埠岭"（今抚州市临川区荆公路邓家巷），因这一带为卸盐码头而得名。荆公祠背倚青山，前临田畴，正面辟三门，五开间。正祠内正中供奉王安石画像，"着帽束带，神采如生"。这幅画像是王氏子弟从金陵定林庵墙上临摹来的副本，祠堂内一同供奉的还有王安石夫人吴氏的画像。后定林庵遭水毁，这张王安石画像的摹本由王氏后裔保存下来，成为一件珍贵的文物资料，中华人民共和国成立后已交国家博物馆收藏。王荆国公祠自建立以后，时兴时废，屡次修葺。

北宋末年，朝廷外有金兵压境，内已腐朽透顶。内外交困之下，徽宗退位，钦宗接替，为稳住政局，就发动百官总结"历史教训"，把国家危机与王安石的改革联系起来，以转移视线。王安石受到负面评价和攻击。

王安石去世 40 年之际，1126 年（靖康元年），右谏议大夫、程颐的学生杨时上书皇帝，指责王安石学术荒谬，是邪说淫词，要求罢去王安石的孔庙配享，改为从祀，得到批准。王安石被逐出孔庙大成殿，送去两庑从祀，其"舒王"封号被取消（"停宗庙配享，削其王封"）。

北宋灭亡后，南宋高宗上台。为什么会有中原丢失、二帝被掳的靖康之耻？这成为南宋君臣必须回答的大问题。高宗赵构为开脱父兄徽宗、钦宗之责，就把责任从蔡京往前一直推到王安石身上，并修改《神宗实录》，把北宋灭亡的责任推给王安石变法。这样一来，王安石受到越来越多的否定和攻击诬陷。

到南宋陆九渊时期，从负面评价王安石，攻击变法乃至一切变革图新的观念成为朝廷上下的一种风气。

面对这种共识和思潮，陆九渊不以为然。

4. 陆九渊的《荆国王文公祠堂记》

1188 年（淳熙十五年），即王安石去世 102 年之际，抚州知军钱象祖（字伯同）拨款重建荆公祠，并请在象山讲学的陆九渊撰写《荆国王文公祠堂记》。[1]

陆九渊接到邀请后，欣然应允，写下《荆国王文公祠堂记》。他分析了其反对观点，不附流俗，力排众议，严肃地表明了自己的观点，从

---

[1]　到 1395 年（洪武二十八年），王氏后人、抚州府儒学教授王孟演出资重建荆公祠于盐埠岭，同事江汉撰《重建王丞相祠堂记》，命子看守。最后一次重建是 1936 年，1942 年被日机炸毁。门前石匾尚保留半块，碑文载"荆国"二字及"民国二十五年重建"字样，历历可辨。

心学政治观对王安石及其改革做出了评价。

"去古既远，虽当世君子，往往不免安常习故之患，故荆公一切指为流俗。于是排者蜂起，极诋訾之言，不复折之以至理，既不足以解荆公之蔽，反坚神庙信用之心。故新法之行，当时诋排之人当与荆公共分其罪。此学不明，至今吠声者日以益众，是奚足以病荆公哉？祠宇隳败，为日之久，莫有敢一举手者，亦习俗使然耳。"[1] "熙宁排公者，大抵极诋訾之言，而不折之以至理。平者未一二，而激者居八九。上不足以取信于裕陵，下不足以解公之蔽，反以固其意，成其事，新法之罪，诸君子固分之矣。"[2] 当时反对新法的人，只是意气相争，攻击王安石的人品，既不能折服王安石，也不能取信于神宗，因而熙宁变法失败的罪责应当由王安石和当时反对新法的"诸君子"共同分担。

一是世人说"王安石人品不好"。如《辨奸论》指斥王安石"不近人情"，宋人笔记也常说王安石性格急躁，是"拗相公"。陆九渊则说王安石"英特迈往，不屑于流俗，声色利达之习，介然无毫毛得以入于其心，洁白之操，寒于冰霜，公之质也"，从"公之质"上肯定王安石的人品道德。陆九渊的这一观点，其实反映了北宋至南宋的共识。尽管王安石的政治主张遭到很多反对，王安石的文章、人品却得到各方异口同声的赞扬。欧阳修称他"德行文学为众所推，守道安贫，刚而不屈"，且将其誉为"沉默端正，守节难进之臣"。司马光说他"文辞闳富，当世大儒，四方士大夫素所推服"。朱熹也称赞王安石"修身行己，人所不及"。

二是世人说王安石变法不对。陆九渊则说："扫俗学之凡陋，振弊法之因循，道术必为孔孟，勋绩必为伊周，公之志也。"他从"公之志"上肯定王安石的政治理想和业绩。

三是世人说王安石学术不正，动机不纯，"杂糅佛道"，"溺于异端"。

---

[1] 《与钱伯同》，《陆九渊集》卷 9，第 139 页。
[2] 《荆国王文公祠堂记》，《陆九渊集》卷 19，第 268 页。

陆九渊则认为"荆公英才盖世，平日所学，未尝不以尧舜为标的。及遭逢神庙，君臣议论，未尝不以尧舜相期"①。王安石与神宗是君臣遇合，以尧舜相期，志复三代，而以三代政治为目标。这是儒家的政治理想，绝不是佛老异端。

四是世人攻击王安石变更了"祖宗之法"，这是一个极大的罪名。陆九渊则提出：古之法制，该变就应变。"夫尧之法，舜尝变之；舜之法，禹尝变之。""祖宗法自有当变者"，只要"所变果善"，就应该变。

陆九渊认为：当时批判王安石的人，没有一个指出了王安石的错误所在，只知道讲王安石听不进不同意见，变更了"祖宗之法"（"当时辟介甫者无一人就介甫法度中言其失，但云'喜人同己'，'祖宗之法不可变'"）。其实，王安石这么高的才华，一句"祖宗之法不可变"，如何能让他服？②

五是有人说王安石变法不该利字当头。（"或言介甫不当言利"）当时的北宋，边患无穷，兼并盛行，三冗严重，王安石的变法就是"治财、募兵、统商、抑兼并"。时人攻击王安石的变法坏就坏在谋利。陆九渊不同意这种观点，他尖锐地指出："夫《周官》一书，理财者居半，冢宰制国用，理财正辞，古人何尝不理会利，但恐三司等事，非古人所谓利耳。不论此，而以言利过之，彼岂无辞？所以率至于无奈他何处。"③《周官》中的许多内容都和财用相关，冢宰的职责是使国家财用有节，此是民之大利。

在北宋末至南宋初全面否定王安石及其变法的政治气候和浓厚的理学气氛中，陆九渊的上述评论，无疑是大胆而可贵的，表现了陆九渊的正直和与众不同的见识。

有人说他俩是同乡，都是江西临川人，所以，陆九渊才极力为王安

① 《与钱伯同》，《陆九渊集》卷9，第139页。
② 《语录下》，《陆九渊集》卷35，第508页。
③ 《语录下》，《陆九渊集》卷35，第508页。

石说好话。在宋代，抚州军辖临川、崇仁、宜黄、金溪、乐安五县，治所在临川，王安石是临川人，而陆九渊是金溪人。陆九渊与王安石的确是同乡，但说陆九渊只是出于同乡之谊就说王安石的好话，那就是既看低了陆九渊，也与实际不符。

那么，陆九渊是怎么分析熙宁变法的失败原因呢？

一是用人不当，排斥异己。陆九渊指出："新法之议，举朝欢哗，行之未几，天下恟恟。公方秉执周礼精白言之，自信所学，确乎不疑。君子力争，继之以去，小人投机，密赞其决，忠朴屏伏，憸狡得志，曾不为悟，公之蔽也。"这是说王安石用人不当，造成小人满堂，君子远窜。事实也是如此，王安石因识人不准而为他的变法失败种下了隐患。一方面，王安石听不得杂音，对反对变法的朝臣一概打压。如御史中丞吕诲控诉王安石变法有十大过失，王安石便让神宗皇帝将其贬任地方；后来，先后有程颢、刘述、范纯正、林旦等人不支持变法，也被贬离朝堂。另一方面，凡是附和变法的人又一概委以重任，一些投机取巧的小人成为官场新秀。这些政治上的墙头草反将变法的初衷引向政治斗争，使得朋党之争愈演愈烈，最终彻底葬送了变法。如王安石举荐的吕公著代替御史中丞吕诲，提升李定、吕惠卿、曾布、郑侠、章惇、蔡确、蔡京等人，他们并没有如王安石所想把变法深推下去。

王安石容不得反对的声音，识人用人严重不察，任人唯亲，不辨忠奸，导致变法这部好经在激进、势弱和不纠偏中步入死胡同。

二是食古不化，不切实际。陆九渊明确指出："读介甫书，见其凡事归之法度，此是介甫败坏天下处。尧舜三代虽有法度，亦何尝专恃此。又未知户马、青苗等法果合尧舜三代否？""惟韩魏公论青苗法云'将欲利民，反以害民'甚切当。"[①] 这是说王安石不合时宜，本想利民，反而害民。

---

① 《语录下》，《陆九渊集》卷35，第508页。

有人问："介甫（王安石）比商鞅何如？"陆九渊回答："商鞅是脚踏实地，他亦不问王霸，只要成事，却是先定规模。介甫慕尧舜三代之名，不曾踏得实处，故所成就者，王不成，霸不就。"① 陆九渊说："古今兴亡治乱、是非得失，亦所当广览而详究之。顾其心苟病，则于此等事业，奚啻聋者之想钟鼓，盲者之测日月，耗气劳体，丧其本心，非徒无益，所伤实多。他日败人事，如房琯之车战，荆公之均输者，可胜既乎？"② 唐安史之乱时，宰相房琯采用春秋时的车战之法抵御叛军，结果大败。王安石的均输法则是仿照汉代桑弘羊，用扩大购买的办法来解决粮食供应问题。这都是食古不化。陆九渊认为这是"丧其本心"，就像让聋者去听钟鼓，让盲者去测日月，不但对事业无益，且伤害太多。

事实也是如此。王安石变法的许多措施出发点是好的，但实际执行中出现偏差。比如青苗法，地方官吏为了邀功，强行让百姓向官府借贷，且随意提高利息，额外还有名目繁多的勒索之法，百姓苦不堪言。青苗法也就变质为官府辗转放高利贷、收取利息的苛政。

三是王安石的学养不足，学未得其正。"荆公之学，未得其正，而才宏志笃，适足以败天下。"③ "惜哉！公之学不足以遂斯志，而卒以负斯志；不足以究斯义，而卒以蔽斯义也。" ④ 陆九渊认为王安石学不足，学不正，最终败坏天下。那什么是"学不足""学不正"呢？陆九渊认为：心为天地万物之本，因而也是政治制度之本，而王安石"凡事皆归于法度"，这是以"身心"为末，"法度"为本，拘泥于制度而不知创通大义，"独其学不造本原，而悉精毕力于其末，故至于败"⑤。这是王安石变法失败的根本原因，也是王安石的"学术之误"。

陆九渊站在心学的立场上去评判王安石，认为本心既是宇宙万物

① 《语录下》，《陆九渊集》卷35，第508页。
② 《与陈正己》，《陆九渊集》卷12，第184页。
③ 《与薛象先》，《陆九渊集》卷13，第201页。
④ 《荆国王文公祠堂记》，《陆九渊集》卷19，第267页。
⑤ 《与钱伯同》，《陆九渊集》卷9，第139页。

之本原，身心修养之始，也是政治得失之本。王安石失败的"本原皆因
不能格物，模索形似，便以为尧舜三代如此而已。所以学者先要穷理"。
陆九渊心学的核心观点是"心即理"，就是"发明本心"。而王安石的变
法以《周礼》为号召，重视枝末性的"法度"，轻视本原性的"本心"，
下学而不上达，外王而无内圣，本末倒置，这是导致熙宁变法失败的根
本性原因。①

　　陆九渊写《荆国王文公祠堂记》的这一年，南丰的刘敬夫②学习
《周礼》。他先拜见、请教朱熹。朱熹要刘敬夫精细考索。刘敬夫又去见
陆九渊。陆九渊则问："你见朱熹先生，得到了什么指教呀？"刘敬夫就
把朱熹所教的讲了一遍。陆九渊说读《周礼》这样的经书，"只如此读
去，便自心解"。而那些后人的注不可信，"或是讳语，或是莽制"。汉
代郑玄的注书，枘凿最多。直到现在的"后人多以己意，其言每有意
味，而失其真实，以此徒支离蔓衍，而转为藻绘也"③。陆九渊指出了理
解、训释《周礼》的两种错误倾向：一是过于信任旧注，拘泥于《周
礼》的制度条文；二是以自己的意见穿凿附会。王安石的变法死守《周
礼》，像"青苗法""均输法"等都号称以《周礼》拟定。在陆九渊看来，
王安石不以"心"去领会《周礼》的精义，而拘泥于制度，却不知《周
礼》一书经过郑玄注释后，其中的制度已不可信，"或是讳语，或是莽
制"，这是熙宁变法终归失败的原因。至于朱熹"精细考索"的解难经
方法，则是在经书之外掺入自己的意见，也是背离了《周礼》的原意，
因而也遭到陆九渊的强烈反对。④

---

① 　周建刚：《陆九渊〈荆国王文公祠堂记〉与朱陆学术之争》，《江西师范大学学报》
2013 年 2 月。
② 　刘敬夫，江西南丰人，刘定夫之兄。1181 年（淳熙八年）进士，仕至瑞州（今
江西高安）通判。
③ 　《年谱》，《陆九渊集》卷 36，第 572 页。
④ 　周建刚：《陆九渊〈荆国王文公祠堂记〉与朱陆学术之争》，《江西师范大学学报》
2013 年 2 月。

5. 围绕着陆九渊《荆国王文公祠堂记》的争论与评价

陆文一出，朱熹就致书弟子刘公度[1]，猛烈批驳了陆九渊的这篇祠堂记，说："临川（指陆九渊）近说愈肆，《荆舒祠记》曾见之否？此等议论，皆学问偏枯、见识昏昧之故，而私意又从而激之。"刘公度回书表示"世岂能人人同己，人人知己，在我者明莹无瑕，所益多矣"，劝乃师不必与之计较。而朱熹则指责刘"此等言语殊不似圣贤意思。无乃近日亦为议论渐染，自私自利，作此见解耶？不知圣贤辨异论，辟邪说如此之严者，是为欲人人同己，人人知己而发耶？……若公度之说行，则此等事都无人管，恣意横流矣，试思之如何？"[2]在陆九渊去世后的第7年，朱熹又写了一篇长文来批判王安石。

陆九渊对自己的这篇文章则十分看重，十分自信，屡次提及。1188年前后，陆九渊与朱熹进行"无极太极之辨"之时，还在《与陶赞仲》的信中说："《荆公祠堂记》与元晦三书并往，可精观熟读，此数文皆明道之文，非止一时辩论之文也。"[3]陆九渊自认为：他的这篇"《王文公祠记》，乃是断百馀年未了底大公案"，而他对王安石的评判，哪怕"圣贤复起，不易吾言"（圣贤来了，也改变不了我的话）。"馀子未尝学问，妄肆指议，此无足多怪。同志之士犹或未能尽察，此良可慨叹！足下独谓使荆公复生，亦将无以自解，精识如此，吾道之幸！"[4]"当时诸贤盖未有能及此者。"[5]

我们应该如何看待陆九渊的这篇文章呢？

王安石的一生波澜壮阔，其人品、想法和做法都难能可贵，他历

---

① 刘孟容，字公度，隆兴人。其不只师从一个，先从家学，继从学于陆九渊，再从张栻，最后从朱熹，但其学术中的陆学色彩很明显。（赵伟：《陆九渊门人》，中国社会科学出版社 2009 年版，第 82 页）

② 《答刘公度》，《朱文公文集》卷 53。

③ 《与陶赞仲》，《陆九渊集》卷 15，第 221 页。

④ 《与胡季随》，《陆九渊集》卷 1，第 8 页。又见《与林叔虎》，《陆九渊集》卷 9，第 144 页。

⑤ 《与薛象先》，《陆九渊集》卷 13，第 201 页。

经真宗、仁宗、英宗、神宗、哲宗五朝，始终以"三不足"的大无畏精神，直面积贫积弱的北宋王朝，特别是实施变法的 15 年间，为理想、为抱负特立独行、不屈不挠地顽强斗争，硬战到底，以期富国强兵。

王安石提出的变法方案，对当时矛盾重重、内忧外患的现实情况有深刻的洞察性。邓广铭先生说："从北宋建国以来，在其最高统治集团中人，从皇帝到辅佐大臣，真正有胆识，能从理性进行分析，敢于从战略上藐视敌人（契丹和西夏）的，只有王安石一人。"梁启超也说："秦汉以后，其能知国家之性质，至诚恻怛以忧国家者，荆公一人而已。"

不过，王安石变法显现出严重的问题。王安石过于书生意气，不懂变通。他性格执拗，刚愎自用，没有宰相气度，仅凭一腔热血和个人才华与所有的大官僚、大地主等利益集团为敌，还不注重韬略，想当然地孤军奋战，结果撞得头破血流，他原本有远见的想法最终在顾此失彼的实施过程中流产，导致变法功败垂成。

《荆国王文公祠堂记》作于 1188 年（淳熙十五年）春正月，陆九渊时年 50 岁，精神纯正，刚直无畏，思想成熟，分析冷静，论证缜密，不是用道学先生的口吻去空洞地批判，而是实事求是地分析了王安石的变法。此文是南宋论王安石学术与变法的著名文献，开了南宋正确评价王安石及其变法的先河。

朱陆两人对王安石的不同评价，与他们的哲学立场相关，这也构成了朱陆之争不可缺少的一个环节。

七、宋代政治思想中的"皇极"之辨与陆九渊的"皇极"观

在宋代思想政治话语体系中，"皇极"有着特殊地位。两宋理学家常用这一概念来阐发他们的政治理念。余英时在《朱熹的历史世界——宋代士大夫政治文化研究》中用大量篇幅分析了"皇极"观念对南宋高宗、孝宗、光宗三朝治国之策的重大影响。

陆九渊对"皇极"也极为重视，在三次关键场合提到它：45 岁在国学讲《春秋》时用《洪范》一章诠解《春秋》灾异观；50 岁左右与朱

熹论辩无极、太极时用皇极解太极；54 岁在荆门讲《洪范·五皇极》一章。1192 年，"春正月十三日，会吏民讲《洪范·五皇极》一章"。陆九渊只讲了此章开头的一段文字："五皇极，皇建其有极，敛时五福，用敷锡厥庶民，惟时厥庶民，于汝极，锡汝保极。"为什么？因为这段文字最为重要，是根本的根本。

"皇极"是《尚书·洪范》的重要概念，《尚书·洪范》的"洪范"就是"大法"的意思。《尚书·洪范》为商殷纣王的箕子所传，又称为《商书》。商纣王荒淫，不理国事。大臣箕子反复进谏，不被接受，就佯狂为奴。周灭商的前一年，纣王杀了王子比干，并囚禁了箕子。公元前1066 年，周武王推翻殷朝，建立周朝，封纣王之子禄父于殷，并释放了箕子。第二年，武王访问箕子，问殷为什么灭亡。箕子因不忍说殷的恶政而不回答。武王就改问安定百姓之法，箕子便向武王讲了"《洪范》九畴"——帝王治理国家的九种根本大法（"天地之大法"），而"皇极在《洪范》九畴之中，乃《洪范》根本"[1]。

陆九渊的《荆门军上元设厅皇极讲义》一文具有浓厚的心学特征、高度的哲理性，亦有较强的现实指向[2]，是陆九渊心学政治观的代表作。

1. 将"皇极"解释为"大中之道"、人之本心，巩固了心学政治观的基础概念

"皇极"是陆九渊政治哲学中的核心思想。他多次阐发《尚书》的"皇极"大义，用"皇极"来反对朱熹的"无极"[3]，在荆门为吏民讲"皇极"精义。

"皇极"是什么意思呢？陆九渊将"皇极"理解为"皇，大也；极，中也"。"皇"为"大"义，"极"为"中"义，"皇"是一个描述"极"的形容词。"皇极"便是"大的极"之义，陆九渊的这种解释是汉代孔

---

① 《荆门军上元设厅皇极讲义》，《陆九渊集》卷 23，第 325 页。
② 陈石军：《陆九渊的"皇极"说》，第 808 页。
③ 《与朱元晦》，《陆九渊集》卷 2，第 29-30 页。

安国《尚书传》以来的主流解释，并不是陆九渊的新见。但陆九渊在《荆门军上元设厅皇极讲义》（以下简称《皇极讲义》）中则表达了他的新意：

> "中"是《中庸》所谓"中也者，天下之大本"的"中"[①]，是"惟皇上帝，降衷于下民"的"衷"，是人人皆有且当保有的"本心""此心"（"若能保有是心，即为保极"）。《中庸》说"致中和，天地位焉，万物育焉"，而"皇极"即"大中""大极"，"是极之大，充塞宇宙，天地以此而位，万物以此而育"[②]。这也是他的心学思想在政治哲学中的延伸。"皇极之建，彝伦之叙，反是则非，终古不易。是极是彝，根乎人心，而塞乎天地。"[③]

陆九渊以"中"训"极"，就是认为圣王施政必须建极，秉持大中之道。"知所可畏而后能致力于中，知所可必而后能收效于中。夫大中之道，固人君之所当执也。"[④]其实，陆九渊对"皇极"的这一解释也是延续了与朱熹论辩无极、太极时用"中"释"极"、用"中"指理的观点。"皇极"就是大中之道，就是主极、天理。

从"北极（北辰）""太一"到"皇极"仅一步之遥，而这关键的一步是通过消化河图、洛书实现的。众所周知，河图洛书之说出自《易·系辞》："天垂象，见吉凶，圣人象之；河出图、雒（洛）出书，圣人则之。"刘歆认为，河图就是伏羲八卦，洛书就是《洪范》九畴。[⑤]陆九渊特意在《皇极讲义》之后附了河图八卦之象、洛书九畴之数。河图中央是太极，洛书中间是数字五，其中大有深意。因为《汉书·五行志》只说到《洪范》九畴是洛书原文，现在，陆九渊将河图与洛书并列，显示出他实际上是把洪范中处于五的皇极理解为八卦图（河图）当

---

① 《与朱元晦》，《陆九渊集》卷2，第33页。
② 《荆门军上元设厅皇极讲义》，《陆九渊集》卷23，第324页。
③ 《杂说》，《陆九渊集》卷22，第308页。
④ 《人心惟危道心惟微惟精惟一允执厥中》，《陆九渊集》卷32，第436页。
⑤ 参见《汉书·五行志上》。

中的太极。[①]

祁润兴认为：陆九渊的"皇极"其实就是周敦颐在《太极图说》里讲的"人极"。他通过"九畴之数"说明皇极建用在中五之上，借助易数学精确地刻画了人极在天地之间的中正价值地位和在宇宙之内的仁义作用。[②]陆九渊知荆门军时，屡闻金军来犯，却毫无畏惧。在陆九渊看来，建立皇极，就意味着自作主宰。

朱熹对陆九渊把"皇极"释作"大中"非常不满。"今人皆以'皇极'为'大中'，最无义理。"[③]朱熹认为"中"是相对于上下左右四方的一个方位名词，同时也表示"无过无不及"的温和行事风格。他认为把"极"解释为"中"完全背离了"太极""皇极"的本义。然而，陆九渊所谓的"中"并非朱熹理解的上述两层意思。[④]

朱熹在《皇极辨》中说："皇者，君之称也；极者，至极之义，标准之名。……以极为在中之至则可，而直谓极为中则不可。"朱熹竭力反对释"皇"为"大"，而主张释"皇"为"君"。[⑤]朱熹认为，"皇"是一个领有"极"的名词，"极"是"标准"义，"皇极"便是"君的极"之义，即"君王的标准"。朱熹说："'皇极'二字，'皇'是指人君，'极'便是指其身为天下做个样子，使天下视之以为标准。"[⑥]朱熹把"皇极"解释为"君主必须通过自己的道德修养，为天下树立一个标准"。这有推崇虚君而限制君权的意图，但似乎其天理"只存有而不活动"，天理只能充当评价标准，只是"人君建一个表仪于上"。

---

① 葛兆光曾对北极、太一、道、太极四个概念之间的关联做过详细考证，但他没有关注皇极问题，也没有指出道教星斗信仰与阴阳五行思想复杂的关联。参见其所著：《众妙之门——北极与太一、道、太极》，载《中国文化》1990 年第 2 期。龚鹏程在一个注中提到了用太极、北极北辰解释皇极的思路，但他未做评论，不置可否。参见其所著：《儒家的星象政治学》，《龚鹏程讲儒》上，第 40 页。
② 祁润兴：《陆九渊评传》，南京大学出版社 1998 年 12 月版，第 306 页。
③ 《尚书》二，《洪范》，《朱子语类》卷 79，第 3200 页。
④ 杜德荣：《陆九渊以崇理为中心的政治思想初探》，第 996 页。
⑤ 吴震：《宋代政治思想史上的"皇极"解释——以朱熹〈皇极辨〉为中心》。
⑥ 《洪范》，《朱子语类》卷 79，第 2195 页。

"皇极非大中，皇乃天子，极乃极至，言皇建此极也。东西南北，到此恰好，乃中之极，非中也。"①

"'五皇极'，只是说人君之身，端本示仪于上，使天下之人则而效之。"②

问："先生言皇极之极不训中，只是标准之义。然无偏无党，无反无侧，亦有中意。"曰："只是个无私意。"问："准标之义如何？"曰："此是圣人正身以作民之准则。"问："何以能敛五福？"曰："当就五行、五事上推究。人君修身，使貌恭，言从，视明，听聪，思睿，则身自正。五者得其正，则五行得其序；以之稽疑，则龟从，筮从，卿士从，庶民从；在庶征，则有休征，无咎征。和气致祥，有仁寿而无鄙夭，便是五福；反是则福转为极。陆子静荆门军晓谕乃是敛六极也！"

先生问曹："寻常说皇极如何？"曹云："只说作大中。"曰："某谓不是大中。皇者，王也；极，如屋之极；言王者之身可以为下民之标准也。貌之恭，言之从，视明听聪，则民观而化之，故能使天下之民无有作好，而遵王之道；无有作恶，而遵王之路；王者又从而敛五者之福，而锡之于庶民。敛者，非取之于外，亦自吾身先得其正，然后可以率天下之民以归于正，此锡福之道也。"③

朱熹主要依据的经典是《易传》，不能接受以"极"为"中"的训释，否则，"太极"就要解释为"大中"。经学的注释传统，都把"极"训为"至"，最典型的是《易传》。

而从《洪范》皇极的有关训释出发，可以找到训"极"为"中"的线索。"皇极"这一概念，在汉唐注疏中，普遍把"极"训为"中"，代表了"极"作为实词的常见含义。

"极"字训释在儒家经典中形成了以《尚书·洪范》"皇极"为中心（训为"中"）和以《易传·系辞》"太极"为中心（训为"至"）的两条

---

① 《洪范》，《朱子语类》卷 79，第 2192 页。
② 《洪范》，《朱子语类》卷 79，第 2194 页。
③ 《洪范》，《朱子语类》卷 79，第 2196 页。

路线。陆九渊的皇极说从属于《洪范》这一条脉络，而其义理之进路实与《中庸》《孟子》相表里。①

在《尚书·洪范》中，箕子告诫周武王："无偏无陂，遵王之义；无有作好，遵王之道；无有作恶，遵王之路。"帝王治理国家，应公平公正，不要有所偏颇，不要有所偏爱，不要为非作歹。如果帝王这样做了，广大臣民就会拥戴你，就会尊重你的法则，就会遵从你的准则，帝王就能治理好国家，国家就会很快繁荣昌盛起来。

2. 以心论福，将设醮祈福转化为修心得福的日用常行，实现"正人心"的教化治理

在陆九渊看来，皇极就是伦常，皇极"根乎人心"，"极"就是人人都有的"本心"，发明和坚守天生的本心（天降之衷），是致福的根本，在人伦日用实践中为所当为则是福报的根本途径。"若能保有是心，即为保极，宜得其寿，宜得其福，宜得康宁，是谓攸好德，是谓考终命。"②保极就是保心，如果能保有此心而不失，那就有德，有命，有寿。

陆九渊把《洪范》的"保极"解释为"保有是心"，把五福六极的效验系于人心之正与不正。这样，他就以心之正邪判定祸福，心正皆福，心邪乃祸。如若心正，不违天地鬼神、君师圣贤，哪怕身处患难贫贱，也是俯仰无愧、自由亨通的有福之人。

但是，朱熹对此并不满意。项平父往返于朱陆门下问学，成为朱熹了解陆九渊存心保极说的渠道。朱熹问项平父："先儒训'皇极'为'大中'，近闻又有说'保极'为'存心'者，其说如何？幸详推之，复以见告，逐句详说，如注疏然，方见所论之得失。"③朱熹不同意陆九渊的看法，而是认为"敛五福"就应当就五行、五事上推究，是人君修身的

---

① 陈石军：《陆九渊的"皇极"说》，第 812 页。
② 《荆门军上元设厅皇极讲义》，《陆九渊集》卷 23，第 325 页。
③ 《答项平父》，《晦庵文集》卷 54。

功夫，因而批评"陆子静荆门晓谕乃是敛六极也"[①]。朱熹把建皇极理解为人君建立修德理政的标准，而陆九渊把建皇极理解为百姓求本心。建极的主体不同，二人的观点就无法沟通。

陆九渊在荆门任上，以"正人心"作为治理荆门的总方针，十分注重民众教育，"教民如子弟，虽贱隶走卒，亦谕以理义"[②]。陆九渊在《皇极讲义》中还把祈福与正人心联系起来，以"存心"说"保极"，教谕民众通过端正本心来祈求五福，就把带有迷信色彩的地方习俗转化成一种个人修心的精神文明活动，从而贯彻了"正人心"的荆门执政方针，起到了教化百姓的重要作用。

陆九渊对祈福的荆门百姓讲，"福"与"心"直接关联，"极"与"福"密不可分，得福的关键在极，无极则无福，要以德配福，极福一致。获取幸福的正确方法在于保有是心："实论五福，但当论人一心。此心若正，无不是福；此心若邪，无不是祸。"[③]福不在神佛之佑，而在自求多福。而求福的关键又在于心正，"心正，无不是福。此心若邪，无不是祸"。因为"其心若正，其事若善，是不逆天地，不逆鬼神，不悖圣贤之训，不畔君师之教，天地鬼神所当佑，圣贤君师所当与，不辱父祖，不负其身，仰无所愧，俯无所怍，虽在贫贱患难中，心自亨通。正人达者观之，即是福德"；相反，"若其心邪，其事恶，是逆天地，逆鬼神，悖圣贤之训，畔君师之教，天地鬼神所不宥，圣贤君师所不与，忝辱父祖，自害其身"。

陆九渊进一步将五福落实于人人日用日常的爱亲敬兄的孝悌之道，求福不在天，不在王，而在每个人的当行之道，是人人本有的孝悌仁爱之心。

陆九渊的这番话符合"积善之家，必有余庆"的社会心理，强化了

---

① 《洪范》，《朱子语类》卷 79，第 2196 页。
② 《象山先生行状》，《陆九渊集》卷 33，第 451 页。
③ 《荆门军上元设厅皇极讲义》，《陆九渊集》卷 23，第 325 页。按，关于陆九渊这篇讲演的分析，参见吴震：《明末清初劝善运动思想研究》"导论"，第 14 页。

"修心""行善"与"求福""得福"之间的必然现实关联，从而通过对《尚书》皇极的讲解，将百姓打醮祈福的迷信行为引导并转化为以心为福、积德求福的自我修心方向。

3. 以人人"皆能保极"的思想作为全篇的主旨，阐述了心学政治观的核心思想

陆九渊分三层来讲"人人"如何保极：

首先，他强调了君主的责任：要修养自身，并像"古代圣王"那样将"为民祈福"作为政治目标。"圣天子建用皇极，亦是受天所锡，敛时五福，锡尔庶民者。即是以此心敷于教化政事，以发明尔庶民天降之衷，不令陷溺。"①

其次，他强调地方的"郡守县令"应"承宣此福"以便为圣王"锡尔庶民"服务，治理国家就是要发明全体庶民的本心，教化政事也在于一心。

最后，他说："尔庶民能保全此心，不陷邪恶，即为保极。""凡厥庶民，皆能保极。比屋可封，人人有士君子之行，叶气嘉生，薰为太平，向用五福，此之谓也。"② 就是说，庶民百姓只要发明本心，自求多福，就可"长享五福，更不必别求神佛也"③。

在陆九渊看来，君臣士民各自担负着不同的政治职责，"皇建其极"的过程是君臣士民相互协作的过程。这一过程表征着人在天理面前的主动性，人不是被动地接受天理的安排，而是能动地弘扬天理。④

在这一结构中，陆九渊强调了君王的责任，这与朱熹是相同的，朱熹也强调"其本皆在人君之心，其责亦甚重矣"⑤。但是，陆九渊的过人

① 《荆门军上元设厅皇极讲义》，《陆九渊集》卷23，第326页。
② 《荆门军上元设厅皇极讲义》，《陆九渊集》卷23，第324页。
③ 《荆门军上元设厅皇极讲义》，《陆九渊集》卷23，第326页。
④ 赵荣华：《陆九渊政治哲学研究》，南开大学博士学位论文。
⑤ 《尚书》二，《洪范》，《朱子语类》卷79，第2194页。

之处在于，他在这次宣讲中强调人君之心与庶民之心皆是一个心，所以，建用皇极，各保其极。这个"极"即人的本心，并非圣人才有，庶人也有，人人皆有。

这就突出了凡圣一致，所以陆九渊说："凡民之生，均有是极，但其气禀有清浊，智识有开塞。天之生斯民也，使先知觉后知，先觉觉后觉。古先圣贤与民同类，所谓天民之先觉者也。以斯道觉斯民者，即皇建其有极也，即敛时五福，用敷锡厥庶民也。"[1] 即圣贤与民众是有区别的，圣贤是先知先觉者，是"皇建其极"过程中的政治主体，因此也就有了通过政治教化的手段来觉醒民众的权力。可见，建极过程一方面凸显了君臣士的政治主体意识，一方面也抹杀了民众作为政治主体的资格。

余英时在其书中曾专辟一节梳理诸家关于"皇极"的论述，认为陆九渊《皇极讲义》中论"读书"的那些话明显是针对朱子的，而朱熹的《皇极辨》一文则是针对陆九渊《皇极讲义》而发。[2]

束景南认为这个看法实际颠倒了《皇极辨》与《皇极讲义》的因果关系。他说："陆九渊在荆门会吏民讲《洪范》'五皇极'一章，盖针对朱熹之《皇极辨》。"[3]

吴震指出，由《皇极辨·跋语》来看，《皇极辨》定稿于1196年（庆元二年），但据朱熹书信，《皇极辨》撰述则有可能是在7年前的1189年（淳熙十六年）左右。该年朱熹在给吴伯丰的信函中说道："《皇极辨》并往，此亦一破千古之惑，可录一本送正淳，皆勿广为佳耳。"[4] 这表明《皇极辨》早已撰写，其后经过不断修改，最终才在1196年（庆元二年）

---

[1] 《荆门军上元设厅皇极讲义》，《陆九渊集》卷23，第324页。
[2] 参见余英时：《朱熹的历史世界——宋代士大夫政治文化的研究》下篇，第838页。
[3] 束景南：《朱熹年谱长编（增订本）》卷下，华东师范大学出版社2014年版，第1053页。在"一一八九，淳熙十六年，己酉，六十岁"条下，亦有类似说法："其后，陆在荆门讲《洪范》'五皇极'，乃针对朱《皇极辨》也。"（同上书，第964页）
[4] 《朱子文集》卷52之《答吴伯丰》二，《朱子全书》第23册，第2422页。陈来认为，此书作于1189年（淳熙十六年）夏，见其著：《朱子书信编年考证》，第300页。

定稿。

值得注意的是，1189 年（淳熙十六年）这一年朱熹与陆九渊激辩"无极而太极"，明确提出了"极"为"标准之意"的观点，^① 这一年也是孝宗在位的最后一年。而此前的 1181 年（淳熙八年）至 1188 年（淳熙十五年），以王淮为首的官僚集团（余英时语）完全掌控朝廷的权力长达 7 年之久。据余英时的考察，就在王淮执政期间，"皇极"问题是一个"国是"问题，有关"皇极"的解释乃是关涉当时国家最高层应当采取何种政策的重大问题。那么，当时的所谓"国是"具体是指什么呢？

王淮集团坚守的是自高宗以来的"国是"——"安静"（宋金对抗的安稳），而将"皇极"理解为"大中"便突出了"安中之善"之义，王淮之相业正是建立在"主于安静"这一核心观念之上的。虽然孝宗登基后一直试图改变这一"安稳"国策而采取"恢复"（收复失地）的国策，但孝宗即位后一直在太上皇高宗的阴影之下，使得"恢复"这一政策始终未能上升为"国是"。之所以如此，实际上道学家群体的势力长期受到官僚群体的压制是其中的重要原因。

那么，淳熙年间的"国是"问题为何与"皇极"问题有关呢？余英时先生已有充分可信的论证。^②

朱熹曾在给友人胡季随的书信中说："荆门《皇极说》曾见之否？试更熟读。《洪范》此一条详解，释其文义，看是如此否？"^③ 胡季随，名

---

① 陆九渊坚持训"极"为"中"，对此，朱熹指出"极"字当为"标准之意"："若皇极之极、民极之极，乃为标准之意，犹曰立于此而示于彼，使其有所向望而取正焉耳，非以其中而命之也。"[《朱子文集》卷 36 之《答陆子静》六，《朱子全书》第 21 册，第 1572 页。按，是书作于 1189 年（淳熙十六年）己酉春正月]这个解释与其《皇极辨》完全一致。

② 以上参见上揭余英时书，第 808–845 页。

③ 《答胡季随》十二，《晦庵先生朱文公文集》卷 53，《朱子全书》第 22 册，上海古籍出版社、安徽教育出版社 2002 年版，第 2517 页。关于朱熹评《皇极讲义》，另参《朱子语类》卷 79，第 2047–2048 页。

大时，胡宏季子，张栻弟子。

陆九渊的心学政治观是对南宋政治危机的积极回应，它基于"心为政本"的基础，提出"君心政本""本心敷于教化政事""益国裕民""本心为民""宣化承流"等，实现三代之政以济斯民于大和，凸显其政治主体性意识、责任意识、担当意识。

陆九渊心学政治观为整个南宋以降的政治伦理开辟了一条新的路径，为挽救当时的政治危机、伦理危机另辟蹊径，找到了一条主体性责任伦理之路。

第 05 讲

陆九渊的家乡、家族和家世

一、陆九渊家乡的建县历史

陆九渊的家乡是金溪县，现有丰厚的文化遗存，地面上有众多的不可移动文物——古村落、古街巷、古矿址、古建筑。这是研究陆九渊心学的重要资源。研究金溪的村落、县城的遗产遗迹，在一定程度上可以窥见陆九渊时代的经济状况、社会发展以及陆九渊心学产生原因等方面的某种信息。

1. 陆九渊诞生前的 145 年，金溪为什么建县？

为什么金溪县有这么多古村落、老房子？因为有钱。那金溪人怎么这样有钱呢？

一方水土养一方人，金溪地处抚河中游东岸，东达武夷山，北抵鄱阳湖，位于山区与平原的过渡地带，水路、陆路交通便利。全县面积1358 平方公里，森林覆盖率 57%，年降水量 1856 毫米，境内有抚河、芦河、金溪水、齐冈水、青田水、三港水等 6 条主要河流，总长 203.3公里，集水面积 1764 平方公里，水系发达，水资源丰富，气候温和，土地肥沃，所以，农业发达，有"赣东粮仓"之誉。

唐宋时期，金溪是冶银重镇。西方在 18 世纪以后进入工业时代，而我国在农业文明时期就有了全世界最好的工业。在炼铜、冶银、烧瓷方面，江西就有德兴铜矿、永平铜矿、景德镇烧瓷，还有金溪冶银。这些都是国家的战略物资、中央政府的垄断行业。金溪县城到浒湾镇，一路上就有 5 个叫"铺"的地方（樟树铺、尖冈铺、枫山铺、塘山铺、古竹铺），一个"铺"就是一个兵站，因为银子从金溪县城宝山银矿运到浒湾上船，沿途要武装押送，于是就留下了这些历史遗迹。

宋元时期，金溪是烧瓷基地，至今还保存 31 处宋元时期窑址群。如小坡窑和里窑是江西重要的陶瓷产地，现在是省保单位。里窑位于左坊镇清江排里窑村，遗址长达 5.2 公里，宽 1.5 公里，窑包堆积厚度达 30 多米，是研究景德镇窑系不可缺少的篇章。

金溪是重要的印刷基地。浒湾是清代全国四大刻书中心（四堡、浒湾、武汉、北京）之一（史学家、文学家郑振铎语），木刻印书业发达，经史子集、话本小说都能刊刻，人称"江西版"，甚至有民谣称："药不过樟树不灵，纸不到浒湾不齐，书不是赣版不行。"浒湾镇也因此繁荣，今仍保存 3 个古码头、4 个明清古漕仓。浒湾书坊建筑群为国保单位。

金溪是赣东和闽西北粮食、陶瓷、竹木等物资的集散地。当年，抚州商帮是很厉害的商人团体，而金溪商人是抚州商帮的重要支柱。金溪商人从抚河入鄱阳湖，达长江，足迹遍及大江南北。《嘉靖县志》载："民务耕作，故地无遗利，土狭民稠，为商贾者三之一。"

当年，陆九渊家的经济收入主要靠两笔：一是做药商，二是靠教书。从过去到现在，抚州的盱江药业和学校教育，都是全省有名的。

所以，金溪是士农工商，兼存并举；一、二、三产业，各业发达。而金溪建县正是在陆九渊出生前不久。之所以要在这个地方建县，是因为那个时候这个地方已十分发达，而金溪建县又大大促进了这一地区的繁荣和发展。

唐人王勃在《滕王阁序》中有"物华天宝，龙光射牛斗之墟"之语。"物华天宝"的"宝"，指的是江西丰富的矿产；"龙光射牛斗之墟"进一步解释了"物华天宝"，说的是江西大地上以青铜宝剑为代表的器物，"龙光"指的是宝剑龙渊射出来的光辉。江西出宝剑，史书有明确记载。《晋书·张华传》载：晋初，牛、斗二星之间常有紫气照射。张华请教精通天象的雷焕。雷焕说这是宝剑之精，上彻于天。张华就命雷焕为丰城令寻剑，果然在丰城（今江西丰城）牢狱的地下，掘地四丈，得一石匣，内有龙泉、太阿二剑。龙泉，即唐之前所说的龙渊，后来因避讳高祖李渊而改名。

1989 年秋，新干县大洋洲镇（当时为大洋洲乡）程家村发现了一座沉睡了 3000 多年的商代时期大墓，其中有 475 件精美青铜器。

从汉代到宋代，江西是铜器的主产区。南昌佑民寺就有一口铸造于五代十国南唐时期的铜钟，高 7 尺，周长 1 丈 4 尺 8 寸，重达万余斤。宋代饶州（今鄱阳县一带）的许多作坊，更是成为优质铜镜界的著名品牌。江西的铜不仅影响着人民的物质生活和精神信仰，还决定着北宋人民的钱袋子。

江西自古多出大型铜矿资源，青铜采冶和铸造技术处于全国先进水平。宋代是江西冶铜业乃至中国冶铜业的重要发展时期，铅山场是全国三大铜场之一。铅山县的诞生，恰恰是因为采矿，它源于公元 940 年（南唐升元四年）设立的专门开采铜矿的铅山场，11 年后正式设铅山县。宋代，这里的铜矿冶炼量最大，矿工数量达到 10 余万人，南宋绍圣年间，炼铜量为 38 万斤。

德兴铜矿是宋代江西的大型铜矿场。公元 1010 年（大中祥符三年）德兴设立铜场，到哲宗元祐时期，德兴设立兴利铜场，一年采铜 5 万斤。南宋高宗末期，年产铜 263169 斤，其中兴利铜场产铜 23400 斤。而胆水浸铜技术成功地运用于德兴和铅山铜矿开采实践，德兴张潜的《浸铜要略》专著问世，更是对世界化学史和冶金史的杰出贡献。明初，朝廷设立的铜场只有德兴和铅山两处，后来才在云南、山西、陕西和四川等地设立铜场。

矿冶业特别是铜矿的发展，为铸钱提供了充足的原料，江西的铸钱业很快发展起来。北宋初期，朝廷在江西设立的永平监，是全国唯一的大型铜币铸造基地。宋初，这里每年铸铜币 7 万贯，是唐代元和年间的

10 倍。当时永平监铸造的铜钱达 61 万贯，占全国总额的 12%，加上江州广宁监、抚州裕国监、临江军丰余监和赣州铸钱院等处所铸的钱币，为数更多。除官铸外，私铸铜钱也很盛行，达到"赣吉等州比屋私铸"的程度。至明代初年，江西铸钱数占全国总额的 37% 以上。

直到今天，铅山、德兴依然是国家重要的铜矿所在地。现代地质探明，铅山铜硫矿石储量达 18000 多万吨，其中铜金属储量 146.68 万吨，属于大型铜硫综合矿床。现代德兴的斑岩铜矿储量亚洲第一，德兴是名副其实的"亚洲铜都"。江西铜矿的地质储量为全国的 1/5，已探明储量约 1450.5 万吨，若论工业储量则占到了全国的 1/3，居全国第一，尤其以德兴、九江、瑞昌、铅山为最。

春秋战国时期，江西的冶铸铁技术也进入全国先进行列。1976 年新建县大塘赤岸山战国遗址出土的一件铁质斧范，是铸铁技术产生的有力证据。据《新唐书·地理志》的记载，江西铁矿至少在唐代就开始开采，今新余市和分宜县交界处设有贵山铁场。宋代江西又有抚州的东山铁场。宋代江西各铁场中，抚州东山铁场与信州弋阳县的产量最高，运出的数量为 10 万斤以上。信州冶铁技艺水平高超，制造的钢刀名扬天下。明代冶铁中心主要在长江以南，其中尤以江西为主。明洪武时期，政府在江西、湖广等地设 13 个铁冶所炼铁，每年征收铁课 800 万斤，江西进贤、新喻（余）、分宜 3 个铁冶所合计冶铁 325 万斤，占总数的 43.6%。

除了铜、铁之外，江西古代还有大量金、银矿场，主要有：上饶县的包家金银矿（唐至明）、五府山银矿（宋），德兴的银山银矿（唐宋）、金山金矿（宋），上高县的蒙山银矿（宋至明），金溪县的宝山金银矿。这么多的古代金银矿遗址群，出现在同一个省，且集中于江西中北部方圆五百公里范围内，在国内甚至在全球也实属罕见。

《新唐书·食货志》记载，全国产银有六州，饶、信二州居其中，饶州更为全国最大的白银产地。元和年间，饶州乐平县银山年产银 10 万余两，收税 7000 两，占全国银税的 58%。现存的银山银矿遗址（今德兴银山铅锌矿遗址），是我国迄今发现的最早一处采银、冶银遗址，也是我国已知的最大一座古矿冶遗址。上高县蒙山银矿遗址则是目前国内发现的保存最完整的银矿遗址，开采于南宋后期，元代进入鼎盛阶段，每岁铸银 500 锭 ~700 锭，为元代各银矿中产量最高者。

今江西省黄金资源储量，仍居全国第二，仅次于山东。其中，德兴黄金储量占全省的 80%，拥有长江以南最大的金矿。贵溪从 1966 年开始，经过 20 多年探索，贵溪冷水坑探明了新的大型银矿田，是目前国内储量最大的一处。这里离陆九渊的家乡金溪县就一步之遥。

《天工开物》被英国科技史家李约瑟称为中国 17 世纪"百科全书"，对矿业记述尤详。作者宋应星是江西奉新人，他凭什么能写出如此伟人的著作呢？近人丁文江说："先生生于豫章，广信之铜、景德之瓷，悉在户庭。滇南、黔、湘冶金采矿之业，又皆操于先生乡人之手。《天工开物》作，非偶然也。"当时中国之矿业主要在西南，而明清时期，江西矿商和矿冶技术工人大量涌入矿产资源丰富的西南诸省，从而导致西南矿业的经营，皆操于"先生乡人"即江西人之手。宋应星之所以能写出《天工开物》这部巨著，既有现实中江西"乡人"的帮助，又与历史上江西深厚的矿冶技术积淀有关。

说完了江西铜铁金银的矿产、冶炼，特别是宋代的技术发展与经济繁荣外，我们再来看看金银的冶炼给陆九渊的家乡带来了什么。

我们知道，994 年（淳化五年），金溪县建县。145 年之后的 1139 年，陆九渊诞生。因此，我们了解一下金溪的建县过程与原因，有助于了解陆九渊的时代。

2. 金溪县的建县历史

金溪县城现有一个近 2 平方公里的完整的老城。在一个有着千余年历史的县城里，其老城集中了这么多的历史文化遗产，存量多，品相好，质量高，这在全省甚至全国都是罕见的。

来到金溪，就会问这个问题：这里为什么叫"金溪"？金溪县城为什么没有建在因为刻书基地而闻名于世的浒湾，而是选择了现在的秀谷镇？

明人刘章《溪俗奇观记》和同治版《金溪县志》讲了一个"风水先生看地说"。金溪建县之初，首任知县刘世昌就延请形势派风水师杨文愿规划县城布局。由于金溪县城边没有大江大河，杨文愿就采取了 4 个方法来补救"风水"缺陷：一是栽树。在县城见缝插针地种了 72 棵豫樟，有了"山"势，形成屏障。二是凿井。挖了 24 口井，遍布县城，做足水势，涵养空气。三是立俗。县治对面山形如舟，就倡导划旱船之风俗，营造"安土之乐"。四是建庙，以祛邪禳灾，守护平安。在东门外原有东岳庙的基础上，再建了天符庙（北门）、太紫庙（西门）、水门庙（南门），共有 4 座庙。

这"72 棵樟树、24 口井、4 座庙"反映了事后找理由的心态，也在一定程度上反映了金溪县城的特点。

金溪县城没有选在浒湾，而选在秀谷镇，还有一种"称土选址说"，有一定道理。县城旁有宝山银坑，反映了金溪的资源禀赋与产业特征。

金溪为什么叫"金溪"呢？传说县城边上的"琅琚河"水里有金，或水色如金，锈水较重，人称"金溪水"，县城也就叫"金溪"。

那这条溪水为什么会水色如金、锈水较重？它是从哪儿来的呢？它发源于县城东南 2 公里处海拔 430 米的上幕岭，流经县城秀谷镇、珊城、左坊，在浒湾疏山寺附近注入抚河，全长 33 公里，为山谷小溪流，属季节河。而上幕岭的金窟山（县城东 2.5 公里处，海拔 404 米）产金，宝山（县城东 1 公里处，海拔 430 米）产银。现在，金窟山和宝山还有金银矿遗址：金窟山有"石窦"，唐代时采金洞的遗存；宝山（又称"白面坞""白马坞"）与金窟山相连，山上有"白面虎"（白色石）垂直而立，有"宝山书院"（早已废，有遗址），有"滓堆"（炼银炉渣厚达几米）和银矿洞遗址 8 处、炉基遗址 26 座等。正因为县城边上的这个宝山矿要洗矿淘金，所以流下来的水就成金色，于是叫"金溪"了。

这种露天矿遗址在江西有很多，因为江西三面环山，一面朝水，江西是红土地，有色金属含量大，多半是金银铜矿。如上饶县（今广信区）也有一个当年开金采银的矿洞遗址，也是国保单位。

宝山就在金溪县城边上，走两步就到了。2004 年，金溪县在文物调查时，在县城东边宝山矿发现一块高约 3 米、腰长 4 米的三角形岩石。上面刻有一篇《金溪场银坑记》，高 1.4 米，宽 1 米，阴刻了 200 多字，连标题共 12 行。这篇南唐的碑文十分重要，不但年代早，可能是金溪现存唯一不可移动的宋代文物，也是国内最早的矿冶业实物性的文字记载，是金溪炼银的重要历史文献。正因为这块石碑，宝山银矿遗址在 2013 年被列入全国文物保护单位。

这块碑文反映了古人的认识：金矿银矿是怎么形成的？铜银金是怎么冶炼的？这对南唐历史和江西金属矿产的生成、开采以及金溪县的沿革，也都有研究价值，所以十分珍贵。

此碑文的原文是：

金溪场银坑记夫柔土之气，御乎旻天，则九百岁而生白矾，复九百祀而化白汞，复九百载而生白金。盖天不爱其道，地不爱其宝也。人主慈俭，官政不贪，则素龙下蟠，素麟上峙。良冶之子四集，□火之利，聿兴此坑。昔在巨唐，创乎长庆三年，废乎宝历二载。今我国家洛图并现，宝鼎重迁，祀唐配天，不失旧物，复于乾德四年岁在丙寅，以斯山泽之职，□乎铜墨之官，采其中金，应彼嘉瑞。开宝二年岁在己巳二月六日记。□□坑典葛佑，金银□典江裕，□□黄慷。文林郎知场事张恽字子谟，□军将傅赞。

碑文末二行中"坑典葛佑""知场事张恽"，都是职务与人名。那个时候金溪尚未建县，称"金溪场"，故"文林郎知场事张恽"便是当时金溪最高官员，这块碑就是这个张恽所刻。他刻碑的时间是"开宝二年"，即 969 年，那时金溪以及整个江西仍归南唐李煜政权管辖，但宋已经打过来了。南唐后主李煜就是那个写"问君能有几多愁，恰似一江春水向东流"的李后主，他于 961 年继位后，"奉宋正朝，不建年号"，所以，此文用的是宋太祖之开宝年号。

此碑写了什么呢？当地乡贤吴定安、苏群辉老师进行了解读。[①] 这个碑文写了三层意思：

一是金矿、银矿是怎么形成的？古人认为大地在上天的作用下，900 年生成白矾，又 900 年生成白汞，再 900 年方成白金即白银。"天不爱其道，地不爱其宝"，是说上天从来不因吝惜而隐蔽天然的道理，地也从来不吝惜自己的宝藏。

二是为什么要开矿？南唐后主李煜"人主慈俭"，品行很好，"官政不贪"，又出现了祥瑞气象，"素龙下蟠，素麟上峙"。所以，善于冶炼的工匠技师从四面八方汇集到金溪，冶炉火焰熊熊，聿兴金溪银坑。

三是描述金溪银坑的历史与现状。据此，我们了解金溪的历史和由来。

823 年（唐穆宗长庆三年）开始开发金溪银坑。

825 年（唐敬宗宝历元年）即在此设"镇"（因上幕岭而称"上幕镇"），以加强管理。

但次年即 826 年（宝历二年）便罢废，停止开采了。

为何前后仅仅 4 年这个矿便停止开采了呢？原来 826 年金溪银坑因矿石缺竭，完不成任务，亏损很大。监冶师傅被捕入狱，将要杀头。他的两个女儿为救父而咬破手指盟誓，呼天祷告，并相拥投入炼银火炉。这一下，金溪人不干了，民怨沸腾，激起了群体事件，令朝野震动。唐敬宗不得不罢冶安民，把她们的父亲放了回来。

金溪人为二女壮举感动，并感谢她们解除了地方沉重负担，遂建"二烈女祠"祭祀之。元代末年，金溪举人王经（后任刑部员外郎、陇西令，与危素、宋濂很要好）作《孝烈庙碑》，说这两位女子"不惟脱父命于无辜，而罢场废冶之功"，"元，平定江南，仍复兴冶，顷之采矿无所获。有司复以二女事转闻，亦报罢"。

金溪一直有"啮指地""二女坟""孝烈二女祠"。清县志的地图上

---

① 见《〈金溪场银坑记〉发微》。

也标明"孝烈二女祠"在东门边。

县文博所收有一方墓碑，高 1 米，宽 0.75 米，上刻"旌表唐孝烈二女墓，严禁侵削墓田，挖石铲塝，违者重惩不贷。道光二十八年金溪县正堂吴示"。

可在银矿停止开采的 140 年后，966 年（乾德四年），南唐又重新开采这座银矿，并改镇为场（在上幕岭，今秀谷镇），称上幕场、金溪场。969 年（开宝二年），张恽刻了这块碑。张恽刻碑时当然不敢提及大唐废冶的原因，只能反复宣扬国家出现祥瑞之象。所以说，"今我国家洛图并现，宝鼎重迁"，南唐即大唐政权的延续，一直是"祀唐配天"，为"不失旧物"，复于 966 年以这座宝山泽利之职（职：贡品）供应于县官（"□乎铜墨之官"，即县官），采冶其中金银，以应国家出现的祥瑞。

975 年（开宝八年），宋太祖赵匡胤破金陵，南唐政权正式灭亡。

994 年（淳化五年）建县，比陆九渊出生早 145 年。金溪县由金溪场加临川四个乡组成，后加安仁县（今余江县）延福、白马、永和三个乡，明正德时期又割白马、永和二乡归东乡。

从金溪县的建县原因与过程，我们可以看出金溪在陆九渊年代的一些信息：一是经济繁荣，除了农业上是江西的粮仓，商业发达，还有工业上的采矿经济。二是采矿带来了人口聚集和城镇的设置。三是采矿引发了社会矛盾。这都是陆九渊的思想学说形成的时代背景。

3. 金溪县的老城格局

说起金溪县，大家都会异口同声地提到"古村落"，说它是"古村博物馆，心学发源地"。毫无疑问，这是对的，但是，金溪还有一张王牌：千年古县城。这也是考察陆九渊的一个地理因素，所谓"老城历史久，古巷乡愁深"。

县城的老城特别珍贵，特别有价值。首先，老城的城墙城门，城里的老街老巷老屋，不同于村庄里的村巷建筑。村里的建筑多半是私人的，公共建筑顶多是一个家族的祠堂或这个村庄的桥梁，而县城或县城以上的老城，则有许多公共建筑，包括政权设施（衙门）、军事设施（城墙等）、文教设施（学宫、庙宇）。二是县城的老城随着工业化、城市化的进程，破坏得更大，消失得更快，遗存更少，故而尤为珍贵。三是县城的设施更完备，功能更齐全，聚焦、辐射、带动能力远比村庄强。

现在江西省已有五座国家历史文化名城：景德镇、南昌、赣州、瑞金和九江。在县城一级，文化遗存比较丰富、完整和独特的，一是上饶的铅山，二是抚州的金溪。金溪在全国都是有竞争力的，无论是生态特色、新城新貌（香谷小镇），还是宝山银矿、老街老巷，金溪老城都应该是一座"国家历史文化名城"。

一是金溪县城的格局形势。金溪老城，就像古代风水学所讲"背有靠，前有照，左边高，右边低"。清同治年间《金溪县志》载：金溪老城后有一排山，前有护城河，名叫"金溪水"，也叫"琅琚河"。何谓"琅琚"？就是良居。金溪真是一个宜居宜业宜游的老城呀。县志地图上一定还清清楚楚地标识着琅琚河上有三座桥。老城的东南方向是上幕岭宝山银矿，西南方向是平原良田。

实地观察也是如此。站在宝山银矿看金溪：蓝天白云，丘陵地带，高速公路，水田稻田，县城河流，如诗如画，令人陶醉。

走进城里逛，县城中间有个锦绣墩，锦绣墩下就是锦绣谷。城中有老街巷，城边有古城墙。金溪县城东边的东岳庙旁，还保留一段金溪老城的城墙，现在还有三四米高。城壕之上和之内都是树木和竹林，东岳庙的和尚指着城壕内侧脚下的一片空地，说这就是烈女祠和二女坟的位置。在东风巷，当年金溪县的城墙砖还在老百姓的院墙上砌着呢，城墙砖上的文字还清晰可见。这种遗址全省哪里有？

二是金溪老城的街巷肌理。金溪老城的中心是锦绣墩，锦绣墩的下面就是锦绣谷。锦绣墩和锦绣谷在宋代就是金溪的一大名胜。王安石是金溪的外孙和女婿，他有诗赞道："还家一笑即芳辰，好与名山作主人。邂逅五湖乘兴往，相邀锦绣谷中春。"金溪县城秀谷镇就因锦绣墩、锦绣谷而得名，秀谷镇也成为金溪的代名词。

"锦绣墩"就是老城北侧地势高的地方，与王安石诗中的锦绣谷相对。过去这里是金溪县衙和众多坛庙所在地，如文庙、三陆祠和仰山书院等。要讲清金溪县城的格局，就要讲锦绣墩。

县城坐落在锦绣墩，当年县衙就在锦绣墩的南边。县城的功能设施、街巷民居就围绕着锦绣墩，沿着锦绣谷而展开延伸，外有城墙、城门、护城河，内有县衙、书院（仰山书院）、学堂（今锦绣中学）、民居、官厅、庙宇、烈女祠、啮指地、烈女碑。

王炎松老师说金溪老城就是以锦绣墩和锦绣谷为中心，依照地形地貌形成环形的市井街巷和向心形的居住组团。的确如此，金溪老城的地形地貌就是高低起伏。因为地形的原因，老城的街巷几乎没有形成格网的形态，十字街的特征和地位都不明显。老城地理的品相特点是高高低低，弯弯曲曲，起起伏伏，千姿百态，韵味迷离。

特别是1558年（嘉靖三十七年），张县令修筑四城时，从南门外开挖沟港一条，引金溪水（琅琚河）入城，修建水门8座。这个人工城建工程沿着水门巷在老城之中婉转多姿地穿街走巷，水门庙前面的水非常干净、湍急、壮观，流了400多年，形成小城流水的独特景致。水门庙就是建在水上的，一个城市有水就有韵。

三是金溪县城的历史文化街区。国家级历史文化名城，至少要有两个历史文化街区。金溪一个县的现存街坊里，"水门巷街区"和"王家巷街区"这两个街区都是省级历史文化街区。现在，不少地级市都拿不出两个这样的街区。而金溪一个小县城竟然有两个省级历史文化街区，有大量的古建老屋，众多的古巷老街，一色的明清风格，这让那些大城市情何以堪？

金溪县城的格局是以金城路为界，西边为新城，东边为老城。而金溪老城的主干道是胜利路。1936年，当时的抚州专员、金溪县城周家巷人周作孚把这条街道从2米扩宽至近10米，可以通汽车，两旁是骑楼式的商铺。胜利路围绕着锦绣墩，所以它的走向和形状就像一个放倒了的U字形。这个U字开口向西，水门巷在胜利路外边，处于谷地，地势较低，从胜利路向东南而去，通往秀马街到达城外。王家巷在胜利路的里边，位于高处，从胜利路向北而去，通往秀谷大道。如果从老城的东边进来，就会先看到水门巷街区。

水门巷街区尚有卢家、周家、陈家等四座明代官厅和水门庙以及周家、蔡家建筑群等。以水门巷、周家巷、陈家巷为代表的街巷顺着地形，曲里拐弯，建筑呈环状排列，界面连续不断，空间变化非常丰富，逛金溪老城就像在画中游一般。

水门巷的水门庙，俗称"蛤蟆庙"，极具临川文化的地方特色。它不像其他庙宇供奉泥塑、铜铸、木雕的佛像，而是供奉蛙神，即一只活蛤蟆，金溪人称为青蛙使者或蛤蟆菩萨。民间传说县内有旱灾瘟疫时，蛙神就会显灵，护佑平安。古老的水门庙（蛤蟆庙）有"抚州蛤蟆头"之称，据说正觉寺也供着一只蛤蟆。蛤蟆神的传说蕴含着独特的民俗信仰与文化精神，就像傩文化一样。这种蛤蟆信仰具有民间性、民族性、民俗性，很有意思。

水门庙的建筑也别具一格，是建在水上的庙。金溪水流经水门庙，水流淙淙，街道弯弯。庙和民居紧紧相连，没有隔离。

周家巷在水门巷东面，现在统一叫水门巷。巷子的路面原来是石板与卵石。金溪水有一条分支在路旁流过。周家巷的民居宅第的大门多半不正对着街巷，于是街道两侧就有了退进空间。民国年间周作孚、周浑元父子是金溪"双杰"。巷里有周浑元故居，门框上的门楼拆了，但可以修复。侧后方还有一幢周家官厅，明代建筑。

这里有蔡家建筑组团。清代著名学者、文学家、史学家蔡上翔的故居是一幢进士第。旁边是一幢明代官厅，格局规整，厅堂开阔，梁架大气明朗，朴实无华，堪称金溪明代建筑的翘楚。

第二个历史文化街区是王家巷街区。这里尚有王家大夫第、文林第等民居群和王氏宗祠以及见山楼、立新巷、学前巷、东风巷（巷内有官厅、世科甲第、云骑尉第、蔡上翔故居"进士第"）、解放巷等。

和胜利路上骑楼连绵的形式不一样，王家巷的街道立面是沿街连绵的"方盒子"，十分壮观。王家巷的西门附近有一座规模宏大的太原王氏宗祠：面宽17米，进深40多米。王家巷更有一组大夫第、文林第，共7幢老宅院，格局相似，6700多平方米，格局紧凑，保存完整，从外而内，有街有巷。从侧门进门廊、前院，再是门堂、正厅。那些饱经岁月沧桑的石板、青砖、灰墙，还有那些时空纵深的客厅大院，是金溪县城清代民居的典型代表，为金溪古城撑起了足够的门面。像这样宏大的建筑群，现在就只有南昌的汪山土库。但汪山土库离南昌市区恐怕有五六十公里，而金溪的这个老屋建筑群就在县城里。

东风巷的特色是弯曲交错。西班牙巴塞罗那一座城市竟有8栋建筑物被列为世界遗产。这8座世遗中竟有6座是安东尼·高迪设计的，且是1984年一口气列入。高迪建筑的最大特点是充满了弯弯曲曲的曲线，高迪自负地说："直线属于人类，而曲线归于上帝。"人在地上画直线，上帝在天上画曲线，建筑的曲线是人类搞不出来的。可金溪的古城建筑那么早就有了曲线。

东风巷里的卢氏官厅是一座建筑精品，其正门有一个贴壁式砖砌牌楼，大门平行于巷道，和正厅偏了一个角度。其内部前后三进厅堂，中间厅堂梁架为抬梁式。

金溪县城还有条侍郎巷，现在叫立新巷，说是出过7个侍郎。

金溪老城没有湖水，却有溪水，有河水，还有许许多多的井，成为金溪老城的一道风景线。井水，就是金溪市井人家的神韵所在。学前巷里那一口口雕有精美花纹的古井，饱经沧桑，历经风风雨雨。一泓清泉，沁人心脾。记忆虽已发黄，但仍厚重。水门巷有十几口水井，民居围着水井形成组团效应，那口周家井就是金溪饭店和金溪一中的水源。以前，挑水的人来来往往，水门巷的石板总是湿漉漉的。

百世大儒陆九渊，千年古邑金溪县。陆九渊出生前的145年，金溪县建县。到陆九渊时期，金溪县城已粗具规模。现在看来，金溪老城的面貌，反映的是近千年的发展面貌。从县城老城的面貌，也能看出金溪在文化上的特点。

金溪千年老县城，有历史，有特点，有规模，有格局，有肌理，有品质，有来历，有故事，有看头，有品位。正所谓："全县古村落，县城老街巷"，"古村古屋金溪县，老街老城锦绣墩"。金溪县的老城，值得经常逛，经常用脚步去丈量，以"心"去感受金溪老城的历史、体温、呼吸。

二、金溪县的村落形态与文化遗产

探讨金溪的古村古城与宋明历史的关联，可从另一个角度考察陆九渊心学诞生的地域原因。

中国文化有个观点："目击道存"，眼睛看得到的，道统就存在。金溪有这么多的古村落、古建筑、老街老巷，非常难得，十分珍贵。书上的东西固然重要，听来的东西固然重要；但精神的东西一定要有物质的载体，否则，就很可能成为草原上的故事，随风飘荡，被人遗忘。祖宗在哪里？就在祖坟山上，就在祖宗的牌位里。烈士的英灵在哪里？就在烈士墓里，就在烈士纪念碑里。所以，要追忆祖宗、缅怀先烈，就要把祖坟山、纪念碑保护好。同样，要想了解金溪的历史、文脉、精神，要去研究陆九渊，就要去金溪看看那些古村古屋、老街老巷。

那么，目击道存，"目"在陆九渊的故里"击"到了什么呢？

1. 金溪县的古代村落

江西的古村落资源很丰厚，金溪是突出的一个。我们可以用文保单位和传统村落这两个指标，看看金溪的古村古建。

一是年代早。金溪的县城与村落多始建于五代与宋代。如浒湾镇，因为水陆交通便利，旧有金官渡、义济渡和杨柳渡，南宋时期就形成了集市。蒲塘村始建于后唐，全坊村始建于北宋。疏口村、黄坊村、印山村、北坑村、后车村、龚家村、邓家村、澳塘村、常丰岭村、波源村、戍源村始建于北宋。城湖村的柘冈就是北宋宰相王安石的外婆家，王安石幼年就在柘冈长大，他有 10 余首诗是写这个小村的。比如《乌塘》：

"乌塘渺渺绿平堤，堤上行人各有携。试问春风何处好，辛夷如雪柘冈西。"《送黄吉父将赴南康官归金溪》："柘冈西路白云深，想子东归得重寻。亦见旧时红踯躅，为言春至每伤心。"《柘冈》："万事纷纷只偶然，老来容易得新年。柘冈西路花如雪，回首春风最可怜。"

另外，歧山村、大耿村、后龚村、孔坊村、大柘村、旸田村、尚庄村、仲岭村、后林村、胡锡村、靖思村、彭家渡村等均始建于南宋。

二是数量多，等级高。金溪有 3 处 56 点国保单位，10 处 53 点省保单位，42 个国家级历史文化名村和传统村落，24 个省级历史文化名村和传统村落。[①] 这些数据真让人有些吃惊。金溪在 1300 多平方公里的土地上，竟有 200 来座古村，其中有 40 余座国家级、20 多座省级传统村落和历史文化名村。此外，金溪还有许多高等级的资源没有申报。比如，陆九渊墓是 1957 年的省保单位，居然不是国保单位。陆九渊墓下面的青田桥也相当有名，很珍贵，可现在什么"保"也不是。

三是种类多，门类齐全，且格局完整，分布密度高，掺杂少量现代建筑。如果以县为单位，金溪是当今中国古村落和古建筑保存最完好、种类最完备、质量最精美的一个地方。

全县有明清古建筑 11633 栋（还不包括民国建筑），浒湾镇就有 901 栋。中国印刷博物馆浒湾书铺街分馆，保存了 60 多家印刷堂号，这是极其珍贵的文化遗产，也为中国印刷史的研究填补了空白。

金溪的官厅多，列入省保单位的官厅群 7 座，县城就有 2 座。什么叫"官厅"？就是古代官员退休后回乡建造的私家住宅，这种住宅在各地的古村落里都有，但金溪人介绍起来更有气派。别的地方叫"官宅"，婺源传统村落的民居就分民宅、商宅和官宅三种，而金溪把这种民居叫作"官厅"。这反映了金溪古村古建的档次与品质，更反映了金溪人对自己的文化遗产的底气与自豪。

---

① 这些数据没有重复统计。比如，一个村落既是国家级村落，又是省级村落，就算最高级别。

别的地方介绍这种民居时，一般都从门和台阶这些地方入手。商宅一般是一个台阶，寓意"一本万利"，大门开在东边，说是"紫气东来"，其中是藏财不露富的心理表现；而官宅一般是三个台阶，寓意"连升三级"，大门正中朝南开，讲究"排场"。但金溪介绍官厅的口气、格局和气度则大多了，也确实反映了金溪官厅的现实。官厅的第一个特征是一般民居只能是三间五架，官厅则在正堂立柱子，做成假三间形式，将房子开间扩大为五间。房子的开间越多，官的品级越高。官厅的第二个特征是普通民宅不准使用斗拱，而官厅多用斗拱抬升建筑的高度，扩大空间。官厅的第三个特征是普通民宅梁架多采用穿斗式构架，而官厅则是采用插梁式构架，利用屋内额抬起梁架，取代明间内柱的设置，将内部梁架与前廊步架连接成一个整体构架，采用屋内额承重和插梁式结构结合的方式，既扩大了建筑的空间，又彰显不同于普通民居的身份等级。

金溪有古祠堂 100 多座，其中列入省保单位"金溪宗祠群"的有 13 座。[①]金溪的宗祠柱子直径达 80 厘米以上的有 33 座。其中后林村的"林氏宗祠"全是石柱，望板用砖铺就，面积达 800 多平方米。

金溪的牌坊众多，其中明代牌坊 8 座，清代牌坊 30 多座，列入省保单位的 5 座。这 8 座明代牌坊，保存完好，纪年明确，或是蜂窝式石质斗拱结构，或仍保留圣旨全文，或纪事清楚，有助于本地区明代人文历史考证和明代牌楼断代。

金溪还有古庙群 3 座：天人本字门楼、品字形三井和专为保六畜平安的"豢灵护应"古庙。这在南方甚至在国内都是少有的，具有特别重要的文物价值。

---

① 　这 13 座宗祠是：陆坊乡陆坊陆氏祠堂、合市镇全坊村贵和公祠、双塘镇周家村周家祠堂、双塘镇竹桥村镇川公祠、双塘镇竹桥村文隆公祠、双塘镇竹桥村步云公祠、琅琚镇疏口村溢祠、合市镇游垫村胡氏祠堂、合市镇东岗村傅氏祠堂、合市镇大耿村麟阁世家祠堂、琉璃象东源村曾氏祠堂、左坊镇谷家谷氏祠堂、合市镇后林林氏祠堂。

四是典型的江西特点。江西境内的建筑风格，大体有赣派、徽派和客家三种文化形态。而金溪县城的老街和金溪乡村的老屋都是典型的赣派建筑，跟粉砖黛瓦的徽派建筑完全是两回事，甚至跟同属赣派风格的南昌建筑也不一样。南昌的朱德故居（后花园角一号）有很强的南昌风格，金溪县城的抚州风格却是另一番风情。比如耿桥村紧靠村口的那个院子，进村门即如进院门。院墙和老屋的外墙轮廓方正，层次错落，院门前的那口池塘仿佛为它单独拥有。看到这样的古村老屋，多少思念和乡愁，一下子从遥远的远方、从历史的深处奔来眼前，涌上心头。

金溪的老屋古建，无论是整体轮廓，还是局部细节，都体现了江西的建筑质量和工艺水平。看老屋的这墙面、村子的这巷道，做工之精细，打磨之用心，砌抹之到位，让人顿时整肃井然，真是讲究。

房屋呢，平直的屋檐，方正的轮廓，内敛的气质，像个宝盒，有高古之风。一看金溪彭家渡大夫第的五滴水贴壁式牌坊，你就会想这老屋的门脸有多大。走进屋内看，开间宏大敞亮，梁架高大饱满，有的官厅凤尾挑（一柱三挑）式梁架结构非常特别。来到屋外看，屋门台阶高大，印山灰白的石雕细腻精湛，特别是那墙面，长条麻石作墙裙，一色的水磨青砖清水墙，砖与砖缝隙间的石浆抹得平整光匀。这样的砖石建筑，会让人感觉如果上去敲它一下，就会有"砰砰"作响的金石的质感，这是金溪实力的底气，是赣文化的体现。

陆九渊老家青田桥上村，看那金溪老屋外墙就是一陡一绵的清水墙，不要抹上白石灰。清华大学建筑学院与国内的文博专家甚至说金溪古建筑的清水墙可以与宫墙媲美。

2. 金溪村落的文化形态

金溪的古村古建的确与众不同。比如，哪个地方的老村有村门、巷门、村墙呢？金溪就有。

一是金溪的村庄有高度在两米左右的村墙。从 2015 年至 2017 年抚河流域先秦遗址的调查发现：金溪有环壕聚落遗址 46 处、山地遗址 62

处，共 100 多处，分布在全县 12 个乡镇。遗址的分布范围、面积、形制，为全省唯一，全国罕见。在这 100 多处的先秦文化遗址中，有 17 处文化层深度超过 3 米。什么叫"壕沟"呀？到现场一看，哦，就是村墙呀。金溪有些村庄的村墙，虽然经过千百年，残存的高度竟然还有三四米。

二是金溪的村庄有关门。金溪的许多村庄像城池一样在四周设置关门以及围墙。如黄坊村，不像金溪大多数村庄是一村一姓，它是众姓同村，世代友好共处，主要姓氏有金、车、黄、何、喻。当地有谚语称："金车黄河水，不荫一头芋。"

黄坊村背倚灵谷，面临汝水，设有 13 座关门，有"举林十三关，关关入饯难"之说。至今仍存的关门有：东边的"紫气东来"关，又名"行嫁关"，成亲嫁女皆由此关进出；东南的"举林世第"关，又称"举林关"或"南关"；"北关"位于何家大祠西侧，又名"何家关"；"西关"位于孟家巷灵谷峰下，又名"下关"；"千秋车第"关，又名"千秋关"；"汤家关"位于汤姓人家附近；"中华关"位于车大宗祠前方。另外，永镇关、罗家关、黄垣关等 6 关仅存遗址。

金溪村落不但有村门，还有巷门、院门，比如浒湾镇黄坊村的村门举林关（南关），再如浒湾镇黄坊村里的巷门、黄坊村服膺别墅的院门。

三是金溪村庄村墙村门强化了金溪村落的村堡形态和社会结构。聚族而居是中国传统村落的共同特征，稳定的农耕经济产生了聚族而居的村落结构。金溪的古村无论是单姓村还是多姓村，都根基稳固，靠血缘、祠堂、族谱等凝聚。历代撰修补充的族谱中记载了"家规""族规"和家族的公共财产，如山林、田地、水塘、祠堂、庙宇、义仓、书院。金溪和其他地方的村庄一样，有房屋村巷，有池塘祠堂，金溪的村庄还有村门村墙。一个村门进去，关起门来就是一家人，整个村子像个村堡，向心、凝聚、提气。

这样，村民靠文化纽带、财产纽带和建筑形态的纽带，多了许多集体荣誉感、家园归属感。金溪古村的村墙、村门、巷门、院门，其形态味道充满了浓浓的个性与乡愁。

3. 金溪文化的遗产表现

金溪县的县城老城和全县村落给人的印象是一种文化的完整、历史的厚度、旧时的乡愁，是一种盛世的气象。有人说，金溪的许多古村始建于南宋，虽然许多房屋是明清的，展示的是一种"大明风华"，却依然透露出一种南宋气息。

这种风华和气息不仅体现在金溪的古村古建有内涵，有名人，有文化，还体现在金溪自古文风浓郁，读书有着广泛的舆论基础，形成一种"集体意识"。

金溪县从 992 年（淳化三年）至 1905 年（光绪三十一年）一共出了 224 名进士（金溪县所属的临川府共有 2450 名进士），金溪还有 24 名武进士。

金溪县城里的见山楼原来既是藏书楼、读书处，还是印书地，楼名也起得好。疏山在前，开门见山，"见山楼"是个绘景之词。见山楼的前面是翠云峰、卓笔峰，可总会让人想起疏山，疏山又名"书山"，当年陆九渊就是因为疏山寺藏书丰富而随哥哥陆九龄去那里读书，"见山楼"又是一个文化之词。陶渊明有诗云"采菊东篱下，悠然见南山"，于是乎"见山楼"乃是归隐山野而读书的志向与情趣之词。现在的见山楼，老屋还在，可见楼不见书了。"临川才子金溪书"，金溪人不但会刻书、印书，还会读书。金溪不能丢掉这个书呀。丢掉了这个书，那还有金溪吗？那还是金溪吗？所以，金溪要广泛开展全民读书活动，把陆九渊读书的传统发扬光大，把书乡传统传承下去。

金溪的古村，每个村庄都有自己的名人。金溪古村靠名人从精神方面把一族人团结在一起，形成一种文化的力量传承下去。

如戌源村有明末清初才子周亮工，龚家村有明代名医龚延贤，靖思村有明末大学士蔡国用，疏口村有明代侍郎吴悌、吴仁度父子，竹桥村有余士霖、余地山、余兹航，青田桥上村有陆九渊。

当年，陆九渊的门人学生里，也呈现出家族、家乡的特点。（见本书第 10 讲第 2 节，此处不赘）

这些古村的名人还对应着村里的古建筑。如游垫村有明代名人、名宦、进士胡桂芳，对应着明代牌坊、官厅、民居；大耿村有明代名人、名宦、榜眼徐琼，对应着明代祠堂、公祠、牌坊、官厅、民居；谢坊村有明代 4 位进士，残留着村门明代石牌坊构件和石狮；蒲塘村有明代 4 位进士，对应着明代牌坊、民居；印山村也是明代进士故里，保留明代崇祯年间牌坊 1 面。

再如北宋王安石读书处灵谷峰下的黄坊村，从宋至清，仅黄、车二姓就出了 11 名进士、16 名举人、1 名解元、1 名武举。黄坊村的开基人、进士黄庆基（字吉甫），乃是王安石的表弟，二人情谊深厚，王安石为其作有《梦黄吉甫》《我所思寄黄吉甫》《送黄吉甫归金溪》诸诗。金溪别名"绣谷"一词即出自《送黄吉甫归金溪》中的"邂逅五湖乘兴往，相邀锦绣谷中春"之句。

名人是金溪人的骄傲，是代代相传的故事，是金溪的精神财富和文化资源。崇尚知识，以名人而骄傲，成为金溪的一种风气和时尚。黄坊村中随处可见门墩石。我们在别处常见抱鼓型门墩，在金溪却经常看到方箱型门墩。"箱"谐音"香"，表示书香门第。

金溪人是在这种名人文化的熏陶下长大的。有人说牛津大学的学生是在导师的雪茄和咖啡的熏陶下长大的，金溪人则是听着名人故事长大的。所以，金溪人比其他地方的人都多了一些素质，多了一些见识和胆量，在历史的紧要关头往往会做出一些舍己为族的义举。所以，金溪还不只是有孝道文化，更有名人文化。金溪人是有文化底蕴、精神气象的人，从金溪出来的感觉是不一样的。

再比如金溪县城里的仰山书院坐落在王家巷的东边、锦绣墩的西北，是金溪纪念陆九渊的一处明代建筑，1999 年的省保单位。仰山书院的前身为宋代的崇正书院，朱熹与陆九渊曾讲学于此。当年，陆九渊从京师回来，当时的金溪知县就把他请到崇正书院讲学，结果来的人太多，这里坐不下，又移到他处讲学。也就是说，这个书院在金溪建县之初就成立了。可见，金溪这个地方文风极盛，既重视办学，也有实力办学。

明末，崇正书院毁于兵火，现在的仰山书院为清代建筑。1737 年（清乾隆二年），金溪知县阎廷佶捐买桂氏房屋改为义学，在原址重修书院，并改名为"仰山书院"。"仰山"之名，出自《诗经》，取高山仰止之意，即景仰象山。1770 年（乾隆三十五年）知县杨唐佑倡建讲堂三楹，工未竣调去。1815 年（嘉庆二十年）知县万国荣撤旧更新，创屋四十余楹。1821 年（道光元年）知县杨献弼定有章程。现在匾额上"仰山书院"这四个字是当时的教谕干廷熊、训导李秋芳请江西学政王鼎题写的，他还撰写了《仰山书院记》。王鼎是个不简单的人物，是清代道光、咸丰两个皇帝的老师。他从江西学政升任吏部左侍郎，道光年间任户部尚书、东阁大学士兼军机大臣。他忠毅笃实，反对签订《南京条约》，最后捐躯死谏，以身殉国。

书院建筑面积 1078 平方米，正厅现辟为陆九渊纪念馆。正厅的右侧是先儒祠，是学子们春秋两季开学时祭祀先儒陆九渊的地方。正厅的左侧为学子和先生们的居室与餐室。后来，人们还在仰山书院的旁边盖了陆夫子祠（也叫"三陆祠"，以纪念陆九渊、陆九韶和陆九龄）。

总之，整个金溪在全国来讲都非常特别，它的老村、老屋都跟婺源不一样，跟南昌、吉安也不一样。它的老城，更是其他地方没有或少有的。武汉大学建筑学院连续 8 年考察金溪古村落，认为"金溪古村落群在中国同类历史遗产中的价值与地位，可等同于徽州古村落群、福建土楼群、黔东南苗寨等"。

金溪的古县、古城、古村、古屋等历史文化资源是丰厚的、全面的、高质量的，具有十分明显和宝贵的独特性。"金溪全县就是一座没有围墙的古村落博物馆"，它是金溪、江西乃至中华民族优秀文化遗产。

三、陆九渊的老家在桥上村还是陆坊村？

1. 陆九渊的家脉源流

有人问：为什么金溪出了个陆九渊？陆九渊为什么出在金溪县？要回答这两个问题，其中一点就跟他的家庭和家族有关。

陆九渊的远祖为妫姓，战国时期，妫姓之后裔取代姜姓齐国的田氏先祖敬仲（田完）。所以陆家的先祖又姓田，是齐宣王之少子元侯田通。当时田通的封地在平原般县陆乡，他于此定居，故改为陆姓，名叫陆通。陆通的曾孙陆烈，做过吴令、豫章都尉。死后，吴人思之，迎其丧葬于胥屏亭，子孙遂为吴郡吴县人。

陆九渊在给五哥陆九龄写的《全州教授陆先生行状》中记载了陆氏在金溪这一段的家世：从陆烈往下 39 世，也就是陆九渊上溯第 8 代，就是唐代末年的陆希声，做过唐昭宗的宰相。陆希声有 6 个儿子。次子陆崇，生陆德迁、陆德晟。

五代末，陆家因避战乱，陆德迁从江苏迁到江西抚州金溪，"解囊中装，买田治生，赀高闾里"，是当地声望很高的豪族大姓、士族地主。陆德晟这一支，则散徙不复可知。而陆德迁遂为金溪陆氏之祖，陆家成为世代崇尚儒学的书香门第。

陆德迁有 6 个儿子，第四子就是陆九渊的高祖陆有程，"博学，于书无所不观"。但从陆有程到陆九渊他父亲这四代，都没有人做官。

陆有程有 3 个儿子。其幼子就是陆九渊的曾祖陆演，"能世其业，宽厚有容"，生了 4 个儿子。

陆演第四子陆戬就是陆九渊的祖父，"好释老言，不治生产"[1]。

陆戬生了 4 个儿子，次子陆贺是陆九渊的父亲。

陆贺虽没有什么功名，却是一位典型的儒生，"生有异禀，端重不伐，究心典籍，见于躬行"[2]。可见，陆九渊的家庭，并不是什么高官门

---

① 《全州教授陆先生行状》，《陆九渊集》卷 27，第 359 页。
② 《全州教授陆先生行状》，《陆九渊集》卷 27，第 359–360 页。

阀、名门望族，也算不上家学渊源、书香门第，却是一个以礼治家、家道严整、州里闻名的封建宗法大家族。了解这一点，对于理解陆九渊的阶级立场和思想来源是有帮助的。

2. 桥上村

大家都知道陆九渊的家乡是江西省金溪县，但要具体说起陆九渊老家是在哪个村，桥上村还是陆坊村，恐怕很多人就不知道了。

陆九渊家族来到金溪，最先落户在桥上村。桥上村今位于金溪县城东北 10 公里的陆坊乡桥上村（古称青田），南宋时叫江南西路金溪县延福乡青田道义里。陆九渊本人就是生在桥上村，长在桥上村，死后也葬在桥上村。2019 年 6 月，桥上村被列入第五批中国传统村落名录。

桥上村的最北端有一座石头石板垒砌成的青田桥（又名广济桥、万福桥），桥上村其实就是以桥为名的。从青田桥进村，村里的道路铺着又大又长的石条，平坦而整洁，随着道路的不断延伸，两边的房屋栉比鳞次、错落有致。桥中有一条溪流弯弯曲曲地贯穿全村，水量很大。水上还盖有房子。房子保护得很好，像一座座水上别墅。这条蜿蜒流淌的溪水不断穿屋而过，一直流向村外，连着青田河，因此水量充沛，水质清澈，好一派"小桥流水人家"的画面。像桥上村这种溪水穿村而过的格局，在金溪也不多见。

青田桥是跨越青田水（又名高坊河）最主要的石桥。金溪地处武夷山和鄱阳湖平原的过渡地带，从青田桥上的车辙辘印，就可知青田桥处于通往福建、浙江的官马驿道和交通要冲。文天祥领导的抗元义军从这里经过，曾国藩曾率军在青田桥旁休息。1949 年 5 月 7 日清晨，这里发生青田桥战斗，当夜，解放军开进金溪县城，金溪获得解放。

青田桥初建于 1276 年（景炎元年），此后屡毁屡修。1536 年（嘉靖十五年）大修。1830 年（道光十年）金溪知县胡钊主持集资重修，他撰写的"青田万福桥记"石碑还矗立在桥头。碑刻清晰，只有少数字迹损坏。

青田桥全石构造，桥长 60 米，桥面宽 2 米，桥面为长条青色厚石铺砌，无栏杆。青田桥质地坚固、气势恢宏、风格古朴，其规模宏大、历史悠久，在金溪诸多桥梁中首屈一指。

去桥上村之前，看资料，都说青田桥有 12 孔 11 墩，石墩面对水流的前端呈尖角状，可以有效减缓水流冲击；还说桥墩顶端的雕刻是十二生肖，十分精美。我还听说了一个引人入胜的故事：青田桥只有 11 个生肖，少刻了 1 个。

为何？因为桥墩只有 11 个，只能刻 11 个。

少刻了哪个呢？牛首。

为什么少刻的那个生肖是牛呢？

说故事的人说得有鼻子有眼。当年知县胡钊修桥时，也为少一个桥墩而大伤脑筋。一天他在青田桥施工现场，看到水牛涉水过河，说："河里有这么多牛，桥墩上面可不刻牛头了。"

但是，到现场反复数，明明有 12 个桥墩呀。因为后来这条河流的水量小了，河道靠西岸的这部分没水流了，这个桥洞就淤塞了，人们就把最西边的这个桥洞用土堆满了，这个桥墩就不明显了，12 个桥墩就被认为是 11 个了。其实，还是应该把这个桥洞掏空，让第 12 个桥墩显现出来，让人们可以看出历史上这个桥洞是有河水流过的。

青田古桥那一头的东山岭就是陆九渊墓，三面环山，前面开阔，松竹掩映，幽静落寞。山下原有明代敕建的"祭祠"和"下马亭"等附属建筑，现已不存。级级石阶，层层平台，墓前有两柱石表，文字斑驳，已不可辨识。据说这有可能是宋代的。如果是宋代的石碑建筑，那就很珍贵了。再向前走，墓前又有两个明代的石柱，上面镌刻：学苟知本六经皆注脚，事属分内千圣有同心。

陆九渊从宋代归葬于此，就一直没有动过。墓基用宽阔麻石板筑砌，占地 60 平方米。墓为圆锥形石砌结构，椅形护栏，都用山下青田河里的卵石砌成。明嘉靖年间，敕建神道碑，碑文为"崇尚真儒墓"。碑文还在，碑石已佚。墓前原来还有清乾隆年间刻的"宋儒文安公陆象山墓"碑，高 0.95 米，宽 0.56 米，以及民国时立的石碑，现在已是残缺不全地竖在那里。现在的墓碑是后人立的，写着"南宋教育家哲学家，陆象山先生墓"。陆九渊墓于 1957 年被列入省级文物保护单位。

3. 陆坊村

陆氏家族原居桥上村，后因"丙子（1276）寇乱"，即在陆九渊去世后 80 多年，陆氏迁居至今陆坊村。陆坊村，东接云林诸峰，西通抚汝之水，道义峰与疏山环列于前。

现在，来到陆坊村，可以非常明显地看到一个义里门楼，上层书"敕旌"，中层书"义里"，下层正中横梁上书"宋陆儒门"。它是宋代的基础，明代的建筑，清代重修过。义门楼反映的是朝廷对陆氏义门的旌表。南宋时期，为了强化封建伦理秩序，加强中国传统伦理说教的熏陶与影响，有不少累世而居而被立为社会楷模的家庭获得朝廷旌表，称为"义门"。比如江州德安义门陈、抚州金溪义门陆、婺州浦江义门郑，就是全国知名的三个义门。

目前，村人皆陆姓，有 500 多户，2000 多人。村中老屋、小巷、义井、石桥、门楼、祠堂等点缀其间，错落有致。同居巷、规行巷、矩步巷等十余条石板街巷纵横交错，古风犹存。两口古井，一曰老井，又叫八卦井，内有八卦图，是陆氏先人迁来时挖的，在同居巷口；一曰新井，又叫义井，在祠堂后面的大路边上，乃陆九渊兄弟为解行人口渴而专门挖掘的，其乐善好施可见一斑。

陆坊，又称陆氏义里，是一个古香古色的千年古村，距江西省抚州市金溪县城 10 公里，保留着古代建筑、遗址 20 余处，有义里门楼、理心园、同居巷、陆九渊旧居、悟心居、义井、义亭、槐堂书屋、大儒家庙（陆氏宗祠）等。

在"大儒家庙"里，两侧柱子上有四副对联："一家兄弟学，千古圣贤心"；"同居十世儒门第，六相三贤理学家"；"宋来门第高山斗，代有人文冠古今";"旭日祥光晖义里,宗风瑞气蔼儒门"。这四副对联,展示了陆氏家族的声名和影响。

金溪人常讲"象山故里,心学圣地","临川多才子,金溪出大儒","古村博物馆,心学发源地",概括得非常好,不仅把金溪文化里面、历史深处最光辉的点都拎出来了,还把它点亮了。

陆九渊的文化遗存已经得到很好的保护,现在要对着这些文化遗存讲好陆九渊的故事,让人睹物思人,触景生情,把陆九渊心学展示给大家"看"。

四、陆氏义门靠什么聚族而居、合灶吃饭过了 200 年?

1242 年(淳祐二年),即在上次得到表彰的 10 年后,宋理宗赵昀下诏旌表为"金溪陆氏义门",以及表彰"陆氏义居已历十世,三百多人合灶吃饭","一门翕然,十世仁让"。

陆氏能获此褒奖,因其维系家庭和家族和谐和睦,体现了封建伦理规范。宋理宗在诏书中明确表示:"青田陆氏,代有名儒,载在谥典籍。……惟尔睦族之道,副朕理国之怀,宜特褒异,敕旌尔门,光于闾里,以励风化。"正是有"睦族之道",可"副朕理国",与国家制度相匹配,有利于当时社会的长治久安,才得到宋理宗的表彰。同时,生活在这样的宗法家族和社会环境中的陆九渊,怎么维护宗法制度以及面对南宋王朝的危亡,便是他人生的宗旨和思虑的核心课题。[1]

时任转运官兼知建宁军的包恢《敕赐旌表陆氏门闾记》曰:"然门闾之高,不惟其世,惟其人,此古今之所尤难者。惟陆氏五世而有文达九龄、文安九渊二大儒,特起东南,上续道统,陆氏之所以名家者,由二先生之名世也。"文中称:"先儒谓家难而天下易,故睽次家人以难合而易睽也。一世犹难也,况累世乎!名曰义居,安得人皆知义,不过强合尔,如张公艺九世之出于忍,是也。若陆氏则世世师圣贤,人人知义

---

① 张立文:《心学之路——陆九渊思想研究》,人民出版社 2008 年版,第 26 页。

理，所谓居广居行大道者，乃甚素所讲习，视彼图聚夫众以养口体，如张公艺之坚忍以持久者，天壤异处矣。"文末呼吁并感叹道："当有闻陆氏之风而兴起者，运动鼓舞，浸久浸广，则人伦民德之弥厚，教化习俗之益美，虽古人比屋可封之风可期而致也。"①

在家庭教育中，陆九渊父子兄弟既是教育者，又是受教育者，因此，在实施教育的过程中，他们必须加强自身修养，注意言传身教，以实际行动为家人做榜样。

1. 家业家产：陆九渊一大家子靠什么来养活？

宋代是一个城市繁荣的商业社会，又是一个由中小地主构成的平民社会。经过唐末五代农民战争的打击，魏晋南北朝以来的世家大族已基本退出历史舞台，代之而起的则是以一家一户、自我耕作为存在方式的中小地主。在社会动乱的特定环境中，唐宋时代兴起了财产共有的大家族。鉴于战乱流离，为对抗盗寇侵扰，民众选择家族聚集的生活形式，骨肉亲戚自保，依靠小农耕作生产，自给自足，度过岁月。

到陆九渊出生时，陆家迁金溪已达200年，从陆九渊的高祖、曾祖、祖父、父亲到陆九渊这一代，家道中落，家产不多，无人做官，已从有品级的地主沦为地方乡绅。那陆九渊他们家靠什么生活呢？

陆九渊在为二哥陆九叙写的墓志铭中说："家素贫，无田业，自先世为药肆以养生。""后虽稍有田亩，至今计所收，仅能供数月之粮。食指日众，其仰给药肆者日益重。"② 在为四哥陆九皋写的墓志铭中又说："吾家素无田，蔬圃不盈十亩，而食指以千数，仰药寮以生。伯兄（指大哥）总家务，仲兄（指二哥）治药寮，公（指四哥）授徒家塾，以束脩之馈补其不足。"③ 也就是说，他们家只有十来亩菜园，主要由大哥管家，

---

① 《敕旌义门西江陆氏族谱》，清光绪三十四年刻本。转引自王佩：《陆九渊家庭关系探微》，《湖北工程学院学报》2013 年第 1 期。
② 《宋故陆公墓志》，《陆九渊集》卷 28，第 371 页。
③ 《陆修职墓表》，《陆九渊集》卷 28，第 382 页。

其经济来源主要有两个：一是靠二哥开药店，二是靠四哥开塾馆办教育。

金溪位于南昌、樟树、龙虎山、南城几地中间，这几个地方的道教资源及其医药资源都很深厚。他二哥陆九叙善于经营药业，帮人看病，全家才有了较好的经济状况。同时，临川历来就是才子之乡和人文渊薮，读书和办学的风气浓郁。他四哥办学授徒，既赚钱，有经济收入，又赚面子，社会地位也很高。"一家之衣食日用，尽出于此"，"诸弟有四方游，旅装立具"，他们还支撑了陆九渊、陆九龄兄弟几人外出访学读书、科举求仕，甚至为陆九渊等专心治学、拓展仕途提供了经济保障。

由此看来，陆九渊的家庭算得上一个中小地主家庭，在乡里处于乡绅阶层。而南宋社会是一个中小地主占多数的社会，陆九渊代表了南宋中小地主的阶级利益和立场，也对农村情况与农事生活十分熟悉，对农民疾苦也特别关心。

2. 家规家制

宋人重视家庭，与宋代商品经济的高度发展有密切的关系，也是维持大家族的正常运作所必备的经济基础。陆九渊出生于"九世义门不分家，合灶吃饭两百年"的封建大家庭。《宋元学案》卷 57 记载"陆氏义门"的治家之方：两百多年，"其家累世义居。一人最长者为家长，一家之事听命焉。岁选子弟，分任家事，凡田畴、租税、出内（纳）、庖爨、宾客之事，各有主者"。

陆氏家族形成一套以"家国同构"理念为基础的同居、共财、聚食的治家制度，有一套家居和农事的管事制度贯彻到日常生活中。由家长一人主持家政，组织生产，众子弟轮流协助管家，余则各司其职，各有制度，使得陆家农、商、儒三业并进，成为金溪名门望族。在生产活动上，不分土地财产，"义不分财"，全家族有组织地生产。陆九渊为二哥陆九叙撰写的墓志铭中，记载陆氏分役持家情况，在族长"独总"之下，全家"子弟仆役分役其间者甚众，公（陆九叙）未尝屑屑于稽检伺察，而人莫有欺之者。商旅往来，咸得其欢心"。"（陆氏兄弟）不任权谲计数，而人各献其便利以相裨益，故能以此足其家而无匮乏。"①

在生活方式上，不分灶吃饭，全家族"聚族义居"，"钟鸣鼎食"，有族规、有等级地生活。

在家政事务上，不分散管理，由最年长的一人担任家长来管理家族之事务，众人各司其职，田畴、租税、庖爨、宾客等各种家事各有其主管者。陆九渊自己回忆："吾家合族而食，每轮差子弟掌库三年。"陆九渊从19岁起，就管了3年家，把管理钱粮当作践行儒学道理来做，通过家务实践深化理论思考。"某适当其职，所学大进，这方是'执事敬'。"②

陆氏家法的全本原貌不见记载。南宋罗大经《鹤林玉露·丙编》披露了部分内容：陆家"累世义居。一人最长者为家长，一家之事听命焉。逐年选差子弟分任家事，或主田畴，或主租税，或主出纳，或主厨爨，或主宾客。公堂之田仅足供一岁之食，家人计口打饭，自办蔬肉，不合食。私房婢仆，各自供给，许以米附炊。每清晓，附炊之米交至掌厨爨者，置历交收。饭熟，按历给散。……子弟有过，家长会众子弟责而训之。不改，则挞之。终不改，度不可容，则告于官，屏之远方"。

陆氏家族中的政治、土地、租税、生产以至教育，虽分任专人，却决定于家长，且家规家训十分细密，这种宗法家庭制度是把等级制度和宗法制度整合为一的标本。这种守法等级制度，对社会秩序起到了维护、稳定的作用。

陆氏家庭几百人，日常生活生产管理得精细周全。凡家有田畴，足以赡给者，亦当量入以为出。然后用度有准，丰俭得中，怨恨不生，子孙可守。今以田畴所收，除租税及种、盖、粪、治之外，所有若干，以十分均之。留三分为水旱不测之备，一分为祭祀之用，六分为十二月之

---

① 《宋故陆公墓志》，《陆九渊集》卷28，第371页。
② 《语录上》，《陆九渊集》卷34，第493页。又见《年谱》，《陆九渊集》卷36，第553页。

用。取一月合用之数，约为三十分，日用其一，可余而不可尽。用至七分为得中，不及五分为啬。其所余者，别置簿收管，以为伏腊裘葛、修葺墙屋、医药宾客、吊丧问疾、时节馈送；又有余，则以周给邻族之贫弱者、贤士之困穷者、佃人之饥寒者、过往之无聊者，毋以妄施僧道。[①]

后来，陆九渊在荆门做官，还颇为自豪地说："吾家治田，每用长大镬头，两次锄至二尺许。深一尺半许外，方容秧一头。久旱时，田肉深，独得不旱。以他处禾穗数之，每穗谷多不过八九十粒，少者三五十粒而已。以此中禾穗数之，每穗少者尚百二十粒，多者至二百馀粒。每一亩所收，比他处一亩不啻数倍。盖深耕易耨之法如此，凡事独不然乎？"[②]

3. 家教家训

在中国，家教家训、家风家规、家法很重要，它体现了家长对家庭成员尤其是子孙修身、齐家的要求，具有劝谕或惩戒言行规范的作用。

金溪陆氏从始祖陆德迁迁至金溪，到南宋陆九渊父亲陆贺，一直数代同堂，未分田亩，合灶吃饭，保持着"诗礼簪缨"的大家遗风。陆家虽然是普通地主，却是一个典型的宗法制家族，世代谨守儒家的礼义之教，自觉实践儒家伦理文化，完全按照封建制度的礼仪来管教族人，有一套家族长治久安的经略手段。

陆氏家族的宗法伦理十分严格，"家道之整，著闻州里"，促进了陆氏门户历世不衰。陆九渊出生和成长在一个封建宗法大家族，受封建礼教的严格训练。

陆氏家族"兄友弟恭""夫义妻顺"，是当时社会伦理规范在家庭关系中的具体体现，同时也是陆氏家族长期致力于礼义教化的产物。

"鼓磬聚合，为歌寓警"，陆九韶把训诫之辞编为韵语，供家人谒祖

---

① ［清］黄宗羲：《宋元学案》卷57之《梭山复斋学案》，［清］全祖望补修，中华书局1986版。

② 《语录上》，《陆九渊集》卷34，第488页。

先祠时唱诵。《宋史·陆九韶传》记载："九韶以训诫之辞为韵语，晨兴，家长率众子弟谒先祠毕，击鼓诵其辞，使列听之。子弟有过，家长会众子弟而训之。不改，则挞之。终不改，度不可容，是言之官府，屏之远方焉。"罗大经《陆氏义门》对其也有记载。每天清晨，陆家子孙梳洗完毕，都要齐集厅堂，由大哥陆九思领头，齐诵《家训歌》，然后才各司其职，各做其事，开始一天的生活。

陆家家规严格，在南宋初期就制定了家训族规，来增强家族凝聚力。到父亲陆贺为家长时，"采先儒之礼"，以礼治家，"笃于义方，酌先儒冠、昏、丧、祭之礼，行之家，家道之整，著闻州里"。

大哥陆九思为家长时，"著有《家问》"（现已佚失）。四哥陆九韶再次修订，制定《家制》①，归纳出《居家正本》和《居家制用》两篇治家哲学。《居家正本》是育人经略，最有家学古风。在《居家正本》篇里，陆九韶主张居家必先"正本"，"本"即孝悌忠信，而后方能为贤为智。子弟8岁入小学，教育内容当以孝悌忠信；所读须六经、论、孟，明父子、君臣、夫妇、昆弟、朋友之节，知正心、修身、齐家、治国、平天下之道，以事父母，以和兄弟，以睦族党，以交朋友；次读史，知历代兴衰治平措置之方。陆家读书育人更有特色的是：至15岁，各因其材而归之四民，秀异者入学，学而为士，教之德行。《居家制用》是持家经略，提出了一套完整的管理制度，其最高原则是使财富"长宜子孙"，也使家风"子孙可守"，从而"家可长久"。这是中国农村地主乡贤的置业理家之道。"夫事有本末，知愚贤不肖者本，贫富贵贱者末也。"故而，《居家正本》规定的分层育人制度是本，《居家制用》为用度持家立法是末。在《居家制用》篇中，陆九韶根据《礼记·王制》篇所阐述的国家理财之法，指出家庭经济管理也必须贯彻"量入为出"的居家理财原则，"凡家有田畴足以赡给者，亦当量入以为出"，并制定了家庭支出

---

① 《家制》原载《梭山日记》第8卷，后《五种遗规·训俗遗规》《续修四库全书》等有所收录，包括《居家正本》上、下篇和《居家制用》上、下篇。

的详细规划。"随资产之多寡，制用度之丰俭。合用万钱者，用万钱，不谓之侈。合用百钱者，用百钱，不谓之吝。"它既讲做人的道德要求，又遵循道义原则谈经费开支，思想说教和生活实际结合，这在古代家训中颇具特色，对后世有很大影响。

南宋学者包恢《旌诏青田陆氏十世同居记》总结陆氏家风是"世世师圣人，人人知理义，纯懿孝友，清白传家"，"其治家之制，大纲有正本制用四编，小纪有家规十八条，本末具举，大小无遗。且为歌寓警戒之机，三代威仪尽在于此"。直到清代，学者王谟还认为"青田（即陆氏）家道整肃，以礼治家……凡圣贤之道最切于人伦日用处皆身体力行，自孝悌始，修身齐家，孝亲敬长，忠君信友，淳和门间……贵至将相而不骄，贫为匹夫而不谄"。

乾隆年间，江西巡抚陈宏谋认为金溪陆氏是治家的一个榜样，把陆九韶的《家制》收入自己编的《训俗遗规》，刊印流传。

陆氏不仅维系本家族内部成员和谐相处，同时还肩负起和睦乡邻、稳定一方的社会职责，陆家用这种家庭组织和守法制度把乡里联系在一起。陆家主导"立社仓之制行于乡"，平时所蓄，荒岁所需。为了帮衬族里、缓和贫馁、亲睦乡邻，陆氏宗祠对乡里赈恤颇为关心："淳熙丁未，江西岁旱……（三哥陆九皋）公为乡官，于是乡之所得，多忠信之士，而吏不得制其权以牟利。明年，赈粜行，出粟受粟，举无异时之弊。里间熙熙，不知为歉岁，而俗更以善。"[①]

在流寇匪患时期，陆氏兄弟又利用家族组织，依靠"居乡讲授"忠孝伦常礼仪，强化宗法，组织起一支地主武装，以地方自治主体的姿态抗击滋扰，保靖平安："暇则与乡之子弟习射，曰：是固男子之事也。岁恶，有剽劫者过其门，必相戒曰：是家射多命中，无自取死。"可见陆氏家族是一批精明能干、知书达礼的带头地主，是传统中国小农经济的乡村自治生活的中坚和典型。

---

① 《陆修职墓表》，《陆九渊集》卷28，第383页。

陆家聚世义居，虽然不是巨富，却有势力。在郡县倚以为权重，在乡里示范以宗法，彰显着宋代始有的强宗大族文化的生机和精神。

4. 家学家风

陈寅恪先生曾说过："学术文化与大族盛门不可分离。"家庭家族是中国文化结构的核心，而"忠""孝""仁""义"是搭起中国"家"文化结构的四根支柱："孝"为根本，维系家庭与家族的基本伦理；"孝"向上延伸为"忠"，整个国家是一个大家族，帝王是最大的家长；横向扩展为"义"，"四海之内皆兄弟"，代表人际关系的和谐；而"仁"则是国之君主或家之长辈对下承担的责任和义务。"忠""孝""仁""义"上下纵横互为支撑，形成一个完整的框架，衍生出了中国文化中大部分价值、伦理与道德的体系。而文化世家在中华文化精神的承袭中，扮演着极其重要的角色。①

文化名人的家族现象和村落现象，在江西比比皆是。北宋王安石家族、曾巩家庭都是这种情况，黄庭坚那个村宋朝就有48个进士。名人成堆扎堆、集群结伴生长。中国传统文化重祖训，重传承，重文脉，重诗教，中国人讲究"忠厚传家久，诗书继世长"。

"诗礼传家"，是自古士族念兹在兹的共同理想，作为一种文化的烙印和文化的底蕴，已潜移默化渗入农耕文明时每个中国人的骨髓，融入了每个中国人的血脉。而家学则是汇聚家族成员的文化力量，越千年得以弦歌不绝、累世不绝，这种家学渊源远绍近承，生生不息，草蛇灰线，薪火相传。一脉相承，陈陈相因，把一个家族和家族成员联系在一起。家学得于亲族之内，濡染最久，受益最大，和师承相比，其重要性有过之而无不及。

陆氏家族具有江西文化世家的共同特征：家族成员具有强烈的文化意识，所从事的职业以文化型为主；家族具有相当的文化积累，并有一

① 敖堃：《守护文化传统　传承人文血脉——〈南通范氏诗文世家〉的文化史意义》。

定的文献储存；重视教育，注重家学；重视文化交往；整体的文化品位、文化素质较高，书卷气浓。正所谓"世间几百年旧家，无非积德；天下第一件好事，还是读书"①。

所谓文化世家，是指文化色彩比较浓厚，在家族血脉传承中带有强烈的文化传承的色彩。一个家族要建立起足以影响家风的家学渊源，需要几代人的共同努力，使家族的下一代在潜移默化中得到文化熏陶，进而转化成行动上的理性自觉。文化家族以学术砥砺、精神创获为职志，形成并传递着绵长而厚实的文化气象和人文底蕴。中国古代始终没有建立真正的公共教育体系，故家庭的教育和以家族教育为核心的私塾教育就显得特别重要。文化家族的重要传统是：入世时，从道，宁鸣而死，不默而生，有牺牲有担当；出世时，仍保持儒家精神，修身修己，向内超越。

文化家族得益于世代传承的家风熏染，以行动上的自觉，通过科考而仕途进身，由耕读之家酿成文化世家，即以耕读力学、著书立说为职志，通过家学、家教、家风诸因素，重视道德建设与文化积累，凸显家族的品行修养与文化传承，同时又秉承了清洁自律、孝悌为本的优良风俗，仁者自爱。由此经年累月，终于成为一个颇具社会资望的文化家族，堪称地方文化独特的精神坐标。

学问团体的产生与同姓宗氏的力量相关联。北宋苏洵和他的儿子苏轼、苏辙，一同开创了苏学。程颢与程颐为同胞兄弟，世称"二程"，开创了宋代理学。吕大忠、吕大防、吕大钧和吕大临四兄弟共同辅助张载关学"当令洙泗风，郁郁满秦川"②。

从陆氏本末有序的家规家法制度之中，可感受到传统宗族可仰可师的意识形态、教育、财务，以及武备所赋予的特权势力。陆九渊生活在这样一个十世同居、高风笃行、家法严肃的乡村士绅地主家族。

---

① 敫堃：《守护文化传统　传承人文血脉——〈南通范氏诗文世家〉的文化史意义》。
② ［北宋］张载：《张载集·附录·司马光论谥书·又哀横渠诗》，中华书局 1978 年版。

宋代长久不衰的世家大族已经很少，相反，贫富无定势，甚至贫富易位的现象已屡见不鲜。在这样一个充满竞争的社会中，家族如何在竞争中取胜，如何维护家族的利益，如何长期保持不衰，这是一个很大的挑战。所以家学家风家教特别受到重视，以期通过对家庭成员的道德教化、行为规范等令其修身、齐家，从而维持家族的优势地位，达到兴旺、繁荣的目的。

陆九渊一家六兄弟，有两人考上进士，有三人被收入《宋史·儒林传》："梭山（四哥陆九韶）、复斋（五哥陆九龄）、象山（六弟陆九渊），其最著者也。"①除二哥陆九叙外，其余五人被录入《宋元学案》。

陆家六兄弟中，四哥九韶、五哥九龄和陆九渊，都以博学相论圣道而闻名于世，人称"江西三陆"。清人全祖望曾指出："三陆子之学，梭山启之，复斋昌之，象山（陆九渊）成之。"②

陆九渊一家出了这么多人才，这在南宋那个年代、金溪那个乡村，是多么震撼人心的事件。金溪县城"陆九渊纪念馆"（仰山书院）里有一副对联："兄弟六人皆才俊，一门儒风传千年。"人才是扎堆成长的，抚州不仅如此，人才还是一家成长的，如王安石、曾巩、晏殊晏几道父子等，不得了，陆九渊家族也是如此。这种"一人向上，全家向上"的家风，是我们中华民族的优良传统。

传承儒学文化、笃行仁义道德的陆家子弟各有建树，尤其是陆九渊倡导"心学"思想，贡献很大。

陆九龄与陆九渊相为师友，和而不同，学者号"二陆"。《年谱》说："与复斋先生齐名，称为江西二陆，以比河南二程。"③"河南二程"是指程颢、程颐，将陆九龄、陆九渊与"二程"相提并论，可见其十分了

---

① ［清］黄宗羲：《宋元学案》卷8之《涑水学案（下）·涑水续传》，［清］全祖望补修，中华书局1986年版。

② ［清］黄宗羲：《宋元学案》卷57之《梭山复斋学案·祖望谨案》，［清］全祖望补修，中华书局1986年版。

③ 《年谱》，《陆九渊集》卷36，第549页。

得。关于二陆，学者多有评说。朱熹谓陆九龄学术不偏，任重道远。黄东发（震）曰："复斋之学，大抵与象山相上下。象山以自己之精神为主宰，复斋就天赋之形色为躬行，皆以讲不传之学为己任，皆谓当今之世，舍我其谁，掀动一时，听者多靡。所不同者，象山多怒骂，复斋觉和平耳。复斋之文，犹多精语，足警后学，而自誉其所得，则在性学。……（复斋）遂与象山号二陆。"

包恢所撰《三陆先生祠堂记》中说："以正学名天下，而有三先生焉，萃在一郡一家，若临川陆氏昆弟者，可谓绝无而仅有欤！梭山宽和凝重，复斋深沉周谨，象山光明俊伟，此其资也，固皆近道矣。若其学之浅深，则自有能辨之者。梭山笃信圣经，见之言行，推之家法，具有典刑。虽服先儒之训，而于理有不可于心者，决不苟徇。惜其终于独善，而不及见诸行事之著明尔。复斋少有大志，浩博无涯涘，观书无滞碍，繙阅百家，昼夜不倦。自为士时已有称其得子思、孟子之旨者。其后入太学，一时知名士咸师尊之，则其学可知矣。又惜其在家在乡，仅可见者，辅成家道之修整，备御湖寇之侵轨，纪纲肃而蠹弊之悉革，诚意孚而人心兴起，然而为海内儒宗，系天下之望，而恨未得施其一二耳。若夫象山先生之言论风旨，发挥施设，则有多于二兄者。盖自其幼时已如成人，渊乎似道，有定能静，实自天出，不待勉强。故其知若生知，其行若安行，粹然纯如也。"①

一个传统大家族，创立了一门影响中国思想史数百年的学派，这是一个很有中国特色的有趣文化现象。

---

① 《年谱》，《陆九渊集》卷 36，第 599 页。

第 06 讲

陆九渊心学与儒家文化

一、陆九渊心学与江西的思想政治文化

江西人才辈出，但能担起"思想大家"名号、排在全国一流学者行列的，陆九渊算一个。一方水土养一方人，陆九渊是土生土长的江西人，陆九渊和陆九渊心学与金溪、抚州、江西地域文化有着诸多联系。

在江西的五大水系中，抚河排在第二，它发源于武夷山，注入鄱阳湖，全长约 380 公里，流域面积约 1.68 万平方公里。自古以来，抚州市就是抚河流域的州、府、市所在地。陆九渊的家乡金溪县隶属于抚州，是临川文化的一部分。所以，考察陆九渊心学思想，也应该关注临川文化这个因素。

1. 抚州名人文化对陆九渊的影响

抚州在文化上对陆九渊心学可能产生的影响有两点：一是名人文化。陆九渊是江西临川人。早在唐朝初年，王勃就在南昌写下《滕王阁序》，写到"光照临川之笔"，王勃以前没来过江西，更没到过临川，可见临川很早就是声名远扬的文化重镇了。在陆九渊之前，这个地方的名人至少有东晋的王羲之、谢灵运和唐代的韩愈、颜真卿等。

谢灵运（385—433），今浙江绍兴上虞人，其爷爷是东晋名将谢玄，母亲刘氏是王羲之的外孙女。他本人是中国山水诗的开创者，诗写得

好，字也写得好，被誉为"二宝"。他才华横溢，又自恃门第高贵，非常高傲，自认为"天下文才十斗，曹子建独占八斗，我占一斗，剩下的一斗天下共分之"。谢灵运晚年在临川任内史，到处游山玩水，在游南城麻姑山的麻源三谷后写下的"铜陵映碧涧，石磴泻红泉"，影响很大，许多书院和学馆以此命名。明代临川籍的汤显祖将自己的书斋命名为"红泉秘馆"，还把自己青年时期的诗集命名为"红泉逸草"。谢灵运还到过金溪。

颜真卿（709—784），唐代名臣、书法家，与赵孟頫、柳公权、欧阳询并称为"楷书四大家"。734 年（开元二十二年）二月，中进士甲科。746 年，颜真卿任临川内史，使"浇风莫竞，文政大行"，颇受赞誉。颜真卿曾登南城麻姑山撰文并书写《有唐抚州南城县麻姑山仙坛记》，771 年（唐大历六年）四月碑刻立于南城麻姑山顶。碑文楷书，共 901 字，苍劲古朴，骨力挺拔，庄严雄秀。此时，颜真卿已 60 多岁，书风已成熟老到，开张一任自然。欧阳修《集古录》说："此碑遒峻紧结，尤为精悍，笔画巨细皆有法。"此作是颜体代表作之一，历来为人所重。

在唐朝，王羲之的书法成为官方认定的经典，王氏书风成了士族阶层文化权力的象征。但是，文人士大夫也在唐宋时期开始掌握文化权力，他们需要确立属于自己的新文化。于是，欧阳修掀起了古文运动，并从古文拓展到包括书法在内的更多领域。因为颜真卿符合儒家理想中的君子人格，其书法也做到了字形和人格，即审美和道德的完美统一。因此，颜真卿书法就被选为反对王氏书风的有力武器。

朱熹说自己早年学习曹操的书法，而好友刘珙学的是颜真卿的书法。朱熹对刘珙说："范本当然是越古老越好了。"而刘珙反驳说："我学的颜真卿是唐代的忠臣，而你学的可是汉代篡权的贼子啊。"朱熹听后，无言以对，因此得出结论：取法不可不端也。

宋代文人提倡的新书法观念，就是字如其人，最好的例子就是颜真卿。因为字好、出身好、人品好这三条标准，颜真卿一个人全占了。出身方面，颜真卿家族叫琅琊颜氏，跟王羲之家一样都是世家大族。颜真卿曾写文暗示，他们家是儒家八派中的颜氏一脉。那本《颜氏家训》就是他家的北齐祖先颜之推写的。颜氏家族在唐代也非常显赫。颜真卿自己就是四朝元老，官至吏部尚书，被奉为太子太师。颜真卿书法好，政治上更强，一生两次面对"舍生取义"的大关节。第一次是在安史之乱中，颜真卿家族的很多人都成了忠勇之士。堂兄颜杲卿作战被俘，慷慨陈词，惹怒了安禄山，被残酷折磨致死。同样是带兵平乱，颜真卿跟堂兄一样也深陷困境，却因战略需要，最终选择撤军自保。事后，颜真卿十分痛苦，他知道自己的选择是对的，却为自己没像堂兄一样以死明志而愧疚。第二次生死抉择是在晚年。安史之乱虽已结束，但政局依然动荡。颜真卿被派去劝降叛军，面对叛军的各种劝说、威胁、恐吓，他不为所动，大义凛然，痛斥叛逆，最终于784年，被叛将李希烈缢杀。

宋代文人很喜欢讲颜真卿的故事，把他当作道德楷模，并把他的书法作为国家典范。加上颜真卿又在抚州做过官，抚州人对他的印象当然很深。陆九渊一直追求孔孟之道。颜真卿既是颜回之后，又是忠孝典范。陆九渊一直反对炫耀技巧、浮夸议论的风气，而颜真卿"文质彬彬"的形象正是陆九渊心中的追求，于是，陆九渊明确把颜真卿列入"汉唐近道者"[①]。

二是抚州的家族文化。中国历史重传承，重文脉，重诗教，诗书世家很多，江西各地更有"一门五进士，隔河两状元"之类的现象，江右望族比比皆是，如北宋时期临川的晏殊父子、王安石家族的三王（王安礼、王安国、王雱）。

以曾巩为代表的曾氏家族就出在金溪旁边的南丰县。875年（唐乾符二年），曾洪立任南丰令，开始家居南丰，为南丰曾氏始祖。南丰曾氏发展至北宋熙宁、元丰年间，已延续数百年誉望不减。今南丰老城西边还有一栋曾氏老宅，门额曰"秋雨名家"。当初，宋太宗宴请曾氏家族的曾致尧，很得意地谈及自己国库充盈。而彼时南方正闹旱灾，曾致

---

① 《语录下》，《陆九渊集》卷35，第543页。

尧当即回奏："未及江南一夜秋雨之为富也！"意思是说：国库再充盈也比不上江南下一场秋雨给老百姓带来的富足。皇上闻之一震，感动之余，赐予南丰曾氏"秋雨名家"的称号，以表彰其德行。

两宋时期，南丰曾氏中进士者 53 人，在朝为官者过百人。自其祖曾致尧被荐为翰林，到第三代曾巩、曾布、曾肇，一门"三曾"均获此资格。"南丰三曾"之曾布有"三世文章称大手，一门兄弟独良眉"的诗句，虽是自誉，却是实情。曾巩，字子固，谥号"文定"，唐宋八大家之一，世称"南丰先生"，北宋嘉祐二年进士。曾巩年轻时就名震天下，王安石称赞他："曾子文章众无有，水之江汉星之斗。"1047 年（庆历七年），父亲去世，曾巩独当家事，"皇皇四方，营馆粥之养"，劳碌顿挫，艰苦异常。这一年，曾牟、曾宰尚且年轻，曾布仅 12 岁，曾肇刚出世。但曾巩在困顿中"励其志，坚其守，广其学"，还一直力督弟弟们勤学不坠。现在，南丰县城盱江南岸还有一处天然岩洞，长宽约 3 米，高约 2 米，四周绿树成荫，环境幽静，是曾巩和兄弟们读书之所。右下侧有一泓清澈山泉，曾巩兄弟常在此处洗涤笔砚。朱熹特意寻踪到此，于壁上题"墨池"二字。

1057 年（嘉祐二年）科举，南丰曾氏一门六进士（包括两个妹夫），一时轰动朝野。除兄长曾晔去世外，曾巩五兄弟都考中进士，尤其是曾布和曾肇，因为政绩和文学成就均极为显著，与曾巩一起被称为"南丰三曾"。

陆九渊兄弟一家也是群星灿烂呀，所谓"忠厚传家久，诗书继世长"。

2. 抚州的思想文化对陆九渊的影响

在古代江西，抚州（临川）既是文化重镇，还是思想高地。抚州一个地方就出了李觏（南城）、王安石（临川）、陆九渊（金溪）、吴澄（崇仁）、吴与弼（崇仁）、罗汝芳（南城）6 个思想大家。江西全省 11 个设区市，哪个市还有这种现象？

当然，江西的其他市也是名人众多、群星璀璨，也有这个家、那个家。比如陶渊明，九江人，文学家；欧阳修，吉安人，文学家、政治家；黄庭坚，九江人，诗人、书法家；文天祥，吉安人，政治家；宋应星，宜春人，科学家……但大多是政治家、文学家、书法家、科学家，唯独思想大家少，也没有抚州这么明显、这么多。

说起抚州的思想大家，就要说说北宋的李觏。李觏（1009—1059），字泰伯，北宋建昌军南城（今江西抚州）人，哲学家、思想家、教育家、改革家。李觏家世寒微，自称"南城小民"。他自幼聪颖好学，5 岁知声律、习字书，10 岁通诗文，20 岁以后文章渐享盛名，但科举两次落第，从此退居家中，奉养老母，潜心著述。1037 年（景祐四年），李觏 29 岁，进京参加科举落榜，郁闷彷徨。这时范仲淹被贬至江西鄱阳。1038 年，李觏前往鄱阳拜访范仲淹，得到范仲淹的激赏。他于 1043 年（庆历三年）创办"盱江书院"，同年受郡守之请办学，开课授徒，慕名求学者常有数百人，"为盱江一时儒宗"，人称"盱江先生"。后来，范仲淹在润州、越州任上，都邀请李觏任教授。再后来，范仲淹于 1049 年（皇祐元年）、1050 年（皇祐二年）多次上疏推荐李觏。终于，李觏任太学助教，后升直讲，故后人称他为"李直讲"。

李觏是北宋具有朴素唯物主义倾向的杰出思想家。他在哲学上持"气"一元论观点，承认主观来自客观，认为事物的矛盾是普遍存在的，因此成为宋代哲学学派的先导，在我国哲学史上占有重要的地位。几十年后，周敦颐解释了宇宙的根源，认为由太极的动和静生出阴阳二气，由阴阳的交互作用而生成金木水火土，五行互相推移转变，因而造成宇宙万物。周敦颐的解释和李觏十分相似，很可能受到当时被尊为"江南儒宗"的李觏的影响。不过周敦颐已经滑入唯心主义窠臼，到了二程、朱熹，更成了"理在前，气在后"，并形成了一套"理"学的思想体系。这和李觏朴素的唯物主义观点有了根本分歧。

李觏还是一位无神论者，学术上以儒学为宗，极力排斥佛、道二教，是庆历之际排佛、道思潮的代表人物之一。其《富国策·第五》专门论述了"释老的弊酷"，指出缁黄（即释道）"存则其害有十"，"去则其利有十"。其激烈的态度，与韩愈的"人其人，火其书"不相上下。

李觏持有进步的社会历史观，他从实际物质利益是人类社会生活的根本这一基本观点出发，解释社会历史现象。他认为"治国之实，必本于财用"。治理国家的基础，是经济，是物质财富。所以，他反对把实际物质利益和道德原则，即"利"和"义"对立起来，反对道学家们不许谈"利"言"欲"的虚伪道德观念，卓有胆识地提出功利主义的理论。李觏反对孟子，著有《常语》以驳孟子思想，反对所谓的"重义轻利"，认为"焉仁义而不利者乎"，成为宋学中"非孟"思潮的先驱。

李觏身居民间，心忧天下，身居江湖，心系庙堂，博览群书，关心时政，以"康国济民为意"。他从 22 岁始作《潜书》，近 30 年著作，涉及政治、经济、法学、军事、伦理和哲学等，"愤吊世故，警宪邦国"，被誉为"医国之书"。其著述锋芒毕露，具有强烈的战斗性，实质上是对北宋中期社会的政治批判和学术思想批判。

李觏认为"人所以为人，足食也；国所以为国，足用也"，民无衣食，国无财用，任何王朝都保不住自己的统治。他还认为根本的问题是土地问题："是故土地本也，耕获末也。无地而责之耕，犹徒手而责之战"，"地力不尽，则谷米不多；田不垦辟，则租税不增"，提出以"平土之法"解决这个根本问题。李觏认识到土地占有的不合理导致了物质财富的多寡不均。他在《平土书》中提出"均田""平土"的主张，引经据典，煞费苦心地为统治者提供解决土地问题的历史借鉴。为了改变北宋积弱的局面，缓和社会矛盾，他提出富国、强兵、安民的主张，写了《富国策》《强兵策》《安民策》各 10 篇，阐述自己的见解。

李觏一生怀才不遇，历尽挫折，却"以康国济民"为己任，比较接近人民，了解人民疾苦，对"时弊"看得也比较清楚，提出了一整套革除弊端、治世安邦的政治主张。

北宋庆历年间，宋仁宗为了缓和严重的社会矛盾，任用范仲淹、韩琦、富弼、欧阳修等人进行一系列改革，史称"庆历新政"。为了表示对"庆历新政"的支持，1043 年（庆历三年），李觏撰写《庆历民言》

30 篇，进呈给范仲淹等人。这部著作"言言药石，字字规诫"，人称为民请命的"医国之书"。书中除了以上观点外，还主张广开言路，进纳忠言，远斥宵小；主张居安思危，注意长治久安；"损欲""本仁"中主张仁爱爱人，禁尚奢侈等。

"庆历新政"失败后，北宋后期严重的社会矛盾并没缓和，不久便开始了一场更大的革新运动——王安石变法。此时李觏已经逝世，但王安石受过李觏的影响。王安石比李觏小 12 岁，十分推崇李觏，两人曾有交往。李觏的得意门生——邓润甫更是积极参与了王安石的变法。李觏的另一个学生、他的侄子，官至枢密副使的李山甫也和王安石交往很深。这说明李觏与王安石的政治观点是相同的。王安石在《答王景山书》中提到过自己曾采纳李觏的意见："足下又以江南士大夫为无能文者，而求李泰伯、曾子固豪士，某与纳焉。"可见李觏终其一生都坚持革新，支持革新派，是宋代社会改革的先行者。胡适曾评价李觏是"不曾得君行道的王安石"，"李觏是北宋的一个伟大思想家。他的大胆，他的见识，他的条理，在北宋学者之中，几乎没有一个对手！……他是江西学派的一个极重要的代表，是王安石的先导，是两宋哲学的一个开山大师"。

李觏一生著述甚丰，有《礼论》7 篇、《易论》12 篇、《周礼致太平论》51 篇、《富国策》《强兵策》《安民策》30 篇、《广潜书》15 篇，还有《删定易图序论》《明堂定制图序》《五宗图序》等。李觏的文章内容充实，即使是解经之作，也常以古说今，政治色彩浓厚。李觏的书信、志铭、碑、记等也都写得通达有识，为人称道。其《袁州州学记》起语不落俗套，立论警切，结构严谨，文笔稳健。这篇脍炙人口的名作与《河东柳淇书》《京兆章友直篆》，当时号为天下"三绝"，被选入《古文观止》。前人称他"著书立言，有孟轲、扬雄之风"[1]。"在北宋欧阳（修）、曾（巩）、王（安石）间，别成一家。"（《宋元学案补遗》卷三）

---

[1] 《范仲淹荐李觏疏》。

李觏是何等人物，他虽然只是个乡村小教师，却和几个宰相级大人物交往甚深。他和宰相晏殊是好朋友，两人经常同游麻姑山。他得到范仲淹的高度赏识。他身居山野，却能就全国的土地改革、兵制改革、财政改革等提出建议。对北宋的范仲淹"庆历新政"和王安石"熙宁变法"这两场变法，李觏都既给予理论支持，又做了哲学准备，还提出具体思路。曾巩和当过御史的邓润甫等，都是他的学生。

这两场变法牵动江西籍的政界人物，如欧阳修、曾巩、富弼、王安石等。作为思想界的代表人物，陆九渊必然会对其关注，受其影响。

3. 江西儒学人物对陆九渊的影响

江西的儒学传统很深，远的可追溯到孔子的学生澹台灭明来南昌传道，汉代有徐孺子下陈蕃之榻，单说对陆九渊有直接影响的儒家人物有几个：

第一个是东晋时的陶渊明。有一次，学生李伯敏作了一首诗："纷纷枝叶谩推寻，到底根株只此心。莫笑无弦陶靖节，个中三叹有遗音。"陆九渊首肯之。[1] 为什么他会"首肯之"呢？陆九渊曾说："黄初而降，日以渐薄。唯彭泽一源，来自天稷，与众殊趣，而淡泊平夷，玩嗜者少。"[2] "彭泽"指的就是陶渊明。自《诗经》《离骚》以来的儒家传统，在曹魏以后，就日渐衰弱。只有江西彭泽的陶渊明，天然清新，淡泊平夷，与众不同，独树一帜。

第二个是唐代的韩愈。819年（元和十四年），唐宪宗迎佛骨入宫内。时任刑部侍郎的韩愈上《论佛骨表》力谏，认为佛骨不过是一个胡人的遗骸，要求将佛骨烧毁，不能让天下人被佛骨误导。唐宪宗览奏后非常生气，要处死韩愈。众人极力劝谏，宪宗仍将韩愈贬为潮州刺史。韩愈被贬后，写下"一封朝奏九重天，夕贬潮阳路八千。欲为圣明除弊

---

① 《语录下》，《陆九渊集》卷35，第512页。
② 《与程帅》，《陆九渊集》卷7，第120页。

事，肯将衰朽惜残年"的诗句，表达了自己忠心进谏、一心为国为民的情怀。第二年适逢大赦，韩愈转贬为袁州（今江西宜春）刺史。韩愈在宜春做了两件大好事。一是解放奴婢。按唐朝法律规定，不许用良人男女抵债为奴婢。而当时袁州风俗，平民女儿抵押给人家做奴婢的情况较多，且超过契约期限而不赎回，就由出钱人家没为家奴。韩愈到任后通令宜春各地，禁止买人为奴的风俗，凡抵债奴婢一律放回到父母身边，所欠债务一笔勾销，共解放奴婢 732 人。二是兴书院。韩愈一到宜春就大力兴办书院，培育了江西第一个状元卢肇等一批学子。也正因为韩愈重视文教，唐朝中后期，宜春文风大盛，考中了 30 多位进士，赢得了"江西进士半袁州"的美誉。千百年来，宜春百姓特别怀念他。宜春城中的制高点是宜春台。宜春台上有昌黎阁，登阁远眺，宜春全城尽收眼底，"大小袁山双螺并，秀水东西一带横"。这幢昌黎阁就是为纪念韩愈而建。宜春台旁还有纪念韩愈的昌黎书院，是明朝嘉靖年间在韩文公祠的基础上扩建而成的，前后三进，包括左右厢房共六栋房子。书院门前有一副对联："朝奏九重，夕贬潮阳，公骨硬于佛骨；文起八代，才育秀水，教功高于政功。"这座昌黎书院其实是一个古代的学术研究机构，为袁州府及周边四府的学术中心。三年一次的乡试主考场就设在这里，现在宜春台南面还有一条路叫"考棚路"。

韩愈在宜春写过一首诗："淮南悲木落，而我亦伤秋。况与故人别，那堪羁宦愁。荣华今异路，风雨昔同忧。莫以宜春远，江山多胜游。"

第三个对陆九渊有影响的儒家人物是周敦颐。

二、周敦颐在江西的思想历程

1. 周敦颐在江西的人生经历和思想历程

宋代，儒学复兴运动兴起并持续深入发展。开始有孙复、石介、胡瑗"宋初三先生"[①]，接着，出现周敦颐、邵雍、张载、程颢、程颐"北

---

① 孙复、石介、胡瑗，在宋朝初年倡导守道尊王，都曾在泰山求学，任教于太学，是宋朝理学承范仲淹、开张载两宋理学的过渡人物。

宋五子"[1]，除周敦颐的"濂学"、张载的"关学"、二程的"伊洛之学"外，还有王安石的"新学"、司马光的"朔学"、三苏（苏洵、苏轼、苏辙）的"蜀学"。相当长的一段时间内，新学和蜀学的影响更大，而关洛之学，尤其是洛学受到压制。到了南宋，有张栻、吕祖谦，更有朱熹、陆九渊为代表的"理学"和"心学"两大学派。在这路径众多、儒统并起的进程中，对陆九渊产生影响的周敦颐是值得特别一说的。

周敦颐（1017—1073）虽是湖南永州道县人，可他 57 年的生涯大部分是在江西度过的。他 8 岁前在故乡湖南道县。8—21 岁在湖南衡阳。21—24 岁在江苏镇江。24—28 岁，任江西洪州分宁县主簿，待了 4 年。28—34 岁，任江西南安军（军治所在大庾县，今大余县，宋代的南安军下辖南康、大庾、上犹三县）司理参军，待了 6 年。34—38 岁，在湖南郴州任郴县知县。38—40 岁，又回到江西洪州当了 2 年南昌县令。40岁任合州（今四川合川）通判。46—49 岁，再回到江西赣州做了 3 年通判。这样，加上在南安（大余）的 6 年，他在赣州前后待了 9 年。再后来，任湖南永州通判兼管邵州（湖南邵阳）事、广南东路转运判官 6年。55—56 岁，回江西任南康军（后星子县，今属庐山市）知军 2 年。56—57 岁，退休并定居庐山，为纪念家乡，把住所旁的一条溪水命名为濂溪，把自己的书屋命名为濂溪书堂，后终老于此，世称"濂溪先生"。1073 年六月初七日，周敦颐病逝于此，享年 57 岁。

周敦颐是中国儒学史上的大儒，国学大师钱基博在《近百年湖南学风》中说，湖南历史上有两大鼻祖，一为文学之鼻祖屈原，一为理学之开山周敦颐。曾国藩在《湖南文征序》中也以屈子、周子并称，极赞屈原为言情韵者所祖，周敦颐为言义理者所祖。长沙岳麓书院现有对联："吾道南来，原是濂溪一脉；大江东去，无非湘水余波。""孔孟以来推此老，程朱之上更何人？"两副对联都说到了周敦颐，周敦颐上接孔孟、下启程朱，影响中国乃至东亚近千年。任继愈认为，从周敦颐以后，我

---

[1] "北宋五子"是指北宋周敦颐、邵雍、张载、程颢、程颐。

国儒家才建成了一套比较完整的宇宙观。中国哲学思想史上，宋明理学占有极其重要的地位，而周敦颐是宋明理学的开山鼻祖，他吸收了道家、佛家的思想精华，对孔孟之道的儒学思想体系做了重大的扩充和改造，形成了一种新的儒学形态，即宋明理学，成为中国封建社会后期的统治思想。

为什么说周敦颐代表了中国在中古时期的思想高度，被尊为"理学开山""道学宗主"？

这要从周敦颐28—34岁时在南安军招收程颢、程颐为学生讲起。1045年（北宋庆历五年），28岁的周敦颐由分宁主簿调任南安军司理参军。次年，兴国知县程珦调任南安军通判，与周敦颐共事。程珦与周敦颐交往后，"视其气貌非常人，与语，果为学知道者，因与为友"，非常钦佩周敦颐的人品和学识，就让他的两个儿子——15岁的程颢、14岁的程颐拜周敦颐为师。"二程"在周敦颐的悉心教育和培养下步入理学殿堂。这一年，周敦颐作《太极图说》，并手授二程子。两年后，程颢、程颐学业大进。南安军的子弟纷纷拜周敦颐为师，学员越来越多，周敦颐就在县城东山建军学学堂（今东山正觉寺）。这时，名满天下的大儒胡瑗诏为朝廷学官，大兴书院，广招天下学子。周敦颐便建议程珦送两子进京就读，并给胡瑗写信推荐。1049年（皇祐元年），程颢、程颐拜别父母恩师，北上京城进入太学学习，考上进士，振兴儒学，成为程朱理学的开山与儒学的一代宗师。

2. 周敦颐当年在南安教了二程啥？怎么就对中国文化影响这么大？

第一课是"孔颜乐处"。多年后，二程回忆说："昔受学于周茂叔，令寻颜子、仲尼乐处，所乐何事？"[1] 就是说，周敦颐要二程去思考：孔子、颜回这些圣贤在穷苦的环境里为什么还这样快乐？

那什么是"孔颜乐处"呢？孔子为推行自己的治国方略，周游列

---

[1] 《程氏遗书》二上，《二程集》，第16页。

国，到处碰壁，生活很艰苦，吃粗粮，喝白水，睡觉没有枕头，就弯着胳膊当枕头（"饭疏食，饮水，曲肱而枕之"），却"乐亦在其中矣"。颜回住在贫民窟里，粗茶淡饭，别人无法忍受，他却不改其乐。孔子赞叹说："颜回真是一位圣贤呀。吃的是一小碗饭，喝的是一小瓢水，住在破巷子里头，谁都忍受不了这种悲催的生活，颜回却快活自在始终不改。"（"贤哉回也！一箪食，一瓢饮，在陋巷，人不堪其忧，回也不改其乐。"）孔颜乐处就是在艰难困苦中保持恒常的精神愉悦，也就是一种安贫乐道的精神。这是中国儒学的一个核心问题。也就是说，周敦颐教授的第一课就是要二程兄弟俩去寻找孔子、颜回师徒两人在哪一点上快乐，为什么快乐（"所乐何事"）。周敦颐要二程去寻找颜回和孔子在艰难困苦中保持恒常的精神愉悦的原因，让二程体会"学至涵养其所得而至于乐，则清明高远矣"。

这种"乐"充分彰显了人的尊严。贫而不谄，富而不骄，这种态度固然好，这很容易做到；但贫而不怨，甚至贫而快乐，"安贫"，还"乐道"，则很难做到。颜回不改其乐，自得其乐。

孔子和颜回为什么能在困难的环境里做到贫而不改其乐呢？

孔子说："不义而富且贵，于我如浮云。"周敦颐教育二程："夫富贵，人所爱也。颜子不爱不求，而乐乎贫者，独何心哉？"人人都爱富贵，颜回却不爱不求，这是什么心态呢？关键是把外在的富与贵视为"小"，更注重内在的精神，也就不在意富贵贫贱的生存状态了，故而能"乐"。

周敦颐要二程穷究孔子、颜回究竟乐在哪里，就是要让他们悟出：人生的价值在内不在外，心中只要把握了道，再苦也是乐。"贫"与"富"、"贵"与"贱"是两种不同的生存状态。要以寻"道"获"道"为志向，不因富与贵而傲慢，亦不因贫与贱而悲伤，这样，就能在常人必会忧愁的状态中独"乐"。

对周敦颐提出的"孔颜乐处"的命题，程颐有自己的理解：颜回独好"圣人之学"，以求道行道、涵育道德的精神境界为人生目标，所以，富贵显达不能使其必乐，贫穷困顿不能使其沮丧。1050 年（皇祐二年），大儒胡瑗出"颜子所好何学论"的题目，年仅 18 岁的程颐答："然则颜子所独好者，何学也？学以至圣人之道也。"胡瑗对程颐的回答感到惊奇。

程颢另有一番体会，提出了"乐天知命"的命题。他认为，孔子这样的圣人，以"知天""行天之道"为职，"替天行道"。而"命"是人生中的必然，如富贵贫贱之类。"圣人"知天，就是要进行道德人格的自我修养，致力于"博施济众"，把个人的精神境界、事功行为上接神圣的"天"，为人之世俗生活接上超越性的价值之源，如此，何为不"乐"乎？至于人生中的富与贵、贫与贱，都是不可妄求办不可规避的。知此"命"则心安，心安则能在贫困潦倒中生发其"乐"、保持其"乐"，这就叫"乐天知命"。

后来，王阳明论述了这一问题，他说"乐是心之本体"，快乐就在人的内心，"反身而诚，乐莫大焉"。颜回的快乐是从内心生发出来的，不管他做什么，快乐始终伴随着他，而世人的快乐是外在的，必须一刻不停地向外追逐。所以，人要恢复心灵本来的状态，就会发现、找到本来就在那里的快乐。

现实生活中，只有端正了对贫贱富贵的态度，人们才可能"吟风弄月"。不是忍耐、痛苦，而是快乐、安贫乐道。后来，程颢说："自再见周茂叔，吟风弄月以归，有'吾与点也'之意。"[1]

梁漱溟先生曾指出：儒家是一种乐感文化。[2] 杨立华也指出，这一个"乐"字的拈出，本身就已经体现出儒家的根本精神，已经把儒家那温暖的、有春天意思的目光提示出来了。[3]

第二课是"吟风弄月"。这也是《论语》记载的一件事。有一天，孔子讲学，要弟子曾点、子路、冉求、公西华等人谈谈自己的志向。子

---

① 《周敦颐集》，中华书局 2009 年版，第 81 页。
② 梁漱溟：《东西文化及其哲学》，商务印书馆 1999 年版，第 142–144 页。
③ 杨立华：《中国哲学十五讲》，北京大学出版社 2019 年版，第 147 页。

路说只要有人用他，三年便可让危机之国大变样。冉求自认为只能治理一个小国，其余恐无能为力。公西华则说他只要做个主持仪式的小官就心满意足了。

最后，孔子看着曾点，说："那你有什么志向呀？"

曾点正在弹琴，"铿"的一声琴止，他从容潇洒地站起来，说："我的志向是在暮春三月，草长莺飞，百花盛开，我穿着轻松飘逸的春服，五六位朋友陪着，六七个侍童跟着，随意闲聊，逶迤而行，一直走到那沂水边，然后跳进碧波洗个澡，再登上舞雩台，迎着凉爽轻柔的春风，一路唱着歌返回。"

孔子听后，喟然长叹，说道："我的志向与曾点是一样的呀！"

周敦颐教二程"吟风弄月"，也是由"孔颜乐处"带出来的宋明理学的核心问题。周敦颐告诉二程，"吟风弄月"是孔颜"乐"的表现形式，绝不仅仅是为了欣赏山水田园的自然风光，而是要去"观物""静观"，从中体会出天地之根、万物之源。人们解决了现实生活中贫贱富贵对人的心理境界的影响后，才可能"吟风弄月"。

第三课是观物悟道。古代南安府内，二程兄弟看到一件事：先生周敦颐平日很爱整洁，院子里长满了杂草，却从不除去。二程兄弟不解，问之，周敦颐回答："与自家意思一般。"那杂草也自有生机，如我的生机一般，为何要去除它呢？[①]

这是什么意思呢？周敦颐认为，宇宙万物产生有序，人亦是万物中之一，不过是"得其秀而最灵"，万物与人虽然为二，本源上却是同太极、阴阳、五行化而生；现实中的人汲汲于世俗之利之欲，沉溺在日常之衣食住行中，对自我之大"本"大"源"完全忘记，体会不到了。所以，周敦颐提出要"观物"，包括留下自家院子里的杂草来"观物"。这种"观物"，就是要在静观万物中获得道德修养的内在自觉性，坚定自我践履"中正仁义"的信心和决心。

---

① 杨立华：《中国哲学十五讲》，北京大学出版社 2019 年版，第 147 页。

"吟风""弄月""观物"，从而"悟道"，是周敦颐理解的孔子情怀、圣人之意，是他教育学生的思想精髓。周敦颐有诗云："数十黄卷轴，贤圣谈无音。……吾乐盖易足，名濂朝暮箴。"程颐也有诗："云淡风轻近乎天，望花随柳过前川。旁人不识予心乐，将谓偷闲学少年。"师徒的体悟一脉相承，都是粗茶淡饭、有书可观即为乐，吟风弄月、观物观景亦有乐。此乐超越了外在的物质的贫富的状态，因而能久远，能恒常，能滋润人的心田。

儒学是一种做人的学问，主张切己观省、身体力行，通过对自己人生实践的反省，体悟自己的良心善性（人之所以为人者），并坚持不懈地操存保养，使之充实而光大。儒学虽然也有一套概念范畴体系，但对这些概念和范畴的讲解并不是通过下定义、作注解的方法，而要通过对生活的真切体悟。

3. 周敦颐的历史传续

周敦颐在南安创立理学、收二程为学生，是中国儒学史上的一件大事，当时未见其有多大反响。但周敦颐身后，随着二程的影响日渐扩大，程朱理学成为中国的主流意识形态。也随着中国心学认定其鼻祖乃是周敦颐，南宋时多处开始建周敦颐祠堂，甚至把他推崇到与孔孟相当的地位，认为"其功盖在孔孟之间矣"。他也被尊为人伦师表。南安大庾也作为理学胜地成了后世大儒的拜谒之地。

1064 年（宋治平元年），王安石撰《虔州学记》。

1081 年（元丰四年）秋，时任泰和知县的黄庭坚赴南安贡院主考。他乘船到赣州待了两天后，由周道辅陪同乘船到大庾。这时南安知军去开封晋谒皇帝了，在家主持军政事务的是知军助手柳散朝。他与黄庭坚、周道辅同为宋治平年间的进士，在京城同一所驿馆待考，相识多年，一直书信不断。三人在大庾相见，喝酒畅谈。黄庭坚在南安贡院为全体考生授课，当堂题写"儒雅之邦，人才涌现"。

黄庭坚一到南安就拜访了原通判衙门里的周敦颐故居。黄庭坚在

《濂溪诗·序》中称赞周敦颐："茂叔人品甚高，胸中洒落，如光风霁月。好读书，雅意林壑。不卑小官，职思其忧，论法常欲与民决讼，得情而不喜。其为使者，进退官吏，得罪者自以为不冤。濂溪之名，虽不足以对其美，然茂叔短于取名而乐于求志，薄于邀福而厚于得民，菲于奉身而尚友千古。闻茂叔之风，犹足律贪，则此溪之水，配茂叔以永之，所得多矣。"

黄庭坚对周敦颐的评价，可谓旷古未有。黄庭坚字写得好，是著名书法家；诗也写得好，是"江西诗派"的创始人，开宗立派的人物；眼还毒，看人看得很准。他评价周敦颐的几个词都流传后世，一是"不卑小官"，二是"胸中洒落，如光风霁月"。特别是"光风霁月"一词精确、传神地说出了周敦颐的人品高洁清朗，胸襟开阔坦荡。

1179 年（淳熙六年），朱熹任南康军知军，时值大旱，朱熹积极组织救荒。1181 年（淳熙八年），因救荒得力，朱熹改任提举江南西路常平茶盐公事。上任伊始，江西又遭秋旱，朱熹前度救荒有方，此次自然义不容辞，被责成专管江西救旱，并受命赴赣州和南安察看灾情。朱熹一路了解灾情，抚恤灾民，并在宁都梅江书院、于都濂溪书院、赣州濂溪书院等讲学并传授弟子。视察完赣州后，他就乘船溯章江而上，前往南安。由于大旱，船行至南康县和大庾县交界处的苏访贤、浮石一带，弃舟乘马，前往南安军所在地大庾县城。一路上，他看到久旱无雨，导致禾稼稀疏，炊烟寥寥，秋风萧瑟，满目荒凉，心情格外沉重，写下《南安道中》一诗："晓涧淙流急，秋山寒气深。高蝉多远韵，茂树少余荫。烟火居民少，荒溪草露侵。悠悠秋稼晚，寥落岁寒心。"此诗表达了他忧国忧民的感情和对百姓的怜悯、痛心之情。

然后，朱熹访问了周敦颐遗迹。他来到"周程书院"，拜谒了周敦颐和二程，又在书院山长的引导下，遍察整个书院。之后，朱熹拜访了宝界寺，询问了正觉住持当年与周敦颐共同研讨儒学的情况，还到大庾县南丰周屋村访问了周敦颐的家族后裔，在大庾研读了周敦颐和二程的文章。通过对周敦颐和二程在南安遗迹的全面考察和了解，朱熹补充了早已完稿的《濂溪先生行实》有关周敦颐在南安和二程授受的内容，热情洋溢地写道："先生在南安时，年最少，不为守所知，洛人程公珦摄通判事，视其气貌非常人，与语，知其学为知道也，因与为友，且使其子颢、颐受学焉。及为郎，故事当举代，每一迁授，辄以荐之。程公二子，皆倡明道学，以继孔孟不传之统，世谓'二程先生'者，其原盖自先生发也。"①

朱熹在南安待了近二旬光景。时值小寒，大庾岭梅花凌寒初绽。朱熹应南安军知军之邀，登岭赏梅。这次来南安寻访了周子和二程足迹，朱熹夙愿已了，格外高兴，当即赋诗一首："去路霜威劲，归程雪意深。来此无几日，景物变千林。晓蹬初移屐，晚云欲满襟。玉梅疏半放，犹足慰幽寻。"此诗与刚到南安的那首诗形成鲜明的对比。前诗心情郁闷，意境凄凉；此诗则意拓心旷，轻松明澈。

朱熹为周敦颐作《像赞》："道丧千载，圣远言湮。不有先觉，敦开我人。《书》不尽言，《图》不尽意。风月无边，庭草交翠。"②"风月无边"暗含了黄庭坚对周敦颐的评价："茂叔人品甚高，胸中洒落，如光风霁月。""庭草交翠"则是说周敦颐那"如自家意思一般"的满院杂草，自有生机。

通过考察，朱熹更坚定了效法周敦颐创办书院的决心，终于在1179年（淳熙六年），重建了白鹿洞书院，并按"周程书院"的办学方法加以演进，重新完善了书院的规章。从此，白鹿洞书院名师云集，生员倍增，成为中国古代书院的代表和象征。

朱熹对周敦颐的评价很高，为他作事状，还为《太极图·易说》《易通》作注解。周敦颐名声逐渐大起。

宋乾道年间，南安教授郭见义修建"三先生祠"，以纪念周敦颐与二程，并作记云："人心可亡，则先生之道亦可亡也；天理可灭，则先生

---

① ［宋］朱熹：《濂溪先生行实》，《南安府志·艺文志》。
② 《像赞》插页，《周敦颐集》。

之道亦可灭也。苟人心天理无容亡灭，则学者修其祠，明其道，百世以俟圣人可矣。"他点明"人心"与"天理"、"道"与"圣人"的关系。

九江、道县等地纷纷建濂溪祠。宁宗赐周敦颐谥号"元"，因此周敦颐又被称为"元公"。到理宗时，从祀孔庙，周敦颐的理学开山地位由此确定。清代学者黄宗羲在《宋元学案》中说："孔孟而后，汉儒止有传经之学。性道微言之绝久矣。元公崛起，二程嗣之，又复横渠清大儒辈出，圣学大昌。"这段话肯定了周敦颐作为北宋理学开山之祖的地位。

1242 年（淳祐二年），漕臣江万里命南安知军林寿公在当年周、程传习的地方建"周程书院"，讲学育才。1258 年（宝祐六年）改为道源书院。1263 年（景定四年），南安知府饶应龙上疏朝廷：南安之地是周子教二程之地，"道学之源，实肇于此"，"南安乃道学发源之地"，请皇帝赐匾额。南宋理宗赵昀亲赐书匾"道源书院"，即"道在孔孟，源在南安"之义。"道源书院"也有"胜甲江右"之称。

到了明代，理学家陈献章（白沙）举明正统十二年乡试，受翰林检讨官，然后南归。他途经南安府，在南安府知府张弼的陪同下游吟风弄月台，写下了《宿中台①》一诗，云："黄菊花开又一年，南山无分对陶潜。不知岁月随依否，恼杀台中此独眠。"②

明代陈献章（白沙）的学生、与王阳明齐名的理学家湛若水（1466—1560），南京礼、吏、兵部尚书，也来过南安大庾拜谒周敦颐遗迹并讲学，有《吟风弄月台》二首。其一云："金鳌阁上看山来，为爷前修陟古台。弄月吟风乃何意？芙蓉自对桂花开。"其二云："台高吟弄连君子，铁汉楼开对墨君。宇宙无穷今古事，人情类聚又群分。"他还撰《南安府重修庙学记》，云："周、程于兹，实开道源。"

王阳明任南赣巡抚期间，常来大庾，军务之余，常在道源书院讲

---

① 　中台：吟风弄月台。
② 　《南安府志·艺文志》。

学，传播他的心学思想。

三、宋代心学的思想脉络与学术传承

1. 周敦颐对陆九渊的思想影响

周敦颐与陆九渊的人生、仕途有点相似。周敦颐官阶并不显达，始终是地方官吏，主要是做司法工作，生活上清寒，是一位清官；精神上光明、正直，是一位君子儒。陆九渊也是一位"不卑小吏"，一直处于底层，却始终精神抖擞。正是有了这种精神状态，陆九渊自觉地过着自信的生活，并把它从践履的层面上升到理论的层面。

虽然陆九渊是心学的开创者，但周敦颐可以说是心学的鼻祖。从周敦颐到陆九渊的思想脉络与学术传承可以论述如下：

首先，周敦颐对陆九渊心学有影响。周敦颐提出"诚"的概念："诚者，圣人之本。"（孟子讲的是："诚者，天之道也；思诚者，人之道也。"[1]）"圣，诚而已矣。诚，五常之本，百行之源。静无而动有，至正而明达也。"这样，天道之"诚"与圣人之"德"合而为一。是以圣人之心即天地之心，圣人之性即天地之性了。"圣人之道，入乎耳，存乎心，蕴之为德行，行之为业。"道存乎心，则有德有业。周敦颐以这样的"诚"来统合天人，蕴含着心性合一、内外合一、心物合一的思维逻辑。他说："大哉乾元，万物资始，诚之源也。乾道变化，各正性命，诚斯立焉。纯粹至善者也。故曰'一阴一阳之谓道，继之者善也，成之者性也'。元亨，诚之通；利亨，诚之复。大哉《易》也，性命之源乎！"[2]

后来，周敦颐培养的程颢、程颐北上，宋代道学也就由南方传到北方。

张载，凤翔郿县（属今陕西眉县）横渠镇人，人称"横渠先生"。他讲的"为天地立心，为生民立命，为往圣继绝学，为万世开太平"，

---

① 《孟子·离娄章句上》。
② 《通书·诚》上。

冯友兰概括为"横渠四句"。张载是程颢、程颐的表叔。1057 年（嘉祐二年），张载 38 岁，去汴京（今开封）考进士，在相国寺设虎皮开讲《易》，得到宰相文彦博的支持。在这里他第一次见到二程，讨论了一番《易》之后，说二程对《易》的理解比自己深刻，随后"撤座，辍讲"，并对人说"二程深明《易》道"，吾所弗及，"汝辈可师之"。这一年，张载受知于欧阳修，与苏轼、苏辙一起考中进士。

张载也强调"大其心"和"尽性"。《正蒙·大心》篇说："大其心则能体天下之物，物有未体，则心为有外。世人之心，止于闻见之狭，圣人尽性，不以见闻梏其心，其视天下无一物非我，孟子谓尽心则知性知天以此。天大无外，故有外之心不足以合天心。"这实际上启发了陆九渊"吾心即宇宙"的命题。

邵雍虽以太极、象数来阐述天人及其关系，但他的"先天之学"实际是"心学"。他说："先天之学，心法也，故图皆自中起，万化万事生乎心也。"又说："先天之学，心也，后天之学，迹也。"[1]这与后来陆九渊的"道外无事，事外无道"、王阳明的"心外无物，心外无理"亦比较接近。

后来，二程的学说发扬光大，特别是大程（程颢）以"识仁"为纲领，谈心性修养，说："学者须先识仁。仁者，浑然与物同体。义、礼、智、信皆仁也。识得此理，以诚敬存之而已，不须防检，不须穷索，若心懈则有防，心苟不懈，何防之有？"（《二程遗书》）这种思想包含了陆九渊的为学"先立乎其大"的思想，只不过程颢还未将"心"上升为本体而已。

总之，陆九渊心学的产生，有传统儒家的心性之学较远渊源的影响，也与北宋初理学所蕴含的"心学"倾向，有着学理上的关系。[2]

到了南宋初年，二程思想由于把握住了儒学复兴运动的方向，也就

[1]　《皇极经世·观物》外篇。
[2]　刘宗贤：《陆王心学研究》，山东人民出版社 1997 年版。

因此具备了更高的品质，逐步从一直被压制的状态中凸显出来，成为士大夫精神世界的主流，也开始成为国家的主流意识形态。

同时，二程的学术思想通过谢良佐、杨时、游酢（定夫）、吕大临（与叔）"程门四先生"，特别是谢、杨二人向南方传播。宋代儒学也从这二人开始分化为两大支流：程颢之学由谢良佐、王苹、张九成、林季仲传至陆九渊；程颐之学由杨时、罗从彦、李侗而传朱熹。

一开始，二程门人弟子的门户之见并不明显，学大程者，亦师小程。然而二程的思想、性格毕竟有所不同，门下弟子也就"各得其性之所近而守之"，学术也因此各不相同。宋明理学在传承的过程中逐渐发生分化，最终导致了陆九渊"心学"和朱熹"理学"的激烈碰撞。

2. 从周敦颐、二程到朱熹的思想脉络

先说说朱熹理学这一支的流传情况。这条路线由杨时、罗从彦（豫章）、李侗（延平）至朱熹。可以说，朱熹是程颐的四传子弟。

（1）杨时（龟山）。

杨时（1053—1135），字中立，北宋南剑西镛州龙池团（今福建三明市将乐县）人。1076年（熙宁九年）进士，历任浏阳、余杭、萧山知县，荆州教授、工部侍郎等20多个官职，以龙图阁直学士专事著述讲学。杨时是周敦颐的嫡派传人，先后学于程颢、程颐，是程门四大弟子之首，又与罗从彦、李侗并称为"南剑三先生"，东南学者推他为程氏正宗。杨时晚年隐居龟山，号龟山，学者称"龟山先生"。

杨时对宋代理学的发展有突出贡献。1081年（元丰四年）和1093年（元祐八年），杨时先后拜程颢、程颐为师，当时他的理学造诣已相当深厚，又是官员（1081年，杨时就被授予徐州司法），但他谦虚好学，尊师求学，他与游酢"程门立雪"的故事成为中国文化史上的佳话。

1095年（绍圣二年）至1096年（绍圣三年），为弄清张载《西铭》之理，杨时两次写信向程颐请教。二程为其诚心所感动，尽心尽力教授。杨时不负重望，终得二程之理的真谛。程颢说："自信如此，谁能御

之？"程颐也说："杨君最会得容易。"杨时学成回归时，程颐目送他远去，欣慰地感慨道："吾道南矣！"果然，随着杨时学成回归，二程学说也在南方传开。

"二程"去世后，杨时收集散落各处的老师遗稿，用一年多时间，整理出《伊川易传》《二程粹言》《明道先生文集》《伊川先生文集》《程氏经说》等书稿，使"二程"洛学能传播于世。杨时的理学研究有许多创新之处。他把"二程"的理本论与张载的气化说结合起来，创立了以本体论为基础的理气说；对孔子提出"理一分殊"的哲学观点，特别是"理一"与"分殊"的体用关系的阐述，有创造性发挥；吸收程颢的"万物一体"论和程颐"遍求物理"观点的合理部分，提出"格物致知"说；在心性的修养方法上，侧重提出"静坐体认"观等。这些创新丰富和发展了"二程"的洛学，为杨时的三传弟子朱熹创立的闽学奠定了深厚的理论基础。朱熹在《四书集注》中共引用 32 位学者的语录 731 条，其中引用杨时语录 73 条，仅次于引用程颢、程颐和尹焞的语录条数。杨时还在"二程"理学遭北宋朝廷查禁 20 多年的逆境下，通过办学、讲学和著书立说，把理学从洛阳南传到浙、闽、赣一带。

杨时曾任赣州司法，"烛理精深，尤能律令，能断疑狱"。他在赣州任职时讲学、传习，门人弟子如云。他在赣南写下《养气说》。杨时还与赣南隐士阳孝本交厚，向皇帝推荐阳孝本，称赞阳孝本"曩游京师，一时忠义之士，多从游之"，请求朝廷让他出来做官。

（2）罗从彦（仲素）。

罗从彦（1072—1135），字仲素，人称"豫章先生"，宋南剑州剑浦（今福建南平市延平区）人。他自幼笃志好学，听说同乡杨时得二程之学，十分羡慕。1100 年（元符三年），杨时任萧山县令时，罗从彦徒步去拜见杨时，并与杨时讲易至乾九四爻。杨时大加赏识，说："惟从彦可与之言道，吾弟子千余人无及得从彦者。"经杨时介绍，罗从彦变卖田产作旅费，赴洛阳拜见程颢，请授《易经》。1112 年（政和二年），罗从彦回到萧山师从杨时，"受学经年，尽裹其书以归"。1130 年（建炎四年）罗从彦中特科，1132 年（绍兴二年）授博罗县主簿，历时 4 年，1135 年卒于官。罗从彦回乡教学时，倡道东南，求学者众，学生之中有朱熹的父亲朱松（以进士入尚书郎，年少以诗闻名）、朱熹的老师李侗（1093—1163）。明洪武年间，罗从彦与文天祥、朱熹、诸葛亮、颜真卿等同祀孔庙。

罗从彦倡三代"王道"之治，主"寡欲""简易"之说，认为"简易之理，天理也。行其所事，笃恭而天下平"[①]，常澄心静坐，研习学问，"穷天地万物之理，究古今事变之归"。他继承发展程颢、程颐"穷理"学说和杨时"致知必先格物"的"理一分殊"说，创立"静中观理"说，在宋代理学发展史上，起到承前启后的作用。他在认识论方面，提出"天地之先也，理"，"有理而后有物"，静中观理，尽心知性，思而有道，道为至高之性善，欲立言必先立德；在政治思想方面，注重"仁政"和法治的统一，认为"朝廷大奸不可容，朋友小过不可不容"，"若容大奸必乱天下，不容小过则无全人"，"朝廷立法不可不严，有司行法不可不恕，不严则不足以禁天下之恶，不恕则不足以通天下之情"。他还认为"可爱非君，可畏非民，后世荒淫之君所为不善，故君不知民可畏，而知民可虐；民不知君可爱，而知君可怨，是君民为仇也，安得无颠覆之祸？"朱熹曾说："龟山倡道东南，游其门者甚众，然潜思力学，但仲素一人而已。"

（3）李侗（愿中）。

李侗（1093—1163），字愿中，剑浦县（今福建南平市）人。李侗自幼颖悟，少习举子业，曾"孜孜矻矻，为利禄之学"。20 岁后，李侗听说郡人罗从彦从杨时那里得"河洛之学"，便决心放弃举子业，专心求道。1116 年（政和六年），李侗入罗从彦之门，得授《春秋》《中庸》《语》《孟》之说"，"从容潜玩，有会于心，尽得其所传之奥"。李侗讲诵之余，效法罗从彦，终日体会"喜、怒、哀、乐未发前之气

---

① 《宋元学案》卷 39。

象……而求所谓'中'者"。久之，天下之理"莫不该摄洞贯，以次融释，而各有条理"。罗从彦对李侗很满意，认为"愿中向道甚锐，趋向大抵近正"。

1153 年（绍兴二十三年），朱熹赴同安县主簿之任途中，在延平首次拜见李侗。当时，朱熹受佛道思想影响颇深，就与李侗"说禅"。李侗不以为然，只教他多看"圣贤言语"。此后，朱熹逐渐看出"释氏之说"的破绽，而觉"圣贤言语渐渐有味"。1158 年（绍兴二十八年），朱熹卸同安之任后，徒步数百里到延平，就《春秋》《论语》等书中问题向李侗求教，李侗一一答复。此后，除书信往来外，朱熹又多次到延平就教，常常住上数月才离去。朱熹很佩服李侗，说"去而复来，所闻必超绝，盖其上达不已，日新如是。"李侗也一再称赞朱熹："颖悟绝人，力行可畏。其所论难，体认切至。从游累年，精思实体，而学之所造益深矣。"

李侗一生乡居，没有当过官，"不著书，不作文，颓然若一田夫野老"。但他在传道继统上占有重要地位，学者称之为"延平先生"。

李侗"伤时忧国，论事感激动人"，曾谓："今日三纲不振，义利不分。三纲不振，故人心邪僻，不堪任用，是致上下之气间隔，而中国日衰；义利不分，故自王安石用事，陷溺人心，至今不自知觉。人趋利而不知义，则主势日孤。人主当于此留意，不然，则是所谓虽有粟，吾得而食诸也。"1162 年（绍兴三十二年），宋孝宗即位后，朱熹在上封事前曾特地向李侗征求意见。李侗赞成朱熹反和议的思想，认为："今日所以不振、立志不定、事功不成者，正坐此以和议为名尔。……要之，断然不可和，自整顿纲纪，以大义断之，以示天下向背，立为国是可尔。"他还指出"吾侪虽在山野，忧世之心但无所伸示"，希望朱熹早些把封事上闻。

1157 年（绍兴二十七年），李侗儿子李友直、李友谅同登进士第，试官旁郡，更请迎养。1163 年（隆兴元年），李侗自建安（今建瓯）赴江西铅山，又到邵武访外家，并顺路游武夷。归来后，他应福唐守汪应辰之请到福唐，不料病发，卒于州署。

（4）朱熹。

理学正是从二程、杨时、罗从彦、李侗至朱熹，遂大盛于天下。朱熹承袭并发挥和创新了程颐的学术思想，标志朱熹真正成学的"己丑之悟"即"中和新说"，就是由程颐之学为入手处的。"己丑之悟"，朱熹不但在工夫论上以程颐"涵养须用敬"为归依，在对心性本体的体会上，也承接了程颐的理路，以心性二分，性之本体为理，心之发用为情等。"中和新说"确立后，朱熹渐次以程颐之学为纲领，逐步完善了以理为宇宙之本体，强调"天下之物，皆实为理所为"的思想，以格物致知、即物穷理的方法，建立起其庞大的理学体系。所以，陆九渊指出："元晦（朱熹）似伊川（程颐），钦夫（张栻）似明道（程颢）。"后来的黄宗羲也说："朱子得力于伊川，故于明道之学，未必尽其传也。"

3. 从周敦颐、二程到陆九渊的思想脉络

从周敦颐到二程下来的另一条线则是"谢良佐—张九成（子韶）—王信伯"。

（1）谢良佐（显道、上蔡）。

谢良佐（1050—1103），字显道，蔡州上蔡（今属河南驻马店市）人，人称"上蔡先生""谢上蔡"。谢良佐使二程之学在南渡之前得到突破性的重大发展。谢良佐把程颢的主观唯心主义思想表现得更为明确。他提出"天人合一"说，认为"理"既是客观的"天理"，又是存在于人心中的仁义礼智四端即"人理"。"天理"与"人欲"相对，修养的目的在于消除人欲而顺应天理，以达到"天人合一"，即以人事应天命。而要达到"天人合一"，其方法就是"穷理"，他说："所谓格物穷理，须是识得天理始得。"因此，"穷理"的工夫，原来就是表现在对本体的体悟之中，即知天理"乃自然底道理，无毫发杜撰"，只要循理而行，不加以个人的私意，则自然中道。所谓"穷理之至，自然不勉而中，不思而得，从容中道"。

黄宗羲赞誉谢良佐为"程门高弟，予窃以上蔡第一"。谢良佐的贡献在于：

第一，创立上蔡学派。"其论仁以'觉'，以'生意'，论诚以'实理'，论敬以'常惺惺'，论穷理以'求是'，皆其所独得，以发明师说者也。"①谢良佐引禅入儒，用禅学解释《论语》。他认为，秦、汉以来，教授《论语》者不过是分章析句而已。魏、晋以后，读者更少，既不知读其书，也不知圣人心。圣人辞有尽而微旨无穷，所以难读。只有恢复"本真"的心，才能读懂《论语》微旨，久而久之，知视听言动皆符合于理，心与天地同流，体与神明为一。

第二，是湖湘学派的鼻祖。谢良佐对湖湘学派尤其对创始人胡安国影响甚大，黄宗羲说："先生（指胡安国）之学后来得于上蔡者为多。"

第三，是心学的奠基人。谢良佐的"格物穷理"论，上承二程思想，下启朱熹"穷理"学说，又开陆九渊"心即理"之先河，而谢良佐对心学的影响集中显现在张九成身上。

（2）张九成（横浦、无垢）。

张九成（1092—1159），字子韶，海宁盐官（今浙江海宁）人。张九成认为天理与万物是相倚而存的，"道非虚无也，日用而已矣"。人们并不缺乏在生活中循天理的自然的能力，但人们没有真正认识到天理存于"日用"之中，"日用"即是天理这一事实，因此致知就成为根本性的关键问题。

有人问："所见与所守，二者孰难？"

张九成曰："所见难。"

此人说："今学者往往亦有所见，而不能守，则并与其所见而丧之。"

张九成说："不然，只是所见不到故耳。今人于水之溺、火之烈，未有无故而入水火者，以见之审也。设陷阱而蒙以锦绣，玩而陷之者多矣。彼见画虎而畏者，久而狎之，一日遇其真，则丧胆失魂，终身不敢

---

① 《宋元学案·上蔡学案》。

入山林，真理可见。"

因为知为关键，工夫就自然落实于主体的意识活动，也就将认识落在个人的意识开悟中。基于此，张子韶对程颢的"心是理，理是心""心与理一"等心学思想因素进行了概括和扩展，总结为"天下万事皆自心中来"，提出了"夫如是，则心即理，理即心，内而一念，外而万事，微而万物，皆会归在此，出入在此"，显现出"心"在宇宙万物中的本体地位。

1125 年（宣和七年），张九成拜杨时为师。初次见面，杨时观其谈吐气度，就甚为赏识，诸人告退后，独留张九成论学。别后，杨时仍写信嘉勉，即《龟山集》中的《与张秀才书》。

1132 年（绍兴二年），张九成中状元，后官至礼部侍郎兼刑部侍郎。1141 年（绍兴十一年），张九成因得罪当朝权贵秦桧，被贬为江西南安军（今江西大余）祠禄官，住在大庾城西的宝界寺内。在江西南安 14 年的漫长岁月里，张九成研习理学和传学郡人，学问大进，弟子如云。

史书记载：张九成住的房间有一扇短窗，每天天将亮时，他总是拿着书本站在窗下，就着微弱的晨光读书。他这样坚持了 14 年，窗下的地砖都隐约留下双脚踏出的痕迹。

1155 年（绍兴二十五年），秦桧病死，张九成被宋高宗重新起用为温州知府。此时他 64 岁，他把在南安写的诗文整理成书，即《横浦集》，共 20 卷，他说："吾居横浦久，心实安之，不能忘也。""横浦"是大庾县城里的一条穿城而过的河流，河上的桥就是横浦桥，至今尚在。他叹曰"人生如梦，无一实法。有梦尚有思，无梦真无垢"，张九成也因此号为"无垢居士""横浦居士"。明末黄宗羲编辑的《宋元学案》中列有"横浦学派"。

（3）王苹（信伯）。

王苹（1082—1153），字信伯，福建福清市龙山人。1134 年（绍兴四年），南宋高宗驻跸平江（今江苏吴县），王苹随父居平江。平江守臣孙祐向高宗举荐王苹，说"王苹素行高洁，有忧时爱国之心，开物务成之道"。宋高宗召对王苹，王苹以"天人合一"论推动高宗抗金，称旨，授右迪功郎，赐进士出身，除秘书省正字，兼史馆校勘，累官至左奉郎。因从子王谊触犯秦桧，王苹受牵连而被罢官，回到海口龙江书院讲学。

王苹曾师从南宋理学家程颐，又以同门后辈师事杨时。杨时在认识方法上将格物界定为反身而诚，认为对天之道的把握，要落实在人心的喜怒哀乐未发之际，这个未发之际便是"诚"在人心的体现。王苹认同并继承了这一思想，却认为人只要把握体认未发这一致知工夫，而不应也不必去把握这一工夫所指向的本体，因为万物并非天理的载体，不需要被纳入人的视野中，致知只需在人心上下工夫。到此王苹（信伯）已经认识到了"道须涵泳，方有自得"。这与程颢体贴天理的修养工夫似一脉相承，也因此对程颢"心是理，理是心"的思想加以继承和发展。

王苹特别强调"心"的作用，以"心学"观点为据解释二程道统之说，认为一己之心就是道本身，将道德与心看作一体，即"心、理、道"一体，提出"圣人之道无本末，无精粗，彻上彻下，只是一理"。

他把理学以心传道说成以心传心。"尧、舜、禹、汤、文、武之道相传，若合符节。非传圣人之道，传其心也；非传圣人之心，传己之心也。己之心无异于圣人之心，万善皆备。故欲传尧、舜以来之道，扩充是心焉耳。""试体究此时此心如何？尧、舜揖逊之心，即群后德让之心，即黎民于变时雍之心。"

王苹主张人心本来寂静清明，无思无虑，认为外物不会牵累人心，心累于物乃为自累。他说："人心本无思虑，多是记忆既往与未来事。乃知事未尝累心，心自累于事耳。"

王苹与南宋理学家林光朝、林亦之、陈藻在海口龙江书院讲学，对洛学的传播起了重要作用。论著有《周易传》《论语集解》等。

王苹（信伯）是继谢良佐之后，沿着心学路线前进的第一人。故全祖望说："信伯极为龟山所许，而晦翁最贬之，其后阳明又最称之。予读信伯集，颇启象山之萌芽。其贬之者以此，其称之者亦以此。象山之学，本无所承，东发以为遥出于上蔡，予以为兼出于信伯。盖程门已有此一种矣。"

（4）陆九渊。

程颢心学路线发展到陆九渊，他继承了以前宋儒的学术思想，将人的道德本质集中于心，认为心既是人的内在而又是超越了人的伦理本体，并针对朱熹理学对"理"的强调，针锋相对地提出"心即理"。

陆九渊首先肯定了"理"在宇宙万物中的本体地位："塞宇宙一理耳，学者之所以学，欲明此理耳。此理之大，岂有限量？程明道所谓'有憾于天地，则大于天地'者矣，谓此理也。"[1]他又指出："心"是不受任何限制的精神主体，只要能不断地扩大心量就可以"与天同"，成为永恒不变的本体。

陆九渊还赋予了心包含万物之理的特性，使心成为宇宙万物的本原，他概括地提出了："四方上下曰宇，往古来今曰宙。宇宙便是吾心，吾心即是宇宙。千万世之前，有圣人出焉，同此心同此理也。千万世之后，有圣人出焉，同此心同此理也。东南西北海有圣人出焉，同此心同此理也。"至此陆九渊已将"心"与"宇宙"完全等同起来。"心"成为宇宙万事万物中拥有最普遍性的绝对本体，是最高的哲学范畴。陆九渊在"心即理"问题上，超越了程颢、谢良佐、张九成、王苹的思想，形成了一个完整的心本体论思想体系，建立了心学学派。

我们花费这么多篇幅来叙述周敦颐之后的宋代儒学传承，就是想与朱熹的师承路线相比较，以此来说明陆九渊心学受到哪些因素的影响。

一是周敦颐、二程、杨时、张九成都在江西工作生活过。比如张九成活了 68 岁，就在江西大余待了 14 年。二是东南三贤、杨时、罗从彦、李侗这一脉都在福建南平一带，与陆九渊的家乡就是隔着一座武夷山，两边的学生都有互相来往，双方虽学术多有不同，却互有交流，经常交锋，相互影响还是蛮大的。三是从思想脉络来看，虽然陆九渊自称得之

---

[1] 《与赵咏道》四，《陆九渊集》卷 12，第 183 页。

孟子，与二程门下没有事实上的师承关系，但陆九渊也说过其使命就是要上接二程，使二程之学发扬光大。"韩退之言：'轲死不得其传。'固不敢诬后世无贤者，然直是至伊洛诸公得千载不传之学，但草创未为光明，到今日若不大段光明，更干当甚事？"更重要的是，从程颢的"心是理，理是心"经张九成的"心即理，理即心"至陆九渊的"心即理也"，可以看出一种学脉上的传承。陆九渊心学对程颢的哲学命题多所撷取，对程颢一系也有思想上的传承。朱熹就说过："上蔡之说，一转而为张子韶，子韶一转而为陆子静。上蔡所不敢冲突者，子韶尽冲突；子韶所不敢冲突者，子静尽冲突。"

至于陆九渊心学以后在江西的传承，就是从陆九渊、吴与弼、娄谅、陈献章、湛若水到王阳明。这里就不再赘述了。

第07讲

陆九渊心学与江西的道佛禅

江西区域文化对陆九渊的影响，可以从儒释道几个方面来说。

一、江西道教与陆九渊及其心学

1. 江西道教的全国影响及其三大来源

道教是中国的本土教，对中华民族文化的影响广泛、深入和持久。鲁迅先生说："中国文化的根柢全在道教。"而江西的道教，在全国是很有名的。

中国道教有四大天师：张道陵、许逊、葛玄和萨守坚。其中前三位都曾在江西修道。江西的道教有三大宗派，分别有三个道场：一是贵溪龙虎山的天师道，二是樟树阁皂山的灵宝道，三是南昌西山的净明道。

唐代司马承祯《天地宫府图》、宋代张君房《云笈七签》等都列出了神仙居住的地方，有36小洞天、72福地。36小洞天，江西有5个，约占1/7，即庐山洞（第8小洞天）、西山洞（第12小洞天）、贵溪鬼谷山洞（第15小洞天）、峡江玉笥山洞（第17小洞天）、南城麻姑山洞（第28小洞天）。72福地，江西有12处，占1/6，即玉笥山南的郁木洞（第9福地）、麻姑山的丹霞洞（第10福地）、龙虎山（第32福地）、上饶灵山（第33福地）、宁都金精山（第35福地）、樟树阁皂山（第36福地）、丰城始丰山（第37福地）、南昌西山（第38福地）、奉新东白源（第39福地）、庐山虎溪山（第47福地）、都昌元晨山（第51福地）、鄱阳马蹄山（第 52 福地）。江西的小洞天、福地是全国最多的。

全国四大道教名山——江西的龙虎山、四川的青城山、湖北的武当山、安徽的齐云山。江西的龙虎山排第一。《水浒传》第一回说的就是一百〇八条好汉从龙虎山的那口井里飞出。

江西历来盛产道士，盛行道教，风行道术。许地山《道教史》引刘勰《灭惑论》说："案道家立法，厥品有三：上标老子，次述神仙，下袭张陵。"道教的来源主要有三——老子的道家思想、秦汉的神仙信仰和张陵所代表的巫鬼方术。将这三者融合为一，即是道教的早期形态。

（1）老子的道家思想。

冯梦龙《警世通言》第 40 卷载："道家，是太上老君，乃元气之祖，生天生地，生佛生仙，号铁师元炀上帝。他化身周历尘沙，也不可计数。至商汤王四十八年，又来出世，乘太阳日精，化为弹丸，流入玉女口中。玉女吞之，遂觉有孕。怀胎八十一年，直到武丁九年，破胁而生，生下地时，须发就白，人呼为老子。老子生在李树下，因指李为姓，名耳，字伯阳。后骑着青牛出函谷关。把关吏尹喜望见紫气，知是异人，求得《道德真经》共五千言，传留于世。老子入流沙修炼成仙，今居太清仙境，称为道德天尊。"

（2）神仙传说与神仙信仰。

上古时期，中国人就构筑了世界上独一无二的神仙信仰。秦汉时期，神仙信仰流行，并在汉代以后发展成为道教的中心教义、终极理想和中国民间信仰的核心内容，到魏晋、唐代达到顶峰。

中国人的神仙信仰由神仙、仙境和成仙术三方面组成。神仙是像神一样生活的人，立足点在人而不在神。神如盘古开天辟地、女娲炼石补天、大禹治水。仙则居高处远，踏雪无痕，乘云驾雾，潇洒自在。当然，中国人从来就没有把神和仙分得很清楚。中国的神仙，有的是来自中国的神话传说。《抱朴子》说老子"身长九尺，黄色，鸟喙隆鼻，秀眉长五寸，耳长七寸，额有三理上下彻，足有八卦，以神龟为床，金楼玉堂，白银为阶，五色云为衣，重叠之冠，锋铤之剑"。

人们贪生，也怕死。但佛教说灵魂不灭，来世轮回，对肉体和现世持否定态度，所以要忍耐或吃尽现世的苦，以换取来世的快乐。道教则肯定现世的快乐，追求长生不老。中国有"快活得像神仙"的俗话，自然生命的存在是幸福和快乐的前提。生命中最难化解的痛苦就是自然生命的完结，因此死亡是人类焦虑、失落的总根源。中国的神仙信仰就是古代中国人对死亡的坚决反抗。《说文解字》曰："仙，长生迁去也。"《释名·释长幼》曰："老而不死曰仙。"神仙最显著的特征是长寿、肉体不死。所以，一旦过分，就近乎妖。装神弄鬼，神神叨叨，神乎其神，云里雾里，故弄玄虚，设坛作法，飘飘欲仙。

江西也有很多的神仙传说和神仙信仰。江西道教渊源可以上溯至黄帝时的乐官伶伦。传说他隐居今南昌城外的西山洪崖，周灵王的太子晋驾鹤成仙后曾憩于西山鸾岗。西汉末年的梅福，因上书成帝数王莽之罪而不见纳，也在西山挂冠隐居。

庐山也有神仙传说。周威烈王时，楚人匡俗在南障山隐居飞升，留下茅庐。该山遂被人称为"庐山"，又称"匡庐"。

抚州南城的麻姑山得名于东汉桓帝时的麻姑。"麻姑成仙"是我国流传很广的神话传说。葛洪《神仙传》说麻姑18岁得道，能掷米成珠，自言曾三次见到东海变成桑田。又传说三月三日西王母寿诞，麻姑在绛珠河畔以灵芝酿酒为王母祝寿，遂有"沧海桑田""麻姑献寿"等成语。刘禹锡、白居易、颜真卿都是麻姑信仰的推广者。颜真卿的《有唐抚州南城县麻姑山仙坛记》记载了麻姑的神话传说，还是颜氏书法代表作之一，是书法史上的绝品。颜真卿另有《华姑仙坛碑》，记载了女道士黄令微修炼成仙一事。他还有一篇《魏夫人仙坛碑》，讲上清祖师魏华存的故事。宋真宗于1999年（咸平二年）赐御书百余轴给麻姑山上的麻姑庙，将其改名为"仙都观"。麻姑的封号也从清真夫人变为妙寂真人，而后为真寂冲应元君，一路上升，曾巩亦为之作记。

峡江县境内的玉笥山，据说汉武帝曾在这里受西王母白玉笥上清宝箓图。

贵溪鬼谷山是传说中众多鬼谷子隐居地之一。山上有苏秦台、张仪井、鬼谷洞，鬼谷洞可容纳数千人。

这些"神人""仙人"半属史实半属传说。他们以修真、隐居为主，与巫觋降神祈福的作风显然不同，说明江西道风早在秦汉以前就很兴盛。

（3）与巫风民俗有关。

江西地处吴头楚尾，自古巫风强盛，有敬天崇道的巫觋传统。一般人看道教，或许觉得它类似巫觋，视巫为道教的源头或一部分，其实道与巫是两回事。

宋代江西道教的另一特点，是与民间巫俗、悼亡祈福、风水卜卦结合。江西多地有傩，戴傩面，跳傩舞，以驱鬼逐疫辟邪，一直到现在还甚为流行，风气盛于他省。

灵宝道长亦协助丧家超荐亡魂。许逊信仰提倡孝道，也荐亡祭祖。他们的做法就不只是上章拜表、斋醮经诵，还替丧家看风水。

唐末江西还出现了一个与道教关系密切的"形法理论"风水派。其祖师杨筠松及其门徒多为道士。近现代风水学者都践行杨筠松的风水理论，尊他为中国堪舆祖师。江西兴国还有一个三僚村，号称"中国风水文化第一村"，据说唐末风水大师杨筠松携其门徒曾文讪、廖瑀、刘江东、黄妙应等人选中此地隐居 20 多年，授徒传业，开创了中国南方风水文化之先河。

龚鹏程认为：宋朝以后江西成为全国风水学的渊薮，后世凡看山形、水文、风候、方位的，全都出自江西。南宋时这种风水堪舆之学被视为"儒业"。吴澄说："儒之家，家以地理书自负，人人以地理术自售。"[1] 在这种风气下，道士替人看风水、勘地界也就不足为奇，反可显示其贴近民众生活习俗。

江西道教具有较明显的家族性，与其他地方隐居求仙者常常"弃妻子入山"不同。如武功山武姓夫妇在此修道；在葛仙山、阁皂山等处修

---

[1]　《地理真诠序》，《吴文正集》卷 1。

炼的葛玄，也是家族式的修道者，后裔就有葛洪。

（4）官方重视与支持。

隋唐以后，道教成为国教。在唐朝，当时流传李唐宗室是西北少数民族，李姓皇室为了批驳这种说法，增强政权的合法性，便攀依道教徒尊为教祖的老子李耳，自称是老子的后裔，以此抬高门第，为统治天下造声势。唐高宗李治封老子为"太上玄元皇帝"，下令赴考学子必须兼通老子的《道德经》，使道教成为正规的教育内容，把道教提高到了与孔孟儒学同等地位。玄宗李隆基下令全国士子学习《道德经》，百姓必须家藏此书。玄宗时宰相李林甫之女李腾空、蔡侍郎之女蔡寻真结伴到庐山学道，羽化后，皇帝诏以其住所为寻真观、昭德观。李白被流放夜郎以后，还返回庐山寻找李腾空，说"若恋幽居好，相邀弄紫霞"。安史之乱后李白好友、大道士吴筠也隐于庐山。唐代江西兴建了宫观近60所，庐山、龙虎山、峡江的玉笥山成为江西的三大道教中心。达官贵人和文人雅士都信道修炼，修道成为一种时尚。

两宋时期，江西的道教仍呈上升趋势，主要是因为朝廷的推崇。宋朝各路主要宫观均由官员兼管或提领，称为"祠禄"。江西这种由朝廷直接派员掌管的大宫观便有5所：龙虎山、建昌军麻姑山的仙都观、江州太平观、南昌玉隆观、临江军玉笥山。麻姑山的仙都观竟曾由文天祥、李纲这种宰相级官员兼任。两宋道教与朝廷的联结比唐代更紧密、更直接。

朝廷派员掌管宫观，反映了朝廷对道教之利用与控制。人不可再随便入山修道，每年准许多少人入道是朝廷决定的，须取得政府颁给的度牒才行。北宋1067年（治平四年）开始出售度牒，其后每逢政府缺钱时就发卖。宫观的权威也由政府维持。这是宋代江西道教第一大特点。

宋代一直面临北方少数民族政权的威胁，为了解除心理上的不安全感，麻痹民心，缓和国内阶级矛盾，宋室帝王大多崇奉道教。宋真宗与辽朝签订澶渊盟约后，欲借神权提高自己的威望，就大张旗鼓地封禅泰山，崇尚道教。宋徽宗更是溺道，自称是"教主道君皇帝"，命州县设道学，还参照政府官吏品级定道官 26 个等级。道徒们享有政治特权，宫观有不少田产。宋代江西各地新建宫观 90 余所。宋徽宗时，龙虎山的上清观改为上清宫，以后规模愈大，崇宁年间赐拨的土地就有 1.3 万多亩。

2. 龙虎山的道教源流

说起江西的道教，首先要说龙虎山的天师道。天师道也是"五斗米道""正一道"，创始人叫张陵，道教徒尊称他为"张道陵""张天师"。

传说，张陵生于公元 34 年（建武十年），178 年（熹平七年）卒，寿 144 岁左右。张陵本是江苏丰县人，云游安徽、河南各处，据说在 89 年（东汉和帝初年），携弟子王长从淮入鄱阳，溯信江至云锦山，停了下来，肇基炼九天神丹，炼了好多年，"丹成而龙虎现"，即有游龙似虎的气出现，云锦山就改称为龙虎山。这时，张道陵已经 60 多岁了，服下九天神丹后，返老还童，疾步如飞。

东汉时期，战争频繁，人民生活苦不堪言，百姓命如蝼蚁，在这种朝不保夕的年代，开始盛行宗教信仰，方巫之术和神仙之说被推崇，为张陵创建道教提供了土壤。

东汉顺帝永建年间（125—144）张道陵进入四川鹤鸣山，建立五斗米道。即由教徒交五斗米，作为信物，又发给教徒基本生活之需，是一个初级的社会保障系统。

张道陵去世后，其子张衡、其孙张鲁建立了一个天师道政权，后被曹操所灭。张鲁的第三个儿子张盛于晋永嘉年间返回江西龙虎山定居，登坛传箓，建正一观，修复祖天师玄坛及丹灶旧址，号称张天师，并追认张陵、张衡、张鲁为第一、二、三代天师，自己为第四代天师，世代承袭。从此，龙虎山成了道教的天师道祖庭。

龙虎山的天师道有几大特点：

第一，道教祖庭。中国道教创始人第一代天师张陵炼丹修道之地就是现在的大上清宫，建于东汉。初为草堂，第四代天师张盛于汉末回到龙虎山，改为"传箓坛"。龙虎山天师道在唐宋的兴旺，重要原因是他们强调了龙虎山是张道陵炼丹之地，确立了祖师宗坛的地位。

第二，画符。道教发展到了南宋，分为丹鼎派和符箓派。前者注重炼丹养生；后者侧重以符水治病，画符捉鬼，祈福禳灾。龙虎山天师道属符箓派。符箓派画符是中草药做的，带有药性。龙虎山有200种中草药，最有名的是铁皮石斛。按道家的说法，这种画符具有祈福消灾的神奇作用。

第三，它是历代天师代表朝廷掌管道教事务的衙门。龙虎山下是大上清宫，而龙虎山上的上清镇则是天师府。

龙虎山的天师道之所以有名，重要原因是历代朝廷的重视。

748年（唐天宝七年），玄宗准许龙虎山在京师置坛传箓，并设立授箓院。天下道教的授箓地仅有贵溪的龙虎山、樟树的阁皂山、南京的茅山，后世称为"三山符箓"，被视为最正宗的符箓传承体系，后来归到龙虎山一家。当时各派虽都传经授箓，但无论哪一派，传授的最初阶段，都由天师道的正一法箓、经戒传起。这样，天师道虽只是基础，实际上却是道教各宗各派之"共法"。天下道士先要皈依天师道，才能再修炼其他道法。这导致了龙虎山天师道掌管天下道教。天师府照票提到："本府钦奉敕命，掌理天下道教，毋以不法邪巫假冒名色，混淆正教。"只有它检核后，才能发给照票，"凡无票之人，即系奸巫。如敢仍前演邪，煽惑人心，祸害地方，许尔等呈秉省司，诸法究惩"。

继唐玄宗之后，肃宗、武宗、懿宗、僖宗都对龙虎山优礼有加。唐会昌年间，唐武宗赐"真仙观"。僖宗册封张陵为三天扶教辅国大法师，除封赠名号之外，还拨款兴修天师官府、赐官田以食养道众。

北宋大中祥符年间，真宗将真仙观敕改为上清观，并封天师张正随为真静先生，并准他在山中设授箓院，免除田租，且从此以后，凡后继者均可获得"先生"的赐号。从此形成名号、官位及土地租赁权一并赋予龙虎山的情况，并承认天师的世系传承，江西龙虎山"张天师"体系得以确立。1118年（重和元年）上清观又名上清正一宫，简称上清宫、大上清宫。鼎盛时建有二宫、十二殿、二十四院，占地面积一平方公里。群山宫观遍布，道乐悠扬，仙气缥缈，是中国建筑史上一大奇观。整个建筑的造型和故宫完全一样，只是高度比故宫矮一尺。可见，政府有意扶植天师正一道作为辅国之器。

我们可以看到，到了宋代，龙虎山的天师道继续受到皇帝的看重，天师们常被召进京城向皇帝们传授"道要"和"长生之术"。

南宋以后，中国道教主要分为两派：北方是全真派，南方是正一派。正一派主要以龙虎山的天师道为代表。这两者有什么区别呢？

一是全真道主张永葆真诚，无思无虑，炼丹修道，不扰其气，目的是修炼成仙，升往天界。此派多在山洞、宫观隐居，称"山居道士"，来无踪，去无影，像丘处机神出鬼没，张三丰就更是无人知道他在哪里。正一道则散居民间，与普通人一样生活，做法事时才身穿法衣，手执拂尘，俗称"火居道士""俗家道士"。正一道围绕老百姓所关切的事做法事：一为死亡者"超度亡魂，早登仙界"，招魂祈福，做"功德道场"；二为患病遇难者"跳神"，用过火焰山、烧油锅、上刀山等方式，驱邪捉鬼，祈求神灵保安宁。这些仪式发展到后来，有的演化成装神弄鬼的封建迷信活动，因而遭到历史的淘汰。

二是全真道持素不荤，不得婚配，以徒为子。但龙虎山正一派的道士为什么可以不出家，不斋戒，还可结婚生子呢？有人说道是生活之道，是平民之道，因为要扩大群众基础，降低门槛。这个说法似乎不能服众。有人说，这是要符合正一道原本的身份特质。正一之所以叫正一，是强调自己是真正唯一的正教。但谈到道教的纯洁性，那全真道还真有话说："全真道"这个名称就够纯了。

其实，正一道真正要强调的是它的权力以及它权力的正统性、唯一性。这个"正一"不仅表现为朝廷敕封的正统，还表现为血统的纯正。因为龙虎山是朝廷敕封的道教管理机构，所以，正一道就需要靠家族世袭，代代相传，保持血统，以延续权力。

张天师的世袭原则是：传子不传弟（只传亲子胞弟），传弟不传侄

（指堂侄），传侄不传叔（指堂叔），传叔不传族人，传族人不传外族人，亲疏分明，长幼有序，必须有血统关系者始得传，向无紊乱。这就建构了天师世家的谱系传承体系，这种谱系传承已到63代。全国有两个最大的家族谱系，一是北方的孔夫子家谱，一是南方的张天师家谱。一脉相承，代代相传，是龙虎山道教中天师文化的一大特点。

由于天师代代相传，强调世袭，这样一来，别的姓就没有想头盼头了，这就逼得一部分人另起炉灶。特别是在元代和明代，龙虎山具有衙门性质，是统领江南道教正一道首领，即国家委托它进行行业内部自治，管理道教事务。朝廷除了赐名号、官位，给予各种特权，还授予道教的各种管理权，特别是传箓权。龙虎山天师道的兴旺，一个原因是用传箓的方式确立自己在道教中不可动摇的地位。禄就是发执照，各地的道士都来天师府考级，通过考试后发禄。即通过烧香的形式报告天庭，以后你做法事，天兵天将一查，你是在天师府受过禄的，就会被批准。

元代江西道教的特点之一是龙虎山教权之确立。符箓系统中，茅山上清道、阁皂山灵宝道与龙虎山天师正一道本是并称的。北宋时，茅山的势力还在龙虎山之上，但该派主要传播地在江浙，且至南宋而渐衰。阁皂山衰弱尤甚，不但在南宋已衰，入元即归并入正一，不再单独传承。因此三山符箓，龙虎山的正一独大。

在元代，全真派十分吃香，但天师道也有地位有权威。忽必烈曾令36代天师张宗演赴京，许其主领江南道派，可自出度牒度人为道士，也就是允许张天师自行颁发资格证书与营业执照。这样，龙虎山的张天师们"位望侪于亲臣，资用俨于封君，前代所未尝有"。"张天师"的称号，由先生而真人，而大真人，而教主，江南教务统归其管辖。官定到一品，职权至39代张嗣成时甚至扩大到全国道教事务之行政管理。同时，本来南北各派各有各的科仪斋醮方式，37代以后获得朝廷支持，命天下行其醮典，即让大家都遵用正一派的醮仪。

龙虎山的上清宫，是历代天师的衙门和起居之地，象征龙虎山天师道的权力地位，被称为"人间神仙宅，山中宰相府"。龙虎山天师府里有一口大钟，是在元代由第 40 代天师铸造的。大钟重达 9999 斤，工艺先进，一次浇铸而成，钟上的文字都是先刻在模子上，铜水浇进去，然后，模子一打开，铜钟铸造成功，铜钟上的文字也清晰流畅，不需再加工打磨了，让人叹服。这么大一口钟，不是摆件，也不是乐器，而是一种权威的象征。中国的礼乐文化中，鼓朝天，把自己的愿望报告于天，钟朝地，让自己的声音传遍大地。晨钟暮鼓，钟是报时器，钟落官家，却声传民间，传递旨意。这口大钟的吊环造型是两条龙交合而成，龙是皇权的象征。

到了明代，明成祖开始崇拜真武，大建武当山宫观，也很重视南昌万寿宫的道教地位，同时也没有夺减龙虎山的权威，如派第 44 代天师张宇清去武当山赐图并选拔住持。明世宗嘉靖帝尤为迷信道家方术，宠信江西分宜人严嵩与南昌铁柱万寿宫的道士蓝田玉。同时，在明朝，龙虎山的道教影响力既体现在宗教的管理权上，也体现在道教的文化建设上。如第 43 代天师张宇初结合儒家心性论，强调"虚心静虑，守之以一"，又说"心即是太极""万化本诸心"，还整顿道门纪律，将本属符箓拜醮的正一道提升了一个层次。张宇初还奉明成祖之命，综合整理历代道书，编修《道藏》，未成而卒。其弟张宇清等接着编修，直到英宗正统年间才完成。后来明万历年间，第 50 代天师张国祥又续补。全书达 5305 卷，续编 180 卷。道书的整理编辑，始于陆修静，唐宋都继续编过，但均不传。今传就只有明代这一部《正统道藏》，是道教文献的总汇，也是中华文化宝库的精品。

明世宗以后，帝王对道教的崇奉渐渐降温，龙虎山正一道之教权遂有下降趋势。清朝道教的地位继续下降。雍正时尚且封天师爵至一品，赐金修建上清宫及天师府。但乾隆以后，天师由一品降至三品。此后再没有大规模扩修天师府。民国以后，龙虎山丧失了对道教事务的管理权，其产业遭觊觎，其田宅遭分割，处境日艰。第 63 代天师一度避居上海。各地各派、各山各宫各自为政，谁拥有更多的香火、更多的信众、更多的产业，谁就有发言权了。

3. 陆九渊与龙虎山的联系

（1）与龙虎山的地理联系。

陆九渊的家乡金溪与龙虎山相邻，用陆九渊的话说，"贵溪、安仁（今为余江）、金溪三邑最为比邻"。人们往来、通婚、交友、问学，习以为常。陆九渊的家乡青田离龙虎山只有五六十里远。当年，陆九渊去铅山参加"鹅湖之辩"，就要路过龙虎山。而他的表姐夫张禹锡是龙虎山第26代天师张嗣宗的曾孙，且是天师府的武将，陆九渊就是从张禹锡那里看了《心说》。

后来，陆九渊在龙虎山东部的应天山（象山）建"象山精舍"，结庐讲学。应天山和龙虎山同属一个山脉，陆九渊在《应天山》诗中写道："我家应天山，山高数万丈。……山西有龙虎，烟霞耿相望。"

陆九渊的两个儿子陆持之、陆循之随父亲在象山书院读书。后来陆循之的儿子陆溥从弋阳县令卸任后，就定居在龙虎山西源，成为龙虎山陆氏后代的始祖。

"之"是天师道信仰的标志符号，陆九渊儿子们的名字里为什么都有个"之"字？陈寅恪在《崔浩与寇谦之》中指出："此传载谦之之名字少一'之'字，实非脱漏，盖六朝天师道信徒以'之'字为名者颇多，之字在其名中，乃代表其宗教信仰之意，如佛教徒之以'昙'或'法'为名者相类。"五斗米教（天师道教）从东汉到唐朝信徒长期不绝，东晋及南北朝是天师道教比较鼎盛的时期，按陈寅恪的说法，名字带有"之"字的人很可能是五斗米教教徒。所以，凡历史记载的王羲之的子孙，他们的名字中几乎都带有"之"字，而不避祖宗的讳。据统计，王羲之一辈人名有"之"字的12个，子侄辈有22个，如王徽之、王献之，孙辈以下亲属有近40个。其他人还有王坦之、刘牢之、司马孚之、王怀之、司马昙之、寇谦之、斐松之、顾恺之等，不胜枚举。

从陆九渊与龙虎山的这些联系中，也许可以看出某种联系。

（2）与龙虎山第30代天师张继先的联系。

在北宋，第30代天师张继先（1092—1127）的影响力较大。张继先，字闻嘉，号翛然子。他至 5 岁尚不能言，人以为哑，一日闻鸡鸣，忽失笑赋诗曰："灵鸡有五德，冠距不离身，五更大张口，唤醒梦中人。"他自幼聪颖过人，9 岁承袭天师教法，13 岁时（崇宁三年），宋徽宗召见。

宋徽宗问："你住在龙虎山，可曾见过龙和虎？"

张继先答："在山上，常看到老虎，今日方睹龙颜。"

宋徽宗大悦，赐宴而出。

次年五月，天师复应诏入朝，徽宗赐座，问道法同异，天师回答："道本无为而无不为。道，体也，法，用也，体用一源，本无同异。若一者无立，二者强名，何异同之有？"其言谈富有道教辩证哲理，深受徽宗赏识。同年七月，徽宗问政，天师婉劝道："陛下宏建皇极，无偏无党，以苍生为念，天下幸甚。"

宋徽宗时张继先先后 4 次奉诏入朝，奏答策问，除了常常进言治国之道，常以符法镇灾，以医道救民，深得徽宗器重，盛名达于朝野。

徽宗尝问："修丹之事若何？"

张继先答："此野人事也，非人主所宜嗜。陛下清静无为，同符尧舜足矣。"

执迷不悟的徽宗仍迷恋方术，崇信热衷方术的道士林灵素。林灵素亦曾书诏张继先。张继先不为所动，反而致信劝其自重，并明言："飘笠无情，云烟奚取。金门红雾，漫为天上之游；白石清泉，方保山中之适。"宋徽宗曾下诏于京东建下院供张继先起居，并赐额"崇道"。张继先志在清虚冲淡，固辞以归。

出于对天师的赏识和器重，崇信道教的宋徽宗给张继先赐号虚靖先生，后封其为正一静应显佑真君，并赐缗钱、赐米万余斛，还派江东漕臣在龙虎山丈量土地重建上清观。1113 年（政和三年），宋徽宗恩准由观升为宫，名为"上清正一宫"。这就奠定了龙虎山后来"昼夜常明羽人国"的政治地位和物质基础。

1126 年（靖康元年）金人攻汴，宋钦宗与"太上皇"徽宗，想到张继先早有"赤马红羊之兆"（国家将有灾祸）的密奏，便遣使亟召。

1127 年（靖康二年），张继先应宋钦宗疄召入阙，行至泗州天庆观（故址在安徽省盱眙县东北，今江苏淮安），闻开封城破，遂坐化而逝，逝前以印剑付其叔张时修，并示其为第 31 代天师，时年 35 岁。

张继先天资聪颖，道教修为深厚，精于符法，通达内丹，在著述中提到"长生门户谁不爱，只要自己下功夫""我身我命与天齐，只得金丹便出迷"，足见其对内丹成仙思想的肯定与认同。张继先著有《虚靖真君词》一卷，《全宋诗》收录了 52 首。他有《明真破妄章颂》传世，其中影响尤以《心说》为著。

张继先生于 1092 年，卒于 1127 年；陆九渊生于 1139 年，卒于 1193 年。虽说两人在时间上相隔数十年，但陆九渊为金溪青田人，离龙虎山不远，后又在龙虎山之西的应天山（象山）讲学 5 年，陆九渊必然对张继先有所耳闻，并受其影响。

（3）与龙虎山天师后裔张禹锡的关系。

除了地域相连，陆家与张家有姻亲关系。《留侯天师世家宗谱》记载了第 28 代天师的孙子张仲英娶陆氏女为妻，并生育五子。陆九渊的表姐就嫁给天师后裔张禹锡。张禹锡曾是南宋的武将，目睹宋朝腐败，便退居家乡，常住龙虎山。陆九渊因这层亲缘关系而常是"龙虎山中客"。表姐夫张禹锡曾带陆九渊游龙虎山鬼谷洞，教他武功，还把张继先的《心说》《因是子静坐法》及鬼谷吐纳之术传授给陆九渊。陆九渊的学术思想受到深刻影响，他因此与龙虎山结下不解之缘。

云梦山鬼谷洞又名龙虎山鬼谷洞，位于江西龙虎山东南部的贵溪冷水镇境内。云梦山属龙虎山支脉，松竹茂密，一条深谷蜿蜒 4 公里，谷中清溪流水，与龙虎山泸溪河汇于一处。因道教仙师鬼谷子曾修真于此，当地人称此为"鬼谷山"。《明一统志》载：鬼谷子为春秋晋平公时人，姓王名诩，尝入云梦山即龙虎山采药，合服得道，颜如少童，居青溪之鬼谷，因此为号。道教称鬼谷为 36 小洞天之第 15 小洞天，贵玄司真天是也。相传鬼谷与天相连，故鬼谷先生被称为"圣天福主"。

云梦山半山腰处有鬼谷洞，据说是鬼谷子的修炼地。高约 3 米，深约 8.5 米，宽约 4.8 米。形似崖屋状，外敞内收，洞壁为海底沉积岩，洞口两侧有人工凿成的门栏，上方有装门的石孔，洞门有象形的鲤鱼把守，上方左右两侧有天然的石钟、石鼓。相传古人敲一下鼓，洞源村都能听到。

距洞 1.5 米处，右边沿洞顶直斜而下有一岩石，称云梦床。人若平卧其上，两腿自然分开，两手自然松垂两侧，自然会屏闭胸部呼吸，而用丹田呼吸，这就是道教的上乘内炼功法——胎息法，亦称睡仙功。左边有一块黛青色、麒麟状的巨型岩石，石上有条纹，似人工所刻之蝌蚪文或称鸟篆文，石身有出油、出盐、出米的三个小孔，相传不管来多少人，都能供给以维持他们的居住修炼。当地人觉得太神奇了，便把孔凿大，看看能出多少油、盐、米，结果什么都没有了。

岩顶有象形的日月星辰，传说顶部有一个浅浅的凹形圆孔，人称"月亮石"。传说鬼谷子在修炼时，它会移动，现在已从洞顶移到洞顶的边缘。鬼谷子留言："月亮下山时，天下应大同。"

鬼谷大洞右边约 100 米处，有鬼谷小洞，洞口宽 35 厘米，高 50 厘米，洞径约 45 厘米，口面向上，莹润光滑。洞之上方巨岩耸峙，呈重楼复阁之势，成了此洞的天然屋顶。洞内光线幽暗，洞深约 8 米，成螺形，钟乳倒悬，人若进洞，必须先下左脚，后下右脚，投入身躯，然后双手并举，垂直而下，方能落地。此洞是鬼谷仙师闭关修炼之所。《四库全书》记载："鬼谷洞，在鬼谷山，其洞幽黑，入必明烛，周回四里，可容数千人，旁有一洞，洞口狭小，相传若有人入其中，迤逦渐远，见人物卢舍俨如人世。"

鬼谷大洞之左 30 余米处，有张仪井，又称林泉井、丹井，即炼丹取水处。井口状如一个横卧的宝葫芦，口径约 2 米，泉水清澈见底，甘甜清冷，不溢不涸，竹叶落入其中，也不腐败，没有异味。据说，此井由鬼谷仙师之徒张仪管理并维护，有"林泉止处，永作丹丘"之称。2000 多年过去了，林泉井的古朴面貌依旧。

鬼谷洞的山脚处有凝真观遗址，属正一道观，是道教徒奉祀祖师和天神地祇的场所。《洞天记》载此"即鬼谷先生修真之所"。公元 953 年（南唐保大十一年），南唐中主李璟及其子李煜（李后主）为藏古碑拓本而建观，取名"凝真"，面积约 1800 平方米。五代道士吴宝华居此修炼。宋景祐、嘉祐年间都曾敕修。元代至元年间道士吴与顺重建，时有四殿四堂及左右道舍与配房等。元代赵孟𫖯有《鬼谷岩》诗专记此事："鬼谷岩前石，唐文字字奇。何当拂苍藓，细读老君碑。"

凝真观东边有天乐道院，距离约 150 米，分上下两栋，面积 200 平方米，建于凝真观同一年代，元代至元年间上清紫微道士吴与顺重建，是道教徒的生活起居之所，后大部分被毁，仅留长 33 米、高 10 米的石壁保存完好。

凝真观之北约 50 米处有庞涓井，又名庞家井，与道士吴与顺重建的涤烦亭在同一位置。百姓俗称"龙眼"，是鬼谷洞的山涧溪水，甘甜可口，亦是道院饮用水的源头。

凝真观遗址之北 200 余米处有孙膑寨，在山谷深处，沿山形而叠建，形成梯田，面积约 1600 平方米，石砌墙壁。旧志记载，古有黎家、毛家姓氏居住，现仅存石阶、断壁、石墙。

当年贵溪冷水镇是进出福建的交通要道，现在深山密林中隐约可见露水坑古城墙遗址，用大鹅卵石砌成，长近 60 米，高 4 米，中间是一拱形门洞，横亘于夹峙的青山之间，城墙下是陡峭的石壁，易守难攻。城墙附近有不少残存屋基，为屯兵起居之所。

鬼谷大洞左旁，有一千年古藤，直径 107 厘米，高约几十丈，盘桓蓄势，循岩攀崖，援树破竹，九曲三弯，直插云霄，酷似蟠龙，俗称龙藤。元代大诗人袁桷有诗赞叹这根古藤："纵横太古石，短长千岁藤。感彼岩居子，独饮古洞冰。"

北宋时第 30 代天师张继先（虚靖真人）有《怀鬼谷山思真洞天》诗："思真洞兮云水深，道人居兮鬼神钦。山花笑兮松竹荫，流潺潺兮千古音。何时一造清神襟，攀石萝兮共笑吟。"

鬼谷洞古迹 1986 年列为贵溪文物保护单位，2006 年 12 月为江西省文物保护单位。

当张禹锡 83 岁去世时，陆九渊撰写《张公墓志》，记述了表姐夫的行状，还特别交代了"子明之来求志其墓。公继室，余表姊也，明之又尝从予游，不可辞"。

（4）与龙虎山第 32 代天师张守真（正应）及其子张德清的关系。

除了地缘上相近，陆九渊亦与张天师家多有书信来往。如第 32 代天师张守真，1170 年（乾道六年），宋孝宗赐其号"正应"，1176 年（淳熙三年）十月，张正应去世。陆九渊撰写《挽张正应》：

> 海门昼夜吼奔雷，却立吴山亦壮哉！
> 前殿神仙三岛邃，正阳阊阖九天开。
> 玉阶恭授太官赐，象简亲承御墨回。
> 多少箪瓢蓬荜士，输君留宿两宫来。

大意是：天师升仙，受到天界的隆重迎接。张守真曾受朝廷接见，得到太上皇高宗的金版书和宝剑、孝宗赐的象简、孝宗亲笔写的《阴符经》。很多儒、道领袖虽也很风光，与张守真相比，却没有一个得到高宗、孝宗两代皇帝留宿皇宫的殊荣。看来，他十分了解张守真天师的行止，而且，如果无亲友间的联系，断不会送写挽诗。

张正应（张守真）去世后，其长子张景渊任第 33 代天师，可张景渊于 1179 年（淳熙六年）逝世，张景渊的儿子张庆先任第 34 代天师，因其尚幼，就由张正应的另一个儿子张德清代为署理教务长达 11 年。当时，天师家庭权力斗争激烈，有人在张庆先面前挑拨他与叔叔张德清的关系，甚至传出"茅不可试火"的威胁话。为此，张德清十分烦恼，想撂挑子。

陆九渊和张德清交情深久。象山与龙虎山相近，张德清是象山精舍的常客，陆九渊也常去天师府，两人经常品茶聊天。陆九渊写信给张德清，说："久闻您有'退居自养'的退隐之意，近来'又闻季悦言德清其初浩然有引退之文，且欲别求贤者以嗣其事'，想让贤者来继任。但'近者忽又闻有不肖道士以淫侈不轨之事引诱小子健讼以相诬毁，深用不平'。对于您来说，'正宜高举以遂初志，何必与此辈较胜负于流俗之中哉？'您'平时与诸贤交游，当问道之胜负，不当问流俗之胜负'。"

陆九渊直截了当地说："'盛族乃有"茅不可试火"之语，此可谓不胜俗陋鄙猥之言'，您切不可听从这种议论而'亏损盛德。更愿深思，追还素志'。"最后，他又邀请张德清"他日同来象山顶头共谈大道，此乃真天师，非俗天师也"。①

陆九渊在信中直接过问天师府的交班之事，以名直呼张德清天师，敢有"真天师"与"俗天师"之判，可见他在与张正应、张德清、张季悦的交往中对其祖张继先的道德文章有所了解，否则不会以大道称之。反观陆九渊与朱熹的书信往返，辨析问难，动辄千言，皆未提及"共谈大道"。可知陆九渊对龙虎山的天师道熟悉且亲近，与张天师的交往交情既久且深，陆张二人于"大道"当有会心共鸣之处。

（5）《心说》与心学的联系。

在陆九渊、张继先那里，心、理、道、法是同一概念。张继先说："法即是心，心外无法。"陆九渊说："道外无事，事外无道。"张继先和陆九渊都认为：心是一切的根本。心是一切的主宰。心，主导一个人的一切精神意识行为。心，控制指挥着人的思想和行为。一个人的视听言动、动作言默，本就不能离却本心。张继先的《心说》说："夫心者，万法之宗，九窍之主，生死之本，善恶之源，与天地而并生，为神明之主宰。"

张继先的《心说》这样解释"本心"："此所谓我之本心，而空劫以前本来之自己也。然则果何物哉？杳兮冥兮，恍兮惚兮，不可以知知，不可以识识，强名曰道，强名曰神，强名曰性，强名曰心，如此而已。"这个心，就是我的本心，是超越了无数世代轮回的那个自己。那么，这到底是个什么？像《道德经》里的词儿"杳兮冥兮，恍兮惚兮"所形容的一样，没法用思维去理解，不能用感官去感知，勉强叫作"道"，勉

---

① 《与张德清》，《陆九渊集》卷14，第213页。

强叫作"神"，勉强叫作"性"，勉强叫作"心"，如此而已。这种方法似乎有让人去朦胧把握的感觉。所谓"常"，即超越古今而不坏不灭的那个道心；所谓"妄"，即刚冒起且即将死去的当下的一念。"所谓常者，越古今而不坏者是也。所谓妄者，一念才起者是也。"

张继先的《心说》说："或曰真君，以其师长于一体也。或曰真常，以其越古今而不坏也。或曰真如，以其寂然而不动也。"陆九渊也反复说明本心是古今一体，人人皆同，也认为本心是古人今人、圣人凡人，人同此心，心同此理，只是他不用"真君""真常""真如"这种概念。

张继先的《心说》说："我之本心，'用之则弥满六虚，废之则莫知其所。其大无外，则宇宙在其间，而与太虚同体矣。其小无内，则入秋毫之末，而不可以象求矣'。"即用它的时候可以遍满虚空，不用它的时候不知道它去了哪儿。它大到没有边际，宇宙也装在它里面；它又小到没有内部，连头发丝它都能钻进去。不过这都是用形象的说法来勉强形容，实际不可以象来认知。

张继先的《心说》说："若夫达人，则不然也。故斋戒以诚明其德，一真澄湛，万祸消除。"（修炼之圣人就不会这样，他们用心斋心戒的方式让自己心诚而明德。一颗真心澄清污染，就万祸消除。）"由是观之，岂不大哉！岂不贵哉！"（这样看来，心难道不大吗？难道不贵吗？）

张继先的《心说》说："在《易》也其为大人乎。自兹以往，谨言语，节饮食，除垢止念，静心守一，虚无恬淡，寂寞无为，收视返听，和光同尘。"意思是：在《易经》里就是"大人"。从此之后，谨慎讲话，节制饮食，除去内心的污垢，平息念头，静心守一，虚无恬淡，寂寞无为，收视返听，和光同尘。

张继先的《心说》还说："瞥起是病，不续是药。不怕念起，惟恐觉迟。譬如有发，朝朝思理。有身有心，胡不如是，行住坐卧，勿使须臾离也。无何有之乡，华胥氏之国，吾其游焉。"意思是：念头一起就是病，不去继续这个念头则是良药；不怕念头起，就怕觉知迟。就像我们每天知道梳理头发，而我们有身有心，怎么不去梳理它们呢？行住坐卧，时时刻刻都要保持对心的觉知，须臾不能疏离。像《庄子》讲的无何有之乡、《列子》讲的华胥氏之国这样的逍遥之境、理想之国，是我神往一游的地方呀。你看，真是"言谈行止，存乎一心"。陆九渊的心学里不也有这种狠斗私字一闪念吗？

最后，归结到目的，两人也有相同处。张继先认为所谓修道，既是修行，也是修心。陆九渊也认为做人，既要践道实行，也要明志修心。

二、佛教在江西的源流与影响

1. 庐山慧远净土宗

佛教是分北方和南方两条路线传入中国的。两条路线都在江西传承悠久，根基深广，氛围浓厚。先说北方这条线：

在东汉白马驮经之后，东晋时期的公元 380 年，慧远（334—416）来到庐山，直到 82 岁去世，用 30 多年的时间，掀开了江西佛教史的崭新篇章。

当然，慧远并不是江西佛教第一人，就在慧远到达庐山前一年，王羲之去世。王羲之在任江州刺史时把自己在庐山金轮峰下的住宅捐作寺庙，这就是庐山第一寺庙"归宗寺"。现在归宗寺的遗址还在，当年庙宇前后的樟树还在，已经 1000 多年了。但不管怎么说，慧远的到来，让佛教在中国南方扎下了根，也使江西深受佛教的影响。

慧远到庐山的第 6 年，在江州刺史桓伊的资助下，于 386 年（东晋太元十一年）创建了东林寺。从此，慧远"影不出山，迹不入市"，集聚沙门上千人，组建白莲社，译佛经，著教义，修净土之业，成为佛门净土宗的始祖。

慧远的最大贡献就在于迈开了佛教中国化的第一步：

第一，组织翻译佛经，为佛教的传入做出了贡献。佛教刚传入中国时，佛经缺乏。慧远在东林寺，曾派弟子法净、法领远至葱岭取得梵经 200 余部，然后设立译场，使庐山东林寺与长安、河西"四郡"的凉州（今甘肃武威）一起成为当时中国的三大佛教中心。

第二，创建白莲社，开创了僧团生存的新的组织形式。当时，僧人要么官府养着，要么一僧一钵，行走四方，难结易散，极不稳定。慧远不依傍都市，不游化流走，不靠财政资助，30 余年聚众山林，在东林寺吸引天下名僧名士百余人，有组织有秩序地从事佛教活动。这么庞大的僧团竟然生存下来，并影响深远，这种新的组织形式当然十分了得。

第三，首创观像念佛的净土宗。当时，普通百姓多不识字，士大夫不懂梵文，中国人不接受烦琐教规。慧远的净土宗则不需掌握佛教教义，不需看懂梵文佛典，只要眼观佛像，口念佛号，心摒杂念，一心念佛，心向往之，就能得到接引，前往西方净土。由于修持简便，方便易行，为中国百姓开了一个到达信仰彼岸的方便法门，得到中国民众的欢迎，净土宗也在当时中国文化的土壤里扎根生长。

第四，创新了佛学的传播方式，吸引儒家士大夫的注意。士大夫崇尚玄学清谈，《庄子》盛行，而慧远"博综方经，尤善庄老"[1]。他以《庄子》来解释佛理，印证佛经（"乃引庄子义为连类"），吸引了谢灵运、陶渊明等儒家高级知识分子，推动了佛与儒、道的融合。

东林寺前面有条虎溪，溪上有座石砌拱桥"虎溪桥"。传说慧远住东林寺几十年，一心修行，送客也从未送过虎溪桥，否则，寺前的护寺虎就要吼叫。一天，慧远送儒家陶渊明、道家陆修静，三人边走边谈，越谈越开心，不知不觉走过了虎溪桥，护寺虎大声吼叫，三人才恍然大悟，"相向大笑"，惜别分手。这就是广为流传的"虎溪三笑"。虎溪是慧远佛教生活与世俗生活的分界线。后来，李白有诗曰：

> 东林送客处，月出白猿啼。
>
> 笑别庐山远，何烦过虎溪。

宋代石恪作《三笑图》，苏东坡作《三笑图书后》，黄庭坚作《三笑图赞》，东林寺还建"三笑堂"，堂内有"三笑图碑"。

其实，慧远圆寂时，陆修静才十来岁，"三笑"一事不太可能发生，

---

[1]　汪国权、苏茂、方淳：《庐山旅游全书》，江西美术出版社 2004 年版，第 20 页。

但"虎溪三笑"的传说实际上反映出慧远的佛教在庐山与儒学、道家走向融合的文化信息，故而人们一直津津乐道。

陶渊明的亲家及亲家之族人张野、张诠都是慧远的高足。因此，陶渊明也常去东林寺拜访慧远，他患有足疾，每次出门都要门生及二子肩竹舆前往，一谈竟日。此时慧远年近八十，陶渊明才"知天命"，两人年龄相差较大，却是至交好友。慧远多次劝陶渊明入白莲社，他俩的共同好友刘遗民也极力劝说。慧远甚至还破戒允许嗜酒如命的陶渊明饮酒，说"一觞一咏，沽酒何妨？"但陶渊明并不赞成慧远灵魂不灭的思想，故终没有成为白莲社的一员。唐代诗僧贯休赞颂两人的方外之交，在《游东林寺》中写道：

> 爱陶长官醉兀兀，送陆道士行迟迟。
>
> 买酒过溪皆破戒，斯何人斯师如斯。

陆九渊说"李白、杜甫、陶渊明皆有志于吾道"，对陶渊明十分认同，不知陶渊明这种近佛不信佛的态度和行为对陆九渊有无影响。

2. 禅宗早期的发展

佛教传入中国的南方路线是从海上登陆广东，再进入内地的，而江西则是必经之地。慧远带来的是净土宗，而海上过来的这一支佛教却在中国演化成禅宗。陈寅恪指出，佛教的中国化是在唐代新禅宗的出现后才真正完成的。而江西在其中也扮演了更重要的角色。

502 年（梁武帝天监元年），即在慧远到达庐山后的 120 多年，西竺（今印度）高僧智药三藏千里迢迢带来一棵菩提树并种在广州光孝寺的戒坛前，并预言："吾过后 170 年，有肉身菩萨于此树下受戒开演佛法，度无量众生。"

智药三藏到达光孝寺的 20 年后，中国禅宗始祖达摩来到光孝寺，然后经江西前往金陵去见笃信佛教的梁武帝。但两人在什么功德、如何修行、圣与非圣等一系列问题上话不投机，发生冲突。达摩只得离开金陵，继续北上。传说达摩来到长江边上，随手摘了片芦叶扔在江上，然后纵身一跃，踩在芦叶上面渡过长江。其实，我想，他是驾着一叶扁舟过的长江，这在那个年代是玩命的活儿，于是就被神化为"一苇渡江"。后来，达摩在嵩山面壁 9 年，创立禅宗。

在禅宗始祖、二祖、三祖到 N 祖的谱系里，与江西有直接关系的，除了始祖达摩路过江西外，接下来就是四祖道信（580—651）了。

道信的第一个贡献是在理论上将达摩以来的"安心"而契悟"真性"的心性学说推向纵深，强调修行以体悟自性为根本。道信在 14 岁时还是一个小沙弥，向三祖僧璨求法，说："愿和尚慈悲。乞与解脱法门。"

僧璨说："谁缚汝？"

"无人缚。"

僧璨说："那你还求什么解脱呢？"

道信大悟。9 年之后道信得传衣钵，成为禅宗四祖。

后来，陆九渊的学生李伯敏问："先生，您要我立志，我牢记在心。可是，如何立呢？"

陆九渊答："立是你立，却问我如何立？"[①]

你看，这两段对话是不是有点像？

道信还继承了二祖慧可"是心是佛，是心是法"的法佛无二说，将佛与法统一于心。

道信的第二个贡献是提出了"入道安心"的 5 种方便法门，使修行方式具有实践性和可操作性。

道信的第三个贡献是开始定居修学、聚众授徒。中国禅宗从始祖达摩、二祖慧可至三祖僧璨的 100 多年里，没有建立寺院，也没有广收门徒，都是一僧一庵，面壁坐禅，如同隐士；或一衣一钵，独来独往，如同乞丐。道信则建自己的寺院，彻底抛弃了"行无轨迹，动无彰记"的行僧生活，聚众收徒 500 多人，在双峰山下聚徒修禅传法，从而奠定了

---

① 《语录下》，《陆九渊集》卷 35，第 510 页。

禅宗的组织基础，这是禅宗史上一个划时代的重大举措。

道信的第四个贡献是首倡"打坐与农作并行"、以农养禅的修行方式。道信告诫门人，坐禅修行首先要吃饭，而解决吃饭问题的办法就是"作"，首开农禅并重的禅风之先河，不仅为禅找到了最妥当的生存方式，还表现出背离"厌恶人身，鄙视劳动"的佛教原始教义的倾向。

值得一提的是：道信与江西渊源颇深，他21岁时拜安徽安庆司空山的三祖僧璨为师后来到江西吉安受戒求学。3年后，他回到司空山侍奉僧璨，得传衣钵，为中国禅宗第四祖。僧璨圆寂后，道信又到江西庐山大林寺待了10年。617年，38岁的道信住持江西吉安的祥符寺，令城中禁屠，念"摩诃般若波罗蜜多"解围城之困。7年后，约在624年前后，道信渡江北上，在湖北黄梅的双峰山住了20多年。

3. 禅宗六祖慧能

接下来就是慧能，他在与神秀的争论中胜出，从弘忍五祖那里得到衣钵，成为禅宗六祖。神秀代表知识分子上层，而慧能代表下层民众。慧能初拜见五祖弘忍，五祖说："汝是岭南人，又是葛獠，若为堪作佛？"

"人虽南北，佛性本无南北。葛獠身与和尚不同，佛性有何差别？"慧能朗声答道。

这个回答成为名言。草木禽兽、有情众生皆有佛性，佛性本无差别。中国百姓大多不识字，怎能读懂梵文写的佛经呢？如果不识字的中国人都不能信佛，佛教怎么能在中国扎下根呢？但慧能这个以砍柴为生的樵夫，大字不识一个，弘忍把他搁在碓房里舂了8个月的米。慧能甚至连个正式的和尚都不是，只是一个帮厨，从未曾随堂听法，但他也有觉悟，还提出了不同于神秀渐修禅法的"识心见性，自成佛道"的顿悟禅法。所以，这更能体现佛教要在中国推广扎根的需要和中国普通民众文化水平不高的现实，代表了佛教中国化的方向与趋势。而且，这个人人皆有佛性的思想，与陆九渊心学"人人皆可成圣"的思想也可放在一起看呀。

弘忍选接班人之时，大弟子神秀的公认度最高。但弘忍不以票取人，他对徒弟们说："大家都说说对禅的理解吧，谁理解得深，衣钵就传给谁。"神秀来了一首：

> 身是菩提树，心为明镜台。
>
> 时时勤拂拭，勿使惹尘埃。

意思是，要时时刻刻去校正自己的心，通过渐修来抗拒外在的诱惑。弘忍听了，没有做任何评价。

这时，慧能也来了一首：

> 菩提本无树，明镜亦非台。
>
> 本来无一物，何处惹尘埃。

这首诗很好地表达了禅宗的顿悟理念，这是禅宗的另一种境界。

弘忍听完这首诗后，心中大喜，嘴上却当众呵斥："什么乱七八糟的，胡言乱语。"说着，他在慧能头上打了三下，就走了。慧能理解了五祖的意思，就在晚上三更按时去了弘忍的禅房。弘忍向他讲解了《金刚经》这部佛教经典，并传衣钵给他。但是，"昔达摩大师初来此土，人未之信，故传此衣，以为信体，代代相承。法则以心传心，此令自悟自解。……自古传法，气若悬丝"。佛门之内的权力交接也十分微妙，甚至危机四伏。何况，慧能在佛门中地位低下，没有任何影响，没有民意基础，没有基本票数。弘忍只能秘密传法，并连夜送慧能渡过长江南逃，防止有人伤害慧能。据说，师徒两人来到长江边，弘忍要划桨送徒弟，慧能说："迷者师渡，悟者自渡。还是我自己来吧。"此话一出，就可见慧能那蓬勃不止的自信。

慧能渡过长江之后，进入江西境内，他走的是哪条路线，现在已无从考据，只知道两个月之间，慧能来到大庾岭。这时，神秀的手下追了上来。慧能一看，为首的正是同窗陈慧明。慧明是江西鄱阳人，他追赶慧能，就是要抢夺法衣。慧能大度地将法衣往地上一铺，说："你拿去吧。"慧明一个箭步上前，就要取那法衣，说来也怪，竟取不动它。他嗫嚅问询缘由。慧能微微一笑，开始说法。慧明听罢，纳头拜师，然后掉头而去，来到蒙山（今江西上高县境内）圣济禅寺，因尊崇慧能以避讳，改法名为道明。从此，他将弟子尽行遣往岭南，参学于六祖慧能。这样，岭南禅与江西禅有了直接的交流和融合。从一定意义上说，慧明是慧能的第一个弟子。

676年（仪凤元年），也就是智药三藏从海上来到中国的174年后，慧能隐居了16年，终于在广州光孝寺（当时叫法性寺）现身了。那一天，印宗法师在讲解《涅槃经》，听者甚众，慧能也在场。一阵风吹来，寺内悬挂的旌幡随风飘动，印宗法师向众僧问道："你们说，这是风在动，还是幡在动？"

众僧有的说风动，有的说幡动，争论得很激烈。这时，慧能知道该自己登场了。他朗声说道："不是风动，也不是幡动，而是心动。"

慧能语惊四座，又亮出身份，出示五祖所传信物袈裟。于是，印宗法师召集僧众，在那棵菩提树下为当时还没有正式僧人身份的慧能剃发。后来，在掩埋慧能戒发的地方修建了一座瘗发塔，至今保存完好。塔前还有一棵三国时期的诃子树，枝繁叶茂，亭亭如盖。关于慧能的现身，可能是在他成为禅宗六祖之后被罩上的一层光环。但慧能以"本来无一物，何处惹尘埃"的思想，摆脱窠臼、直指人心的自由风格，全面推动了佛教的思想解放。

从此，慧能登堂讲法，开辟佛教南宗，称"禅宗六祖"。一个佛教人物正式登场，一个影响中国1000多年的流派就在这里展开。

4. 禅宗在唐代江西的发扬光大

慧能开创的南禅对江西的影响，不仅是他在江西的行迹，也不仅是他的思想传播，他还培养出了一大批杰出弟子，其中有青原行思、南岳怀让、菏泽神会、南阳慧忠等43人，他们大多在江西活动。后来，形成沩仰宗、临济宗、曹洞宗、云门宗、法眼宗等"禅门五家"。其中，沩仰宗、临济宗、曹洞宗都主要发生在江西，宋以后，临济宗门下又在江西发展出黄龙、杨岐两派，统称为"五宗七派"。

慧能的学生中尤以南岳怀让和青原行思最为杰出。713 年（先天二年）八月，慧能圆寂。慧能的首席弟子行思遵照师嘱，于 714 年从广东韶关曹溪南华寺回到家乡江西吉安青原山，摒弃许多烦琐的佛规，提倡直截便当的"顿法"，主张洞察本质，直指人心，我心即佛，别向他求。这对于企图摆脱苦难的下层人民和不愿放弃优裕世俗生活的达官仕宦都具有吸引力，大大弘扬了佛法。于是，行思作为禅宗七祖而名扬海内外。

慧能门下的另一系是怀让。怀让在曹溪随慧能学禅得法后，入住南岳般若寺（福严寺）。其传法弟子达 80 余人，入室弟子 6 人，最杰出者是马祖道一。

马祖道一（709—788），744 年（天宝三年）前后，进入江西活动 44 年，开创洪州禅，使江西成为中国佛学中心。788 年正月，马祖道一在江西靖安县泐潭寺（今宝峰寺）逝世。唐德宗下旨建造马祖塔，并由权德舆撰写塔铭，包佶为碑记。塔今存完好。

马祖道一的地位有多高？影响力有多大呢？

第一，当年六祖慧能跟怀让说："日后你的门下会出一匹年轻的马，这匹马将踏杀天下。"他预言了怀让的学生中会出现一个俗姓马的和尚，影响力巨大，征服天下人的心。

第二，世传王安石曾经问张文定公（张方平）："孔子去世百年，生孟子，亚圣后绝无人，何也？"

张方平答："怎么没有呢？不但有，还有超过孔子的人呢。"（"岂无人，亦有过孔孟者。"）

王安石问："谁？"

张方平曰："江西马大师、坦然禅师、汾阳无业禅师、雪峰、岩头、丹霞、云门是也。"

王安石听后，意不甚解，乃问："何谓也？"

张方平曰："儒门淡薄，收拾不住，皆归释氏耳。"

王安石欣然叹服。

张方平讲的这个"马大师"就是马祖道一。

第三，南北朝时期道安法师规定"天下佛子皆为释姓"，从此，出家人就不再以俗姓相称了。如李叔同出了家，就是弘一大师，而不叫李弘一。出家嘛，家、家人都不要了，还要什么家姓呢？可马祖道一不同，出家了，还姓"马"，即"马祖道一"。这在出家僧侣中，可能是唯一的一个。还有，慧能之后，南禅已废除衣钵相传的习俗，不再有祖师，但后人十分感佩道一，仍称他的俗家姓氏，还冠一个"祖"字，并称"马祖道一"，可见其佛家地位之崇高。

为什么马祖道一的地位有这么高、影响力有这么大呢？

（1）创立洪州禅。佛教的中国化、大众化正是在马祖道一手上才算彻底完成。胡适在《论禅宗史的纲领》中评论："达摩一宗亦是一种过渡时期的禅。此项半中半印禅，盛行于陈隋之间，隋时尤盛行。至唐之慧能、道一才可说是中国禅。中国禅之中，道家自然主义成分最多，道一门下不久成为正统。'中国禅'至此始完全成立。"

马祖道一开始是习北宗渐修法的，也是一个专修禅坐的"面壁头陀"。他20岁后拜在怀让门下，天天打坐念佛。怀让就拿了一块砖蹲在他旁边，"嚓唦嚓唦"地磨呀磨。道一被吵得心烦，睁开眼睛问："师父，您在干吗？"

怀让头也不抬，说："我要把它磨成一面镜子。"

道一惊得嘴也合不拢："磨砖岂能成镜？"师父的道行这么深，人怎么这么糊涂？

好，就等着你这一句呢！怀让浅浅地一笑，说："磨砖不能成镜，坐禅岂能成佛？"

道一一听，顿时开悟。从那以后，马祖道一侍奉怀让9年，尽得南禅精髓，终成一代禅师。

这个故事是禅宗史上的一件大事。当年，慧能以"本来无一物，何处惹尘埃"来反对神秀的"时时勤拂拭，莫使惹尘埃"，禅宗的顿悟法门就正式告别达摩"壁观九年"所形成的坐禅渐修的法统。但是，这个宗风一直到马祖提出"平常心是道"这一充满中国特色的佛性理论，创立洪州禅，才标志着禅学中国化真正完成。

（2）注重自己，把拜外在的佛变成了修内在的心。道一主张"即心即佛"，提倡心性本静，佛性本有，自心是佛，觉悟不假外求。他说"汝等诸人各信自心是佛，此心即是佛心"[①]，强调佛法就在各人心中，不假旁求。他认为人心即佛心，求佛要向内。那时安史之乱刚刚平定，流民四处游窜，社会急需一种可以安定人心的力量，马祖道一弘扬的"平常心是道"，正好满足这个需求，贴近平民大众，故而迅速崛起。

（3）面对现实，注重当下。马祖道一提出"触境皆如"，主张"平常心是道"，将一颗平常心付诸日常实践。据说，那段禅宗著名公案"百丈野鸭子"就发生在临川的正觉寺。

一日，怀海陪着马祖道一散步。天上飞过一群野鸭子，发出一阵一阵"嘎嘎"声。马祖问："那是什么？"这不是明知故问吗？还是老师呢。

怀海抬头望了望，说："是野鸭子。"

马祖道一再问："野鸭子到哪儿去了？"

怀海答："飞过去了。"

马祖道一转身揪住怀海的鼻子，怀海痛得大叫。马祖说："还说不说飞过去了！"怀海"于言下大悟"。

怀海答"是野鸭子"，这当然没错；后来答"飞过去了"，这也是事实。但是，马祖道一的心并不在当下，而是跟着鸭子飞走了。所以，马祖捏他的鼻子，让他感觉到当下的痛，以此点醒他：此刻已经没有野鸭子了，心中应该不留痕迹，还答什么"飞过去了"。而鼻子此时此刻被捏得痛，才是真实的"现在""当下""目前"。"现在"最真实，"当下"最重要，"目前"最亲切。禅宗主张把心落实于"当下""现在"这一点上。但是，"现在"一滑过就不是现在了，"现在"还没有开始也不是现在了。那么，究竟有没有"现在"呢？如果把过去和未来一切为二，最

---

① 《景德传灯录》卷6。

短促的现在是不存在的，就像《金刚经》所说，过去心、现在心、未来心皆不可得。这是超越于空间和时间的解脱。不过，人终究是活在这个世界上，既然分分秒秒在时间上移动，就应该立足于正在移动的这一点，踏踏实实地生活。没有动作的时候，既没有他，也没有我；既没有时间，也没有空间。所以，"飞过去了"是不存在的一件事，如果还要加以回忆、思索，当然不切实际。

（4）跳出语言，禅宗基本理论是"直指人心，见性成佛"。马祖道一在教学方法上因器接引，门风自由活泼，思想新颖独创。对待"如何是佛""如何是祖师西来意"这种永远无解的公案问题，道一要么避而不答，要么答非所问，要么当头棒喝，不用线性思考，反对文字解析，打破惯性思维，打破理性思维，重造直觉思维，绕开烦琐形式，直指人心。

禅宗代代相传之法有16个字："教外别传，不立文字；直指人心，见性成佛。"此法强调"言语道断，心行处灭"，不著文字，以心传心。一旦用话说出来，用字写下来，道与禅就中断了，话说多了，反而坏了悟道的机枢。所以，禅宗认为要想破除参禅悟道之人求之于外的迷执，复返本心，就必须超越语言，要求大家"不随一切言语转"，不掉入语言文字的陷阱。禅宗认为凡是用语言表达出来的东西，都不是真正的佛性。

（5）洋溢着一种"一口喝尽西江水"的文化自信。禅宗有"饥来吃饭，困即安眠"，顺其自然之意，也有不依靠外人，不轻视自己的自信，放开肚皮吃饭，立定足跟做人。马祖提出"一口喝尽西江水"。他的学生怀海说："要向无佛处，坐大道场，自己作佛。"他认为人人都有佛性，不必求别人，自己应该作自己的主张。

有人问："什么是奇事？"

怀海答："独坐大雄峰。"

有人感叹，在中国文化史上，马祖道一是有一定的能见度的。"如果这一代的中国人要重新疏浚淤塞多年的文化长河，在孔孟程朱之外，像马祖道一这样的禅门人物是绝对不能忽略的。他们虽然披着袈裟，但同样以自己的言行树立了一种文化自信。"

（6）建了很多寺庙，培养了很多学生。道一的足迹几乎遍及全江西，他一生创建寺庙48座[1]，先后开宜黄县石巩寺、临川正觉寺、赣县龚公山宝华寺、南昌开元寺（佑民寺）、靖安宝峰寺，故有"马祖建丛林，百丈立清规"之说，其毅力与能力可谓惊人。

当年，慧能门下，除了菏泽神会之外，"无有一人敢滥开禅门"。而马祖道一广收门徒，且细大不捐，在南昌开元寺的15年，入室弟子达139人，开元寺成为江南佛学中心，洪州禅由此发源。

马祖道一在江西建丛林、带学生的做法，当时在唐朝就影响巨大。大到什么地步？时人都说"选官去长安，选佛去江西"。要当官，就要去长安，那是首都，是政治中心；而要成为高僧，就要来江西，因为道一在江西，南昌是中国的佛学中心，马祖道一开创的洪州禅成为前所未有的大宗派。

从佛教史来看，佛教中最发达的门宗是禅宗，而禅宗最壮观的派系洪州禅，沩仰宗、临济宗、杨岐宗、黄龙宗等正是从洪州禅衍生出来的。马祖道一的思想代表了禅宗中晚唐的基本思想，他的队伍成为禅宗的基本力量。[2]

三、陆九渊与江西的佛和禅

1. 陆九渊有家学渊源，有其成长环境，有生活经历，有时代背景

从陆九渊的时代环境来看，陆九渊心学与禅宗都是在儒、释、道三家融通的背景下形成的，二者都以"心"作为其思想基础，都是在佛教完成中国化、大众化改造的背景下产生的，禅宗的建立就是佛教中国化、大众化完成的标志。"宋代的学术思潮所呈现出的一大特色就是儒释道三教之间的相互影响和相互渗透日渐加深，从而导致了以儒家学说

---

[1] 童辰：《中国佛教与江西的历史渊源》，江西人民出版社2012年7月版，第183页。
[2] 段晓华、刘松来：《红土·禅床——江西禅宗文化研究》，中国社会科学出版社2000年版，第76页。

为基础的'三教合流'，这种思潮构成了中国近千年学术发展的主流。"①

佛禅之学在北宋普遍流行，张载说："自其说炽传中国，儒者未容窥圣学门墙，已为引取，沦胥其间，指为大道。"②二程兄弟"昨日之会，以为大道精微之理，儒家之所不能谈，必取吾书为证"③。从中完全可以看出当时禅学的流行状况。对宋代社会的思想状况，余英时在其《朱熹的历史世界——宋代士大夫政治文化研究》中说："皇帝崇信释氏，士大夫好禅，这是宋代政治文化的一个基本特征。"④到了南宋，科举制的普及导致士人学子溺于功利，而精神层面则流荡失守。

两宋理学就在克服、摒弃这双重障碍中艰难前行。宋代思潮的主要特征是士大夫好佛，佛老思想渗进儒学。在这种背景下，陆九渊与佛门人士有交往，思想与禅学相融通，就不奇怪了。陆九渊心学是在儒学复兴的时代背景下产生的。两宋时期，从北宋五子到朱熹、陆九渊，出现了总结汉魏以来的学术发展，开启宋明学术新风的时代特色，出现了中国儒学复兴的历史趋势，而陆九渊心学则是这一趋势的一座高峰。

就其成长环境而言，陆九渊家族世居江西，而江西历来是佛学传播与兴盛的重镇。魏晋时有慧远的净土宗，而后更是有禅宗始祖达摩、四祖道信、六祖慧能、七祖行思、八祖马祖道一，高僧辈出，遍及江西全境。禅宗的许多宗派都直接或间接在江西产生和繁衍，禅宗的"五宗七派"中的三宗（曹洞宗、临济宗、沩仰宗）直接产生于唐代的江西宜丰洞山与抚州宜黄的曹山（宝积寺）、宜丰的黄檗山，以及宜春的仰山。五宗的其他两宗"云门宗、法眼宗"虽产生于广东韶关的云门山和江苏南京的海天清凉寺，却均出于江西吉安青原山的行思一系。即使到了宋代，从临济宗演变出来的杨岐派和黄龙派，也是分别产生

---

① 　许卿彦：《陆九渊对禅学的超越》，《广西职业技术学院学报》2011 年第 6 期。
② 　《张载集》，中华书局 1976 年版，第 64 页。
③ 　《二程集》，中华书局 1976 年版，第 4 页。
④ 　余英时：《朱熹的历史世界——宋代士大夫政治文化的研究》，生活·读书·新知三联书店 2011 年版，第 67 页。

于江西萍乡的杨岐山和江西修水的黄龙山，从而使禅宗的"五宗七派"得以完整。

从陆九渊的思想来源来看，北宋时期周敦颐担任的第一个官职，就是在江西修水，那正是黄龙派兴盛之时，周敦颐也受到黄龙派的影响。明代朱时恩《续藏经·居士分灯录》记录：

周敦颐初见黄龙寺的住持晦堂心，问教外别传之旨。晦堂心告诉他："只消向你自家屋里打点。孔子谓朝闻道夕死可矣，毕竟以何为道夕死可耶。颜子不改其乐，所乐何事？你只要在这上面探个究竟，久久自然有个契合处。"

周敦颐又去拜访东林寺的总禅师。总禅师是从黄龙寺过去的，他说："吾佛谓'实际理地，即真实无妄'。诚也。大哉干元，万物资始。资此实理，干道变化。各正性命。正此实理。天地圣人之道至诚而已。必要着一路实地工夫，直至于一旦豁然悟入。不可只在言语上会。"周敦颐还和总禅师论性及理法界、事法界，至于理事交彻，凛然独会，遂著《太极图说》。

此时佛印了元正住这里，周敦颐就去拜访佛印了元，两人一起讲道。周敦颐问："天命之谓性，率性之谓道。禅门何谓无心是道？"了元曰："疑则别参。"周敦颐说："参则不无。毕竟以何为道？"了元曰："满目青山一任看。"周敦颐豁然有省。一日他忽见窗前草生，乃曰："与自家意思一般。"以偈呈送给了元，说："昔本不迷今不悟。心融境会豁幽潜。草深窗外松当道。尽日令人看不厌。"周敦颐尝叹曰："吾此妙心，实启迪于黄龙，发明于佛印。然易理廓达，自非东林开遮。拂拭无繇。表里洞然。"周敦颐后来倡明道学。现在，庐山黄龙寺还流传周敦颐"吾有妙心出黄龙"的词句。

从周敦颐的这段经历，再联想到后来他在南安大庾教授二程的那三课"孔颜乐处""吟风弄月""与自家意思一般"，我们似乎就明白周敦颐的思想学说与黄龙派的禅学思想是有一定联系的。这一点，也在相当程度上影响了陆九渊。

禅宗在江西从唐至宋兴盛如此，对陆九渊的思想产生影响也是在情理之中的。

从陆九渊本人的成长经历来看，陆九渊家乡临川金溪，距南昌、宜春、吉安、九江这些禅宗中心都不远。他家乡本身也是禅宗的活动地区，临川文昌里的正觉寺正是唐代的马祖道一所建。陆九渊后来在应天山讲学的讲堂正是盖在马祖道一的寺庙废墟之上。

陆九渊随五哥陆九龄在金溪县疏山寺读了 3 年书，时任疏山寺住持的允怀就出自陆九渊家族，陆家是疏山寺的施主。陆九渊有《赠僧允怀》两篇短文，分别说到"怀本陆出"，"怀，陆出而学佛"。陆九渊写道：贵溪有个渡口叫杨林溪，淹死过不少人。允怀得到乡民的信赖与捐款，建了一座石桥，既方便了行人过渡，又免除了淹死人的悲剧。陆九渊对允怀的善举大加赞赏："余尝因其所为有所感矣，今于是役，又重嘉之。怀勉之哉！"[1]陆九渊读书期间，每天参与寺内早课，常听允怀长老讲授佛经，还和旁边宜黄县曹山寺的住持净璋禅师有很好的交往，并相互赠诗。

2. 陆九渊的一些言行确实让人认为他是禅

首先，陆九渊不少思想的表述与禅宗确实相似。其发明本心与禅宗的识心见性接近。禅宗，特别是江西的洪州禅主张"平常心是佛"，"担水砍柴无非妙道"，将佛门宗旨贯彻到日常生活之中；陆九渊也提倡进德修业就在日用之中。禅宗认为识得本心，明心见性，不假外求，各自观心，自见本性；陆九渊也认为反思本心，则得此理，不必外索。

其次，陆九渊对佛老的评价一直不那么绝对。年轻时，他问未来岳父吴渐："你看过《南华经》（即《庄子》）吗？"

吴渐说："科举不考，看那个无用。再说一个儒生怎么能读那种杂书呢？"

---

[1] 《赠僧允怀》二，《陆九渊集》卷 20，第 282 页。

陆九渊说："《南华经》有很多话值得思考，如吾生也有涯，而知也无涯。"

再次，陆九渊学生门人中，有不少是入禅或不避讳禅的。如詹阜民、徐仲庄、杨简，还有李浩、章节夫、刘尧夫、邹斌等人。[①] 这与陆九渊常以禅学领悟本心之说，又以禅学方式教门人领悟本心不无关系。

陆九渊的心学思想和教学方式也让人认为他是禅。

道家讲究呼吸吐纳等神仙方术；禅宗则讲究打坐修禅，凝神入定，以定摄禅。"外离相即禅，内不乱即定，外禅内定，是名禅定。"陆九渊也偏爱打坐，朱熹说这显然有禅宗加外道的色彩。程颢、程颐有言："独处而静思者非难，居广而应天下者为难。"

学生詹阜民讲过一个他向陆九渊求学的故事。

陆九渊对詹阜民举"公都子问钧是人也"一章说："人有五官，官有其职，我就把思绪集中在这些上面，'便收此心'。"

陆九渊所举的"公都子问钧是人也"一章是指《孟子·告子上》中的第十五章：

公都子问："同样都是人，为什么有的是大人，有的是小人呢？"

孟子说："无私的是大人，自私的是小人。"

问："那同样都是人，为什么有的无私，有的自私呢？"

答："耳目之官不思，而蔽于物，物交物，则引之而已矣。心之官则思，思则得之，不思则不得也。此天之所与我者，先立乎其大者，则其小者不能夺也。此为大人而已矣。"

公都子和孟子讨论的是怎样做大人而不做小人，怎样做到无私而不自私的问题。孟子提出"心之官则思"的理论命题有几层意思："心"也是一官；"心"区别于耳目之官的是"思"。耳目之官由于不能"思"，而蔽于物，物交物，是小体；而心之官能"思"，"思则得之"，是大体。因此结论是"从其大体为大人，从其小体为小人"。陆九渊对此总结道

---

① 赵伟：《陆九渊门人》，中国社会科学出版社 2009 年版，第 37 页。

"人有五官，官有其职"，只要闭目塞听，终日静坐，冥思苦想，收拢此心，五官不去接触外物，便能达到"此心澄莹中立"的理想境界，获得对万物之理的认识。

其实，陆九渊并不认为静坐、假寐有什么用处。有一次，陆九渊的两个学生傅仲昭和廖懋卿（幼卿）坐在那里闭目养神（"坐间假寐"），傅仲昭认为这种假寐肯定不能自拔。傅仲昭就把此事和自己的看法告诉了陆九渊。陆九渊听后，不以为然。他认为能不能自拔，不在于假寐与否，而在于本心是否澄明。[①]

有一次，陆九渊带着詹阜民闭目静坐，并说："学者能常闭目亦佳。"詹阜民听后，就按老师的教导，"无事则安坐瞑目，用力操存，夜以继日"，练习了半个来月。这一天下楼，忽觉此心已复澄莹，他站在那里，心里很奇怪（"中立窃异之"），就去见陆九渊。

陆九渊一看见他就说："此理已显也。"

詹阜民大吃一惊，连声问道："先生您何以知之？"

陆九渊笑道："我看你的眼睛就知道了。"（"占之眸子而已。"）他又接着问詹阜民："道果然在近处吧？"（"道果在迩乎？"）

詹阜民连声答道："是的。以前我曾以张南轩先生所类洙泗言仁书考察之，终不知仁，今天才终于明白了。"

陆九渊曰："是即知也，勇也。"

詹阜民因言而通，对曰："不惟知勇，万善皆是物也。"

陆九渊曰："然，更当为说存养一节。"[②]

3. 为什么说陆九渊心学是儒不是禅？

陆九渊心学与禅宗，在术语用词、概念内涵和方法上，都有相通、相近之处。但这都不能证明陆学就是禅学，不能据此说陆九渊"援佛入

---

① 《与廖幼卿》，《陆九渊集》卷 14，第 210 页。
② 《语录下》，《陆九渊集》卷 35，第 537–538 页。

儒"，或说陆九渊"儒佛贯通"，他是借鉴、吸收了佛禅，但其心学是儒不是禅。

（1）陆学之"心"和禅学之"心"有不同的质的规定性。

陆九渊说"吾心即宇宙，宇宙即吾心"；慧能说"心量广大，犹如虚空"，能含山河大地、日月星辰。陆九渊说"心即理"，禅宗说"心外无理"。虽然二者都以"心"为本体，重视反省内求的心性修养，但是禅学认为世间万物都是"空"，"心"也是一种"空"，是一种无善无恶、无动无静、不生不灭、不垢不净的寂然的心理状态，是一种没有任何规定性的存在，所以习禅之人不去区分"心"是否善恶。而陆九渊的心，是一颗能辨别善恶是非的仁义道德之心，他认为人心都是善的，"人受天地之中以生，其本心无有不善"[1]。本心纯善无恶，"心之本真，未尝不善，有不善者，非其初然也"[2]。所以，"人人都能成圣贤"。"本心"就是没有受到外界污染之心，是良知之心，非气杂之心。天地之心是纯善无恶的。

禅学讲的"心"是"清净心"，万般皆空，其本性为空。禅也讲心物一体，但它鼓吹人们进入主客体相统一的境界。禅宗让人"自识本性"，就是要人认识诸法皆空，以自己的"佛性"为"真知本体"，取消物质世界的存在性，进入以自我为中心的虚幻世界里，实现自己前往彼岸的追求。这种"心"只对自我开放，只有自我才是最真实的。

陆九渊的"心"承载的是理，是道，是事。陆九渊教人"自识本心"，就是要让人认识天理大道、伦常礼教、社会责任。

陆九渊的心，是人性。和孟子一样，陆九渊也认为人与动物的差别不大，只有"几希"。禽兽之所以为禽兽，是因为它们不知纲常伦理，"是禽兽也，为其无君父也"。陆九渊心学中，"心"是人区别于动物的根本标志，是人之所以为人的特殊属性，即伦理性、道德性、社会性，

---

① 《与王顺伯》二，《陆九渊集》卷 11，第 174 页。
② 《年谱》，《陆九渊集》卷 36，第 589 页。

是人有而动物没有的属性。心就是人的本心，本来就有之心，人的本性之心，就是人性，陆九渊说："人生天地间，抱五常之性，为庶类之最灵者。"人生来就具有仁、义、礼、智、信"五常之性"，这是人的本心、人的本性，也就是人心、人性，正因为如此，人生在这宇宙天地之间，才是万类万物中"最灵者"。所以，我们"诚全其灵，则为人子尽子道，为人臣尽臣道，岂曰无营乎哉？"[①]陆九渊讲的人心，就是伦理纲常。正因为"心""性"的这种伦理性、道德性、社会性，就必然会把动植物排除在外，而突出人的地位、作为、价值，也必然会把人分成不同的等级与种类，才有那么多关于"人"与"禽兽"、"君子"与"小人"之说。

佛禅也讲"心""性"，但佛禅把"性"界定为"佛性"而不是"人性"，不仅人有"心""性"，且六道众生皆有自性。因此猪、狗、牛、马都有佛性。不但有情物有性，无情物也有性。因为万法皆空，不会因形态、特种等诸相的分别而有分别。

（2）两者之心的来源也不相同。

陆九渊说自己的心学思想直接得于孟子，并以继承了孟子的"道统"自诩，就等于说自己根红苗正，这就让他在思想上和佛教禅宗划清了界限。

陆九渊以后的300多年，明代的王阳明也明确说陆九渊得了孟子的真传，"吾尝断以陆氏之学，孟氏之学也"。怎么可能是禅学呢？"夫禅之说，弃人伦、遗物理，而要其归极，不可以为天下国家。"陆九渊心学完全相反，全以天下国家为己任。王阳明特别强调：禅学和陆学，"其说具存"，如果硬要说陆学是禅学的话，那么，"学者苟取而观之，其是非同异，当有不待于辩说者"[②]，只要把陆九渊的书和禅宗的书放在一起

---

① 《赠吴叔有》，《陆九渊集》卷20，第280页。
② 《象山文集序》，《王阳明全集》卷36。

比较一下，其中是非同异曲直，不辩而明。王阳明与陆九渊是宋明最有影响的心学大师，陆九渊受到的议论，王阳明也同样遭遇过。所以，王阳明为陆九渊辩护，也是在为自己辩护。

（3）入世与出世：讲仁义、讲责任、讲担当。

陆九渊的心学是儒不是禅，其"心"有仁义礼智、修齐治平等实际内容，是以一种积极的入世精神来面对世界的。人与天地宇宙的万事万物不是相脱离，而是统一的，人立于天地之间，就要"先立乎其大者"，承担起对社会的责任，这样才是自己作为人的本性。

尽管慧远开辟了佛教中国化的道路，但那毕竟是佛教东传的初期，作为外来文化，它与中国的本土文化在根本问题上还是格格不入的。中国社会的基本单元是家庭。家庭、家族、家国，中国这种由家至国的社会结构，导致孔孟儒家学说成了维护中央集权制度和家族宗法伦理关系的最有力的意识形态。儒家对君臣、父子、夫妇、兄弟、朋友等"五伦"设定的纲常名教，特别是以"孝""忠"为核心的道德观念，在家讲孝，于国讲忠，成为中国社会的基本伦理道德规范和古代最牢固的上层建筑；而出家的佛教徒只跪拜佛祖释迦牟尼，不再礼敬在家的俗人，上至国王，下至父母，概莫能外。这种抛弃纲常伦理，无视礼法家国，"无父""无君"的道德观念与行为规范在儒家看来当然是大逆不道，无法容忍。

禅宗从始祖达摩开始衣钵相传的是《楞伽经》。《楞伽经》认为如来藏自性清净，被客尘所染，犹见不净，故要勤修渐悟。所以，神秀讲"身是菩提树，心为明镜台。时时勤拂拭，勿使惹尘埃"，强调时刻校正自己的心灵，通过渐修来抗拒外面的诱惑。但五祖弘忍在向慧能交班传递衣钵的那个晚上，讲的却是《金刚经》。这预示着禅宗自六祖慧能以后，将要发生由渐悟向顿悟的重大转变。《金刚经》讲"一切有为法，如梦幻泡影，如梦亦如幻，如露亦如电"，认为"应无所住而生其心"，一切都是幻想。万物皆空，心对于外在的善恶美丑、是非荣辱、冲突利害和内在的喜怒哀乐都不要执着，对尘世间的一切苦难和烦恼都只有逆来顺受，逃避躲开，这与慧能的那首"菩提本无树，明镜亦非台。本来无一物，何处惹尘埃"是相契合的。

禅宗的心是"本来无一物"，是超越一切的虚无，是讲究出世的。虽然禅宗自慧能、马祖之后，相较于以往佛教一味注重彼岸的正果，更加关注此岸的修行，但也同样不是为了探讨世界的本原。这是两者最大的区别。

（4）禅宗讲言语阻断，抛弃文字；陆九渊讲不拘泥文字，而重切己去私，践行做实。

禅宗强调不立文字。慧能在南逃路上，遇到比丘尼无尽藏。这是一个在文字里、在形式上求般若的比丘尼。这个僧尼手执佛经来考慧能。慧能说："问字，我一字不识；问义，就只管问。"（"字则不识，义即请问。"）

慧能听她诵读《涅槃经》，一听即能解其义。

僧尼很奇怪，问："你字都不认识，怎么能懂义呢？"（"字尚不识，何能会义？"）

慧能答："佛理禅味，跟文字无关，全靠心悟。"（"诸佛妙理，非关文字。"）

禅宗发展到洪州禅，更是讲究棒喝"顿悟"，一味地以"心"悟道，既躲开了修行的苦，在嬉笑怒骂中成佛，还有一种云山雾罩、高深莫测、神龙不见其首的神秘色彩。

陆九渊也说过"六经皆我注脚"，不注重著书立说，不看重注释文义，以至于有人认为他是"束书不观，游谈无根"。但陆九渊是针对科举制度的时弊来说的。儒家经典和科举考试的结合使得学子埋头于书本的传习记诵，拘泥于文本字义，而不去体会儒家的"血脉""精神"，对儒家经典讲的做人目的更是不加关心。

朱济道、朱亨道两兄弟都拜陆九渊为师。他们写信给人说："近到陆宅，陆九渊先生教诲学生，与人讲切，都是深切著明，令人求放心。不复以言语文字为意，令人叹仰无已。其有意作文者，则令其收拾精神，涵养德性，根本既正，不患不能作文。"①

　　陆九渊对朱熹逐字逐句地"博览群书"提出批评，认为这会导致泥古不化、泛泛而谈。其实，陆九渊反对不下苦功，主张"穷究磨炼，一朝自省"②。陆九渊虽然讲"一朝自省"，但那是要有"穷究磨炼"基础的。人的觉悟，本心的发明，必须有日用常行修工夫。

　　有学者听言而有省，写信来说："听了陆先生您的话，感觉就像骑上骏马一日千里呀。"（"自听先生之言，越千里如历块。"③）

　　陆九渊则说："'吾所发明为学端绪，乃是第一步'，《尚书·商书·太甲下》里说，登高，必始于下面，行远，定起于脚下。做事要扎扎实实，循序渐进。我不知指何处为千里？'若以为今日舍私小而就广大为千里，非也，此只可谓之第一步，不可遽谓千里'。"④

---

① 《年谱》，《陆九渊集》卷 36，第 557 页。
② 《语录下》，《陆九渊集》卷 35，第 533 页。
③ 历块：形容迅速，指骏马。
④ 《语录上》，《陆九渊集》卷 34，第 468 页。

第 08 讲

陆九渊心学和他的时代

一、陆九渊时代的国家挑战与社会问题

陆九渊生于南宋 1139 年，离北宋开朝 179 年，离靖康之变和南宋开朝仅仅 12 年。而这 200 来年，宋代的内外环境都十分严峻。

要了解陆九渊心学，就要了解宋朝的时代环境；而要了解宋朝的时代环境，就要了解宋朝产生之前那个乱世。只有了解了宋朝是带着哪些内忧外患的胎记出生的，就会知道这个乱世是如何深刻地塑造了大宋，从而了解陆九渊和其他宋儒们在思想文化领域提出的理论观点与思想学说。

1. 宋朝生来即有的三大胎记

宋朝的第一个胎记就是生于乱世。先是安史之乱，从 755 年至 763 年，一共乱了 8 年，宦官专政、党争、藩政割据等顽疾让大唐帝国伤筋动骨并走上了末路。接着就是唐末的王仙芝、黄巢之乱，从 874 年到 884 年，一共乱了 10 年，起义军转战近半个唐朝江山，唐朝国力大衰，名存实亡，最后拉开了五代十国的大幕，中原这个中心区域经历了梁、唐、晋、汉、周五个朝代。五代周边还有大大小小的军阀割据政权，主要有南吴、吴越、前蜀、后蜀、闽、南平、楚、南唐、南汉、北汉等十国，史称"五代十国"。

五代的乱局，从 907 年朱温称帝到 960 年大宋建国，整整乱了 53 年。

如果把十国连起来看，那从 902 年到 979 年，更是乱了 77 年。这是中国历史的一段大分裂时期，城头变幻大王旗，亡国的故事上演了一个又一个。动荡到什么地步呢？53 年间，先后 5 个王朝 14 个皇帝，平均每 10.6 年换个朝代，每 3.8 年换个皇帝。

宋朝的第二个胎记是得国不正。这五代的 14 个皇帝，大多是通过政变、诛杀等手段上位的。那个时期，谁当了皇帝，谁都是心惊胆战、扰攘不定的。宋朝也是赵匡胤在陈桥兵变中黄袍加身，从后周那里篡位而来的，而且这种手法和 951 年后汉大将郭威在"澶州兵变"中黄袍加身，推翻后汉、建立后周完全一样。

宋朝的第三个胎记是藩镇军阀作乱。从晚唐安史之乱前的藩镇坐大直至作乱，到五代十国的轮番走马、割据政权，如此彻底的分裂，如此短促的命运，在中国历史上还真是十分罕见。

2. 宋朝面临内忧外患的双重压力

大宋立朝之初，赵匡胤、赵光义兄弟就面临一系列的历史任务。首先是要应对外患。

从地理上看，宋和辽、西夏共同继承了唐朝的版图面积。宋的疆域在中国历史上的主要王朝里是最小的，跟汉、唐、明、清完全不能比。宋朝从成立之初就是强敌环伺，南边有吴越、南唐、南平、南汉、后蜀等割据一方的藩镇政权，陆九渊的家乡江西当时就归南唐统治。北边一直与周边的少数民族政权并立共处，西有西夏（远方还有吐蕃，后来的元），北有辽（和其卵翼下的北汉政权）、金对峙，特别是石敬瑭把燕云十六州（今北京到山西大同一线）割让出去，京城已失去了防守屏障，契丹民族的辽国军队直接压在开封边上了。

这种强敌环伺的外部环境给宋朝造成巨大的压力，深刻地影响了宋朝的重要国策。宋初赵匡胤、赵光义这两任皇帝不一定想恢复当年大唐的疆土，但他们开始的确是想要回燕云十六州，把边境至少向北推进到长城一线。赵匡胤制定了先南后北的战略，先集中兵力消灭南方诸国，然后挥师北上收复燕云地区。[1]但经过多年与契丹辽、党项夏的轮番交战，宋军一直没打赢，在燕云十六州要不回来的形势下，北宋只得接受并存互认，签订了"澶渊之盟"，保持了百余年的和平。后来南宋王朝的心态与政策也就转向求和、安心于偏安了。甚至在1140年（绍兴十年），岳飞北伐中原，节节胜利，收复洛阳、许昌等重镇，却被宋高宗赵构以十二道金牌追回，丧失了恢复中原的绝佳机会。这样，从北宋至南宋300多年，宋朝与周边少数民族政权始终是一种打打停停、和战并存的局面。

其次是要防止内乱。赵匡胤出生于乱世，他对从安史之乱到五代十国的这种乱局印象极其深刻，始终都没有丝毫放松巩固政权，防止内乱。一是要摆脱五代短命王朝的命运，实现国家的长治久安。二是深知军阀割据的危害，要严防地方分裂，维护国家统一。三是他在陈桥兵变中黄袍加身当上皇帝，即是篡位而来，他就特别害怕别人也如法炮制。

那么，从赵匡胤开始，宋朝是如何应对这种外患内忧的局面呢？

3. 祖宗之法：两宋的制度应对

现在人们会说赵匡胤是一代君王，毛泽东的《沁园春·雪》点了"秦皇、汉武、唐宗、宋祖、成吉思汗"等，明清两代一个皇帝都没点，"宋祖"却赫然在目。但是，当时人们并不看好赵匡胤，认为他不过就是五代十国14个皇帝后的第15个罢了，赵宋王朝也不过是另一个割据王朝，顶多持续三四年。谁知两宋从960年至1279年，跨度达319年（其中北宋167年、南宋152年），国祚绵长，这在中国历朝历代里都算长的。而且，这300多年时间里再没发生中晚唐那样的地方割据、军人作乱的现象，像外戚专权、宦官乱政、官员贪墨的情况也没有其他朝代那么常见和严重。农民起义虽然也十分频繁，却没发生全国性的起义，社会的稳定度还是较高的。

---

[1]　游彪：《新编中国史·宋史》，中信出版集团2017年版，第2页。

　　赵宋王朝是怎样做到这一点的呢？这一切都与宋朝开局之时的一系列制度建设有关。

　　面对外患内忧，宋太祖赵匡胤在政治、军事和财政等方面都坚持一个原则：以防弊之政，为立国之法。宋太宗赵光义也提出"事为之防，曲为之制"①。这两兄弟推行的"法""制"渐成体系，并固定下来，成为宋朝的"祖宗家法"，一直到南宋，都大体得以遵循。诸如"自汉唐以来，家法之美，无如我宋"②，"我宋立国大体，兵力虽不及汉唐，而家法实无愧于三代"③的说法，都反映了宋廷对这种制度的长期自我认同。

　　宋朝的"祖宗家法"不仅包括治理皇家事务指导方针，还包括国家政治生活的方方面面，主要有：

　　（1）"兴文教、抑武事"，重文轻武。赵匡胤生怕武将权力过大而导致兵权削弱和国家混乱，为防止唐中叶以来武将专权的局面再现，"杯酒释兵权"后，收夺高级将领兵权，不断防范和打压军人，设置殿前司、侍卫亲军马军司、侍卫亲军步军司，即"三衙"，分别统领禁军。中央设立枢密院作为国家最高的军事机构，负责军官的选拔、调动等。

　　在抑制军人的同时，推行重视文人的各项政策，重用文官。朝廷几乎所有重要部门的长官都必须是进士出身，就连全国最高军事机构枢密院的长官也基本上由文官担任。相对唐末五代以来的武将专权，宋代是一个文治社会。1127 年，金军攻破北宋都城开封，在皇宫里找到了一块石碑，石碑上面是宋太祖赵匡胤留给后世皇帝的遗训，史称"勒石三戒"："第一，柴氏子孙有罪，不得加刑，纵犯谋逆，止于狱中赐尽，不得市曹刑戮，亦不得连坐支属；第二，不得杀士大夫及上书言事人；第三，子孙有渝此誓者，天必殛之。"北宋历代储君继位，必入而跪读，最先看这份只有皇帝才有资格看的国家机密档案。终宋王朝，赵匡胤定

①　［宋］李焘：《续资治通鉴长编》卷 17。
②　［宋］张栻：《经筵讲义》，《南轩集》卷 8。
③　［宋］林炯：《齐家》，《古今源流至论》后集卷 9。

下"不得杀士大夫与上书言事人"的"祖宗家法"都得以执行，"与士大夫治天下"的理念得以贯彻。文官犯错，最多削职流配。明末清初的王夫之说："自太祖勒不杀士大夫之誓以诏子孙，终宋之世，文臣无欧刀之辟。"[①] 正因为如此，两宋容忍士大夫在一定限度内对朝局进行批评，形成一种养士之风和宽容氛围。

赵匡胤为防范武人专权而采取"重文轻武"的基本国策，也落实在干部人事制度上。宋廷极力推广与普及隋唐以来的科举取士，用这个制度大规模选拔官员，培养出士大夫这个新的社会精英阶层，建立起一个文官主导的新政府。另外，宋代文官的升迁比武官快，文官 3 年升一次，而武官则要 5 年。

（2）守内虚外。面对强大的辽政权，宋太祖被迫采取守势，但没有放弃恢复被石敬瑭割让给契丹的燕云十六州。979 年、986 年，宋太宗两次攻辽，均遭失败，锐气尽失，就调整内外策略。991 年宋太宗谈了自己的想法："国家若无外忧，必有内患。外忧不过边事，皆可预防，惟奸邪无状，或为内患，深可惧也。帝王用心，常须谨此。"[②] 这个"守内虚外"的指导思想认为：外忧只是"边事"而已，"内患"才是"深可惧也"的心腹大患。

在这一思想的指导下，宋朝彻底改变对外方略：一是调整作战部队的部署，将大部分禁军部署在京城周围，其中开封府就驻扎了近 1/3 的禁军。二是执行消极防御政策。面对不断南下的辽军，宋廷不是集中优势兵力主动出击，而是在宋辽边境的平原地区开挖塘泊蓄水，形成西起保州（今河北保定）、东至海边的长达九百里的防线，以防止契丹骑兵的进攻。三是分权。本来西夏面积小，人口少，财力不足。在宋夏边境，宋朝有军队 30 万，西夏只有 10 万骑兵，没有与宋朝抗衡的实力。但宋朝分兵四路，分别由 4 名文官主持，互相节制。而西夏则集中兵力，

---

① ［清］王夫之：《宋论》卷 1。
② ［宋］李焘：《续资治通鉴长编》卷 32。

游击加突击，来去不定，宋军只能处于被动挨打的地位。南宋后期抵抗蒙元军队，也是分兵守城，蒙元军队则集中优势兵力各个击破。再加上宋军以步兵为主，机动性差，前线将领成为皇帝的提线木偶，按出发前皇帝制订的"锦囊妙计"作战，这种不变的做法根本不能应付瞬息万变的战场形势。

（3）兵制改革。一是实行募兵制。汉唐以来，国家都实行征兵制。宋朝则继承了晚唐、五代的募兵制，是中国历史上唯一实行募兵制的朝代。二是宋初为削弱地方势力，将各地藩镇地方军队中的精兵抽调到中央组成禁军，将老弱残病留在地方组成厢军（兵）。禁军是中央掌握的正规军，厢军（兵）是地方部队。厢军（兵）通常不训练，也没有作战任务，专门从事劳役。

这种做法有几个目的：一是为抵御辽、夏的进攻而被迫扩军；二是做到灾年有叛民而无叛兵，丰年有叛兵而无叛民[①]；三是国家的大型土木工程以前都是通过徭役来征发农民完成，现在都由厢兵承担，这就在很大程度上免除了农民的兵役负担。

但这种兵制造成一系列后果：一是兵员冗肿，军费庞大。宋太祖开宝年间（968—976），全国军队为 37.8 万人；到仁宗庆历年间（1041—1048）已增加 3 倍多，达到 125.9 万人。维持这么庞大的常备军，军费浩大，导致财政危机。二是战斗力下降。募兵制招募的是终身制的职业兵，即使疾病衰老也难以被淘汰。这样，老弱与少壮一起作战，大大影响战斗力。三是影响农业生产。宋代为了把潜在的反抗力量转化为维护其政权的力量，将大量壮劳力转为保卫国土和维护稳定，导致家田荒芜、水利失修的现象更加严重。

（4）削弱宰相的权力。在重点防范武将的同时，宋太祖逐渐削弱宰相的权力。最高行政机构中书省与最高军事机构枢密院号称"二府"，地位平等，互不统属，中书省、枢密院长官直接对皇帝负责。另设三

---

① ［宋］晁说之：《元符三年应诏封事》，《景迂生集》卷1。

司，主管全国财政，其长官号称"计相"。宰相之下设参知政事，名义上是副宰相，实际权力却很大，从而分割了宰相的权力。另外，设立御史台和谏院两个机构，专门执行监督职能。

（5）调整地方行政体制，划分各级权力。宋朝在全国十三道（后改为路）这一级，分设四个机构："转运司"掌管财赋、督察地方官员；"提点刑狱司"掌管司法，称为"宪司"；"提举常平司"主管常平仓、义仓及免役等；"安抚使司"主管军政。

在州一级设知州，同时设通判。通判既不是知州的属官，也不是知州的副手，通判有权直接向皇帝和中央相关部门汇报地方政务，权力很大。

在县一级设县令或知县，另设主簿、县尉。主簿负责钱粮户口，县尉维持地方社会秩序。

4. 两宋的经济与科技发展

（1）土地制度与土地兼并。北宋立国之初，人口稀少，百废待兴，朝廷就制定了一系列刺激人口增长和发展民生的政策。轻徭薄赋、招徕流民、奖励生产等政策，带来了生产发展、社会稳定、百姓安居乐业的良好局面，一扫唐末五代颓败之风。[1] 最重要的是两项土地政策：

一是"不立田制"。即对土地问题不加干预，没有普遍推行土地国有制，公田所占比重非常小。当时均田制崩溃，原来属于国家调节之用的荒地、未垦地，任何人只要在官府登记备案，盖上官府的印信并纳税，就可占有垦荒。

二是"不抑兼并"。官府对私人土地的买卖也是放任自流的，只要买卖双方自愿成交，他们只需要将田契送交官府备案，盖上官府的印信并缴纳契税，交易就算完成了。官府将大地主占有大量田地视为"为国守财"。

---

[1]　游彪：《新编中国史·宋史》，中信出版集团 2017 年版，第 414 页。

大乱之后，这样的土地政策当然得到了百姓的拥护。于是，北宋初年土地大量开垦，经济蓬勃增长，人口迅猛繁衍，这都说明了早期的自由土地政策是行之有效的。

但是，随着时间的推移，人多地少的矛盾日益加剧，土地兼并在所难免。这个土地政策更加剧了土地兼并、集中，出现"富者有弥望之田，贫者无立锥之地"的局面。达官贵戚掀起了土地兼并的大潮。宋朝土地兼并的大潮一波接一波，势头之猛，手段之疯狂，为历代王朝未见。大官僚、大商人、大财主和大地主对普通百姓的田地巧取豪夺，"择肥而噬"，国有土地（如国有牧场、官办学田、公共山林）也成为他们强占的目标，他们甚至连寺院的福田也不放过。灾荒之年，百姓困顿，不得不抵押或变卖土地；达官贵戚却落井下石，趁势兼并。少数豪强大户甚至先人为破坏堤坝，制造水灾，再廉价抢夺百姓土地。在汉唐被贬称为"豪民"并受到官府严厉打压的"兼并之徒"，在北宋却成了世人羡慕的"大田主"。豪强大户占总人口的 6%~7%，却侵占了全国土地的 60%~70%。疯狂的土地兼并与沉重的税赋压迫，使得越来越多的人卖掉土地，沦为佃农。当时的社会现实是"贫富无定势，田宅不定主，有钱则买，无钱则卖"[①]，辛弃疾也说"千年田换八百主"。陆九渊的祖上来到金溪的时候，还是全县大户，到他父亲那一代，就只剩下十来亩菜园子了。

（2）宋代的生产力发展，带动了城市与社会发展。在宋代，煤开始代替木炭。能源革命催生了冶铁工业的爆炸性增长。宋神宗年间的 1078年，北宋的铁产量高达 7.5 万吨 ~15 万吨，相当于 18 世纪欧洲包括俄国工业革命之前的全部铁产量。

冶金业的生产技术革命又促进了农业工具的巨大进步，极大提高了农业生产率。宋朝的耕地总规模扩大，粮食亩产量达到了 460 斤，是盛唐的两倍有余。北宋农业经济作物种植高速发展，柑橘、荔枝产量剧

---

① 游彪:《新编中国史·宋史》，中信出版集团 2017 年版，第 160 页。

增，荔枝种类多达 32 种，菊一亩比田一亩利数倍。

宋代产业全面发展，建筑造船、采矿冶炼、造纸印刷、食品加工、盐茶酒等各行各业得到全面发展。

（3）城市与商业经济的繁荣。北宋初年经济高速发展，直接支撑了北宋初期人口的大幅增长。北宋巅峰人口达 1 亿，超过了历朝历代。人口的增长又加快了城市的发展，大量农村人口涌入城镇，带来了巨大的社会变动。城镇生活不同于日出而作、日落而息的农村生活，专业化的分工催生了更多的就业机会，人们获得了前所未有的选择自由。

城市的繁荣与手工业相互促进。就拿江西来说，景德镇就是在北宋景德年间设镇的，这标志着制瓷业达到一个相当高的水平。陆九渊的家乡金溪，再加上铅山、上饶、德兴都因为铜矿、银矿的开采而单独设县。

商业繁荣、手工业的发展促进了城市的发展。且不说京师开封，就是偏远的江西赣州，在唐代后期建造的基础上进一步把土城墙改为砖城墙。

为适应城市经济的变化，宋代结束了唐朝城市的"里坊制"。什么是里坊制？就是唐以前的城市管理制度，城市被分成棋盘式的各个方格（里、坊），居民居住的里、坊都有高墙、大门和市隔开。本来，"城市"就是"城"中有"市"，但唐代的城市是封闭的，一到晚上各里坊的大门就会关上，"市"也停业。到了宋代，商业繁荣，里坊制已无法维持而被取消，民房可紧邻街道，商店可随处开设，晚上百姓也可随便闲逛。《清明上河图》中就有北宋末期的开封城街景。街边的小店支着阳伞，摆着方桌和长凳，顾客在那里吃喝休息。柳永的词也从多方面展现了北宋繁华富裕的都市生活和丰富多彩的市井风情。杭州在北宋时就已经是全国著名的大城市，柳永在《望海潮》中说"钱塘自古繁华……参差十万人家"。到了南宋，临安城人口更是迅速积聚。临安府九县上户口的人就有 124 万，而同一时期，伦敦只有 2 万人，巴黎 4 万人，西方最大最繁华的城市威尼斯也不过 10 万人口。

商品的繁荣与货币经济的崛起，催生了全国大型区域市场。以开封为中心的北方市场，以苏杭为中心、辐射两广地区的东南市场，以成都为中心的川蜀市场，以陕西为中心的关陇市场，这些区域市场又和一系列城市、镇市和农村地区组成一张交叉重叠的蜘蛛网。

（4）交通得到大发展。隋朝开通的大运河，把京城与南方联系起来。到唐宋，这条水道经江西继续往南延伸。在南北朝时期，地震使鄱阳湖老爷庙水域的石门山裂开，今南鄱阳湖地区塌陷，鄱阳湖水因此不断南侵，淹没了枭阳平原，一直浸漫到鄱阳县城下，鄱阳湖主航道也由东改西，从现在的吴城连通赣江。唐代张九龄开通江西和广东交界处的大庾岭，接着北宋的赵抃和周敦颐在赣州疏通赣江的十八滩。这使得南北交通大通道可以从中原经运河到扬州，从扬州经长江进鄱阳湖，再由鄱阳湖经赣江过大庾岭而到广东，更是把京城和岭南沿海便捷地沟通起来。北宋时期，苏东坡发配惠州和儋州，就是从吴城走的鄱阳湖水道。他在吴城留下的诗与文，是当地人发现的最早的文人作品。他在江西还留下大量的遗迹和故事。

"运河""鄱阳湖—赣江"的南北水上大通道的开通，使得宋元时期出现了中国古代空前的商业繁荣，促进了沿线的城市大繁荣。北宋首都开封、南宋首都杭州，都成为当时全中国乃至全球最繁荣的商业城市。

人口的流动与聚集、市场交换、社会分工、活字印刷术，极大降低了信息成本，进而提高了整个社会包括经济活动的生产率，刺激了新的思维、新的发明和新的需求。

5. 社会风气与人心的变化——宋代时代变化下的思想文化建设

马克思、恩格斯指出："一切划时代的体系的真正的内容都是由于产生这些体系的那个时期的需要而形成起来的。"赵宋王朝面对时代挑战，不仅在政治、经济、土地、军事、兵役、城市管理、商业活动、官员任用等方面进行了一系列的制度建设，在国家意识形态、思想文化领域也做了大量工作，而且做得最有声色、最为成功。这主要是由宋儒们来完成的。

宋代的思想文化领域内的挑战与任务主要有：

（1）面对外患内忧的现实挑战，在思想理论领域如何进行儒学复兴、精神塑造与文化认同，增进人们的自信心与凝聚力。

（2）宋代商品经济的繁荣，刺激了人们对财富的追求，商业税首次与农业税占到一样比重。商业得到了社会的普遍重视，与农业一起被视为立国之本，商人的社会地位显著提高，但进一步加剧了贫富分化。这就引发了人们思想观念的变化，传统的"重农抑商"的观念发生动摇，"义利并行"甚至"重利轻义"取代了"重义轻利"观，贪婪逐利之心也日渐加剧。

（3）在依靠科举制度选拔任用官员的形势下，对那些举子教育什么、如何教育，就成了思想文化领域的重要而紧迫的任务：一是在思想上要与佛老之学相抗衡，完成与佛老争夺人才的任务。二是科举制度的普及，导致了士人溺于功利，在精神层面流荡失守。两宋理学主要就是在战胜这双重障碍中艰难前行。

总之，宋代思想文化领域里的时代课题和紧迫任务是要以什么样的理论来作为国家的指导思想、人们的精神支柱、社会的核心价值，以什么样的思想来"正人心，息邪说，距诐行，放淫辞"①。陆九渊的心学思想正是在回应和解答南宋那个时代的问题、需要和课题中提出并不断完善的。

陆九渊及其他宋儒们进行的这种文化思想建构，是打着儒家复兴思想的旗号进行的。宋朝出身于晚唐五代十国乱局，又始终与辽、西夏、金等群狼共舞。宋儒们有感于前朝的教训，有感于国家的危机，有感于人心的变化，在宋家王朝重文轻武、文人掌权、以德治国的政策导向下，发动了一场从北宋到南宋持续久远的儒学复兴运动，希望从古代的儒学经典中汲取营养，把古人的原则和理论变成现实可靠的武器，应用于当下。

---

① 《与王顺伯》二，《陆九渊集》卷 2，第 24 页。

经过宋儒们的持续努力，儒学思想开始成为士大夫精神世界的主流。而且，就效果来看，宋代虽然在军事上屡打败仗，思想文化却大步发展，思想领域内集大成的、原创式的大家风起云涌，高峰迭出，群星荟萃，涌现出一大批儒学思想家、哲学家。最初有以胡瑗为代表的"安定学派"，以孙复为代表的"泰山学派"，他们最大的贡献是基本上完成儒学从章句训诂之学向性命义理之学的转化，是理学的前驱学派。接着，在神宗熙宁、元丰之际，义理之学中的性理之学成为主流，出现了异彩纷呈的儒学流派，有周敦颐的"濂学"、邵雍的"象数学"、张载的"关学"、程颢程颐兄弟俩的"洛学"或"伊洛之学"、王安石的"新学"、苏轼等三苏的"蜀学"、司马光的"涑水学"等，其中尤以周敦颐、邵雍、张载、程颢、程颐为著名，史称"北宋五子"。"北宋五子"试图用儒家思想解释世间万物，把宇宙万物的原理称为道，把儒家思想上升为真理。在相当一段时间内，新学、蜀学更具影响，而关洛之学尤其是洛学受到压抑，后来才逐渐产生更大影响。

到了南宋，儒学复兴深入发展，出现所谓的"乾淳之治"。宋孝宗赵昚（1127—1194）被认为是南宋最有作为的皇帝，"卓然为南渡诸帝之称首"。他在位期间（1162 年 7 月 20 日—1189 年 2 月 18 日），平反岳飞冤案，起用主战派人士，锐意收复中原；在内政上，加强集权，积极整顿吏治，裁汰冗官，惩治贪污，重视农业生产，百姓生活安康；在思想文化上，废黜党禁学禁，在学术政策上无明显的偏向。他在御书《苏轼文集序》时提出："成一代之文章，必能立天下之大节，立天下之大节，非其气足以高天下者，未之能焉。"宋孝宗时期这种相对宽松的政治生态环境和学术与思想环境成为学术百家争鸣的重要保障。乾道、淳熙（1165—1189）之时，形成各种学派自由发展、相互争鸣的学术格局和理学获得重大发展的先决条件，出现了"乾淳诸老"这个学术群体。这个群体汇集了一大批著名学者，按出生时间算，有：王十朋、陈俊卿、汪应辰、三刘兄弟、二芮兄弟、郑伯熊、朱熹、张栻、薛季宣、吕祖谦、陆九渊、陈傅良、陈亮、叶适等。"乾淳诸老"之称早在宋人文集中出现，宋代周密曰："生际斯文极盛时，乾淳诸老尽心知。"宋代卫宗武《理学》曰："乾淳诸大儒，流派何以异。"

"乾淳诸老"中，在乾道、淳熙前期以"东南三贤"最为著名。"在六十年代，吕祖谦与张栻不分上下，朱熹最低；七十年代吕祖谦地位最高，以1173年为标准，朱熹超越了张栻。张栻与朱熹之间的学术地位彼此有消长。"①

按地域来看，朱熹在福建，张栻在湖南长沙，吕祖谦、陈亮、叶适在浙东，汪应辰在江西玉山，陆九渊在江西。

按学派来看，有张栻的"湘学"，吕祖谦的"婺学"，叶适、陈亮的"永嘉学派"，更有朱熹集大成的"闽学"和陆九渊的"心学"（朱熹称之为"江西之学"）。

乾淳以来，各学派通过不同平台、不同形式发声，尤其是著述、讲学以及相互论辩，主要阵地在书院。朱熹的庐山白鹿洞书院、张栻的长沙岳麓书院、吕祖谦的金华丽泽书院和陆九渊的贵溪象山书院，"并起齐名，则又南宋之四大书院也"。（全祖望语）

南宋的这些思想家中，朱熹、张栻、吕祖谦都是二程洛学的后劲。张栻家世显赫②且学统纯正；吕祖谦出身政治世家与文献世家；朱熹的身世与家世虽然无法相比，影响却在张栻、吕祖谦之上，成为核心。③ 朱熹对儒家经典做了系统的整理和阐释，用一生精力编撰与诠释《四书集注》，以"四书"为核心重塑了儒家经典的格局，把儒家思想整理成一套系统的思维和行为准则，为宋以后中国文化的展开奠定了新的基础。杨立华先生说，朱熹学问的格局极大，学问也极为广博，他把北宋

---

① 徐公喜：《乾道淳熙前期（1163—1181）朱子学术地位的变化（初稿）》，第412页。

② 张栻是张浚（1097—1164）的大儿子。张浚，字德远，南宋名相、抗金名将、学者。

③ 杨立华：《自作主宰：陆九渊的哲学》，载《中国哲学十五讲》，北京大学出版社2019年版，第280页。

五子的思想成果都凝结在自己的一个集大成的哲学体系之中，并以此来弘扬儒家的道统意识，为儒家的人伦纲常提供一种足以与佛老相抗衡的理论依据。朱熹在中国思想史上地位崇高，可以认为是孔孟之后，一人而已。①

朱熹死后，后人还根据他一生的思想和言行，编辑了《朱子语类》。宋理宗于 1227 年（宝庆三年）诏行朱熹的《四书章句集注》于天下，把朱子理学作为统治阶级的官方哲学。明朝初年颁行《五经大全》《四书大全》《性理大全》，科举考试以朱注为标准，进一步强化了程朱理学的统治地位。朱熹理学凭其在科举考试中的作用，为举子们提供了法定的教科书，也为人们提供了做人求学的范本。这种重新解释和改良过的儒学思想就这样确立起绝对统治地位，影响到社会的方方面面。

就在宋代儒学复兴运动的思想路径纷繁多歧，学术流派众说纷纭，特别是在朱熹理学声誉日隆的情形下，陆九渊高举心学旗帜，对朱熹理学展开了猛烈而深刻的批判，与朱熹形成抗衡之势，成为儒学复兴运动的一支重要方面军。陆九渊的心学和朱熹的理学共同推动了宋儒道学的深入发展，共同把握了儒学复兴的方向，"也因此具备了更高的哲学品质"，道学传统"所达到的哲学高度，其有效的论证和说服力，是其最终成为正统的关键"②。

二、宋代的儒学复兴与宋儒的道统建构

宋儒确立儒学在国家指导思想和人们社会生活中的地位，首先是在复兴儒学的过程中从建立道统为主脉的儒学发展历史入手的，"从宏观的角度来，整个宋学或者说宋明理学的发生，其实都是从儒学复兴这样

---

① 杨立华：《理气动静：朱子的哲学》，载《中国哲学十五讲》，北京大学出版社 2019 年版，第 243 页。

② 杨立华：《自作主宰：陆九渊的哲学》，载《中国哲学十五讲》，北京大学出版社 2019 年版，第 280 页。

一个整体脉络当中来的"[①]。

1.梳理儒家发展历史，建立儒家道统，解释儒家精神

"道统"一词，最先出自唐代的韩愈，"政统""学统"又由"道统"衍生而来。

"道统"的观念显然受到禅宗"佛统"观的影响。佛传禅宗第二十八祖达摩来到中国，在少林寺面壁9年，成为中国禅宗始祖，然后二祖慧可、三祖僧璨、四祖道信、五祖弘忍、六祖慧能等一代一代地传法下去。这个"佛统"一是把禅宗发展史看成是一个传统的连续历史；二是把禅宗发展史看成是一个由少数几个代表人单线相传的历史，这几个人就代表着正统、正宗。

儒家学到了这种做法，在各个时代找出一些代表性人物，然后把儒学的文化传统或思想脉络说成是这些人物之间的前后传承。牟宗三有《略论道统、学统、政统》一文。"统"者，有"贯穿承续"义，故曰"垂统"，亦曰"统绪"。所谓"道统"，是指"道"是"理之所当然而不容已，史之所以然而不可易"，是前有所自、后有所继而垂统不断的。所谓"学统"中的"学"，不同于现代的"知识之学"，而限于"道"一面，即"德性之学"。"学统"指的是执政思想等政治文化，其代表的是像孔子、孟子等大儒。所谓"政统"，是指政体发展之统绪，是执政者即各朝代各君主前后之间的政治传承与传续。

人类社会自家庭，到氏族，到部落，到部落联盟，再到国家出现，逐渐有了执掌公共权力的人，有了政府的存在，有了执政的活动，也就有执政的思想、学说与传统，也就有所谓的道统、政统和学统。

"自从盘古开天地、三皇五帝到如今"，中国的执政活动起于何时？就是所谓的"三皇五帝"。南宋人认为最好的执政和政府最早可上推到

---

① 杨立华：《韩愈与儒学复兴运动》，载《宋明理学十五讲》，北京大学出版社2015年版，第1页。

伏羲，萌芽于黄帝时期，正式出现于尧舜时期。恩格斯说："历史从哪里开始，思想进程也应该从哪里开始，而思想进程的进一步发展不过是历史过程在抽象的、理论上前后一贯形式上的反映；这种反映是经过修正的，然而是按照现实的历史过程本身的规律修正的。"[①] 黄帝、尧、舜、禹、汤、文、武、周公都是"政府首脑"、执政者、政治家，也都是传承道统的圣人。因此，中国儒家说"道统""政统"起源于伏羲时代，经过神农、黄帝、三代，特别是西周的周公制乐礼，达到一个高度。

后来，从孔子的春秋时代，到孟子的战国时代，礼崩乐坏，各国追求利益，并以暴力专制的手段去追求利益。同时，中国社会剧烈变化和分化，职业分工，出现了一个新的领域，出现一批独立的、专业的、职业的思想家、哲学家、教育家，他们专门提供如何获取政权、管理国家、治理社会、收拾人心的思想学说，这就是百家争鸣的诸子百家。孔孟是其中的佼佼者。这时，政府和学者就分化了，中国文明自伊始就有"道统"，自黄帝有"政统"，自孔子有"学统"。诸子百家都提出了自己的执政理念、治国学说、社会准则，都给后世留下各自的影响，但后世的儒者认定孔孟是儒学道统的传承人。

2. 后儒对道统、政统、学统的提炼与强化

中国的历史发展是一回事，后人如何认识、提炼与解释中国历史各阶段执政活动及其政治学说的传统与精神又是另一回事。而后来中国儒学把这种认识、提炼与解释概括为"道统、政统、学统"，就更具有主观性、选择性。

儒家道统观通过在历代执政者和学者中选出和确立一些人来代表中华文化的创造者和传承者，从而确立历代圣贤传道的道统谱系，这就把儒家基本精神的延续确立为中国政治、学术、文化的主流，也就确立了

---

① 恩格斯:《卡尔·马克思〈政治经济学批判·第一分册〉》，载《马克思恩格斯文集》第 2 卷，人民出版社 2009 年版，第 603 页。

儒家思想的正统地位。

历史上第一次梳理和研究道统的是孔子。孔子记述了尧的执政讲话：

尧曰："咨！尔舜！天之历数在尔躬，允执其中。四海困穷，天禄永终。"舜亦以命禹。[①]

其中的"天"指"天位"。"历数"指"列次"，即指执政的传位次序。尧、舜、禹是黄帝之后、龙山文化晚期在黄河流域先后出现的几位杰出的部落联盟首领。据说他们有禅让的关系：尧传位给舜，舜传位给禹。这段话就是尧传位给舜时说的："嘿，舜，按天位的列次，现在降到你身上了。所以，现在我将位子传给你。你要执持中正之道，内正中国，外被四海，让天祚禄位长终吧。"后来，"舜亦以尧命己之辞命禹"，舜传位给禹时，又把尧对自己讲的话对禹讲了一遍。孔子对尧大加赞叹："大哉，尧之为君也！巍巍乎！唯天为大，唯尧则之。荡荡乎，民无能名焉！"[②]《尚书》也有此言。其实，从尧到孔子的年代，执政者何其多也，可孔子只点了这三个人，搞出了一个尧传舜、舜传禹的圣君相传的政统序列谱系，同时，借尧对舜、舜对禹说的话，搞出一个代代相传的"执中"道统思想谱系。

《礼记·中庸》云："仲尼祖述尧舜，宪章文武。"[③]孔子继承尧舜，以文王、武王为典范，上遵天时，下循地理，与天地比肩，与日月同辉。《礼记·中庸》的作者子思是孔子的孙子。子思这样盛赞孔子的德行，为后代确立了一个学术范式。这个范式把不是帝王的孔子续进道统系列，这就开辟了一个师统。到后来，人们论述政统、道统时，就不再列出各代君王，而只列历代的大儒了。而且，子思把自己的祖父列入道统、学统的谱系之中。

到了战国时期，孟子学到了这一套，也理出了一个代代相传的儒家

---

① 《论语·尧曰》。
② 《论语·泰伯》。
③ 崔高维：《礼记》，辽宁教育出版社 1997 版，第 192 页。

道统谱系。他从尧、舜、禹、汤、文王一直到孔子，历历数来①，另外，还提出一个"五百年必有王者兴，其间必有名世者"②的观点，把道统的传授系统概括为五百年一周期，并以"当今之世，舍我其谁"③的气概要自续道统，说从孔子到他这里已经 100 多年了，圣人此时将出，不言而喻，孟子自以为是孔子以后的新的代表人物。

对此，朱熹一眼看透其用意，他在《孟子集注》中指出这首开将自己列入儒家圣贤传承谱系的先例："此言虽若不敢自谓已得其传，而忧后世遂失其传，然乃所以自见其有不得辞者，而又以见夫天理民彝不可泯灭，百世之下，必将有神会而心得之者耳。故于篇终历序群圣之统，而终之以此，所以明其传之有在，而又以俟后圣于无穷也。其指深哉。"其实，朱熹点破的孟子这一做法，已被后世大儒所学。他们在谈儒道传承、儒学复兴时，都会谈到一层意思：历史的接力棒现在传到他们手上了，他们有复兴儒道的担当与责任。

孔孟之后，虽然一直有君主的执政活动，有学者的政治学说，儒家思想也在中华文明的历史长河中源流不断，对执政者的执政活动、对人们的社会生活一直有着深刻的影响，但是，孟子之后，儒学道统被认为中断了。

战国晚期的荀子就有明显的法家化。汉虽然承袭秦制，但在 400 多年的延续时间中，国家的指导思想和社会的价值观念奉行老庄，后独尊儒术，也杂糅了法家、道家、墨家、阴阳家甚至谶纬。

东汉以后，国家长期分裂，社会急剧动荡，人民生活漂泊，士族

---

① 《孟子·尽心下》曰："由尧舜至于汤，五百有余岁；若禹、皋陶，则见而知之；若汤，则闻而知之。由汤至于文王，五百有余岁。若伊尹、莱朱，则见而知之；若文王，则闻而知之。由文王至于孔子，五百有余岁。若太公望、散宜生，则见而知之；若孔子，则闻而知之。由孔子而来至于今，百有余岁，去圣人之世若此其未远也，近圣人之居若此其甚也，然而无有乎尔，则亦无有乎尔。"杨伯峻译注，中华书局 1900 年版，第 345 页。
② 《孟子·公孙丑下》，杨伯峻译注，中华书局 1900 年版，第 109 页。
③ 《孟子·公孙丑下》，杨伯峻译注，中华书局 1900 年版，第 109 页。

文人大兴"魏晋玄学"，"反名教任自然"。同时，佛教自东汉时传入中国，经过魏晋南北朝至唐代完成中国化，达到鼎盛，形成中国独有的禅宗，极大地冲击了以儒家为代表的本土文化，尤其是在魏晋时期，佛教大兴，而儒学衰微。

到了唐代，李氏集团为了更好地巩固统治地位，一方面尊奉道教，把自己的李姓攀扯上老子李聃，一方面又对佛教采取鼓励的态度。整个唐代，佛教和道教都有较大发展，并斗争激烈。唐高祖和唐太宗把道教置于佛教之上；武则天为反李唐皇室，又把道教压在佛教之下。唐武宗为打击极度膨胀的寺院经济势力，听从道士的建议下令灭佛。唐宣宗继位后，又下令扶持佛教。这种情况既反映唐朝的开放宽容，同时也反映出国家的主流意识形态和基本价值观念左右摇摆，没有定型。

中唐以后，以韩愈为首的儒家学者为了回应和对抗佛教的法统体系，建立了以尧、舜、禹、汤、文、武、周公、孔、孟为传承的儒家道统体系。但不同于佛教的薪火相传、法统不绝，韩愈认为孟子以后，"道统"就没往下传了。所以，韩愈创立的是一个断裂的道统谱系。这就为后来学者留下了三个问题：其一，儒家的道统缘何断裂？以六经为业的汉唐经士，为何没能承载道统？其二，断裂千年之久的道统怎样才能接续？其三，尧、舜、禹、汤、文、武、周公、孔、孟相传的是什么东西呢？韩愈提出了道统体系，却没有做出进一步回答。从某个角度来说，宋明理学是起源于对这三个问题的追问[①]，而包括朱熹理学、陆九渊心学在内的宋儒各派则是对这一问题各抒己见。

韩愈不但建立了一个儒家道统，他还作为 9 世纪中国思想领袖和文坛盟主团结和影响了一大批人。韩愈在功名与仕途上屡受挫折，曾 3 次科举落榜，第 4 次才考中进士，时年 25 岁。韩愈是 792 年考上进士的，同榜考中者 23 人，有像李观、李绛、崔群、王涯、欧阳詹这样的天下

---

① 代力阳：《陆九渊心学与禅宗思想比较》，黑龙江大学硕士学位论文，2014 年 3 月 13 日。

名士。发榜之日，时人称为"龙虎榜"，除此之外，792 年还有一些人物聚集长安，他们都在 792—800 年陆续进士及第，如孟郊 792 年落榜，796 年进士及第。792 年在长安的还有刘禹锡、柳宗元。793 年，韩愈、孟郊和年轻的李翱（774—836）交流。796 年，张籍经孟郊认识了韩愈。796 年，柳宗元通过了特殊的"殿试"。798 年，李翱进士及第，同年及第的还有吕温、王起和张仲素。张籍通过韩愈取得考试资格，并于 799 年和王建一起进士及第。792 年，早慧的 14 岁的元稹明经及第。元稹和白居易齐名且有密切的文学交往，而白居易是在 800 年考中进士。上述名人都直接或间接地受到韩愈的影响。

韩愈的历史贡献还在于他发起了古文运动，提出了"文以载道"的著名思想。北宋苏轼在《潮州韩文公庙碑》一文中称赞韩愈"文起八代之衰，而道济天下之溺"。"八代"是指东汉、魏、晋、宋、齐、梁、陈和隋。苏轼的这一评价有两个厉害之处：一是用"文衰""道溺"高度概括了自中唐以来士大夫对魏晋南北朝的批判观点。"文衰""道溺"对魏晋南北朝的评价，成为后世一直承袭的定论。二是用"起""济"概括了韩愈在复兴儒学过程中的历史作用。

韩愈在《原道》等著作中提出了几个基本观点：

（1）首次明确提出儒家有一个"道"，即"仁义道德"[①]的儒学基本精神。

（2）这个儒家之道，不是佛老的"道"（"斯吾所谓道也，非向所谓老与佛之道也"）。韩愈明确反对佛老之学，明确提出儒家道统以与佛、道之法统相抗衡。

（3）这个儒家之道有一个传承相续的历史过程："尧以是传之舜，舜以是传之禹，禹以是传之汤，汤以是传之文武周公，文武周公传之孔子，孔子传之孟轲"，从而成为一个传统。自此，儒家道统得以确立。

（4）这个儒家之道在孟子之后中断了。"（孟）轲之死，不得其传

---

① "博爱之谓仁，行而宜之之谓义，由是而之焉之谓道，足乎己无待于外之谓德。"

焉。"哪怕像战国荀子、汉代扬雄这样的大儒，在韩愈看来也是不合格的，"荀与扬也，择焉而不精，语焉而不详"，他们没选择好，话也没有说清楚。

（5）国家的政治文化与学术文化在法家、道家、墨家、佛家等思想的长期影响下，发生了对儒学传统与精神的中断和偏离，因此现在的任务就是要复兴儒学。于是他和柳宗元等人发动了"文以载道"的古文运动，他们俩也成了唐宋八大家中的两大家。

韩愈的这些观点全被宋儒接受。1177 年（南宋淳熙四年），朱熹在《中庸章句序》中首创"道统"一词，肯定了韩愈的儒者之道的传承系列："盖自上古圣神继天立极，而道统之传有自来矣"[1]，确立了"道心惟微，人心惟危，惟精惟一，允执厥中"的十六字心传道统学说体系[2]。

3. 宋儒们讲述道统的意图

到了宋代，儒学复兴出现了一种元气充沛、兴旺发达的局面。

（1）在复兴儒学的旗帜下，宋儒对古代儒学的话语、文本、思想进行重新解读、解释，通过这种解读、解释提出自己的理解和思想。于是，儒学复兴成为一种儒学重建，一时间，道学、理学、心学等各种学派蜂起，流派林立。

（2）和韩愈一样，宋儒们在尧、舜、汤、文、武、周公、孔子、孟子之间拉起了一个相承相传的历史脉络，认为"吾道""先王之道"（即儒家思想的基本精神与历史传统）就存在于这个历史传承中。如北宋理学先驱石介（1005—1045）说"自夫伏羲、神农、黄帝、尧、舜、禹、汤、文、武、周公、孔子以至于今，天下一君也，中国一教也，无他道也"。由此可见，宋初大儒在讲"道"的时候，既把君主和孔子并在一起说，又意识到"天下一君""中国一教"，看出道统、政统（君统）、

---

① 《中庸章句序》，《朱文公文集》卷 76。
② 徐公喜：《朱陆道统观之特点》，载《陆象山与现代社会》，社会科学文献出版社2010 年版，第 352 页。

师统的区别与联系。

（3）宋儒们同意韩愈的观点，也都认为儒家的道统从孔孟之后就断了，且不说三国两晋南北朝、晚唐五代十国的分裂时期，就是汉、隋、唐这样的统一时期，儒家的道统也没有得到传承。汉代虽说是独尊儒术，可前期信奉黄老之说，后期阳儒阴法，唐代则是释老盛行。宋代理学先驱孙复（992—1057）在 1122 年（北宋宣和四年）所作的《先师邹国公孟子庙记》中就说："夫圣人之道……尧舜禹文王周公孔子相传之道。孔子之没，其孙子思得之，以传孟子。"宋儒们认为："孔孟之道在孟子以后就中断了"，孟子以后政局混乱，人心迷茫，就因为儒学没有成为国家的指导思想，也就是道统、政统、学统中断了。

陆九渊说："孟子之后，以儒称于当世者，荀卿、扬雄、王通、韩愈四子最著。《荀子》有《非十二子篇》，子思、孟轲与焉。荀子去孟子未远，观其言，甚尊孔子，严王霸之辨、隆师隆礼，则其学必有所传，亦必自孔氏者也。而乃甚非子思、孟轲，何耶？至言子夏、子游、子张，又皆斥以贱儒。则其所师者果何人？而所传者果何道耶？其所以排子思、孟轲、子夏、子游、子张者，果皆出其私意私说，而举无足稽耶？抑亦有当考而论之者耶？"[1]

（4）宋儒们都把孟子之后到宋的各代大儒排除在道统之外，不承认韩愈的地位。北宋五子中的张载（1020—1077）有个著名的四为句"为天地立心，为生民立命，为往圣继绝学，为万世开太平"，其中的"往圣之学"自孟子之后就"绝"了。张载就说过"孔孟而后，其心不传，如荀扬皆不能知"，"此道自孟子后千有余岁，今日复有知者"。[2] 这个"往圣之学""绝"到了什么时候呢？宋儒们一致认为"绝"到了宋朝，即历朝历代，包括汉唐在内的儒生都没有把这个"往圣绝学""吾儒之道"给继承、复兴起来。

---

[1]《策问》，《陆九渊集》卷 24，第 331 页。
[2]《张载·经学理窟学》。

（5）宋儒们说历史的目的就是说现实，他们复兴儒学，并不完全是要回到孔孟的儒学状态，而是要在现实中打击佛老，特别是禅宗的影响，从而确立儒学的主流地位。在这种情形下，宋初三先生（胡瑗、孙复、石介）、北宋五子和朱熹、陆九渊为代表的宋朝大儒都致力于排斥"释""老"，而重新接续道统。宋儒们都有一种要复兴儒学的自觉自省与责任担当。

（6）叙述和编制儒学"道统"，就像在编写一部中国儒学发展史。对于把哪些人列入传承儒家道统的名单，就各有各的主张了。这些主张的后面，其实是宋儒们的认可和褒贬：哪些人有资格传承儒家道统？哪些人是儒学的正统和正宗？

（7）宋儒们在叙述和编制儒学道统时，实质上表达了决心与信心。这种表达的后面，一是追求传道的责任与使命，二是有一种传道人的自我认定。宋儒们的这种责任担当、精神状态的确是一种舍我其谁的时代精神、英雄气概。

（8）宋儒们讨论道统时的首要问题就是："道"是怎么传承的？由谁传给了谁？特别是在当代（宋代）的儒者中，哪些人是儒家"道统""学统"的继承人呢？哪些人可以列入道统？在这一点上，宋儒们观点不一致，于是展开了论争。

北宋思想家胡宏（1106—1162）最早在儒家道统中加入同时代的人，他第一个把周敦颐和"二程"纳入圣人传道的谱系，说："今周子启程氏兄弟以不传之学，一回万古之光明，如日丽天，将为百世之利泽，如水行地，其功盖在孔孟之间矣！"这一点，后来陆九渊基本同意，他说："学者至本朝而始盛，自周茂叔发之。"他也同意吾儒之道是自"本朝"的周敦颐才重新发扬光大的。

接着，程颐把自家哥哥程颢列入儒家"道统"。他在为程颢作的墓表中说："自从周公死后，圣人之道就中断了。从孟子死后，圣人之学也失传了。'道不行，百世无善治；学不传，千载无真儒。'如果没有善治，还有读书人揭示善治之道，并传给后人，可一旦'无真儒，则天下贸贸焉莫知所之，人欲肆而天理灭矣'，那就国将不国、人将不人了。"程颐接着说："幸好一千四百年后，出了一个程颢先生，在古书中得到失传之学，立志要用此道来唤醒民众。"最后，他总结说："（程颢）先生出，揭圣学以示人，辨异端，辟邪说，开历古之沉谜。圣人之道得先生而复明，为功大矣。盖自孟子之后，一人而已。"[①] 程颐只字不提他们兄弟俩的老师周敦颐，却把自己的哥哥捧得这么高。尽管程颢的学问确实了得，但程颐的这番论述也确实体现了某种选择性。

4. 朱熹的道统观

那么，朱熹是怎么述说儒家的道统呢？作为儒家之集大成者，朱熹对宋儒各家观点不偏颇，有包容心，有借鉴，也有创新，是一个总结。具体来讲有四点：

（1）朱熹在承认伏羲、神农、黄帝、尧、舜、禹等君主是"上古圣神""天下大圣"的同时，把重点放在了师统上，重点述说传授圣贤之道的学者大儒。他说孔子"虽不得其位"，却"继往圣，开来学，其功反有贤于尧舜者"。在那个时候，"见而知之者"，能懂得孔子之学的，"惟颜氏、曾氏得之传其宗。及曾氏之再传，而复得夫子之孙子思。……自是而又再传以得孟氏，为能推明是书，以承先圣之统"，就是说，只有孔子的学生颜回、曾参和子思、孟子这四个人传承了道统。

（2）朱熹肯定了韩愈"轲之死，不得其传"的说法，但和其他宋儒一样，也将韩愈排在儒家道统之外，让人明白不是什么人都可以做"卫道士""传道者"的，表达了宋儒对唐儒的看法，也表现出一副净化学术、捍卫儒道的模样。

（3）极力推崇周敦颐、二程。在宋代儒者中，朱熹继胡宏之后，也

---

① 《明道先生墓表》，《二程全书·伊川文集》卷 7；另见《伊洛渊源录》卷 3。转引自张立文：《心学之路——陆九渊思想研究》，人民出版社 2008 年版，第 195 页。徐公喜：《朱陆道统观之特点》，载《陆象山与现代社会》，社会科学文献出版社 2010 年版，第 350 页。

把周敦颐列入道统，说："惟（周敦颐）先生道学渊懿，得传于天，上继孔颜，下启程氏，使当世学者得见圣贤千载之上，如闻其声，如睹其容。……其功烈之盛，盖自孟氏以来未始有也。"这是朱熹不同于程颐的地方。当然，他称周敦颐"先生"，对二程则尊称为"程夫子"，他对别人都没用这种称谓，这表明他认为程颢和程颐兄弟俩对传承儒家道统的作用最大。

朱熹极力赞扬程氏兄弟俩："以至于老佛之徒出，则弥近理而大乱真矣。然而尚幸此书之不泯，故程夫子兄弟出，得有所考，以续夫千载不传之绪，得有所据，以斥夫二家（指老佛）似是之非。"[①]这样，朱熹勾画出一个孔子、曾子、子思、孟子、周敦颐、二程的道统传承体系。

（4）当然，朱熹没忘了自己，他效法前儒，也委婉含蓄地表达了自己就是承续道统的"传道士"。1189 年，60 岁的朱熹说："宋德隆盛，治教休明，于是河南程氏两夫子出，而有以接乎孟氏之传。……虽以熹之敏，亦幸私淑而与有闻焉。"[②]朱熹认为自己是程颢、程颐的私淑弟子，得到了儒学"道统"之嫡传。

三、陆九渊的道统观

和朱熹一样，陆九渊的道统意识很浓厚，传道行为很自觉，卫道态度很坚决。那么，陆九渊在述说儒学发展史和儒家道统观时，有哪些时代特点？又有哪些个人观点呢？

1. 陆九渊和其他宋儒一样，也接受了韩愈的观点，认为儒家道统到孟子就断了

他在《与侄孙濬》中说，自孟子到现在，已有 1500 多年了，以儒

---

① 《中庸章句序》，《朱文公文集》卷 76。
② 《大学章句序》，《朱文公文集》卷 76。

而名的人太多了，特别是荀子、扬雄、王通①、韩愈等人（"由孟子而来，千有五百余年之间，以儒名者甚众，而荀、扬、王、韩独著，专场盖代，天下归之"），可是，再也没有人像曾子、子思、孟子那样能"正人心，息邪说，距诐行，放淫辞"。可以看出，对什么是道统，陆九渊是有自己的标准的。

但说到"传尧舜之道，续孔孟之统，则不容以形似假借"②，韩愈自己都说"轲死不得其传"。自孟子之后，儒家之道就失传了。这话不是诬蔑后世没有贤人了（"天下万世之公，亦终不可厚诬也"）。韩愈还说像荀子和扬雄这两人"择焉而不精，语焉而不详"。

陆九渊很认同韩愈的评价。他说："你看，韩愈这话说得怎么这样准确呢？"（"何其说得如此端的"③）陆九渊对汉儒扬雄、唐儒王通的评价也不高。"扬子云好论中，实不知中。""王文中《中说》与扬子云相若，虽有不同，其归一也。"④

2.陆九渊和其他宋儒一样，也认为韩愈不在儒学的道统之中，尽管他接受了韩愈的"道统""师说"

陆九渊和其他宋儒一样，说道统、政统和师统，实际都是在以传承者、续命人自居，宣示要复兴儒学的决心，表达要扛起传续弘扬儒学道统的责任。

陆九渊心学，一般认为是自学和家传。其实，家学只是陆九渊学说形成的氛围和条件，陆九渊认为自己的思想自得于孟子。

---

① 王通（584—617），字仲淹，又称文中子，隋朝河东郡龙门县通化镇（今山西省万荣县）人，就是初唐四杰中王勃的祖父。有其弟子仿《论语》而编成的《中说》（又称《文中子》）一书，反映王通讲课内容以及他与弟子、学友、时人的对话。此书在晚唐、宋代就受到人们的追捧。
② 《与侄孙濬》，《陆九渊集》卷1，第14页。
③ 《语录上》，《陆九渊集》卷34，第473页。
④ 《语录下》，《陆九渊集》卷35，第500页。

3.陆九渊对宋儒在儒学发展史中的作用与地位表达了自己的观点

在陆九渊的"道统"谱系中，不要说同时代的朱熹不能入流，上推而及，他对程颐之学也不买账，认为伊洛诸贤、朱熹都难以承续圣人道统而不得列入儒家道统谱系。

陆九渊对以二程为中心的伊洛之学做了评判。他在《与侄孙濬》中说："宋代'远过汉唐'，也恢复了"师道"，这主要得力于（程颐这些）'伊洛诸贤，研道益深，讲道益详，志向之专，践行之笃，乃汉唐所无有，其所植立成就，可谓盛矣'。"程氏兄弟创立理学，倡导讲学，高扬师道，陆九渊不能不受其影响，事实上，陆九渊很早就读过二程的著作。[①]但陆九渊认为二程并没有像子思、孟子那样传承了尧、舜、孔子三圣人的统绪。在"江、汉以濯之，秋阳以暴之"方面，他们不如曾子；在"肫肫其仁，渊渊其渊"方面，他们不如子思；在"正人心，息邪说，距诐行，放淫辞"方面，他们不如孟子。[②]

要知道，"二程"是何许人也？就是"程朱理学"中的"程"。程颢、程颐这两兄弟先是在江西大余拜周敦颐为师，出师之后，前往京师，建立起自己的理学体系，并长期讲学于伊水洛水一带，与儒家诸位大咖切磋比武，巅峰对决，名满天下，他们的学说号称"伊洛之学"。二程虽然为兄弟，但陆九渊区别对待，褒贬不同，尊程颢，黜程颐。陆九渊说本来周敦颐把孔学精髓传给了二程，后来程颢保存了此意，而程颐则丢失了。（"二程见周茂叔（周敦颐）后，吟风弄月而归，有'吾与点也'之意。后来明道（程颢）此意却存，伊川（程颐）已失此意。"[③]）他又说朱熹像程颐，张栻像程颢。程颐"蔽锢深"，程颢却能疏通。（"元晦似伊川，钦夫似明道。伊川蔽锢深，明道却疏通。"[④]）一般认为，周敦颐、程颢是陆王心学的先驱，陆九渊此番话语也确实反映了他对程颐、朱熹

[①] 杨柱才：《陆九渊心学及其对儒学发展的新突破》，L，第342页。
[②] 《与侄孙濬》，《陆九渊集》卷1，第14页。
[③] 《语录上》，《陆九渊集》卷34，第463页。
[④] 《年谱》，《陆九渊集》卷36，第573页。

之学的排斥态度。

陆九渊批评程颐诸儒于学理榛塞不通，离开日用常行之道，徒事标榜张扬的作风，因而有意与之划清界限。（"此道本日用常行，近日学者却把作一事，张大虚声，名过于实，起人不平之心，是以为道学之说者，必为人深排力诋。"）

陆九渊说："世人之所以批评道学，那也不能全怪别人，是因为我们自家骄其声色，自立门户，这自然引起人们的不平之心。人家攻击道学，是批评程朱读语录精义的道学。程士南这个人专门批评道学，但有人向他说起我陆九渊，程士南说如果道学像陆九渊，那就没有什么可批评的了。"（"世之人所以攻道学者，亦未可全责他。盖自家骄其声色，立门户与之为敌，呶呶腾口实，有所未孚，自然起人不平之心。某平日未尝为流俗所攻，攻者却是读语录精义者。程士南最攻道学，人或语之以某，程云：'道学如陆某，无可攻者。'"）

其实，陆九渊借他人之口不但表达了对自己心学的夸赞，也表达了对"读语录精义者"的批评。他说原来并没有看过程颐的文字，"近日方看，见其间多有不是"。"程（颐）先生解《易》爻辞，多得之象辞，却有鹘突处。"所谓"有鹘突处"，即"有模糊混乱的地方"。

最后，陆九渊说："正像唐代韩愈所说，孟子死后吾儒之道就不得其传，虽然不敢诬蔑后世没有贤者，只是直至'伊洛诸公得千载不传之学，但草创未为光明，到今日若不大段光明，更干当甚事？'"[①] 二程之学虽然是儒家正统，但只是处于重振道统、复兴儒学的草创阶段，并"未为光明"。要想"大段光明"，那还有待于"我"来进一步发明。陆九渊的这些说法，虽然反映了陆氏心学与伊洛之学的渊源，却毫不客气地表现出传承道统、舍我其谁的担当精神："到今日我不接续道统，那还干什么事呢？"陆九渊认为自孟子以来的 1500 年，儒学道统已经中断

---

① 《语录下》，《陆九渊集》卷 35，第 502 页。又见《年谱》，《陆九渊集》卷 36，第 573 页。

了。"道丧之久，异端邪说，充塞天下。"① 但他非常自信，认为自己接续了儒学传统，超越了前哲往贤，是孟子之后的第一人。第二年，陆九渊就在《与路彦彬》书中明确指出："窃不自揆，区区之学，自谓孟子之后至是而始一明也。"② "至是"就是说"从孟子之后到我这儿"，意思是儒学一脉自孟子之后，直到陆九渊这儿才开始明朗起来。陆九渊认为他的心学真正传承并发明自孔孟以来的儒学真义，真是有一种当仁不让的气度与豪迈。王阳明说："象山之学，简易直截，孟子之后一人。其学问思辨、致知格物之说，虽亦未免沿袭之累，然其大本大原，断非余子所及也。"③

4. 儒家道统中断的原因

陆九渊并没有怎么把儒家道统中断的原因归结于道佛盛行。"孟氏没，吾道不得其传。而老氏之学始于周末，盛于汉，迨晋而衰矣。老氏衰而佛氏之学出焉。佛氏始于梁达摩，盛于唐，至今而衰矣。有大贤者出，吾道其兴矣夫！"④ 对道与佛的兴盛过程，陆九渊叙述得条理清晰，冷静客观，并没有那么咬牙切齿、恨之入骨。相反，他认为沉溺于章句之学与字面之义则是儒家道统中断、丢失的真正原因。"姬周之衰此道不行，孟子之没此道不明。千有五百余年之间，格言至训熟烂于浮文外饰，功利之习泛滥于天下。"⑤ 在陆九渊看来，圣人道统乃是心传，不是以章句之学传承的。孟子之后，学者把圣人的"格言至训"当作装点门面的饰词，对于圣人明心之道却不晓悟。

所以，陆九渊在道统、正统之外，特别强调师统。他认为，人一要知学，二要拜师。他在《与李省幹》的信中列举史例说："伏羲厉害吧，'犹以天地万物为师'。《中庸》称之，亦曰'祖述尧舜，宪章文武'。尧

---

① 《与邓文范》二，《陆九渊集》卷1，第13页。
② 《与路彦彬》，《陆九渊集》卷10，第152页。又见《年谱》，《陆九渊集》卷36，第577页。
③ 《王阳明集》，上海古籍出版社1992年版，第312页。
④ 《语录下》，《陆九渊集》卷35，第540页。
⑤ 《与赵然道》三，《陆九渊集》卷12，第179页。

舜相继以临天下，却能向皋陶学到九德之道。周武王向箕子学到《洪范》九畴。"陆九渊最后得出结论："人生而不知学，学而不求师，其可乎哉？"① 因为"道广大"，所以，求学、亲师、结友之心是没有穷尽的。连孔夫子那样的圣人都学而不厌，我们这些常人怎么能不抓紧学习？怎么能不汲汲于求师访友呢？②

为什么求学者一定要拜师呢？陆九渊认为："今之学者譬如行路，偶然撞着一好处便且止，觉时已不如前人，所以乍出乍入，乍明乍昏。"③ "天下若无着实师友，不是各执己见，便是恣情纵欲。"④

陆九渊认为："子夏之学，传之后世尤有害。"⑤ 因为"当时子夏之言，谓绘事以素为后，乃是以礼为后乎？言不可也。夫子盖因子夏之言而删之。子夏当时亦有见乎本末无间之理，然后来却有所泥，故其学传之后世尤有害"⑥。

"秦汉以来，学绝道丧，世不复有师。以至于唐，曰师、曰弟子云者，反以为笑，韩退之、柳子厚犹为之屡叹。惟本朝理学，远过汉唐，始复有师道。虽然，学者不求师，与求而不能虚心，不能退听，此固学者之罪；学者知求师矣，能退听矣，所以导之者乃非其道，此则师之罪也。"他说"学于夫子者多矣"，他点了9人，"夫子之门人光耀于当世者甚多，而子思独师事曾子"。陆九渊对孟子以前的道统谱系基本肯定，但主要从师统的角度去谈道统，即主要谈孔子之后的道统传承。最后，他认为孔子之道"自曾子传之子思，子思传之孟子，乃得其传者，外此则不可以言道"⑦，认定曾子、子思、孟子一脉是承续孔子的儒学正宗，其他都是别宗，"孔门惟颜曾传道，他未有闻。……曾子所传，至孟子

① 《与李省幹》二，《陆九渊集》卷 1，第 15–16 页。
② 《与黄元吉》，《陆九渊集》卷 3，第 51 页。
③ 《语录下》，《陆九渊集》卷 35，第 501 页。
④ 《语录下》，《陆九渊集》卷 35，第 502 页。
⑤ 《语录上》，《陆九渊集》卷 34，第 471 页。
⑥ 《语录上》，《陆九渊集》卷 34，第 465 页。
⑦ 《与李省幹》二，《陆九渊集》卷 1，第 16 页。

不复传矣"①。

陆九渊的心学里，书、读书、知识、学知识的地位似乎不是很重要，他讲得更多的是学、学者。"今世却有一种天资忠厚、行事谨慎者，虽不谈学问，却可为朋友。"

陆九渊评价学生，首先看重的是志向、心地、操守，而不是才学、知识。比如，陆九渊认为陶赞仲这个学生"学虽未至"，"却尽胜诳妄之人"，"为人质实"，"且守质朴，随分检省"，践履笃实。这样的学生虽然有不足，可比起那些狂妄之人，不知强多少。陆九渊进一步强调："为学只要睹是，不要与人较胜负。今学失其道者，不过习邪说，更相欺诳，以滋养其胜心而已。"他认为，求学做学问，如果没有师承，或是师承不正，拜了一个路数不正的人做老师，那是最为有害的。（"惟是谈学而无师承，与师承之不正者，最为害道。"）那与这样的老师相处，听他讲学，只会"渐染得谬妄之说"，将来难于洗濯，还不如朴实无华地自作工夫，现在虽然不对，将来遇到明师益友，却也容易整顿。②

陆九渊强调：学者的"学"，最重要的一点是拜名师。他在《与侄孙濬》中说："道，既不难知，也不难行，就怕人无志。'及其有志，又患无真实师友。'因为学者经常会碰到问题，那就要向师友请教。'后生有甚事？但遇读书不晓便问，遇事物理会不得时便问，并与人商量，其他有甚事！'"③

陆九渊还在《与符舜功》中说："我曾经说汉代的扬雄、唐代的韩愈虽然不知儒道，他们的见识却是常人所不及，他们的观点也常常深刻而不可改动。比如扬雄说：'务学不如务求师。师者，人之模范也。'韩愈说：'古之学者必有师，师者所以传道授业解惑也，人非生而知之，孰能无惑？惑而不求师，其为惑也，终不解矣。'"④

---

① 《语录下》，《陆九渊集》卷35，第510页。
② 《与陶仲赞》二，《陆九渊集》卷15，第221–222页。
③ 《语录下》，《陆九渊集》卷35，第523页。
④ 《与符舜功》三，《陆九渊集》卷4，第68页。

第 09 讲

陆九渊心学与朱陆之辩

一、"心即理"与"性即理"

1．"心即理"是陆九渊心学的基本命题

陆九渊在论述"心"时提出了"心即理"的论断："盖心，一心也，理，一理也，至当归一，精义无二，此心此理，实不容有二。"①"心"和"理"在外延上没有差别，在内涵上也是同一的，原本就是一回事，只不过面对人，就叫作"心"，面对事和物，就称作"理"，"理"就是"心"，"心"就是"理"。所以，陆九渊说："人皆有是心，心皆具是理，心即理也。"②"心"等同于"理"，而且在《陆九渊集》中，"心即理"就出现过一次。

"理"这个概念在中国思想史上由来已久，但宋代程颢首次提出"天理"这个概念，他说："吾学虽有所受，'天理'二字却是自家体贴出来。"③"天""理"连用，程颢把"理"提到与"天"同等高的地位，这是中国思想史上的大事。凡事总要讲个道理，讲个理由，这在中国社会早已是传统。但把理说成天理，理很大，大到与天齐，宇宙世间"理"最大，这倒是一个重大进展。当然，"天理"的重要性还不仅仅在于极

---

① 《与曾宅之》，《陆九渊集》卷 1，第 5 页。
② 《与李宰》二，《陆九渊集》卷 11，第 169 页。
③ ［宋］程颢、程颐：《程氏外书》卷 12，《二程集》，中华书局 1981 年版，第 424 页。

言"理"之大，还在于"理"在人心，在于它的社会性。有专家认为这代表了中华文明的一种启蒙。谢遐龄认为，这个"天理"不能用西方哲学中的"真理""存在""客观"来表述，"天理"与这些概念存在于两种不同的思想系统，不可互译。"天理"就是"社会的普遍同意"，社会的普遍同意也就是"天意"。

人内在地具有价值，人天赋地具有仁义礼智这样的人性，这就是天生的高贵。而当程颢称自己体贴出"天理"二字时，宋儒已经领会到自己个体性之价值，也就是说，当宋儒曰天理或曰仁义礼智时，他们就已经看到了人的高贵性。而陆九渊高过程朱之处，在于他把这种高贵意识升华为人格意识，这在中国思想史上有着划时代意义。谢遐龄称之为开启了自身意识的觉醒，这是人的尊严、人的责任的觉醒，这一觉醒后来由王阳明完成。①

陆九渊对"天理"是认可的，也是贯彻与落实了的。"此理充塞宇宙，天地鬼神，且不能违异，况于人乎？"②"是理充塞宇宙。天地顺此而动，故日月不过而四时不忒；圣人顺此而动，故刑罚清而民服。"③陆九渊不反对天理，而且认为人道之仁义、人心之善良、圣人之刑罚、百姓之信服，都是理的落实与展开。

但是，陆九渊不同意朱熹的天理人欲对立说，而坚决主张人心与天理合一。《陆九渊集》三次记录了陆九渊的一段大体相同的话，分别如下：

> 东海有圣人出焉，此心同也，此理同也。西海有圣人出焉，此心同也，此理同也。南海、北海有圣人出焉，此心同也，此理同也。千百世之上有圣人出焉，此心同也，此理同也。千百世之下有圣人出焉，此心同也，此理同也。④

---

① 谢遐龄：《论陆九渊心学的思想史地位》，第2页。
② 《与吴子嗣》八，《陆九渊集》卷11，第166页。
③ 《年谱》，《陆九渊集》卷36，第551页。
④ ［宋］杨简：《象山先生行状》，《陆九渊集》卷33，第449页。

东海有圣人出焉，此心同也，此理同也。西海有圣人出焉，此心同也，此理同也。南海、北海有圣人出焉，此心同也，此理同也。千百世之上至千百世之下，有圣人出焉，此心此理，亦莫不同也。[①]

千万世之前，有圣人出焉，同此心同此理也。千万世之后，有圣人出焉，同此心同此理也。东南西北海有圣人出焉，同此心同此理也。近世尚同之说甚非。理之所在，安得不同？[②]

这三段话，文字基本相同，反复表达了陆九渊的一个基本观点："本心"既存在于人心，又充塞在宇宙之中。东南西北海泛指宇宙空间，概谓之"宇"；千百世之上、千百世之下，泛指时间，概谓之"宙"。他认为宇宙之中，此心此理是同一的。同时，"理"不在于人的心外，而是在于人的心中。只有通过人心的活动，才能感知天地万物的存在，才能体认天地万物之理。正因为必须通过人心的活动，才能体认"理"的存在，认识"理"的内容和实质，也就有后来王阳明说的"心外无理"。而宇宙之中，此心此理是同一的。四面八方（东南西北海）各处、古往今来（千百世之上、千百世之下）各时，凡宇宙之内的所有圣人，都是"此心同，此理同"。正因为心同此心，理同此理，故心即理。

陆九渊的"心即理"，重点落在"心"上；朱熹的"性即理"，重点落在"理"上。陆九渊就是用浑一的、动的、具体的"心"，来抨击朱熹分析的、静的、抽象的、形式的"理"。在陆九渊心学中，理代表正当性的客观法则，心是受此客观法则支配的精神活动，在没有私欲与偏见干预的情况下，心与理在人践履道德法则的过程中就是一个整体，不能分而论之。

"心"与"理"这两个哲学范畴在陆九渊哲学体系中的含义及其相互关系是怎样的呢？在陆九渊思想体系中，"理"具有三层意义：

其一，"理"是宇宙的本原。陆九渊说："此理在宇宙间，未尝有所

---

① 《年谱》，《陆九渊集》卷36，第551页。
② 《杂著》，《陆九渊集》卷22，第311–312页。

隐遁，天地之所以为天地者，顺此理而无私焉耳。"① 也就是说，"理"充塞宇宙，天地万物都是"理"的表现，理即天地万物之本原。他说："此理在宇宙间，固不以人之明不明、行不行而加损。"② 这个理是自在的，不以人的行为、意志为转移。

其二，"理"是宇宙、自然、社会的总规律。自然、社会、天地鬼神都必须遵守这个总规律。他说："天覆地载，春生夏长，秋敛冬肃，俱此理。"③"此理塞宇宙，谁能逃之，顺之则吉，逆之则凶。其蒙蔽则为昏愚，通彻则为明智。昏愚者不见是理，故多逆以致凶。明智者见是理，故能顺以致吉。"④ 由此可见，这个"理"，人不能逃脱，也不能违背，"顺之则吉，逆之则凶"。

其三，"理"就是礼，就是封建社会的政治制度、礼法制度、纲常伦理的最高准则。陆九渊赞同《礼记》"礼者，理也""礼者，天地之序也"的思想，认为礼是理的仪式化的表现，礼顺承理，礼的尊卑秩序性是天理本然，即"五礼天秩"⑤，"典礼爵刑，莫非天理……古所谓宪章、法度、典则者，皆此理也"⑥。但是，陆九渊的"礼"有心学化的倾向。"礼者，理也，此理岂不在我？"⑦ 礼顺承天理，天理内在于心，人人固有。陆九渊极力凸显礼内在于人心的本然性，正是这种本然性，决定了人对礼的自觉性，从而产生循礼的动力。⑧

在陆九渊的哲学体系中，除了"理"和"心"都是宇宙本原这一共同性之外，"理"和"心"还都是封建伦理道德的本体。

---

① 《与朱济道》，《陆九渊集》卷11，第161页。又参见《年谱》，《陆九渊集》卷36，第601页。

② 《与朱元晦》二，《陆九渊集》卷2，第30页。

③ 《语录下》，《陆九渊集》卷35，第517页。

④ 《易说》，《陆九渊集》卷21，第295页。前一句"此理塞宇宙，谁能逃之，顺之则吉，逆之则凶"，又见《年谱》，《陆九渊集》卷36，第551页。

⑤ 《语录上》，《陆九渊集》卷34，第479页。

⑥ 《荆国王文公祠堂记》，《陆九渊集》卷19，第268页。

⑦ 《与赵然道》四，《陆九渊集》卷12，第180页。

⑧ 陈微：《陆象山的礼学思想与践履》，L下，第774页。

陆九渊认为"心"与"理"的关系是内在的、同一的。他甚至说："宇宙便是吾心，吾心便是宇宙。"他还表示："九渊只信此心。"[①] 这种秩序即指存在于宇宙之中、万事万物之间的一种秩序，这种秩序既是自然的秩序，也是人伦的秩序。而每个人的本心、良心，都是和社会的道德准则一致的。

"心即理"的基本含义就是人的本心含有宇宙的普遍法则，有宇宙万物、天下万民共同遵循的道理，即公道和天理。

既然"心"与"理"不容有二，心即是理，那么，如何穷理呢？不是在书本上，而在于人情、物理、事势。"其穷理也，则曰'积日累月，考究磨练'。尝终日不食，而欲究天地之穷际，终夜不寝，而灼见极枢之不动，由积候以考历数，因笛声以知律吕。复斋尝问其用功之处，则对以在人情、物理、事势之间。尝曰：'吾今一日所明之理凡七十馀条。'曰：'天下之理无穷，以吾之所历经者言之，真所谓伐南山之竹，不足以受我辞，然其会归，总在于此。'则与徒研穷于方册文字之中者不同，何不知者反谓其不以穷理为学哉？"[②]

2. 陆九渊的"心学"一经提出，很快就同朱熹的"理学"形成对峙

陆九渊心学多谈心而少谈性。谈心，多指道德本心。陆九渊反对解字而不求血脉，反对一个劲儿地去区别和辨别情、性、才，但"若必欲说时，则在天者为性，在人者为心"[③]。

在朱、陆的"无极"之辩中，双方思考的问题及争议的焦点都集中到"理"上。但辩论一开始，就显示出双方的不同。朱、陆都言"理"，可他们的哲学思想、思维逻辑、为学之方有着完全不同的内容。朱熹以读书（道学问）为总枢纽，陆九渊以尊德性为总枢纽。

---

① 《四朝风闻录》甲集之《慈湖疑〈大学〉》。
② 《年谱》，《陆九渊集》卷 36，第 601 页。
③ 《语录下》，《陆九渊集》卷 35，第 511 页。

朱熹认为"性即理"："未有天地之先，毕竟是先有此理。"①"天理"对于人和万物来讲，并不隔绝于外，也不凌驾于上，而就在其中，但逻辑上在先。陆九渊认为"心即理"："人皆有此心，心皆具是理，心即理也。""万物森然于方寸之间，满心而发，充塞宇宙，无非此理。"

朱熹强调对"理"的认识与讲明，陆九渊强调对"理"的真实体验。朱熹言"理"，侧重于探讨宇宙自然的"所以然"；陆九渊言"理"，则更偏重于人生伦理。

朱熹以"理"为本，意在寻找万物之后决定万物的终极本质。他首先着眼的是自然，意在从自然规律中归结出"所以然"的本体，并把"所以然"推到"所当然"，把"形而上"的当然之理当作人生活动、道德意识的根源。这样，朱熹实际上是以"物"为认识对象，做出知性的概括，归纳为"理"。故此他重视语言的表达与传授，逻辑的概括与抽象；在方法上则崇尚读书、斟酌文字，以读书为穷理的主要方法。

陆九渊以道德主体为本体，他所追求的实际上是一种理性。陆九渊从他所处的时代中政治的腐败，思考到科举的弊病，以为当务之急是救治人心，转变人的立场。他认为多懂得道理不足以改变人的思想，他强调尊德性，求知只是作为尊德性的补充。与朱熹相对，陆九渊是把"义利之辨"的价值观放在首位。

陆九渊认为"理"就是人生日用之理，圣人关注的是如何践履道德，"言即其事，事即其言，所谓'言顾行，行顾言'"，而不是在名词概念上兜圈子，任何语言文字的雕琢都无益于对"理"的认识。"充塞宇宙，无非此理，岂容以字义拘之乎？"

陆九渊认为朱熹不明本心，以自己的意见去附会经典，造成支离穿凿的毛病。陆九渊则是在发明本心的基础上去体会、解释经典，而不是只从字义上去训诂考证。②

---

① 《理气上》，《朱子语类》卷1，第1页。
② 周建刚：《陆九渊〈荆国王文公祠堂记〉与朱陆学术之争》，《江西师范大学学报》2013年2月。

陆九渊反对朱熹的"存天理，灭人欲"，因为天与人、理与心本就是合一的，他反对朱熹将"心"分为"道心"和"人心"。他说："谓'人心，人伪也；道心，天理也'，非是。人心，只是说大凡人之心。……谓人欲天理，非是。人亦有善有恶，天亦有善有恶，日月蚀、恶星之类。岂可以善皆归之天，恶皆归之人。"① 陆九渊强调心与理合一，批评朱熹析心与理为二，反对区别天理人欲并把二者对立起来，多次指出"天理人欲之分论极有病。自《礼记》有此言，而后人袭之"②"天理人欲之言，亦自不是至论。若天是理，人是欲，则是天人不同矣"。

陆九渊指出"天理"与"人欲"二分说"此其原盖出于老氏"，并不是圣人即儒家的先师所说。"《乐记》曰：'人生而静，天之性也；感于物而动，性之欲也。物至知知，而后好恶形焉。不能反躬，天理灭矣。'天理人欲之言盖出于此（指《乐记》）。《乐记》之言亦根于老氏。"③

陆九渊这段话有三层意思：一是"心即理"的哲学思想。如果天是理，人是欲，那天和人就是截然不同的。这就破坏了人心的统一性，就必然要承认心外还有人欲存在。二是认为朱熹和《乐记》都受到老子的影响，把天理人欲对立起来。这是"见道不明"。三是认为朱熹有接近老庄的嫌疑，是"阳儒阴道"，他与朱熹的分歧是儒老之争。

有些人把《尚书》中"人心惟危，道心惟微"解读为"人心为人欲，道心为天理"。陆九渊断然说道："此说非是。"陆九渊不反对"人心惟危，道心惟微"，但他认为"人心"乃是指"大凡人之心"，即一般意义上人的心。人心不是人伪，也不是人欲。现实之人存在有善有恶的情况，以此专指恶之一边不妥。

陆九渊也不同意"道心"为天理。作为自然之天，也有洪水旱灾等现象，并非纯善，所以不能用善来指道心，用恶来指人心，用善恶来区分天理人心。天与人都有善有恶，而非纯善纯恶，不可认为天就是纯

---

① 《语录下》，《陆九渊集》卷 35，第 529 页。
② 《语录下》，《陆九渊集》卷 35，第 542 页。
③ 《语录上》，《陆九渊集》卷 34，第 458 页。

善，人就是纯恶，视二者为善恶对立关系。

陆九渊更反对把"人心"和"道心"割裂开来、对立起来，把两者看成两个东西。他认为："自人而言，则曰惟危；自道而言，则曰惟微。"如果把人心理解为人欲，把道心看成是天理，那人就有两个"心"了。[①]陆九渊说："心就是一个，怎么会有两个呢？"（"心一也，人安有二心？"）只有《庄子》才会说："眇乎小哉！以属诸人。謷乎大哉！独游于天。""天道之于人道也相远矣。"陆九渊断然指出：这就"是分明裂天人而为二也"[②]。陆九渊认为，人心只有一个，就是"道心"，就是"本心"，就是天地之性，它是天地所赋予的善心与善性。私欲与意见之蔽，既不能叫作"人性"，也不能叫作"人心"，它只是落在人心这面明镜上的灰尘，一时蒙蔽了光明之性而已。而陆九渊的"去欲"，则是去掉蒙蔽人心的各种私欲杂染，恢复人心澄明的本来面目。

在陆九渊看来，"理"不在人的心外，它存在于人的心中，只有通过人心的活动，才能感知天地万物的存在，才能体认天地万物之理。虽然讲心理合一，但必须通过人心的活动，才能体认"理"的存在、内容和实质，这就是后来王阳明所说的"心外无理"。所以，在陆九渊心学里，"心"一定要统摄"理"，"此理甚明，具在人心"[③]。人之初，性本善，理本来具于心，故不必心外求知。"本心"就是德性，学做人就是"发明本心"，[④]扩充为德性，发展为德行，所以要想成人，就应该在"心"上下工夫，只要管好心就对了。

凡圣同心，古今一理。每个人（凡人圣人）的心都是一样的，古代和今天所遵循的都是同一个天理。"此心此理，我固有之，所谓万物皆备于我。昔之圣贤先得我心之所同然者耳。"[⑤]这就是说，从前的圣贤之

---

① 《语录上》，《陆九渊集》卷34，第458页。

② 《语录上》，《陆九渊集》卷34，第458页。

③ 《与曾宅之》，《陆九渊集》卷1，第7页。

④ ［清］黄宗羲：《宋元学案》卷77之《槐堂诸儒学案·附录朱亨道传》，［清］全祖望补修，中华书局1986版。

⑤ 《与侄孙濬》，《陆九渊集》卷1，第15页。

心同我的心是一致的，只是先于我心所得而已。

朱熹认为天地宇宙存在一个绝对的"理"，这个"理"是一个"不为尧存，不为桀亡"的客观精神存在，万物皆是天理的体现，所谓"月印万川"[①]，而人性则是天理在人身上的体现，所以"性即理"。因此，要做人，要成圣，就要全面认识天理，而认识天理的途径是"格物致知""格物穷理"，从万物各具之"理"中归出同源之"天理"，所以工夫应该下在认知上。

陆九渊也承认天地宇宙存在一个绝对的"道""理"，这个"道"、这个"理"是不以人的意志为转移的："此理在宇宙间，故不以人之明不明、行不行而加损"，"千古圣贤，只去人病，如何增损得道？"但是，陆九渊认为这个充塞宇宙的"道""理"存在于人之"本心"。

这样一来，陆九渊就与朱熹有了明显区别。陆九渊主张：要想做人、做圣人，就要向内，从"明心"入手，而不能向外，不要从形迹上比拟。据载，严松曰："晦翁（朱熹）但在气象上理会，此其所以锱铢圣人之言，往往皆不可得而同也。"陆九渊曰："使尧、舜、禹、汤、文、武、周公、孔子，七八圣人合堂同席而居，其气象岂能尽同？我这里也说气象，但不是就外面说，乃曰：阴阳一大气，乾坤一大象。"[②]

3. 向内和向外

陆九渊以心为道德本体，强调切己自反，修行不是向外，而是向内用功，在自己身心上用力，发明本心。做人，求道，如果向外用力，不但无益，而且是对自心自性的"戕贼"与"放失"，也就是对自己本心的伤害、放纵、丢失。而朱熹以外在的理为道德本体，所以注重讲学、言论，格物穷理以尽性知天。

"心即理"与"性即理"的区别，不只是心、性、理、气等观念

---

① 弘学：《永嘉玄觉禅师〈证道歌〉讲析》，巴蜀书社 2006 年版。
② 《语录上》，《陆九渊集》卷 34，第 489 页。

的辨析，更主要的是如何在历史世界中推行儒家的道德理想与政治理念。朱熹认为"得君行道"的重点在于"格物致知"。1163 年（孝宗隆兴元年）十一月，他第一次获召对，即以"论格物致知之道"为奏对内容。而陆九渊对朱熹以"格物致知"开导君主的做法颇有微词，说："诸公上殿，多好说格物，且如人主在上，便可就他身上理会，何必别言格物。"① 意思是：朱熹上殿与人主进行君臣对话，本可以在"他身上理会"，启发君主的"本心"，树立他的道德意识，从而在根本上为执政施政确立原则和方向，何必东拉西扯地谈什么"格物"。

1184 年（淳熙十一年），陆九渊上殿轮对后，朱熹向陆九渊索取其轮对的奏札来看②，并于 1185 年（淳熙十二年）夏写信给陆九渊，充分肯定了陆九渊奏札中的政治议论及其倾向："其规模宏大，源流深远，岂腐儒鄙生所可窥测？"

但是，朱熹认定陆九渊的奏札中有"禅"，就在信中大加讥讽。"然区区私忧，未免有万牛回首之叹，然于我何病耶？语圆意活，混浩流转，无凝滞处，益见所养之深，所蓄之厚，亦是渠所得效验，不免有些禅底意思。但向上一路，未曾拨着，未免使人疑着，恐是葱岭带来耳。"

"万牛回首"是一万头牛都别过头来用力拉，言负荷之重，后比喻积重难返。"向上一路"是佛教禅宗语，指不可思议的彻悟境界。《碧岩录》第二卷云："向上一路，千圣不传。学者劳形，如猿捉影。""葱岭"是指我国的西部边陲帕米尔高原，这里是古代丝绸之路经过的地方，也是佛教传入地。

朱熹这里是说陆九渊"语圆意活，混浩流转"的气象，禅意已经积重难返了。朱熹还十分肯定地说："事实就是如此，不能遮掩。"③

---

① 《语录上》，《陆九渊集》卷 34，第 467 页。
② "时有言奏札差异者，元晦索之，先生纳去一本。"《陆九渊集》卷 36，第 565 页。
③ "这些子恐怕是葱岭带来，渠定不伏，然实是如此，讳不得也。"《与刘子澄》三，《朱文公文集》卷 35。参见张立文：《心学之路——陆九渊思想研究》，人民出版社 2008 年版，第 201-202 页。

　　朱熹的指责让陆九渊很不高兴，他回信反唇相讥："奏札独蒙长者褒扬奖誉之厚，俱无以当之。深惭疏愚，不能回互藏匿，肺肝悉以书写，而兄尚有向上一路，未曾拨着之疑，岂待之太重，望之太过，未免金注之昏耶？"[①] 他说："我这些对皇帝说的话，都是一些掏心掏肺的话，没有半点藏着掖着，老兄您'尚有向上一路，未曾拨着之疑'这样的怪诞，这岂不是对我'待之太重，望之太过'？"《年谱》在引用朱熹来信时删了"恐是葱岭带来耳，如何如何，一笑"，可见两人在政治哲学上的分歧。

　　什么叫"金注之昏"？这是陆九渊用的典故，语出《庄子·达生篇》："以瓦注者巧，以钩注者惮，以黄金注者殙。……其巧一也，而有所矜，则重外也。凡外重者内拙。"意思是：赌博时用不值钱的瓦片做赌注，心情放松；以较贵重的铜玉制作的钩做赌注，就有点害怕；以贵重的黄金做赌注，那就背了怕输的心理包袱，肯定会昏。……他的赌技前后并无变化，只是因为心有不舍，就会看重输赢，而太看重外在的东西，那结果必然差劲。庄子把这叫作"外重者内拙"，外物看得过重，内心反变笨拙。

　　两人的差别还在于哲学与人生。陆九渊说："看朱熹的书，看不明白，越看越糊涂；看自己的书，则坦然明白。"（"看晦翁书，但见糊涂，没理会。观吾书，坦然明白。"）"吾所明之理，乃天下之正理、实理、常理、公理，所谓'本诸身，证诸庶民，考诸三王而不谬，建诸天地而不悖，质诸鬼神而无疑，百世以俟圣人而不惑者也'。"

　　陆九渊讲的是天下之正理、实理、常理和公理，是人们所需要的。"学者正要穷此理，明此理。"而现在那些讲"穷理"的人都是一些凡庸之人，只会用异端邪说去欺人欺己。这些人写的书、说的话，只能说是谬妄、蒙暗，哪里谈得上明理、穷理？（"今之言穷理者皆凡庸之人，不遇真实师友，妄以异端邪说更相欺诳，非独欺人诳人，亦自欺自诳，

---

① 《年谱》，《陆九渊集》卷 36，第 565 页。

谓之谬妄，谓之蒙暗，何理之明，何理之穷哉？"）[1]

应该说，陆九渊的批判是深刻的，语气也是激愤的。陆九渊认为，他自己的论著，如《荆国王文公祠堂记》，他与朱熹的多封书信等，都是明道说理的代表性文字，而朱熹的书信因其"糊涂"而没有必要去理会。[2]

"理""心""性"都是宋明理学的基本概念。就"理"而言，陆九渊和朱熹没有多大区别，两人都认为"理"是世界万物的本体，但就"心""性"而言，两人的差别就大了。

在朱熹那里，心是心，理是理，理在人身上体现为性，朱熹常把"性"与"理"等同对待，但严加区别"心"与"理"。朱熹认为，心作为人身主宰，是一种具有灵明知觉的认识主体，不具有包容万物和道德本体的意义。"心"虽然包含"理"，但不等于"理"，因为"性"是表现在人身上的"理"，所以，"心"也不等同于"性"。

朱熹把"心"分成"道心"与"人心"："道心"源于性命之正，得之于理，或曰于天命之性；"人心"则是生于形气之私，根源于形体、气质，又称为气质之性。在朱熹学说中，心与性、理既有联系，又有区别。所以，陆九渊说"心即理"，而朱熹则说"性即理"。

关于朱熹与陆九渊的异同，冯友兰在《中国哲学史》中说："朱子言性即理。象山言心即理。此一言虽只一字之不同，但实代表二人哲学之重要的差异。盖朱子以心乃理与气合而生之具体物，与抽象之理，完全不在同一世界之内。心中之理，即所谓性；心中虽有理而心非理。故依朱子之系统，实只能言性即理，不能言心即理也。"冯友兰认为，虽然朱子与陆子所言之理仅一字之差，却是两种哲学观。那为什么这一字之差会产生这样大的差别呢？冯友兰接着说："盖朱子所见之实在，有二世界，一不在时空，一在时空。而象山所见之实在，则只有一世界，即在

---

[1] 《与陶赞仲》二，《陆九渊集》卷 15，第 221 页。
[2] 《与陶赞仲》二，《陆九渊集》卷 15，第 221 页。

时空者。只有一世界，而此世界即与心为一体，所谓'宇宙便是吾心，吾心便是宇宙'。故心学之名，可以专指象山一派之道学。"

自二程提出"理""天理"的概念之后，"理"与"天理"就成为北宋以后大多数哲学家绕不过的一个基本概念，程朱理学更是把"理""天理"发挥到极致。而陆九渊的"心学"从一个新的角度重新界定了"理"与"天理"的概念，从而初步形成了与朱熹的理学相抗衡的"心学"学派。

陆九渊是在朱熹的"理"的基础上来论述"心"的，也正因为"以心释理"的诠释路径，陆九渊的"心"就一方面借助了"理"的力量，同时又没脱离"理"的窠臼。陆九渊心学并未摆脱朱熹的理学框架，所以有先生认为：从思想体系的独立性来看，陆九渊的"心学"还不是成熟的哲学体系，相对成熟的心学体系是王阳明建立的心学。

陆九渊心学的"理"和朱熹理学的"理"有重合的部分，但毕竟不同：一是陆九渊不像朱熹多次强调在未有天地之时，毕竟有此"理"，朱熹的"理"具有绝对超越性与本源性。二是陆九渊以心来替换"理"，要消解朱熹理学体系中"理"的绝对、无待、外在这三重特征。不过，陆九渊只是说了心即理，并没有说心可以产生理。这样一来，关于世界的本原问题，陆九渊似乎并没有像朱熹那样给出明确的说法。

陆九渊心学的特色在于，它讲"心即理"时，重视"本心"的道德本体论、"发明本心"的道德修养论和"切己自反"的致知论。陆九渊讲的"致知"，是一种内在于人心的伦理原则，所以能通过"自反"的形式获得。这种切己自反的致知与现代哲学所讲的由经验的反思上升到理性的认识不太一样。

由于陆九渊积极宣扬"心即理"的本体论学说，在宋代新儒学中独树一帜，所以一经提出，就在学术界掀起了不小的波澜。"且道义之门，自开辟以来一也。岂容私立门户乎？故其说曰'宇宙即是吾心，吾心即是宇宙'。曰'学者惟理是从，理乃天下之公理，心乃天下之同心，颜曾传夫子之道，不私夫子之门户，夫子亦无私门户与人为私商也'。"①

南康军建昌县有个人叫符叙，字舜功，《陆子学谱》卷 13 将其列为陆九渊门人，《宋元学案》卷 58 将其列为陆九渊门人，卷 69 又将其列为朱熹门人。符舜功后来拜朱熹为师，说陆九渊先生"不喜说性"。《朱子语类》记录了符舜功与朱熹的几条问答，其中有"由仁义行"与"行仁义"的问答：

符舜功言："只是'由仁义行'，好行仁义，便有善利之分。"

朱熹说："此是江西之学。岂不见上面分明有个'舜'字？惟舜便由仁义行，他人须穷理，知其为仁为义，从而行之。且如'仁者安仁，智者利仁'，既未能安仁，亦须是利仁。利仁岂是不好底！知仁之为利而行之。不然，则以人欲为利矣！"②

"由仁义行"与"行仁义"是陆九渊之学与朱熹之学的区别。"由仁义行"指人的心体是仁义的，则所行所为无不是仁义的；"行仁义"是指外在有个仁义，这是一个准则，人必须按照这个准则去行事。陆九渊认为先要修心，然后按照心这个仁义去做；朱熹则认为只有舜这样的圣人才能做到"由仁义行"。所以朱熹说"分明有个'舜'字"，而一般的人则必须"行仁义"，即按外在的仁义准则去做，并且朱熹断定"由仁义行"就是"江西之学"。

二、尊德性与道问学、易简与支离

孔子开创的儒学，是一门"做人"和"学做人"的学问，大体有两方面内容：一是培养德性，二是学习知识。汉儒在《中庸》一书中以"尊德性"与"道问学"两分。陆九渊提倡"尊德性"，至于如何增益一个人的德性，孔子原初教育学生，多是就事上指点；到孟子已触及德性的"四端"来源，具体为"人皆有不忍人之心"；陆九渊进一步到"心之体"，直觉一切道德义理皆出自先验"本心"，抽象为"心即理"的命

---

① 《年谱》，《陆九渊集》卷 36，第 600–601 页。
② 《孟子七》，《朱子语类》卷 57，第 1443 页。

题，构建了"心学"知识。到此，在道德知识的来源上，朱熹理学认为人的德性来自"天理"，陆九渊心学认为人的德性发自"本心"。

朱熹提倡"道问学"，强调讲学、穷理。讲学就会有议论，就会有意见，因此，朱熹注重解经注传，议论古今。陆九渊对此很不以为然，认为这是"假窃傅会，蠹食蛆长于经传文字之间者，何可胜道？"[1]他标榜自己在"诸处方哓哓然谈学问时，吾在此多与后生说人品"[2]。

陆宏在《陆九渊的本心》中对陆九渊"心学"有个基本评价：当朱熹之学如日中天之时，陆九渊独标心学，与之相发明，既体现了陆九渊本人独立思考的精神，也表明宋明新儒学内在的多元性特征。儒家思想内部的"道问学"与"尊德性"两条道路，是各有侧重的。如果说程颐—朱熹一系的理学是通过"道问学"的方式来"尊德性"，那么程颢—陆九渊一系的仁学—心学体系则是通过"尊德性"的方式来统率"道问学"的活动。相对于朱子的理学体系而言，陆九渊的心学体系还不够成熟，其主要表现就在于他并未建立起一个以本心或心为核心概念的思想体系。真正建立起的心学体系，要到明代中叶王阳明的心学体系之出现。然而，陆九渊的心学体系在人格修养论方面的确有自己的特色，特别是其强调"本心"的思想，使人们在现实的道德实践中能够培养出一定的道德的自觉性与能动性。

项安世，字平甫（又作平父），号平庵，江陵人。1175 年（宋孝宗淳熙二年）进士，除秘书省正字。1182 年（淳熙九年），陆九渊 44 岁任国子正时，项安世来信说："我项安世闻陆先生您的大名。前些时日得交于傅子渊，警发柔惰，自此定下了归向取师的意愿。我奉亲之官越土，常常见到您的弟子，愈觉不能自已。'独念心师之久，不可不以尺纸布万一，伏乞加察。一二年来，数钜公相继沦落，任是事者，独先生与朱先生耳。'"

---

① 《与侄孙濬》，《陆九渊集》卷 1，第 14 页。
② 《语录上》，《陆九渊集》卷 34，第 462 页。

注意，项安世在这里高度评价了陆九渊和朱熹，称两位先生是当今"任是事者"，而且项安世在这里称陆九渊为"心师"。

"鹅湖之会"所讨论的主要问题是"为学之方"，即治学和修养方法问题。据记载：

> 鹅湖之会，论及教人。元晦之意，欲令人泛观博览，而后归之约。二陆之意，欲先发明人之本心，而后使之博览。朱以陆之教人为太简，陆以朱之教人为支离，此颇不合。

讨论一开始，陆九渊和陆九龄便各做一首诗以表明自己的观点。他们在诗中称自己的为学之方是"易简工夫"，讥讽朱熹的治学方法是"支离事业"。朱熹听了二陆的诗，虽然很不高兴，但仍坚持讨论了三天。最后，由于双方各自坚持自己的观点，讨论没有达到预期的目的。鹅湖之会以后，"理学"和"心学"之分就十分明显了。

所谓"易简工夫"，就是教人先确立一个基本立场，通过"切己自反"来"发明本心"，即所谓"先立乎其大者"。所谓"支离事业"，是指朱熹要求通过"格物致知"和"泛观博览"去认识与掌握"天理"。陆九渊称此种方法为"支离事业"。"支离事业"毕竟是时浮时沉而不可靠的，而"易简工夫"是经得住历史考验的"久大"工夫。

尽管双方在学术观点上存在着不可调和的分歧，他们之间的讨论却是严肃的、自由的。双方各抒己见，并未出现水火不容的意气之争。由于双方都能求同存异，互相尊重，自鹅湖之会以后，朱陆二人常有书函来往，交流意见。特别是在鹅湖之会的五年后，陆九渊应邀去南康（今庐山）拜访朱熹。其间，朱熹为陆九渊兄长陆九龄撰写了墓志铭，还请陆九渊为白鹿洞书院师生讲学。陆九渊以《论语》中"君子喻于义，小人喻于利"为题，做了精彩讲授，听者无不为之所动，陆九渊给白鹿洞书院的师生留下了良好的印象。

三、异端与正统：陆朱的儒佛之争

在"心即理"的理论基础上，陆九渊认为一切与理相违背的学说或者一切影响人心认识天理的行为都是邪说谬行，而这些邪说谬行就是"异端"。陆九渊对"异端"最全面的一段论述是：

> 此理塞宇宙，所谓道外无事，事外无道。舍此而别有商量，别有趋向，别有规模，别有形迹，别有行业，别有事功，则与道不相干，则是异端，则是利欲为之陷溺，为之窒白。说即是邪说，见即是邪见。[①]

除此之外，任何商量、走向、格局、形迹、行为、事功都与道不相干，都是异端、邪说、偏见！你看，说得多么决绝，理论多么彻底。在这段话中，陆九渊以理为价值标准，把欲望的陷溺与学问的邪僻一并归为异端。这不仅把异端总结成当时社会各种弊病的原因，更让异端成了陆九渊整个学说的批判对象。在这个意义上，匡正学统、规诫世风对异端的批判即是陆九渊心学的出发点所在。[②]

陆九渊说："尚同一说，最为浅陋。天下之理但当论是非，岂当论同异。况异端之说出于孔子，今人卤莽，专指佛老为异端，不知孔子时固未见佛老，虽有老子，其说亦未甚彰著。"[③]陆九渊明确指出异端之"异"并不是见解上的差异，而是是非价值之分别。他把异端赋予否定的价值，就必然在实践上要求对异端的脱离。

1. 朱熹对陆九渊的好禅指责

朱陆之争的一个焦点，是争论陆九渊心学是不是禅学。在这里，朱熹似乎是主动方，他一个劲儿地指控陆九渊是禅，视陆九渊"心学"为"禅学"。

1172 年（乾道八年），陆九渊中进士，还在临安就招徒讲学，名声大振。1173 年（乾道九年）八月，陆九渊之五哥陆九龄到婺州访吕祖谦，随后吕祖谦在与朱熹的信中夸赞陆九龄[④]。当时，朱熹已是理学泰斗，名

---

① 《语录下》，《陆九渊集》卷 35，第 541 页。
② 李浩然：《论陆九渊对异端之批判》，L，第 541 页。
③ 《与薛象先》，《陆九渊集》卷 13，第 201 页。
④ 顾宏义：《朱熹与陆九渊兄弟往来书信编年考证》，《兰州学刊》2016 年第 7 期。

冠"东南三贤"之首。他回信说对陆九龄颇有好感，但心存疑问："陆子寿（陆九龄字）闻其名甚久，恨未识之。子澄①云其议论颇宗无垢②，不知今竟如何也？"③朱熹说他早就听说过陆九龄，可惜不曾相识。朱熹的好友刘清之说陆九龄颇有点张九成的味道，不知现在究竟如何。

　　如果说朱熹对陆九龄还有些好感，那他对陆九渊则是直接批评了。1174 年（淳熙元年），朱熹写信给吕祖谦弟弟吕祖俭（字子约）说："陆子静（陆九渊字）之贤，闻之盖久，然似闻有脱略文字、直趋本根之意，不知其与《中庸》学问思辨然后笃行之旨又如何耳。"④意思是：早就听说陆九渊的贤名了，但也听说他有"脱略文字、直趋本根之意"，这跟《中庸》的思想还是有差距的吧。

　　朱熹在与吕祖谦的另一封信中直言："近来听到一点陆九渊的言论，其风格和意旨全都是禅学。"（"近闻陆子静言论风旨之一二，全是禅学，但变其名号耳。竞相祖习，恐误后生。恨不识之，不得深扣其说，因献所疑也。然想其说方行，亦未必肯听此老生常谈，徒窃忧叹而已。"⑤）

---

① 刘清之（？—1190 年左右），字子澄，临江（今江西樟树）人。生年不详，约卒于 1190 年（宋光宗绍熙元年）。受业于兄靖之，甘贫力学，博极书传。1157 年（绍兴二十七年）举进士第。历知宜黄县。周必大荐于孝宗，得召对，改太常主簿。除通判鄂州，改衡州。光宗即位，起知袁州。适刘清之疾作，犹贻书执政论国事。初，刘清之欲应博学宏词科，及见朱熹，尽取所习焚之，慨然有志于义理之学。
② 张九成，字子韶，号无垢，汴京（今河南开封）人，后迁海宁盐官（今浙江海宁）。1132 年（南宋绍兴二年）殿试为状元。他为官不附权贵，主张抗金，反对议和，为秦桧所忌，谪守邵州，不久又被革职，谪居南安军（今江西大余县）14 年。秦桧死，重被起用，出知温州。因直言上疏，不纳，辞官归故里，不久病卒。张九成年少游学京师汴京时，师从杨时。后致力经学，著有《横浦集》等。他对经学有独到见解，形成"横浦学派"。由于喜与佛者交游，杂以佛学，被时论所不容。
③ ［宋］朱熹：《答吕伯恭》，《晦庵集》卷 33，第 1445 页。
④ ［宋］朱熹：《答吕子约》，《晦庵集》卷 47，第 2190 页。按：程敏政《篁墩文集》（上海古籍出版社《文渊阁四库全书》本）卷 38 之《书朱子答吕子约书》略云："按此书朱子未与陆子相见时语。所谓脱略文字，直趋本根，与《中庸》先学问思辨而后笃行之说，乃朱、陆最异处。"
⑤ 《答吕子约》17，《朱文公文集》卷 47。参见顾宏义：《朱熹与陆九渊兄弟往来书信编年考证》，《兰州学刊》2016 年第 7 期。

朱熹再次表示极想见识一下勃然兴起的"心学"，以便"深扣其说，因献所疑"。

再后来，朱熹认定了陆九渊"分明是禅，但却成一个门户，尚有个据处"[①]。他对刘子澄说，陆九渊那个人呀，"一味是禅"[②]。朱熹不但指出陆九渊"真正是禅"，还不无得意地说，张栻、吕祖谦"不曾看佛书，所以看他不破"，只有他看得破（"只某便识得他"）。只要把《楞严》《圆觉》等佛典拿来一看，就"可粗见大意"[③]。

陆九渊自己也说："某虽不曾看释藏经教，然而《楞严》《圆觉》《维摩》等经，则尝见之。"[④] 但是，陆九渊并不同意《楞严》《圆觉》这些中国大乘佛教重要经典中的一些观点。他认为"虎穴魔宫，实为佛事；淫房酒肆，尽是道场"之类的所谓"不舍一法"，实际上是不明是非善恶，不分公私义利，遗弃人伦规范，所以，陆九渊说"儒为大中，释为大偏"。[⑤]

朱熹认为自己看出陆九渊是禅，是一件了不起的事，似乎抓了一个贼似的。他说只要看一下陆九渊在《与胡季随》信中讲《论语》有关颜回克己复仁的那两行议论，就明白"其宗旨是禅"。这真是捉了个"真赃正贼"呀。[⑥]

察看朱熹对陆九渊的指责，大致有两点：一是不说破，说话总是带些禅机，点到为止，让你自己去悟。朱熹说陆九渊嘴上讲的是儒家的话，骨子里全是禅。二是自作主张，自由发挥，不依赖经典，我注六经，六经注我，有不尊重权威的气概。

朱熹认为陆九渊学说的这种特点，本来就是在说禅，却借用儒家圣

[①]《朱子语类》卷 123，中华书局 2020 年版，第 3199 页。

[②]《与刘子澄》，《朱文公文集》卷 35。"子静一味是禅，却无许多功利术数，目下收敛得学者身心不为无力，然其下稍无所据依，恐亦未免害事也。"

[③]《朱子语类》卷 124，中华书局 2020 年版，第 3207 页。

[④]《与王顺伯》二，《陆九渊集》卷 2，第 23 页。

[⑤]《与王顺伯》二，《陆九渊集》卷 2，第 23 页。

[⑥]"看此两行议论，其宗旨是禅，尤分晓。此乃捉着真赃正贼，惜方见之，不及与之痛辩。"《朱子语类》卷 124，中华书局 2020 年版，第 3206 页。

人的话来说事，"盖谓其本是禅学，却以吾儒说话遮盖"。就像闽中贩私盐的人，在私盐上面盖上鲞鱼，使人察觉不出来。"此正如贩盐者，上面须得数片鲞鱼遮盖，方过得关津，不被人捉了耳。"①

朱熹还说陆九渊平常和他们那些人说话，"会避得个'禅'字。及与其徒，却只说禅"②。这就把陆九渊说成是人前一套，人后一套，对此人是一套，对彼人是另一套。这就不仅是说其观点不对，更是责其人品不好了。

朱熹这些话并不掩饰，他对陆九渊本人也说过。朱熹还带着激愤的情绪说："陆九渊开始还以我们儒家学说来遮盖他禅的实质，现在越来越说得热闹，不再遮护了。"（"初间犹自以吾儒之说盖覆，如今一向说得炽，不复遮护了。"③）

陆九渊有个学生叫黄楠（字达材），南丰人。黄楠的父亲黄壶隐收藏了一套《朱子讲义》，就去请朱熹写个跋。朱熹见自己的著作这么受欢迎，很高兴地写了一个跋，并说："壶隐好学自强，乐善不倦，乃至于此。熹虽不及识面，而于此亦足以窥其所存矣，因窃记其后而归之。达材昆弟，其亦宝藏，敬守精究而勉学焉，以无忘前人之训。"

你看，朱熹说得多么亲切和蔼，情深意长。但接下来，黄楠（达材）一句诚恳、真心的问话，惹怒了朱熹。

黄楠（达材）问朱熹："颜回是孔子的高足，他怎么还要克己呀？"（"颜子如何尚要克己？"）

朱熹一听，大为光火，厉声回答："你现在到哪里去'勘验他不用克己'？既然孔夫子对他说要克己，那便是他要这个工夫。怎么硬要说他不用克己！这只是那陆九渊先生喜欢这样说，'颜子不似他人样有偏处；要克，只是心有所思'，这就不对了。我曾经见他在给某人的一封信中说道：'才是要克己时，便不是了。'这正是禅家之说，就像那位禅家呆

---

① 《朱子语类》卷 124，中华书局 2020 年版，第 3212 页。
② 《朱子语类》卷 124，中华书局 2020 年版，第 3212 页。
③ 《朱子语类》卷 124，中华书局 2020 年版，第 3212 页。

老说'不可说，不可思'之类。陆九渊阳儒阴释，他说到那险处时，却又不说破，却又将那虚处说起来。比如'克己'，我便是说外障；他来说，是说里障。陆九渊之所以讨厌我，就是因为我捉到了他要害处。别人不晓禅，便被他欺骗蒙蔽了；我却晓得禅，所以，陆九渊的这一套被我看破了。孔夫子说：'非礼勿视，非礼勿听，非礼勿言，非礼勿动。'颜子分明就在践履这些话（'请事斯语'），陆九渊怎么能这样说呢（'却如何恁地说得'）？"①

朱熹说："陆九渊教书说话'常是两头明、中间暗'。"

有人忙问："这个'暗'怎么讲？"（"暗是如何？"）

朱熹回答："是他那不说破处。他所以不说破，便是禅。所谓'鸳鸯绣出从君看，莫把金针度与人'，他禅家自爱如此。"②

朱熹说："你要学禅，就明确去学他禅和一棒一喝便了，那陆九渊还要和圣贤之言夹杂在一起说，'都不成个物事'。说是龙吧，又无角；说是蛇吧，又有足。陆九渊以前也不这样呀，后来怎么弄得这样了！如今都教坏了后生，个个不肯去读书，一个劲儿地癫狂得没有边啦（'一味颠蹶没理会处'）！可惜！可惜！"③

2. 朱熹为何指责陆学是禅学？

今天来看朱熹对陆九渊的这些指控与批评，我们会说，多大的事儿呀，值得朱熹这样一个顶级大儒花这么大的劲、动这么大的火来说吗？是儒，是佛，又怎么啦？

其实，信佛是那个时代的普遍现象。像周敦颐、二程、张载、陆九渊、朱熹等宋代学者，其学术经历与思想来源多少都有点儿由佛入儒、由老入儒的痕迹。无论是哪个思想家，即使是那些严厉批评佛与道的思想家，都深受佛道影响。《宋史·道学传》就说当时的大儒无不"出入

---

① 《朱子语类》卷 41，中华书局 2020 年版，第 1134 页。
② 《朱子语类》卷 104，中华书局 2020 年版，第 2815 页。
③ 《朱子语类》卷 104，中华书局 2020 年版，第 2814 页。

于老释，泛滥于诸家"，全祖望也说"两宋诸儒，门庭径路，半出于佛老"[1]，这是他们共同的心路历程。

朱熹说过："某年十五六时，亦尝留心于此（禅）。"他还谈过自己的一件事。1149 年，朱熹参加科举考试之前，在刘子翚那里第一次见到一位叫道谦的禅师，两人聊了一会儿。道谦禅师不跟朱熹说能否考试成功，却跟刘子翚说："这个朱熹呀，是一个懂得禅的人。"刘子翚把这话转告朱熹。朱熹听后，就猜想"此僧更有要妙处在，遂去扣问他，见他说得也煞好"，到了考试的时候便按这位禅师的意思说了一通，竟然还说动了考官，最后中举了。（"及去赴试时，便用他意思去胡说，是时文字不似而今细密，由人粗说。试官为某说动了，遂得举。时年十九。"[2]）据说，朱熹赴试时，行李箱中只放了一本《大慧宗杲语录》，可见当时朱熹是沉浸于佛学研习之中的。

为什么后来朱熹这么严厉地指控陆九渊呢？其实，你还别怪朱熹。在当时思想界、理论界、哲学界的宋儒看来，禅确实是儒的劲敌。谁沾上禅，那就是离经叛道。

这种情况反映出汉末至宋代变迁的几种趋势：

一是佛教自东汉传入中国以来，影响越来越大。南北朝、隋唐以来，不但许多皇帝信佛，信佛还成了士大夫们的一种风尚，信佛坐禅，涉足佛学者甚多。

到南宋朱熹、陆九渊时期，儒家的生活方式已经成为士大夫普遍的生活旨趣。佛禅思想虽然在政界、民间还有相当大的影响，但佛（主要是禅）已然和儒、道形成三教并存、三教并流甚至三教融合的趋势。

二是在佛学中国化和禅学大众化的同时，儒家士大夫有了批判佛老、复兴儒学的自觉，唐代韩愈和两宋诸儒都自诩反佛的斗士、儒学的卫道士。

---

① ［清］全祖望：《题真西山集》，《鲒埼亭集外编》卷 31。
② 《朱子语类》卷 104，中华书局 2020 年版，第 2815 页。

三是到了宋代，特别是南宋，儒学已经战胜佛学，占主导地位，宋儒们开始在士大夫阶层和思想理论界全面压制佛老了。想想看，唐代韩愈为复兴儒道，排斥佛学，上《论佛骨表》，劝阻唐宪宗迎佛骨，结果"一封朝奏九重天，夕贬潮州路八千"，差点儿丢了性命。现在，朱熹把好禅信佛作为一大罪名来批评陆九渊，可见时代之变化。

这种变化是宋儒们持续努力、复兴儒学的成果。宋儒们在复兴儒学并把儒学确立为中国主流意识形态和国家的指导思想上，确实下了苦功。在这方面，北宋二程下力最勤，建树最多，有一举扭转局势之功。

二程说"释氏之学，又不可道他不知，亦尽极乎高深"。相比于老氏道学，佛禅理论更高深，体系更完备，它对儒学地位的冲击也就更大。所以，宋儒们就把佛禅列为主要攻击对象，不但在态度上与佛禅划清界限，大力提倡儒家生活方式，更在理论上下功夫，建立起儒家自己的理论体系，以此来抗衡并击败佛学。二程是从以下几个方面入手的：

一是从公与私的角度对儒与佛进行了对比。程颢认为：儒佛根本不是一回事。儒家圣人最讲公心，心与天地万物之理完全符合；而佛学总是为一己之私利。简而言之，佛禅之学的实质可以归结于自私自利。（"然要之，率归乎自私自利之规模。"[1]"要之，释氏之学，他只是一个自私奸黠，闭眉合眼，林间石上自适而已。"[2]）正因为如此，儒学圣人遵循事物规则行事，所以平直易行。而佛学这种异端违反人的本性，因此造作、费力。[3] 后来，陆九渊也是以这种以公私判儒佛的观点来批判佛学的，但他不同意把"佛学"看成异端。

二是从苦乐观来揭露佛学。二程说"佛者厌苦根尘，是则自利而已"[4]；而儒家自孔子以来，一直以积极喜悦的态度对待生活，提倡快乐

---

① "圣人致公，心尽天地万物之理，各当其分。佛氏总为一己之私，是安得同乎？圣人循理，故平直而易行；异端造作，大小大费力，非自然也，故失之远。"《河南程氏遗书》卷 14，《二程集》，第 152 页。

② 《河南程氏遗书》卷 14，《二程集》，第 408 页。

③ 《河南程氏遗书》卷 14，《二程集》，第 142 页。

④ 《河南程氏遗书》卷 14，《二程集》，第 1172 页。

的人生。"乐"是孔子最显著的生活态度。《论语》开篇就是："学而时习之，不亦说乎？有朋自远方来，不亦乐乎？人不知而不愠，不亦君子乎？"一"悦"一"乐"一"不愠"，孔子不但这样说，也是这样做。他周游列国，颠沛流离，困厄万端，却"饭疏食，饮水，曲肱而枕之"；他的学生颜回"一箪食，一瓢饮，在陋巷"，都不改其乐。这种乐观豁达、积极向上的生活态度和佛学视生命如蝼蚁、视生活为悲苦、视人生为幻影的消极态度形成鲜明对照。

三是从生死观批判佛学。程颢认为：佛学只是以生死恐动人。可怪就怪在两千年来，没有一个人察觉这一点，都被它吓住（恐动）了。而儒家认为人的生死为本分事，十分正常，没有什么可恐惧的，所以儒家"不论死生"。"佛之学为怕死生，故只管说不休"，一个劲儿地要超脱呀，要涅槃呀，要轮回呀，至于"禅"，虽然跟"佛学"有些不同，但"终归于此，盖皆利心也"。[①]

经过北宋诸儒对佛道二教的批判，儒学理论和思想逐渐为统治者所接受，成为国家的主流意识形态，逐渐成为士大夫们的普遍共识，为儒家生活方式奠定了哲学基础。

与此同时，信佛好禅则会被儒家思想界、理论界认为思想不纯、理论不正、来路不明。

问题是到了朱熹这里，就走过了头，是儒是佛成了一个政治问题，成了一顶政治帽子。谁偏好佛禅，就是大逆不道，就是一种罪名。这才有了朱熹说话的那种口吻。禅已经是一个高度政治化、污名化的帽子，一旦给陆九渊戴上，那陆九渊心学不要说与朱熹的理学相抗衡，就是陆九渊自己也是一个十恶不赦的坏人了。

当然，朱熹并不是如此不堪，他说此话也不是心藏歹意，有意泼脏水。当时，对于宋儒来讲，批判佛禅确实是一个十分严肃的大问题。

第一，当时宋代在思想领域的大问题就是要以什么学说作为国家的

---

① 《河南程氏遗书》卷 14，《二程集》，第 1171 页。

指导思想，作为人们的行为准则，作为社会的核心价值观念。当时，"儒者有儒者之说，老氏有老氏之说，释氏有释氏之说，天下之学术众矣，而大门则此三家也"①。宋明理学是在隋唐佛学大繁荣的背景下来谈儒学复兴的，考虑到这一时代背景，我们就不难理解陆九渊，甚至陆九渊与朱熹之间的讨论都是通过批判佛学来重新确立儒学的主导地位的。②

第二，从历史上来看，宋儒们的普遍共识是，自孟子以后儒家的道统就中断了，从秦汉、魏晋南北朝到隋唐、五代十国，都是老庄、佛禅盛行，所以，国家才这么乱，人心才这么散，学术才这么邪。因此，为了稳国家、正人心、息邪说，宋儒们发动了儒学复兴运动，其中重要的内容就是批判佛禅，确立儒学在国家指导思想与社会价值观念中的主流地位。

第三，从争夺人才来看，从魏晋南北朝到唐宋，老庄特别是佛禅的影响力很大，士大夫纷纷跑向佛门，以致北宋的王安石发出"儒门淡薄，收拾不住"的感叹。但经过唐代韩愈、北宋诸儒的理论建设，儒家生活方式和价值观念越来越得到社会认可，所以，到了南宋朱熹、陆九渊时代，信佛好禅在儒生士大夫眼里就成了离经叛道的事。

在宋代，无论科举制的普及与发展在思想上能否真正起到与佛老之学相抗衡的作用，仅从其必须通过科举才能出仕、进入社会官场的形式与渠道而言，就起到了与佛老争夺人才的作用。③

第四，当时信佛还是尊孔，是真假儒家的分水岭，是道统大家的试金石。在这个大是大非的问题面前，谁同意儒家，谁就是正统；而把谁认定为禅，或把禅作为政治标签贴在谁身上，谁就失去了大儒的资格。当时，最有影响的大儒当然就是朱熹与陆九渊两位大师，两人其实都是

① 《与王顺伯》，《陆九渊集》卷 2，第 19 页。

② 王志跃：《心学与禅学：以陆九渊为中心》，载《陆象山与现代社会》，社会科学文献出版社 2010 年版，第 308 页。

③ 丁为祥、王星：《象山心学崛起的社会历史条件》，载欧阳祯人主编《陆九渊思想研究》，武汉大学出版社 2019 年版，第 43 页。

儒家的大思想家，但相互之间在本体论、认识论和方法论上都有严重分歧。所以，在朱熹看来，把陆九渊认定为禅，至少在舆论上、在学界可以重重地打击陆氏心学，并维护自己的理学正宗地位。

3. 陆九渊的儒佛观：陆九渊心学是儒，不是禅

朱熹的这些话在当时颇有影响。朱熹的指控也传到了陆九渊耳中。陆九渊是怎么回应的呢？

陆九渊的态度十分冷静和理性。1176 年（淳熙三年），38 岁的陆九渊与王顺伯讨论过儒佛之异。[1] 这场讨论在一定程度上与朱熹的批评有关，是对朱熹斥陆学为"禅学"的回应。有人问陆九渊："作书攻王顺伯，也不是言释，也不是言儒，惟理是从否？"他回答："然。"[2]

陆九渊的思想虽然受到佛教禅学思想的深刻影响，与禅学有不少的契合之处，但陆九渊心学根本不是禅学，其实质依然是儒学，是儒学在新的历史条件下的重建。

陆九渊认为道、佛和儒一样，是天下三大学术之一。但他认为佛老的实质是对现实生活的舍弃，这种舍离断弃虽非难事，却是背离"道"的行为："仙佛之徒、拘曲之士，亦往往优于断弃，而弗顾视之。彼既自有所溺，一切断弃，亦有何难？但一切断弃，则非道矣。知道之士自不溺于此耳，初未尝断弃之也。"[3]

陆九渊不但把自己与佛教严格区别开来，与佛教撇清了关系，更站在儒家立场上，正面阐述了儒学与禅学的本质区别，参加了当时儒学对佛学发动的攻坚战，从理论上对佛教思想体系进行了批判。

一是以"正""邪"区别儒释。有一天，陆九渊与子弟们讨论"禅"

---

① 《年谱》载："淳熙三年丙申，先生三十八岁。与王顺伯书，再书。"
② 《语录下》，《陆九渊集》卷 35，第 514 页。
③ 《与赵然道》三，《陆九渊集》卷 12，第 178 页。

这个话题。学生刘定夫①举禅说:"假如正人说邪说,那邪说也是正;假如邪人说正说,那正说也是邪。"

陆九渊不同意,认为这种说法本身就是邪说。"正则皆正,邪则皆邪,正人岂有邪说? 邪人岂有正说? 此儒释之分也。"②陆九渊还说:"天下正理不容有二……若不明此理,私有端绪,即是异端,何止佛老哉?"③若不明此理,那不只是佛老,其他学说也是异端。

陆九渊说"儒为大中,释为大偏",如果拿释与其他百家来论,"则百家为不及,释为过之"④。诸子百家是"不及",佛家是"过","过犹不及",所以,佛是不合于道。为什么不合于道呢? 陆九渊说:"诸子百家,说得世人之病好,只是他立处未是。佛老亦然。"⑤在陆九渊眼里,诸子百家和佛老都是与吾儒之道不合的。"立处未是",就是立足点错了,因此都错了。⑥

二是以"义利""公私"区别儒释。陆九渊说:"某尝以义利二字判儒释,又曰公私,其实即义利也。"⑦佛教禅宗与儒学不同,儒学以天下为己任,没有什么不完备,没有什么事情不管摄;而佛教禅宗"了此一身,皆无余事",只管自己一人坐禅成佛,其他啥事不做,啥人不管。"公私义利于此而分矣。"⑧陆九渊对儒家和佛教的根本差异辨析具体而深刻。张立文先生指出:"陆九渊以公私和义利区分儒释,不仅表明了自己学说与佛教学说的区别,而且抓住了儒释在伦理道德上的重要分

---

① 刘定夫,刘敬夫之弟。朱熹有《答刘定夫》书两封。从此两封答书来看,朱熹颇不喜欢刘定夫。陆九渊多次提到刘定夫,有批评之语,但更多的是赞赏之语。(赵伟:《陆九渊门人》,中国社会科学出版社 2009 年版,第 77 页)
② 《语录下》,《陆九渊集》卷 35,第 527 页。
③ 《与陶赞仲》二,《陆九渊集》卷 15,第 222 页。
④ 《与王顺伯》二,《陆九渊集》卷 2,第 23 页。
⑤ 《语录下》,《陆九渊集》卷 35,第 521 页。
⑥ 张立文:《心学之路——陆九渊思想研究》,人民出版社 2008 年版,第 206 页。
⑦ 《与王顺伯》,《陆九渊集》卷 2,第 20 页。
⑧ 《语录下》,《陆九渊集》卷 35,第 541 页。

歧。"① 这个判断是正确的。

　　陆九渊对佛禅的公私之辨，朱熹不以为然。朱熹说："向来见子静（指陆九渊）与王顺伯论佛，云释氏与吾儒所见亦同，只是义利、公私之间不同，此说不然。"②"至如《与王顺伯书》论释氏义利公私，皆说不着。盖释氏之言见性，只是虚见；儒者之言性，止是仁义礼智，皆是实事。今专以义利公私断之，宜顺伯不以为然也。"③ 朱熹认为以"义利""公私"判断儒释之分，没有说到点子上。

　　朱熹认为，陆九渊的这种观点是不对的。如果按照陆九渊的说法，就会得出"吾儒与释氏同一个道理"的结论。但是，如果吾儒与释氏是同一个道理的话，那怎么能得出义利不同的结论呢？（"何缘得吾儒与佛？"）朱熹认为：儒与佛"只被源头便不同：吾儒万理皆实，释氏万理皆空"。他主张以虚实区分儒释："向见陆子静与王顺伯论儒释，某尝窃笑之。儒释之分，只争虚、实而已。"④ 以"虚"与"实"来区分儒释思想，这是从形而上学本体论方面着眼的，但并不排斥陆九渊从伦理道德方面区别儒释，两者是相辅相成的。朱熹将两者对立起来，似可不必。⑤

　　其实，朱熹也承认"义利""公私"之辨是儒释的重要区别。他说"佛氏之失，出于自私之厌，老氏之失，出于自私之巧。厌薄世故，而尽欲空了一切者，佛氏之失也"⑥，又说"释氏于天理大本处见得些分数，然却认为己有，而以生为寄。……若圣人之道则不然，于天理大本处见得是众人公共底，便只随他天理去，更无分毫私见"⑦。

　　可是，朱熹认为儒佛最大的分歧是"实"与"虚"⑧，而"公私"放

---

① 张立文：《心学之路——陆九渊思想研究》，人民出版社 2008 年版，第 205 页。
② 《朱子语类》卷 124，中华书局 2020 年版，第 3209 页。
③ 《朱子语类》卷 124，中华书局 2020 年版，第 3210 页。
④ 《朱子语类》卷 124，中华书局 2020 年版，第 3289 页。
⑤ 张立文：《心学之路——陆九渊思想研究》，人民出版社 2008 年版，第 206 页。
⑥ 《朱子语类》卷 126，中华书局 2020 年版，第 3250 页。
⑦ 《朱子语类》卷 126，中华书局 2020 年版，第 3251 页。
⑧ 刘立夫：《朱熹的儒佛之辨》，《哲学研究》2008 年第 11 期。

在"第二义","今之辟佛者，皆以义利辨之，此是第二义"①。这是陆九渊与朱熹在学术思想上的又一个分歧。

三是以"生死""出世经世"区别儒释。陆九渊多次从公私、义利的层面去批评佛禅，对禅宗充满蔑视之意："释氏立教，本欲脱离生死，惟主于成其私耳，此其病根也。且如世界如此，忽然生一个谓之禅，已自是无风起浪，平地起土堆了。"②佛教的基本内容是探讨人活在世上是否真实、幸福，并归纳为一切虚空，苦海无边，因此人的生、老、病、死都是痛苦，属于"苦谛"，必须寻找解脱苦难的途径，以消灭痛苦，便是"灭谛"。儒家主"经世"，即"入世"。儒家之道，便是讲治国、平天下的典章制度、伦理道德等，便是"经世"。"经世"则为"公"为"义"，为"道正"；"出世"则为"私"为"利"，为"道偏"。

而儒家讲人生，讲人道，讲人事，"故曰义、曰公。释氏以人生天地间，有生死，有轮回，有烦恼，以为甚苦，而求所以免之。……故其言曰：'生死事大。'……其教之所从立者如此，故曰利、曰私。惟义惟公，故经世；惟利惟私，故出世。儒者虽至于无声、无臭、无方、无体，皆主于经世；释氏虽尽未来际普度之，皆主于出世"③。儒家讲人生，讲人道、人事，都是为了"经世"；佛教讲生死，讲轮回，只是为了逃避人生的苦难和烦恼，所以讲"出世"。

其实，朱陆之间无本质区别。朱熹攻陆九渊的儒释之辨，是囿于以陆学为禅学的缘故，因而导致了对陆九渊的批评。④

陆九渊对佛、道的态度也体现了他的博大胸襟。陆九渊以儒学的正宗自居，并认为儒家主"公"，佛教主"私"，却对佛教十分宽容，没有敌视，反而持有"佛老非异端""儒佛不相害"等观点。他不同意"自孔圣人及今，异端邪说多出于佛老之徒"这种观点。当时，南宋思想界

---

① 《朱子语类》卷 126，中华书局 2020 年版，第 3281 页。

② 《语录上》，《陆九渊集》卷 34，第 462 页。

③ 《与王顺伯》，《陆九渊集》卷 2，第 20 页。

④ 张立文：《心学之路——陆九渊思想研究》，人民出版社 2008 年版，第 206 页。

普遍把佛学、老庄之学看成异端。这反映了儒学在复兴过程中，对外部异质思想的排拒与对内部歧出观念的警惕，也说明儒学理论的进步不仅需要新学说的创立，也需要不断校正并定义自我的反思。"古人所谓异端者，不专指佛老。'异端'二字出《论语》，是孔子之言。孔子之时，中国不闻有佛，虽有老氏，其说未炽。孔子亦不曾辟老氏，异端岂专指老氏哉？"①

陆九渊说："今世类指佛老为异端。孔子时佛教未入中国，虽有老子，其说未著，却指那个为异端？"②孔子提出"异端"这个词时，佛教还没传入中国，老庄学说也不显著，孔子指责的异端是哪个呢？绝不是佛老。什么是异端呢？"盖异与同对，虽同师尧舜，而所学之端绪与尧舜不同，即是异端，何止佛老哉？有人问吾异端者，吾对曰：'子先理会得同底一端，则凡异此者，皆异端。'"③"异"与"同"对；"端"，"正"也；"初"也，"始"也。同师尧舜孔孟，但如果学问的出发点和根基与尧舜孔孟不同，就是异端；相反，如果出发点和根底相同，即使来自异域，出自凡人，言之有理，则是同端，儒学也可纳之用之。所以，有人问陆九渊什么是异端，陆九渊就回答："你先去弄懂其根基、初始，凡是与此不同者，都是异端。"

可见，陆九渊的学术视野和文化胸襟一直是很宽广的。

4. 现在我们怎么看待朱熹关于陆九渊心学的禅之辩？

陆九渊一直是反对禅的。陆九渊有一些学生信禅，都受到陆九渊的严厉批评。

和包显道、包敏道两兄弟很要好的颜子坚曾向陆九渊问学。后来颜子坚弃儒为僧，和赵日新一起住进了育王寺，但仍然向陆九渊问学。陆九渊对其出家为僧非常不满，便拒绝收其为学生。他在给詹子南的信中

---

① 《与陶赞仲》二,《陆九渊集》卷15, 第222页。
② 《语录上》,《陆九渊集》卷34, 第464页。
③ 《语录上》,《陆九渊集》卷34, 第464页。

提及此事，说："此人质性本亦虚妄，故卒至于此。""颜子坚既已去发胡服，非吾人矣。"①颜子坚那个人质性本来就虚妄，所以才会有这个结果。现在既然剃了发，穿上僧服，那就不是他的学生了。"非吾人矣"，这话说得够重，界限划得够清的了，这也表明陆九渊对于佛禅的态度。

学生陈刚（正己）和刘尧夫（淳叟）参禅，陆九渊写信给陈刚进行批评教育："最近，我听说你和刘尧夫一同去了一趟金溪县的疏山寺，想必你甚为得意吧。你们二人以前并不和睦，近来却'道同志合，相与羽翼'。前贤犹有交谊不终的情况，现在你们两人的情况更是'加于人一等矣'。'儒者好辟释氏'，假如释学是邪妄之说，亦必能洞照底蕴，知其所蔽，然后可得而绝之。现在，有些儒生对释氏学说漫不知其边际，而只是凭'释''禅'的名称就加以驳斥，这'固未为儒者之善'。但和那样'棲棲乞怜于其门者'相比，其优劣又将如何呢？如刘淳叟、陈正己之辈，恐怕是受到时僧的约束限制、引诱掖扶，从而做了他法门外护了。如果着实理会，你们就会知道你们的错误所在，所以我敢寄希望于各位（'恐时僧牢笼诱掖，来作渠法门外护耳。若著实理会，虽渠亦未必不知其非，所敢望于公等也'②）。"

1172 年（乾道八年），陆九渊中进士后，返回江西时途经富阳，诸葛千能（字诚之，会稽人，淳熙进士）与高应时、石应之来拜见陆九渊，成为陆氏门人。在朱熹与陆九渊发生辩论时，诸葛千能分别写信给朱熹、陆九渊，欲调停二家之辩，朱熹有回书两封，陆九渊亦有《与诸葛诚之》书三封。

旁人如何看待此事呢？有个学生叫吴君玉，临川人，自认为聪明机敏。他来槐堂书院投学陆九渊，开始五天，每天都要举书句为问。陆九渊总是"随其所问，解释其疑"，然后从吴君玉所掌握的知识延伸开去，"敷广其说"，每每如此。这一下，吴君玉极其佩服，再三称叹："天下皆

---

① 《与詹子南》二，《陆九渊集》卷 10，第 159 页。
② 《与陈正己》二，《陆九渊集》卷 12，第 185 页。

说陆九渊先生是禅学，只有我看出来陆先生的学说是圣学。"① 可见，当时以陆学为禅学的人相当普遍，只是吴君玉在槐堂书院跟着陆九渊学习多日后，才说只有他才看出陆九渊心学并不是禅学，而是"圣学"。听说吴君玉对自己的学说有这么深刻的体会，陆九渊连连说："此人明敏，只是不得久与之切磋。"

后来，王阳明为陆九渊辩诬，他在为《陆九渊集》作的序中说："夫禅之说，弃人伦，遗物理，而要其归极，不可以为天下国家。"如果陆氏之学也是这样，那当然是禅。但现在"禅之说"与"陆氏之说"，他们的书都在，学者只要拿出来看一看，其是非同异，就不辩自明了。② 所以，王阳明认为："世之儒者，附和雷同，不究其实，而概目之以禅学，则诚可冤也已。""吾恐怕晦庵禅学之讥，亦未免有激于不平也。夫一则不审于文义，一则有激于不平，是皆所养之未至。"③ 朱熹之所以讥讽陆九渊心学是禅学，一是没有看清文义，二是出于不平之气。这对陆九渊来说，实在是冤枉。

朱熹与陆九渊之所以有这场争论，其核心乃在于"道统"正传和思想渊源的争辩。

万历年间，聂良杞编辑《陆象山先生集要》，在凡例中说："先生之学，发明本心，直接孟氏……而当时学徒竞起论辩，辄底曰禅。"他明确指出陆学直接孟子，而非禅学。清雍正年间，李绂作《朱子晚年全论》，力辩陆学不是禅学："陆子之学，自始至终，确守孔子义利之辨，与孟子求放心之旨，而朱子早徘徊于佛老，中钻研于章句，晚始求之一心。"④

朱陆之间的儒释之辩是中国历史、中国政治思想史上的一个重要现象。它起于朱陆在世之时，当时就十分激烈，又给后世留下很深影响，

---

① 《语录上》，《陆九渊集》卷 34，第 489 页。
② 《象山文集序》，《王阳明集》卷 7。
③ 《答徐成之》二，《王阳明集》卷 21。
④ 《朱子晚年全论·序》。

"于是宗朱者诋陆为狂禅，宗陆者以朱为俗学，两家之学，各成门户，几如冰炭矣！"[①]儒释之辩一直延续到明清。比如在明代，王阳明受到的指责之一就是打坐好禅。一个问题的论争持续这么久，亦为历史上所罕见。[②]

现在我们不必固守古代的儒释之辩，而要站在中国古代思想文化发展的整体及其历史过程的角度来看待心学与禅学[③]，看待这场朱陆之辩。在东汉以来的中国发展历程中，儒释道对统治者统治国家、管理社会，以及对中国人的精神生活都产生了深刻和广泛的影响，而儒释道三家相互之间也有交汇与融通。而我们要透过朱熹与陆九渊的儒释之辩，更多地看到在儒学复兴过程中，如何在外来文化的冲击下坚守儒学精髓，坚定文化认同，又在保持自我的同时以开放的姿态对待和吸纳外来文化。

四、子弟之争

对于陆九渊的学生，朱熹既有褒奖之语"子静门人，类能卓然自立，相见之次，便毅然有不可犯之色"[④]，但更多的是批评。

朱熹曾斥责陆学门风，如："后生才入其门，便学得许多不好处，便悖慢无礼，便说乱道，更无礼律，只学得那许多凶暴，可畏！可畏"[⑤]"其说以忿欲等皆未是已私，而思索讲习却是大病……故下梢忿欲纷起，恣意猖獗"[⑥]"近乃深觉其弊，全然不曾略见天理仿佛……故不免直截与之说破""去冬因其徒来此，狂妄凶狠，手足尽露，自始乃始显然鸣鼓攻之，不复为前日之唯阿矣"等。

在朱熹看来，陆门学者一味追求顿悟本心，而不注重人的日常基

---

①　［清］黄宗羲：《象山学案》按语，《宋元学案》卷 58。

②　张立文：《心学之路——陆九渊思想研究》，人民出版社 2008 年版，第 211 页。

③　王志跃：《心学与禅学：以陆九渊为中心》，载《陆象山与现代社会》，社会科学文献出版社 2010 年版，第 301 页。

④　《训门人一》，《朱子语类》卷 113。

⑤　《朱子语类》卷 124，中华书局 2020 年版，第 3203 页。

⑥　《朱子语类》卷 124，中华书局 2020 年版，第 3207 页。

本行为是不符合礼教规范的，以致气象"癫狂"。对于朱熹的这种态度，陆门弟子强烈抗议，陆九渊本人更是据理力争。

当然，朱陆两家的弟子之争，也有其客观原因。当时，各家大儒"门徒俱盛，亦各往来问学"。朱熹的学生和陆九渊的学生也是互相来往的，问学于朱陆之间。而朱熹（晦庵）的门人乍见陆九渊，因"教门不同，不与解说无益之文义，无定本可说"，即陆九渊又不太解说儒家经典著作的文义，朱熹的那些门人"卒然莫知所适从"，始终没太听明白，只好回去。回去之后跟师友说起陆九渊先生的教学情况，"往往又失其本旨，遂起晦庵之疑，良可慨叹！"[①]后来朱陆两家势同水火，更多的是朱陆的门人与后学造成的结果。

1. 曹建（立之）

1183年（淳熙十年）春,37岁的曹立之离开人世。对他的评价问题，引起了朱陆之间的争论与不快。

曹立之，名建，江西余干人。他原本是陆门弟子，曾得到陆九渊的赞许："惟曹立之、万正淳[②]、郑学古庶几可不为利害所动。"[③]当初，朱熹并不知道曹建（立之）。鹅湖之会时，陆九龄（子寿）专门向朱熹介绍了曹立之，并转告了曹立之看了朱熹先生的许多书，很想拜见朱熹先生的话，朱熹对曹立之大有好感。五年后，朱熹任职南康（今庐山星子），曹建（立之）就在1179年（淳熙六年）冬去见了朱熹，转归朱门，成为朱熹的学生。

此事并未引起陆九渊对朱熹的不满，因为门徒弟子往来问学，在当时很普遍、很正常。引起陆九渊不满的是，曹立之在37岁去世后，朱熹撰写的《曹立之墓表》中有这样的话："胡子（胡宏）有言，学欲博

---

① 《年谱》,《陆九渊集》卷36，第571页。
② 万人杰，字正淳，朱熹《答吕伯恭》书中又称字正纯，兴国军大治县人，曾师事陆九渊与朱熹。
③ 《语录下》,《陆九渊集》卷35，第503页。

不欲杂，欲约不欲陋。信哉如立之者，博而不杂，约而不陋，使天假之年，以尽其力，则斯道之传，其庶几乎！"

该文说曹立之在"历访当世儒先有明其道者，将就学焉"的过程中，"又闻陆氏兄弟独以心之所得者为学，其说有非文字言语之所及者"，就投在陆九渊门下，但学了很长时间，好像有所收获（"久而若有得焉"）。你看，一个"若"字，明显话里有话。朱熹说后来曹立之来南康找到他，"乃尽得其遗文，以考其学始终之致"，于是曹立之喟然叹曰："吾平生于学无所闻而不究其归者，而今而后乃有定论而不疑矣。"朱熹总结，曹立之从此"穷理益精，反躬益切，而于朋友讲习之际，亦必以其所得者告之"，不但彻底信服了朱熹之学，还逢人就述说自己的转学心得。

最后，朱熹还引用曹立之在转变后说的话："学必贵于知道，而道非一闻可悟，一超可入也。循下学之则，加穷理之功，由浅而深，由近而远，则庶乎其可矣。"朱熹明确反对"一闻可悟，一超可入"的心学工夫，强调学习要"循下学之则，加穷理之功"。朱熹这一番话显然是直接针对陆九渊观点的批判。

陆九渊看到这篇墓表后，很不高兴。

对于曹立之的变化，陆九渊曾写信批评过，认为这是一种退步，并不是朱熹所讲的一种进步。陆九渊写信指出朱熹写的《曹立之墓表》"但叙履历，亦有未得实处"，认为自己说的才是"真实录"。[1]针对朱熹的说法，陆九渊详细叙述了曹立之的病情：

"曹立之就是因为读书用心太过而成疾的，其疾与学相为消长。曹立之曾对我说：'希望先生将孝悌忠信教给我。'

"我对他说：'曹立之呀，你怎么这样荒谬呀！孝悌忠信，如何说并且教给人呢？'[2]

---

① 《与朱元晦》，《陆九渊集》卷 7，第 110 页。
② 《语录上》，《陆九渊集》卷 34，第 473 页。

"曹立之刚来见我时，亦是有许多偏见。经我一讲解，他心中的遮蔽荡涤，胸中快活明白，病亦减轻了许多。可等到一听某些人的言语，又复昏蔽。

"曹立之天资甚高，也有自知之明。对他讲解，他一听就明白。'每有昏蔽，我与之荡涤后，其心下又复明白。'所以昏蔽者，就是因为与我相聚的日子太少了。

"我曾问过他：'近来还有疑否？'

"曹立之说：'无疑。我平常自己读书，也看得出先生您讲的这般田地，只是不能无疑，所以就往往自变其说。'

"我说：'读书何须苦思力索呢？像你这样的天资，心下昏蔽，碰到不明白的地方，不如暂且放下，时复涵泳，若江海之浸，膏泽之润，涣然冰释，怡然理顺，然后为得也。'

"如此相聚一二十天后而归，其病顿减。

"后来因为参加科举的秋试，又听闻某些人的闲言碎语，又复昏惑。恰好有人告诉他陆九渊之学乃是释氏之学，曹立之平生恶释老如仇雠，于是彻底背叛了我。这也将就朱熹先生来说话了。"

陆九渊长篇叙述了他与曹立之的交往经历，讲得很详细，证据很充分，言辞犀利，针锋相对，锋芒尽现。不但陆九渊展开了反驳，陆门弟子对这件事亦"颇不能平"，"厉声忿词，如对仇敌"，以致陆九渊让其弟子晚辈赴武夷山去问学朱熹，他们竟然都不敢前往了[1]。可见，两派之间关系极其紧张。

2. 傅梦泉（子渊）

傅子渊是陆九渊的得意弟子，在陆九渊门人中的地位很高。《槐堂学案》卷77《陆九渊门人》将傅子渊列在首位。《儒林宗派》卷11《陆子门人》将傅子渊列在第二位，只列在杨简之后。

---

[1] 《与朱元晦》，《陆九渊集》卷7，第110页。

　　傅子渊认为"人生天地间，自有卓卓不可磨灭者在，果能于此涵养，于此扩充，良心善端，交易横发，塞乎宇宙，贯乎古今"[①]，颇得心学要旨。陆九渊称他"人品甚高，非余子比也"。在象山精舍的时候，陆九渊让人在他旁边放置一个席位，时常要傅子渊代为讲课。傅子渊讲学有吸引力，能使"士人归"。治政，则致"俗大变"。他为人机警敏悟，疏通洞达，然性地刚毅多偏，陆九渊说他"疏节阔目，佳处在此，其病处亦在此"。傅子渊曾任瓯宁主簿，决讼断狱必依经义。他尝言："场屋（科举）之得失穷达不与焉，终身之穷达贤否不与焉。"[②]时人以为名言。他恪守师说，深受其师"六经皆我注脚"的思想影响，不拘于旧日经传注释的束缚，敢抒己见，认为郑注《周礼》"半是纬语，半是莽制，可取者甚少"[③]。他着力于构筑陆派门户，为心学的建树起了一定作用。

　　黄宗羲在《通判傅曾潭先生梦泉》的按语中说，陆学的血脉流传在浙东："陆子在象山五年间，弟子属籍者至数千人，何其盛哉！然其血脉流传，偏在浙东，此外则傅梦泉而已。故朱子曰：'浙东学者，多子静门人，类能卓然自立，相见之次，便毅然有不可犯之色。'"[④]

　　陆九渊对傅梦泉（子渊）也十分看重，评价甚高。门人严松年曾经问陆九渊："今之学者有谁？"陆九渊"屈指数之"，点了槐堂子弟的四位代表人物，并说："以傅子渊居其首，邓文范居次，傅季鲁、黄元吉又次之。"[⑤]包恢《祠堂记略》也认为，在槐堂学生中间，陆九渊最满意的就是傅子渊，"象山尤属意者，必首屈子渊指"。

　　《陆九渊集》有《与傅子渊》书信四封，陆九渊每有心得，必欲与共。在象山，陆九渊盖了新居，十分满意，就写信给傅子渊："比来居

---

① 《宋元学案》卷 77 之《槐堂诸儒学案》。
② 《宋元学案》卷 77 之《槐堂诸儒学案》。
③ 《宋元学案》卷 77 之《槐堂诸儒学案》。
④ 《宋元学案》卷 77。
⑤ 《语录上》，《陆九渊集》卷 34，第 486 页。

山，良有日新之证，惜不得与子渊共之。""何时一来，快此倾倒。"①

傅子渊曾在荆州从学张栻，还在南康拜会过朱熹，"见张南轩于荆州，见朱子于南康"②，故《宋元学案》卷49将其列为朱子门人，卷50将其列为南轩（张栻）门人，卷58、78将其列为陆九渊门人。

对这么一个傅子渊，张栻、朱熹却有不同评价，多有指斥。张栻给朱熹写信说："近有澧州教授傅梦泉来相见，乃是陆子静上足。其人亦刚介有立，但所谈学多类扬眉瞬目之机。子静此病，曾磨切之否？亦殊可惧。"就是说傅梦泉扬眉瞬目，不事辞气容貌修养，近禅无礼。张栻在给朱熹的另一封信中说："有澧州教授傅梦泉者，资禀刚介，亦殊有志，但久从陆子静，守其师说甚力，此人若肯听人平章，它日恐有可望。"③他对傅梦泉的评价并不高。

那么，朱熹是如何评价傅子渊的呢？有一次，朱熹讲学谈到"读书之法"，说："一句有一句道理，穷得一句，便得这一句道理。读书须是晓得文义了，便思量圣贤意指是如何，要将作何用。"

在场有江西士人问为学之法，朱熹说："你们都被陆九渊误了。他教人莫要读书。这会误了你们一生的呀！你们到老时，此心怅怅然，如村愚目盲无知之人，撞墙撞壁，无所知识。心渺渺茫茫，都无所主，若涉大水，浩无津涯，很快便会失心去，'傅子渊便是如此'。"

朱熹接着说："现在我教你们为学之法：只讨圣贤之书，逐日逐段，分明理会。且降伏其心，逊志以求之，理会得一句，便一句理明；理会得一段，便一段义明；积累久之，渐渐晓得。近地有朋友，便与近地朋友商量；近地无朋友，便远求师友商量。无牵无挂吗？再不要问陆九渊如何，只管问自己就可。陆九渊还能替得了你们吗？陆九渊也要读书。只是你们当时见他不读书，便说他不读书。他如果不读书，如何做得许

---

① 《与傅子渊》，《陆九渊集》卷14，第210页。
② 《宋元学案》卷77之《槐堂诸儒学案》。
③ 《答朱元晦》，《南轩集》卷24。转引自赵伟：《陆九渊门人》，中国社会科学出版社2009年版，第213页。

多人的先生？"

朱熹又说："陆九渊的学生，个个学得不逊。连刚做他的学生的，便学得悖慢无礼，无长少之节，可畏！可畏！"① 这是说陆九渊子弟有放肆性情的现象，也反映出朱熹批评陆九渊心学虽易为民众接受，提升了民众的主体性，却暗含了使后者蔑视经典与实践的危险，无形中降低了成人成圣的标准。

3. 刘尧夫（淳叟）

刘尧夫，江西金溪人，1169 年（乾道五年）入太学，1175 年（淳熙二年）进士。他开始是陆九渊三哥陆九皋（庸斋）的学生，后拜陆九渊五哥陆九龄（复斋）为师，最后，在 17 岁时从学陆九渊（心斋）。

后来，刘尧夫参禅，他的一个姓周的朋友问："淳叟，你为什么舍弃我们儒之道而去参禅呢？"

刘尧夫回答："打个比方吧，对于手来说，释氏是把锄头，儒者是把斧头。所拿的东西虽有不同，可都是方便这手。（'所把虽不同，然却皆是这手。'）我今天只是就它来方便此手。"

这位朋友说："那照你这么说来，我只就把斧头处明此手，不愿就他把锄头处明此手。"

陆九渊说："淳叟亦善喻，周亦可谓善对。"②

由此看来，陆九渊虽不赞同刘尧夫信禅，却没有过多地责备，相反还对其比喻表示欣赏。事实上，陆九渊对刘尧夫也多有赞赏之语。《陆九渊集》卷 4 有《与刘淳叟》两封信，说："淳叟之气禀，固自有异于人者"，"平日闻言辄喜，遇事辄询，有听纳之体"，喜其"志向亹亹，有进无退"。

但这个刘尧夫确实不怎么地道。他任隆兴府通判不久，就说陆九渊之学大谬。③ 朱熹很看不起他。有一次朱熹与人聊到刘尧夫（"坐间有及

---

①　《陆氏》，《朱子语类》卷 124，第 3213 页。

②　《语录上》，《陆九渊集》卷 34，第 471 页。

③　赵伟：《陆九渊门人》，中国社会科学出版社 2009 年版，第 73 页。

刘淳叟事”）时，评价道："想不到这个人变脸变得这么快（'不意其变
常至此'），我还在朝廷做事的时候，他来见过我，极口说陆九渊之学大
谬。我当时就责备他：'陆九渊的学术自有公论，你怎么能如此说他？'"
但说到最后，朱熹突然话锋一转，说："不过，刘尧夫开始也是深信陆九
渊之说的，这毕竟是他自己不知人呀。"（"然其初间深信之，毕竟自家
唤做不知人。"①）后来，刘尧夫弃陆九渊之学而入佛门，朱熹认为其追陆
九渊最久，不应当如此，但言语之外，也认为陆九渊有教授不当之责。

4. 刘止（定夫）

刘止，字定夫，江西南丰人，先后问学于陆九渊和朱熹。陆九渊比
较欣赏刘定夫，在《与胡无相》中提到刘定夫约其登山："刘定夫得数日
之款。……定夫亦约早晚登山。"陆九渊还在刘定夫的一幅诗轴上题过
一首诗："人生不更涉，何由知险艰？观君一巨轴，奚啻百庐山。"②有一
次，陆九渊"感叹时俗汩没，未有能自拔者"③，就把刘定夫的《象山诗》
吟诵了一遍："三日观山山愈妍，锦囊收拾不胜编。万山扰扰何为者？惟
有云台山岿然。"陆九渊认为刘定夫说出了自己学说和办学的宗旨，又
认为刘定夫能脱俗自拔。

但朱熹不喜欢刘定夫。赵伟在《陆九渊门人》中提到，朱熹有《答
刘定夫》书两封，其一说："你所说的为学之意甚善，但话说得太多。我
的意见是'学者息却许多狂妄身心，除去许多闲杂说话，着实读书'。"
其二说："来书词气狂率又甚往时，且宜依本书读书做人，未须如此胡说
为佳。"朱熹此话，言辞虽少，语气却重。"义正"之外，更多的是"词
严"，一种教师的口气："你开始只管逐字逐句地读书，久而久之就会有
见地了（'初时尽且寻行数墨，久之自有见处'）。"更有意味的是，朱熹
似乎还在指责刘定夫的老师，说："最怕人说学不在书，不务占毕，不

---

① 《训门人》八，《朱子语类》卷17，第3129页。
② 《书刘定夫诗轴》，《陆九渊集》卷25，第348页。
③ 《语录上》，《陆九渊集》卷34，第495页。

专口耳", 如果不读书, 不在文字训诂上下苦功, 不去诵读, 那结果就是说得再漂亮, 都是空话 ("下稍①说得张皇, 都无收拾, 只是一场大脱空②")。朱熹说的"最怕人说"的这个"人"就是指陆九渊呀。最后, 朱熹干脆直说这种情况"直是可恶"。

陆九渊当然不能默认, 1187 年 (淳熙十四年) 十月, 他直接写信给朱熹说: "您批评刘定夫气禀倔强恣睢, 在同辈中都少见。近来我检讨一番, 方知要申诉一下。" ("刘定夫气禀屈强恣睢, 朋侪鲜比, 比来③退然④, 方知自讼。")。陆九渊接着说: "'大抵学者病痛, 须得其实, 徒以臆想, 称引先训, 文致其罪, 斯人必不心服。' 纵使这个人'不能辩白, 势力不相当', 强勉无辜而服罪了, 那又有什么益处呢? 岂止是无益, 还是害了这个人呀 ('强勉诬服, 亦何益之有? 岂其无益, 亦以害之, 则有之矣'⑤)。"

应该讲, 陆九渊的反击是有力的, 而且带了一点不满情绪和不平之气。

陆九渊不但说朱熹对刘定夫的批评不能使其心服, 没有益处, 还进一步说: "朱熹说刘定夫不容易消除旧习气, 如果消除这一点, 那一切都好办了。我说呀, 朱熹完事后不但不能消除, 反而会增加刘定夫的不良习气。" (予谓晦庵逐事为他消不得。先生曰: "不可将此相比, 他是添。"⑥)

5. 曾祖道 (宅之, 一字择之)

曾祖道, 庐陵 (今江西吉安) 人, 1197 年 (庆元三年) 三月, 先后拜陆九渊、朱熹为师。曾祖道在跟陆九渊学习时, 始终不能理解陆九渊

---

① 下稍: 又作"下梢", 结果。
② 脱空: 没有着落, 落空。
③ 比来: 近来。
④ 退然: 谦卑, 恬退。
⑤ 《与朱元晦》,《陆九渊集》卷 13, 第 206 页。
⑥ 《语录下》,《陆九渊集》卷 35, 第 516 页。

的心学，受到陆九渊的严厉批评。

一是指出曾祖道听课的理解力不好，其课堂记录也有失实之处。陆九渊说："你叙述和记录我的言论失实。当然，'记录人言语极难，非心通意解，往往多不得其实'。前辈先贤经常告诫门人不要妄想去记录其语言，因为'其不能通解，乃自以己意听之，必失其实也'，但你不仅叙述我的学说失实，'又自援据反覆'，这就是你的毛病所在。"

为了防止曾祖道对自己的讲课内容、观点、思想记录"失实"、歪解和胡说，陆九渊还说："现在我们身在两地，'不得面言'，'不若将平时书问与所作文字讲习稽考'，'若据此为辨，则有案底，不至大诧舛也'。"可见，陆九渊说得很重，对曾祖道非常不满意。

二是指出了自己与朱熹的观点不同。陆九渊在信中指出："'存诚''持敬'二语自不同，岂可合说？'存诚'字于古有考，'持敬'字乃后来杜撰。"[1] 我们知道："存诚"是陆九渊的观点，而"持敬"是朱熹的观点。陆九渊认为这两个概念不能放在一起"合说"。因此，曾祖道"所述某之言亦失其实"就不是粗心大意的问题，而是一个观点立场的问题，至少是理解不透。

三是指出曾祖道的"来书'荡而无归'之说大谬"。陆九渊批评曾祖道"终日依靠人言语，又未有定论，如在逆旅，乃所谓无所归。今使足下复其本心"，于是陆九渊就有了那段关于其"本心"的著名论述。

四是指出"又如'脱洒'二字亦不正，足下何不言吾之见邪，不如古人之见正；吾之说虚，不如古人之说实"。陆九渊认为曾祖道这样自我批评，那还有一点启示意义（"则有省发之理"），如果只是从"脱洒"等处去想问题，"终不能得其正"。

逐条逐句地批评之后，陆九渊总结道："你的不幸呀，就在于'受蔽于谬妄之习，今日乃费人许多气力'[2]。"

---

[1] 《与曾宅之》,《陆九渊集》卷1，第4页。
[2] 《与曾宅之》,《陆九渊集》卷1，第7页。

陆九渊还给曾祖道写过第二封信，也是提出批评："你来信说我曾经告诫你不要'文义溺志'。我陆九渊平时与人讲习授课，'不敢泛为之说，大抵有所据而后言'。我还记得你曾经'粘纸数幅，写前辈议论十数段'，在后面'注所见与所疑'，'又各空其后'，以等候我来评说。这岂不是你所展示的吗？我'当时看毕，甚喜其有志于学，亦甚惜其学未知方'，还展示给几个朋友看，说曾祖道'此人气质志向，固不碌碌，但未得亲师友，胸中杂然，殊未明本末先后之序。今千里寓书，纸笔之间，岂能遽解其惑。且当示以读书之法，使之无徒耗其精神，后日相见，当有可言耳'。我还大致记得我在回信里说：'谓读古书，且当于文义分明处诵习观省，毋忽其为易晓，毋恃其为已晓，则久久当有实得实益。至于可疑者，且当优游厌饫以俟之，不可强探力索，后日于文义易晓处有进，则所谓疑惑难晓者往往涣然而自解。却不记得有溺志之辞。'"①

陆九渊不厌其烦地长篇大论之后，还是希望曾祖道"能弃去谬习，复其本心"。

那么，曾祖道怎么了呢？曾祖道去了考亭（今福建建阳）拜见朱熹，说："近年我曾拜见了陆九渊先生。"

朱熹就问："你说说陆先生如何？"

曾祖道说："陆先生之学，祖道晓不得，更是不敢学。"

朱熹问："如何不敢学呢？"

曾祖道说："陆先生对我说，目能视，耳能听，鼻能知香臭，口能知味，心能思，手足能运动，为什么还要'存诚持敬'？硬要将一物去治一物，须要如此做甚？咏归舞雩，自是吾子家风。我听了之后，就跟陆先生讲，道理是这个道理，但恐怕不是初学者所能达到的。陆先生说，我所掌握的只是'必欲外铄以为本'。可惜也！我说：'这恐怕只是先生您的说法。今天假使祖道便要如此，恐成猖狂妄行，蹈乎大方者矣！'

---

① 《与曾宅之》，《陆九渊集》卷10，第157-158页。

陆九渊先生说：'缠绕旧习，如落陷阱，卒除不得！'"

听完曾祖道的叙述，朱熹一口咬定："陆九渊的学说啊，分明是禅。"[1]

6. 胡大时（字季随）

陆九渊有个学生叫胡季随，名大时，号盘古（又作"盘谷"），福建崇安人，是南宋理学家胡宏（号五峰）之幼子，张栻之女婿、门人，后来拜陆九渊为师。陆九渊在《与林叔虎》中介绍：胡季随是杨时的学生胡宏的幼子、胡安国的孙子。胡季随一开始师事张南轩（名栻），又娶了他的女儿。张南轩去世后，又讲学于晦翁（朱熹）之门，亦曾经到临安和陆九渊相聚，最后，拜陆九渊为师，"深服其教"。胡季随操行很好，且有志于学，十分刻苦，陆九渊对其为人评价很高："此人操行甚谨恳，志学亦甚笃"，"但学不得其方，大困而不知反"。结果他不但没有长进，反而越学越糊涂。[2] 陆九渊举了一个例子：

胡季随在朱熹处学习的时候，朱熹让他读《孟子》。过了几天，朱熹问胡季随："《孟子》中的'至于心独无所同然乎'一句，如何解呀？"

但胡季随没有理解，因此，听了胡季随的解释后，朱熹说不对，并且批评胡季随"读书卤莽不思"。

胡季随挨了批评后，退下去苦苦思索，以致病倒。

朱熹这时才告诉他："然读如'雍之言然'之'然'，对上同听、同美、同嗜说。"朱熹《注》云："然，犹可也。""然"是说共同认可而欣悦之。理、义，乃人心所同悦。人在耳、眼、口等感官方面的美感有普遍性。孟子由感官之同然，说到心之同然；以心之同然，指证性善，说人心之悦理义亦有普遍性。正像陆九渊发挥此义："东海有圣人出焉，此心同也，此理同也。西海有圣人出焉，此心同也，此理同也。……千百世之上至千百世之下，有圣人出焉，此心此理，亦莫不同也。"陆九渊

---

① 《训门人》四，《朱子语类》卷13，第3011页。

② 《与林叔虎》，《陆九渊集》卷9，第145页。

大笑说："只是如此，何不早说与他？"① 由此可见，陆九渊也认为胡季随的理解力不强，但同时也透露出对朱熹教学的不满。

不过，陆九渊认为胡季随在大是大非的问题上，立场站得比较稳。"太极无极之辩"和"评价王安石"是陆九渊和朱熹的两场辩论。有一次，胡季随在给陆九渊的信中，评论了陆九渊给朱熹的《论太极书》。陆九渊很满意，说胡季随"辞皆至理诚言，左右能彻私去蔽，当无疑于此矣"②。陆九渊还说道："对我的那篇《王文公祠记》，就足下一个人说，即使让王安石复生，也将不能自解。'精识如此，吾道之幸！'"可见，陆九渊对胡季随评价相当高。

朱熹虽然也常给胡季随写信，多达 15 封，可对胡季随的评价不高。"五峰诸子不著心看文字，恃其明敏，都不虚心下意，便要做大。"显然，这个"五峰诸子"是包括胡季随的。有人评价胡季随才敏，朱熹却说："也不济事。须是确实有志而才敏，方可。若小小聪悟，亦徒然。"③他接着说："胡季随也在我这里问学。我一见到胡季随，就知道他不能自立，其胸中自空空无主人，所以才闻他人之说，便动。"④

为什么两位先生对胡季随的评价有如此大的差异呢？因为他们对胡季随在大问题上的表现看法不同。朱熹因看金溪与胡季随书中说颜子克己处，曰："看此两行议论，其宗旨是禅，尤分晓。"⑤他认为胡季随受了陆九渊的影响，都是禅。

五、"无极"之辩

"无极"之辩是陆九渊在象山讲学期间与朱熹发生的一场争论。后来，陆九渊在荆门时，学生陶赞仲写信来问："听闻朱熹先生在无极太

---

① 《语录上》，《陆九渊集》卷 34，第 488 页。

② 《与胡季随》，《陆九渊集》卷 1，第 8 页。

③ 《程子门人》，《朱子语类》卷 101，第 2788 页。

④ 《陈君举》，《朱子语类》卷 123，第 3198 页。

⑤ 《陆氏》，《朱子语类》卷 124，第 3206 页。

极的问题上和您发生过一场辩论，这是怎么一回事呀？"陆九渊在回信中，说明了事情的由来。

1. 周敦颐的《太极图》《太极图说》

原来，这场争论是围绕北宋初期哲学家周敦颐的一部书展开的。周敦颐绘制了一幅《太极图》，又写了《太极图说》来阐述宇宙和人类社会的生成与演变规律，全文是：

无极而太极。太极动而生阳，动极而静。静而生阴，静极复动。一动一静，互为其根；分阴分阳，两仪立焉。阳变阴合，而生水火木金土。五气顺布，四时行焉。五行一阴阳也，阴阳一太极也，太极本无极也。

五行之生也，各一其性。无极之真，二五之精，妙合而凝。乾道成男，坤道成女。二气交感，化生万物，万物生生而变化无穷焉。

惟人也，得其秀而最灵。形既生矣，神发知矣。五性感动而善恶分，万事出矣。圣人定之以中正仁义而主静，立人极焉。

故圣人"与天地合其德，日月合其明，四时合其序，鬼神合其吉凶"，君子修之吉，小人悖之凶。故曰："立天之道，曰阴与阳。立地之道，曰柔与刚。立人之道，曰仁与义。"又曰："原始反终，故知死生之说。"大哉易也，斯其至矣！

这部哲学著作是周敦颐的代表作。周敦颐提出了儒家的一个宇宙生成论："太极"是宇宙的本原，"太极"一动一静，产生阴阳万物；人和万物都是由于阴阳二气和水火木金土五行相互作用构成的；五行统一于阴阳，阴阳统一于太极。

文中突出了人的价值和作用，主张"惟人也，得其秀而最灵"。对人来讲，圣人的价值和作用又特别突出："圣人定之以中正仁义而主静，立人极焉。"

"人极"即"诚"，"诚"是"纯粹至善"的"五常之本，百行之源也，是道德的最高境界"。只有通过主静、无欲，才能达到这一境界。

周敦颐的《太极图说》改变了《中庸》《孟子》以来"由人及天"

的思想体系和思维路径，创立了一种"由天及人"（从宇宙本体到人类社会）的哲学体系，属于客观唯心主义，言简意赅，博大精深。

总之，周敦颐的《太极图》《太极图说》《通书》等在吸收佛学、老庄思想的基础上，从世界观、认识论上对《大学》《中庸》等书的儒家道德规范、道德原则和哲学范畴，对思孟学派以道德为中心的思想体系做了重大的扩充和改造，形成了一种新的儒学形态，即宋明理学。他提出的基本概念和哲学范畴，如"太极""阴阳""五行""动静""性命""善恶"等，成为后世理学研究的课题，对宋以后的中国思想文化产生巨大的影响。

2. 陆九韶与朱熹就"无极而太极"发生争执

1167 年（乾道三年）八月，朱熹偕弟子范崇伯、林择之从福建崇安启程，于九月初八到达潭州（今长沙）造访张栻。在张朱会讲中，"二先生论《中庸》之义，三日夜而不能合"。他们还讨论了太极问题。在张朱会讲后的三四年间，二人通过注解周敦颐的《太极图说》进行了较为集中的讨论。后来，朱熹在厘定道学道统时，把周敦颐作为"道学宗主"放在宋代儒学复兴的开山地位。但是，经朱熹刊定并诠释的《太极图说》因第一句有没有"无极"二字引发争议。

1185 年（南宋淳熙十二年），陆九渊的四哥陆九韶（梭山）致信朱熹，说周敦颐《太极图说》第一句没有"无极"二字。

陆九韶的理由很简单：周敦颐的另一部代表作《通书》只言"太极""中""一"，而没有"无极"二字，如果《太极图说》有"无极"二字，那这二者就"不类"了。所以，陆九韶怀疑有三种可能："无极而太极"不是周敦颐的原话（"疑非周子所为"）；或者是周敦颐"学未成时所作"；或者是周敦颐"传他人之文，后人不辨也"。在后两种可能中，都是等到周敦颐作《通书》时就不再提"无极"，说明他已知"无极"之说错了。

陆九渊简述了其兄的观点："《太极图说》，乃梭山兄辩其非是，大抵言无极而太极是老氏之学，与《周子通书》不类。《通书》言太极不言无极，《易大传》亦只言太极不言无极。若于太极上加'无极'二字，乃是蔽于老氏之学。又其《图说》本见于朱子发附录。朱子发明言陈希夷太极图传在周茂叔，遂以传二程，则其来历为老氏之学明矣。《周子通书》与二程言论，绝不见'无极'二字，以此知三公盖已皆知无极之说为非矣。"①

朱熹却强调作为天地万物本体的太极不是一种有形有状之物，所以周敦颐才加上"无极"二字，"无极而太极"的意思就是"太极无形而有理"。

朱熹在北宋五子的哲学探索基础上建构了一个集大成的哲学体系，这一哲学体系的最高概念就是"太极"和"天理"。朱熹认为"无极而太极"就是所以动而阳、静而阴的本体，换言之，天理就是阴阳、动静的"所以然"。

朱熹和陆九韶两次书信往复，争论了一番，朱熹占了上风。陆九韶就提出不愿再辩，于是争论终止。

可站在一旁的陆九渊不满了，也想借此就心与理、天与人的关系阐发自己的观点。陆九渊与朱熹之间太极之辩的过程是：

1187 年（淳熙十四年）末，陆九渊接过这个话题，在给朱熹的信中说朱熹与四哥陆九韶的无极太极之辩是"辞费而理不明"，主动提出要接着辩论。于是，争辩转到了陆九渊与朱熹之间。

1188 年（淳熙十五年）四月十五日，陆九渊致信朱熹，辩《太极图说》。②

六月，朱熹读到陆九渊来信，并于十一月八日回信论辩。

十二月十四日，陆九渊回信给朱熹，进一步申述自己的观点。

1189 年（淳熙十六年）正月十四日，朱熹回信给陆九渊，对陆九

---

① 《与陶赞仲》，《陆九渊集》卷 15，第 219 页。
② 《年谱》，《陆九渊集》卷 36，第 573 页。

渊的批判逐段反驳，最后提出既然"无复望其必同"，谁也说服不了谁，那就"各尊所闻，各行所知，亦可矣"。

七月四日，陆九渊致信朱熹，说"不谓尊兄遽作此语，甚非所望"。于是，双方的太极之辩暂告一段落，等到1192年（绍熙三年），两人再次展开"皇极"之辩。

陆九渊与朱熹之间的太极之辩，从1187年末至1189年七月四日，陆九渊一共写过4封书信。不少学者认为是3封书信，这是因为1187年末的那封书信已佚，所以大家就把陆九渊于1188年四月十五日写的那封信认定为第1封书信，并把朱陆太极之辩的开始时间定在此时。其实，《年谱》已经明确说明了1187年初冬"辩无极、太极始此"，并且通过朱熹的回信记载转述了陆九渊第1封书信的内容。[①]

那么，陆九渊和朱熹的无极太极之辩是怎样辩的呢？

3. 陆九渊对朱熹的高傲态度提出批评

当时，朱熹批评陆九韶"一以急迫之意求之，则于察理已不能精，而于彼之情，又不详尽"，"看人文字未能尽彼之情，而欲遽申己意"，所以"轻于立论，徒为多说"，结果未必合乎理。

陆九渊说："当初在南康白鹿洞讲学的时候，尊兄让我'平心观之'，我回答'甲与乙辩，方各是其说'，'平心之说，恐难明白，不若据事论理可也'。现在您批评我哥'急迫''宽心游意'等就是这种情况。'论事理，不必以此等压之，然后可明也。'我哥陆九韶'气禀宽缓'，'优游讽咏，耐久纡绎'，尊兄'今以急迫指之'，即使是其他人也看不明白呀。'夫辨是非，别邪正，决疑似，固贵于峻洁明白'，至于那些料想揣度、舞文弄法、无中生有的话，希望尊兄就不要轻易说了（'若乃料度、罗织、文致之辞，愿兄无易之也'）。"

---

① 《年谱》，《陆九渊集》卷36，第569页。但此封书信的全文已佚，参见万安飞《陆九渊年谱》（江西高校出版社2022年版，第147页）的考证。

陆九渊说："我哥陆九韶之所以不想再辩了，那是因为'兄执己之意甚固，而视人之言甚忽，求胜不求益也'。但是，我不这样认为。尊兄平日里对朋友恳切诚挚，求箴规切磨之益，都做得很好，'独群雌孤雄'，别人不但不敢向您说些忠言，实际上也没有能说忠言的人。"

陆九渊接着说："《大学》里有句话是'无诸己而后非诸'，自己没有这些恶行，才劝诫别人不要做这种恶。人，无论古今、智者愚者、贤与不肖，都可说话写文。我看尊兄在给我哥的信中所说的那些话，恐怕就是说您自己吧（'殆夫子自道也'），您怎么还可以责备我哥呢？"

陆九渊甚至有些嘲讽朱熹，说："尊兄只管说来说去，越说越糊涂（'言来言去，转加糊涂'），您说我哥是'轻于立论，徒为多说'，其实您才'真所谓轻于立论，徒为多说，而未必果当于理也'。尊兄多年来号称'句句而论，字字而议'，本来应该'益工益密，立言精确，足以悟疑辨惑'，现在反而轻率如此，应该自我反思了（'乃反疏脱如此，宜有以自反矣'）。像尊兄现在这样'考订注释，表显尊信'，恐怕算不上善于阐述发扬的人吧。"

4. 陆九渊从溯源上指出"无极"一说不出自儒家经典，而出自道家

陆九渊说："朱熹先生您以前在给我哥陆九韶的信中说（'尊兄向与梭山书云'）：'不言无极，则太极同于一物，而不足为万化根本；不言太极，则无极沦于空寂，而不能为万化根本。'"

但是，"无极"二字，"吾圣人之书所无有也"。一是《太极图说》虽以"无极"二字冠首，但为什么周敦颐的《通书》通篇都没有提一次"无极"？二是"二程言论文字至多，亦未尝一及'无极'字"。三是儒家经典《易大传》《洪范》《毛诗》《周礼》等都没有提"无极"，而太极并没有沦为普通一物而失去其万化之根本的地位。

陆九渊的语言是犀利的。他首先列举《易大传》，曰："《易》有太极。"他然后说："圣人说'有'，您却说'无'（'今乃言无'），为什么？作《易大传》时不说'无极'，太极何曾同于一物而不足为万化根本？"

他接着说:"《洪范》五皇极列在九畴之中,也没有提'无极',太极又何曾同于一物而不足为万化根本?'太极固自若也','其足不足,能不能,岂以人言不言之故耶?'"①

接着,陆九渊详细叙述了周敦颐《太极图说》的来源,以证明"无极而太极"不是儒家圣贤的衣钵真传,而是老氏陈抟(871—989,字图南,自号扶摇子,赐号"白云先生""希夷先生")的思想。陆九渊引用朱震(字子发,世称汉上先生)的说法,断定周敦颐的《太极图》得自穆修(979—1032,字伯长),而穆修又得自北宋道士陈抟。而陈抟之学,老氏之学也。"'无极'二字,出于《老子·知其雄章》",《老子》首章便讲"无名天地之始,有名万物之母","有生于无"的观点是老氏之学的宗旨。"老氏学之不正,见理不明,所蔽在此。""无极而太极"正是贯彻了老氏这种观点。朱熹在这方面"用力之深,为日之久",竟然不能辨别,为什么呀?

朱熹则极力否认周敦颐思想的道教渊源。尽管朱熹与陆九渊关于"无极"概念的理解不同,立场对峙,但是两人内心深处都非常重视儒道之别,时刻保持着对道家与道教学说的警惕性。②

5.从"极""无极""太极"的训诂上,陆九渊对朱熹展开批驳

首先,朱熹认为:太极不是一个具体的、有形的物,"太极只是天地万物之理。在天地言,则天地中有太极;在万物言,则万物中各有太极"③。"无极"并非实体概念,而只是一个形容太极的摹状之词。

朱熹接着说,正因为"太极"不是一物,是无形的,周敦颐先生怕学者把太极错认为一物,所以就加上"无极"二字帮助大家理解。这样就有了"无极而太极"的说法。

朱熹一而再,再而三地强调:"太极却不是一物,无方所顿放,是

---

① 《与朱元晦》,《陆九渊集》卷2,第27页。
② 卢兴:《中韩"无极太极之辩比较析论》,L,第252页。
③ 《理气上》,《朱子语类》卷1,第1页。

无形之极。故周子曰'无极而太极'。"①

"'无极而太极。'盖恐人将太极做一个有形象底物看，故又说'无极'，言只是此理也。"

"'无极而太极'，只是无形而有理。"

"周子所谓'无极而太极'，非谓太极之上别有无极也，但言太极非有物耳。"②"'无极而太极'，不是太极之外别有无极，无中自有此理。又不可将无极便做太极。'无极而太极'，此'而'字轻，无次序故也。"③

陆九渊则反驳：《易大传》等儒家经典都只说"太极"而没说"无极"。自从有《易大传》以来，"未闻有错认太极别为一物者"。即使再愚谬，也能举一反三，哪里需要周敦颐"老先生特地于太极上加无极二字以晓之乎？"

陆九渊首先引用朱熹的话说："朱熹先生您在第二封信中又说'无极'即'无形'，'太极'即'有理'。"对"太极即有理"的观点，陆九渊是赞同的，但对朱熹"无极即无形"的说法，则从训诂上批评这是没有根据的编造。陆九渊说："盖极者，中也。"以"极"为"中"，就是认定"中即至理"，"曰极、曰中、曰至，其实一也"。如果按朱熹的说法，言"无极"则言"无中"。这是说不通的。

陆九渊认为太极之上不能加一个超越太极的无极，因为太极是有，无极是无，圣人讲有而不讲无。朱熹在太极之前加上无极，那就是头上安头，床上架床，屋上架屋。

德元问："万物各具一理，而万理同出一原。"朱熹认为正确的说法是："万物皆有此理，理皆同出一原。但所居之位不同，则其理之用不一。如为君须仁，为臣须敬，为子须孝，为父须慈。"④

按朱熹的训诂，这个"极"为"枢""根"，他说："原'极'之所

---

① 《易十一》，《朱子语类》卷75，第2072页。
② 《周子之书》，《朱子语类》卷94，第2538页。
③ 《周子之书》，《朱子语类》卷94，第2539页。
④ 《大学五》，《朱子语类》卷18，第427页。

以得名，盖取枢极之义。圣人谓之'太极'者，所以指夫天地万物之根也。"①他还打比方说："太极如一木生上，分而为枝干，又分而生花生叶，生生不穷。到得成果子，里面又有生生不穷之理，生将出去，又是无限个太极，更无停息。"②

"以物论之，《易》之有太极，如木之有根，浮屠之有顶。但木之根，浮屠之顶，是有形之极；太极却不是一物，无方所顿放，是无形之极。故周子曰：'无极而太极。'是他说得有功处。"③

6．"极"和"无极"之辩，表现了陆九渊和朱熹对"理"的不同理解

陆九渊说自己之所以与朱熹书信往来，反复论辩，就是要把朱熹学说中的毛病揭露出来（"发明其平生学问之病"），"辩"这个"理"，"近得尽朋友之义，远则破后学之疑，为后世之益"④。那陆九渊怎么与朱熹争个高下？怎么在"无极而太极"上争出个"理"来呢？

陆九渊在给朱熹的信中开宗明义："夫太极者，实有是理，圣人从而发明之耳，非以空言立论，使后人籢弄于颊舌纸笔之间也。"他认为，"理"的关键，不在于如何空发议论、拨弄纸笔，用言辞去表达它，而在于认识它的实在性，并有真实切己的体验。陆九渊承认太极有此理，他只是不同意以源自道家的"无极"来说明"太极"。如果这样的话，那就会导致儒家之太极实理沦为空虚之理。

六、朱熹为什么说陆九渊是告子？

1193 年初，陆九渊在荆门逝世。朱熹正在福建考亭编著《孟子要略》，一闻噩耗，即率门人往寺中设灵位哭之。既罢，良久曰："可惜死了告子。"⑤

---

① 《周子之书》，《朱子语类》卷 94，第 2538 页。
② 《易十一》，《朱子语类》卷 75，第 2072 页。
③ 《易十一》，《朱子语类》卷 75，第 2073 页。
④ 《与林叔虎》，《陆九渊集》卷 9，第 144 页。
⑤ 《朱子语类》卷 124，中华书局 2020 年版，第 3214 页。

朱熹在拜祭之日以告子喻陆九渊，乍一看，有点像庄子哭惠施之死，朱熹也为失去一个有相当分量的思想辩手而感叹。但进一步看，朱熹的这种说法反映了一个情况：朱熹与陆九渊的争论和告子与孟子在"人性善恶"诸问题上的争辩有几分相似。

告子是战国中期的哲学家，以孟子论敌的形象闻名于世，他的学术思想主要集中于"人性善恶""仁义内外""知言养气"等。而就朱熹与陆九渊两人来看，朱熹以孟子自居，陆九渊也以孟子自许。朱熹多次诋斥陆学为禅，屡将陆九渊称为告子。因为朱门后学为争夺学术领地，在"生之谓性""不动心"等问题上取其形似，将告子思想与禅学进行了多方对接。其实，先秦时期的告子及其思想和东汉末年传进中国的佛学以及后来产生的禅学，两者八竿子打不着，但朱熹一派就这样硬生生地把告子说成是禅宗的先秦祖师。为什么呢？因为朱熹一直把陆九渊视为禅，不是儒，这样一来，就把陆九渊与禅、与告子扯到一起，从而进一步将陆九渊心学诬斥为"异端邪说"，以达到清理儒学门庭的目的。

陈荣捷在《朱子新探索》中专辟一节予以探讨，认为朱熹论告子、陆九渊的相会点，主要表现在"不知有气禀之杂""不教人读书""义外之说"和关于"不得于言，勿求于心"的"不动心"之法等四个方面。一番比较剖析后，他最终认定朱熹之叹"必指告子与陆子之不动心之法而言"。[1]

而孙齐鲁认为[2]，朱熹将陆九渊与告子并称的原因，除了"不动心""仁内义外""生之谓性"等之外，其真正目的是想借此判定陆九渊心学本质上是一种"异端邪说"——禅。因为在朱熹看来，告子与禅宗有某些义理上的共通性。比如，问："生之谓性。"曰："他合下便错了。他只是说生处精神魂魄及动用处是也。正如禅家说'如何是佛'，曰'见性是佛'；'如何是性'，曰'作用是性'。谓目之视、耳之听、手

---

① 陈荣捷：《朱子新探索》，华东师范大学出版社 2007 年版，第 398—401 页。
② 孙齐鲁：《"朱陆之辩"中的告子与禅宗——对宋明理学史一段误会的考究》，《中国哲学史》2010 年第 3 期。

之捉执、足之运奔皆性也。"① 这里，朱熹借"生之谓性"将告子与禅宗联系起来，然后进一步论证"精神魂魄及动用处"与陆九渊的"收拾精神"是相通的。

　　宋儒各学派在互相论辩时，常常会根据自己的观点来指责对方之意见不符合儒学之正统。而儒学一直以孔孟之学为正宗，而与孟子观点多有不合的告子则被历代儒者视为旁门左道。正是在这样的背景之下，朱熹把陆九渊比作告子，就含有陆九渊心学不是儒门正宗的意思在内。

　　其实，陆九渊对告子多有批判，认为："告子不动心，是操持坚执做，孟子不动心，是明道之力。"②"告子湍水之论，君子之所必辨，荀卿性恶之说，君子之所甚疾。然告子之不动心实先于孟子，荀卿之论由礼，由血气、智虑、容貌、态度之间，推而及于天下国家，其论甚美，要非有笃敬之心、有践履之实者，未易至乎此也。"③ 正是在这篇《天地之性人为贵论》中，陆九渊不留情面地指出告子和荀子的思想有失正道，警示儒者不可不辨。"必有二子之质，而学失其道，此君子之所宜力辨深诋，挽将倾之辕于九折之坂，指迷途而示之归也。"陆九渊以"道"作为判断标准，把告子、荀子之说比喻为倾辕、迷途。当然，告子、荀子之学毕竟是儒学，与佛老之学不同。佛老之学有意放弃现实社会的伦理秩序。所以，陆九渊对佛老用的词是"断弃"，而对告子、荀子用的则是"失道"，用的词语还是非常准确的。陆九渊认为儒者需要辨识的不是告子、荀子的立场，而是他们的方法和理路。有一次，陆九渊对学生李伯敏说做学问的方法在于"求放心"和"立志"，而不是"不动心"。④

　　陆九渊认为有两种异端：一种是佛老的异端；一种是儒学内部的异端，即那种"外入之学"，勇武如子张，文才如子夏，告子、荀子都在

---

① 《朱子语类》卷 59，中华书局 2020 年版，第 14 页。
② 《语录上》，《陆九渊集》卷 34，第 485–486 页。
③ 《天地之性人为贵论》，《陆九渊集》卷 30，第 402 页。
④ 李浩然：《论陆九渊对异端之批判》，L，第 544 页。

其列。陆九渊说告子之意，"不得于言，勿求于心"，是外面硬把捉的。告子也是"孔门别派"，"只是终不自然"。而孟子"则是涵养成就者，故曰'是集义所生者'，集义只是积善。'行有不慊于心则馁矣'"。陆九渊总结道："若行事不当于心，如何得浩然？此言皆所以辟告子。"① "不得于言，勿求于心"是孟子对告子"不动心"的转述，这句话的意思是如果在言语中未能获得正当之理，就不要在心中去寻求正当之理。所谓在言语中获得理，即通过文字所记载的知识来理解行动的道德原则以及事物的运行规律，说到底仍然是子张、子夏所推崇的那种章句记问之学。因此，告子的"不动心"就是在理解天理之前防止外物触动内心，这被陆九渊批评为"外入之学"，陆九渊提倡的是"内入之学"。当然，朱熹对"不得于言，勿求于心"的解释是："告子只是硬做去，更不问言之是非，便错说了，也不省。"②

在告子的"不动心"里，外在的"言"比内在的"心"更重要，一个人如果不充分掌握知识，就不能获得对理的掌握。但在陆九渊看来，"心即理"，"心"与"理"之间不需要言语知识上的过渡，指南者的涌入反倒容易影响本心对天理的直接感知。更重要的是，如果像告子一样，把"言"看成是通向"理"的先决条件的话，"理"就成了在人之外的法则，人的内心就没有了道德的根源。告子在与孟子的几次论辩中都主张"无善无恶"③，这是主张善性先天存在于人心之中的陆九渊无论如何也不能同意的。孟子当初亦批判告子"义外"，即把正当性的根源放在了人心之外。孟子认为人天生具有善根，通过后天的涵养成就，此善根便不断积累苗壮，"是集义所生者"。在这个过程中，本心必须时时被发现而不能有一丝怠慢，所以孟子说"行有不慊于心则馁矣"。陆九渊完全继承了孟子这种积善集义、以心求理的观点。他说："此天之所以予我者，非由外铄我也。思则得之，得此者也；先立乎其大者，立此

---

① 《语录下》，《陆九渊集》卷35，第513页。
② 《公孙丑上之上》，《朱子语类》卷52，第1322页。
③ 《孟子·告子上》云："告子曰'性无善无不善也'。"

者也；积善者，积此者也；集义者，集此者也；知德者，知此者也；进德者，进此者也。同此之谓同德，异此之谓异端。"①

总而言之，陆九渊和朱熹两位宋代大儒有着30年的交往历史，私交很好，感情很深，但学术观点有很大差异，相互之间发生过多次辩论。陆九渊说朱熹"见道不明"，而朱熹一直指责陆九渊是禅。浙江黄岩人赵师雍（字然道）和赵师蒇（字咏道）兄弟俩既是陆九渊的门人，又是朱熹的门人。他们看到两位老师辩论不休，很是着急。陆九渊逝世后，赵师雍写信给朱熹说："可惜没有看到两位先生的论辩有所底止。"朱熹说："荆门之讣，闻之惨怛，故旧凋落，自为可伤，不计平日议论之异同也。"② 后来，朱熹在《答詹元善》中云："子静旅榇经由，闻甚周旋之，此殊可伤。见其平日大拍头胡叫唤，岂谓遽至此哉。然其说颇行于江湖间，损贤者之志而益愚者之过，不知此祸又何时而已耳。"

朱熹认为"儒释之异"，在于"吾以心与理为一，彼以心与理为二"③，并一直认为陆九渊分不清佛禅的"气禀之私"（"然近世一种学问，虽说心与理一，而不察乎气禀物欲之私，故其发亦不合理，却与释氏同病，又不可不察"④），认定陆九渊是禅。

所以，朱熹"可惜死了告子"之叹，乃是他对陆九渊整个心学思想和学术生命的盖棺定论。

---

① 《与邵叔谊》，《陆九渊集》卷 1，第 1 页。
② ［宋］朱熹：《答赵然道》，《晦庵集》卷 15。
③ 《朱子语类》卷 126，中华书局 2020 年版，第 3253 页。
④ ［宋］朱熹：《答郑子上》，《晦庵集》卷 56，四部丛刊景明嘉靖本。

第 10 讲

陆九渊心学与科举制下的官员选拔和教育

心学就是人学、圣人之学，就是如何做人、如何成圣之学。心学所谈的人、圣人，说的是所有人，更是那些治国平天下的人，即那些正在和将要执政之人、行政之人。因此，心学所谈的就是这些要成人成圣的人在治理国家、管理社会时言谈举止应该如何。

任何一个社会、国家，为了维持自身的运转，履行自身的职能，维护政权的稳定，就要有一个由很多人组成的官僚系统。那么，治国人才靠什么制度产生呢？

一、中国文官制度的历史演变与宋朝科举的普及

1. 什么是科举？

科举是什么？科举不完全等于考大学。现在考上大学、考上研究生，只是拿到在校学习的资格，跟你将来从事什么职业，是什么身份、什么编制（干部身份、职工身份，行政编、事业编、企业编）没有直接关系。

科举制度是中国古代选拔官员的一种制度。考上进士，就可直接当官，或进中央部门，或下派地方。因此，科举等于向全国公开招聘领导干部，是中国古代的干部选拔制度，是当时世界上比较先进的文官制度。

古代科举，先在县里考，考上当秀才。金溪县城老街上的"培风馆"就是当年的一个县考的考场。县考之后，就进入国家考试，分三级：

第一级是在家乡举行的"乡试"，唐宋时称"乡贡""解试"，由各地州、府主持考试，一般在八月举行，故又称"秋闱"。明清两代定为每三年一次，在各省省城举行。中试者称为"举人"，《儒林外史》中范进就是中举之后激动得疯了。汤显祖到南昌参加乡试，中了举人，全省第八名，跑到南昌城郊的西山玩了一次。陆九渊、王阳明也考上了举人。举人的第一名叫"解元"，第二名叫"亚元"，第三、四、五名叫"经魁"，第六名叫"亚魁"。中试之举人就有俸禄，获得了选官的资格，均可参加次年在京师举行的会试。

第二级是举人到京城参加由礼部主持的考试，唐宋金元时称"省试"，明清时叫"会试"。每三年一次，逢辰戌丑未年为正科，遇皇室庆典加恩科。因考试在春天举行，故又称"春试""春闱"。录取者叫"贡士"，第一名叫"会元"。

第三级是贡士参加由皇帝主持的殿试，录取者叫"进士"，进士第一名叫"状元"，第二名叫"榜眼"，第三名叫"探花"。因为殿试榜用黄色纸张书写，故称"黄榜"，又称"金榜"，考上进士称为"金榜题名"。

如果在乡试、会试、殿试都是第一名，即接连考中"解元""会元"和"状元"，那就是"连中三元"。

古代科考每三年一次。从隋朝开考到晚清科举结束，全中国 1300 多年产生了多少进士呢？ 10 多万个。其中江西有多少个进士呢？ 10000 多个。其中抚州有多少个进士呢？ 2450 个，居江西全省 11 个设区市第 3（第 1 名是吉安，第 2 名是上饶）。金溪县出过 224 个进士。这是什么概念呢？当时全国大概有 2800 多个县，100000 多个进士，一个县平均 30 多个进士，而金溪县就出了 224 个进士，7 倍于全国的平均数。

科举考试三年只产生一个状元，可见状元就更稀少了。1300 多年里，全国一共产生文状元 596 个，武状元 182 个。能在乡试、会试、殿试中蝉联第一、"连中三元"者，更是凤毛麟角。一说为 19 个，其中文状元 16 个，武状元 3 个。

2.科举制度的进步作用

古代中国是以血缘为基础的宗法社会。西周（前1046—前771）是中国历史上继商朝之后的第三个世袭制奴隶制王朝，统治范围包括今黄河、长江流域和东北、华北的大部。周武王姬发、周公旦进行了国家制度的顶层设计，政治制度（主要是领导和干部制度）上实行分封制，国家和社会制度上实行宗法制，经济制度上实行井田制，思想文化制度上实行礼乐制，构成了支撑西周天下的四大基本制度，从而加强了西周的国家统治，对后世影响深远。

在国家的分封制下，领导国家、管理社会的人员主要是通过世袭制来选拔与任用的。如西周时代周天子、各诸侯的家臣、国家的各种职务都是世袭的。天子的位置传给天子的长子、长孙，诸侯的位置传给诸侯的长子、长孙。这是建立在分封制政治制度基础上的人才制度。

秦以后，分封制改为郡县制，官员选用和人事制度也就基本取消了世袭制。除了皇帝这个职位之外，其他官位都由中央统一任命，都不世袭了，上至宰相、下至县令的官位都不能传给儿子了。这是一大历史进步。能不能成为官员，不再是先天注定的，它在一定程度上扩大了用人范围，增加了社会的流动性。

对于各级官员的选拔任用，汉武帝开始实行"察举制"，曹魏时开始实行"九品中正制"。"察举制"是先由地方上举荐德才兼优的人才，朝廷考察后再安排任用。"九品中正制"是中央派出一些叫作"中正"的官员，把全国的知名人士分成九个等级加以考察任用。

和世袭制相比，这两种制度都不再是血缘世袭，而是靠察举、推荐、品评了，人才的来源广泛了一些，选拔的方式公平了一些，也增加了社会的流动性。但是，这种推荐与品评从一开始就为亲友、家族所把控，导致出身好的就会被推荐，出身差的则很难被推荐，有背景的大家族就是上品，没背景的普通人家就是下品。"察举制"和"九品中正制"最终还是退化成了权力世袭，官员多出自豪门，形成了"上品无寒门，下品无世族"的门阀政治、门阀社会。

　　科举制在隋朝出现，经过唐朝的发展，到宋代变得越来越普遍和重要。宋代是一个科举普及的文治社会，为了防范类似于唐末五代的武将专政，也为了防范有人仿效陈桥兵变篡夺皇权，宋朝就采取"重文轻武"和科举取士的基本国策，这也就促使科举制空前地普及起来。

　　科举制有三个关键点：一是分科招考，取士权在中央。二是任何人都可以自由报考，不需要他人举荐。三是只按考试成绩取舍，而不是靠血缘、家世进入官场。科举制度有力而有效地打击了靠血缘、门第、人缘才能当官掌权的情况，成为中古时期全世界最先进的文官制度。它的进步作用表现在四个方面：

　　（1）扩大了国家选人用人的范围。宋朝随着经济重心南移，水稻文化的兴起，南方越来越成为朝廷税赋的来源重地。经过唐末五代农民战争的打击，魏晋南北朝以来的世家大族已经彻底退出历史舞台，代之而起的是以一家一户、自我耕作为存在方式的中小地主。宋代是一个由中小地主构成的平民社会。在以往的时代，一个人想在政府或社会中获得比较优越的位置，必须生在高门豪族，或者依靠军事夺权。这两种当官的途径，范围太窄，对普通人来说，难度系数也太高。随着时代的变化，宋代选人选官的制度就更加普及了。

　　（2）增加了社会的流动性。平民子弟也可以通过念书考试进入社会上层，有了靠自己努力就能出头的指望。范仲淹少时苦读，每天煮一锅稀粥，凝结后用刀划成4块，早晚各取2块作主食，切几根咸菜一起吃。欧阳修4岁丧父，买不起纸笔，母亲摘根芦苇秆在地上教他识字。"断齑画粥"和"画荻教子"都是寒门子弟靠苦学当官的例子，正所谓"朝为田舍郎，暮登天子堂"。在宋朝，科举及第者大多为平民子弟。如北宋仁宗朝共13榜进士，状元有12人出身平民。[①] 反过来，豪门子弟如果不好好念书，也会很快没落为平民。所以，欧阳修说宋代的科举制度"无情如造化，至公如权衡"，科学制度改变了以前中国社会阶层之间流

---

① 　游彪：《新编中国史·宋史》，中信出版集团2017年版，第417页。

动性差的情况。而社会流动性的增加激发了社会的进取心，增强了社会的稳定性。

（3）扩大了知识分子社会阶层。唐宋以后的士大夫不同于以前的士族。士族是一个世袭群体，由血缘来界定；而士大夫是一种新的职业和新的社会阶层，是一种职业文官，决定他们身份和上升空间的不是血缘，也不是家庭出身和背景，而是他们自己掌握的儒家经典理论和行政管理才能。社会认同这些官员是国家精英，这种观念持续了近千年。

（4）优化了重视知识、重视读书、尊重知识分子的社会风气。中国的家教、祖训、族规、乡风都强调子弟要好好念书，很多宗族还会拿出一些公田来供养宗族子弟念书。这种做法和观念在客观上让中国变成了一个全民读书的礼仪之邦。中国全社会的文明程度是当时的欧洲难以企及的。

家庭、家族是组成人类社会的基本单元，在中西方社会都备受重视。不过，西方人多讲贵族出身，讲究血统的纯正与高贵，譬如"一个富豪可以一夜造就，一个贵族则要三代的基因传承"；而中国人多讲书香门第，讲家学渊源，讲书生意气，讲门风家规。一个家庭、一个家族的官运和财路可能会在时代的长河里中道衰落，隔断散尽，所谓"富贵不过三代"。如果读书，这个家庭、这个家族在文化上、精神上、思想上的文脉、气质、风气、传统，却可以草蛇灰线、薪火相传。俗话说"英雄不问来路，富贵当问缘由"，在中国人看来，依靠读书，平民就可翻身，文化就可传承。现在，我们仍然需要鼓励、号召、推动每个家庭都买书、藏书、读书。只要读书，一个家庭、一个家族、一个民族、一个国家，就能生生不息，长风万里。读书，使人知礼明理，使人精神高贵，使人志向高远，使人大有作为。

3. 科举制度产生的四大原因

为什么科举制到隋唐时才开始实行，到宋代大为普及与盛行呢？

一是经济和政治的原因。宋代经济的发展，商业的普及，市场的扩大，城市的繁荣，再加上魏晋南北朝门阀势力、藩镇势力的政治优势消失，唐末五代十国以后，地方军阀势力受到打击，宋朝出现了一个以中小地主为主导的平民社会，下层百姓变得富裕，他们过上文明生活、参与政治的愿望更强烈了。

二是政治制度的原因。在抑武重文的国策下，"宋帝国需要建立这样一套制度：这个制度能确实可靠地提供大量急需的文官"①。这个制度就是科举制度。科举开始于隋唐，但那时的科举规模小，运行也不正规。整个唐朝只有 10% 的官员是科举出身。这个情况在宋代就彻底改变。宋朝不但完善了从乡试到殿试的逐级考试制度，且考试内容、取士标准、取士方法都不相同，特别是取士规模扩大许多，科举考生已经变成数以万计甚至数以十万计了。宋朝第一任皇帝太祖赵匡胤在位 16 年，取士 350 人。第二任皇帝太宗赵光义在位 21 年，取士 5816 人。第三任皇帝真宗赵恒在任第三年（1000 年），进京赶考取得功名的士子就达 1538 人，这在中国科举取士的历史上是最高的纪录。据《宝祐四年登科录》，1256 年，即陆九渊去世 63 年后，录取进士 601 人，其中官僚出身 184 人，平民出身 417 人。宋朝 300 多年，一共开科 118 次，选拔进士 2 万人以上，这既培育出一个士大夫阶层，也造成官帽子满天飞，机构日益臃肿，财政开支膨胀，更让全社会滋生了一种科举当官的文化心态。

三是思想文化上的原因。儒家思想的君君臣臣、尊尊亲亲这一套，有利于维护王朝统治，也代表了士大夫阶层内在的信仰、外在的处事原则。所以宋朝政府提倡儒学，并且把儒学作为选拔官员的标准。

四是读书成本大大降低。在先秦，只有钟鸣鼎食之家才能看到、读到甲骨文和金文。到秦汉，人们用简牍、绢帛来写字，成本虽有所降低，但对普通百姓来说，还是不便宜。书籍得靠豪门大家世代积累，学问是在家族里代代相传的。即便偶尔出现"寒门"读书人，比如西汉凿

---

① 《儒家统治的时代：宋的转型》，《哈佛中国史》卷 4，中信出版社 2016 年版。

壁偷光的匡衡，也是要想办法才能读到书。纸张、书籍的制作和流通成本决定了培养知识分子的成本，决定了全国知识分子的数量，也就决定了古代政府的结构。虽然早就有蔡伦造纸，但直到东晋，纸张才彻底取代了简牍。在书籍、纸张成本高昂的条件下，科举制度当然出现不了。

后来，雕版印刷技术在唐代出现、在宋朝普及，印刷技术的广泛运用大大提高了文字的复制速度，进一步大幅降低图书的书写和复制成本。宋代的出版业非常发达，书商雇几个小伙计就能印书，甚至印刷工人不识字也能生产书籍。正因为纸张的发明和普及、印刷术的出现大大降低了书籍的价格，书籍不再是贵族世代家藏，书籍普及率的大大提高，使普通人家也能买得到书籍，供得起子弟读书考试，毫无背景、家境贫寒的读书人也有条件读书了。这样一来，书籍从文人笔下的艺术品、专利品、奢侈品变成了民间作坊里的普通商品。金溪浒湾是明清时期全国著名的印书基地。至于它在宋代是不是印书基地，尚不太清楚，不过，《陆九渊集》较早的版本是在金溪刻印的。

总之，由于经济、政治、思想、科技上的原因，科举制作为一种制度化、规模化、标准化的官员选拔制度，就有了必然性、必要性和可行性，科举制度才有实现的可能。因此到了隋唐，国家才有条件开科举，到了宋朝更是大规模地普及开来。

二、陆九渊对科举制度的认识与批判

科举制度在中国历史上虽有进步性并行之有效，但也有内在的弊病，并在历史的发展中越来越走向极端。陆九渊对此进行了深刻的揭露与批判。

1. 陆九渊反对科举和当官吗？

陆九渊批判科举制度，不是反对人们去参加科举考试，也不是反对人们去当官，而是反对人们为了当官而参加科举，为了当官而丢失本心、丢失志与道。

事实上，陆九渊的学生中也有很多人参加了科举，做了官，走上了仕途。比如：

1142 年（绍兴十二年）进士

江西金溪人张商佐（字辅之），进士。

1163 年（隆兴元年）进士

浙江新昌人石斗文（字天民），临安府教授。

福建长汀人杨方（字子直），曾知建昌军。

1166 年（乾道二年）进士。

浙江建德人赵彦肃（字子钦），官至宁海军节度使推官。

1169 年（乾道五年）进士

江西丰城人王允文（字文伯）。

浙江慈溪人杨简（字敬仲），调富阳主簿，累迁至著作郎兼兵部郎官。

福建龙溪人王遇（字子合、子正），后升大宗正丞，迁右司郎中。

1172 年（乾道八年）与陆九渊同登进士第

浙江新昌人石宗昭（字应之，石斗文之弟），授无为军教授。

浙江温州人徐谊（字子宜），入为刑部侍郎，出为宝谟阁待制、江淮制置使，移镇隆兴府。

浙江奉化人舒璘（字元质、元宾），为江西转运司干官。

浙江定海人沈焕（字叔晦），历任上虞尉、扬州教授，调高邮军教授、婺源县令、舒州通判。

江西临川人俞廷椿（字寿翁），授泉州南安主簿，再调怀安，两易古田令，再除新淦令。

江西丰城人李修己（字思永），参兴国军事。其子李义山（字伯高），嘉定进士，授大宗正兼金部。

江西金溪人黄日新，与陆九渊同举进士。

1175 年（淳熙二年）进士

江西崇仁人罗点（字春伯），淳熙二年榜眼，累官端明殿学士，签书枢密院事。

江西金溪人刘尧夫（字淳叟），乾道八年入太学，除国子正，迁太傅，通判隆兴府。

浙江余姚人孙应时（字季和），初尉黄岩，迁海陵丞，再迁遂安令，改知常熟县，移判邵武军，未上而卒。

江西临川人吴君玉（名不详）。

江西临川人林梦英（字叔虎），授祁阳簿，再调衡州法曹，改知武陵县，通判靖州。

江西临川人晁百谈（字元默），授吉州教授，知南康军。

江西临川人孟涣（字济父），授徽州教授、淮西总所干官，知华容县，通判阳州，知荆门军，再知饶州，除广东提举，迁运判，调奏利民五事。

江西南城人傅梦泉（字子渊），分教衡阳，后任宁都县宰、清江判官。

湖北荆州人项安世（字平父、平甫），除秘书省正字。

浙江会稽人诸葛千能（字诚之）。

1178 年（淳熙五年）进士

浙江永嘉人戴溪（字肖望、萧望、少望、岷隐），别头省试[①]第一，官至太子詹事兼秘书监，权工部尚书、文华阁学士、龙图阁学士。

江西临川人邓约礼（字文范），官德化丞、温州教授、常德府推官。

福建长溪人杨楫（字通老），累官司农寺簿，除国子博士，后知安庆，移湖南提刑、江西运判。[②]

1181 年（淳熙八年）进士

江西南丰人刘敬夫（名不详），官至瑞州通判。

江西南城人张镇（字少石）。

---

① 别头试：唐宋科举中因应试者与考官有亲故关系或其他原因，为避嫌疑而另设的考试。

② 赵伟《陆九渊门人》第 102 页对其为陆九渊门人存疑。

浙江宁波人袁燮（字和叔），授江阴尉，后知温州，进直学士。

江西临川人李肃（字仲钦，橘园侍郎李浩之子），授汉州司户，调江西运使帐司，继调衡州教授。

1184 年（淳熙十一年）进士

福建福唐人陈绾（字晋卿）。

1187 年（淳熙十四年）进士

浙江黄岩人赵师雍（字然道）。其弟赵师蒇（字咏道）是淳熙年间状元、朱熹孙婿，昆仲赵师渊、赵师夏、赵师游、赵师端、赵师骞，皆为陆九渊门人。

1190 年（绍熙元年）进士

江西临川人黄循中。

江西南城人毛元善（名或文炳）。

江西南城人刘恭（字伯协），知瑞安，历官阶至中顺大夫。

江西南城人利元吉（字文伯）。

江西南城人周伯熊。

1196 年（庆元二年）进士

江西临川人吴元子（字子嗣）。

江西南城人刘造（字深父）。（依《陆子学谱》卷 14）

1199 年（庆元五年）进士

江西临川人徐子石（字劲仲），主闽簿，再调鄂州录事参军。

江西贵溪人桂昭然（字德辉）。

1208 年（嘉定元年）进士

广东潮州人姚宏中（字安道），中探花，调靖江教授。

1211 年（嘉定四年）进士

江西临川人邹斌（字俊父），授德安司户。

四川井研人李性传（字成之），后权参知政事，寻同知枢密院事，后以资政殿大学士提举洞霄宫。

1214 年（嘉定七年）进士

浙江宁波人袁甫（字广微，袁燮之子），嘉定七年状元，累官权兵部尚书。

江西南城人周良（字元忠）。

江西临川人赵端颐（字养正），嘉定七年进士，授怀安主簿。

1217 年（嘉定十年）进士

江西临川人张宏（字元度）。

1220 年（嘉定十三年）进士

江西南城人包恢（字宏父），积官至刑部尚书，签枢密院事，以资政殿学士致仕。

江西临川人邓泳（字德载，号巽坡，邓约礼之次子），除太常丞，知鄂州，兼沿江制置副使。

浙江括苍人高商老（字不可考），进士，历任承议郎、宜兴知县，知抚州军事。

2. 对时人参加科举的动机的批判

陆九渊认为读书要专心致志，如果"不专心致志，则所谓乡学者未免悠悠一出一入"。那么，专什么"心"？致什么"志"呢？读书要发明本心，"深思痛省，决去世俗之习，如弃秽恶，如避寇仇，则此心之灵自有其仁，自有其智，自有其勇，私意俗习，如见晛之雪，虽欲存之而不可得，此乃谓之知至，乃谓之先立乎其大者"[1]。

在陆九渊看来，"今时士人读书，其志在于学场屋之文以取科第，安能有大志？"[2]有宋一代，重文轻武之风盛行。时人读书求学，其志多在功名利禄、场屋高中，且喜好议论，学风虚浮，著书立说多为附势之谈。这种在名利场上追名逐利的行为根本不是有志。

---

① 《与傅克明》，《陆九渊集》卷15，第224页。
② 《与傅克明》，《陆九渊集》卷15，第224页。

陆九渊在白鹿洞书院讲学时，痛切地揭露了当时士子参加科举的动机："今人只读书便是利，如取解后，又要得官，得官后，又要改官。自少至老，自顶至踵，无非为利。"[①]考生读孔孟著作，不知道良知，不追求真理，只知道科举取士，升官发财。"争知道名利如锦覆陷阱，使人贪而堕其中，到头只赢得一个大不惺惺去。"[②]

陆九渊有个学生叫曾友文，科举不成功，就给人相面算命，游走于士大夫人家（"应试不售，以相人术游于士大夫家"）。这家伙从小就很聪颖，结果"占辞论理，称道经史，未见牴牾"，不但相面，还引经据典，说得头头是道。陆九渊看在眼里，急在心里，就给他写了一封信，不是鼓励他接着考，而是"爱其才，勉令为学"。学什么？"以德为学"："德成而上，艺成而下。"曾友文"独业相人之术艺。艺虽精，下矣！"陆九渊说曾友文现在年纪尚少，应该"舍其旧而新是图，此其时也"[③]。

3. 对考生举子参加科考所依傍的标准和内容的批判

考试是一根指挥棒，在陆九渊看来，这些举子之所以对道迷失，热衷于功名，原因就在于科举制度。陆九渊批判了科举制度："取士之科，久逾古制，驯致其弊，于今已剧。稍有识者必知患之。"[④]这种制度老早就违背了初衷，其中的弊患愈加剧烈了。

科考考什么？答案是儒学经典。陆九渊并不反对读儒家经典，但在科举制度下，读书不是修心、明道、成人的途径，反倒成了做官的工具，这是陆九渊反对的。他说自周衰落后，儒道就通行了；孟子去世后，儒道就明朗了。现在天下读书人都沉溺于科举之中，"观其言"，他们言必称《诗经》《尚书》《论语》《孟子》这些儒家经典，"综其实"呢？他们只不过是把这些儒家经典作为科举之文罢了。有谁是真正了解"道"

---

① 《年谱》，《陆九渊集》卷 36，第 561 页。
② 《语录上》，《陆九渊集》卷 34，第 475 页。
③ 《赠曾友文》，《陆九渊集》卷 20，第 282 页。
④ 《贵溪重修县学记》，《陆九渊集》卷 19，第 272 页。

的人呢？（"特借以为科举之文耳，谁实为真知其道者？"①）

陆九渊考察国家选拔官员的历史后提出：科举到了宋朝，法度越来越严密，选拔的人才比汉朝和唐朝优越。为什么呢？陆九渊说汉朝的毛病在于关注经学，唐朝的毛病是沉溺于文学，结果一些优秀人才"多沦溺于训诂、声律之间"②，没有治国的才能。后来，科举考试的题目和应答文章越来越八股，考题只能在儒家古籍中选取原话，应答文章也只能是一些空洞应景的时文。陆九渊承认他一贯反对只为在科举中博取功名的场屋时文。

陆九渊在象山书院教书时，有学生说："当年，孟子辟杨墨，韩子辟佛老，先生您辟时文。"

陆九渊回答："你这种说法很好。我就是要辟时文。"说罢，他哈哈大笑。③

4. 对科举效果的批判

陆九渊认为科举败坏了官场风气、社会风气。

1186 年（淳熙十三年），48 岁的陆九渊受到排挤，回到家乡。第二年春天，他到临川拜访了一位管"粮仓"的官员汤思谦。汤思谦说当下的风气不正、不好。

陆九渊说："我刚回来，正想与你们后生说些好话。可是风气不好这件事，亦由天，亦由人。"他说得极为沉痛。

汤思谦问："如何由天？"

陆九渊曰："且如三年一次科举，万一中者笃厚之人多，浮薄之人少，则风俗自此而厚。不然，只得一半笃厚之人，或三四个笃厚之人，风俗犹自庶几。不幸笃厚之人无几，或全是浮薄之人，则后生从而视

---

① 《与李宰》二，《陆九渊集》卷 11，第 170 页。
② 《问制科》，《陆九渊集》卷 31，第 419 页。
③ 《语录上》，《陆九渊集》卷 34，第 471 页。

效，风俗日以败坏。"①

汤思谦又问："那如何亦由人？"

陆九渊说："监司、守令，便是风俗之宗主。只如判院在此，毋只惟位高爵重，旗旌道前，骑卒拥后者，是崇是敬，陋巷茅茨之间，有笃敬忠信好学之士，不以其微贱而知崇敬之，则风俗庶几可回矣。"②

这话十分深刻。"监司、守令"即朝廷任命的考官和地方官，他们是"风俗之宗主"，上梁不正下梁歪。陆九渊认为：社会风气、民风的好坏，全在于政风，在于各级官员。人们尊敬前呼后拥的荣华富贵之人，瞧不起居于陋巷茅茨的笃敬忠信好学之士，这是人心的卑劣。

汤思谦听后，再三称善。第二天，他对幕僚们说："陆九渊先生就在抚州城附近，你们为什么不去听他讲课呀？"

幕僚们说："恐陆先生的门户高峻，他的话不是吾辈所能明白的。"

汤思谦说："陆先生讲课甚平正，你们且去听听看。我和张、吕诸公都很熟，像陆九渊先生这样的讲课水平和风格，自是不同。"

那么，官风政风为什么这么差呢？陆九渊认为这与科举制度有关："今人多被科举之习坏"，"大率人多为举业所坏"③。他还说："今之人易为利害所动，只为利害之心重。且如应举，视得失为分定者能几人？往往得之则喜，失之则悲。"④

江西南城毛元善来拜陆九渊为师，陆九渊以前不认识这个人（"余未之前识也"），看他的相貌，"温然儒人也"；"问其聚族，则有父兄在；问其赀产，则有负郭之田；问其室庐，则不至绳甕之陋。视其衣裳冠履，则皆楚楚鲜明，非所谓缨绝肘见者也"；"观其文"，则忙于科举，"从事于场屋者也"；最后，"诘其所以来之志"，他害怕不能兼顾科举与求学，耻美味的食品不够充足，所以就变卖家产以游于四方，来到陆九渊这里

---

① 《语录上》，《陆九渊集》卷 34，第 477 页。
② 《语录上》，《陆九渊集》卷 34，第 477—478 页。
③ 《语录下》，《陆九渊集》卷 35，第 528 页。
④ 《语录下》，《陆九渊集》卷 35，第 503 页。

求教。

陆九渊看毛元善"虽朴直淳厚"，志向旨趣却"大概庞杂"，"波荡于流俗，而不知其所归者耶"。于是，陆九渊就"与之言义命之归，固穷之道"，无常产而有常心者，惟士为能。古之时，士无科举之累，朝夕所讲，皆吾身吾心之事而达之天下者也"。如果"波荡于流俗，而不知其所归，斯可哀也！"

毛元善"色动情变，瞿然谢余曰"：今天"廓然如发蒙"，现在就回去认真学习（"请从此归矣"）。陆九渊说："对！你回去吧（'君归矣'）！归而共讲先王之道，以全复其常心，居广居，由正路，此其所得，哪里是那些'视疾其驱于利欲之途者'比得上的呢？"毛元善临行时，陆九渊还赠送他一些书籍。

陆九渊还认为科举制度令中国士人的视野狭窄，摧毁了他们独立思考的创新精神。"孰谓非常之才，而可以区区之法制束而取之乎？"[1]真正有"非常之才"者不是从科举中选出的。

胡无相，江西临川人。《陆子学谱》卷15将其列为陆九渊门人，言其生而聪慧，所以名妙明，并引《抚州府志》证之，言胡无相"少时遇一僧，教其面壁静从，遂有顿悟能文，自号无相，名公卿多与之交"。胡无相曾伴随陆九渊游云林山翠云寺。陆九渊有《与胡无相》赞胡无相谈学深中时弊。

"惠书忧悯俗学，伤悼邪见，深中时病。惟是推许过盛，非所敢承。"可见胡无相十分推崇陆九渊的观点，且两人相谈甚欢。陆九渊进一步谈今人追求利禄而失上古道义。"上古道义素明，有倡斯和，无感不通，只是家常茶饭。今人既惑于利禄，又蔽于邪说，见说此理，翻成特地，岂不可怜哉？"[2]

陆九渊并不反对人们去参加科考，他自己也多次参加科考，并获

---

① 《问制科》,《陆九渊集》卷31，第419页。
② 《与胡无相》,《陆九渊集》卷10，第151页。

取官职，从而有机会践行儒道、治国平天下。他反对的是抛弃明心行道治国的目的，而为了当官发财去参加科考。他多次说到他自己"七岁读书，十三志古人之学，亦时习举子之文，不好也"①"某生七岁读书，十三志古人之学，今二十有四矣"②。练习时文，学习辞章，参加科考，是在所难免的。只要是"志于道"，那又有什么害处呢？（"为辞章从事场屋，今所未免。苟志于道，是安能害之哉？所欲有甚于生，所恶有甚于死，是心之存，上帝临女，先民垂训，昭若日星。"③）陆九渊也教人做时文，也教人去参加科举考试，也爱好人发解之类，但"要晓此意是为公，不是私"④。

陆九渊认为每个时代都有人才，"天之生物，自足以供一世之用，天之生才亦犹是也"。今天人才不如古代，不是没有人才，"而独上之所以取而用之者未至耶"⑤。没有别的原因，只是因为最高统治者取士、用人没有做好。你看，批判的锋芒够尖锐了。

后来在元代，朱子学成为统治阶级的官方哲学，同时成为科考的标准。1313 年（元仁宗皇庆二年）十月议行科举。仁宗说："朕所愿者，安百姓以图至治，然匪用儒士，何以致此。设科取士，庶几得真儒之用，而治道可兴也。"⑥于是决定："经学当主程颐、朱熹《传》《注》，文章宜革唐、宋宿弊，于是命（程）钜夫草诏行之。"⑦

到了明清，朱之学的统治地位进一步巩固。明朱元璋登基第二年诏令天下立学及科举考试，以朱熹等"传注为宗"，朱子学地位巍然不可动摇。清康熙亲自为《朱子全书》作序，而以"朱夫子集大成，而绪

---

① 《得解见提举》，《陆九渊集》卷 4，第 54 页。
② 《与李德远》，《陆九渊集》卷 4，第 53 页。
③ 《宜章县学记》，《陆九渊集》卷 19，第 265 页。
④ 《语录下》，《陆九渊集》卷 35，第 534 页。
⑤ 《策问》，《陆九渊集》卷 24，第 342 页。
⑥ 《续资治通鉴》卷 198，中华书局 1964 年版，第 5397 页。
⑦ 《续资治通鉴》卷 198，中华书局 1964 年版，第 5397 页。另见《程钜夫传》，《元史》卷 172，中华书局 1976 年版，第 4017 页。转引自张立文：《心学之路——陆九渊思想研究》，人民出版社 2008 年版，第 199 页。

千百年绝传之学，开愚蒙而立亿万世一定之规"。历代帝王越来越信奉程朱理学，并诏定程朱理学为统治意识形态。然而，随着时代形势的发展和社会矛盾的加剧，作为士子们猎取功名利禄工具的程朱理学，愈来愈暴露出其破绽。

可见，在历史发展过程中，特别是明清两朝，科举制度对人的思想的禁锢，对社会风气的败坏愈来愈明显。而早在南宋，陆九渊就清楚地看到了科举考试的严重弊端，并反复批判，这是非常了不起的。这不但体现了陆九渊深刻的洞察力和批判性，还展现了他在道术衰微、士风败坏的时代里企图恢复儒学精神、拯救士子灵魂的大志向。

三、陆九渊反对读书吗?

1. 朱熹认为陆九渊不读书，不教书，反对读书

朱熹及其弟子对陆九渊有诸多批评，其中有一项是说陆九渊从不教人读书，自己也不读书。朱熹曾批评陆九渊兄弟："气象甚好，其病却是尽废讲学而专务践履，却于践履之中要人提撕省察，悟得本心，此为病之大者。"[①] 似乎陆九渊是不教人读书的。后来，朱熹的弟子陈淳说："象山之学，不读书，不穷理，专做打坐工夫。"[②] 他更是把陆九渊看成是不读书的人，像禅宗那样专门打坐，等着恍然大悟、大彻大悟。

这个指责的杀伤力很大。因为在中国人眼里，书以及读书都是非常重要、神圣的。书，记载历史，承载文明，传递文化，启迪未来。读书、教书、写书，就是文明，就是向上，就是希望。"不读书、不看报"被认为是精神上懒惰、思想上落后的表现与原因之一，是一件非常严重的事。

朱熹认为记载圣贤言行事迹的经书，是通达圣贤之心的唯一道路，说："今欲理会这个道理，是天下第一至大至难之事。""今请归家正襟危坐，取《大学》《论语》《中庸》《孟子》"，"用得旬月功夫熟读得一卷

---

① 《答张敬夫》，《朱文公文集》卷 31。
② 《答陈师复》，《陈北溪先生文集》卷 1。

书"，"逐句逐字分晓精切，求圣贤之意，切己体察，著己践履，虚心体究。如是两三年，然后方去寻师证其是非，方有可商量，有可议论，方是'就有道而正焉'者。入道之门，是将自家身己入那道理中去，渐渐相亲，久之与己为一"。①

朱熹认为"经典"是完成"直指本心"的有效且不可缺少的工具，陆九渊强调"直指本心"，不赞同"读书以求放心"，说："若其心正，其事善，虽不曾识字，亦自有读书之功。其心不正，其事不善，虽多读书，有何所用？用之不善，反增罪恶耳。"②

陆学强调"发明本心"和"先立乎其大"，不推崇读书治经这条道路，他的典型语句就是在鹅湖之会上对朱熹的诘问："你说读书才能成为圣人，那么'尧舜之前何书可读？'"③

有些人乍一听此话，恐怕还真的会相信："对呀，心学嘛，不就是什么也不干，坐在那里想，眉头一皱，计上心来，心有所悟，脑有所获？"

陆九渊真的是自己不读书，也不教人读书吗？

2. 陆九渊不是"不读书"，而是好学深思、涵泳经典的饱学大儒

其实，公允而论，陆九渊知识渊博，是百世大儒，大学问家，他博览群书，且非常刻苦。陆九渊曾经说过自己的学问并不是天生就会，也不是另有什么窍门，更不是平常不下功夫，一下功夫就会。恰恰相反，他常下苦功，"皆是逐事逐物考究练磨，积日累月，以至如今"④。陆九渊5岁开始读书，非常刻苦，家人半夜三更起床时经常看见他还在挑灯夜读。（"平昔精勤，人所不知，惟伯兄每夜必见其观览检阅之不辍，尝明

---

①　《训门人九》，《朱子语类》卷 121，第 3145 页。

②　《荆门军上元设厅皇极讲义》，《陆九渊集》卷 23，第 326 页。

③　《年谱》，《陆九渊集》卷 36，第 559 页。

④　《语录下》，《陆九渊集》卷 35，第 530 页。

烛至四更而不寐。"①）

陆九渊反驳了他不读书的指责。陆九渊常常给子侄们讲："我的勤奋是他人所不及的，现在却有人说我不下功夫，真是好笑。"（"常说与子侄，以为勤，他人莫及。今人却言某懒，不曾去理会，好笑。"②）可见，陆九渊对这种指责还是很有些情绪的。

他四哥陆九韶曾经回忆说："我弟弟陆九渊高明，自小与众不同，遇事接物，皆有自己独到的见解。他每每听到更鼓声，则豁然有觉，自个儿起床读书。"

陆九渊也反驳了他反对别人读书的指责。他说："我何尝不许人读书？"陆九渊不但自己读书勤奋，还严格要求青年人读书，严厉批评不读书的现象，认为"束书不观，游谈无根"，"后生惟读书一路"③。一有时间就要读书，因为圣人的话都在书里，不读书怎么行？（"圣哲之言，布在方册，何所不备？"④）

1180年（淳熙七年），陆九渊因为槐堂书院弟子众多，人声嘈杂，就把离青田里南五里的红壤山冈上的陆家一处老屋稍加修葺，曰"滋兰"，典出《离骚》："余既滋兰之九畹兮，又树蕙之百亩。"他还让弟子在周围遍种兰草与杜衡等花草，使老屋成为一个读书的好地方。后来，他说："某今岁与朋友读书滋兰，在敝居之南五里许，密迩毛坊大路，诸况明甫必能言之。写至此，方记得曾与显道一到其下议事来，但当时未有'滋兰'之名耳。"⑤

杨方（字子直）是朱熹的学生，知建昌（今江西南城）军时，曾向陆九渊求学。

陆九渊问他："学问何所据？"

---

① 《年谱》，《陆九渊集》卷36，第601页。
② 《语录下》，《陆九渊集》卷35，第530页。
③ 《语录下》，《陆九渊集》卷35，第509页。
④ 《与颜子坚》，《陆九渊集》卷7，第108页。
⑤ 《与包显道》，《陆九渊集》卷6，第99页。

杨方回答："信圣人之言。"

陆九渊说："且如一部《礼记》，凡'子曰'皆圣人言也。你是尽信呢，还是在其间有所拣择呢？"

杨方一下子愣住了。

陆九渊说对待儒家经典著作，如果都信，那如何都信得呢？如果有所拣择，那就是不相信圣人之言呀。所以，有人说他不教人读书（"人谓某不教人读书"），他怎么就不读书了？他只不过是读得跟他人不一样罢了。（"何尝不读书来？只是比他人读得别些子。"[①]）这个"他人"很可能就包括朱熹。

3. 陆九渊读了很多书

陆九渊心学是深入钻研和深切体会儒家经典后的独造自得之学。陆九渊高度认同儒家经典，"其引用经语，乃是圣人先得我心之所同然"[②]，他在讲学时常"间举经语为证"[③]，灵活自如，对儒家经典文本也极其熟稔，具有深厚的经学功底。他说自己论学为文、解疑释惑"必有所据而言"[④]，"某平时与朋旧讲贯，不敢泛为之说，大抵有所据而后言。若诚有是，是必据来书而言之耳"[⑤]，"前书释此段，亦多援据古书"[⑥]。

事实的确如此，我们稍一细读象山文字，即可扑面感受其用语之古奥、引经之频繁，实较朱子之文有过之而无不及。象山之文以引化经语为主，其经文引用比重之高，在宋明学中实属罕见[⑦]。

---

① 《语录下》，《陆九渊集》卷 35，第 513 页。
② 《与曾宅之》，《陆九渊集》卷 1，第 7 页。
③ 《年谱》，《陆九渊集》卷 36，第 570 页。
④ 《策问》，《陆九渊集》卷 24，第 333 页。
⑤ 《与曾宅之》，《陆九渊集》卷 10，第 157 页。
⑥ 《与朱元晦》二，《陆九渊集》卷 2，第 35 页。
⑦ 许家星：《"吾之深信者〈书〉"——从〈尚书〉之论管窥象山学的经学底色》，第 225 页。

4.陆九渊反对的是死读书，读死书，皓首穷经

陆九渊说这些人根本不了解他的话后面还有话呢（"不知此后煞有甚事"[1]），他说"某今亦教人做时文，亦教人去试，亦爱好人发解之类"[2]。

那么，陆九渊读书有什么样的"别些子"呢？后面还有些什么事呢？这个"别些子""后有事"就是读书先要"立本""立大"。立心之本，立志之大，就是特别注重从工夫实践、社会教化的角度来阅读儒家经典著作。"后世乃有疲精神，劳思虑，皓首穷年，以求通经学古，而内无益于身，外无益于人，败事之诮，空言坐谈之讥，皆归之者，庸非不通于理，而惟书之信，其取之者不精而致然耶？"[3]

陆九渊反对的是"沉迷于训诂考据"，其实，朱陆双方争论的"支离"，不是要不要读书，而是"读书"在"发明本心"的过程中是不是多余，是否能够促进人们成为圣贤。

陆九渊要求学子读《尚书》《孟子》中的一些篇章，表现了他"只是比他人读得别些子"。学生李伯敏为学从哪里下手（"前日来问某下手处"），陆九渊针对他心志不定的缺点，要他去读"《旅獒》《太甲》《告子》'牛山之木以下'"，以便求其放心。对门人邵中孚，陆九渊也建议他读"《告子》一篇，自'牛山之木尝美矣'"和"《尚书》"等篇章，并进一步提醒"卷首与告子论性处，却不必深考，恐其力量未到，则反惑乱精神"[4]。

什么是"《告子》'牛山之木以下'"呢？孔孟教人做君子，但一般人就有个疑问，为什么世上的君子那么少呢？

《孟子·告子上》举了个例子，很好地回答了这个问题：牛山的树木曾经很丰美，但它位于大都市的郊区，经常遭到人们的刀斧砍伐，

---

① 《语录下》，《陆九渊集》卷35，第537页。
② 《语录下》，《陆九渊集》卷35，第534页。
③ 《取二三策而已矣》，《陆九渊集》卷32，第440页。
④ 《与邵中孚》，《陆九渊集》卷7，第107页。

还能保持茂盛吗？当然，雨露滋润，山上的树木也会长出嫩芽新枝，但随即又有人赶着牛羊去放牧，把那些嫩芽细叶啃个精光，久而久之，牛山就变成光秃秃的了，好像从来没有草木存在过一样。人们看见牛山光秃秃的，便以为牛山从来没有高大的树木。但这是山的本性吗？当然不是。

人也是如此，"岂无仁义之心哉"？只是有些人放任良心失去，就像用斧头砍伐树木一样，天天砍伐，还能有丰美的山体吗？虽然他们的良心还在日夜生息，有了一点清明之气，可他们第二天的所作所为，又令这点清明之气窒息了。这样反反复复，他们的清明之气不存在了，如果清明之气不存在，那这些人也就和禽兽差不多了。人们见到这些人像禽兽，还以为他们天生就是这个德行。但这是人的本性吗？

孟子对人心的这番剖析，放在今天也不过时。我们现代人天天为利禄奔波，焦头烂额，甚至为了利益罔顾良心道德。有时深夜想起自己的作为，就会悔恨自己为一点名利违背做人的初衷，于是决心第二天找回自我。但第二天早上重进名利场，又把昨晚所想忘得一干二净。"故苟得其养，无物不长，苟失其养，无物不消。"人的向善之心，就像牛山上的嫩芽细叶，如果能得到雨露滋养，就会长成一片森林；如果失去滋养，加上斧头砍伐，牛羊啃食，内心向善的念头都会慢慢失去，从而使人像禽兽一样。

良心这个东西，就像孔子所说："得到滋养，它就存在；失去滋养，它就消失。它在你的身体里进进出出，没有固定时间，也没人知道它去往何方。这就是专指人心而言吧？"（"孔子曰：'操则存，舍则亡。出入无时，莫知其乡。'惟心之谓与？"）孟子引用孔子这句话，在于说明为善成仁在于自己，个人是为善去恶的主体，不必依赖神灵或他人。

陆九渊说"书契既造，文字日多，六经既作，传注日繁"，上古圣人发明书契以来，文字增多，"六经"这些儒家典籍也就出现了，接着"六经"的传注也日渐繁多了，"其势然也"。面对这一大势，如果能弄清传注本来是为发明经典的，弄清经典和传注两者之间的本末始终，"知所先后"，知道如何选择"是非邪正"，那么，即使传注再多再繁，那也无害而有益（"非以为病，只以为益"）。如果没搞清这种关系，就去读那些传注，那就无益而有病。（"不得其实而蔽于其末，则非以为益，只以为病。"①）

阅读经文和传注，首先要了解文义。但是，了解文义的目的并不是停留于表面的知识，而是要理解内容和贯穿在经学史实中的道理。陆九渊告诫胥训（字必先）不要将"事实""干没于文义间"。他说讲书之人、读书之人"非在文义"，而"必令文义明畅"，"使末不害本，文不妨实"。解书或读书，"常令文义轻而事实重"。自己讲学讲经书讲经典，必定是先"解说文义之妙旨"，事实一点也不放过，至于"文义则晓不晓不足为重轻"②。

陆九渊说的"事实"，可理解为"事"之"实"，即着眼点不在书中的历史故事或陈迹，而是透过文章字义显现出来的事之理，即他说的"实理"。这是解读文义之妙旨必须先解决的问题。读书人要想做圣贤，就不能埋头于文章字义之中，以考求枝节识见为满足。③

从工夫的角度说，明实理固然在实事实行之中，知与行本来是统一的整体。但不应忽视的是，学者读书明经，重心要落在经中之理上，而不是那些载理的行事上。所谓"行事"，即"往事"或"所行之事"。其实，客观地说，由于年代久远，经文记载本身就有不准确、不确定的地方。后儒自以为是的解说，实际上颇多错谬。《语录》记载："圣人作《春秋》，初非有意于二百四十二年行事。又云：《春秋》大概是存此理。又云：《春秋》之亡久矣，说《春秋》之缪，尤甚于诸经也。"④

司马迁《史记·太史公书》中有孔子所云"我欲载之空言，不如见之于行事之深切著明也"。这段话十分有名，为《春秋》由史而经的

---

① 《赠二赵》，《陆九渊集》卷 20，第 281 页。
② 《与胥必先》，《陆九渊集》卷 14，第 211 页。
③ 向世陵：《陆九渊〈春秋〉"讲义"的经学思辨》，L。
④ 《语录上》，《陆九渊集》卷 34，第 467 页。

价值定位发挥了极为重要的作用。《春秋》行事就成了孔子"深切著明"以褒贬是非善恶并为将来乱臣贼子之诫的真实写照，意义自然就十分重大，以致上千年来，后儒为辨清这些本来不甚清楚的"行事"，花费了无数精力且深陷于此而不可自拔。

陆九渊对此很不认同。他说孔子本来无意于 242 年之行事，只是为了"存理"才不得不借助它。而经学家们只留意于这些具体的"行事"，却忘掉了孔子寓于其中之理，在此意义上，可以说《春秋》早亡了。相较于六经的其他典籍而言，《春秋》只是在陈述历史事迹，而没有直接叙述什么道理，如果学者把注意力都放在字面意义的"行事"上，其错谬自然就大了。

陆九渊强调区分"实理"与"行事"，是希望学者能够"知本"明理，这才是治学的根本所在。注重"实"当然不限于陆九渊个人，而是理学家集体批判佛老虚空而展现出的最鲜明的学术特色。但是，"实"有实理、实事之分，只有明白了什么是实理，才能知道实事如何能成行。

陆九渊非常重视"理"，讲过"实理""正理""常理""公理""道理""义理""事理"等概念，但无论从哪一个侧面看，学者在书中所明之理都是实实在在而可以采信的。"理之所在，匹夫不可犯也。犯理之人，虽穷富极贵，世莫能难，当受《春秋》之诛矣。"①

四、陆九渊是如何教人读书的？

陆九渊虽然当过官，但官当得不大，时间也不长，不像后来的王阳明，文臣武官、朝廷各部、地方都干过。陆九渊虽然是个大儒，学问很大，却述而不作，不喜欢写书，也没留下多少书，不像同时代的朱熹，洋洋洒洒，著作等身。陆九渊倒是像个老师，而且是个乡村民办老师，一直在桥上村的槐堂书院、金溪的崇正书院（后叫仰山书院）、贵溪的

---

① 《与刘伯协》二，《陆九渊集》卷 12，第 192 页。

象山书院从事培养人才的工作。陆九渊讲学是极其有名的，听过他讲学的人无不交口称赞，他社会知名度也大，人称"象山先生"。那么，象山先生陆九渊是怎么教人的呢？

1. 人读的书与读书的人

陆九渊认为自己是教人的，而不是教书的，是通过教书来教人的。所以，陆九渊教人教书的重点在于开启人心，而不是传授知识。他的学生们也回忆说："陆先生讲学，'先欲复本心以为主宰'，总是先发明学生们的本心，以此作为精神主宰，这样，'既得其本心，从此涵养，使日充月明'。读古人之经书，本来就是行大道，明此理，尽此心耳。陆九渊先生'教人为学，端绪在此'，所以学生听后特别感动（'故闻者感动'[①]）。"从这段回忆中，我们可以看出陆九渊心学在教学中的运用。

陆九渊认为学生是学做人，而不是学读书，是通过学读书来学做人的。他提倡"为己之学"，即为自己而学，为提高自己的道德修养、思想境界而学。而那种学会几个概念，弄懂几个名词，只在字面意思上下功夫，把它们记得滚瓜烂熟，然后就去外面说给别人听，在科场的答卷上写给教官看，那是"为人不为己"，是学给别人看的，"划地不干我事"，不可能把握到儒学的精神实质，不能转化为自己内心坚定的信念，不可能成为君子、圣贤。

陆九渊教人教书的方式是答疑点拨式，即在与他人（主要是子弟）的问答中阐发自己的思想，开启学生的心灵。

陆九渊有个学生叫陈去华，南海（今广州）人。他小小的年纪，就有志向，有操行，淡泊于仕途（"少有志行，恬于仕进"），拜陆九渊为师后，陆九渊称其"警发伟特"。陆九渊回忆教陈去华的一段经历。陆九渊问："《论语》中'吾与点也'一段，你平常是怎样理会的呀？"问了好几遍，陈去华始终都说理会不得。

---

① 《年谱》，《陆九渊集》卷36，第571页。

过了几天，陆九渊问他，他还是说理会不得。陆九渊就说："你且按照你的所见来说，不至于全然不晓得。"

陈去华就根据这些天听课的体会说："子路、冉有、公西华三位先贤只是在事情上有所感悟，而曾点却在心上有所感悟。"

陆九渊满意地反问道："怎么以前说理会不得，今又理会了？"

陈去华顿时有所醒悟，说："我来您这里听课一个月了，前十天我听到的和您讲的都相同，后十天大不相同，最后十天又都相同。"（"前十日听得所言皆同，后十日所言大异，又后十日与前所言皆同。"[①]）

从陈去华领悟本心之学的过程，可以看出陆九渊启发学生的教学方法。

陆九渊阐述理论、展开思想的方式不是文本注释法，即不是在注解注释前人著作中体现自己的见解和思想。陆九渊认为在读书和教书的过程中，要让人的"心"和书中的"道"直接碰面，而不能让注解、注疏造成人与书两相分离。中国文化历来强调："读书"和"做人"，"知"和"行"要联系在一起，否则就是"假读书""读死书""死读书"。王闿运说："张之洞是看书人，曾国藩是读书人。"有人问："此话怎么讲？"王闿运答："所谓读书人，能通经以致用；看书人则书是书，人是人，了不相涉。"

这是陆九渊的根本关切和精髓，也是他为儒学做出的突出贡献。讲到这里，我们会想：朱熹与陆九渊这两位儒学大师互相怎么看待呢？

朱熹是集儒学之大成的超级大儒，他注重讲经，对儒学经典著作做了大量注疏，像《四书集注》《太极图说解》《通书解》《西铭解义》《周易本义》《易学启蒙》等。他花了很大精力来对儒经句分字析，并在对儒家经典著作的注解注释之中融进自己的见解与思想。其用力之勤、用心之苦及惊人著述，对人们学习掌握儒家经典贡献巨大，极为了不起，着实让人敬佩。

---

① 《语录上》，《陆九渊集》卷 34，第 494 页。

十分明显，朱熹和陆九渊两位顶级大师对待经书的看法有异，读书和教书的路数也就不一样，一个对注解极其重视和擅长，一个对注解很不以为然。这样一来，朱熹读书穷理的道问学和陆九渊辨志明心的尊德性，在学习、教授儒家经典上也就有了争执。

朱熹是怎么看待陆九渊的呢？朱熹认为：陆九渊教书，对字义不注解，对文面不串讲，经典都没有讲明白，就一个劲儿地要立志，要明心，这怎么行呢？因此，朱熹就对陆九渊展开批评了。

怎么批评的呢？

朱熹讥讽陆九渊在教书说道理时有个"黑腰子"，故意把观点与方法藏起来，不以示人："其初说得澜翻，极是好听，少间到那紧处时，又却藏了不说，又别寻一个头绪澜翻起来，所以人都捉他那紧处不着。"① 就像李伯敏那位同学问什么是"情、性、心、才"，做老师的，直接告诉学生不就得了吗？干吗要藏着掖着？教书就应该细致透彻地分析儒学经书的字词章句，解释它们的确切含义，这就把"金针"给了学生，学生就可以绣出鸳鸯来，就可以一步一步登堂入室，把握儒家之道。

其实，陆九渊不重视注解、注释、注疏，不在字义文面的解释上下功夫，是会引起"莫把金针度与人"的误会，但绝不是陆九渊故作高深，留有一手。至于说陆九渊的这种读书法、教书法就是禅，那就有点说不着啦。

对此，陆九渊会有什么看法呢？

有一次，陆九渊跟学生们讲学。有学生说："先生您的学说'是道德、性命形而上者'，朱熹先生的学说'是名物、度数形而下者，学者当兼二先生之学'。"

这个同学显然是用"道问学"和"尊德性"的分野来看陆九渊与朱熹的不同。这说得有些道理，陆九渊也大体认同，他回答："你这样说朱熹先生，他未必服气。孔夫子说'吾道一以贯之'，朱熹也自认为他的

---

① 《中庸》三，《朱子语类》卷64，第1700页。

学说一贯。可因为他'见道不明'，所以最终都没有做到一贯呀。我曾经写信给朱熹先生，说：'揣量模写之工，依放假借之似，其条画足以自信，其节目足以自安。'嘿嘿，我这话一下就击中了朱熹先生的要害呀（'此言切中晦翁之膏肓'①）。"陆九渊认为朱熹注解著书、揣量模写、依放假借、条画节目，忙得不亦乐乎，看似博大精深，可越来越支离，越来越见"道"不明。

陆九渊认为读书的目的在于明道，而朱熹的问题在于"见道不明"。他这个观点是一贯的、明确的。陆九渊的一个学生赵然道说："谓诸公伤于著书，而其心反有所蔽。"这个"诸公"疑似指朱熹等人。赵然道似乎在批评朱熹，帮陆九渊说话。但是，陆九渊不同意赵然道的观点，认为"此理甚不精，此言甚不当矣"，他认为朱熹的问题在于"学不至道，其心不能无蔽，故其言支离"。朱熹只是对其学不至道不自知，不自以为蔽，所以才敢著书罢了，怎么可以说"由其著书而反有所蔽"？应该说"其心有蔽，故其言亦蔽"②。

那么，我们应该怎么看待朱熹和陆九渊这两位大师在这个问题上的不同呢？

学理论，就要学习经典著作。但是，对待经典著作，要有正确的态度：

一是不能表面地学。不能只学到一些皮毛，弄懂几个词义，学会几个词句，却把精神实质、思想精髓丢在脑后。要通过儒家之书来掌握儒家之道，而不是只读儒家之书，不行儒家之道。

二是不能隔着一层学。要读原著，不要沉溺于注解、导读、辅助教材。

三是不能零碎地学。不要过于纠缠于概念词义的辨析，而要掌握基本观点、基本思想、基本理论，把握整体，吃透精神，掌握实质。

---

① 《语录上》,《陆九渊集》卷 34，第 483 页。
② 《与赵咏道》,《陆九渊集》卷 12，第 181 页。

四是不能置身于外地学。不能把经书的一些条文语录背得滚瓜烂熟，却言谈举止不挨边，出现"书是书，人是人，了不相涉"的脱节现象。

当然，朱熹也是反对死读书、读死书的。陆九渊逝世后，彭世昌去拜访朱熹。彭世昌问："先生教人，有何宗旨？"朱熹答："我没什么宗旨，寻常只是教学者随分读书。"①《宋元学案》卷77《彭世昌先生兴宗》据此评论朱熹论学与陆九渊之旨合："自文安（指陆九渊）论心学以来，议者多以为不讲读书之功，然朱子（指朱熹）告先生语，却合文安之旨，世人不尽知也。"②

2. 在修身中立志修心，读书要讲"心志"：从"心"开始，立"志"读书

陆九渊说："异端非佛老之谓。异乎此理，如季绎之徒，便是异端。孔门惟颜、曾传道，他未有闻。盖颜、曾从里面出来，他人外面入去。今所传者，乃子夏、子张之徒，外入之学。曾子所传，至孟子不复传矣。"③

"季绎"，为朱季绎，名不详，江西南城人，《陆九渊集》数次提及。朱季绎本为陆九渊学生，后转投朱熹门下，其为学驳杂，好主张己见，又好辨异端。陆九渊在这里直接把朱季绎归为异端。陆九渊的这段论述有三点值得注意：

一是他在这里建构了一个"孔子—颜回，曾子—子思—孟子"的传承系统。

二是提出了儒学道统的传承、中断与复兴问题。颜回和曾子都是孔子的学生。由于颜回早逝，孔子之学到颜回这一支就断了，只剩下另

---

① 《朱子语类》卷121，第3144页。
② 转录于赵伟：《陆九渊门人》，中国社会科学出版社2009年版，第226页。
③ 《语录下》，《陆九渊集》卷35，第510页。

一支，由曾子传给孔子的孙子子思，再由子思传给孟子，但是"曾子所传，至孟子不复传矣"。在陆九渊看来，中国儒学的传统中断很久了，现在到了该恢复和发扬的时候，并暗示了他继承孟子衣钵、发扬儒学道统的慨然之志。

三是孔子的子弟中只有颜回和曾子传承了儒道，其他人就没有学到儒家精髓。为什么呢？因为颜回和曾子是"从里面出来，他人外面入去"。现在社会上所流传的，都是子夏、子张之徒的外入之学。

陆九渊认为，如果要志于义、志于道，就要从根本上回到自己的本心，不能从心的外部把握理，而必须通过心去对理进行直接的、当下的感知和体验。如果脱离人的心本身的精神活动而试图外在地通过繁复的字词训诂进行知性的学习，那就不可能知"道"明"理"晓"义"。陆九渊讲学和孔子类似，总是在问答中、在情境中随机说法，因地指点，因为本心总是当下呈现的。所以，陆九渊讲学都不是诉诸理性思辨，用概念来对象化地论说、诠释，而是将子弟带入对本心的体验、体悟之中。他的方式是指点、点拨、启发，而不是概念式、分解式的，正像王阳明所说："此须自心体认出来，非言语所能喻。""哑子吃苦瓜，与你说不得。你要知此苦，还须你自吃。"

陆九渊教人读书，从来不从教书入手，而从教人开始，他提出过读书的两种路径："外入之学"和"内入之学"。

所谓"外入之学"，就是从字面意思入手，由外读到心里去，教条地学习儒家经典。这种方法就是把儒学作为客观外在的知识去熟习熟记，然后掌握儒家之道。

而所谓"内入之学"，则是"从里面出来"，即从心里读出来。陆九渊提倡"内入之学"，反对"外入之学"。他说："孔子一门，只有颜回和曾子得到孔学的精髓，并传承了下去。什么原因呢？就是因为他们两人是'从里面出来，他人外面入去'。"

陆九渊教人读书，就是教人发明本心，"此心之良，本非外铄，但无斧斤之伐，牛羊之牧，则当日以畅茂"①。只要这个本心不遭"伐"，不被"牧"，就会一天一天地畅茂。所以，陆九渊从他授徒教学之日起，"即去今世所谓学规者，而诸生善心自兴，容体自庄，雍雍于于，后至者相观而化。猗欤盛哉"②。

从心里读出来，首先要立志。先立志，后读书。从"心"出发，立志辨志、求仁得道。读儒家经书，首先要立下修身治国平天下之志。"学者须是有志读书，只理会文义，便是无志。"③如果只在字面上读点注解，了解字义章句，那就是无志，与成圣治国没有什么关系。如果先有一个"志于道"的价值导向，读书就有头脑，有个方向，有个定星盘，这样即使碰到干扰，也不会走弯路。陆九渊说"先立乎其大"，"孟子曰：'先立乎大者，则其小者不能夺也。'人惟不立乎大者故为小者所夺"，"诚能立乎其大者，则区区时文之习，何足以汩没尊兄乎？"④"从事场屋，今所未免。苟志于道，是安能害之哉？"⑤这个"大"，实际上就是指心中所具之理。

从心里读出来，其次要"切己自反"。所谓"切己自反"乃是一种反思方法，就是先把自己摆进去，联系自己的思想实际，边读书，边反思，"发明人之本心"，通过读书学习和日用常行去发明、开启自己的本心，直透到念虑初萌的本心之源处。这样才能直接领会儒家经典的思想内容，掌握血脉，读懂精髓，所以，这是一种自省切己、自家体贴、自己受用的自学之道。

有人问："先生之学，当来自何处入？"

陆九渊答："不过切己自反，改过迁善。"⑥有人认为这是陆九渊把心

---

① 《与舒元宾》，《陆九渊集》卷 5，第 77 页。

② 《象山先生行状》，《陆九渊集》卷 33，第 449 页。

③ 《语录下》，《陆九渊集》卷 35，第 498 页。

④ 《与朱济道》，《陆九渊集》卷 11，第 161 页。

⑤ 《宜章县学记》，《陆九渊集》卷 19，第 265 页。

⑥ 《语录上》，《陆九渊集》卷 34，第 462 页。又见《年谱》，《陆九渊集》卷 36，第 571 页。

作为认识源泉和认识目的的唯心主义认识论和修养论的基本内容，提出"向内用工夫""发明本心"的思想。其实，陆九渊这样说的意思在于，研究儒学，不只是甚至不是做学问，而是要联系自己的思想实际，"切己自反，改过迁善"。

如何切己？如何自反呢？陆九渊说："义理之在人心，实天之所与，而不可泯灭焉者也。彼其受蔽于物而至于悖理违义，盖亦弗思焉耳。诚能反而思之，则是非取舍盖有隐然而动，判然而明，决然而无疑者矣。"①

陆九渊认为，读儒家经书，如果不把自己摆进去，切己观省，那是把不住儒家精髓，学不到儒家之道的。陆九渊认为："道非口舌所能辩，子细向脚跟下点检，岂能自谩？"②"道"这个东西，并不是嘴皮子厉害就可以论辩把握的，儒家之道也不是懂得字义文义就能学来的，要仔细从"脚跟下点检"，靠自己着实体察，自省、自得、自悟而自成的。所以，读书学习要切己观省，联系自己的身心，体悟自己的德性良知，而不是贪多骛广地学些与自己身心不相干的抽象知识和僵死教条。

现在我们读经典著作，也要把自己摆进去，带着感情读，树立信仰读，而不能把理论当作一个冷冰冰的客观知识体系，这不是真学、真用、真信。这种不用、不信的"学"，不与运用、信仰相统一的"学"，那不是真正的"学"。

其实，朱熹也讲究读书要立志。他说读书要"持志"，要带着志向和理想去读书。朱熹说："书不记，熟读可记；义不精，细思可精。惟有志不立，直是无著力处。""立志不定，如何读书？"因此，为学工夫，以立志为先，"专在人自立志"，"既知这道理，办得坚固心，一味向前，何患不进。只患立志不坚，只听人言语，看人文字，终是无得于己"。③朱熹认为，"学者大要立志"，读书学习要立大志，不是"贪利禄"，不

---

① 《思则得之》，《陆九渊集》卷 32，第 434 页。
② 《与颜子坚》，《陆九渊集》卷 7，第 108 页。
③ 《程氏家塾读书分年日程·朱子读书法》。

是"做贵人"，而是做"圣贤"，做"君子"。所以，中国儒学讲读书明大道，做圣人，这是大志向、大境界。

不过，朱熹和陆九渊虽然都强调读书要立"志"，读书要知"道"，但他们两人讲的"志"与"道"，一个是讲"理"，一个是讲"心"。

现在我们常说"知书达理"，其实，在陆九渊那里，求学、教学的内容与目的都在于：明心、达理、知"道"、做人。

陆九渊面对的时代问题，一是学界应付科举、追名逐利的风气，二是重言轻意的"经学"风气。"经学"就是研究儒家经典，在书本里寻章摘句地挖掘微言大义的学问。

当然，陆九渊并不是主张废弃读书，只是提醒学者不要沉溺于书册之中，而应有唤醒（"发明"）本心的自觉，收拾精神，自作主宰，学会做人，以积极的心态、正确的动机从事儒者所倡导的日用伦常、酬酢应对的活动。

他主张通过"尽人道""学为人"，以实现人生的价值。"今所学果为何事？人生天地间，为人自当尽人道。学者所以为学，学为人而已，非有为也。"[1] 读书的目的在于"明此理，尽此心"，提高自己的道德修养。陆九渊所谓的"尽人道""学为人"，就是尽"仁义"之道，也就是"居广居、立正位、行大道"[2]。

陆九渊给朱熹写信："所谓学之者，从师亲友，读书考古，学问思辨，以明此道也。"[3] 士大夫的职责就在于"学道"与"行道"，而"从师亲友，读书考古，学问思辨"这三者，都是明道的途径。

3. 在治国中修身

陆九渊心学是教人如何成为圣人的学问。陆九渊讲的"人""圣人"，首先是指帝王、官员、士人等治理国家、管理社会的人。陆九渊认为成

---

① 《年谱》，《陆九渊集》卷36，第563页。
② 《与侄孙濬》三，《陆九渊集》卷14，第216页。
③ 《与朱元晦》二，《陆九渊集》卷2，第30页。

为圣人，是为了明道、行道、治国平天下，因此，治国与修身，内圣与外王是连在一起的。陆九渊心学始终包含修身与治国这两方面的内容。

其实，治国与修身并重就是儒学的传统和特点，儒学就是一种治国理政的政治学说和为人处世的人生哲学。

任何一门科学都是研究人碰到的问题的。人的一生，会碰到许多问题。首先是人对物、人对大自然的问题，甚至人类还没有创造出文化、文明的时候，就经常受到大自然中的洪水、猛兽、地震等种种压迫，这些问题还一直伴随人类发展的全部历程。但中国儒学对人与物（自然）的问题不甚关注，孔子更关心的是人与人怎么相处得更和谐，而不在于人对自然之利用，所以古代中国的自然科学相对来讲不太发达。

中国儒学主要研究两个问题：一是人对自己的问题，即所谓人生问题，如何修身，如何进德修业，如何"内圣"；二是人对他人的问题，即所谓人伦问题，人与人怎样相安共处，你照顾我，我照顾你，对执政者来讲，如何对待他人就是如何治理国家、管理社会，如何"外王"。

现代大儒梁漱溟就多次说过他一生始终关注的问题有两个：一是人生问题，对人生的怀疑烦闷，即人活着为了什么；二是社会问题，亦即中国问题，因为中国赶上一种国家危难，中国向何处去？[①]梁漱溟还认为中国近现代所出现的国家问题、民族问题、社会问题，终归是传统的人文价值系统破裂，人的精神流离失所、无所皈依而造成的。因而，问题的关键在于确立一种新的价值系统，使人生得以安顿，精神有所寄托。

陆九渊心学主要研究人生与社会这两大问题：一是通过明心辨志来纠正人心，做人成圣；二是通过处理人伦关系来参与社会，管理国家。陆九渊对执政者、治国者的教育，谈得较多的就是官民关系的处理。一个治理国家、管理社会的国君、官吏，处理与他人的关系，主要在于治

---

① 《这个世界会好吗：梁漱溟晚年口述》，东方出版中心 2006 年版，第 32 页。

理国家、管理社会时处理好官民关系。

中国儒学从来没有把人生问题与社会问题割裂开来，中国的治国思想从一开始就认为"国"与"人"，"治国"与"修身"分不开，是联系在一起的。社会问题的最终解决不可能离开人的生命问题而孤立地进行，必须以个体生命的安顿为前提。在中国文化看来，人与他人的问题必然要落脚于、反映到人与己的问题上来。国家有治理的必要，但要靠人来治理，这个治理国家、管理社会的人是谁？中国儒家思想认为，要靠圣人来治理。组成一个社会、一个国家的人是有差别的，劳心者治人，而劳力者治于人。

怎么治理？治理的原则是什么？这就要看这个治理国家、管理社会的"人"的方式、理念、品质和所掌握的"道""理"。这是中国儒学一贯的传统，从先秦到宋代，从宋代到现代，莫不如此。

中国文化的特色就是重视这种人与人的人伦关系，研究人与人结成的家庭、社会、国家等各种群体的特点（即在人的群体、人伦关系中研究人），研究人在这些群体中应该如何处事，如何生活，又把这种人伦关系推广到社会生活、国家治理上。

这些群体的结构特点、运行规律就被称作"道""理"，而人在这些群体中应该采取的行为方式、规则就是"仁""义""礼""智""信"。

陆九渊的心学思想首先是从国家如何治理、社会如何管理开始的，他的回答是靠圣人来治理。那什么样的人是圣人？怎样才能成为圣人呢？在陆九渊看来，人有两个危险：一是心无大志，本心遮蔽，自己动摇；一是世风败坏，学绝道丧，社会崩溃。所以，陆九渊对君子、圣人等执政者、治国者进行的教育主要是德育。他说："常人所欲在富，君子所贵在德。士庶人有德，能保其身；卿大夫有德，能保其家；诸侯有德，能保其国；天子有德，能保其天下。"①

---

① 《杂说》，《陆九渊集》卷22，第313页。

治国与修身的连接通道是一种双向通道：一方面是向外"推"，即由"己"推开去，推"理"，推"心"；另一方面则是向内"反"，由物反身，如"反身而诚"、反躬自问、"反求诸己"。

这样一来，治国就和修身联系在一起了，而且治国还落到了修身上。修身要在治国中修，治国要通过修身来治。因此，陆九渊在教育子弟时，也是为治国而说修身，由修身说到治国。

诸葛受之，名不详。《宋元学案》卷 77、《陆子学谱》卷 14 均言其为诸葛千能（诚之）的哥哥。兄弟俩都是陆九渊门人。陆九渊曾经指出诸葛受之"不能自奋"。原因就在于"反己未切，省己未深，见善未明"。他说自己"实深切自反"，从来没有躲避"为善之任"，"非敢奋一旦之决，信不逊之意，徒为无顾忌大言"，因为善乃本心自有，非有外铄，如果明白这一点（"傥一旦幡然沛然"），则"谁得而御"。[①] 有为国为民的"为善之任"，就会有"深切自反"的修身之举。

陆九渊认为一个士人、读书人在学习的阶段，就要有天下之志，志在管理社会、治理国家，但立足点、起脚处则是从修身开始。陆九渊不断重申孟子"民为大，社稷次之，君为轻"的观点，说"天生民而立之君，使司牧之"，"天"先生民，而后"立之君"，"代天理物"，设置官员，管理国家。"民为邦本"，只有得到百姓的拥护，天子才成其为天子，官员才成其为官员，这是大义正理。[②] 如果不"厚民之生"，"反以病之"，君主或朝廷就失去了它"张官置吏"的用意了。

读书要联系治国的实际。陆九渊说："我们这些人一般都不缺强国富民之心，而'弊之难去者，多在簿书名数之间'，毛病就出在财会户籍之间。这是贪官奸吏捞好处的地方，也正是我们这些读书人很陌生、常忽略的地方。本来设置官吏是为民的，可现在官吏们每天都争先恐后地想出很多办法来剥削百姓，'蹶邦本，病国脉'，动摇邦本，损伤国脉，

---

① 《与诸葛受之》,《陆九渊集》卷 3，第 52 页。
② 《与徐子宜》二,《陆九渊集》卷 5，第 80 页。

没有一点为君爱民之意，良可叹也！'百姓足，君孰与不足'，'损下益上谓之损，损上益下谓之益'，这种不易之理却被当作老生常谈，良可叹也！"①陆九渊连呼"真可惜呀"，表现出他对现实情况痛心疾首。

陆九渊在荆门时曾给他的小舅子、学生吴仲时写信教其为学。一是要有志向、有精神。二是去掉名利思想。陆九渊认为吴仲时现在"心志精神尽好，但不要被场屋、富贵之念羁绊"，既不要有科举之名，也不要有富贵之念，而要研究那天下治乱、古今得失，"直截将他天下事如吾家事相似"，这样才有筋力。你看，"把天下事当作我自己的家事"，说得多好，真有筋力。三是把别人的文章观点当作一个案例事实，不要受其牵绊，而要自出精神去评判它，运用它，"方始是自己胸襟"。四是"除看文字外，不妨以天下事逐一自题评研核"，或许还可以再看看其他文章，然后"自有所发"。"所看之文，所讨论之事，不在必用，若能晓得血脉，则为可佳。"②

五、读书教书要在"日用之处"领悟"生活之理"

陆九渊的学生袁燮作《金溪邑庠止善堂记》："乾道淳熙间，象山先生以深造自得之学，师表后进。其道甚粹而明，其言甚平而切。凡所以启告学者，皆日用常行之理，而毫发无差，昭晰无疑。故天下翕然推尊。"的确，陆九渊自己也说过："圣人教人，只是就人日用处开端。"③

1."使此心于日用间"

学生刘深父来信问学。陆九渊回信表扬他"为学不苟简"，却指出其"进学工夫不甚纯一"的毛病，进一步阐发为学的目的在于进德修业，并且要应用于实际生活中。"大抵为学，但当孜孜进德修业，使此心于日用间戕贼日少，光润日著，则圣贤垂训，向以为盘根错节未可遽

---

① 《与赵子直》，《陆九渊集》卷 5，第 80–81 页。
② 《与吴仲时》，《陆九渊集》卷 6，第 103 页。
③ 《语录下》，《陆九渊集》卷 35，第 498 页。

解者，将涣然冰释，怡然理顺，有不加思而得之者矣。"①

陆九渊认为：为学在于进德修业，并行之于日用之间。他讲得很清楚："'人而不为《周南》《召南》，其犹正墙面而立也'，学者第一义。'古之欲明明德于天下者'，此是第二。孔子志学便是志此，然须要有入处。《周南》《召南》便是入处。"②注意，陆九渊在这里提出了一个"入处"。他还提出过一个"下手处"的概念，这两个概念不一样。"入处"出现过 3 次，都是专就"志于学"，特别是读书而言，即应该从哪里开始"学"。而"下手处"出现过 8 次，都是就立志、辨志而言。

陆九渊认为："学"的入处，就是《诗经·国风》中的《周南》《召南》。这是当年孔子的入处，也是当今"学者第一义"，否则你就像面对墙壁而立，前面一点出路也没有。

这是为什么呢？陆九渊引用了孔子的一个故事。孔子对伯鱼说："一个人要学《周南》《召南》。"当年，周灭商后，地域扩大，为加强统治力量，西周初期的周成王时代，周公姬旦和召公姬奭分陕（今河南陕州区）而治。陕州区以东为周公管理，周公居东都洛邑（即成周），统治东方诸侯。《周南》是《诗经·国风》中《关雎》等 11 首诗，是周公统治下的南方地区的民歌，范围包括洛阳（其北限在黄河）以南，直到江汉一带地区，即今河南西南部及湖北西北部。而《召南》是《诗经·国风》中十五国风之一，指召公统治的南方地域的民歌，共 14 篇。

《周南》《召南》的篇章多是论述夫妇之道的，夫妇之道是一种很平常、很日常的人伦关系，儒家对此极其看重。《周易·序卦》曰："夫妇之道不可以不久也，故受之以《恒》。恒者，久也。"中国传统哲学中，夫妇之道取法阴阳，阴阳和则生，阴阳离则灭，阴阳错则变。夫妇和则家兴，家兴则国治，国治则天下平。《大学》也说："一家仁，一国兴仁；一家让，一国兴让。"在社会现实中，承载着夫妇之道的婚姻的稳定

---

① 《与刘深父》，《陆九渊集》卷 3，第 40 页。
② 《语录下》，《陆九渊集》卷 35，第 532 页。

和谐，还关乎两姓家族和睦、本宗血脉延承、社会"人伦之始"等天道人伦。

所以，陆九渊说立志，第一步是从道德入手，然后把这种道德心推开去。第二步是要"明明德于天下"。陆九渊说："若果有志，且须分别势利道义两途。"① 陆九渊在《与赵然道》中说："当今世界，谁是有志之士呢？求真正的学者实在是太难了。不是道难知，而是形势就是如此呀。"（"当今之世，谁实为有志之士也？求真实学者于斯世，亦诚难哉！非道之难知也，非人之难得也，其势则然也。"②）"但是，那些有志之士难道能以此为借口，而不再立志吗？"（"有志之士其肯自恕于此，而弗求其志哉！"）

那么，究竟是哪些情形造成志向难立呢？陆九渊说了几种情况：

一是"今粗有其志"，又"实不能以自拔"于私利俗见。

二是"所谓讲学者，遂为空言以滋伪习，岂唯无益，其害又大矣"。

三是大道理已明，大志向已立（"若其善利之间，尝知抉择，大端已明，大志已立"），但"日用践履，未能常于清明刚健，一有缓懈，旧习乘之，捷于影响。应答之际，念虑之间，阴流密陷，不自省觉，益积益深，或遇箴药，胜心持之，反加文饰，因不能以自还者有矣，甚可畏也"。

四是"况其大端未尝实明，大志未尝实立，有外强中干之证，而无心广体胖之乐者，可不深致其思，以省其过，求其实乎？"

陆九渊得出结论，如果不把上述情况搞清楚，只是大而化之地归罪于谬见俗习，那么既骗不了别人，也骗不了自己。（"略此不察，而苟为大言以盖谬习，偷以自便，罔以自胜，岂惟不足以欺人，平居静虑亦宁能以自欺乎？"）

这种耕读亲为、诗礼育读的家风、家规、家教，使陆九渊对礼治的理解有了真切的生命体悟，使他更倾向于日用常行间的勤勉。

---

① 《语录下》，《陆九渊集》卷 35，第 506 页。
② 《与赵然道》三，《陆九渊集》卷 12，第 179 页。

陆九渊引导人们践行本心。相信发明本心，道德生活，并不是复杂之事；善德善行，并非高远之行，只要愿意，皆可到达。儒者成德立己，成圣成贤，就在世俗现实和日常生活之中，而不在它们之上或者之外。

他讲课和传习确实如此，通俗浅显，很亲切。他论述问题，从来不长篇大论、空洞说教，也不故作高瞻远瞩、高深莫测，把基本理论、基本概念给你来上一段，而是在讲述生活故事、生活方式、生命过程中揭示生活的道理，从人心谈到人生，从修身谈到治国。

陆九渊教人的方式，也是中国儒家做学问的方式。中国儒家很少有那种思辨式、纯哲学式的理论著作或文章，像周敦颐的《通书》《太极图说》是十分稀少的。儒家都是在对话、问答中论说生活的方式、生活的理念和生活的理论，从不故作高论，高自标榜，立异惊俗。

2. 一层一层地说人的生命与生活，并不说到外头去

孔子的学问就是生活之学，《论语》谈的多半是孔子和他的弟子做了一些什么事，在什么场景下是怎么说的、怎么做的，讲的道理也多是日常生活中的"应该"。总之，它都在启示人们应该追求什么样的生活。[1] 比如，孔子以自己各个年龄段的情况，讲了一段很有名的话。子曰："吾十有五而志于学，三十而立，四十而不惑，五十而知天命，六十而耳顺，七十而从心所欲，不逾矩。"[2] 此话直白易懂，却讲出了儒家所提倡的生活方式与生活道理。

梁漱溟很欣赏孔子这段话，他说孔子讲"十有五而志于学"，"三十而立"……这一层一层地说他的生命、生活，并没有说到外头去。[3]

其实，早在南宋，陆九渊就反复讲述孔子这段话，不下六七次，以此来讲他的心学道理。"孔子十五而志于学，是已知道时矣。"陆九渊说

---

① 　杨立华：《中国哲学十五讲》，北京大学出版社 2019 年版，第 4 页。

② 　《论语·为政》。

③ 　《这个世界会好吗：梁漱溟晚年口述》，东方出版中心 2006 年版，第 137 页。

孔子十五岁有志，不是一种空洞的口号，而是其知"道"的时候，"志于学矣，不为富贵贫贱患难动心，不为异端邪说摇夺，是下工夫"①。

原来，陆九渊是用孔子"十有五而志于学"这句话，来讲述心学的"志""学""道"。陆九渊认为这千百年来已经"学绝道丧"了，所以要辨志明心，立志于学，立志于道呀。读书学习首先就要志于道。"无志则不能学，不学则不知道。故所以致道者在乎学，所以为学者在乎志。夫子曰：'吾十有五，而志于学。'又曰：'士志于道，而耻恶衣恶食者，未足与议也。'孟子曰：'士尚志。'与'志于道'一也。"②怪不得孔子这么不了起，什么叫立了"志"？就是志于道。

那么，15 岁"志于学""志于道"了，是不是就一切顺当了呢？不是。15 岁志于学后，"虽有所知，未免乍出乍入，乍明乍晦，或警或纵，或作或辍。至三十而立，则无出入、明晦、警纵、作辍之分矣"③。

陆九渊结合人们的生命历程、日常生活来讲心学道理，讲得这么引人入胜，大家的思想就活跃起来。有学生问：孔子说"三十而立，四十而不惑"，既然 30 岁已经"立"了，怎么"未到四十尚有惑在"？

陆九渊回答："既立矣，然天下学术之异同，人心趋向之差别，其声讹相似，似是而非之处，到这里多少疑在？"④"于事物之间未能灼然分明见得"⑤，仍有疑在，所以"又下工夫十年，然后能不惑矣"。

陆九渊接着往下说，到 40 岁始不惑，即使不惑，也"未必能洞然融通乎天理矣，然未必纯熟"⑥。"又下工夫十年，方浑然一片，故曰五十而知天命。"⑦"'六十而耳顺'，知见到矣"，即"至六十而所知已到"。

---

① 《语录上》,《陆九渊集》卷 34，第 495 页。
② 《论语说》,《陆九渊集》卷 21，第 302 页。
③ 《语录下》,《陆九渊集》卷 35，第 543–544 页。
④ 《语录上》,《陆九渊集》卷 34，第 495 页。
⑤ 《语录下》,《陆九渊集》卷 35，第 544 页。
⑥ 《语录下》,《陆九渊集》卷 35，第 544 页。
⑦ 《语录上》,《陆九渊集》卷 34，第 495 页。

"'七十而从心所欲不逾矩'，践行到矣"，即"七十而所行已到"①。

你看，陆九渊通过讲解孔子的这段经典语录，结合生命的历程，把生活的道理一层一层地说，从而讲述了人应该如何一步一步地达到完美的道德境界。他不仅讲人在某个生命阶段应该有什么样的生活方式，还论述了心学在人生的根本问题和基本道理上的基本思想。

儒家的理论从来就是人伦的思想、世俗的理论、生活的哲学，它讲来讲去就是两个内容：一是生活方式，即人应该怎么活着；二是生活的道理，即人为何这样活着。

3. 讲出一种安身立命的生活方式

以中国文化来看，儒释道等各家的回答各不相同，各家对人应该如何生活，如何安身立命，分别做出了自己的回答。也就是说，儒释道都是对人的生活方式、生活道路做出的一种生活安排，都是在回答人应该如何生活，应该有什么样的生活方式，人在这种场景下应该做出什么样的生活选择，应该走一条什么样的生活道路。

宋代儒学复兴，本质上就是在求道成仙、坐禅拜佛的生活方式和道理之外，倡导一种儒家的生活方式，阐述一种儒家的生活道理。儒家认为符合"礼"的生活就是符合人的本质的生活，就是道德的。那什么是"礼"？周敦颐说："礼，理也。"合道理的行为就叫作礼。守礼的生活就是合道理的生活。

朱熹、陆九渊都是在儒家生活方式重新确立后为解决新问题提供了一种方案。正像杨立华先生所说，北宋道学的核心关切是如何为合道理的生活方式奠定哲学基础。任何一种哲学都指向某种生活安排，要为这种生活安排提供哲学上的根据。②

---

① 《语录下》，《陆九渊集》卷35，第543–544页。
② 杨立华：《理气动静：朱子的哲学》，载《中国哲学十五讲》，北京大学出版社2019年版，第248页。

陆九渊的平实风格也是中国儒学的特色。儒家认为道理本就坦易明白，何必委曲生事？[1]孔子就提倡"述而不作"，只叙述生活的事，引述前人的话，从不强行立说。程颢批评长篇大论、说理说教是"强生事"，你拿山河大地说事，那"山河大地又干你何事"？你看天什么话也没说，可四时照样运行，万物照样生长，"天何言哉"[2]，"百理具在，平铺放着"[3]，道理都在那儿平铺明摆，明明白白，还要讲什么呢？因此，陆九渊总结说："道理只是眼前道理，虽见到圣人田地，亦只是眼前道理。"[4]他说："吾儒之道乃天下之常道，岂是别有妙道？"陆九渊的"道"不是佛禅妙道，而是儒家之道。理，是眼前日用之理；道，是天下必由之道。那些典常规则呀，人伦道理呀，都是天下所共由的，万民所日用的，这个道理如此简明。所以，陆九渊在《贵溪重修县学记》中说："尧舜之道不过如此。此非有甚高难行之事。"他还对学生们说："吾之道，真所谓夫妇之愚，可以与知。"[5]"君子之道，夫妇之愚不肖，可以与知能行。"[6]真正的道理是简单易懂、妇孺皆知、人人可行的。

陆九渊还点出一种现象：有些人在"善利之间，尝知抉择，大端已明，大志已立"，可是在"日用践履"中，就不是那么清明刚健了，"一有缓懈，旧习乘之，捷于影响。应答之际，念虑之间，阴流密陷，不自省觉，益积益深，或遇箴药，胜心持之，反加文饰，因不能以自还者有矣，甚可畏也"[7]。

戴溪，永嘉人，1178年（淳熙五年）别头省试第一，累官兵部郎、礼部郎、太子詹事兼秘书监、权工部尚书、文华阁学士、龙图阁

---

① 杨立华：《自立吾理：程颢的哲学》，载《中国哲学十五讲》，北京大学出版社2019年版，第183页。

② 《论语·阳货》。

③ 《二程集》，第34页。

④ 《语录上》，《陆九渊集》卷34，第457页。

⑤ 《语录上》，《陆九渊集》卷34，第471–472页。

⑥ 《与邵叔谊》，《陆九渊集》卷1，第2页。

⑦ 《与赵然道》三，《陆九渊集》卷12，第179–180页。

学士。① 戴溪问陆九渊，自己一向有意为学，却未见功效，那是什么原因？陆九渊跟他讲了一番善学的道理：人人都有本心，但难免受到戕贼陷溺，所以要致力于为学。即使像颜子这样的圣人，孔夫子也说只看到他不断进步，却从没有看到他停止过。所以，要经常阅读《中庸》《大学》《论语》诸书，更重要的是在起居生活、日常之用中修心克己。"起居食息，酬酢接对，辞气、容貌、颜色之间，当有日明日充之功，如木之日茂，如川之日增，乃为善学。"这样，即使有戕贼陷溺，"此心之存者，时时发见，若火之始然，泉之始达"。如果日常功课不到位，"苟充养之功不继，而乍明乍灭，乍流乍窒，则渊渊其渊，浩浩其天者，何时而可复耶？"②

六、陆九渊读书与教书有什么不一样？

1. 读书要讲"心境"：要"田地净洁""奋发植立"

陆九渊强调学习读书要动机端正，心地干净。他说："学者须是打叠田地净洁，然后令他奋发植立。""田地不净洁，亦读书不得。若读书，则是假寇兵，资盗粮。"③ 那就是把枪给了匪寇，把粮给了盗贼，就是说心地不善，动机不纯，带着私心贪欲去读书，学到了知识，后果更可怕，正所谓"流氓不可怕，就怕流氓有文化"。看看那些高智商犯罪、高科技犯罪就会明白，读书与成人、教书与育人确实是不能分离的。

有人要问：什么叫"田地净洁"呀？是读书的地方要干净、清洁吗？

是的，中国人读书，讲究有个安静的环境，整理好书桌，摆放好椅子，打开窗户，让阳光洒进来，泡好一杯茶，然后让自己舒舒服服地坐下去，拿出一部书来看，很有仪式感，很有拿捏劲。你看中国人的书房，就很有讲究了。

---

① 赵伟：《陆九渊门人》，中国社会科学出版社 2009 年版，第 248 页。
② 《与戴少望》，《陆九渊集》卷 5，第 73 页。
③ 《语录下》，《陆九渊集》卷 35，第 529–530 页。

中国人的书房一般位于宅院的僻静、高洁、清雅之处，不是一般的房间，所以不叫"书房"，而叫"书斋"。《说文》曰："斋，洁也。"这种"洁"，不光是"净几明窗不染尘，图书镇日与相亲"[①]，即不光是环境的"洁"，更是心境的"洁"。古人说："夫闲居平心，以养心虑，若于此而斋戒也，故曰斋。"书房，如同斋堂，是中国人精神世界的"殿堂"、庙堂，可谓神圣之地。其实，这种感觉中外皆然。据说，萨特小时候曾偷偷地溜进他外公的书房，面对整排整排竖立的图书，小小的心灵顿时对生命有了敬畏，对世界有了领悟。现在的文人把书房叫作工作室，多少消减了修身养性和学习思索的成分。

有人还要问："田地净洁"是指身体姿势、精神状态吗？我们上小学朗读课文时，老师总是要求我们腰板要挺直，姿势要端正，双手摆在书桌上，眼睛盯着书本看，大声地读，认真地念。

但是，陆九渊讲的"田地净洁"指的既不是读书环境，也不是读书的姿态，而是读书的心境，是指学习的动机要端正，私心杂念要去掉。"读书之法，须是平平淡淡去看，子细玩味，不可草草。所谓优而柔之，厌而饫之，自然有涣然冰释，怡然理顺底道理。"[②]

陆九渊还说："学固不可以不思，然思之为道，贵切近而优游。切近则不失己，优游则不滞物。"[③]读书学习，不是翻开书就念，而是先要"思""反思"：考问自己的心地有没有过错，有过就要改过；是不是向善，不善就要迁善。

陆九渊把学习读书比作过关，通过读书去掉内心的私念，就这样一个关口一个关口地向上攀升。而"善学者如关津，不可胡乱放人过"，善于学习的人就像把住关口、守着渡口一样，不能随随便便、稀里糊涂地放人过去。

那么，陆九渊的"不可胡乱放人过"是指什么呢？实际是指不能随

---

① ［明］冯梦龙：《醒世恒言》卷 32。
② 《语录下》，《陆九渊集》卷 35，第 498 页。
③ 《与刘深父》，《陆九渊集》卷 3，第 40 页。

便放自己过关，要一边读书，一边考问自己。他是指读书学习的时候，是不是立志？是不是明心？是不是知道？如果不是，就不能放过。所以，陆九渊的掌心，就是炼心，就是写自我剖析材料，就是触及灵魂，在灵魂深处爆发革命呀。

2. 读书要讲"心意"："为己之学"，而不是"为人之学"

陆九渊十分强调读书的"心意"，即读书时心中的意向。他认为读书是让自己明白做人的道理，提高自己的思想道德素质，改变自己的气质。他说："学能变化气质"①，"为人就要为学"，"人之不可以不学，犹鱼之不可以无水"②。

陆九渊说："今之学者，大抵多是好事，未必有切己之志。夫子曰：'古之学者为己，今之学者为人。'须自省察。"③在这里，陆九渊借孔子的话提出了两种不同的读书学习的目的：

一种是"为己之学"。陆九渊大力提倡"为己之学"，"古之学者为己，所以自昭其明德。己之德已明，然后推其明以及天下"④。学习读书不是别人要你学，而是自己要学，是自己要读，是为自己而学，为自己而读。

值得注意的是：在陆九渊那里，"学"不同于"读书"，两者不完全是一回事。"读书然后为学。"⑤读书，有可能只是在读字句，念经文，"小和尚念经，有口无心"。更多的情况下，陆九渊是以批评的口吻来用"读书"这个词的。宋代，科举制越来越普及，社会上弥漫着读书只是为了科举考试的风气。针对这种应试而读书的情况，陆九渊特别强调读书的"学习性"，反对把读书作为工具，提出读书的目的不是应付考试，

---

① 《语录下》，《陆九渊集》卷 35，第 528 页。
② 《与黄循中》，《陆九渊集》卷 12，第 193 页。
③ 《语录上》，《陆九渊集》卷 34，第 461 页。
④ 《语录下》，《陆九渊集》卷 35，第 510 页。
⑤ 《语录下》，《陆九渊集》卷 35，第 529 页。

获取功名，也不是为了著书立说，甚至不是为了获取知识。陆九渊认为读书不必然增进人的道德修养，没有独立的价值和意义。他反对把读书和做人割裂开来，反对知行不合一，理论不联系实际，认为这样会导致书读得很多，人做得很差。

所以，陆九渊在更多的场合下是用"学"这个词，或者说，是在"学"的前提下来谈"读书"的。"大抵学者且当大纲思省。平时虽号为士人，虽读圣贤书，其实何曾笃志于圣贤事业，往往从俗浮沉，与时俯仰，徇情纵欲，汩没而不能以自振。"[1]陆九渊严厉地批评了时下许多人平日里虽然"号为士人"，虽然也在那里"读圣贤书"，但其实他们根本不是"笃志于圣贤事业"，而"往往从俗浮沉，与时俯仰，徇情纵欲，汩没而不能以自振"。这样"日月逾迈"，长此以往，只会"有泯然与草木俱腐之耻"。所以，要"求涵养磨砺之方"[2]。

另一种是"为人之学"。陆九渊反对"为人之学"。书，是用来读的，而不是拿来炫的，不是学给他人看、读给他人听的，不是拿来附庸风雅装门面的。中国人重视书房，重视书房里的书，更重视人读书的行为和读书的主体。所以，"人不为己，天诛地灭"，儒家为己之学，不但目的如此，而且方法上，如果不联系自己，不把自己摆进去，那样的学习也是白学，读书也是白读。

陆九渊认为读书学习的关键就在于"正人心"，"明道理"，尊德性，从心灵深处导引出理性，引导精神向"道"提升。那么，人们怎样才会志道、守道、行道呢？陆九渊认为民众和士大夫明"心"知"道"的途径迥然不同："民之于道，系乎上之教；士之于道，由乎己之学。""道"，对于民来说，"系乎上之教"；对于士来说，在于自己学习。陆九渊提出了两种不同层次的教化进程：普通百姓是接受圣王的教育，使自己的举动都符合道的准则；而士人君子则自觉学习，使自己的心性向"道"提升。

---

[1]《与曹挺之》,《陆九渊集》卷3，第45页。
[2]《与曹挺之》,《陆九渊集》卷3，第45页。

3. 读书要讲"心法"：平心读书，不必用心太紧

中国人重视读书，也讲究读书的方法。中国人的读书之法，可不仅仅是读书的技巧。"道器合一"，读书要得法，法中有大道。在中国人看来，读书之法就是读书之道。朱熹对此谈得更多、更深刻。他提出"熟读法""渐进法""涵泳法""思考法""体察法"五种读书法，以及"循序渐进、熟读精思、虚心涵泳、切己体察、著紧用力、居敬持志"六条原则。

但是，陆九渊的读书学习之法，有很大的不同。

（1）读书贵精贵熟，不求"多"与"博"。朱熹强调：读书要读圣贤书、基础书、经典书，要仔细读，反复读，读后要反复想，熟读精思，读熟，想透，看出问题，明白道理。朱熹说"书读百遍，其义自现"。苏东坡说"旧书不厌百回读，熟读精思子自知"。现在是网络时代，手机阅读，网页浏览，人们只想着快速地攫取信息。这样的阅读如乘坐高铁直奔目的地而去，而沿路的景致风驰电掣般地在车窗外面一闪而过，没有留下一丝印象。现代社会，读书可以在网上读、手机上读，但不能取代纸质图书的阅读，不能取代那种抚摸书本、翻阅书页、感触书本纸张质感而获得的阅读特有的体验感。阅读应该静下心来。书放在你面前，就像和一个朋友沉浸在一个气场中促膝对谈，氤氲袅袅，灵魂游弋。正像有的人讲，纸质的阅读是有附加值的，它会养人。

朱熹说："熟读熟读，首先要读。"朗读、默读、诵读，都在强调"读"，要读出声音来。《诗经》《楚辞》、唐诗宋词、《古文观止》等，中国传统都讲究"读"。朱熹认为，读书就要字字读得响亮，不可误一字，不可少一字，不可多一字，不可倒一字。"学者观书，读得正文，记得注解，成诵精熟，注中训释文意、事物、名件、发明相穿纽处，一一认得，如自己做出来底一般，方能玩味反复，向上有通透处。"[①]

陆九渊认为读书要看书的意旨，要精，要熟。"所谓读书，须当明

---

① 《程氏家塾读书分年日程·朱子读书法》。

物理，揣事情，论事势。且如读史，须看他所以成，所以败，所以是，所以非处。优游涵泳，久自得力。若如此读得三五卷，胜看三万卷。"①他说："孟子读《尚书》中记载周武王伐纣经过的《武成》，只'取二三策而已矣'②。'读书最以精熟为贵'③，精读三五卷，胜过读三万卷书。"他又说："某尝令后生读书时，且精读文义分明事节易晓者，优游讽咏，使之浃洽，与日用相协，非但空言虚说，则向来疑惑处，自当涣然冰释矣。纵有未解，固当候之，不可强探力索，久当自通。所通必真实，与私识揣度者天渊不足谕其远也。"④

他还提出，教人读书，旨在传承儒家之道，开启人们之心，而不能炫耀自己的博学："古之君子，知固贵于博。然知尽天下事，只是此理。所以博览者，但是贵精熟。知与不知，元无加损于此理。""君子虽多闻博识，不以此自负。"⑤

从理论角度来说，陆九渊所言确有其道理，然而心学传人有一派将他这句话推到极致，认为读书就会蔽心，所以不要读书或少读书。这也是陆九渊心学受到后世诟病的一个地方。

（2）读书先读通容易之处，难晓之处先放一下，不必穷索。陆九渊的意思是，不用把书本上的每一个字、每句话都吃透弄懂。他主张"书亦政不必遽尔多读，读书最以精熟为贵"⑥。读书要优游涵泳，平易读之，反对疲神竭虑，穷究力索。陆九渊说读书就这样读过去，碰到不懂的地方就跳过去，先把那些明白易懂的读通："读书不必穷索，平易读之，识其可识者，久将自明，毋耻不知。"⑦"学者读书，先于易晓处沉涵熟复，

---

① 《语录下》，《陆九渊集》卷35，第509页。
② 《取二三策而已矣》，《陆九渊集》卷32，第438页。
③ 《与胥必先》，《陆九渊集》卷14，第211页。
④ 《与朱济道》二，《陆九渊集》卷11，第162页。
⑤ 《语录下》，《陆九渊集》卷35，第518-519页。
⑥ 《与胥必先》，《陆九渊集》卷14，第211页。
⑦ 《语录下》，《陆九渊集》卷35，第538页。

切己致思，则他难晓者涣然冰释矣。若先看难晓处，终不能达。"①

陆九渊甚至以一首诗来表明他读书学习之"心法"②：

　　读书切戒在荒忙，涵泳工夫兴味长。

　　未晓莫妨权放过，切身须要急思量。

　　自家主宰常精健，逐外精神徒损伤。

　　寄语同游二三子，莫将言语坏天常。

（3）读书要平心而读，不必用心太紧。朱熹强调读书要抓紧时间，"著紧用力"，"宽着期限，紧着课程"。读书为学要："直要抖擞精神，如救火治病然，如撑上水船，一篙不可放缓。""圣贤千言万语，无非只说此事。须是策励此心，勇猛奋发，拔出心肝与他去做！如两边擂起战鼓，莫问前头如何，只认卷将去！如此，方做得工夫。""且如项羽救赵，既渡，沉船破釜，持三日粮，示士必死，无还心，故能破秦。若瞻前顾后，便做不成。"③朱熹连用"救火""治病""逆水撑船""擂鼓冲锋""破釜沉舟"等比喻，就想说透一件事：一寸光阴一寸金，寸金难买寸光阴。读书还要勤奋刻苦，所谓"书山有路勤为径，学海无涯苦作舟"。读书是一件很辛苦、比耐力的事呀，要"如发愤忘食，乐以忘忧"，十年寒窗，终生如此，才能读有所得，学而有成。

但是，陆九渊多次强调"学者不可用心太紧。深山有宝，无心于宝者得之"④。儒家之道不是争竞务进者能知，惟静退者可入。他说："若事役有暇，便可亲书册。所读书亦可随意自择，亦可商量程度，无不有益者。"⑤什么意思呢？工作之余，就要读书，至于读些什么书，那可随自己的意愿来选择，也可与别人商量，只要是读书，就是有益的。

陆九渊认为读书只需平心而读，不必逐字逐句地大加考究。邵中

① 《语录上》，《陆九渊集》卷 34，第 470–471 页。
② 《语录上》，《陆九渊集》卷 34，第 471 页。
③ 《朱子语类》卷 8，中华书局 2020 年版，第 149 页。
④ 《语录上》，《陆九渊集》卷 34，第 472 页。
⑤ 《与曹挺之》，《陆九渊集》卷 3，第 45 页。

乎，里居、官阶皆无考，诸书皆不载其名，唯《陆子学谱》卷 14 列其为陆九渊门人，言其师事陆九渊甚笃，曾以书自述其所学。陆九渊有《与邵中孚》书，称赞其天资朴茂，立志坚笃，又赞其得本心①，还告诉其读书方法："大抵读书，诂训既通之后，但平心读之，不必强加揣量，则无非浸灌、培益、鞭策、磨励之功。或有未通晓处，姑缺之无害。且以其明白昭晰者日加涵泳，则自然日充日明，后日本原深厚，则向来未晓者将亦有涣然冰释者矣。《告子》一篇，自'牛山之木尝美矣'以下可常读之，其浸灌、培植之益，当日深日固也。其卷首与告子论性处，却不必深考，恐其力量未到，则反惑乱精神，后日不患不通解也。此最是读书良法。"②

"后世儒者之论，不足以著大公，昭至信，适足以附人之私，增人陷溺耳。铢铢而称之，至石必缪，寸寸而度之，至丈必差。石称丈量，径而寡失。后世人君亦未尝不欲辨君子小人，然卒以君子为小人，以小人为君子者，寸寸而度，铢铢而称之过也。以铢称寸量之法绳古圣贤，则皆有不可胜诛之罪，况今人乎？"③陆九渊的这段话引用自《汉书·枚乘传》："夫铢铢而称之，至石必差；寸寸而度之，至丈必过。石称丈量，径而寡失。"意思是一铢一铢地称，称到一石一定会有差错，一寸一寸地量，量到一丈就一定会有差错，用石和丈来称量，简捷又少有差错。

陆九渊认为要防止"学唯欲速"。"学固不欲速，欲速固学者大患，然改过迁善，亦不可迟回。向来与诸公讲切处，正是为学之门，进德之地。"④"为学固不可迫切，亦当有穷究处，乃有长进。"⑤"昆仲为学，不患无志，患在好进欲速，反以自病。"⑥

那么，要防止哪些错误的求学之法呢？简单一句话，就是要防止

① 赵伟：《陆九渊门人》，中国社会科学出版社 2009 年版，第 132 页。
② 《与邵中孚》，《陆九渊集》卷 7，第 107 页。
③ 《与致政兄》，《陆九渊集》卷 17，第 249 页。
④ 《与刘淳叟》，《陆九渊集》卷 4，第 60-61 页。
⑤ 《与吴显仲》，《陆九渊集》卷 2，第 36 页。
⑥ 《与包敏道》，《陆九渊集》卷 6，第 100 页。

"学失其正"①。

陆九渊经常鼓励、表扬学生"学有日进""学而进进""学植日进"，说求学不要求速达，就怕"学而不进"。"今时学者，悠悠不进，号为知学耳，实未必知学；号为有志耳，实未必有志。若果知学有志，何更悠悠不进。"②

陆九渊六七次反对"胜心"。学生李伯敏问："先生，我跟去年相比较，为什么没有一点长进？"（"以今年较之去年，殊无寸进。"）陆九渊答："什么叫长进？如果当为的时候而不能为，不当为的时候又为之，这个就是不长进。所以，不搞清这一点，'泛然求长进，不过欲以己先人，此是胜心'。"他还告诉李伯敏，他从一开始就没有什么好胜心，日用常行，就是有一个本心。（"盖某初无胜心，日用常行，自有使他一个敬信处。"③）

有一个求学者从朱熹那里来，"其拜跪语言颇怪"。每天从学斋里出来，这个人必有一些陈论，和他深入讨论却无他语。到了第四天，这个求学者的话都说完了，就力请陆九渊先生教诲。陆九渊答曰："我也没空详论，不过在这里可以讲个大概和格局给大家听。"接着他列举了四种人："今世人浅之为声色臭味，进之为富贵利达，又进之为文章技艺。又有一般人都不理会，却谈学问。"对于这四种人，陆九渊说："吾总以一言断之曰：胜心。"这个求学者"默然，后数日，其举动言语颇复常"。④

陆九渊提倡学习要实事求是，量力而行。江西南城包扬（显道）、包约（详道）和包逊（敏道）三兄弟，都是陆九渊的学生。他们兄弟三人为学的毛病不在"无志"，而"在好进欲速"，"皆在锐进之处"。陆九渊说"今为学不长进，未为大患"，倘若"是吾力之所不能及而强进焉，

---

① 《与徐子宜》，《陆九渊集》卷5，第77页。
② 《与舒西美》，《陆九渊集》卷5，第74页。
③ 《语录下》，《陆九渊集》卷35，第507页。
④ 《语录上》，《陆九渊集》卷34，第469页。

亦安能有进？徒取折伤困吝而已"，再倘若一心求快甚至狂妄不知羞，那就"惑深而为累大"了，那不只是没有好处，而是有害了。相反，"若能定帖，自能量力随分，循循以进"，"往往不至有狂妄之患"。①

总之，陆九渊认为：读书的过程是一个求道的过程，而不是一个求知的过程，是一个儒家之道与自己之心交互、契合的过程，是一个辨志明心的过程，儒学之书只不过是这个过程中的捕鱼之筌、指月之指。所以，陆九渊强调读书的过程要凭自己的"本心"即思想动机、思想状态去读书，去读出书中的意旨血脉、儒家之道。

七、陆九渊怎样对待儒家经典著作？他的学问那么大，为什么不注经？

有人问陆九渊："先生学问这么大，为什么不著书对六经进行注解呢？"（"或问先生何不著书？"）问话人是问陆九渊为什么不像朱熹那样也对儒家经典著作进行注解。

陆九渊答："六经应当注我，我为何要注六经？"（"对曰：'六经注我，我注六经。'"②）

这是陆九渊的名言。

陆九渊的回答有两层意思：一层是"我"与六经的关系，要以"我"为主。有气魄，有自信。这层意思大家都知道，还有一层意思就少有人去思考，这就是六经与注解的关系。这反映了陆九渊对六经等儒家经书的一个基本看法。

"六经注我，我注六经"的意蕴在于：不是我来解释六经，而是用六经来指导我修心、解释我的实践。

大家都知道有"四书五经（六经）"之说。所谓"四书"，是指《大学》《中庸》《论语》《孟子》。所谓"六经"，是指孔子在晚年整理的《诗》《书》《礼》《易》《乐》《春秋》，其中《乐》已失传，所以通常称"五

---

① 《与包敏道》，《陆九渊集》卷6，第100–101页。
② 《语录上》，《陆九渊集》卷34，第462页。

经"。因此，这里的"六经"是指中国儒家经典著作。

什么叫"注"呢？就是对经书字句的解释，又称"传""笺""解""章句"等。对"注"的注解，又称"疏""义疏""正义""疏义"等。所以，注、疏就是对儒家典籍中的文字、词义、读音、语法、修辞，以及名物、典制、史实等方面的解释，即这个字该怎么解，那句话是什么意思。

中国历史悠久，古籍汗牛充栋，浩如烟海，后人看古书，往往看不懂。于是，就有学者对前人著作进行注解、解释，后来的人对前人的注解又做注解，对前人的解释再做解释，这样连绵不绝，形成学术大观。

而陆九渊一生，既没有为儒家经典著作做过注解，也没有为前人的注解做过注解。一部《陆九渊集》都是一些书信和讲学的语录，没有什么注疏。朱熹曾说过："我们儒家头绪太多了，想想都会让人头皮发麻。像陆九渊那样不立文字，倒也省事。"① 朱熹说陆九渊"不立文字"，此话虽不无调侃之意，倒也反映出陆九渊立说不著书、从来不注解的特点。

陆九渊并不是那种信口乱说、张嘴就说、即兴而说的随便之人，他学风严谨，用词准确。他在讲课的时候，由弟子们记录整理授课内容。李伯敏呈上所编《语录》，陆九渊看了之后，说："编得也是，但言语微有病，不可以示人，自存之可也。兼一时说话有不必录者，盖急于晓人，或未能一一无病。"②

那么，陆九渊为什么不立文字不注经呢？

是他的学问不大，没有能力做注解吗？不是。

是他工作很忙，没有时间做注解吗？也不是。

那是他性格使然，懒得做注解吗？更不是。

那究竟是什么原因呢？

---

① "吾儒头项多，思量著得人头瘴。似陆子静样不立文字，也是省事。"《朱子语类》卷 124，中华书局 2020 年版，第 3208 页。
② 《语录下》，《陆九渊集》卷 35，第 513 页。

这里我们来谈谈陆九渊是如何看待儒家的经"书"，也就是儒家经典著作，以及陆九渊心学的一个观点：在立志、明心、知道的过程中，儒家经典著作的作用是什么？儒家经书的"经"，为什么要念？儒家经书的"书"，要怎么读？

1.字面音义与思想内容的关系：是关注字义章句，还是关注血脉意旨？

中国文化史、中国思想史、中国哲学史上历来就有言与意、文字与内容的关系讨论，魏晋时期更有"言意之辨"，陶渊明的诗句"此中有真意，欲辨已忘言"也反映出"意"与"言"的关系问题。就儒家经典著作来看：任何一部"经"书、一部典籍，都有语言文字和思想内容这两面，语言文字是表达思想内容的。

陆九渊不注经，反映了他对儒家经典文字形式与思想内容关系的看法，表明了他对儒家经典的思想精髓、血脉意旨的强调与重视。他认为：语言文字是表，是虚，是末，是次要的；而思想内容是里，是实，是本，是主要的。"实者，本也；文者，末也。"学儒家的思想，读儒家的经书，要重实、重本，而不应重虚、重末，甚至只停留在字面上而不深入其思想内容。

基于经书经典的形式与内容的基本关系，就形成了陆九渊读书与教书的不同方法：点出儒家经书的妙旨血脉，启发学生辨志明心，从而把握儒家之道。陆九渊强调：教学者教学生读书，不能只讲字面意思，一味注重注疏经文；不能一味著书立说，摆弄概念，玩弄辞藻。

陆九渊说："读《孟子》须当理会他所以立言之意，血脉不明，沉溺章句何益？"[1]即重视激励人们立志，引导人们切己自反，启发人的良知与良能。"实大声宏，若根本壮，怕不会做文字？"只要有思想有内容，还怕不会做文章？读经书，学儒道，如果能抓住经书的思想精髓，把住

---

[1] 《语录下》，《陆九渊集》卷 35，第 512 页。

儒学的根本要义，那么，六经这些经典著作都是我的注脚。（"学苟知本，六经皆我注脚。"①）

其实，先解释字义章句，搞清文章的字面含义，辨析概念间的差异，弄懂文字的音、形、义，这是学习、教学和研究儒学经典的普遍方法，也是自古以来读书的基本传统。汉代的主流风气是学习"经学"。"经学"就是研究儒家经典，还分为古文经学和今文经学。唐代儒者致力于注解经典，唐朝盛行从语言文字上把握儒学概念范畴的求学方法。延至宋代，这种治学方法依然如此，程颐、朱熹也乐于对儒学范畴一一定义，为世人提供一条清楚明白、便于遵循的入道进德之路。

我们现在也是这样读书的，由浅至深、由表及里，一层一层地读。一是注重最外面那层的语言文字、音韵训诂，文从字顺，把那些佶屈聱牙的字认全了，音念准了，文读通了，意思弄明白了。二是读懂书的观点，把握作者的意思。三是读书不能囫囵吞枣，不求甚解，也不能只在文面上咬文嚼字，而要力透字背，分析其社会和时代意义，读懂和领悟其弦外之音、字里之话、话外之意。四是体会这部书在阐述观点、表达情意时所呈现出来的文采、文气，感受这部书的气场、气势，领略其最深层的精神和灵魂。看经典名著，你会感觉到天风浩荡，海涛扑面，整个灵魂都受到冲刷，得到洗礼。读好书，不但能识文断字，学到知识，掌握观点，窥得真理，书中的气质、气象、气度也会浸润、陶冶、感染我们。

但是，陆九渊说读书是有层次的，读书如果只晓得文义，那只是低层次的"儿童之学"，不能像小孩子读书一样，只是死记硬背，满足于书本的字面意思。高层次的读书要得"血脉"，知"意旨"，"读书固不可不晓文义，然只以晓文义为是，只是儿童之学，须看意旨所在"②，要立"大志"，明"本心"。陆九渊的学问是"欲沉涵熟复而切己致思，

---

① 《语录上》，《陆九渊集》卷 34，第 457–458 页。
② 《语录下》，《陆九渊集》卷 35，第 498 页。

欲平淡玩味而冰释理顺"，它与那种只是埋没于"训诂章句之末者大异"，有很大的不同，而且陆九渊认为，训诂章句只是末而不是本。但是，那些不知道何为学、何为道的人反而"妄议"陆九渊"不以读书为教"①，真让人感叹唏嘘。

陆九渊指出，更有甚者，读儒家经书，只在字面上下功夫，光在词句上用力气，一个劲儿地读注解，看注疏，琢磨这个字是什么意思，那句话怎么讲，大家都在字面上考证训诂，锱铢必较，寻章摘句，挖掘内涵。这样，儒学的经书得到了厘清和解释，儒学的精神却渐趋湮灭。"今之学者，只用心于枝叶，不求实处。"②这种学风就会造成一种后果：儒家经典皮肉分离，变成两张皮，圣贤的本旨丢失了，以至于支离蔓延，靡所底丽，离经叛道。

陆九渊接着说："今人之习，所重在末，岂惟丧本，终将并其末而失之矣。"③如果不能把握经书的言意关系，按现在人读书的习气，岂止是丧失根本，理解不了儒家思想的血脉精髓，最终还会连本带末一起丧失。"吾友却不理会根本，只理会文字"，"今吾友文字自文字，学问自学问"④，如果只关注字面意义，不去体会、把握思想内容，那学问就仅仅是学问。如果这种学风不改变，那儒学之道不只是分为内容和文字两段，那将是支离破碎，碎成百段。（"若此不已，岂止两段？将百碎。"⑤）

《中庸》第一章有云："道也者，不可须臾离也，可离非道也。是故君子戒慎乎其所不睹，恐惧乎其所不闻。"意思是："道"是不可以片刻离开的，如果可以离开，那就不是"道"了。所以，君子在无人看见的地方也是谨慎的，在无人听见的地方也是戒惧的。而陆九渊的解

---

① 《年谱》，《陆九渊集》卷36，第601–602页。
② 《语录下》，《陆九渊集》卷35，第511页。
③ 《与吴子嗣》四，《陆九渊集》卷11，第164页。
④ 《语录下》，《陆九渊集》卷35，第510页。
⑤ 《语录下》，《陆九渊集》卷35，第510页。

释是："学者必已闻道，然后知其不可须臾离，知其不可须臾离，然后能戒慎不睹，恐惧不闻。"接着，陆九渊话锋一转，指向了朱熹："元晦好理会文义，'是故'二字也不曾理会得，不知指何为圣贤地位，又如何为留意。此等语皆是胸襟不明，故撰得如此意见，非唯自惑，亦且惑人。"① 他说朱熹喜欢理会文义，而不关注血脉、精神，于是《中庸》原文中的"是故"他也没有理会，这样一来，就没有指出圣人的地位。像这样的话语都是胸襟不明的表现，所以撰写出这样的意见，不只是迷惑自己，也会迷惑别人。

2. 原著与注解的关系：是忠实原著，还是加注加解加发挥？

陆九渊并不是一味地反对对经书进行注解，也不是主张读书不要去读注解。就像我们现在读经典著作，也可以去看看注解，看看导读，或听老师串解，或去听辅导报告。但在陆九渊看来，后人对儒家经典著作的注解、注释，毕竟隔了一层，毕竟带了注释者个人的理解、误解甚至曲解。所以，读经典就要尽可能地直接读原著，即使要读注解，那也要读那种忠实原著没跑偏的注解。

一是自己多加思考、体会、消化，而不能人云亦云。"学者不自着实理会，只管看人口头言语，所以不能进。且如做一文字，须是反覆穷究去，不得又换思量，皆要穷到穷处，项项分明。"②

二是"后生看经书，须着看注疏及先儒解释，不然，执己见议论，恐入自是之域，便轻视古人"③。不要自以为是，带着自己的成见、偏见去读，把自己的意见加在经书经典之上。

三是要把握经书经典的原意，不要被他人的注解注释带偏。这个"他人"不是古人，而是今人、时人，可能就是暗指朱熹，因为今人的

---

① 《与郭邦逸》,《陆九渊集》卷 13，第 196 页。
② 《语录下》,《陆九渊集》卷 35，第 501 页。
③ 《语录下》,《陆九渊集》卷 35，第 497–498 页。

注解往往是空发议论。所以，陆九渊提倡看注解，要尽量看离原著年代近一点的注解。

有学生问陆九渊："读六经应当先看什么人的解注？"

陆九渊回答："须先精看古注，如读《左传》则杜预注不可不精看。大概先须理会文义分明，则读之其理自明白。然古注惟赵岐解《孟子》，文义多略。"

由此看来，陆九渊也是主张阅读注解的，而且要"精看"。陆九渊的观点有三层意思：第一层意思是要读古注，古注解离古经书相距不远，注经者更理解著书者的思想血脉。第二层意思是读注解的目的在于通过"理会"文义达到明白"其理"的目的；而被注解带偏了，得言忘意，只是关注注解本身，反倒把经书要义给忘了。第三层意思嘛，则有点暗指朱熹的意思了。怎么了？且听下面说来。

到南宋之时，《孟子》的注本有两个最著名：一是东汉末年赵岐的《孟子章句》；一是朱熹的《孟子集注》。陆九渊只点赵岐，而不点同时期的朱熹，本身就有选择性了。那么，陆九渊为什么做出这种选择呢？因为赵岐注重字的训诂、句的释义，对《孟子》十分推崇，不太乱发挥，要引述别人的观点，也只是征引《诗》《书》《礼》《易》《春秋》诸经来支撑自己的观点；而朱熹的《孟子集注》，则"以理学义理之思为解经指导思想"，在解释词义的同时，把自己的"义理"掺了进去。如《孟子·梁惠王下》曰："以大事小者，乐天者也；以小事大者，畏天者也。乐天者保天下，畏天者保其国。"朱熹注："天者，理而已矣。大之字小，小之事大，皆理之当然也。自然合理，故曰乐天。不敢违理，故曰畏天。包含遍覆，无不周遍，保天下之气象也。制节谨度，不敢纵逸，保一国之规模也。"朱熹不是对原文之意进行训释，而是按自己的"理"学思想来探讨其中的义理，把"天"释为"理"，认为合理则乐天，不敢违理则畏天。朱熹的《孟子集注》还从汉到宋旁征博引诸家之说230多处。陆九渊心学本来就与朱熹理学的思想体系有巨大分歧，如此一来，陆九渊当然更是有诸多不满，认为朱熹对儒家经典不太尊重，不忠实原著，东拉西扯，空发议论，借注解而乱发挥，加入了自己的许多私货。

"解书只是明他大义，不入己见于其间，伤其本旨，乃为善解书。后人多以己意，其言每有意味，而失其真实，以此徒支离蔓衍，而转为藻绘也。"①

陆九渊多次强调自己述而不作的教风和学风，直接教原著，对孔孟原著的字词、概念不多加解释，不随意加注，不胡乱发挥。"平生所说，未尝有一说。"②他说自己平时教学，只是抓住儒家经典的思想内容这个根本。

陆九渊反对那种就字句讲解字面意思，只在文字和言语上讨论、辨析的做法和学风，他说："成天摆弄一些经书的文字语言，显得自己学问增加，这对圣人的思想简直就是一种侮辱呀。"（"终日簸弄经语以自傅益，真所谓侮圣言者矣。"③）

陆九渊更反对在解读原著的时候，逮着解释一个字、一个词的机会，东拉西扯、另起炉灶地议论一番、发挥一通。陆九渊感叹道，现在，思想界的理论大家热衷于注解儒家经典，著书成风，注经的书、解经的书越搞越多，做先生的疲神于整理爬梳，做学生的担子愈益沉重。陆九渊批评道："传注益繁，论说益多，无能发挥，而只以为蔽。"④解释得越繁，论说得越多，越是不能发挥，反而遮蔽了儒家典籍的精髓。

陆九渊说他自己教学生读书，只做减法，不做加法。"今之论学者只务添人底，自家只是减他底，此所以不同。"⑤在陆九渊看来，"添人底"是朱熹的"支离"事业，即"彼学不至道，其心不能无蔽，故其言支离"⑥。在语言文字等中介媒质上添油加醋，胡乱发挥。与此相对照，

---

① 《年谱》，《陆九渊集》卷36，第572页。
② 《语录下》，《陆九渊集》卷35，第516页。
③ 《与曾宅之》，《陆九渊集》卷1，第7页。
④ 《贵溪重修县学记》，《陆九渊集》卷19，第273页。
⑤ 《语录上》，《陆九渊集》卷34，第464页。
⑥ 《与赵咏道》，《陆九渊集》卷12，第181页。

陆九渊说他自己完全相反，"吾之学问与诸处异者，只是在我全无杜撰，虽千言万语，只是觉得他底在我不曾添一些"①，也就是说他和别人的不同之处是他没有在儒家经典上加注解、加注疏、加发挥，那是另起炉灶、"杜撰"新说、炮制新体系。

陆九渊认为，古圣相传的道理朴实无华，不需要饰说。问题只在体之于心、见之于行，而不能空发议论，否则不但支离破碎，还会助长炫耀博识、骛求新奇的不正之风。所以，陆九渊列出了"朴实"与"议论"两种学风加以对照论述："今天下学者唯两途，一途朴实，一途议论。"陆九渊认为不顾或轻视思想内容，而是空发议论，就会失掉儒家经书的思想之实。他一碰到议论者，便会说："此是虚说""此是时文之见"②。

针对一般人只爱热闹、炫耀博识、骛求新奇的情形，陆学提出人的精神立世，关注出处大节，不在文字上殚精竭虑，而在心性修养上用功，以人为根本，不杜撰学术体系。这与朱熹理学注重著述，留下系统性学术著作相异。如果说朱熹是北宋以来儒家经典义理阐发的集大成者，那么陆九渊是南宋以后儒家经世致用践行的开拓者。

总之，陆九渊认为，儒家的经典已经在那里了，没有必要添油加醋、画蛇添足、狗尾续貂，加上各种各样的注解、注疏，乱说一气。

有一晚，陆九渊在月下散步，突然喟然而叹。

学生包敏道问："先生何叹？"

陆九渊回答："朱熹学问很大，像泰山乔岳，可惜学不见道，枉费精神，所以就坏事了，奈何？"陆九渊多次指出朱熹"学不见道""见道不明"，认为这是朱熹的一大缺点。

包敏道说："势既如此，还不如先生您与他各自著书，天下后世会自行选择的。"

---

① 《语录上》，《陆九渊集》卷34，第463页。又见《年谱》，《陆九渊集》卷36，第571页。
② 《语录上》，《陆九渊集》卷34，第471页。

陆九渊顿时拉下脸来，正色厉声地说道："敏道！敏道！你怎么这样没长进，竟然有这般见解。就算天地间有个朱熹、陆九渊，那又增添了什么？如果没有朱熹、陆九渊，那又减少了什么？"[①]

在陆九渊看来，孔孟的书在就可以了，后人只要把孔孟之道传承好就够了。世上有没有朱熹、陆九渊，都无所谓。所以，对孔孟之书左注解、右解释都是多余的，更没有必要著书立说，喋喋不休地说上一通。陆九渊对此很不以为然，认为这种注疏解经是多此一举，且太支离，跑偏了。

3. 儒家之书与儒家之道：是辨析字词概念，还是掌握思想精髓？

陆九渊认为，学习儒家经典，要在把握思想精髓上努力，不要过于纠结、沉溺、倚仗于文辞（"第当勉至其实，毋倚于文辞"），不要老是在那里琢磨这个字是什么意思，那个词是什么意思，这个词与那个词有什么区别，怎么辨析。在字面上"辨析于言语之间"，就字句解字句，从概念到概念，意义不大，甚至还有害处。"急于辨析，是学者大病。"[②]

有一次，陆九渊的学生李伯敏问："如何是尽心？性、才、心、情如何分别？"[③]区分"性、才、心、情"等概念是朱熹理学的一个重要内容，李伯敏的提问也是一种做学问的路数。他是想搞清这些概念的内涵与外延，辨析这些概念之间的异同。陆九渊则要求对"性、才、心、情"等概念不要拘泥于字义，认为它们是同一个东西，求得血脉即可。他对这种方法予以批驳与纠正，直接斥为"枝叶"："如吾友此言，又是枝叶。"像这样从字面上搞懂这些概念的意思、内涵、外延，这只是解字，而不能掌握儒学的精神实质。陆九渊接着说，这也不是李伯敏一个人的过错，现在全社会的风气和弊病都是如此。（"虽然，此非吾友之过，盖举世之弊。"）"今之学者读书，只是解字，更不求血脉。"但是，

---

① 《语录上》，《陆九渊集》卷34，第477页。
② 《与詹子南》，《陆九渊集》卷10，第159页。
③ 《语录下》，《陆九渊集》卷35，第511页。

李伯敏这位同学还没有开窍，一个劲儿地坚持问下去："莫是同出而异名否？"像"情、性、心、才"这些名词难道是同一个概念而有不同的名称吗？

陆九渊耐着性子回答："且如情、性、心、才，都只是一般物事，言偶不同耳。"对这些儒家的基本概念，"不须得说，说着便不是"，像这样一个劲儿地"只是腾口说"，就是一种只是对人说、不把自己摆进去的做法。读儒家经典，要"理会得自家实处"，不能拘泥于字面意义，一个劲儿地"以情、以性、以心、以才说与人"，即对人说"如何样是心，如何样是性、情与才"，像这样说得再好，分得再细，也"铲地不干我事"，"须是血脉骨髓理会实处始得。凡读书皆如此"。①

应该指出的是，陆九渊的这种观点与做法，是有着悠远而深厚的儒学传统的。

当年，子张、子贡、仲弓、颜回、原宪、樊迟、司马牛等，都向孔子问过一个问题："什么是'仁'？"

大家一听，此类问题很熟悉吧。比如，儒家子弟经常会问："什么是理学的理？""什么是心学的心？"参佛的人会问："什么是佛？""什么是佛祖西来意？"习禅的人会问："什么是禅？"现在我们学理论的人会问："什么是马克思主义？""什么是社会主义？"这是学习一种理论、掌握一种学说时经常碰到的情况。

那么，孔子面对其子弟一次次问"什么是仁"时，是怎么回答的呢？

孔子没有一次是下定义、做注解，说什么是"仁"，"仁"是什么意思，怎样才能"为仁"，有哪些办法可以"克己复礼为仁"，等等。因为在孔子看来，你即便把"仁"的音、形、义都讲得清清楚楚，那也不能登堂入室，成圣成贤。所以，孔子只是针对不同的人做出不同的回答。

当子贡问"仁"时，孔子则答："夫仁者，己欲立而立人，己欲达而

---

① 《语录下》,《陆九渊集》卷 35，第 511–512 页。

达仁。能近取譬，可谓仁之方也已。"[1]孔子明确阐述了儒学关于求学和做人的根本方法。

当颜回问"仁"时，孔子先答了一句"一日克己复礼，天下归仁焉"，然后告诫颜回："为仁由己，而由人乎哉？"[2]意思就是：仁，应当由你自己去体悟和躬行，而不能由别人告诉你什么是仁，怎样求仁，那都是不可靠的。

历来论者对"颜回问仁"津津乐道，以为他问到"仁"的实质和为仁的具体方法，甚至几乎把它看成唯一方法。殊不知这是孔子的一个重要思想，不在于问清了"仁"是什么，为仁有什么方法，而应观己自省，这样才可以登堂入室，成圣成贤。

---

[1]　《论语·雍也》。
[2]　《论语·颜渊》。

第11讲

陆九渊心学的精神气象与文化自信

一、陆九渊心学的时代风貌

1. 强烈的文化自信和独特的精神气象

俗话说，乱世出英雄。中国历史上，有过两个盛世之后的乱世：一个是大汉后面的三国，一个是大唐后面的五代十国。

三国时期，乱归乱，但英雄辈出。南宋辛弃疾就感慨："天下英雄谁敌手？曹刘。生子当如孙仲谋。"这既是对现实的呼唤，也是对历史的认定。同时，三国时期的英雄也有十分清醒与浓厚的英雄意识。建安七子之一王粲就写过我国历史上第一部专门记载"英雄"的书《汉末英雄记》。更为有名的是，一代枭雄曹操就曾对刘备说："夫英雄者，胸怀大志，腹有良谋，有包藏宇宙之机，吞吐天地之志者也。"刘备假装没听懂，问："谁能当之？"曹操以手指刘备，又自指，说："今天下英雄，唯使君与操耳！"

中国历史上的另一个乱世五代十国，却是一地鸡毛、满地瓦砾。五代中第一代后梁朱温、第二代后唐李存勖还稍微冒点泡，其他人连英雄的边都挨不上。"五代却乱到了连英雄都没有的地步，整个50多年的时间，基本上没有值得记住的名字。"①

---

① 杨立华：《北宋士大夫精神与宋初三先生》，载《宋明理学十五讲》，北京大学出版社2015年版，第23页。

诞生于五代乱世的宋代却英雄辈出、群星灿烂，有一股子英雄气。南宋虽然奢靡，但人有气节，活得不憋屈，既有文臣李纲、辛弃疾、陆游，更有武将岳飞、韩世忠，每个人物都是那么感天动地，每个故事都是那么荡气回肠。武将文臣如此，皇帝也不弱。南宋一成立，宋高宗赵构默许了一件事，所有有"金"字的书信、诏书等，均改作"今"。盖因与金国完颜有世仇，不写其国号。这一规矩一直延续至联蒙灭金。南宋明明知道，灭了金，下一个就是他们，但还是照样拒绝金国求和，直接灭掉。①

南宋的名人有英雄气，普通人士也是如此。1127 年（南宋建炎元年），北宋故土沦陷，原河北招抚司都统制王彦率领太行山区义军于河南、川陕等地抗击金军。这支军队每位将士的脸上都刻了"赤心报国，誓杀金贼"八个大字。脸上刺字古代叫黥刑，脸上盖个人肉章，无论走到哪里，一看就知道他是犯人，是用于重刑犯的侮辱性刑罚，《水浒传》中宋江就曾被处以黥刑。八字军忠心赤胆，威武无匹，脸都不要了，还怕死吗？这支军队曾发展到十余万人，战斗力强悍，先后取得川陕之战、宋攻李成之战等战役胜利，尤以饶凤关之战最为有名，重创金军，斩杀数千人之众。

宋代的思想文化领域内，一直有种英雄气象，思想文化领域也常出大英雄。宋初三先生、北宋五子、南宋诸儒，涌现出周敦颐、二程、张载、朱熹、陆九渊、吕祖谦等大学者，宋代士大夫阶层在整体精神状态、思想境界、理论意识上，都具有深厚的英雄气概与气象。这也是北宋士大夫不太看得起唐代士大夫的地方。欧阳修就说过，唐朝那一辈名人，谈论形势时事，感激愤发，不避诛死，命都可以不要；但一到贬所，就怨叹呼号，悲天怆地，天天以泪洗面，人格都变得猥琐了，和平庸之

---

① 赵家三郎：《微历史 @ 宋朝人》，同心出版社 2012 年版，第 99 页。

人没什么两样。①这基本是唐代士大夫的普遍特征，像韩愈被贬潮州，柳宗元被贬柳州，其诗作多为凄苦之音。就连李白这样的大诗人也是如此，得意时"仰天大笑出门去，我辈岂是蓬蒿人"，"天子呼来不上船，自称臣是酒中仙"，豪情万丈，洒脱不羁；一旦失意，也会有"蜀道难，难于上青天"的感叹，做出"生不用封万户侯，但愿一识韩荆州"的举动。

但是，宋代的士大夫贬就贬了。北宋名相范仲淹（989—1052）一生三次被贬。第一次得罪了章献太后，被贬至河中府。同事亲友们为他饯行，他说"此行极光"，意即虽然被贬，但极为光荣。第二次因废郭后的问题，在朝廷上争辩，被贬至睦州，说"此行愈光"，即这次被贬，更加光荣！第三次因进呈著名的《百官图》而得罪宋仁宗，被贬至饶州（今江西鄱阳），说"此行尤光"，即这次被贬，尤其光荣！

1057年，38岁的张载赴汴京（今开封）应考，时值欧阳修主考，他与苏轼、苏辙兄弟同登进士第。在候诏待命之际，张载得到宰相文彦博支持，在开封相国寺设虎皮椅讲《易》。后来，张载因其弟反对王安石变法被贬知公安县（今湖北江陵），他辞官回到横渠，在家中提出横渠四句："为天地立心，为生民立命，为往圣继绝学，为万世开太平。"

那年，程颢在开封兴国寺与张载谈论学术，一谈就是一整天，程颢说："古往今来，不知还有什么人曾在这儿讲这种问题。"（"伯淳尝与子厚在兴国寺曾讲论终日，而曰：'不知旧日曾有甚人于此处讲此事。'"②）霸气冲天。

程颐被贬到涪陵，天天吃榨菜，吃了三年，回来之后，气貌比原来更好。人家问怎么回事，程颐答："学之力。大凡学者，学处患难贫贱。"我们学者的学习，就是要准备好有一天怎样面对患难贫贱。③

---

① ［宋］欧阳修："每见前世有名人，当论事时，感激不避诛死，真若知义者。及到贬所，则戚戚怨嗟，有不堪之穷愁形于文字，其心欢戚，无异庸人。虽韩文公不免此累。"《与尹师鲁第一书》，《欧阳文忠公集》卷19，四部丛刊本。
② 《二程集》，第26页。
③ 杨立华：《韩愈与儒学复兴运动》，载《宋明理学十五讲》，北京大学出版社2015年版，第12页。

苏轼才华横溢，写下大量豪放词，歌颂英雄，呼唤英雄："大江东去，浪淘尽，千古风流人物。……江山如画，一时多少豪杰。"他坎坷一生，却淡淡一笑，说："问汝平生功业，黄州惠州儋州。"

陆九渊应朱熹之邀在白鹿洞书院讲学，两人围着落星墩泛舟鄱阳湖，朱熹说："自有宇宙以来，已有此溪山，还有此佳客否？"①眼界之广、胸襟之宽、口气之大，让人想起曹操与刘备青梅煮酒论英雄。文化自信是两宋大儒的基本样貌和时代精神。

陆九渊就是一位精神上、思想上、文化上的大英雄，洋溢着世人皆知的英雄气概和文化自信。他4岁即能问天，有哲学情思；13岁更"志古人之学"②，悟出"宇宙便是吾心，吾心即是宇宙"。他表现出宏大的宇宙意识、天下胸怀和历史视野，从而建立起社会担当，其英雄气概和文化自信令人赞叹。

陆九渊的英雄气概和文化自信，最令人感动之处，就在于他对人的本心、志向的认识，强调与天地"等才""并立"的主体地位，认定主观能动的精神力量。陆九渊教育学生要认识、发掘内在的力量。"此理本天所以与我，非由外铄。明得此理，即是主宰。真能为主，则外物不能移，邪说不能惑。"他说人只要"有一段血气，便有一段精神"，就能"居广居，立正位，行大道"③。陆九渊心学也就洋溢着一种精神独立、斗志昂扬、勤于思考、勇于担当的时代风貌和文化自信。

陆九渊强调要认识自我，要相信自己，要有自信。朱济道、朱亨道兄弟俩都是陆九渊的学生，年纪却比陆九渊还大，陆九渊的其他弟子都很尊敬他们俩，陆九渊也表扬他们兄弟俩。

有一天，朱济道极力称赞文王。陆九渊说："文王是不可以轻易称赞的，必须识得文王，方可称赞。"

朱济道说："文王，圣人呀。那不是我这样的人所能识得的。"

---

① 《朱子语类》卷124。
② 《得解见提举》，《陆九渊集》卷4，第54页。
③ 《语录下》，《陆九渊集》卷35，第517页。

陆九渊说："你只要识得你自己，那你就是文王了。"认识别人很难，认识圣人更难，但认识自己也非易事。认识自己，就能成就自己，就能成为自己的文王，成为圣人。

陆九渊认为："教小儿，须发其自重之意。""后生自立最难。"为什么？因为一个人很难力挡流俗，必须站得高，方可看破流俗。只有那些豪杰之士才能做到这一点。（"要之，此岂小廉曲谨所能为哉？必也豪杰之士。"）在场的胡丈一听，说："先生的观点是不是朱熹先生说的那句话的意思？是豪杰者不一定是圣人，是圣人就一定是豪杰。"（"豪杰而不圣人者有之，未有圣人而不豪杰者。"[①]）陆九渊听罢，微微一笑，说："是的。"

2.独立思考的自主精神和强烈的批判精神

陆九渊的这种精神可归纳为"六自"：自立、自主、自重、自信、自辨、自明。

陆九渊强调自立，常常激励学生自立。他说："大凡为学须要有所立。""故孟子云：'学问之道，求其放心而已矣。'如博学、审问、明辨、慎思、笃行，亦谓此也。此须是有志方可。孔子曰'吾十有五而志于学'，是这个志。"[②]由此看来，陆九渊强调为学的内容，就是学怎么立志、怎么自立、怎样求放心。"人莫先于自知，不在大纲上，须是细腻求。"[③]

门人朱济道说自己"临事即疑恐不是"。陆九渊告诉他："请尊兄即今自立，正坐拱手，收拾精神，自作主宰。万物皆备于我。"在这里，陆九渊提出"收拾精神，自作主宰"，道出了真正意义上的儒家精神，揭示了儒家发展到宋代的时代精神，就是人的一种自作主张的心态，一种独立昂扬的精神状态。一个人首先要做得自己这颗心的主，否则，这个人就沦为一物。

---

① 《语录下》，《陆九渊集》卷 35，第 509 页。
② 《语录下》，《陆九渊集》卷 35，第 504 页。
③ 《语录下》，《陆九渊集》卷 35，第 499 页。

陆九渊认为人们面临科举、当官等利害选择时，往往心动。"故学者须当有所立，免得临时为利害所动。"① 什么是"自立"？这个"立"，就是"自立"。"卓然不为流俗所移，乃为有立。"② 那怎样才能自立呢？要靠自己的主观能动性，自觉自省。在陆九渊看来，人的自主与人的本心是连在一起的。只要守住本心，临事即随本心而发，"当恻隐时自然恻隐，当羞恶时自然羞恶，当宽裕温柔时自然宽裕温柔，当发强刚毅时自然发强刚毅"，"有何欠阙"③，怎么会疑恐不是呢？陆九渊引导学生把自己放在宇宙历史的发展中，从社会担当的大局中去思考怎样自立。他说："须思量天之所以与我者是甚底？为复是要做人否？理会得这个明白，然后方可谓之学问。"④

陆九渊十分强调人的自主性、自觉性，几十次强调"自立"。如：

"子之能特然自立，异于流俗。"

"（如果不明实理，）安能任重道远，自立于圣贤之门墙哉？"

"退不溺其俗而有以自立，进不负所学而有以自达。"

"子路、子贡、冉有皆圣门之高弟，其所以自立者皆足以师表百世。"

陆九渊居象山时多次告诫学者："女耳自聪，目自明，事父自能孝，事兄自能弟，本无欠阙，不必他求，在自立而已。"

"利终不胜义，故自立。"

"有所忿懥，则不足以服人；有所恐惧，则不足以自立。"

"今人略有些气焰者，多只是附物，元非自立也。若某则不识一个字，亦须还我堂堂地做个人。"⑤

"若能自立后，论汲黯便是如此论，论董仲舒便是如此论。"

"初教董元息自立，收拾精神，不得闲说话。"

---

① 《语录下》，《陆九渊集》卷 35，第 503 页。
② 《语录下》，《陆九渊集》卷 35，第 504 页。
③ 《语录下》，《陆九渊集》卷 35，第 522 页。
④ 《语录下》，《陆九渊集》卷 35，第 504 页。
⑤ 《语录下》，《陆九渊集》卷 35，第 514 页。

"某岂不爱人人能自立，人人居天下之广居，立天下之正位。立乎其大者，而小者弗能夺。"

朱熹说陆九渊门人"类能卓然自立，相见之次，便毅然有不可犯之色"。

独立有主见，是陆九渊精神的鲜明特征。他常以《中庸》《易经》《孟子》等儒家经典的记载，指出往圣先贤都强调一个"自"，"圣贤道一个'自'字煞好"，关键都在自己。"'诚者自诚也，而道自道也。''君子以自昭明德。''人之有是四端，而自谓不能者，自贼者也。'暴谓'自暴'。弃谓'自弃'。侮谓'自侮'。反谓'自反'。得谓'自得'。'祸福无不自己求之者'。"[1]陆九渊鄙视自暴自弃的不负责行为，"不可自暴、自弃、自屈"，"人不可以自弃，义不可以少忘"。他对诸葛受之说："某自承父师之训，平日与朋友切磋，辄未尝少避为善之任。……诚以畴昔亲炙师友之次，实深切自反……自此鞭策驽蹇，不敢自弃。"[2]

陆九渊对待经典、权威，不迷信，不盲从，不教条。他强调学者要独立思考，不能迷信权威，说"大丈夫事岂当儿戏？自立自重，不可随人脚跟，学人言语"[3]。他告诫学生吴叔有（诚若）要有主见，不能人云亦云，人家怎么说，他就怎么说，嚼别人嚼过的馍。"若但随人言语转，却是自家更无主人，何以为学？"[4]陆九渊甚至把学人言语看作是与追名逐利一样严重的事，"志于声色利达者，固是小；剿摸人言语的，与他一般是小"[5]。

陆九渊反对迷信书本，主张以分析、怀疑、批判的态度去阅读经书，要敢于存疑。勤学深思、独立不苟是陆九渊的人生底色。他从小就爱思考，敢发问，"遇事物必致问"。"学问之初，切磋之次，必有自疑

---

① 《语录上》，《陆九渊集》卷 34，第 491 页。
② 《与诸葛受之》，《陆九渊集》卷 3，第 52 页。
③ 《语录下》，《陆九渊集》卷 35，第 528 页。
④ 《与吴叔有》，《陆九渊集》卷 6，第 104 页。
⑤ 《语录下》，《陆九渊集》卷 35，第 519 页。

之兆，及其至也，必有自克之实，此古人物格、知至之功也。己实未能自克而不以自疑，方凭之以决是非，定可否，纵其标末如子贡之屡中，适重夫子之忧耳，况又未能也。"①

他常持怀疑之心，读书常常是"一见便有疑，一疑便有觉"。他认为学习最怕没有疑问，能提出疑问，就会有进步。他常说："为学患无疑，疑则有进"②，"小疑小进，大疑大进"。对待经典、权威，陆九渊不迷信，不盲从，不教条。"尽信书，不如无书。"③

他提倡思辨，要带着脑子、带着思考去学，守道辨伪。学生刘淳叟说"道不在多言，学贵乎自得"，认为不要多说，只要埋头苦读，"学如不及"，"学而不厌"，学贵在"力学""自得"。陆九渊针锋相对地批驳："明理者观之，二语之间，其病昭矣。"他举例说佛道二教都不多言，杨墨也是自得，"摩顶放踵，利天下为之，墨子非不力行也"，可这些都是异端邪说。另一方面，"夫博学于文，岂害自得？"关键在于是不是切己反思、身体力行，所以，"《中庸》固言力行，而在学问思辨之后"，而"今（刘）淳叟所取自得、力行之说，与《中庸》《孟子》之旨异矣"。④

陆九渊还说，孔子的学生里，像子贡这样的优秀学生都没有真正掌握儒家之道（"不至于道"），为什么呢？就是因为子贡太迷信老师孔子（"无所疑"）。孔子问他："你认为我博学多才、远见卓识吗？"子贡答："那当然。"（孔子曰："女以予为多学而识之者欤？"子贡曰："然。"⑤）

陆九渊甚至对《论语》也提出了质疑，说："观《春秋》《易》《诗》《书》经圣人手，则知编《论语》者亦有病。"⑥"《论语》中多有无头柄的说话，如'知及之，仁不能守之'之类，不知所及、所守者何事？如

---

① 《与胡季随》，《陆九渊集》卷 1，第 9 页。
② 《语录下》，《陆九渊集》卷 35，第 539 页。
③ 《取二三策而已矣》，《陆九渊集》卷 32，第 440 页。
④ 《与刘淳叟》二，《陆九渊集》卷 4，第 62 页。
⑤ 《语录下》，《陆九渊集》卷 35，第 539 页。
⑥ 《语录下》，《陆九渊集》卷 35，第 500 页。

'学而时习之'，不知时习者何事？"①就是说，孔子教学到底教授什么？孔门弟子为学之方何在？《论语》的论述也有抵牾之处，不得不使人产生怀疑。②

你看，陆九渊在孩提时代就能辨别出孔子、孟子、有子和北宋大儒程颐见解不同。当时，二程思想风行，日渐成为主流的理学思想，人人奉为圭臬。陆九渊却对程颐指名道姓地批判："我年少的时候，听别人诵读程颐的话，就'自觉若伤我者'③。近来我读二程书，就发现程颐（伊川）的见解，怎么跟孔子、孟子说得不一样呢？我还发觉程颐的话里经常有说得不对的地方。'伊川之言，奚为与孔子、孟子之言不类？近见其间多有不是处。'"

陆九渊说"圣人固言仁矣"，而天下人也说仁，可他们说的仁与圣人讲的仁不太一样。"圣人固言义矣"，天下人也说义，可他们说的义常与圣人讲的义不一样。因为圣人之言，是掌握了"道"的言论，而天下人的言论，是没有掌握"道"的言论。（"圣人之言，知道之言也；天下之言，不知道之言也。知道之言，无所陷溺，不知道之言，斯陷溺矣。"④）

读书明理，以理读书。"观昔人之书而断于理，则真伪将焉逃哉？"如果"理"没有弄明白，而全信书上所讲的，"取其真者也"，那是万幸；"如其伪而取之"，那带来的弊端将不可胜数呀。⑤

假使一部书所说的合乎道理，符合真理，符合规律，那即使它不是"圣人之经"，也可以"尽取之"，何况圣人的经典，那更要相信了。如果一部书，其所言与理相违背，那即使是二三策那样很少的词句，也不可拿来取用，也不可相信。"盖非不信之也，理之所在，不得而必信之

① 《语录上》，《陆九渊集》卷34，第457页。
② 唐明贵、李衍平：《试论陆九渊〈论语〉学思想》，载欧阳祯人主编《陆九渊思想研究》，武汉大学出版社2019年版，第70页。
③ ［宋］杨简：《象山先生行状》，《陆九渊集》卷33，第449页。
④ 《杂说》，《陆九渊集》卷22，第312页。
⑤ 《取二三策而已矣》，《陆九渊集》卷32，第438页。

也。"[1] 不论是不是圣人之经典，只要是合于"理"的即可取，否则皆不可取。这一思想有利于破除以"往哲之言"为永恒真理的迷信。

陆九渊提出"凡事只看其理如何，不要看其人是谁"的重要论断。古书讲的不全是好的，也有瑕疵；不全是对的，也有讲得不对的。（"古者之书不能皆醇也，而疵者有之；不能皆然也，而否者有之。"）所以，"昔人之书不可以不信，亦不可以必信"，就看它说理说得怎样。

陆九渊还认为"学问须论是非，不论效验"[2]，这里的"效验"指的是语言表达严密、头头是道，也就是说，读书要论是非，要问对错，要讲道理。是不是学问，有没有学问，不在于是不是说得头头是道，关键在于是对是错，有没有道理。你看，陆九渊的思想是不是有点"吾爱吾师，吾更爱真理"的派头？

陆九渊"学问须论是非"的观点，揭开了"不以孔子的是非为是非"思想的序幕，不仅表达了知识的独立性、真理性和创新性，而且对历朝历代的知识体系都提出了"大疑大惧"。在中国哲学史上，真正具有反思、批判精神，具有近代哲学意义的儒学思想家，只有陆九渊一人。[3]

3. 怎样认识和评价朱陆之争？

陆九渊与朱熹的关系，总是一个热门话题。朱熹与陆九渊也确实有过多次辩论。我们应该怎样认识朱陆之争呢？

在人生经历上，1139 年 3 月 26 日，陆九渊出生。朱熹比陆九渊年长 9 岁。1200 年 4 月 23 日，朱熹逝世。此时，陆九渊已去世 7 年。陆九渊活了 54 岁，而朱熹享年 70 岁，多活了 16 年。陆九渊与朱熹有着 30 年的交往历史，两人的私交和感情很好。

朱、陆相识于 1162 年（宋绍兴三十二年）。那一年，陆九渊第一次

---

[1]　《取二三策而已矣》，《陆九渊集》卷 32，第 440 页。
[2]　《语录下》，《陆九渊集》卷 35，第 539 页。
[3]　欧阳祯人：《陆九渊〈荆州日录〉中的哲学思想》，载《陆九渊思想研究》，武汉大学出版社 2019 年版，第 269 页。

考科举，即中举人。可父亲逝世，要守孝三年，不能参加来年春天的省试。这年八月，朱熹应诏进京，面奏三札，十一月被朝廷封为"武学博士"，监潭州（属今湖南）衡山南岳庙。陆九渊四哥陆九韶和朱熹早有书信来往，这年冬天，朱熹由湖南回福建探亲，入洪州（今南昌）后，顺道来金溪访陆九韶。适逢主人父丧，朱熹除吊唁之外，又应主人之请，并随陆氏兄弟赴安仁（今余江）县崇德乡毛源山为逝者看风水，选坟地，并亲题墓碑，又为陆九思（陆九渊大哥）所著《家问》题跋，还应金溪知县邀请在县崇正书院讲学。陆九渊时年 24 岁，目光有神，英姿勃发。他久仰朱熹大名，曾拜读过朱熹给他四哥的信和他校的《上蔡语录》。现在，陆九渊和兄长们一道接待朱熹，与 33 岁的朱熹初次见面。①陆九渊很尊重朱熹，说"朱元晦泰山乔岳"②，以为他大节殊伟，如泰山乔岳。30 年的交往中，两人共同推动了中国思想文化的发展与进步。1193 年，陆九渊在荆门任上病逝，其灵柩由其妻儿及门人护送回金溪青田，朱熹得知后率门人前往寺庙哭送。

在政治上，陆九渊和朱熹两人一直是互相支持的。如陆九渊在敕令所期间，有机会了解到皇帝和朝廷对国家各方面事务的政策，以及各地官员治理地方的行为措施。当时朱熹任南康军知军，立纲纪，严法禁，因而被人污之为政太严；受命提举两浙东路常平茶盐公事，仍继续实施惩治豪强、弹劾权贵、救民饥荒、禁革"狡狯"等政策，再次遭到责难与诽谤，朱熹不得不上书自劾。对此，陆九渊深表同情与理解，他在 1183 年（淳熙十年）给尤袤的信中为朱熹辩解。尤袤是什么人呢？尤袤是南宋大臣，与杨万里、范成大、陆游并称为"南宋四大诗人"，1148 年（绍兴十八年）进士。他原本为状元及第，因得罪秦桧，改为三甲 37 名。他初为泰兴县令，官至礼部尚书兼侍读，曾任江南西路转

---

① 《敕旌义门陆氏族谱》卷 3、卷 8 及《金溪县志·崇正书院》。又参见严勇：《陆九渊传》，湖北人民出版社 2019 年版，第 35 页。又参见王法贵：《亦敌亦友两心知——朱、陆交往叙考》。

② 《语录上》，《陆九渊集》卷 34，第 477 页。

运使兼隆兴（今江西省南昌市）知府。1182 年（淳熙九年），尤袤被召入朝，授吏部郎官、太子侍讲，后又提升为枢密检正兼左谕德。因为他在江西工作过，陆九渊就给他写信。陆九渊在信中说道："朱元晦在南康，已得太严之声。元晦之政，亦诚有病，然恐不能泛然以严病之。使罚当其罪，刑故无小，遽可以严而非之乎？某尝谓不论理之是非，事之当否，而泛然为宽严之论者，乃后世学术议论无根之弊。道之不明，政之不理，由此其故也。元晦浙东救旱之政，比者屡得浙中亲旧书及，道途所传，颇知梗概，浙人殊赖。自劾一节，尤为适宜。其诞慢以侥宠禄者，当少阻矣。"①

　　在精神追求上，陆九渊、朱熹两人也是互相支持的。1187 年（淳熙十四年），失意于仕途的陆九渊登象山讲学以为乐。时在南京鸿庆宫的朱熹闻讯而喜，心驰神往，立即致书表示倾慕。

　　1189 年（淳熙十六年）八月，"无极之辩"刚告平息，60 岁的朱熹调任江东转运副使，陆九渊致书表示祝贺。这一年，陆九渊除知荆门军，立即写信告诉朱熹并征询意见，朱熹很快回信表示祝贺并提出自己的看法。

　　在学术观点上，陆九渊和朱熹有相同之处，对人对事的评价也常常一致。周伯熊，江西南城人，1190 年（绍熙元年）进士。有一次，他到陆九渊那里求学。

　　陆九渊问："你平日学什么经书呀？"

　　周伯熊回答："读《礼记》。"

　　陆九渊再问："曾用功于'九容'乎？"所谓"九容"，出自《礼记·玉藻》："足容重，手容恭，目容端，口容止，声容静，头容直，气容肃，立容德，色容庄。"《论语·季氏》还提出："君子有'九思'：视思明，听思聪，色思温，貌思恭，言思忠，事思敬，疑思问，忿思难，见得思义。""九容""九思"都是古代对圣贤君子的言谈举止、行动坐

---

① 《年谱》，《陆九渊集》卷 36，第 563 页。

卧提出的仪度要求。

周伯熊答曰："未也。"

陆九渊就说："那你就在此处用功吧。"

后来，周伯熊到朱熹那里去问学。朱熹说："你的家乡（南城）离陆九渊先生那里（金溪）很近，你曾见过陆先生吗？"

周伯熊说："亦尝请教。"具述所言。

朱熹说："如果你来问我，我也会这样说（'某亦不过如此说'）。"

最后，陆九渊和朱熹两人之间有过多次辩论，却和而不同、包容并蓄，有文化胸襟和大家风范。朱熹与陆九渊，一个"理学"，一个"心学"，成为南宋思想界、理论界、文化界并峙耸立的两座高峰。他俩有过多次辩论，却是华山论剑，高手过招，让人景仰。1187—1189年（淳熙十四年至十六年），陆九渊居象山讲学，朱熹在福建武夷书院授徒，两人书信往来各20余封，辩"太极""无极"，辩论彬彬有礼，态度与人为善。陆九渊认为，这种论战不过是为了"明理"，为了尽朋友之义，为了对后学有益。

朱熹也是一派大师风范。包扬（字显道）因"无极而太极之辩"而诋毁陆九渊，朱熹对其提出了批评："南渡以来，八字着脚，理会着实工夫者，惟某与陆子静二人而已。某实敬其为人，老兄未可以轻议之也。"[1]

后来，刘尧夫背叛象山之学，说陆九渊的学说大谬。朱熹责之，以为"子静之学即有未当，尧夫不可如此诋之，是其质薄"。陆九渊的思想即使有不当之处，刘尧夫也不能如此诋毁，这是十分浅薄的。

尽管朱陆分歧很大，争论不休，但双方的政治目的相同。黄宗羲在《宋元学案·象山学案》中说："二先生同植纲常，同扶名教，同宗孔孟。"双方只是在维护伦理纲常的方法上有区别。陆九渊发明本心的修养方法，就是把伦理纲常直接建立在人心上，要求人充分发挥自己

---

[1] 《年谱》，《陆九渊集》卷36，第576页。

的主观能动性。"此理在宇宙间，何尝有所碍？是你自沉埋，自蒙蔽，阴阴地在个陷阱中，更不知所谓高远底。要决裂破陷阱，窥测破个罗网。""诛锄荡涤，慨然兴发。"陆九渊提倡"刀锯鼎镬底学问"，即收拾精神，自作主宰，"人须是力量宽洪，作主宰"[①]，"要当轩昂奋发，莫恁他沉埋在卑陋凡下处"[②]，"奋发植立"，以强力突破私欲、意见、习气等心蔽。同时，陆九渊的这种昂扬精神从本质上说是对封建道德的坚定信仰，所以，当封建统治出现政治危机、信仰危机、道德危机时，陆九渊心学就在自觉不自觉地起到"自拔于流俗，而有功于名教"的作用。

朱陆两人不但政治上目的相同，文风上也胸襟博大、相互敬重，并各自规劝自家弟子兼取两家之长，不可囿于门户而相互随意诋毁。可惜的是，在陆九渊、朱熹谢世之后，两家门人相互攻讦。

从实际效果和历史影响来看，朱陆之辩对朱熹理学、陆九渊心学思想的形成、完善、深入都是一个激发因素。无论是"心即理"与"性即理"、"易简"与"支离"、"尊德性"与"道问学"，还是"正统"与"异端"、"无极"与"太极"，在这些道德概念、哲学名词及其争论之下，最关键的问题始终是一个如何"得君行道"的政治思想问题，即如何将包括他们两人在内的宋儒共同认定的儒家理想推行到现实和历史世界中去。[③]

总之，朱熹和陆九渊两人都是中华文化的顶级大师，学识渊博，人品高尚，两人在基本问题、科学精神、学术素养、论辩态度等方面都有许多共同之处，推高了南宋道学的思想水平，推进了中国思想史的历史进程，也为后世学术交流建立了范式，为后人的学术讨论树立了榜样。

----

① 《语录下》，《陆九渊集》卷 35，第 520 页。
② 《语录下》，《陆九渊集》卷 35，第 519 页。
③ 周建刚：《陆九渊〈荆国王文公祠堂记〉与朱陆学术之争》，《江西师范大学学报》2013 年 2 月。

4. 爱国入世的担当精神、责任意识

南宋时期，民族矛盾突出，金宋对峙，金掳去二帝，占据北方半壁江山，对南宋小朝廷虎视眈眈。南宋政权却偏安一方，每年向金国纳贡，以求苟安。统治者醉生梦死，官场风气萎靡，官员意志消沉。陆九渊出生那年，即 1139 年，宋高宗不顾张浚、韩世忠和岳飞等人反对，与金议和。和约规定：金以河南之地予宋，宋向金岁贡银绢共 50 万匹两。1141 年，南宋政权再次与金议和，达成了"绍兴和议"。南宋以赔款的方式，主动结束了与金的战事。

陆九渊对南宋爱国主义人士的事迹、思想、精神都很熟悉。1142 年，岳飞被屈杀于风波亭，年仅 39 岁。此时，陆九渊 4 岁。辛弃疾（1140—1207）、陈亮（1143—1194）这些主战派都是与陆九渊同时代的人。1188年，辛弃疾与陈亮在江西信州进行鹅湖之会，陆九渊 50 岁。陆九渊与那位写下"王师北定中原日，家祭无忘告乃翁"的爱国主义诗人陆游还是亲戚关系。

陆九渊很早便立下抗金复国之志。1154 年（绍兴二十四年），距靖康之耻 27 年，距岳飞逝世 12 年，主战派遭到投降派和秦桧的迫害，一些人心灰意冷，不谈国事。而 16 岁的陆九渊"读三国、六朝史，见夷狄乱华，又闻长上道靖康间事"[1]，锐意抗金，慨然剪去自己蓄长的指甲，骑射练武，访知勇士，议论恢复中原、为国雪耻的大计。《宋史·陆九渊传》云："九渊少闻靖康间事，慨然有感于复仇之义。"

1155 年，投降派秦桧病死，朝野群情激愤并纷纷上书揭露其污浊人品与卑劣行径。17 岁的陆九渊写下《大人诗》一首，表明自己的志向：

> 从来胆大胸膈宽，虎豹亿万虬龙千，
>
> 从头收拾一口吞。
>
> 有时此辈未妥帖，哮吼大嚼无毫全。
>
> 朝饮渤澥水，暮宿昆仑巅，

---

[1] 《年谱》，《陆九渊集》卷 36，第 552 页。

连山以为琴，长河为之弦，

万古不传音，吾当为君宣。①

此诗视野开阔，气势磅礴，表明了陆九渊的坚定信念以及飞龙在天、气吞山河的远大抱负，不畏虎豹虬龙的危害，把"万古不传"之音（即"儒家之道"），"当为君宣"，传承下去。

陆九渊的爱国精神不但是一种志向，还是一种不怕困难与挫折的人格风范。陆九渊一生坎坷，屡遭挫折，定位决定地位，想法决定做法，人生观决定人生路，正因为他大其心、大其志，他才能无论遭遇什么困难、经受什么挫折，都不放弃"行道"。当时学道衰微，官场腐朽，有人感叹"为国为民，日见难如一日"，一天比一天更难。陆九渊也看到这种局势，但他认为不能因其难而不为。他说："此固已然之成势，然所以致此者，亦人为之耳。能救此者，将不在人乎？"②应该迎难而上，知其不可为而为之。有了这种精神，那就没有什么事情做不到了（"知事无不可为者"③）。"陶冶下风者，人材如此，推而广之，何事不可为哉？"④

1186 年（淳熙十三年），陆九渊遭排挤，被逐出朝廷，不消沉，不气馁，坦然面对，一面向友人揭露真相，一面冒雪返乡。杨万里为他送行，他说："义难阿世非忘世，志不谋身岂误身？"⑤他有正"义"，就很难阿谀这个"世"，可他又没有忘记这个"世"，不能消极逃避，弃世而去。他有大志，这个志是天下之志，不是稻粱谋，换不来钱，但他仍然要守志，不能耽误人生，他要为他的成圣之志、天下之志而奔走。

总之，陆九渊理想远大，信念坚定，一腔热血，不以科场失败为

---

① 《少时作》，《陆九渊集》卷 25，第 343 页。

② 《与王顺伯》，《陆九渊集》卷 11，第 171-172 页。

③ 《与邓文范》，《陆九渊集》卷 17，第 248 页。

④ 《与章德茂》四，《陆九渊集》卷 16，第 235 页。

⑤ 《和杨廷秀送行》，《陆九渊集》卷 25，第 346-347 页。

耻，不以官场得失为念，在野就一心办学，培养人才，报效国家，为官则忠于职守，竭尽臣子之义，最后死在任上。

二、陆九渊为什么这样能言又善辩？

1. 陆九渊讲学、论道与辩论，有穿透人心的震撼力量

陆九渊特别会讲学，特别会对话，"一学者听言后，更七夜不寝"。有个听众听了陆九渊的课，竟然七天睡不着觉。有人就问："像这样是不是拔苗助长呀？"陆九渊说不是，他这是"乍有所闻"，感觉到平昔之非，内心正在做斗争，"正与血气争寨作主"。天下之理，怕就怕不知其非，如果知其非，那怎么能昏昏然睡得着觉呢？（"既知其非，便即不为君子以向晦入宴息也。"[①]）

陆九渊在白鹿洞书院讲学时更是展现出这种震撼力。陆九渊回忆：当时自己讲得酣畅淋漓，《讲义》述于当时发明精神不尽。当时说得来痛快，至有流涕者，元晦深感动，天气微冷，而汗出挥扇"。朱熹与杨道夫说："你听到陆九渊这次到白鹿洞书院讲的义利之说吗？"曰："未也。"曰："这次我请陆九渊先生来南康讲学，'却说得这义利分明，是说得好。……说得来痛快，至有流涕者'。"

陆九渊讲学能把弟子感动得流涕。陆九渊早年在《与徐子宜》的信中描述："比来所得朋旧，多好气质，讲切端的，亦自觉稍进。……见李叔润，与之言恶俗交戕之处，泫然流涕，感激良深，自此亦可以为学，第恨相处不久耳。"

陆九渊讲学能说哭百姓。他54岁在荆门知军任上为当地500多名百姓吏卒讲学，主题是"为民祈福"，"发明人心之善，所以自求多福者，莫不晓然有感于中，或为之泣"。

陆九渊能言善讲，无论是一人讲、多人听的课堂讲学，还是两人对谈、师生问答的谈话式教学，他都能针对不同的人、不同的"心病"有

---

① 《语录上》，《陆九渊集》卷34，第494-495页。

针对性地教学讲学，教人以正道，化人以无形。"老夫无所能，只是识病。"① "有懒病，也是其道有以致之。我治其大而不治其小，一正则百正。恰如坐得不是，我不责他坐得不是，便是心不在道。若心在道时，颠沛必于是，造次必于是，岂解坐得不是？"② 常见的懒病在他的眼中，"也是其道有以致之"，"心不在道"。

陆九渊讲学，既能悚动大儒如朱熹，又能泣其弟子，还能燃情平民，让不同阶层、不同知识背景的受众认同、诚服，甚至动情，讲学一定有其过人之处。

陆九渊能言善讲，还表现在与人辩论时唇枪舌剑。朱熹是学术泰斗，博闻强记，著书立说。陆九渊则是百世大儒，能说会道，能言善辩，口才好，有鼓动性，有穿透力，有感召力，连朱熹都说"近世所见会说话，说得响，令人感动者，无如陆子静"③，"陆氏会说，其精神亦能感发人，一时被它耸动底，亦便清明"④。他赞扬陆九渊面君时的轮对，"有以见所造之深，所养之厚，益加叹服"⑤。当然，朱熹尽管称赞陆九渊的口才，但两人在多个领域、多个方面发生过争论，吵起来也是厉害的。相比之下，陆九渊言辞犀利，取进攻状态，朱熹有时还真辩不赢陆九渊，气得朱熹大骂陆九渊"平日大拍头，胡叫唤"，"大抵两头三绪，东出西没，无提撮处。从上圣贤，无此样辙"。能把朱熹气成这个样子，可见陆九渊多么能言善辩。

2. 陆九渊讲学、论道与辩论，着意"先立乎大者"，"启人心之固有"，明心辨志，特别重视儒家精神的昂扬挺立

陆九渊特别"好辩""善辩"，他自己也说"辩便有进"⑥，在这一点

---

① 《语录下》，《陆九渊集》卷 35，第 514 页。
② 《语录下》，《陆九渊集》卷 35，第 518 页。
③ 《程子之书一》，《朱子语类》卷 95，第 2639 页。
④ 《陆氏》，《朱子语类》卷 124，第 3208 页。
⑤ 《朱文公文集》卷 36。
⑥ 《语录下》，《陆九渊集》卷 35，第 502 页。

上，陆九渊和孟子有点相似。孟子也给人一个"好辩"的印象，孟子说："我哪里是好辩呀，我是不得已呀。"（"予岂好辩哉？予不得已也。"）为什么呢？"能言距杨墨者，圣人之徒也"①，作为圣人之徒，就要在理论上驳斥杨朱与墨子。"我亦欲正人心，息邪说，距诐行，放淫辞，以承三圣者。"②孟子认为，当时杨朱与墨子的错误思想泛滥流行，孟子就把"正人心，息邪说"当成了自己毕生的责任。所以，孟子虽然少了"温润含蓄气象"，却多了些"英气"和"圭角"。③从这一点来说，孟子的"好辩"似乎还得到了朱熹的肯定与赞赏。有弟子问："孔子当孟子时如何？"朱熹答："孔子自有作用，然亦须稍加峻厉。"④

陆九渊能言善辩也是为了"正人心，息邪说"。他说今日"最大害事，名为讲学，其实乃物欲之大者，所谓邪说诬民，充塞仁义"，以致"小人乃以济恶行私"⑤。在一个或学绝道丧，或邪说盛行，或随波逐流的时代，陆九渊"善讲"与"好辩"，就显得那么坚硬和闪亮。

陆九渊辩论，讲究要辩就辩个大小，不辩就不识大小。"人不辨个小大轻重，无鉴识，些小事便引得动心，至于天来大事却放下着。"⑥

陆九渊是卓越的思想家，也是杰出的教育家，他讲学"从天而下，从肝肺中流出"⑦，具有震撼人心、感化人心的力量。

他的学生冯元质说陆九渊在象山讲学"非徒讲经，每启发人之本心也"⑧。陆九渊说："吾之与人言，多就血脉上感动他，故人之听之者易。"⑨他的教育不是着眼于文字的串讲、知识的传授，而是"多就血脉上感移他"。此语在《陆九渊集》中出现几次，有时又作"多就血脉上

---

① 《孟子·滕文公下》，杨伯峻译注，中华书局 1900 年版，第 157 页。
② 《孟子·滕文公下》，杨伯峻译注，中华书局 1900 年版，第 155 页。
③ 《孟子序说》，《四书章句集注》，第 199 页。
④ 《朱子语类》卷 93，中华书局 2020 年版，第 2524 页。
⑤ 《与徐子宜》，《陆九渊集》卷 5，第 78 页。
⑥ 《语录下》，《陆九渊集》卷 35，第 517 页。
⑦ 《语录下》，《陆九渊集》卷 35，第 509–510 页。
⑧ 《年谱》，《陆九渊集》卷 36，第 570 页。
⑨ 《年谱》，《陆九渊集》卷 36，第 571 页。

感动他"。"听之者易"之"易"，有容易明白的意思，但也包含了共鸣、感动与兴起之意。

陆九渊讲的"血脉"意指根本，也含主宰意，"凡事莫如此滞滞泥泥，某平生于此有长，都不去着他事，凡事累自家一毫不得。每理会一事时，血脉骨髓都在自家手中"。陆九渊的"就血脉上感动他"，即从人的本质或灵魂深处来触动人，用他心学的语言来表达就是"先立乎大者"。

陆九渊的"与人言"之所以能使人感动、倾倒甚至泪崩，是因为"多就血脉上感动他"，这是陆九渊讲话、讲书、讲学的关键。

陆氏讲学，言辞尖锐，直刺痼疾，深中肯綮，意在"剖剥磨切"，使人心悚而心动，摒除习染，清明本心。

3. 陆九渊讲学、论道与辩论，能用儒家的思想旨趣与生活方式，引导人们走上生活的康庄大道

为什么陆九渊讲学与辩论，极具思想冲击力、道德感染力、文化自信心呢？无论是讲学还是辩论，无论是当众宣讲还是交谈问答，陆九渊不但立足于知识上的传授、文化上的启蒙，把道理讲透彻，"吾之言道，坦然明白，全无粘牙嚼舌处，此所以易知易行"[①]，更重要的是，他因人而异，有针对性地开启听者的本心觉悟，唤醒听者的精神生命。正因如此，南宋包恢说陆九渊："先生之文，即理与学也，故精明透彻，且多发前人之所未发，炳蔚如也。"（《三陆先生祠堂记》）明代胡居仁说："每读象山之文，笔力精健，发挥议论，广大刚劲，有悚动人处。"[②]

因为他能把道理讲透彻，还能把道理讲亲切，用儒家的生活态度来做精神引领，引领人们满怀自信地按照儒家生活方式、观念和理论生活，所以，他极善指点，常常几句话就能让人豁然开悟。

---

① 《语录上》，《陆九渊集》卷 34，第 470 页。
② 《居业录》卷 7。

宋朝经济活跃，社会繁荣，人们生活相对富裕。但北宋王朝又内忧外患，军事孱弱，北宋从赵光义之后就基本上没有打过什么像样的大仗，没有取得过一次酣畅淋漓的大捷，在精神文化上却达到一个空前绝后的高度。无论是范仲淹的"先天下之忧而忧，后天下之乐而乐"，还是张载的横渠四句，宋代士大夫有一种精神觉醒与精神气象。

程颢有《秋日偶成》："闲来无事不从容，睡觉东窗日已红。万物静观皆自得，四时佳兴与人同。道通天地有形外，思入风云变态中。富贵不淫贫贱乐，男儿到此是豪雄。"[1] 静观万物皆能自得其意，儒家从来倡导朴素的生活方式。

宋代士大夫在精神层面有两种倾向最强烈：一是政治改革的倾向；二是对整个文化的焦虑，对人伦秩序安排及其背后的哲学理由的关切。宋代士大夫面对唐末五代以来的道德沦丧，企图寻求某种挽救社会危机的方案，来抵御佛老冲击，重建价值观念，这种方案就是用一种儒家的生活态度来引领国家的政治安排、人们的社会生活。这成为宋代士大夫的精神自觉。[2]

陆九渊心学就具有这种精神自觉与精神气质，陆九渊心学是在儒家的思想旨趣正在成为士大夫普遍的精神趣味的背景下产生的，是一种时代的产物。陆九渊认为儒家的生活方式是合理的，是理所当然的，完全不用论证。他的易简之道，是以此前的道学哲学建构为基础的。当哲学上论证儒家生活的合理性显得不再迫切的时候，道德涵养和实践就日益成为一切问题的核心。[3]

陆九渊讲学与辩论，虽然引经据典，极具理论性、思想性，有哲学高度，有历史纵深，却不是学究冬烘，令人费解，不是长篇大论，令人

---

[1] 《二程集》，第 482 页。

[2] 杨立华：《北宋士大夫精神与宋初三先生》，载《宋明理学十五讲》，北京大学出版社 2015 年版，第 28 页。

[3] 杨立华：《自作主宰：陆九渊的哲学》，载《宋明理学十五讲》，北京大学出版社 2015 年版，第 276 页。

生厌。陆九渊讲学与辩论，让人听得明白，听得亲切，能心生感动，欲起而行，关键就在于陆九渊常常会讲一段前人在某一生活场景下的某一言行，让生活的道理、人生的哲理等平和正大地流淌出来，自己的观点或道理就蕴含在其中，讲究点化、感化、教化，是用事例去让人悟得道理，而不是用道理去让人懂得道理。

　　陆九渊讲学的这种个人风格，实际上是他的有意追求。陆九渊说："二程见周茂叔后，吟风弄月而归，有'吾与点也'之意。"① 此话的时代背景在于宋代儒学复兴的浪潮不断推进，儒学的思想开始深入人心，为儒家生活方式提供辩护的迫切性和必要性日渐紧迫，而程朱理学向外寻求的格物穷理便有了支离的嫌疑，对更易简、更直接的思想和方法的寻求也就应运而生了②。于是，就出现了陆九渊这种在日用之中的儒家的思想旨趣与生活方式来开启人的精神生活的自信思想了。

　　4. 陆九渊讲学、论道与辩论，具有痛快淋漓的语言风格

　　陆九渊讲学、辩论、问答，直截、真诚、明白。朱熹回忆陆九渊的白鹿洞书院讲学，"至其所以发明敷畅，则又恳到明白，而皆有以切中学者隐微深痼之病，盖听者莫不悚然动心焉"。

　　陆九渊特别看重讲学的"质实诚朴"，"惟其质实诚朴，所以去道不远"。他曾自道，"今岁都下与朋友讲切，自谓尤更直截如前日"，并毫不掩饰自己"明目张胆纠正之""恻怛岂弟感悟之"的讲学风格。陆九渊的言辞风格就是犀利尖锐、一语中的、"切中"要害。陆九渊与年长自己近 10 岁且名重天下的大儒朱熹论学辩道时也丝毫不减锋芒。对待弟子，陆九渊的这种狂狷犀利风格更是直白流露。如他的《与张辅之》书曰："充子之践履，识者观之，正有可愧可耻，不能戒慎，不能恐惧，莫甚焉。"他批评弟子，如此不讲情面，尖锐犀利，想必其弟子捧读之

---

① 《语录上》，《陆九渊集》卷 34，第 463 页。
② 杨立华：《中国哲学十五讲》，北京大学出版社 2019 年版，第 280 页。

下，定会汗流浃背，情绪涌动，深极处当会泫然涕下。

明代王阳明《与席元山》书说："象山之学简易直截，孟子之后一人。"其《答友人问》论及陆九渊："于学问头脑处，见得直截分明。"黄绾也高度评价陆九渊，说："象山之言明白痛快，直抉根原。"

陆九渊讲学、辩论时快人快语，痛快淋漓。陆九渊曾自道，自己讲学"直截是雕出心肝"，掏心窝说真话。陆九渊揭示的"正心——事善——无愧无怍——身达心安"的逻辑，符合生活实际，也是人们身边屡屡演绎的故事。在中国古代社会，这是有说服力的，非常契合人们的德福报一致的心理预期和价值追求，自然易于说服和打动人。

正是因为有了人格独立和精神自由，才有舍我其谁的英雄气概和大丈夫气概。他说"吾于百众人前，开口见胆"，敢于担当，敢于负责。他多次说："人之生也本直，岂不快哉！岂不乐哉！"每当他讲课讲得痛快时，他也常对学生说："岂不快哉！"

5. 陆九渊讲学、论道与辩论，具有做事践履的朴实风格

陆九渊的论说针对性很强，他认为儒学本是经世致用之学，读书本为学习治国之道。可是，当时读书人好为议论，空谈性命，高谈阔论之风颇为盛行。陆九渊对这种学风提出严厉批评："岂儒者之道，将坐视土地之荒芜，府库之空竭，邻国之侵陵，而不为之计，而徒以仁义自解，如徐偃王、宋襄公者为然耶？……世以儒者为无用，仁义为空言，不深究其实，则无用之讥，空言之诮，殆未可以苟逃也。愿与诸君论之。"①

一般人会认为，陆九渊心学是抽象、宏观、高深的学问。其实，陆九渊认为圣贤之书、心学之说，原本就是治理之道，讲如何济民、利民。他提倡学习掌握经济、理财之学。当时，普遍认为"簿书可耻"，儒学士大夫还去学习理财、会计、经济，那成何体统？但陆九渊说："《易》之理财，《周官》之制国用，《孟子》之正经界，其取不伤民，予

① 《策问》，《陆九渊集》卷24，第334页。

不伤国者……而纲条法度，使官有所守，民有所赖，致天下之大利。"①就是说，从《易》《周官》《孟子》等来看，圣贤皆"致天下之大利"。

陆九渊认为治国必然涉及土地、生产、赋税、赈恤等经济问题，儒者应当关注这些问题，并采取相应的食货政策为民求利。"世儒耻及簿书，独不思伯禹作贡成赋，周公制国用，孔子会计当，《洪范》八政首食货，孟子言王政亦先制民产、正经界，果皆可耻乎？"②陆九渊列举伯禹、周公、孔子、《洪范》、孟子等例子，说明圣贤皆关注民生日用。像财政赋税、会计账目等"簿书名数"，儒生们历来不熟悉，不在行，也不关心，甚至瞧不上，但陆九渊认为"弊之难去者，多在簿书名数之间，此奸贪寝食出没之处，而吾人之所疏者"③，他主张为官者要"精熟"这些事务。他曾经把家乡抚州赋税的名目、数量及变革来源等详细列出，寄给时任抚州知州的赵汝愚做参考，反映了他注重实际的踏实作风。④他把深耕细作经验上升为理论认识，赋予普遍性意义，"论及士人专事速化不根之文"弊病，便取此为喻，说"盖深耕易耨之法如此，凡事独不然乎"！

所以，在陆九渊心学政治观的视野里，儒家的施仁政不是空洞的道理宣示，还要落实为具体的食货政策，是实在的养民、利民政策。

陆九渊讲："为学有讲明，有践履。"⑤"大抵讲明、存养自是两节。"⑥陆九渊认为，古圣相传的道理朴实无华，只在体之于心、见之于行，而不在空发议论，不需要饰说，否则不但支离破碎，还会助长炫耀博识、骛求新奇的不正之风。他的"易简"，不仅是学习方法与途径，也是学风。

朱季绎云："如敬肆义利之说，乃学者持己处事所不可无者。"陆九

---

① 《刘晏知取予论》，《陆九渊集》卷 30，第 410 页。
② 《与赵子直》，《陆九渊集》卷 5，第 81 页。
③ 《与赵子直》，《陆九渊集》卷 5，第 80 页。
④ 吴牧山：《陆九渊政治思想探析》，L。
⑤ 《与赵咏道》二，《陆九渊集》卷 12，第 181 页。
⑥ 《与彭子寿》，《陆九渊集》卷 7，第 106 页。

渊说："不曾行得，说这般闲言长语则甚？如此不已，恐将来客胜主，以辞为胜。然使至此，非学者之过，乃师承之过也。"[①]

"学问不实，与朋友切磋不能中的，每发一论，无非泛说。内无益于己，外无益于人，此皆己之不实，不知要领所在。遇一精识，便被他胡言汉语压倒，皆是不实。吾人可不自勉哉？"[②]

陆九渊主张做事践履要全力以赴："士不可不弘毅，譬如一个担子，尽力担去。"[③] "处家遇事，须着去做，若是褪头便不是。子弟之职已缺，何以谓学？"[④]

"古人精神不闲用，不做则已，一做便不徒然，所以做得事成。须要一切荡涤，莫留一些方得。"也就是说，不管什么事，都要干起来，只要干，就什么都在其中；不干，半点道理都没有。正像邓小平所说："世界上的事情都是干出来的，不干，半点马克思主义都没有。"陆九渊认为，干，就全力以赴，就像那狮子，无论是捉象，还是捉兔，"皆用全力"，"不得胡乱轻易了"[⑤]。

陆九渊治经特别重视联系国情和君臣大义的实践，要求不说闲话。他说："做得工夫实，则所说即实事，所指人病即实病。"[⑥]

陆九渊称自己的学说为"实学"："千虚不博一实。吾平生学问无他，只是一实。"他强调做学问要求实，"言理则是实理，言事则是实事，德则实德，行则实行"[⑦]。他讲的"实"，是"实理""实事""实行"，是指存心养性的心性修养，人伦日用的道德践履、社会历练。陆九渊不像朱熹那样殚精竭虑地读书考索，而是专注"复明本心"，体之于心，见之于行，致力于心性意志的修养锻炼，有种"激厉奋迅，决破罗网，焚烧

---

① 《语录下》，《陆九渊集》卷35，第503页。
② 《语录下》，《陆九渊集》卷35，第545页。
③ 《语录下》，《陆九渊集》卷35，第498页。
④ 《语录下》，《陆九渊集》卷35，第499页。
⑤ 《语录下》，《陆九渊集》卷35，第536页。
⑥ 《年谱》，《陆九渊集》卷36，第552页。
⑦ 《与曾宅之》，《陆九渊集》卷1，第6页。

荆棘，荡夷污泽"的勇猛精进的精神气象。所以，陆九渊的弟子往往有两个特点：一是道德品质好，政治修养高，多持守操行，不犯错误。二是肯花精力做好社会实际事务，做实事，能操作，不是虚度光阴死读书。朱熹与陆九渊思想异趣，但也看到了陆九渊这一优点，多次指出陆九渊门下"多践履之士"，能卓然自立。

陆九渊教育学生"不得闲说话"，不要坐在那里光说不练，不要养成"以辞为胜"的毛病。学生包显道回忆说，他就是随众略微说了一些闲话，陆九渊先生就说："显道，你现在知道错了吗？"包显道回答："略知。"陆先生说："略知不行，必须要深知。包显道，你经常爱说闲话。"①

陆九渊非常反对"高论闲话"。他在象山教学时，符舜功来拜师问学，"始见时，颇好为高论"。陆九渊就写信给高足傅子渊说："这个人'妄肆无知'，高谈阔论，你要负起责任来，好好引导。"陆九渊还给符舜功写过三封信，指出其性格太紧，告诫他："盖事无大小，道无浅深，皆不可强探力索。"陆九渊认为，虽然说"人患无志"，但世上另有一种情况是有志还不如无志，那都是"强探力索"的毛病啊。"若无此病，譬如行千里，自一步积之，苟不已，无不至，但患不行耳。"②

我们应该大力发扬陆九渊这种"实行"作风，做"践履"之士。临川多出才子，有处名胜叫文昌桥，有句老话说"文昌桥头赛文章"，或说"文昌桥头晒文章"。不管是"赛"，在那里相互斗嘴，还是"晒"，在那里当众炫耀，都不如"文昌桥头写文章"。我们就是要自己动笔动手，脚踏实地，把工作做实，把文章写在大地上，把文章写在群众心坎里，把文章写进历史中。

三、陆九渊心学的三大理论来源

陆九渊不是出自名师名门，也不曾游学，而是靠自己的家学、读书和思考，悟出人生的道理与儒学的精神意旨。陆九渊自认为其学乃是

① 《语录下》，《陆九渊集》卷35，第521页。
② 《与符舜功》二，《陆九渊集》卷4，第67-68页。

"自家体贴"，是"自得，自成，自道，不倚师友载籍"①，虽然学无所师，却理路分明。陆九渊心学的理论来源有三：

1. 上古儒家经典《尚书》

陆九渊24岁中乡举后，给主考官王景写了一封信《举送官启》，说了一通感想："吾自应举，未尝以得失为念。场屋之文，只是直写胸襟。"自己参加科举，从不以考中为目标，考场上写的那份答卷也是"直写胸襟"。那么，他说了哪些真心话呢？

陆九渊说他自小就立志"必将与圣贤同归而止。忘己意之弗及，引重任以自强，谓先哲同是人，而往训岂欺我？"当时他就想好了，如果没考上，就去研究学问"继绝学"，"穷则与山林之士，约六经之旨，使孔孟之言复闻于学者"。如果考上了，就去施德政教化人民。"达则与庙堂群公，还五服之地，使尧舜之化纯，被于斯民。"②在这封谢启中，陆九渊直陈自己参加科考是"引重任以自强"，"与圣贤同归"，而不是为功名利禄。

陆九渊在这封信中还说："某少而慕古，长欲穷源，不与世俗背驰而非。"陆九渊"慕古"是慕什么古？"穷源"是穷什么源呢？这个"古"和"源"一直推到了唐尧虞舜夏商周。

在六经中，朱熹特别重视《大学》，明代王阳明特别重视《大学》古本；而陆九渊最重视的是《尚书》，其次是《易经》《诗经》等。"吾之深信者《书》，然《易系》言：'默而成之，不言而信，存乎德行。'此等处深可信。"③他还把《尚书》和《诗经》的大小雅做过比较："《大雅》是纲，《小雅》是目，《尚书》纲目皆具。"④

《尚书》是虞、夏、商、周各代的典、谟、训、诰、誓、命等文献，

---

① 《语录下》，《陆九渊集》卷35，第519页。
② 《年谱》，《陆九渊集》卷36，第553页。
③ 《语录上》，《陆九渊集》卷34，第466页。
④ 《语录下》，《陆九渊集》卷35，第500页。

是官府处理国家大事的公务文书，是中国最古老的皇家文集，成为我国历代统治者治理国家的政治课本和经典范例，同时，也是个人进德修身的教科书。

陆九渊常常用《尚书》这部儒家经典记载的人、事与言论来阐发自己的心学政治观。他对《尚书》给予了极高的评价，视其为传道论德、纲举目张的儒家经典，视其为入门之经、教学之典，"观《书》到《文侯之命》，道已湮没，《春秋》所以作"①。

陆九渊反复要求学生精读、牢记、践行《尚书》。"后生精读古书文。"②

陆九渊在象山讲学五年，以《尚书》为主要教本，"山间朋友近多读《尚书》"③。陆九渊认为《尚书》体现的上古道和义明明白白，君臣之间有唱有和，君民之间感通顺畅，就像家常茶饭一样，日用自然而须臾不离。但现在，时人既受利禄诱惑，又受邪说遮蔽，这些上古的道义之理倒成了奇特之物，真是痛心呀。所以，陆九渊反复强调与解读《尚书》。

在《尚书》中，陆九渊有时强调其中的三篇，即"《皋陶谟》《洪范》《吕刑》，乃传道之书"④；有时又强调其中的八篇，即"《尚书》:《皋陶》《益稷》《大禹谟》《太甲》《说命》《旅獒》《洪范》《无逸》等篇，可常读之，其馀少缓"⑤。但他最重视的是《洪范》。他阐发《洪范》义理最重要的两篇文字，一是《与朱元晦》这两封信，一是《荆门军上元设厅皇极讲义》，尤其是后者直接解释和阐发"皇极"范畴，集中表达了他对《洪范》的理解，是他政治哲学思想的纲领性表达。⑥

总之，陆九渊既把《尚书》作为内圣工夫、道德修养的指南，又

① 《语录下》，《陆九渊集》卷 35，第 500 页。
② 《语录下》，《陆九渊集》卷 35，第 533 页。
③ 《与胡无相》，《陆九渊集》卷 10，第 151 页。
④ 《语录下》，《陆九渊集》卷 35，第 541 页。
⑤ 《与邵中孚》，《陆九渊集》卷 7，第 107 页。
⑥ 刘增义:《"皇极根乎人心"——陆象山的〈洪范学〉》，第 203 页。

"以此心敷于教化政事"作为治国施政的王道教化，也作为自己心学政治观的哲学基础。

为什么陆九渊特别推崇《尚书》呢？因为他重德，他引述孔子的话说"知德者鲜矣"①，而《尚书》是一部说德而教人知德的书。"《尚书》一部，只是说德，而知德者实难。"②如《尚书·皋陶谟》在论述知人之道时，必定先言其人有德，然后才说此人有某事。事与德，是本与末的关系。"事固不可不观，然毕竟是末。""盖德则根乎其中，达乎其气，不可伪为。若事，则有才智之小人可伪为之。故行有九德，必言其人有德"，"自养者亦须养德，养人亦然。自知者亦须知德，知人亦然"。如果不从养德知德来约束，而只是从外在来约束（"徒绳检于其外"），那么，在"行与事之间，将使人作伪"③。

陆九渊根据《尚书》所载的圣贤言行提出学以明理，进而学以成圣的思想，阐发个人道德修养的内圣工夫。他根据《尚书》"钦厥止""安汝止"说，阐明"知止"思想，称颂《尚书》"言逆汝心，必求诸道"的内省反求工夫，合乎其为学只是"切己自反，改过迁善"的宗旨。

陆九渊说虽然道统由尧舜文武等圣王传承，但每一个时代必然会产生一个具体传道之人。比如唐虞之际，明道之人为皋陶，商周之际则为箕子。箕子之所以忍辱不死，就是要为武王陈《洪范》九畴，由此铸造文武之先王之道。这就是所谓："唐虞之际，道在皋陶；商周之际，道在箕子。天之生人，必有能尸明道之责者，皋陶、箕子是也。箕子所以佯狂不死者，正为欲传其道。既为武王陈《洪范》，则居于夷狄，不食周粟。"④陆九渊在这里强调了两点：其一，传道人物皋陶和箕子都是臣子，并非天子。其二，之所以最重视《尚书》这三篇文章，是因为《皋陶谟》《吕刑》体现的是以德性引导刑罚的理念，而《洪范》则是执政治

---

① 《语录下》，《陆九渊集》卷35，第533页。
② 《语录下》，《陆九渊集》卷35，第498页。
③ 《语录下》，《陆九渊集》卷35，第533页。
④ 《语录上》，《陆九渊集》卷34，第457页。

国的根本纲领，其中包含建极立本之学。①

陆九渊心学政治观的哲学根基、理论基础、经典根据、历史来源是以《尚书》《孟子》为代表的儒家古代经典。

面对现实的纷扰，宋儒们鼓吹上古之政，渴求礼宜乐和、其乐融融的德治社会。陆九渊也把上古之政作为理想的政治模式，陆九渊说："君臣议论，未尝不以尧舜相期。"②

"上古"是指中国历史上的唐、虞和三代。唐，指唐尧，中国上古时期部落联盟首领，"五帝"之一；虞，指虞舜，姓姚，名重华，山东诸城人，中国上古时期部落联盟首领，"五帝"之一。所以，"唐虞"也称"尧舜"。"三代"是指中国的夏、商、周。在陆九渊及其他宋儒们的话语体系中，"上古""唐虞""尧舜""三代""唐虞三代"和"尧舜三代"是等同通用的。

孔子是最早盛赞三代之政的人，"三代""唐虞""尧舜"等词都在《论语》中出现过。"斯民也，三代之所以直道而行也。"（《论语·卫灵公》）《论语·为政》强调"礼"在三代乃至后代的传承。子张问："十世可知也？"子曰："殷因于夏礼，所损益，可知也；周因于殷礼，所损益，可知也。其或继周者，虽百世，可知也。"

孔子之后，中国历史上一直有极力赞美上古之政的传统，宋代就弥漫着崇尚三代之政的思潮。这种思潮的兴起，有对孔子思想的继承，也有复古的思想倾向，但实际上也有借古说今的现实需要。宋代君臣是借三代之政，或是通过把三代之政理想化来批评中唐以来的中古政治，"直欲进于唐虞，复乎三代，超越乎汉唐"③，以此解决当时宋朝政治的难题。儒家士大夫主张回到三代，反映了宋代士人渴求某种理想的政治状态，以缓解人们的痛苦与压力。

---

① 刘增义：《"皇极根乎人心"——陆象山的〈洪范学〉》，第 203 页。
② 《与钱伯同》，《陆九渊集》卷 9，第 139 页。又见《荆国王文公祠堂记》，《陆九渊集》卷 19，第 266 页。
③ 《年谱》，《陆九渊集》卷 36，第 602 页。

陆九渊推崇"三代"的政治理想，崇尚我国尧舜禹、夏商周的上古时期，认为那是一个风俗淳美、人人知礼、人心向道、道行天下、天下为公、社会安定、制度完善的时期。这当然有陆九渊明显的美化、理想化的成分，但也有他对《尚书》《易经》等古典文献中政治思想的挖掘与阐释，更有他"托古说今"、借题阐发他的执政理念的意图。

虽说陆九渊和其他宋儒一样，都有回到"三代"的政治情结，但在回应宋代现实的政治问题时，就要把这种源于上古的儒家政治哲学观念加以转化。

深信《尚书》《孟子》，质疑《论语》，体现了很强的本诸经典、验之于身的返本、守正、开新精神，绝非师心自造、自用的无根之谈。

包括陆九渊在内的宋代士大夫对三代政治充满向往，在现实的政治参与中，却有着强烈的时代特色。

陆九渊总结了历史上政治制度的得失："周历之季，迹熄泽竭，人私其身，士私其学，横议蜂起。老氏以善成其私，长雄于百家，窃其遗意者犹皆逞于天下。至汉而其术益行，子房之师，实维黄石，曹参避堂以舍盖公。高、惠收其成绩，波及文、景者，二公之馀也。自夫子之皇皇，沮、溺、接舆之徒固已窃议其后。孟子言必称尧舜，听者为之藐然。不绝如线，未足以喻斯道之微也。陵夷数千百载，而卓然复见斯义，顾不伟哉？"[1]

陆九渊提出三代之治并不是一种复古、倒退的政治，他认为："取民、制兵、建官之法盖莫良于三代。遭秦变，古先王之制扫地而尽。由汉以来，因循苟简，视三代之法，几以为不可复行。盖不知大冬之寒，可以推而为大夏之暑，毫末之小，可以进而为合抱之大，顾当为之以渐，而不可以骤反之也。唐因魏隋之旧，而成租调、府卫之制，官约以六典，而省之至于七百三十，此可以为复三代之渐，而唐之所以为可称

---

[1] 《荆国王文公祠堂记》，《陆九渊集》卷19，第266页。

者也。"① 对于社会结构即"取民"而言,陆九渊认为唐代"租调之法"最接近三代之治,一定程度上解决了土地兼并问题,有利于百姓生活。对于军事制度,他认为唐代"府卫制度"能有效解决社会治安问题。对于官僚制度,陆九渊看到了冗杂的南宋官僚体系对整个社会的剥削,因此他强调删繁就简,可参考唐代的制度,"唐虞官百,夏商官倍,周官三百六十,而唐承隋后,官不胜众,骤而约之,七百有奇,则复古建官,亦莫近于唐矣"②。唐代官僚系统最接近三代的仁政理念,因此值得借鉴。

陆九渊也是极力推崇"唐虞三代之治"的。陈力祥在《论陆九渊"本心"为政的政治伦理思想》中列举了四个方面:

第一,唐虞三代"道"行天下。陆九渊说:"唐虞三代之时,道行乎天下。夏商叔叶,去治未远,公卿之间,犹有典刑。伊尹适夏,三仁在商,此道之所存也。"③"唐虞之时,道在天下,愚夫愚妇,亦皆有浑厚气象。"④ 唐虞三代的仁礼治政、以德治政、善政良政,正是陆九渊所说的"道",反映了陆九渊的政治理想。

第二,唐虞三代之时,歪理邪说虽然也存在,却没有成为社会的主流意识。老百姓只受圣人教化,没受邪说影响,无偏斜之气。陆九渊说:"唐虞三代盛时,邪说诐行不作,民生其间,渐于圣人之化,自无昏塞之气,乖薄之质。"⑤ 三代是一个行"道"的社会、遵礼的社会、奉行天理的社会、人间之道流行的社会。儒家人伦道德秩序,都有一个基本的目标,即追求成贤、成圣。"三代之时,远近上下,皆讲明扶持此理,其有不然者,众从而斥之。后世远近上下,皆无有及此者。"⑥ 上古三代社会,大家仰慕圣人,追求真理,批驳谬误,是历史上最好的社会。

---

① 《问唐取民制兵建官》,《陆九渊集》卷 31,第 424 页。
② 《问唐取民制兵建官》,《陆九渊集》卷 31,第 425 页。
③ 《荆国王文公祠堂记》,《陆九渊集》卷 19,第 266 页。
④ 《语录下》,《陆九渊集》卷 35,第 504–505 页。
⑤ 《与吕子约》,《陆九渊集》卷 5,第 72 页。
⑥ 《语录上》,《陆九渊集》卷 34,第 472 页。

陆九渊等宋儒士大夫为什么不以汉唐为理想社会呢？陆九渊认为："汉唐之治，虽其贤君，亦不过因陋就简，无卓然志于道者。"[1]汉唐虽然也有贤君，有盛世，但儒家治国理政之道没有得到贯彻执行，正因为不能遵道、守道，才导致社会伦理滑坡、道德沉沦，进而出现臣杀君、子杀父的政治伦理现象。因此，陆九渊就仰慕三代之治而疏离汉唐之治。

第三，三代之治以利天下为首务。"凡圣人之所为，无非以利天下也。二《典》载尧舜之事，而命羲和授民时，禹平水土，稷降播种，为当时首政急务。"[2]圣人以利天下为首政急务。陆九渊特别从心学政治观的角度进行了解读：政道与人道常存于心，所以能常、能久。"唐虞之时，黎民于变，比屋可封之人，此心存也。"正因为这种存天下之大利、存天下之公义的本心留存，发而为用，所以"周道之行，人皆有士君子之行，《兔罝》'可以干城'，'可以好仇'，'可以腹心'者，此心存也"[3]。《诗经·兔罝》说那些赳赳武夫可以成为公侯的干城、好仇和腹心，就在于存有本心。而留存本心，求其放心，为政用心，本心乃三代治国理政的"秘籍"。因为三代之治乃以本心执政，以良知执政，故而三代出现了相对意义上的礼宜乐和的和合之境。正因为以"本心"执政，以"本心"为天下之大义，从而民众"蒙被先圣王之泽"[4]，此乃三代之民之福祉。三代之治乃人所向往的理想之治。宋明理学家们一直把天理与人欲、义和利的关系问题作为讨论的核心话语。他们认为人类的私欲之心，导致了人与人、人与社会、人与自然之间的矛盾与冲突。

第四，三代之教泽被后人。三代之治之所以能为后人所仰慕，关键在于三代之教。"陶冶于先圣王之教"[5]，对人教化，教以化民成俗，"承

---

① 《删定官轮对劄子》二，《陆九渊集》卷 18，第 254 页。
② 《策问》，《陆九渊集》卷 24，第 333 页。
③ 《邓文苑求言往中都》，《陆九渊集》卷 20，第 292–293 页。
④ 《与曾宅之》，《陆九渊集》卷 1，第 4 页。
⑤ 《与董元锡》，《陆九渊集》卷 10，第 154 页。

流宣化"，潜移默化，成就良俗的、有序的和谐社会。在这个陆九渊等人所期盼的三代理想社会中，能"遏恶扬善，顺天休命"。

陆九渊宣扬三代之治，实际是希望南宋王朝实施他所向往的理想政治，重振南宋松弛的纲常伦理，挽救南宋的政治危机与时代危机，"纳斯民于大中，跻斯世于大和者也"①。

2. 直承孟子

陆九渊不师承哪个名师，在学术上不属于哪个门派，却自认为是孟子学说的直接继承人。陆九渊心学的主要理论也确实来源于孟子的思想。

陆九渊经常说到自己与孟子的渊源。学生詹子南问陆九渊："先生之学亦有所受乎？"陆九渊明确答道："因读《孟子》而自得之于心也。"②这说明陆九渊之学得于孟子，而且不是靠他人指引，而是自得于心。

陆九渊心学的许多基础概念与核心命题就来自孟子，如"本心"就直接来自孟子之"本心"。孟子最先提出了"四心"，即恻隐之心、羞恶之心、辞让之心和是非之心；还提出了"二良"之说，即"人之所不学而能者，其良能也；所不虑而知者，其良知也"。这些都被陆九渊接受，他说："仁即此心也，此理也。求则得之，得此理也；先知者，知此理也；先觉者，觉此理也；爱其亲者，此理也；敬其兄者，此理也；见孺子将入井而有怵惕恻隐之心者，此理也；可羞之事则羞之，可恶之事则恶之者，此理也；是知其为是，非知其为非，此理也；宜辞而辞，宜逊而逊者，此理也；敬，此理也；义，亦此理也；内，此理也，外，亦此理也。"③

后来，历代学者都通过陈述陆九渊与孟子之间的联系来强调陆九渊的心学就是儒家学说的正统。陆九渊的传承者王阳明在为《象山文

---

① 《与吴子嗣》六，《陆九渊集》卷 11，第 165 页。
② 《年谱》，《陆九渊集》卷 36，第 566 页。
③ 《与曾宅之》，《陆九渊集》卷 1，第 5 页。

集》作序时说："象山陆氏……简易直截，真有以接孟氏之传。……故吾尝断以陆氏之学，孟氏之学也。"①

清人全祖望说："象山之学，先立乎其大者，本乎孟子。"②

牟宗三说："象山学无所受……其所征引几全是《孟子》语句，其全幅生命几全是一孟子生命。其读《孟子》之熟，可谓已到深造自得、左右逢源之境。孟子后真了解孟子者，象山是第一人。"③

3. 源自实践批判

南宋"弊政丛生"，国力衰落，对外政策连连失败，朝廷内部又斗争纷繁，士大夫阶层懦弱不忠，基层胥吏欺压百姓，陆九渊愤慨地说："今时郡县能以民为心者绝少，民之穷困日甚一日。抚字之道弃而不讲，捃敛之策日以益滋。甚哉！其不仁也。"④陆九渊在这里提出了"以民为心"的思想，感叹民为邦本，可今日郡县捃敛以病民，日以益滋，真是不仁呀。

陆九渊心学是从自身的道德实践而形成的。他在论述儒学道统的时候，总要从心学的立场去认识和解释，落脚于"吾道不明"。"后世学绝道丧，邪说蜂起，熟烂以至今日。斯民无所归命。"⑤"学绝道丧，所从来久矣，放利而行者滔滔也。"⑥"道之不明不行，佛老之徒遍天下，其说皆足以动人，士大夫鲜不溺焉。"⑦

陆九渊一生匡时济世，整饬人心，猛烈批评当时社会上的场屋之弊和士大夫的"富贵利达"之梦，引导人们"先立乎其大者"，明心辨志，

---

① 《王守仁序》，《陆九渊集》，第 608 页。
② ［清］黄宗羲：《宋元学案》卷 58 之《象山学案·祖望谨案》，［清］全祖望补修，中华书局 1986 年版。
③ 牟宗三：《从陆象山到刘蕺山》，上海古籍出版社 2001 年版。
④ 《与陈倅》，《陆九渊集》卷 7，第 113 页。
⑤ 《与林叔虎》，《陆九渊集》卷 9，第 145 页。
⑥ 《与张季海》二，《陆九渊集》卷 10，第 150 页。
⑦ 《与曹立之》二，《陆九渊集》卷 3，第 48 页。

践行儒道。陆九渊的心学思想与他的现实关怀具有紧密的内在联系。所以，谈陆九渊的心学思想，就要谈宋代的时代背景与国家挑战。

陆九渊认为，在孟子之后，儒家之道就中断了，至今还没有恢复，士大夫失去了主心骨，这是世风日下、道德沦丧的根本原因。因此，当务之急就是要明道、行道，"传尧舜之道，继孔孟之统"。这种看法既表现出深远的历史洞察力，更表现出对现实的针对性，还表现出宋儒们的责任担当。

第 12 讲

陆九渊心学的历史地位与当代价值

"中华优秀传统文化是中华民族的精神命脉,是涵养社会主义核心价值观的重要源泉,也是我们在世界文化激荡中站稳脚跟的坚实根基。"陆九渊心学系统回答了中华文化的核心命题,蕴含着独特的中国思想、中国观念、中国精神、中国道德和使命担当,对新时代增强广大干部群众的文化自信,具有积极的意义。

一、"中国"的国家转型进程与宋儒们的精神重塑和文化认同

1. 南宋时期的文化认同:国家的文化思想精神建构

两宋期间,宋、西夏、辽、金始终保持着一种相对平衡的局面,形成了特殊的多个政权并立共存的"中国"图景。面对这种中原政权与北方游牧民族政权并立的多元格局的中国[①],北宋王朝在女真政权不断南下进攻时,最终只得退居江南,偏安一隅,宋朝面临比以往更为严重的华夷危机。而传统儒家思想体系中的"华夷之辨",面对这种政治地域局面,如何解释南宋政权的合法性,如何为现实的政治军事抉择提供思想价值方面的支持,这是宋儒们面临的挑战,他们必须为国家存在的合法性、正统性提供政治思想上的理论解释与支持。

两宋的危机还不只如此,一方面,宋朝面对辽、金和西夏等游牧民

---

① 袁晓晶:《"建用皇极":陆九渊的华夷观初探》,第 506 页。

族政权的进攻态势，时刻感受到军事上的威胁，需要回答谁是"华夏"、谁是"中国"；另一方面，它自己出身于礼乐失范的唐末五代，又面对魏晋南北朝至唐以来佛道盛行的问题，充满文化上的焦虑，两宋政治需要重建礼乐制度的权威价值系统。

面对游牧民族包围（"群狼环伺"），面对内外交困的局面，面对辽、西夏这些异族政权的存在，大宋皇帝们越来越要接受宋辽夏多民族政权共处一地的现实了。这是以前秦汉唐等统一朝代的汉人王朝没有遇到过的局面，宋朝不得不摸索着学习与这些民族的相处之道。

赵宋王朝在军事上失利的同时，又以礼乐文明影响了周边的少数民族政权，并在相对长的时间内维持了和平，保障了国家内部的发展与繁荣。在这个图景中，华夷之辨逐渐走向了对礼义制度与王道政治的高度推崇。宋儒们在复兴儒学的时候，特别自觉地把文化认同作为中国人的生活方式、行为模式、价值观念、思维方式、情感表达方式等。

2. 陆九渊对南宋中国的文化拯救

陆九渊极力强调中国的文化特征，"中国"的内涵与实质主要不是看血统，也不是看民族，而是看文化。

（1）拎出中国的礼义文化传统。

1182年（淳熙九年），陆九渊44岁，奉旨来到都城临安就任国子正。八月十七日，陆九渊讲《大学春秋》。他就"楚人灭舒蓼"这一记载，发表论述：

夷狄盛强，吞并小国，将乘其气力以凭陵诸夏，是礼义将无所措矣，此圣人之大忧也。楚人灭弦、灭黄、灭江、灭六、灭庸，至是又灭舒蓼，圣人悉书不置，其所以望中国者切矣！

圣人对楚人灭舒蓼"悉书不置"，不予记载，这就是对仁义之道的最大肯定。但尽管礼义文化如此重要，可面对像金、辽、西夏这样的盛强夷狄时，如何解除"此圣人之大忧"，陆九渊未能说明。在两宋，当华夷之辨遭遇王霸之辨时，儒家政治哲学便要接受挑战了。当王霸相杂之时，王道政治如何抵御霸道？当华夷冲突时，礼义之策如何应对军事上的挑衅？因此，面对十分严峻的王霸相杂、夷夏大防问题，面对南宋时期的"多元"政治格局，陆九渊的心学政治观更强调主体"出于道义""出于本心"的抉择，保持王道政治与礼义之道仍然是坚持"中国"之所以为中国的根本选择。

（2）提出贵中国和中国何以贵的思想学说——"华夷之辨"：贵中国，贱夷狄。

"中国夷狄之辨"，即"华夷之辨"，是自三代以来形成的政治地域观。春秋时期，中原地区被称为"中国""华夏"，南方曰蛮，东方曰夷，北方曰狄，西方曰戎，统称为"夷"。在孔子那里，华夷之辨不仅在于地区之间的不同，还在于文明之分。中原代表文明，而夷狄代表野蛮，多少带有一些优越与轻视的意味。

陆九渊的"华夷之辨"，不是以血统或族群论华夷，也不是以地域论华夷，而是将文化作为华夷之辨的内核。陆九渊说："圣人贵中国，贱夷狄，非私中国也。中国得天地中和之气，固礼义之所在。贵中国者，非贵中国也，贵礼义也。虽更衰乱，先王之典刑犹存，流风遗俗，未尽泯然也。"[①]他认为圣人贵中国、贱夷狄，中国之所以贵，夷狄之所以贱，并不是出于私意，而是据于公心。这是因为中国有礼义，故贵；夷狄无礼义，故贱。圣人之忧，就忧在夷狄以强力吞灭诸夏各国而导致礼义不存。相应地，圣人望中国之切，就在于对以礼义为内核的"中国"有着迫切的希望。

春秋时期，晋国是"中国"的代表，本可以和楚国抗衡，可国力日渐虚弱。即便如此，圣人对晋仍寄予希望："然圣人之情，常拳拳有望于晋，非私之也，华夷之辨当如是也。前年陈受楚伐，势必向楚。扈之会，乃为陈也。陈不即晋，荀林父能并将诸侯之师以伐陈，《春秋》盖

---

① 《大学春秋讲义》，《陆九渊集》卷23，第317页。

善之。"①圣人十分期盼晋能带领华夏诸国走向强盛，这并不是圣人的私心，而是天下的公义。所以，荀林父能统领诸侯之师讨伐倒向楚国的陈国，《春秋》给予了肯定。同理，当楚军伐郑，晋却缺帅师救郑时，陆九渊申明"伐陈救郑，晋之诸臣犹未忘文公之霸业，《春秋》盖善之"②。

当然，陆九渊也谴责了追逐眼前小利而抛弃根本大义的晋及诸夏后来的行为。宣公十年，《春秋》有"晋人、宋人、卫人、曹人伐郑"的记载，"三传"只有《春秋左氏传》一句"郑及楚平"，陆九渊有一长段解说，再次重申"中国之所以可贵者，以其有礼义也"③：

《左氏》谓郑及楚平，诸侯伐郑，取成而还。诸侯伐郑而称人，贬也。晋楚争郑，为日久矣。《春秋》常欲晋之得郑，而不欲楚之得郑；与郑之从晋，而不与郑之从楚，是贵晋而贱楚也。晋之所以可贵者，以其为中国也。中国之所以可贵者，以其有礼义也。郑介居二大国之间，而从于强令，亦其势然也。今晋不能庇郑，致其从楚。陈又有弑君之贼，晋不能告之天王，声罪致讨，而乃汲汲于争郑，是所谓礼义者灭矣，其罪可胜诛哉？书人以贬，圣人于是绝晋望矣。④

在晋楚争郑这件事上，圣人一直期盼的是晋能得到郑，而郑受晋的庇护，道理就是晋为中国而楚乃夷狄，"中国之所以可贵者，以其有礼义也"。陆九渊对郑国因国力不济而无奈顺从于楚表示理解；可对晋国因不愿承担起维护礼义和支撑华夏的职责，只是盯住自己的私利表示贬斥。如果说前面圣人"悉书不置"楚灭诸国还对"中国"寄予希望的话，到这里贬晋已经是极度失望。礼义既灭，晋国就不再有资格享有"中国"的名位。

在陆九渊看来，圣人之所以看重中国，是因为中国文明不同于四周其他民族的文明，中国文明里有"礼义"这个核心，点出了中国形成共

---

① 《大学春秋讲义》，《陆九渊集》卷23，第319–320页。
② 《大学春秋讲义》，《陆九渊集》卷23，第320页。
③ 《大学春秋讲义》，《陆九渊集》卷23，第321页。
④ 《大学春秋讲义》，《陆九渊集》卷23，第321页。

同体的根本原因在于文明、文化。

在宋代，陆九渊的这种思想并非他一人所独有。宋初石介在《论中国》中说："中国者，君臣所自立也，礼乐所自作也，衣冠所自出也，冠婚祭祀所自用也，缞麻丧泣所自制也，果蓏菜茹所自殖也，稻麻黍稷所自有也。……曰：'各人其人，各俗其俗，各教其教，各礼其礼，各衣服其衣服，各居庐其居庐，四夷处四夷，中国处中国，各不相乱，如斯而已矣。则中国，中国也；四夷，四夷也。'"中国与四夷之别在于文化，而非地域。两宋时期，赵宋王朝不断退守南方，与金、辽、西夏时战时和。这些北方少数民族政权虽在地域上抢夺了不少土地，甚至占领了中原，在文化上却逐渐由游牧文明向华夏文明靠近，主动向"中国"靠拢，他们在华夏文明的影响下，愈发"中国"了。[①]

（3）华夷之辨：为什么"贵中国、贱夷狄"？

要改变"学绝道丧"和"人心有病"的问题，不能终日流于清议、空谈。所以，对于华夷之辨而言，关键不在于"夷"，而在于"华"，对内的政治才更为重要，只有对内完善良政，对外才有威慑力，才有机会为二圣复仇。进一步而言，更重视的是儒家制度文明的保护和延续，以礼义王道为核心的华夷观，这样在面对军事实力强大、文化相对落后的游牧民族时，虽然在军事上被动乃至失败，文化上却保持着相对的独立性和影响力。[②]

陆九渊认为，重视礼乐教化，加强政治治理，才是华夷之间的区别。夷狄之所以为夷狄，原因就在于没有"治理和教化"："夷狄之国，正朔所不加，民俗各系其君长，无天子之吏在焉"，没有治理制度和礼乐教化。而中国之所以为中国，并非因为地域，而是因为有正朔在之，有君子居之，有天子之吏在焉。"然或病九夷之陋，而夫子曰：'君子居之，何陋之有？'况非夷狄，未常不有天子之吏在焉，而谓民不可治，

① 袁晓晶：《"建用皇极"：陆九渊的华夷观初探》，第511页。
② 袁晓晶：《"建用皇极"：陆九渊的华夷观初探》，第512页。

俗不可化，是将谁欺？"①

当时，南宋政权为自我安身而一味求和，苟安于江南，陆九渊说这种"人病"是真正的"实病"。

《陆九渊集》有段记载：有一次，金国派使者来南宋和谈（"虏使善两国讲和"）。有人问陆九渊对此事的看法。

陆九渊说："金国和宋国两国讲和，不开战，'不用兵全得几多生灵'，那当然是好。但这有一个前提，那就是要讲个'义'，要讲个'理'。大家都是士人，都读过《春秋》，知道中国夷狄之辨。中国夷狄之辨就是义理之辨。中国与夷狄的区别就在一个义呀，正是《春秋》以来华夷之辨构筑起来的大义大理。现在，宋国和金国是战是和，也要讲这个'义'，也要讲这个'理'，而且要'实理实说'②。既然'实理实说'，就不能脱离现实而空谈。靖康之耻，岂可不雪？'二圣之仇，岂可不复？'收复中原，还我河山，雪靖康之耻，复二圣之仇，这都是宋国上下的呼声，是南宋儒者的一个心结呀，不能把它变成一句脱离现实的口号，不能让它成为口惠不实的空言。《孟子》早就讲过：'所欲有甚于生，所恶有甚于死。'（生命是我所想要的，但我所想要的还有胜过生命的，这就是'义'；死亡是我所厌恶的，但我所厌恶的还有超过死亡的，那就是'不义'。）儒者需要'怀义'而非'怀安'，要敢于'舍生而取义'。"

当时，南宋朝廷对国家、对民族不讲忠诚，没有担当，丧失舍生取义的信念与勇气，苟安于眼前享乐，"直把杭州作汴州"，甚至屈膝辱身。针对这种情况，陆九渊怒斥道："今吾人高居无事，优游以食，亦可为耻，乃怀安非怀义也。"③对南宋朝廷"高居无事，优游以食"的苟且行径，陆九渊直接斥其为可耻的"怀安非怀义"，给予了极为尖锐的抨击。

从大历史观来看，有宋一代的儒学复兴、宋明理学、程朱理学、陆王心学都为中国文化的重塑，为中国最后形成一个现代的多民族的统一

---

① 《宜章县学记》，《陆九渊集》卷 19，第 263 页。
② 《语录下》，《陆九渊集》卷 35，第 524 页。
③ 《语录下》，《陆九渊集》卷 35，第 524 页。

国家夯实了文化基础，植入了强大的精神支撑。

（4）什么是异端："但问是非邪正，不问自家他家"。

关于异端之说，"自周以前，不见于传记"，后世都认为是孔子第一个说出来的。《论语》就有"攻乎异端，斯害也已"之说，但大家都不知道孔子所说的异端是指谁。到了《孟子》，才开始"辟杨墨，辟许行，辟告子"。于是后人就指杨墨为异端，但"孟子之书亦不目以异端"。

陆九渊曾跟缪文子说："近日学者无师法，往往被邪说所惑。异端能惑人，自吾儒败绩，故能入。使在唐虞之时，道在天下，愚夫愚妇，亦皆有浑厚气象，是时便使活佛、活老子、庄、列出来，也开口不得。惟陋儒不能行道，如人家子孙，败坏父祖家风。故释、老却倒来点检你。如庄子云：'以智治国，国之贼。'惟是陋儒，不能行所无事，故被他如此说。若知者行其所无事，如何是国之贼？今之攻异端者，但以其名攻之，初不知自家自被他点检，在他下面，如何得他服。你须是先理会了我底是，得有以使之服，方可。"[①] 陆九渊认为只有那些书呆子不能行道，即那些败坏了祖父家风的不肖子孙，正是因为他们没有实践精神，只能在佛、道两家面前败下阵来。

陆九渊在《与胡达材》中讲了一个精彩比喻。他说现在大家对待儒家道统，就像一个年少子弟住在一幢老屋子里（"喻如年少子弟，居一故宅"）。儒学这幢老屋"栋宇宏丽，寝庙堂室，厩库廪庾，百尔器用，莫不备具，甚安且广"，孔孟后人却不知道自己有这些宝贝（"乃不自知"），"不能自作主宰，不能泛扫堂室，修完墙屋"，不能继承先辈祖业，天天游手好闲，虽然一直住在儒学这幢祖宅里，却享受不到儒学带来的好处（"续先世之业而不替，而日与饮博者遨游市肆，虽不能不时时寝处于故宅，亦不复能享其安且广者矣"）。

"宇宙无际，天地开辟，本只一家。往圣之生，地之相去千有馀里，世之相后千有馀岁，得志行乎中国，若合符节，盖一家也。来书乃谓

① 《语录下》，《陆九渊集》卷35，第504–505页。

'自家屋里人'，不亦陋乎？来书言朱林之事，谓'自家屋里人，自相矛盾'，不知孰为他家？古人但问是非邪正，不问自家他家。"①

　　人类回顾历史，其实是在眺望未来，重视史实，实际是在强调现实，是想用历史上的经验和教训解释或解决现实中存在的问题。

　　3. 中国这个多民族的统一国家是在几千年历史中逐渐形成的，而"中国"这个概念也在几千年历史中不断丰富变化

　　宋儒们在宋、辽、西夏、金等政权并存对峙中不断探索，提出了一个共同体理念来凝聚共识，增强对儒家道统、中华文明的文化认同与文化自信。

　　中国的这种文化性、文明性来自哪里？形成于何时？当然是从夏商周、从孔孟、从历史深处而来，形成于历史进程之中。

　　看世界历史和中国历史，人们会提出以下问题：为什么中华文明不像古希腊文明、古罗马文明、古印度文明，至今一直没有中断？为什么欧洲会陷入分裂，而中国能不断地重新统一呢？

　　人类历史上，东方有秦汉帝国，西方有罗马帝国。罗马帝国虽然晚出现近 200 年，面积却比秦帝国更大，统治的时间更长。但罗马灭亡后，欧洲分裂成了诸多民族国家，再也没有成为统一的大帝国。而秦统一中国后的 2000 多年，中国历史主流与趋向就是一个统一的走向，而且这两千多年的历史，前半段分裂纷争的时间较长，后半段统一和一统的时间更长，特别是元明清连续统一数百年。

　　原因是什么？原因就在于以儒学为核心的中国文化的形成、传承与不断创新。

　　从血缘认同到族缘认同，从族缘认同到文明认同，由此形成（结成）的利益共同体、命运共同体、文化共同体，逐渐从一个分封制宗法型的统一国家，演变成单一民族的统一国家，再成为多民族的统一国家。

---

① 《与罗春伯》，《陆九渊集》卷 13，第 202 页。

（1）"中国"概念的起源。

于省吾先生在《释中国》一文中论证，"中国"一词至迟出现在西周初年。目前所见到的最早证据，是1963年陕西宝鸡贾村镇出土的一口尊（一种古代的青铜酒器），名叫"何尊"，上面有段铭文："惟武王既克大邑商，则廷告于天曰：'余其宅兹中国，自之乂民。'"

这段铭文的意思是周武王在攻克商的王都后，举行了一个庄严的仪式报告上天："我已经据有中国，自己统治了这些百姓。"周武王在灭商后，占有了商的京师"中国"，于是获得了统治人民的权力。《诗经·大雅·民劳》有"惠此中国，以绥四方""惠此京师，以绥四国"的诗句，所谓"中国"就是指京师。

铭文的前面还提到"惟王初迁，宅于成周，复禀武王礼"，可见是周成王时的记录。

《尚书·梓材》也记载了周成王追述往事的话："皇天既会中国民越厥疆于先王。"何尊铭文这件物证就完全证实了《尚书·梓材》的这段话。可见在周武王和其子周成王时，已经使用"中国"一词。这样看来，"中国"一词至少有三千年的历史了。

一开始，"中国"的"国"不过是一个氏族、部落或部落联盟的聚居地。西周时期，由周王、周天子分封或承认的诸侯所居住的城邑都是"国"。这些国都是一姓之国，都是有血缘关系的一家人。而周天子住的"国"（京师）处于中心、中枢地位，因此称为"中国"。

所以，"中国"一开始就是一个地理概念（都城、都邑）、政权概念（国家形态）、政治概念（中央）、关系概念（国民都是有血缘关系的一群人）。

西周时期的中国，国家规模小，基本上都是一家人，国民之间主要是血亲——宗法结构，所以，国家的指导思想、执政理念和主流意识形态就是以孝治国。

（2）春秋战国时期的"中国"概念。

后来，"国"和"中国"的概念不断扩大和变化。一方面，周天子地位下降，一些诸侯国取得了与周天子平起平坐的地位，他们的国也就称"中国"了。同时，各诸侯相互兼并，一国可能包括几个姓了，国家就不全然由血缘来联系了。春秋时期的"中国"就从周天子的居住地扩大至周边地区和居于霸主地位的各诸侯国了。"中国"这个概念的地理含义也扩大了。中国的国家形态就由以单一姓氏血缘联系为基础的分封制国家转向多姓氏、多家族、多地域组成的国家了。

春秋时期的"中国"还具有民族意义。如秦国不仅从戎人手中夺取了丰镐和周人的发祥地周原（即周天子原先的都城，是原来的"中国"），还向西征服了戎人各部，其势力已足以与晋、郑等国抗衡。但就是这样一个大国，居然在春秋时代始终被"中国"的诸侯看作"夷狄"，挤不进"中国"诸侯会盟的圈子，但到后来，当然成了中国的一部分。

又如楚国，西周初期就被封在荆蛮地区，自己也以"蛮夷"自居。春秋时，楚国已非常强大，但一直不被承认为"中国"，楚国灭邓、谷国，伐郑、蔡国的行动，被看成是与北方的狄人灭邢、卫国一样的行动。《春秋公羊传》的作者就惊呼："夷狄也亟病中国，南夷与北狄交，中国不绝若线。"意思是说：夷和狄啊，严重地危害中国，北边的狄人与南边的夷人相呼应，中国的命运就像一根线一样维持着。而齐桓公的军队因救助邢、卫、郑、蔡的行动被称为"救中国"的"王者之师"，受到高度赞扬。孔子提到辅佐齐桓公的管仲时，也称颂其"仁"，说："微管仲，吾其被发左衽矣！"（要没有管仲，我就得披着头发，衣襟向左边开，穿夷狄的服饰，这里就变成蛮荒地区了）到了战国七雄的时代，齐国本来就是"中国"；韩、赵、魏是从晋国分出来的，自然也是"中国"；秦、楚、燕三国也被承认为"中国"。可见，随着这些诸侯国疆域的扩展，"中国"的范围也越来越大。

到战国后期，"中国"的范围向南到达了长江中下游，往北已接近阴山、燕山，西面延伸到陇山、四川盆地的西缘。到秦汉帝国时期，秦始皇发兵 50 万平江南，征南越；汉武帝攘夷拓土，征大宛，破匈奴，封狼居胥，首开丝绸之路，设置河西四郡，奠定了汉地范围。"中国"的概念已经有了很大的变化。

显然，随着统一国家的形成、疆域的扩大和经济文化的发展，"中国"的概念是在不断变化和扩大的。一般说来，一个中原王朝建立后，它的主要统治区就被称为"中国"，而它所统治的边远地区以及统治范围之外就是夷、狄、蛮，就不是"中国"了。

这时确立了孔孟儒家学说。

（3）秦汉时期的"中国"概念。

中国成为文明型国家，就是以秦汉帝国的制度建设和政治思想的成果为文化内核的。

秦始皇建立的中国，把西边的秦国、东边的齐鲁、南边的荆楚、北边的燕赵魏等各个政权组成了一个国家。秦代是中国的一个重要转型时期。秦帝国不同于周王朝，周王室虽然理论上控制全天下，"普天之下，莫非王土"，但实际上只能直接统治王城附近的一小块地方。到秦统一天下，国家疆域大大扩大，一些原来不属于中原范围的南蛮、北狄、东夷、西戎地区和民族都在"中国"之内了。大家原本就不是一个姓，不是一家人，分属于多个地域，却都属于汉民族。所以，秦朝与汉朝就是一个单一民族的国家，名曰"汉"。

秦汉之际，从秦始皇开始，为了维护国家的统一，进行了一系列制度建设，采用郡县制，统一文字、货币和度量衡，车同轨，书同文，行同伦。在加强经济制度、军事制度、政治制度等的同时，秦汉帝国还加强了国家的指导思想、意识形态和文化制度的设计与建设。

秦帝国主要是靠法家思想战胜六国、完成统一的，但马上得天下，却没能马上治天下，结果二世而亡。汉初在总结统一实践和秦国亡国教训的理论大讨论后，确立了老庄思想为国家的指导思想，实行无为而治。再后来，汉武帝"罢黜百家，独尊儒术"，以儒学为治国之道。司马光说汉武帝"有亡秦之失，而免亡秦之祸"[1]。为什么汉朝

---

[1] 《资治通鉴·汉纪十四》。

没有亡在汉武帝的手里呢？因为汉武帝虽然穷奢极欲，繁刑重敛，"异于秦始皇无几矣"，但"能尊先王之道"，知道应该遵守什么，这才避免了亡秦之祸。

汉代"罢黜百家，独尊儒术"，确立了以儒学为国家的指导思想，但在后来宋儒的眼中，则是个大杂烩，明儒阴法，算不得正统。此外，从汉末开始，儒学对国家具体政务和整个社会价值体系的影响急剧下降，在魏晋南北朝 300 多年的分裂、战乱时期，各民族经历大融合，儒学思想和价值理念受到严重冲击。如何看待人的生死无常、颠沛流离？如何确立人的行为规范和国家的指导思想？佛老思想大行其道，直到唐代韩愈、柳宗元发动古文运动，抗拒佛老，复兴儒学。

在中国的民族融合和全国统一进程中，"中国"的概念也是变动的。什么是华（中国）？什么是夷？以汉化（文化）论。比如，河西走廊从公元前 2 世纪末归入汉朝以后，人口来源主要是中原的贫民、戍卒和罪犯，以后有大批西北的少数民族迁入，其汉文化的水准很低，所以长期被排除在"中国"之外。但从西晋末年开始，从中原不断迁入文化层次高的移民，河西走廊地区的汉文化迅速发展，到了北魏初期俨然成为正统的儒家文化基地，人才渊薮，人们就不再认为那里不是"中国"了。

再如，从东汉后期开始，黄河流域北部不少地方逐渐成为匈奴等北方游牧民族的聚居区。到北朝时，这些地方人口的民族成分变化不大，但生产方式和生活方式已经变牧为农，高度汉化，所以，那里就被认为是"中国"的一部分。

"中国"有民族含义，更是一个文化概念。非汉族接受了汉族文化，发展到一定程度，这些人口和他们聚居的地方就会被承认为"中国"的组成部分。

这一时期，以单一民族为基础的中央集权的统一国家转向多民族统一的文明型国家，其中的转折点就发生在宋朝。

（4）宋儒们的"中国"概念。

宋朝是多民族国家形成和文化认同的重要时期，它的一系列重要变革把中国历史从中古时期带进了近代早期。

"中国"的概念也是相对的。有些边远偏僻的地区归入中原王朝的版图，经济文化有了一定的提高，自以为已经跻身"中国"了。可是在原来中原地区的老牌"中国"看来，它们还没有称"中国"的资格。1015 年（北宋大中祥符八年）进士科，萧贯是南方人。宰相寇准是陕西人，属于北方中原地区。寇准看不起南方人，遂上奏曰："南方下国，不宜给状元。"江苏、江西、福建等地原来是南唐的地盘，后被北宋灭国。但在寇准眼里，它仍属"下国"。宋真宗想了想，也对。于是，他就钦点山东人蔡齐为状元。寇准下班后对同僚得意地说："我又给咱们中原人民争了一个状元。"①

到了南宋，情况发生了变化。南宋朝廷跑到了临安，北边的疆域只到淮河一线。自己都不在中原了，中原都被金占领了，也就是北戎占领了中原，成了"中国"，宋廷却跑到了原来的南蛮之地。这个时候，宋儒们怎样在政治上、思想上、理论上高举中国的旗号，占据正统地位，把中华文化的道统继承下来，传承下去呢？

这就回到那个基本问题：什么是"中国"？显然，把"中国"看成一个地理概念是不合适的，把"中国"看成单一民族的概念也是不合适的，因为此时的中国已是由多民族组成的，历史、现实和事实都发生了变化。宋廷必须在意识形态、思想领域、理论学说上说明自己虽然不在中原地区，虽然面对多个民族，但自己仍然是中国的正统，道统仍然在自己这一边。

于是，包括陆九渊在内的宋儒们开始从文化、文明上来述说中国、解释中国，这是中国思想史上的一个巨大进步。它是中华民族这个多民族的大一统国家的历史进程中的必然产物，也是当时现实情况在理论形态上的真实反映，对今后乃至今天我们认识和坚持中国的国家特点大有益处。

---

① 赵家三郎：《微历史 @ 宋朝人》，同心出版社 2012 年版，第 229 页。

总之，我们从周、秦、汉、晋、隋、唐、宋，乃至以后元、明、清的历史发展过程，就可看出"中国"这个概念指称的含义。它随着中华民族的发展历史而不断变化，不仅是指中原王朝，也不等同于汉族政权，而是一个多民族组成的统一国家了。它反映了中国是不同于西方国家的另一种国家形态。在晚清时期乃至全球化时期，中国又面对和宋以前完全不同的情景，即面对一些没有血缘、没有族缘、没有地缘关系（地理上隔着大海大洋）的西方民族，在这种情况下，如何定位"中国"？如何定位中国这个国家的指导思想、国家制度、意识形态？这是明代以后的思想界、大儒们的时代任务。

4. 陆九渊心学救了中国吗？

中国历史自宋以后，就从中古迈入近代了。中国的政治家、思想家感觉到自汉以后，特别是在魏晋至唐的历史阶段，佛道兴盛，先秦时期的孔孟之道已经丢失中断，于是发动了中国儒学的复兴运动，企图以中国新儒学作为国家的主流意识形态，拯救人心，拯救中国。

前些年有个话题，五百年来王阳明。现在我们讨论陆王心学，不管是百世大儒陆九渊，还是明朝一哥王阳明，中国社会自中古进入近代以来，在时代的转折时期，宋儒们的这番努力，包括朱熹理学、陆九渊心学是否救了中国呢？陆王心学是否救了中国？没有。当然，宋明理学也没有。

陆九渊常被人拿来与"西方现代哲学之父"笛卡尔相提并论。陆九渊说过"宇宙便是吾心，吾心即是宇宙"；笛卡尔也说过"我思故我在"。所以，给他俩贴的标签、做的结论都一样：唯心主义。不过，他俩毕竟不一样，笛卡尔比陆九渊晚 400 多年出生，两人的意思也不尽相同。陆九渊的意思是"宇宙的事，就是我自己的心事""修心就是立志，修心就是悟道"。当然，陆王心学没能救中国，后来顾炎武批判程朱理学、陆王心学过于追求道德标准，偏向空谈。这里尽管也有后人对陆九渊心学极端、偏颇的发挥和滥用，致使心学跌落到空谈、空疏的地步，但从根上说，陆九渊心学、王阳明心学本身的根本性问题，在于它的唯心主义实质。所以，心学与理学一样，都不能在近代以来担负起救中国的历史使命。推动中国前进的思想何时出现，还有待后世，有待五四运动的新运动、新思想、新人物的出现。

那么，中国的这种文化性、文明型来自哪里？形成于何时？当然是从历史深处而来，从夏商周、从孔孟而来，但宋代是一个非常重要的转折时期。这种文明型国家观念与认识的形成，与宋代很有关系，与陆九渊关系很大。

本书想从陆九渊思想与宋代的时代关系来探讨中国的文明型是何时塑形、成型的，探讨现代中国是从哪里来的，说说文化中国、文明型国家。

文化认同是一种群体认同，是对"我们是谁""我们从何处来"等问题的回答，是人们在一个社会共同体中长期共同生活所形成的对本群体最有意义的事物的肯定性认同。其核心是对某种基本价值的认同，有助于理解本国的制度，特别是政治制度和社会制度，是凝聚这个社会共同体的精神纽带和精神力量。

文化认同是民族认同、国家认同的重要基础。文化认同发生在不同的文化接触、碰撞和比较中，是一个个体处于一个群体或一个群体面对另一个群体时产生的一种保持自我同一性的反应，目的是在具有不同性的现实中保存自身的某种力量，作为与其他群体相互识别的方式。

文化认同与族群认同、血缘认同等是重叠的。一个具有历史连续性的文化共同体，同时也是一个血缘、族缘、乡缘、地缘共同体。宋儒们把先秦儒家"修身、齐家、治国、平天下"的理念，与人们的血缘认同、族群认同打通，他们将人的各种认同融入其中，避免这些不同的认同之间因相异特性而发生矛盾甚至冲突。

所以，即便血统不同，即便民族不是汉族，但只要奉行中国文化，那也可以是一个文化意义上的"中国人"。这个以文化而不是以血统来界定身份的观点，是中国与欧洲国家最大的不同之处。它对后世产生了巨大的正面影响，是中国成为一个文明型国家最重要的文化内核。它内生出不同民族可以组成一个国家的观点，尽管"国家"这个概念的出现还是近代的事，但"中国是一个统一的多民族国家"就是建立在这个共识基础上的。

后来，元、明、清各朝都是由多民族组成的统一王朝。所以，宋代是中华民族几千年发展史上的一个转型时期。

现在，国内外学术界、思想界比较关注中国历史发展的动因、中国的国家特征。我们自己在实现中华民族伟大复兴、建设中国特色社会主义强国的历史进程中，也有一个如何认识、解释我们中华民族的国家性质的问题。

英国学者马丁·雅克认为：中国首先是一个文明型国家，其次才是一个民族国家。他把"文明型国家"和"民族国家"作为两个不同的概念加以对照，以此来解释中国历经千年而文明不断、国家发展的原因。国内学者张维为也用"文明型国家"来解释当代中国的许多特点，并为中国在当下民族复兴历史进程中的国家形象塑造、发展战略定位、文化软实力增强提供了一个新的角度。

二、陆九渊的历史影响与地位

1. 中国传统社会对陆九渊的纪念

现在陆九渊的家乡——江西抚州金溪县陆坊乡的"大儒家庙（陆氏宗祠）"里，挂满了各种各样的牌匾。那都是历代皇帝的赐匾和历史名人学者的题匾，反映了历朝历代官方和社会给予陆九渊各种各样的表彰或称号。大约有：

陆九渊 39 岁那年，即 34 岁考上进士后的第 5 年，1177 年（淳熙四年），继母邓氏去世，金溪知县苏森上报青田陆氏家族陆九渊"事继母，与诸兄曲尽孝道"之事，孝宗皇帝赵眘赞扬说"陆九渊满门孝弟者也"[①]，并御赐"崇正学尊"。

---

① 《年谱》，《陆九渊集》卷 36，第 560 页。

1193 年（绍熙三年十二月），陆九渊逝世当年，金溪县令王有大始建"复斋、象山二先生祠"。

1196 年（庆元二年），贵溪县令刘启晦在象山方丈之址立"陆九渊先生祠"。

1215 年（嘉定八年），陆九渊逝世后 22 年，宋宁宗下旨赐谥陆九渊，后命太常博士孔炜提出谥议。孔博士认真研究了一番，提出建议：陆九渊这个人"生而颖悟，器识绝人"，"其学务穷本原，不为章句训诂，其持论雄杰卓立，不苟随声趋和，唯孟轲氏书是崇是信"，谥号就应是"文安"。皇帝又命大夫行尚书考功员外郎丁端祖审核、复议。丁员外郎不敢马虎，对孔博士的建议来回研究，最后提出更高的评价：陆九渊这个人"言行相符，表里一致"，其言论观点古往今来都是超群的（"其吐辞发论，既卓立乎古今之见"），其从政处事和实际操作平实而不迂腐，周到而不急躁，既合情又合理，还很有创新，没有丝毫因循守旧的痕迹（"临政处事，实平易而不迂，详审而不躁，当乎人情而循乎至理，而无一毫蹈常袭故之迹"）。像陆九渊这样的人，在我国的大儒里，真是百里挑一、千里挑一呀。（"若公者，在吾儒中真千百人一人而已。"）所以，给他"文安"的谥号，恰如其分呀。（"奉常谥以文安，诚未为过。博士议是。"）于是，1217 年（嘉定十年）三月二十八日，宋宁宗赵扩颁旨，赐谥"文安"。① 这样一个反复斟酌、评议的过程，不但代表了当时朝廷对陆九渊一生的评价，也说明了当时大家对陆九渊的评价共识。

嘉定年间，在府学西边建"三陆祠"，祀陆九韶、陆九龄、陆九渊。②

1230 年（绍定三年），江东提刑赵氏重修"象山精舍"。

1231 年（绍定四年）六月，江东提刑袁甫来贵溪巡视。袁甫是袁燮之子，字广微，1214 年（嘉定七年）状元，累官权兵部尚书。袁甫的父亲袁燮、老师杨简都是陆九渊的高足。袁甫登上象山，拜谒师祖陆九

---

① 《象山文化简论》，《陆九渊思想研究》，武汉大学出版社 2019 年版，第 11 页。
② 《祠庙·抚州府》，《江西通志》卷 190。

渊，随后上奏朝廷，将象山精舍迁建到贵溪城南的三峰山下徐岩前，并改名"象山书院"，由私立转为官办。该年冬书院落成。

1232 年（绍定五年），袁甫上书请理宗皇帝御赐"象山书院"匾额。这年秋闰九月八日得宋理宗御笔，刻于匾额，挂在书院大门门楣上。此前袁甫在陆九渊长子陆持之所编《象山遗文》初本和陆九渊学生张衎（字季悦，贵溪人）所编《象山遗文》二本的基础上，编成《陆象山文集》作为教材，这是象山书院的创举。"先生始欲著书，尝言诸儒说《春秋》之谬尤甚于诸经，将先作传。值得守荆之命而不果。"① 至此，象山书院具备书院五大功能——讲学、研究、刻书、藏书、祭祀，终于实现了陆九渊"欲创书院"的遗愿。陆学有了崭新而健全的根据地，象山书院日益兴旺，一时盛况空前。

1233 年（绍定六年），金溪县令陈氏在县衙西边建"象山书院"。

1242 年（淳祐二年），宋理宗赵昀下诏旌表为"金溪陆氏义门"，以表彰"陆氏义居已历十世，三百多人合灶吃饭"。

1250 年（淳祐十年），抚州守叶梦得令金溪县令王氏"更创祠堂"，即新修"三陆祠"，并增修书院。

后来，宋理宗敕封"儒门"。

元世祖忽必烈敕封"光角名贤"。

1346 年（元至正六年），元朝侍御史刘沙剌班伯温奉旨"宣慰山南"，得知宋陆九渊治荆门之事，十分感动，就请当时的荆门知州郭秃满歹为陆九渊"择地而祠之"。1347 年上半年建成。这样，在陆九渊逝世后的 154 年，荆门修建了第一座陆文安公祠（也叫陆夫子祠）。祠中有一块石碑，碑文是虞集撰写的《新建陆文安公祠堂记》。原来这年八月，刘沙剌班伯温巡陕西道，过荆门，看到陆文安公祠已建成，就示意知州郭秃满歹派人进京请大学士虞集为陆文安公祠作记，接着伯温又修书嘱请虞集。

---

① 《年谱》，《陆九渊集》卷 36，第 575 页。

虞集（1272—1348）是元朝的大学者，一生赋诗千首，撰文万篇，文与揭傒斯、柳贯、黄溍并称"元儒四家"，诗与揭傒斯、范梈、杨载并称"元诗四大家"，"为一代所宗"①。虞集是江西临川崇仁人，接到伯温的邀请后，十分乐意。虞集在《新建陆文安公祠堂记》中尽显文采，1100多字，汪洋浩瀚，一气呵成，肯定了陆九渊的地位，认为以陆九渊心学为代表的"江西之学兴，有得乎孟氏'先立其大者'之一语而恢弘之"，认定陆学上承孔孟，是儒学正宗，再肯定陆九渊"前乎此，盖未之有也"，说明陆学的创新性、空前性，高度评价了陆九渊心学的现实意义，对陆九渊予以高度赞扬，赞其功高日月，学比孔孟。"天地之大，先生之大；日月之明，先生之明；四时之行，先生之行"。②"先生之言，以为上下万世之远，东西南北之表！"

1452年（明景泰三年）秋，都御史韩雍在江西任巡抚，陆九渊九世孙陆崇（贵溪秀才，陆九渊曾孙陆文广迁居贵溪西源村）上书要求恢复祖先业绩。韩雍便命广信知府姚堂（浙江慈溪人）和贵溪知县李宣重建象山书院。书院建成，楹联曰：看山四面不安壁，种木十年如树人。姚堂写信给大理寺正卿李奎（江西弋阳人），请他撰写《重建象山书院记》。

1510年（明正德五年），明武宗皇帝诏赐"象山书院"四个大字，书院将这四个字刻在三峰山西峰峭壁上，每个字约一米见方，至今清晰可辨。同年，明代著名文学家李梦阳任江西按察司提学副使。第二年，李梦阳增建门堂坊匾。第三年，李梦阳亲临贵溪对象山书院进行大规模修整。

1521年（明正德十六年），御赐"百世大儒"，在金溪县衙前建立石

---

① 《宋元学案》。
② 朱同炳：《虞集〈新建陆文安公祠堂记〉对象山文化建设的价值》，载《陆象山与现代社会》，社会科学文献出版社2010年版，第120页。

牌坊①。

1530 年（明嘉靖九年），明世宗朱厚熜将陆九渊列为孔庙先儒，接受祭祀。

明正德（1506—1521）和嘉靖（1522—1566）年间是我国书院发展的高峰期，象山书院也进入繁荣期。正德年间，贵溪中进士 17 人，嘉靖年间中进士 20 人。

清康熙敕封"道脉"。

清乾隆御赐"亦赞孔孟"。

荆门人民为纪念陆九渊，将荆门蒙山改称"象山"，在当年陆九渊受理民事诉讼和讲学的象山书院遗址（位于荆门城西象山东麓）兴建"陆文安公祠"（俗称陆夫子祠和陆公祠）。

这些表彰或称号反映了陆九渊在历史上的政治评价与政治地位。

2. 陆九渊的著作的刊印与流传

陆九渊去世后 12 年，即 1205 年（开禧元年），他的儿子陆持之编成《象山先生全集》28 卷、外集 6 卷，由陆九渊的大弟子、宝谟阁学士杨简为序。

两年后，1207 年（开禧三年），由陆九渊弟子、抚州郡守高商老②在抚州的府学（郡庠）临汝书院刊刻成书，其跋云："先生之文，如黄钟大吕，发达九地，真启洙泗、邹鲁之秘，其可不传耶？"这是陆九渊的著作第一次面世。

1212 年（嘉定五年）秋九月，陆九渊学生江西提举袁燮因为临汝书院刻本尚多缺略，增补调整为《陆九渊文集》32 卷（正集 28 卷，外集 4 卷），刊于江西提举仓司。《宋史·艺文志》称此版为《象山集》，"流

---

① 陈华珍：《"百世大儒、心学大师"陆象山传》，《金溪民众文化》2019 年第 2 期，第 42 页。

② 高商老，字、名不可考，浙江括苍人，登进士第，授承议郎。1194 年（绍熙五年）任常州宜兴县知县，1207 年（开禧三年）知抚州军事。陆九渊门人。

布海内，人无智愚，珍藏而传诵之"。这是陆九渊文集第二次刊印。袁燮在序言中评价陆九渊为"学者之北辰泰岳"。明初的宋濂也说陆九渊受到后世学者的仰视："昔我临川，学者所宗。仰视陆子，其犹神龙。驾风鞭霆，雨于太空。被其泽者，硕大而充。"①

1231 年（绍定四年）冬，江东提刑袁甫因贵溪徐岩"象山书院"落成，"复摹旧本，以惠后学"，又把他父亲袁燮的版本重新刊印。后来，袁甫还亲临象山书院诵书讲课。

1237 年（嘉熙元年），杨简的学生、陆九渊的再传弟子陈埙见同门所录训语编而未梓，乃请刻工刊刻《陆九渊语录》，自为序，并锓勒于贵溪象山书院。此为象山语录第一次成书。有人认为太少太简，陈埙就在序言中说："孟子殁千五百馀年，宋有象山文安陆先生，挺然而兴，卓然而立，昭然而知，毅然而行。指本心之清明，斯道之简易，以启群心，诏后学。……'先生之道如青天白日，何庸语？先生之语如震雷惊霆，何庸录？……'"②他认为陆九渊是孟子之后挺然而兴、卓然而立的人物，不仅继往圣之绝学，接续孟子以来的"道统"，且发扬其"道"犹如"青天白日"。③

1256 年（宝祐四年）秋，临川使君谢奕懋刻陆九渊年谱于郡，与文集并行，包恢撰写了年谱后跋。

1313 年（皇庆二年），金溪学者洪琳在青田书院重新刊刻《象山文集》，托人带到京师请大学者吴澄作序。吴澄就借用了陈埙的评价，写入了他的序言里："先生之道如青天白日，先生之语如震雷惊霆，虽百数十年之后，有如亲见亲闻也。"

再后来，虞集在《新建陆文安公祠堂记》中再次引用"先生之道如青天白日，先生之语如震雷惊霆"这句话，并认为这个评价"确乎真百世之定论乎"。

---

① 《补临川危安子定加冠祝辞（有序）》（其七），《翰苑别集》卷 7，第 1092 页。
② 《年谱》，《陆九渊集》卷 36，第 596 页。
③ 张立文：《心学之路——陆九渊思想研究》，人民出版社 2008 年版，第 47 页。

　　陈埙的那句评语被当时思想文化界泰斗吴澄、虞集反复引用，可见是学界的共识。

　　明正统年间，杭州知府陈复刊《象山先生文集》32 卷。成化时有陆和刻本。弘治时有陆时寿刊 32 卷本，另加了附录 1 卷。

　　1521 年（正德十六年），抚州知府李茂元刻《陆九渊文集》32 卷，另加语录 4 卷、附录 2 卷，成为 38 卷本，请王阳明为序。本版本作为古籍善本现珍藏于北京、天津、南京与福建大学图书馆。同年建阳书林刘宗器的安正堂也刊刻了《象山先生文集》正集 28 卷、外集 5 卷。

　　1545 年（嘉靖二十四年），临海人王宗沐刊《象山集》36 卷。王宗沐，字新甫，历任刑部主事、江西布政使、提督江西省学政等，曾修白鹿洞书院，带诸生讲学其中。

　　1553 年（嘉靖三十二年），王宗沐刊刻《朱子大全》时，两广巡按王绍元（金溪人）说："朱书备，而陆氏书粤之士终不见，应并存之。"后广西陈善治又函图之，王宗沐乃辑陆九渊书文、语录、论学等编成 6 卷《象山粹言》，前冠杨简、王阳明二序，刻印发行。此书现藏于上海图书馆。

　　1559 年（嘉靖三十八年），荆门儒学学正廖恕刻《陆象山全集》，第一次附录了徐阶的《学则辩》一文，其主旨也是和会朱陆，使二者同归于一。此文后为各种版本所保留。

　　1561 年（嘉靖四十年），吉州郡守何迁（号吉阳）按荆门版本重刻于江西，且请王宗沐为序。书现存于南京图书馆。嘉靖年间，建阳书林刻书世家刘洪的慎独斋也刊行过《象山先生全集》32 卷本。

　　1615 年（万历四十三年），周希旦于金陵刻《陆九渊集》，由其友金溪傅文兆写序。

　　元代吴澄序《陆九渊集》言："先生之道如青天白日，先生之语如震雷惊霆，虽百数十年之后，有如亲见亲闻也。"王阳明为序说："圣人之学，心学也。……象山陆氏……简易直截，真有以接孟氏之传。"

　　自陆九渊逝世后，他的文集不断被刊印，单是有明一代，就不少于

11 次刊印他的文集和语录。①清雍正时直隶总督李绂断句评点《象山全集》，乾隆时收入《四库全书》。

陆九渊著作反复刊印，极大地传播了陆九渊的思想学说，也扩大了陆九渊的社会影响，提高了其历史地位。

3. 从社会各界的评价看陆九渊的历史地位

从人品道德的角度看，陆九渊是道德模范。陆九渊生前身后都没有什么非议、争议，一直就是公认的模范官员、道德楷模、文化精英、思想大儒，是大家学习的好榜样。朱熹生前还碰到过"庆元党禁"，王阳明更是在争议中成长，死后入祀孔庙更是一波三折。陆九渊虽然也受到权相王淮的排挤，但总的来讲，没有卷入什么大的政治风波。

从家族地域的角度看，陆九渊是"江西之学"的代表。今天在金溪陆坊村大儒家庙的大厅正中，挂着著名学者宋濂题写的"骊珠世家"匾额，可谓珍品。宋濂（1310—1381），浙江金华人，元末明初著名政治家、文学家、史学家、思想家。宋濂的文章写得好，是"明初诗文三大家"之一、"浙东四先生"之一，人称"一代之宗"，朱元璋称他为明朝"开国文臣之首"。当然，宋濂的这块匾额是对陆九渊家族的赞誉，但宋濂是因陆九渊而赞叹陆氏家族。宋濂称赞陆九渊"远探圣髓"，"金溪之山，翔跃犹龙。下有学宫，灵气所宗。笃生大贤，惟我陆子"②。你看，陆九渊被称为"陆子"，与孔丘被称为"孔子"、朱熹被称为"朱子"是一样的，后来，王阳明也没有被称为"王子"，可见陆九渊的地位了得。元代的虞集在《新建陆文安公祠堂记》中就说"江西之学兴，有得乎孟氏'先立其大者'之一语而恢弘之"，明显认定陆九渊是"江西之学"的代表。

从孔孟之道的角度看，陆九渊是儒学的百世大儒。王阳明说："象山

---

① 吴定安：《芎草庐随笔（四则）》，《抚州师专学报》1998 年第 1 期。
② 《金溪孔子庙学碑》，《翰苑续集》卷 1，第 789–790 页。

之学，简易直截，孟子之后一人。其学问思辩、致知格物之说，虽亦未免沿袭之累，然其大本大原，断非余子所及也。"

陈九川问："陆子之学何如？"王阳明答："濂溪、明道之后，还是象山，只是粗些。"王阳明说陆九渊之学了不起，周敦颐、程颢之后，就数他了。不过仍有一间未达，不可与语颜子之学，所以说"只是粗些"。

陈九川没有听懂，再问："看他论学，篇篇说出骨髓，句句似针膏肓，却不见他粗。"

王阳明答："然，他心上用过功夫，与揣摹依仿，求之文义自不同。但细看有粗处，用功久当见之。"他指出陆九渊的心即理和世儒的分心理为二，求理于外，或鹦鹉学舌，或求之书册典籍有很大的不同。①

王阳明也曾论及他与朱熹、陆九渊的异同。"君子之学，岂有心于同异？惟其是而已。吾于象山之学有同者，非是苟同；其异者，自不掩其为异也。吾于晦庵之论有异者，非是求异；其同者，自不害其为同也。"王阳明说君子之学只是正确而已，而不在意是同还是异。王阳明之学和陆九渊之学有同的地方，不是苟同；有异的地方，也不会去掩盖其异。王阳明与朱熹的观点有异，那不是特意去求异；有同的地方，也不会有什么顾忌。

宋明理学从广义上讲，是指宋明时期研究儒学经典"四书""五经"之义理的"义理之学"，无论是程朱之学还是陆王之学，都把"理"（或称天理）作为其学说的核心范畴；但从狭义上讲，分为"理学"和"心学"两个系统。理学是后期封建社会中占据统治地位的意识形态，是中国封建社会地主阶级思想意识的集中体现，它对中国历史发展的影响是十分深刻和巨大的。作为宋明理学中"心学"一系创始人的陆九渊，自然在中国思想史和学术史上占有重要地位。

吴澄（1249—1333），身历宋元两朝，与许衡同为元代最有声望的

---

① 李想：《王阳明的象山"只是粗些"说诠解》，L 下，第 791 页。

学者，人称"北有许衡，南有吴澄"。吴澄出生时，陆九渊已逝世56年，而吴澄是临川崇仁人，崇仁县与陆九渊家乡金溪县相邻，吴澄对陆九渊的思想、事迹十分熟悉。吴澄对陆九渊有专门论述和评价，说陆九渊代表了从尧舜到周敦颐、程颢、程颐的儒家正统。"以心为学，非特陆子为然，尧、舜、禹、汤、文、武、周公、孔、颜、曾、思、孟，以逮邵、周、张、程诸子，盖莫不然。"吴澄的论证过程是：自尧舜一直到周敦颐、二程诸子都是"以心为学"的，并不只是陆九渊一人这样，而儒学的性质决定了它必然要以心为学。因为对儒家而言，所求者无非"道"也。《中庸》云："道也者，不可须臾离也，可离非道也。"而"道之为道，具于心"，吴澄反诘道："岂有外心而求道者哉？"吴澄是向人们表明：儒家自始至终都在关注"心"的问题，所以陆九渊的心学就是儒家的正统。

明代的徐阶说陆九渊是"圣人之徒"，清代的思想大家黄宗羲说陆九渊的心学"同宗孔孟"，清代的大学者、直隶总督李绂评价陆九渊"渊源所自"。

从陆王心学的角度看，陆九渊是开创性和关键性的人物。历史上，学者一致认为陆九渊有创新，有创造，是时代之先锋，思想之引领。这主要是因为他创立了宋代心学。陆九渊上承孔孟，与朱熹齐名，下启王阳明，人称"心学始祖"。"心学"是儒学的一个学派。心学的起源，可追溯到先秦典籍《尚书·大禹谟》："人心惟危，道心惟微，惟精惟一，允执厥中。"战国时，孟子提出："尽心知性而知天，存心养性以事天。"到了北宋，周敦颐在江西南安（今大余）收了二程为学生。后来二程成了大学者，其中程颢开了心学之首端。但真正到陆九渊才大启心学之门径，从而与朱熹的理学分庭抗礼。尽管直到明朝由王阳明集大成，心学始有清晰而独立的学术脉络，但在陆九渊那里，心学有了坚实的思想核心与完整的思想体系。

值得一提的是，虽然陆九渊开创了心学，可并没有提出"心学"这个概念。不少学者认为，历史上是王阳明在《象山文集·序》中第一次提出"心学"概念的。现在看来，这个结论有待商榷，至少吴澄就比王阳明提出"心学"概念的时间要早。吴澄在《静虚精舍记》中说："心学之妙，自周子、程子发其秘，学者始有所悟，以致其存存之功。周子云'无欲故静'，程子云'有主则虚'，此二言者，万世心学之纲要也。"

有宋一代，经北宋五子酝酿，二程建立了"理学"，后又经过几代人，特别是朱熹集大成，理学到南宋前期已经十分盛行。而陆九渊异军突起，建立了一个与理学相抗衡的"心学"体系。两派竞长争高，都自诩儒学"道统"之正宗。这是中国儒学思想史上的一件大事。本来在孔、孟的唯心主义学说中，客观唯心论和主观唯心论兼而有之。客观唯心主义的"理学"（这里的"理学"，指狭义上以"理"为哲学最高范畴的宋明理学）和主观唯心主义的"心学"之区分，是从不同侧面发挥儒学经典之义理的结果。这两个派别的产生，是学者们长期探索解决主客观关系的重大成果。

陆九渊心学是我国思想史上出现的第一个典型的主观唯心主义哲学体系。这个哲学体系后来被王阳明扩充和发挥，被推向了高峰，它对中国的学术思想和政治思想发挥过较大作用。诚然，"心学"在历史上产生过进步与消极两种相反的作用：一方面，"心学"鼓吹"存心去欲"，是封建统治者维护封建统治、欺骗愚弄人民和消除人民反抗意志的精神武器；另一方面，"心学"强调个人独立思考和主观能动作用，对于冲破"坐而论道"、不思进取的士风和政风，起到振聋发聩的作用，一定程度上促进了思想解放。明清时代的一些思想家，如李贽、谭嗣同等人，都运用陆王心学批判封建专制主义，反对崇拜权威，破除教条，宣传革新思想。

从中国文化的角度看，陆九渊是殿堂级的思想大家。王阳明是从圣学、人学这个新的角度评价陆九渊的。现代著名学者钱穆也强调了这一点："象山哲学彻头彻尾，只是一种人生哲学，象山却不认离却人之德性还有学问。"[1] 陆九渊得到了中国思想界、文化界的一致高度评价和共同

---

[1] 《象山龙川水心》。

赞誉，陆九渊的历史地位得出如下结论：

陆九渊是一位与朱熹同等级别的百世大儒，是儒家心学的代表人物，是中华民族卓越的殿堂级思想大家，在中国历史上很有地位和影响。

陆九渊的心学思想是中华优秀传统文化的精华，为新时代思想文化建设奠定扎实基础，提供了丰厚营养。

陆九渊是中华民族的道德楷模，他人格高尚，是我们当下增强做人自觉和文化自信的榜样。

陆九渊心学对南宋前后的历史意义，值得研究。陆九渊、陆九渊的活动、陆九渊的心学是中国文化史、中国思想史、中国哲学史上重要的人和事，对南宋以前有发展的意义，对南宋以后产生了巨大影响，对现代、当代也具有强烈的现实意义。

近代大学者梁启超则从中国思想文化史的角度评价陆九渊的历史地位："试思中国全部历史如失一孔子、失一秦始皇、失一汉武帝……其局面当如何？佛学界失一道安、失一智颛、失一玄奘、失一慧能；宋明思想界失一朱熹、失一陆九渊、失一王守仁；清代思想界失一顾炎武、失一戴震，其局面又当如何？若将其中某人抽出，则局面全变。"[①] 这一言论，充分肯定了陆九渊是中国思想史、文化史链条中的关键人物。心学是中国儒家的一个主要流派，是国学的重要内容，直到现在，陆九渊的许多思想都有重要价值。对此进一步整理研究，将有助于弘扬中华优秀传统文化。

4. 陆九渊是当下我们增强做人自觉和文化自信的榜样

中国文化主张成人成圣，陆九渊"先立乎其大""辨志明心，大做一个人""堂堂正正做个人""心即理""收拾精神，自作主宰"等心学核心思想，系统回答了中华文化的核心命题，蕴含着独特的中国精神、中国气质和中国智慧，对新时代增强广大干部群众的文化自信，实现中华

---

① 　梁启超：《中国历史研究法》，中华书局1936年版，第113页。

民族伟大复兴，具有重要意义。

陆九渊心学，讲的是"心"，其基点与实质却是"人"，是对"人"和"做人"的反复强调和具体论述，其思想学说讲的就是从"心"做人。这是陆九渊心学最宝贵的思想精华，对中国文化产生了深远的历史影响，具有深刻的现实意义。

共产党人的"心学"是建立在党性基础之上的，它既继承和发扬了中国文化正心修身的优秀传统，又有鲜明的党性内涵及特征。无产阶级政党及成员的党性包括理想信念的崇高性、政治立场的坚定性、宗旨意识的人民性、组织纪律的严明性、意志品质的顽强性等。党性是政党及其成员具有的本质特性，是党的性质、宗旨、作风、纪律等要素在党员身上的综合反映及人格化。

也就是说，革命文化、当代文化的核心仍然是关注"人"，从毛泽东到习近平，中国共产党仍然关注"做人要做一个什么样的人"这样的根本问题。只不过共产党人的心学既继承吸纳了中华优秀传统文化的精华，又在这个"人"的内涵中增添了党性、人民性和时代性的内容，讲的是要做一个人、一个好人、一名合格的共产党人、一个人民的"圣人"。共产党人的"心学"就是共产党的人学、"圣学"。

《红灯记》中有句唱词为："听罢奶奶说红灯，言语不多道理深。为什么爹爹、表叔不怕担风险？为的是：救中国，救穷人，打败鬼子兵。我想到：做事要做这样的事，做人要做这样的人。"

毛泽东向全党全国发出号召："一个人能力有大小，但只要有这点精神，就是一个高尚的人，一个纯粹的人，一个有道德的人，一个脱离了低级趣味的人，一个有益于人民的人。"有人讲，这怎么能做到呢？我们就是普通人呀，哪个没有点私心呢？做到了这五种人，那不是圣人啦？但毛主席坚信每个人都能做到，人人都能成圣。1958 年，余江县消灭了血吸虫，毛主席听后非常高兴，夜不能寐，写了两首诗，其中一句是"春风杨柳万千条，六亿神州尽舜尧"。那时中国 6 亿人，他讲每个人都是像尧和舜这样的圣人。

邓小平要求每个学生都要做有理想、有道德、有文化、有纪律的社会主义"四有"新人。

2015年12月，习近平总书记在全国党校工作会议上指出："党性教育是共产党人修身养性的必修课，也是共产党人的'心学'。"他提出了共产党人的"心学"这一概念。

那么，共产党人心学和陆王心学有什么不同呢？中国共产党人的"心学"把马克思主义建党理论与中华优秀传统文化结合起来，站在新时代的角度，以历史唯物主义的观点，回答了中华文化的核心问题。

习近平总书记要求每位党员领导干部要做党的好干部。什么是好干部呢？习近平总书记反复提出明确要求：2013年6月，在全国组织工作会上，提出"信念坚定、为民服务、勤政务实、敢于担当、清正廉洁"20字好干部标准；2014年"两会"期间与安徽代表团讲"三严三实"，即"严以修身、严以用权、严以律己，谋事要实、创业要实、做人要实"；2014年10月，在对云南工作的重要指示中，要求党员干部要"对党忠诚、个人干净、敢于担当"；2015年1月，在中央党校第一期县委书记研修班座谈时讲"四有"要求，即"心中有党、心中有民、心中有责、心中有戒"；2015年6月30日，在表彰全国优秀县委书记时又提出，"做政治的明白人，做发展的开路人，做群众的贴心人，做班子的带头人"。

习近平总书记也坚信每个人都能做到。中华人民共和国成立70周年前夕，习近平总书记在国家勋章和国家荣誉称号颁授仪式上说，"崇尚英雄才会产生英雄，争做英雄才能英雄辈出"，我们要人人学习模范，个个争当英雄。

当然，陆九渊心学这样的中华优秀传统文化，得到了创造性转化和创新性发展。当代中国做"人"（圣人、正人、大人）的内涵与标准，不仅是要做一般意义和传统意义上的好人、好官，更要求所有共产党员都成为合格党员。做一名忠诚、干净、担当的好干部，做一名为人民服务、为社会主义奉献、为共产主义献身的无产阶级战士，这不仅有道德上的至善要求，更有党性上的先进性和纯洁性要求。像黄继光、董存瑞、焦裕禄、孔繁森等一代又一代共产党员，志向高远，心地干净，没有一点杂质，不仅在做人、做官、修身、从政等方面达到了心学的道德境界，更在党性修养、思想境界、道德水平、情怀胸怀和人格魅力等方面具有远大理想与立党为民的价值追求。

总之，共产党人的心学把修养的内容从"心性"拓展到"党性"，把内省工夫演进为共产党人主观世界和客观世界的改造，把"事上磨炼"发展为实践锻炼，并从"心灵觉悟"具体化为"阶级觉悟"，从个体的自省修炼拓宽为党内政治生活的党性锻炼，创造性地建立了党性教育、党性修养、党性锻炼等正心修身的必修课。共产党人"心学"，对中华优秀传统文化包括陆九渊心学，有继承，又有创造，做到了创造性转化、创新性发展。

现在，我们要对陆九渊心学思想的内核与价值进行创造性转化和创新性发展：一是学习陆九渊做个人的心学核心，坚定新时代的做人初心与志向。二是学习陆九渊的辨志明心，坚定新时代的修身自觉。三是学习陆九渊的人格风范，增强新时代的文化自信。

三、我们应该怎样研究陆九渊心学?

1.处理好批判与继承的关系，处理好古与今的关系

习近平总书记有个深刻的思想：中国共产党人用马克思主义真理的力量激活了中华文明，使中华文明再次迸发出强大精神力量，从而创造了人类文明的新形态。

前一段时期出现了"国学热"，这是一个好现象，反映了中华民族伟大复兴的进程中，我们对优秀传统文化有一个全面、正确的认识。"国学热"从一开始就不是单纯的学术问题，也不是个人兴趣，它首先是一个政治问题、时代问题、社会问题。中华民族在伟大复兴的历史进程中，还要不要它的传统文化? 它的文化是另起炉灶，从西方引进照搬，还是把中国传统文化传承、接续过来，在这个土壤里生长出新芽，长出

参天大树来？"国学热"的后面承载着国人对文化发展、民族复兴的精神寄托、价值追求和学术情怀。

我们现在为什么要研究国学、研究陆九渊？因为时代的发展、中华民族的振兴需要中华文化，中华文化中的国学、传统文化、传统学术、传统典籍是永远不可缺少的。它是当今文化发展的出发点，是当今文化的精神营养、丰厚土壤，是当代中国人和未来中国人永不枯竭的精神家园。

我们要站在中国思想文化的历史进程中，带着当下中华民族伟大复兴的有关问题（文化自信、思想建构、自我认识）来讲解、解读陆九渊心学思想，来看看陆九渊心学对回应当下的社会问题有什么价值启示，帮助广大干部群众、青年读者从中华优秀传统文化中汲取营养，增强做人自觉，增强文化自信，增强对中华文明、中华民族的认同感和凝聚力，助力建设社会主义文化强国，实现中华民族伟大复兴。

千万不要把国学研究搞成一个复古活动。当年，"国学"一词的提出，首先就是对时代的反映。"国学"一词，原指国家最高学府，周代称"成均""辟雍"，汉代称"太学"，隋以后的国子监都称"国学"，与州学、郡学、县学相对而言。但自清末以来，"国学"概念与"西学"相对应，如梁启超 1902 年办《国学报》。没有西方列强的入侵，没有随着西方列强的坚船利炮而来的西学，就没有现在"国学"的提出。

近代以来，中国人受到了侵略，感受到了危机，不但经济、政治等方面有了危机，文化、学术、学科也有了危机。面对西学，当时有"中学为体，西学为用"一说，当然也有了"国学"一词。在新文化运动中，胡适先生首先提出整理国故。大家都知道，就是胡适首先提倡白话文，反对文言文，这和"打倒孔家店"一道成为五四新文化运动的口号。但也恰恰是胡适先生提出要整理国故，因为他在那个过程中也痛感传统学术遭受不公批判与冲击，认为不能把传统的东西一股脑地丢掉了，所以要自觉为传统学术正名。这不是个人的兴趣爱好，而是一个时代的问题、时代的价值。

中华优秀传统文化是我们民族的"根"和"魂"，积淀着中华民族最深沉的精神追求，包含着中华民族最根本的精神基因，是当代中国先进文化的丰厚营养，是历代中国人永远的精神家园。

我们研究国学、研究陆九渊要站在时代的高度，对中华优秀传统文化进行创造性转化和创新性发展。研究国学、研究陆九渊的时候，心里要有时代风云，脑中要有时代之问。只有感觉到这是中华文化中先进的东西、核心的东西、关键的东西，国学才是有魂的，有根的。不要把国学做成标本。国学不是这样，国学是生生不息的，随时在应对时代的需要，为过去的中国人、现在的中国人，也为将来的中国人，提供丰厚的精神滋养。

要有学者的情怀，不要寻找大师的感觉，要感觉到社会的需要，倾听时代的呼声，回答时代之问，这样才能进入学科的前沿。

要从现在的时代高度去认识和发掘国学的价值，研究国学的内涵。什么叫传统？就是活在现在的过去。如果只是过去的东西而现在不存在了，那不叫传统。

处理国学研究古与今的关系，除了考虑社会需要，回答时代之问之外，还要能运用现代的研究范式、研究方法、学术框架、技术路线、角度来重新观照国学及国学的研究课题，不断深入，创新创造。在这方面也要处理好古与今的关系，不完全是拿古代的方法来研究古代的问题。

我想，陆九渊心学是中华民族和江西历史的优秀文化成果，如果以大历史观来审视，我们对中华民族软实力的内容与价值恐怕会有更深的认识。

陆九渊是"返古开新"，有学者提出"返本开新"，即"返回儒家经典之本，重新发掘、梳理儒家思想，以应对当今社会所出现的新问题，尤其是建立儒学与现代民主政治各要素之间的关系架构"[1]，其实应该是"守正创新"。

---

[1]　张志宏：《当代儒家政治哲学研究之时代化进路》，第 516 页。

我们要以历史唯物主义观点，对陆九渊心学思想进行创造性转化和创新性发展，论述、揭示和批判其唯心主义、农业社会的基础、中古迈入近代的时代背景、中小地主的阶级立场和中国封建士大夫的思想意识。

2.处理好"专门"与"广博"的关系

毫无疑问，陆九渊心学属于国学，是一门专门的学问。但"什么是国学"？"音韵""文字""训诂"、典籍。说法很多，但不管哪一种，都不狭窄，不封闭，都不那么"专门"、那么"专业"。

一是指"中国之传统文化"，一国之固有文化。1923年，胡适先生在《国学季刊》发刊宣言中说："'国学'在我们的心眼里，只是'国故学'的缩写。中国的一切过去的文化历史，都是我们的'国故'；研究这一切过去的历史文化的学问，就是'国故学'，省称为'国故'。"国学是一个国家里固有的文化，中国的一切过去的文化、历史都是我们的国故。而研究一切过去的历史文化的学问，就是国故学。所以，要整理国故。

二是指中国传统的学问，是我国之固有学术。内容范围当然很大，但最起码包括儒、释、道三家之学或经史子集"四部"之学。章太炎先生在1906年前后著《国故论衡》3卷，即上卷小学10篇、中卷文学7篇、下卷诸子学9篇，系统论述了文字音韵学、文学、文献学、周秦诸子学、经学诸门而不及于史学。其晚年所著《国学略说》则分小学、经学、史学、诸子学、文学五大部分，大体反映了这个内容。

三是指我国固有的学术思想与学术典籍，指国故之学、考据之学、经史之学、六艺之学、六经之学等。1938年，马一浮先生在浙江大学西迁途中在江西泰和做过一系列讲演，后来整理出一个文集《泰和会语》，其中明确说道："国学者，即是六艺之学，用此代表一切固有学术，广大精微，无所不备。"他所谓的"六艺"，就是指陆九渊讲的"六经"，即《诗》《书》《礼》《乐》《易》《春秋》这六部儒家经典，故所谓"六艺之学"就是"六经之学"。也就是说，国学是指我国一切固有学术，就是我们传统的典籍。

所以，不管是研究中国传统的历史文化，还是研究中国传统的专业学问、中国传统的学术典籍，都不要狭窄，都是有综合性的。

现代学科的分类，多少都有点受到近代西方学科分类的影响。这个分类虽有进步意义，但不要把统一、完整的世界分得鸡零狗碎，成为一块一块的，从而使我们的学术视野、研究范围过于专业，过于陷入某种"专"而不能自拔。

陆九渊心学的研究，肯定要"专"，也能划归哲学、划归国学等。但是，这种划分或归类，都不要局限了我们的学术视野。其实，很多问题的研究，就要打破专业与专业的高墙，提倡学科与学科的融合，需要多学科的背景和极广阔的视野。

陆九渊心学岂止是一门"国学"学问，它实在包含着我们的安身立命之本。像陆九渊这样的大师，有极高的学术造诣，却不迂腐、不狭隘，有着深邃的历史洞见，有着广阔的学术视野，有着强烈的政治情怀。

陆九渊的研究不要先贴一个标签，说这属于哲学，或属于史学，或属于地方学……不要被学科的分界所束缚。世界是联系的，世界是统一的，世界是完整的。世界的分类都是人为的逻辑划分，把世界分成文、理科，分成文史哲，这只是人为的某种逻辑划分，在很大程度上是片面的、机械的。

陆九渊的研究，既要有专业知识，也要有学术情怀、学术理想、学术框架、学术视野、学术能力。我们要联系陆九渊的时代来研究（时代课题、社会矛盾），紧密联系陆九渊所处的时代环境，所面对的国家挑战、时代问题与思想自觉，来研究陆九渊心学。

当时民族矛盾突出，一方面雪靖康之耻，"复二圣之仇"的抗金爱国思潮高涨；另一方面，南宋政权偏安一方，干部队伍意志消沉、精神萎靡。在这一时代背景下，陆九渊的心学就与他的时代发生了密切的联系。陆九渊亲历亲闻的历史人物、历史事件与他的心学有着诸多联系，揭示这些联系，既是认识陆九渊心学的必要途径，也是认识南宋那个时代的一个切入点。

3. 处理好高深与通俗的关系，做到学术与通俗、专家与大众的结合

研究陆九渊的书，多半有着浓浓的国学味、哲学味、学术味，就像是学术会议上的专家学者在探讨学术问题，其语言风格、表述方式也多就心学谈心学，就思想谈思想，用古代汉语去解释古代汉语，用国学术语去诠释国学术语，在概念上兜圈圈，读者看得云里雾里、不甚明白。

本书是一部"大众化的学术专著、通俗性的理论读物"，力图用读者（包括那些非专业人士）听得明白、看得亲切的语言讲述陆九渊心学，让中华优秀传统文化被现代人接受且喜欢。

本书不是和少数学者一起谈论陆九渊，而是面向广大干部群众讲解陆九渊心学。当然，这种讲解要以学术研究为基础，即从现在读者（包括当代的干部群众读者、港澳台读者、儒家文化圈的读者）的问题意识和心理需求出发，用现代的语言、讲座的形式，把陆九渊心学讲清楚。

一是注重文本。研究陆九渊的书，多是只言片语地引用陆九渊语录，特别是那种格言式的语录；本书则尽可能多地引用、讲解、解读《陆九渊集》，串讲式解读或导读其原文，全面、系统地讲解陆九渊的思想体系，让读者通过阅读《陆九渊集》的原文来直接了解心学。

二是注重实地考察，注重文献与文物、案头与地头的结合，结合陆九渊的文化遗产以及江西地域文化进行研究，具有浓重的地方特色。研究陆九渊心学，一般著作注重文献资料、案头工作、训诂工作，许多陆九渊研究者没有到过陆九渊的家乡，文献研究虽做得比较深入，实地考察却不太够。本书揭示陆九渊家乡金溪的文化遗存与村落形态，介绍了青田里、陆九渊墓、陆坊村、仰山书院、疏山寺，以及"潜省居"、贵溪应天山与象山书院等文化遗产、文物遗存，把它们联系起来研究陆九渊及陆九渊心学，让文化遗产活起来，让历史文物与历史文献结合起来，以此揭示陆九渊与陆九渊的时代。

三是以通俗易懂的语言进行讲解，通过读者喜闻乐见的方式来讲述陆九渊心学，增强说服力、吸引力和影响力，把我们中华优秀传统文化讲好，让国学走进现代，让哲学深入人心，将陆九渊思想精华转化为新时代文化自信的丰厚营养。

研究陆九渊，不要去卖弄学问，不要去掰扯学问，让人感觉有派头、很高雅、很深奥，是刁钻古怪的。"道不远人"，真正的学问就是老百姓的生活之道，跟老百姓历来就是很近的。江西的洪州禅有个"平常心是道"的思想，"国学"也是跟老百姓的生活息息相关的，是中国人的精神家园。如果学问跟当代中国人没有什么关系，那再高深的学问也仅仅是学问而已。

前一段的国学热，总体来讲是很好的，但热中有一点虚，有一些人为的因素。国学热背后反映出一定程度的冷。因为冷，就在那里敲锣打鼓，大叫大嚷，多说多讲，上电视，搞讲座，戏说，解说，这反映出国学研究多少还有点被边缘化、被冷落的感觉。我们该怎样对待国学呢？判断国学的价值，比如陆九渊心学的研究价值，并不在于它的冷热。从事国学研究，要有自觉与自信，要有学术精神、科学精神。板凳要坐十年冷，文章不写一句空。但情怀要热，心要热，热在哪里？一是要有自信和自觉，要有热心肠。所以，研究国学，研究陆九渊，不必故作高深，孤芳自赏，把自己孤立起来；也不要哗众取宠，故作高论，或歪说历史，胡解传统，或戏说文化，或趣说学术，这是虚热、假热。热不在外面，而是热在心里，热在追求。要有自信，要有自觉，要让国学热在历史进程中生生不息，热在现实生活中大显身手，热在中国人的精神生活中不离不弃。

陆九渊大事年表

1139 年（高宗绍兴九年），1 岁。

己未年二月乙亥二十四日辰时，陆九渊出生于江南西路抚州军金溪县延福乡青田里桥上村。

陆九思之子陆焕之（字伯章，一字伯政）出生。

高宗与金议和。

1140 年（绍兴十年），2 岁。

五月，金人背盟，大举南侵。七月，岳飞大破金兵于朱仙镇，被十二道金牌追回撤兵，黄河以南大片土地为金兵占领。

抗金主帅李纲卒。

1141 年（绍兴十一年），3 岁。

冬十一月十五日，母亲饶氏卒，葬杨美岭。

体弱多病，"嫂娘"带大。好静不好动，性格内向，心智早熟。

十二月，秦桧以"莫须有"罪名杀岳飞于临安风波亭，其子岳云和部将张宪亦遭杀害。

宋金"绍兴和议"主要内容为：（1）宋向金称臣，"世世子孙，谨守臣节"。金册封宋康王赵构为皇帝。（2）划定疆界，东以淮河中流为界，西以大散关（今陕西宝鸡西南）为界，以南属宋，以北属金。（3）宋每年向金纳贡银 25 万两、绢 25 万匹，自 1142 年（绍兴十二年）开始，每年春搬运至泗州（今江苏盱眙北）交纳。（4）金归还宋徽宗棺木与高宗生母韦氏。

1142 年（绍兴十二年），4 岁。

"静重如成人"，常自洒扫林下。

问父亲"天地何所穷际"。父笑而不答，遂深思至忘寝食。

宋金互市榷场。

1143 年（绍兴十三年），5 岁。

在三哥陆九皋的私塾发蒙。

1144 年（绍兴十四年），6 岁。

侍亲会嘉礼，衣以华好，却不受。五哥陆九龄（复斋）年十三，举《礼经》以告，乃受。

1145 年（绍兴十五年），7 岁。

读书有名气，得乡誉。

福建八个州爆发农民起义百余起，大者数千人，小者数百人，共有数十万之多，频繁活动于闽赣一带。

1146 年（绍兴十六年），8 岁。

初读《论语》，多疑。能独立思考问题。

1147 年（绍兴十七年），9 岁。

善作文，能流畅准确地表达自己的思想。

四哥陆九韶著《家训歌》。

金与蒙议和。

1148 年（绍兴十八年），10 岁。

五哥陆九龄入郡庠，陆九渊侍诸兄诵讲，衣冠未尝解弛。陆九渊侍学，文雅雍容，众人皆惊异。吴渐赏识陆九渊，以长女吴爱卿许配之，定娃娃亲。

朱熹 19 岁，中进士。

三月，为免金人借端生事，宋廷下诏，禁止官吏士民私自渡淮及招纳叛亡，违者以军法论处。

1149 年（绍兴十九年），11 岁。

随五哥陆九龄入疏山寺读书，初涉《易经》。

十二月，完颜亮发动政变，刺死金熙宗，即皇帝位，是为海陵王，改元天德。

1151 年（绍兴二十一年），13 岁。

继续在疏山寺读书。南昌人许忻赠书，读《尸子》，遂悟"宇宙"字义，忽大省曰："元来无穷。人与天地万物，皆在无穷之中者也。"于是援笔书曰："宇宙内事乃己分内事，己分内事乃宇宙内事。"首次提出："宇宙便是吾心，吾心即是宇宙。"

1152 年（绍兴二十二年），14 岁。

继续在疏山寺读书。作《疏山道中》诗（卷 25）①。

1153 年（绍兴二十三年），15 岁。

陆九龄回郡庠继续深造，陆九渊回青田槐堂自学。作《郊游诗》（见《年谱》），含老庄思想。

三月，金迁都燕京，改元贞元，又改五京名称，以燕京为中都大兴府，以汴京为南京（今河南开封），改中京大定府为北京（今河北平泉西北），东京辽阳府（今辽宁辽阳）、西京大同府（今山西大同）不变，去上京名称，为会宁府。

1154 年（绍兴二十四年），16 岁。

读三国、六朝史，见夷狄乱华，又闻长上道靖康间事，慨然学弓马。

---

① 本书"陆九渊大事年表"在各年份列举的陆九渊诗文书信等重点参考了万安飞《陆九渊年谱》。各篇之后括号里注明的是此文收入《陆九渊集》的卷数，下同。

五月，金印制交钞，与铜钱并行。

杨万里中进士。

1155年（绍兴二十五年），17岁。

作《大人诗》，大气磅礴，想象奇诡。

丞相秦桧卒，时年65岁，军民士臣争相欢庆。

1156年（绍兴二十六年），18岁。

游临安（今浙江杭州），遇奇人，悟棋艺。初会杨万里。

宋高宗下诏禁止百姓议论边事。是年，宋钦宗赵桓死于金五国城（今黑龙江依兰），终年56岁。

洪皓所撰《松漠纪闻》刊刻成书。

1157年（绍兴二十七年），19岁。

龙虎山表姐夫张禹锡将第30代天师张继先的遗著《心说》相赠。

掌库（即管家）三年，增长才干。

1158年（绍兴二十八年），20岁。

举行冠礼，命名书斋为"存斋"（卷1《与曾宅之》曾回忆过此事）。

1159年（绍兴二十九年），21岁。

陆九龄参加乡举。

1160年（绍兴三十年），22岁。

掌库结束，学问大进，说："这方是'执事敬'。"

准备应试。

陆九龄赴临安参加会试，落榜。

海陵王完颜亮发动女真族和契丹24万人，中原15万人，编组27个军，准备南侵。

1161 年（绍兴三十一年），23 岁。

陆九龄补入太学。

十月，完颜亮率金兵分四路南侵：一路自海道进攻临安；一路自蔡州（今河南汝南）出发，进攻荆州（今湖北江陵）；一路由凤翔进攻大散关（今陕西宝鸡西南），待命入川；一路由他亲率三十二总管兵进军寿春（今安徽凤台）。金军"众六十万，号百万，毡帐相望，钲鼓之声不绝，远近大震"。

宋将虞允文大败金朝水师于采石矶，烧毁其全部战船。此时金国发生政变，另立完颜雍为世宗，完颜亮被部下杀死，耶律元宜代行左领军副大都督事，率军北还。宋收复泗州、和州、楚州、汝州等。

1162 年（绍兴三十二年），24 岁。

山东人耿京率众叛金，收复东平（今山东东平），并派辛弃疾赴临安奉表。

六月，宋高宗退居德寿宫，自称太上皇，太子赵眘即位，为孝宗。

七月，朝廷下诏追复岳飞原官，以礼改葬；同时令人访求岳飞后裔，特别加以录用。

作《与李德远》（卷 4），持书谒见橘园先生李德远。赟见信奇特，受到李德远的称赞。

秋，参加乡试，第一次中举，高中第 4 名（其岳父吴渐高中第 9 名）。

冬，十月二十七日，父亲陆贺逝世，享年 76 岁，葬饶州安仁县崇德乡之毛源。守孝三年。

朱熹来金溪访陆九韶，为陆贺看风水、选墓地，并亲题墓碑。陆九渊与朱熹初次见面。自此，陆九渊与朱熹相交 30 年。

1163 年（孝宗隆兴元年），25 岁。

在家丁父忧。

孝宗改年号为隆兴。擢张浚为枢密使，都督江、淮东西路军马，开府建康（今江苏南京），发动北伐。宋军渡淮后，先后攻占灵璧、虹县、宿州，但旋即溃败于符离，全军资粮器械损失殆尽。此后，宋军无力再战，北伐失败。孝宗被迫与金讲和。

1164 年（隆兴二年），26 岁。

张浚受到投降派攻击，罢官，出朝，途经余干病死。

孝宗与金议和。

1165 年（乾道元年），27 岁。

孝宗改年号为乾道。

孝宗与金正式签订"隆兴和议"或"乾道之盟"。

守孝期满。秋天，又参加乡试，落榜。陆九渊不介意，作《与童伯虞》（卷 3），劝告其莫跌入功名利禄的"陷阱"。

陆九龄升补内舍。

九月，朱熹往见张栻，了解研究湘学。

1166 年（乾道二年），28 岁。

陆九龄为太学学录，袁燮、沈焕、杨简、舒璘聚于太学，以道义相切磨。

1167 年（乾道三年），29 岁。

八月至十一月，朱熹访张栻，即"朱张会讲"。朱熹的闽学、张栻的湘学、吕祖谦的婺学，已成鼎足之势，三人号称"东南三贤"。

冬，与吴爱卿（29 岁）结婚。

陆九龄升补上舍。

1168 年（乾道四年），30 岁。

居家做学问，心学初步形成。

初会吕祖谦。

朱熹在建宁府崇安县（今属福建）创立"五夫社仓"，以救济灾年百姓。

陆九龄在婺源开设学馆。

1169 年（乾道五年），31 岁。

陆九龄以殿试第 8 名中进士，并授迪功郎，调任桂阳军（今湖南郴州）教授，以亲老道远，改兴国军（今湖北阳新），未上任。

吕祖谦出任严州（今属浙江）教授。是时，张栻任严州知州。

1170 年（乾道六年），32 岁。

准备再考乡试。

著名词人张孝祥卒，终年 38 岁。

范成大出使金国，不辱使命，归国写就使金日记《揽辔录》。

1171 年（乾道七年），33 岁。

陆九渊以《易经》第三次考乡试，作《庸言之信庸行之谨闲邪存其诚善世而不伐德博而化》（卷 29），第二次中举，取得次年春试南宫（礼部）的资格。

作《问制科》《料敌》《问赈济》三篇"解试"文章（均见卷 31）。

中举后，作《得解见提举》《得解见权郡》《得解见通判》（均见卷 4）。

作《与黄日新》（卷 3）。

八月十七日，长子陆持之出生。

陆九思长子陆焕之结识陆游，陆游与青田陆家同远祖。

"南宋五贤"之一王十朋卒。

冬，在临安拜访吕祖谦。

1172 年（乾道八年），34 岁。

参加礼部主考、尚书省放榜的省试。作《圣人以此洗心退藏于密吉凶与民同患神以知来知以藏往》（卷 29）、《天地之性人为贵论》（卷

30)、《问唐取民制兵建官》(卷 31)。

中贡士后,五月参加殿试,中三甲,赐同进士出身。

徐谊侍学。同赴南宫试,同中进士。

中进士后,在临安住了 40 多天,开启了讲习生涯。正式拜他为师的有杨简、袁燮、舒璘、沈焕等人。

六月二十九日,复如富阳,游富春江。杨简纳弟子礼。七月九日舟离富阳。

七月十六日,回到金溪候职,办槐堂书院,四方士子来学。

作《与王德修》(卷 4)、《与诸葛受之》(卷 3)、《与戴少望》(卷 5)、《与舒西美》(卷 5)。

1173 年 (乾道九年),35 岁。

春闰二月十四日,作《与陈正己》(卷 12)。

十一月,作《送毛元善序》,劝其讲先王之道,复己常心,勿悼科举之不第。

1174 年 (淳熙元年),36 岁。

槐堂书院讲学。建立"心学"。

三月赴部调官,初授迪功郎、隆兴府(今南昌)靖安县(今属宜春)主簿,还不能立即上任,需等 6 年。

从临安返家,五月二十六日到达金华,专程拜会吕祖谦,两人论学多日,史称"金华之会"。他还表达了与陈亮会晤之意。

作《与徐子宜》(卷 5)。

八月十二日,次子陆循之出生。其名字是取循序渐进之意。

陆九龄受兴国军教授。

孝宗改年号为淳熙。

1175 年 (淳熙二年),37 岁。

正月,吕祖谦访朱熹。

六月，为期三天的"鹅湖之会"，至八日结束。

"鹅湖之会"之后，朱熹给陆九渊去信，此为朱、陆书信往来之始。

十一月十五日，作《敬斋记》（卷19）。

1176年（淳熙三年），38岁。

作《与王顺伯》二通（均见卷2），讨论辟禅。

四月，五哥陆九龄上任兴国军教授。

李德远卒。

十月，第32代天师张守真（正应）逝世。作《挽张正应》（卷25）。

1177年（淳熙四年），39岁。

正月十四日，继母邓氏去世，敛以古礼。陆九龄、陆九渊兄弟二人对祔礼有疑，写信请教朱熹。但对朱熹的回答，陆九渊始终"不谓然"。

1178年（淳熙五年），40岁。

布衣陈亮上书，呼吁宋孝宗收复中原。

朱熹第二次应诏入朝。

1179年（淳熙六年），41岁。

守丧期满，授建宁府崇安县主簿。

二月，五哥陆九龄与朱熹再会于鹅湖寺。朱熹甚喜，说他"志同道合""降心以从善"。

三月，朱熹到达南康军任上，并开始修复白鹿洞书院。

1180年（淳熙七年），42岁。

与朋友读书于"滋兰"。

春，张栻卒。

作《与包显道》（卷6）。三月九日，为岳母之妹作《黄氏墓志铭》（卷28）。

四月，五哥陆九龄任全州（今广西桂林下辖县）教授，未到任。

六月，作《与包详道》（卷6）。

九月二十九日，五哥陆九龄去世。

十一月，作《全州教授陆先生行状》（卷27）。

十二月，至婺州请吕祖谦作《陆先生（九龄）墓志铭》。朱熹闻悉后，作《祭陆子寿教授文》。陆九龄葬青田万石塘。

作《与包敏道》（卷6）。

1181年（淳熙八年），43岁。

二月，访朱熹于南康军，落星湖泛舟。应邀在白鹿洞书院讲学，讲"君子喻于义，小人喻于利"，听者至有泣下。有《白鹿洞书院论语讲义》（卷23）。

六月，丞相少师史浩向宋孝宗推荐陆九渊，说："陆某渊源之学，沉粹之行，辈行推之，而心理悟融，出于自得者也。"六月二十三日得旨，为都堂审察，辞不赴。

七月二十九日，吕祖谦病逝。陆九渊撰《祭吕伯恭文》（卷26）。

宋在诸路推行朱熹首创的社仓法，使贫民在荒年可得到部分粮食。

作《与辛幼安》（卷5），要求隆兴知府兼江西安抚史辛弃疾辨"宽仁"，严惩贪吏。

1182年（淳熙九年），44岁。

六月，曾知南康军的石克斋（字子重）卒。作《挽石子重》（卷25）。

秋初，出任国子正。八月十七日，在国学始讲《春秋》六章。有《大学春秋讲义·淳熙九年八月十七日》（卷23）。

九月，享明堂，为分献官。

朱熹弹劾台州知府唐仲友，并将与之有牵连的蒋辉、严蕊等人抓获归案。因宰相王淮从中作梗，未果。朝廷上下，反道学之风起。

项安世（字平父、平甫）来书求师，首次称陆九渊为"心师"。陆九渊作《与项平甫》（卷5）。

作《与陈倅》（卷7）。

1183 年（淳熙十年），45 岁。

二月七日，在国学讲《春秋》九章。有《大学春秋讲义·又（十年二月七日）》（卷 23）。

五月，朱熹撰《曹立之墓表》。

朱熹来书，回复陆九渊吊曹立之一书。

七月十五日，讲《春秋》五章。有《大学春秋讲义·又（七月十七日）》（卷 23）。

九月，宋廷下令禁止内地郡县行用铁钱。

冬，从国学调敕令所，任删定官之职。在这个岗位上干了 3 年多。

孝宗下令禁"道学"（理学）。

铁木真成为蒙古乞颜部的可汗，是年 22 岁。

项安世再次来书。

十一月十三日，讲《春秋》四章。

致信尤袤，论朱熹的南康之政。

1184 年（淳熙十一年），46 岁。

在敕局。春祀祚德庙，任献官。作《记祚德庙始末》（卷 20）。

三月，上殿见宋孝宗，轮对上五札，论医国四方。有《删定官轮对劄子》（卷 18）。

朱熹来书。三月十三日，给朱熹回信，作《与朱元晦》（卷 7）。

同意朱熹社仓之法，不但上书皇帝，还修书回老家，让陆九韶出家资修社仓，救济灾民。

作《与赵监》（卷 1），论社仓。

作《与苏宰》（卷 8）。

与杨万里游湖，作《游湖分韵得西字》（卷 25）。

改授承奉郎。

六月朔日，岳父吴渐逝世。九月，作《宋故吴公行状》（卷 27）。

作《本斋记》（卷 19）。

应朱熹之请，寄去奏章，朱熹言奏章有禅味。回信与朱熹争辩。

1185 年（淳熙十二年），47 岁。

在敕局。

七月，陆九韶致书朱熹，讨论"无极而太极"。朱、陆"太极之辩"开始。

八月，作《与包显道》（卷7）。

十月，作《送勾熙载赴浙西盐》（卷25）。

四哥陆九韶欲立社仓于青田。

1186 年（淳熙十三年），48 岁。

在敕局。

五月，作《格矫斋说》（卷20）。

朱熹回信给陆九渊，言"甚恨未得从容面论。未知异时尚复有异同否耳"。

距再次轮对差五日时，转宣义郎，拟升"将作监丞"，给事王信疏驳。

冬十一月二十九日得旨，由敕令所删定官转为台州崇道观主管，即给个空职，可领三年俸禄不管事，罢出朝廷，打发归乡了。理由是：躁进强聒。

作《与李成之》二（卷10）。

冬，携家眷回乡。杨万里有送行诗。陆九渊作《和杨廷秀送行》（卷25）。

金溪县令孙硕欢迎陆九渊归来，特设讲席于学宫（崇正学院），人满，移至寺观。

1187 年（淳熙十四年），49 岁。

春，至临川拜访仓使汤思谦，论风俗之美。

二月七日，次女出生。

其子弟金溪彭世昌与贵溪张氏兄弟邀请陆九渊去应天山讲学。建象山精舍。

作《应天山》一诗（此诗《陆九渊集》未收录）。

作《与包敏道》（卷6）。

作《与朱子渊》三通（卷13）。

再作《与李成之》（卷10）。

答江西程帅叔达惠新刊《江西诗派》札子，作《与程帅》（卷7）。

作《与沈宰》（卷17）。

五月，作《与冯传之》（卷13）。

二哥陆九叙逝世。十月，为二哥陆九叙作墓志铭《宋故陆公墓志》（卷28）。

朱熹致书陆九韶，停止太极论辩。五月二日，朱熹复书陆九渊。五月八日，朱熹致书陆九渊。

七月，作《朱氏子更名字说》遗朱伯虎（卷20）。

十月，太上皇赵构驾崩，终年80岁。孝宗服丧，太子赵惇参与政事。

十一月，回信给朱熹，言"大抵学者病痛，须得其实"。作《与朱元晦》（卷13）。

陆九渊致书朱熹，言朱熹与四哥陆九韶的无极太极之辩"辞费而理不明"。陆九渊与朱熹的无极太极之辩开始。

作《宜章县学记》（卷19）。

十二月，与漕使宋若水书。作《与宋漕》（卷8）。

与妻之长弟作《赠吴叔有》（卷20），言"无营之说不足道矣"。

作《与李信仲》（卷13），论为学端的。

十二月，金禁止女真人汉化，禁止改汉姓、穿汉服。

1188年（淳熙十五年），50岁。

正月，应约为重修临川王安石祠堂作《荆国王文公祠堂记》（卷19）。

正月十四日，朱熹回书，辩无极太极。继续与朱熹辩"太极"之义。

得朱熹《怀象山》诗。

作《与赵监》(卷1)。

朱熹致书弟子刘孟容(字公度),斥《荆国王文公祠堂记》"学问偏枯、见识昏昧"。

与朱熹就对王安石的评价进行辩论。

作《与佺孙濬》(卷1)。作《与薛象先》(卷13)。作《与朱子渊》(卷13),言象山之胜。

二月,岳母黄夫人逝世。次年十月,作《黄夫人墓志铭》(卷28)。

易"应天山"为"象山",自称"象山翁"。在象山精舍讲学,二月登山,九月末始归。诸生结庐而居。

三月,作《与王谦仲》(卷9)。

四月十五日,致信朱熹,辩论无极太极。书信由刘尧夫带到玉山交给朱熹。

五月,王淮罢相。反道学之风渐弱。

张贴《示象山学者》(卷20)。

作《与钱伯同》二(卷9)。作《与应仲寔》(卷10)。作《与陈宰》(卷11)。作《与赵咏道》(卷12)。

六月,宋孝宗以江西提刑朱熹为兵部郎官。朱熹至行都临安,以足疾未即就职。兵部侍郎林栗上疏弹劾朱熹。

八月,与众人游仙岩,作《题新兴寺壁》(卷20)。

作《与邵叔谊》(卷1)。

十一月八日,朱熹回信给陆九渊论无极太极。

十二月十四日,陆九渊致信朱熹,继续辩论无极太极。

闻朱熹《喜晴诗》而色喜曰:"元晦至此有觉矣,是可喜也。"

再作《与邵叔谊》(卷10)。

作《与江德功》(卷10)。作《与涂任伯》(卷10)。作《与罗春伯》(卷13)。

辛弃疾与陈亮第二次"鹅湖之会"。

1189 年（淳熙十六年），51 岁。

在象山精舍讲学。三年祠禄到期，无钱买粮，学生聚粮相迎。

正月，金世宗病逝，终年 66 岁。皇太孙完颜璟即皇帝位，是为金章宗。

作《与郑溥之》（卷 13）。

朱熹致书陆九渊，再论太极无极。

作《题达本庵》诗（见《年谱》）。

二月二日，孝宗禅位，退居重华宫，为太上皇。

皇太子赵惇即皇帝位，是为光宗。

周必大为相。

作《与苏宰》（卷 8）。作《与周元忠》（卷 10）。作《与吴子嗣》（卷 11）。

五月末，陆九渊接光宗三月二十八日之旨：知荆门军，兼管内劝农营田事，替黄元章缺，三年半后到任。不久，转宣教郎，又转奉议郎。陆九渊继续在象山精舍讲学。

六月，始欲著书，曾说诸儒说《春秋》之谬尤甚于诸经，将先作传。值得守荆之命而不果。

朱熹被任命为漳州知府。朱熹作《皇极辨》。

作《与黄循中》（卷 12），告诫学者要正确理解心学原理。

作《与赵然道》（卷 12）。

秋，七月四日，与朱熹书，告知自己"拜荆门之命"一事。两人太极论辩至此结束。

七日，再游疏山，撰《赠疏山益侍者》（卷 20）。拜访金溪县令苏郁，作《赠金溪砌街者》（卷 20）。

与朱熹论学徒竞辩之非。

八月六日，朱熹回信给陆九渊，言自己"春首之书，词气粗率，既发即知悔之"。

作《与陶赞仲》（卷15）。

十一日，作《与赵咏道》（卷12）。

作《与曾宅之》（卷10）。

作《与侄孙濬》（卷14）。作《与高应朝》（卷14）。作《与丰宅之》（卷11）。

八月下旬，致书朱熹，勉其赴江东运使任。作《与朱元晦》二（卷13）。

作《与唐司法》（卷15），论私立门户之非。

作《与王顺伯》一（卷11），论为君为臣均须尽职尽责。

冬至前三日，游金溪县城翠云寺，撰《题翠云寺壁》（卷20）。

1190年（光宗绍熙元年），52岁。

在象山精舍。

正月，作《与侄孙濬》（卷14）。时陆濬于太学学习。

三月二十六日，作《与包敏道》（卷14）。同日作《玉芝歌》（卷25）。

五月，作《经德堂记》（卷19）。

六月十三日，青田石湾山顶祷雨。十六日，谢雨，作《石湾祷雨文》（卷26）。

八月二十六日，作《贵溪县重修学记》（卷19）。赠张德清匾额"洗心自理"。

作《与饶寿翁》（卷12）。作《与倪济甫》（卷10）。作《与郭邦逸》（卷13）。作《与路彦彬》（卷10），阐述自己的"心学"源自孟子。作《与尤延之》（卷11）。作《与苏宰》（卷8）。作《葛致政墓志铭》（卷28）。作《吴伯颙墓志》（卷28）。

侄子陆橚之（四哥陆九韶之子）病逝，作《代致政祭侄橚之文》（卷26），再见《与丰宅之》（卷11）、《与饶寿翁》（卷12）。

朱熹《四书集注》首次刊印。

1191 年（绍熙二年），53 岁。

二月，作《与刘伯协[①]》（卷 12），与之论"理、势"。

三月三日，作《与林叔虎》（卷 9）。

作《跋资国寺雄石镇帖》（卷 20）。

作《与曾宅之》（卷 1），论"心即理"。

六月，作《武陵县学记》（卷 19），论述教育的重要性。

应临川县簿张季海之请作《临川簿厅壁记》（卷 19）。

下旨催促陆九渊"疾速之任"，知荆门军。

作《二张名字记》（卷 20），言"时六月中浣，予方有行役"，说自己马上要去荆门就职。

七月，将象山精舍交其徒傅子云管理，嘱其居山讲学。

作《与胥必先》（卷 14）。

七月四日，启程赴荆门任职。携家眷吴爱卿、陆持之、陆循之、陆濬同行。十一日，途经抚州，为抚州学官陈绾作《赠陈晋卿》（卷 20）。

九月三日，抵达荆门，当天即升堂办公，上《荆门到任谢表》（卷 18）。

作《与罗春伯》（卷 15），介绍荆门军实况。

作《与薛象先》（卷 15），论民间疾苦。

九月至十二月，筑城墙，兴郡学，淳民风，除弊政，改税制。

十月，三哥陆九皋卒。

派子弟黄元吉前往长沙拜访永嘉学派的代表人物陈傅良。

金推行汉字，下令此后将女真文译成汉字，取消辽国文字，罢去国史院专写契丹字者。

1192 年（绍熙三年），54 岁。

除弊风，罢三引，建保伍，重法治，置医馆，整军备，治荆有方。

---

① 刘恭，字伯协，建昌南城人。1190 年（绍熙元年）庚戌进士，知瑞安县，历官阶至中顺大夫。

正月十三日，在荆门黄堂为军民讲《洪范·五皇极》一章，提出"保心即保极"，听者五六百人。有《荆门军上元设厅皇极讲义》（卷23）。

作《与邓文范》（卷17）。

作《与吴仲时》（卷6），教育其为学时不要被他人文字议论所羁绊。

三月五日，致书四哥陆九韶。

筑坛于西山之巅，祷雨。

荆门阅武。

上《与庙堂乞筑城劄子》（卷18），乞拨常平银助城费。

作《与吴斗南》（卷15）。

作《与张监》（卷17）。

四月，为陆九皋作《陆修职墓表》（卷28）。

四月十九日，朱熹来信称赞："乃知政教并流，士民化服，甚慰！"

荆门大旱，六月六日，蒙泉山顶为民祷雨。见《与陶赞仲》（卷15）、《与章德茂》（卷16）。作《上泉龙潭取水祷雨文》（卷26）。

六月十二日，东山新坛祷雨，作《东山刑鹅祷雨文》（卷26）、《望坛谢雨文》（卷26）。

《与张元善》（卷16），与湖广总领张元善书，论荆门政况民情。

荆南府帅章森（字德茂）以陆九渊政绩上荐，陆九渊作《与章德茂》二（卷16）以示感谢。

诸司交章论陆九渊荆门政绩，丞相周必大曰："荆门之政，如古循吏，躬行之效至矣。"

荆门祷雨。作《荆门祷雨文》（卷26）。

作《与章德茂》二通（四、五均见卷16），向时任江陵府兼荆湖北路安抚使（简称帅）章森汇报荆门政事和灾荒解决办法。

作《与章茂献》（卷15），论从政之不易。

作《与陶赞仲》（卷15），回忆总结自己和四哥陆九韶同朱熹展开的"无极太极之辩"。

作《与丰叔贾》（卷17）。

八月，修复堂舍，立"蒙泉"碑。

荆南观察副使张埈到荆门视察，陆九渊侍坐陪吟，日饱德义。（见卷17《与张伯信》）

十一月，作《与致政兄》（卷17），"以情实达"。

十二月六日，与侄麟之书。

十二月七日，血疾大作，积劳成疾，卧床不起。

十二月十一日，带病祷雪。

十二月十三日，瑞雪飘飘，接见僚属议政。告诉家人、僚属："吾将死矣！"又说："亦自然"。沐浴，端坐，不服药，不再说话。

十二月十四日午时，大雪，端坐而逝，享年54岁。

1193年（绍熙四年）。

春正月，夫人吴爱卿携二孤持之、循之和侄孙陆濬护送灵柩归故里，沿途吊哭致祭者众。

三月，至青田里。门人奔哭。此时，陆氏六兄弟剩二人：陆九思、陆九韶。

冬十一月，陆九渊弟子、金溪县令王有大主持丧事。十一月九日，葬陆九渊之枢于青田桥畔的永兴寺山，即院山，又称东山、罗首峰。数千人送葬。

主要参考文献

1.《陆九渊集》，中华书局 1980 年繁体竖排版。

2.《陆九渊集》，中华书局 2020 年简体横排版。

3.《朱子语类》(1—6 册)，中华书局 2020 年简体横排版。

4. 李敖：《国学精要 7·陆九渊集》，天津古籍出版社 2016 年版。

5. 杨伯峻：《论语译注》，中华书局 2017 年版。

6. 杨伯峻：《孟子译注》(上、下)，中华书局 1984 年版。

7. 冯友兰：《中国哲学简史》，北京大学出版社 2013 年版。

8. 侯外庐：《中国思想通史》，人民出版社 1957 年版。

9. 侯外庐：《宋明理学史》，人民出版社 1984 年版。

10. 张岱年：《中国哲学大纲》，中华书局 2017 年版。

11. 钱穆：《中国思想史》，九州出版社 2012 年版。

12. 钱穆：《国史大纲》(上、下)，商务印书馆 2010 年版。

13. 钱穆：《中国历史精神》，九州出版社 2012 年版。

14. 钱穆：《中国历代政治得失》，九州出版社 2014 年版。

15. 夏海：《孟子与政治》，中华书局 2019 年版。

16. 束景南：《朱熹研究》，人民出版社 2008 年版。

17. 束景南：《朱子大传："性"的救赎之路》(增订版)，复旦大学出版社 2016 年版。

18. 李泽厚：《中国思想史论》(上、中、下)，安徽文艺出版社 1999 年版。

19. 陈来：《宋明理学》，生活·读书·新知三联书店 2011 年版。

20. 陈来：《从思想世界到历史世界》，北京大学出版社 2016 年版。

21. 陈来：《中华文明的核心价值：国学流变与传统价值观》，生活·读书·新知三联书店 2015 年版。

22. 葛兆光：《道教与中国文化》，上海人民出版社 1987 年版。

23. 葛兆光：《禅宗与中国文化》，上海人民出版社 1986 年版。

24. 葛兆光：《中国禅思想史——从 6 世纪到 9 世纪》，北京大学出版社 1995 年版。

25. 劳思光：《新编中国哲学史》（1—4 卷），生活·读书·新知三联书店 2015 年版。

26. 郭齐家、顾春：《陆九渊教育思想研究》，江西教育出版社 1996 年版。

27. 徐公喜：《世纪之交的朱子学》（上、中、下），江西人民出版社 2019 年版。

28. 杨立华：《宋明理学十五讲》，北京大学出版社 2015 年版。

29. 杨立华：《中国哲学十五讲》，北京大学出版社 2019 年版。

30. 高全喜：《理心之间：朱熹和陆九渊的理学》，生活·读书·新知三联书店 1992 年版。

31. 方旭东：《新儒学义理要诠》，生活·读书·新知三联书店 2001 年版。

32. 方旭东：《吴澄评传》，南京大学出版社 2005 年版。

33. 姜法曾：《中国伦理学史略》，中华书局 1991 年版。

34. 郑晓江：《寻访大师——江西历史文化巨匠之生命与生活的探寻》，二十一世纪出版社 2012 年版。

35. 汪元波：《中国古代士大夫的道义精神》，安徽人民出版社 2013 年版。

36. 吴钩：《风雅宋：看得见的大宋文明》，广西师范大学出版社 2018 年版。

37. 楼宇烈：《中国文化的根本精神》，中华书局 2016 年版。

38. 方立天：《佛教哲学》，中国人民大学出版社 1986 年版。

39. 孙昌武：《佛教与中国文学》，上海人民出版社 1988 年版。

40. 孔令宏、韩松涛：《江西道教史》，中华书局 2014 年版。

41. 童辰：《中国佛教与江西的历史渊源》，江西人民出版社 2012 年版。

42. 翦伯赞：《中国史纲要》（上、下），人民出版社 1995 年版。

43. 吕思勉：《吕著中国通史》（上、下），哈尔滨出版社 2016 年版。

44. ［德］迪特·库恩：《儒家统治的时代：宋的转型》，《哈佛中国史》卷 4，中信出版集团 2016 年版。

45. 游彪：《新编中国史·宋史》，中信出版集团 2017 年版。

46. 《江西通史》（北宋卷、南宋卷），江西人民出版社 2008 年版。

47. 许怀林：《江西史稿》，江西高校出版社 1993 年版。

48. 黄勇辉：《宋明理学之桥——元草庐吴澄》，中国文史出版社 2016 年版。

49. 段文华：《明代理学开山——吴与弼》，中国文史出版社 2013 年版。

50. 邹建锋：《明代理学向心学的转型——吴与弼和崇仁学派研究》，社会科学文献出版社 2011 年版。

51. 刘鄂公：《说南宋》，［美］刘永宁整理，中国大百科全书出版社 2014 年版。

52. 沈松勤：《北宋文人与党争——中国士大夫群体研究之一》，人民出版社 1998 年版。

53. 沈松勤：《南宋文人与党争》，人民出版社 2005 年版。

54. 沈松勤：《宋代政治与文学研究》，商务印书馆 2010 年版。

55. ［美］柏文莉：《权力关系：宋代中国的家庭、地位与国家》，刘云军译，江苏人民出版社 2015 年版。

56. 方健：《北宋士人交游录》，上海书店出版社 2013 年版。

57. 李欧梵：《中国文化传统的六个面向》，中华书局 2017 年版。

58.《新鹅湖之会——纪念朱熹诞辰 870 周年国际学术会论文集》，黄山书社 2001 年版。

59. 王立斌：《鹅湖书院》，中国戏剧出版社 2004 年版。

60. 王立斌：《鹅湖书院研究》，江西高校出版社 2019 年版。

61. 周銮书、孙家骅等：《千年学府——白鹿洞书院》，江西人民出版社 2003 年版。

62. 张立文：《宋明理学研究》，中国人民大学出版社 1985 年版。

63. 张立文：《走向心学之路——陆象山思想的足迹》，中华书局 1992 年版。

64. 祁润兴：《陆九渊评传》（上、下），南京大学出版社 1998 年版。

65. 李承贵：《陆九渊》，陕西师范大学出版社 2017 年版。

66. 严勇：《陆九渊传》，湖北人民出版社 2019 年版。

67. 万安飞：《陆九渊年谱》，江西高校出版社 2022 年版。

68. 赵伟：《陆九渊门人》，中国社会科学出版社 2009 年版。

69. 彭永捷：《朱陆之辩——朱熹陆九渊哲学比较研究》，人民出版社 2002 年版。

70. 欧阳祯人：《陆九渊思想研究》，武汉大学出版社 2019 年版。

71. 吴牧山：《陆象山与现代社会》，社会科学文献出版社 2010 年版。

72. 苏群辉：《陆九渊故事》，江西人民出版社 2015 年版。

73. 刘玉民：《吕祖谦与南宋学术交流——以吕祖谦书信为中心的考察》，河南人民出版社 2018 年版。

图书在版编目（CIP）数据

斯人此心：陆九渊心学十二讲 / 姚亚平著 . — 南昌：
江西人民出版社，2023.5
ISBN 978-7-210-14406-9

Ⅰ . ①斯… Ⅱ . ①姚… Ⅲ . ①陆九渊（1139—1193）—
心学—研究 Ⅳ . ① B244.85

中国国家版本馆 CIP 数据核字（2023）第 015186 号

斯人此心：陆九渊心学十二讲　　　　　　　　　　姚亚平　著

SIREN CIXIN : LU JIUYUAN XINXUE SHIER JIANG

策　　　划：张德意　王一木
责 任 编 辑：章　虹　李旭萍
封 面 设 计：游　珑

 江西人民出版社 出版发行
Jiangxi People's Publishing House
全国百佳出版社

地　　　址：江西省南昌市三经路 47 号附 1 号（330006）
网　　　址：www.jxpph.com
电 子 信 箱：jxpph@tom.com
编辑部电话：0791-86891201
发行部电话：0791-86898815
承 印 厂：长沙超峰印刷有限公司
经　　　销：各地新华书店

开　　　本：787 毫米 × 1092 毫米　1/16
印　　　张：37.5
字　　　数：539 千字
版　　　次：2023 年 5 月第 1 版
印　　　次：2023 年 5 月第 1 次印刷
书　　　号：ISBN 978-7-210-14406-9
定　　　价：128.00 元
赣版权登字 -01-2023-136